袁行霈文集 四

陶淵明集箋注

山東人民出版社

圖書在版編目（CIP）數據

陶淵明集箋注/袁行霈著. --濟南：山東人民出版社，2020.11
（袁行霈文集；第四卷）
ISBN 978-7-209-12763-9

Ⅰ.①陶… Ⅱ.①袁… Ⅲ.①中國文學－古典文學－作品綜合集－東晉時代 ②《陶淵明集》－注釋
Ⅳ.①I213.722

中國版本圖書館CIP數據核字(2020)第096627號

陶淵明集箋注

TAO YUANMING JI JIANZHU

袁行霈 著

主管單位 山東出版傳媒股份有限公司
出版發行 山東人民出版社
出 版 人 胡長青
社　　址 濟南市英雄山路165號
郵　　編 250002
電　　話 總編室（0531）82098914
　　　　 市場部（0531）82098027
網　　址 http://www.sd-book.com.cn
印　　裝 北京圖文天地製版印刷有限公司
經　　銷 新華書店

規　　格 16開（165mm×235mm）
印　　張 35.25
字　　數 650千字
版　　次 2020年11月第1版
印　　次 2020年11月第1次
ISBN 978-7-209-12763-9
定　　價 128.00元

陶淵明集箋注代前言

東晋建立後一百年間，詩壇幾乎被玄言詩佔據著。從建安、正始、太康以來，詩歌藝術正常發展的脉絡中斷了，玄言成分的過度膨脹，使詩歌偏離了藝術，變成老莊思想的枯燥注疏。關於玄言詩的全面評價，見本書第二章“兩晋詩壇”。陶淵明的出現，才使詩歌藝術的脉絡重新接上，并且增添了許多新的充滿生機的因素。陶詩沿襲魏晋詩歌的古樸作風而進入更純熟的境地，像一座里程碑標誌著古樸的歌詩所能達到的高度。陶淵明又是一位創新的先鋒。他成功地將“自然”提升爲一種美的至境；將玄言詩注疏老莊所表達的玄理，改爲日常生活中的哲理；使詩歌與日常生活相結合，并開創了田園詩這種新的題材。他的清高耿介、灑脱恬淡、質樸真率、淳厚善良，他對人生所作的哲學思考，連同他的作品一起，爲後世的士大夫築了一個“巢”、一個精神的家園。一方面可以掩護他們與虛僞、醜惡劃清界限，另一方面也可使他們得以休息和逃避。他們對陶淵明的强烈認同感，使陶淵明成爲一個永不令人生厭的話題。

第一節　陶淵明的人生道路與思想性格

陶淵明（三五二—四二七）陶淵明的卒年，在顔延之《陶徵士誄》中有明確記載，爲宋文帝元嘉四年丁卯（四二七），向無異義。關於其享年，《陶徵士誄》祇説“春秋若干”，而無明確記載。與此相關，其生年也就成了問題。沈約《宋書・陶潛傳》説“享年六十有三”，歷來多采此説;至今仍佔主流地位,王瑶、逯欽立及各種教科書均采此説(逯原采古直五十二歲説,後改從六十三歲説)。但早在宋朝張縯就提出質疑,認爲如果按陶淵明本人的《游斜川》推算,應是七十六歲,見其就吴仁傑《陶靖節先生年譜》所作的《辨證》。民國年間,梁啟超、古直根據淵明作品考證,分别主張享年五十六和五十二。梁説見其《陶淵明》一書所附《陶淵明年譜》,商務印書館一九二三年版。古説見其《陶靖節年譜》,中華書局一九三五年《層冰堂五種》本。目前贊成梁説的,中國大陸有李文初(見其《陶淵明論略》,廣東人民出版社一九八六年版),臺灣有李辰冬(見其《陶淵明評論》,臺北東大圖書公司一九九一年第三版)、方祖燊(見其《陶潛詩箋注校正論評》,臺北臺灣書店一九八八年版)等。朱自清認爲陶淵明的享年"衹可姑存然疑而已",見其《陶淵明年譜中之問題》,收入《朱自清古典文學論集》,上海古籍出版社一九八一年版。此外還有幾種不同的説法。我在《陶淵明享年考辨》一文中重申七十六歲説,並對各家之説有所辨析,見《文學遺産》一九九六年第一期,江蘇古籍出版社出版。又名潛,字元亮,關於陶淵明的名字,記載不同。顔延之《陶徵士誄》稱:"有晋徵士尋陽陶淵明。"沈約《宋書·隱逸傳》稱:"陶潛字淵明,或云淵明字元亮。"蕭統《陶淵明傳》稱:"陶淵明字元亮,或云潛字淵明。"佚名氏《蓮社高賢傳》稱:"陶潛字淵明。"《南史·隱逸傳》稱:"陶潛字淵明,或云字深明,名元亮。"《晋書·隱逸傳》稱:"陶潛字元亮。"號五柳先生,尋陽柴桑(今江西九江附近)人。

陶淵明生活在晋宋易代之際十分複雜的政治環境之中。他的曾祖父陶侃曾任晋朝的大司馬;祖父做過太守,父親大概官職更低一些而且在陶淵明幼年就去世了。在重視門閥的社會裏,陶家的地位無法與王、謝等士族相比,但又不同于寒門。陶侃出身寒微,被譏爲"小人",見《晋書·陶侃傳》,中華書局一九七四年排印本,第一七六九頁。又被視爲有篡位野心之人。可以想見,他的後人在政治上的處境是相當尷尬的。

陶淵明在柴桑的農村裏度過少年時代,"少無適俗韻,性本愛丘山"(《歸園田居》其一),"少年罕人事,游好在六經"(《飲酒》其十六),便是那時生活的寫照。他常説因家貧而不得不出仕謀生,這固然是實情,但也不能排除一般士人具有的那種想要建功立業的動機。"猛志逸四海，騫翮思遠翥"(《雜詩》其五)就透露了這一消息。陶淵明二十九歲曾任江州祭酒，不久即辭職。後來江州召爲主簿，他未就任。

晋安帝隆安二年(三九八)，陶淵明到江陵，入荆州刺史兼江州刺史桓玄幕。關於陶淵明入桓玄幕的動機及其與桓玄的關係，張芝《陶淵明傳論》一書有詳細考證，上海棠棣出版社一九五三年版。當時桓玄掌握著長江中上游的軍政大權，野心勃勃，圖謀篡晋。陶淵明便又産生了歸隱的想法，在隆安五年(四〇一)所寫的《辛丑歲七月赴假還江陵夜行塗口》中説："詩書敦素好，林園無世情。如何捨此去，遥遥至西荆！"這年冬因母孟氏卒，便回尋陽居喪了。此後政局發生了急劇的變化，安帝元興元年(四〇二)，桓玄以討尚書令司馬元顯爲名，舉兵東下攻入京師。元興二年篡位，改國號曰楚。元興三年劉裕起兵討伐桓玄，入建康，任鎮軍將軍，掌握了國家大權，給晋王朝帶來一綫希望。于是陶淵明又出任鎮軍將軍劉裕的參軍，關於陶淵明任鎮軍參軍一事，一説不是任劉裕的參軍，而是任劉牢之的參軍，時間也略早，詳見吴仁傑《陶靖節先生年譜》、陶澍《陶靖節年譜考異》，今人亦有從之者。但劉牢之並未做過鎮軍將軍，此説不可信。朱自清《陶淵明年譜中之問題》有詳細考辨。見《朱自清古典文學論集》，上海古籍出版社一九八一年版，第四七三頁。在赴任途中寫了《始作鎮軍參軍經曲阿作》。他的心情矛盾，一方面覺得時機到來了，希望有所作爲："時來苟冥會，婉孌憩通衢。"另一方面又眷戀著田園的生活："聊且憑化遷，終返班生廬。"這時劉裕正集中力量討伐桓玄及其殘餘勢力，陶淵明在劉裕幕中恐難有所作爲。到了第二年即安帝義熙元年(四〇五)，他便改任建威將軍江州刺史劉敬宣的參軍。這年八月又請求改任彭澤縣令，在官八十餘日，十一月就辭官歸隱了。這次辭去縣令的直接原因，據《宋書》本傳記載："郡遣督郵至，縣吏白：'應束帶見之。'潛嘆曰：'我不能爲五斗米折腰向鄉里小人！'即日解印綬去職。"而他辭官時所作的《歸去來兮辭》説出了更深刻的原因："歸去來兮,請息交以絶游,世與我而相違,復駕言兮焉求!”陶淵明徹底覺悟到世俗與自己崇尚自然的本性是相違背的,他不能改變本性以適應世俗,再加上對政局的失望,于是堅決地辭官隱居了。關於陶淵明的隱逸論述甚多,如王瑶《論希企隱逸之風》(原刊《文藝復興》中國文學專號,後收入《中古文人生活》一書,上海棠棣出版社一九五一年版。又收入《中古文學史論》,北京大學出版社一九八六年版),張芝《論陶淵明的政治態度》(見其《陶淵明傳論》,上海棠棣出版社一九五三年版),逯欽立《讀陶管見・歸隱與躬耕自資》(原載《吉林師大學報》一九六四年第一期,收入其《漢魏六朝文學論集》,吴雲整理,陝西人民出版社一九八四年版),(日)石川忠久《陶淵明とその時代》(日本東京研文一九九四年版)第二章《陶淵明の歸田》、第三章《隱士陶淵明》。

辭彭澤令,是陶淵明一生前後兩期的分界綫。此前,他不斷在官僚與隱士這兩種社會角色中做選擇,隱居時想出仕,出仕時要歸隱,心情很矛盾。此後他堅定了隱居的決心,一直過著隱居躬耕的生活,但心情仍不平静:“日月擲人去,有志不獲騁。念此懷悲悽,終曉不能静。”(《雜詩》其二)他在詩裏一再描寫隱居的快樂,表示隱居的決心,如“且共歡此飲,吾駕不可回”(《飲酒》其九);“托身已得所,千載不相違”(《飲酒》其四)。這固然是他真實的感受,但也可以視爲他堅定自己決心的一種方法。在後期他并非没有再度出仕的機會,但是他拒絶了。晋朝末年曾徵他爲著作佐郎,不就。劉裕篡晋建立宋朝,他更厭倦了政治,在《述酒》詩裏隱晦地表達了他對此事的想法。到了晚年他貧病交加,“江州刺史檀道濟往候之,偃卧瘠餒有日矣。道濟謂曰:‘賢者處世,天下無道則隱,有道則至。今子生文明之世,奈何自苦如此?’對曰:‘潛也何敢望賢,志不及也。’道濟饋以粱肉,麾而去之”(蕭統《陶淵明傳》)。他在宋文帝元嘉四年去世前寫了一篇《自祭文》,文章最後説:“人生實難,死如之何?嗚呼哀哉!”這成爲他的絶筆。死後,朋友們給他以謚號曰“靖節先生”。他的好友顔延之爲他寫了誄文,這篇誄文是研究陶淵明的重要資料。《宋書》《晋書》《南史》都有他的傳記。

陶淵明的作品，在他生前流傳不廣。（梁）蕭統加以搜集整理，編了《陶淵明集》，并爲之寫序、作傳。蕭統所編陶集雖然已經佚失，但此後的陶集，如已佚的北齊陽休之本、北宋宋庠本、北宋僧思悦本，以及今存的一些宋代刻本：如汲古閣藏十卷本、曾集刻本，都是在此基礎上重編而成的。陶淵明的作品今存詩一百二十一首，賦、文、贊、述等十二篇，另有一些作品的真僞還不能確定。

陶淵明熟諳儒家學説，詩文中引用儒家經典很多，僅《論語》就有三十七處。朱自清《陶詩的深度》根據古直《陶靖節詩箋定本》統計，"陶詩用事，《莊子》最多，共四十九次，《論語》第二，共三十七次，《列子》第三，共二十一次"。見《朱自清古典文學論集》，上海古籍出版社一九八一年版，第五六八頁。梁啟超《陶淵明之文藝及其品格》説陶淵明是"儒家出身"，"一生得力處用力處都在儒學"。對陶淵明的品格，他在肯定陶淵明沖遠高潔之外，又强調陶淵明是"極熱烈極有豪氣的人"，"纏綿悱惻最多情的人"，"極嚴正——道德責任心極重的人"。見其《陶淵明》，商務印書館一九二三年版，第七頁。他有儒家的入世精神，也像儒家那樣重視個人的道德修養，但不拘守儒家經典的章句，顯得通脱而不拘泥。他説："好讀書，不求甚解。每有會意，便欣然忘食。"（《五柳先生傳》）這與漢儒的態度很不相同。他贊揚孔子，但又有點將孔子道家化的傾向。朱自清《陶詩的深度》曰："'真'和'淳'都是道家的觀念，而淵明卻將'復真''還淳'的使命加在孔子身上；此所謂孔子學説的道家化，正是當時的趨勢。"原注：參考馮友蘭《中國哲學史》下册六〇二至六〇四頁。他深受老莊思想的影響，在詩文中有七十篇用了《老》《莊》的典故，共七十七處之多；魏晋玄學對他也有影響。關於引用《老》《莊》的次數，據（日）大矢根文次郎《陶淵明研究》第一篇第四章《陶淵明の思想》，日本東京早稻田大學出版部一九六七年版，第一三四頁。關於玄學思想對陶淵明的影響，可參看袁行霈《陶淵明崇尚自然的思想與陶詩的自然美》，見《古典文學論叢》第二輯，陝西人民出版社一九八二年版。但他并不沉溺于老莊和玄談，他是一個很實際的、脚踏實地的人，做縣吏就有勸農之舉，做隱士又堅持力耕，與虚談廢務浮文妨要的玄學家很不同。他住在廬山脚下，距離慧遠的東林寺很近，他的朋友劉遺民與慧遠關係密切；陶淵明的詩中偶爾也可見到類似佛教的詞語，但他決非佛教徒，并且與慧遠保持著距離。佛教是對人生的一種參悟，陶淵明參悟人生而與佛教暗合的情形是有的，但他是從現實的人生中尋找樂趣，不相信來世，這與佛教迥異。關於陶淵明對佛教的態度，陳寅恪説："蓋其生平保持陶氏世傳之天師道信仰，雖服膺儒術，而不歸命釋迦矣。"見其《陶淵明之思想與清談之關係》，燕京大學哈佛燕京學社一九四五年刊印，收入《金明館叢稿初編》，上海古籍出版社一九八〇年版，第一〇八一二〇五頁。逯欽立《〈形影神〉詩與東晋之佛道思想》一文就《形影神》詩論曰：此詩乃反對慧遠的報應説和形盡神不滅説。見其《漢魏六朝文學論集》。朱光潛説："淵明是一位絶頂聰明底人，卻不是一個拘守系統底思想家或宗教信徒。……在這整個心靈中我們可以發見儒家的成分，也可以發見道家的成分，不見得有所謂内外之分，……此外淵明的詩裏不但提到'冥報'而且談到'空無'（'人生似幻化，終當歸空無'）。我並不敢因此斷定淵明有意地援引佛説，我祇是説明他的意識或下意識中可能有一點佛家學説的種子。"見其《詩論》第十三章，正中書局一九四八年初版，安徽教育出版社一九八七年八月《朱光潛全集》第三卷第二五四頁。在不懼怕死亡這一點上，他和一些高僧雖然近似，但思想底藴仍有很大的差異。他是抱著"縱浪大化中，不喜亦不懼"（《形影神》）的態度對待死亡，與佛教之嚮往極樂世界大相徑庭。他所思考的都是有關宇宙、歷史、人生的重大問題，如什麼才是真實的？歷史上的賢良爲什麼往往没有好的結果？人生的價值何在？怎樣的生活才完美？如何對待死亡？等等。他的思想既融會了儒道兩家的思想，又來自個人的生活實踐，具有獨特的視點、方式和結論；而思考的結論又付諸實踐身體力行。

安貧樂道與崇尚自然，是陶淵明思考人生得出的兩個主要結論，也是他人生的兩大支柱。

“安貧樂道”是陶淵明的爲人準則。他所謂“道”，偏重于個人的品德節操方面，體現了儒家思想。如“匪道曷依，匪善奚敦”（《榮木》），“好爵吾不縈，厚饋吾不酬。……朝與仁義生，夕死復何求”（《詠貧士》其四）。他特别推崇顔回、黔婁、袁安、榮啟期等安貧樂道的貧士，要像他們那樣努力保持品德節操的純潔，決不爲追求高官厚禄而玷污自己。他并不一般地鄙視出仕，而是不肯同流合污。他希望建功立業，又要功成身退，像疏廣對疏受所説的“知足不辱，知止不殆”。他也考慮貧富的問題，安貧和求富在他心中常常發生矛盾，但是他能用“道”來求得平衡：“貧富常交戰，道勝無戚顔。”（《詠貧士》其五）而那些安貧樂道的古代賢人，也就成爲他的榜樣：“何以慰吾懷，賴古多此賢。”（《詠貧士》其二）他的晚年很貧窮，到了捱餓的程度，但是并没有喪失其爲人的準則。

崇尚自然是陶淵明對人生的更深刻的哲學思考。“自然”一詞不見于《論語》《孟子》，是老莊哲學特有的範疇。老莊所謂“自然”不同于近代與人類社會相對而言的客觀的物質性的“自然界”，它是一種狀態，非人爲的、本來如此的、自然而然的。世間萬物皆按其本來的面貌而存在，依其自身固有的規律而變化，無須任何外在的條件和力量。人應當順應自然的狀態和變化，抱樸而含真。陶淵明希望返歸和保持自己本來的、未經世俗異化的、天真的性情。所謂“質性自然，非矯勵所得”（《歸去來兮辭序》），説明自己的質性天然如此，受不了繩墨的約束。所謂“久在樊籠裏，復得返自然”（《歸園田居》其一），表達了返回自然得到自由的喜悦。在《形影神》裏，他讓“神”辨自然以釋“形”“影”之苦。“形”指代人企求長生的願望，“影”指代人求善立名的願望，“神”以自然之義化解它們的苦惱。形、影、神三者，還分别代表了陶淵明自身矛盾著的三個方面，三者的對話反映了他人生觀裏的衝突與調和。陶淵明崇尚自然的思想以及由此引導出來的順化、養真的思想，已形成比較完整而一貫的哲學。關於陶淵明崇尚自然的思想，胡適《白話文學史》上（新月書店一九二八年版）、容肇祖《魏晉的自然主義》（一九九六年東方出版社據商務印書館一九三五年刊本編校再版）、陳寅恪《陶淵明之思想與清談之關係》均有論述。此處大意據袁行霈《陶淵明的哲學思考》一文，《國學研究》第一輯，北京大學出版社一九九三年版。

總之，陶淵明的思想可以這樣概括：通過泯去後天的經過世俗熏染的"僞我"，以求返歸一個"真我"。陶淵明看到了社會的腐朽，但没有力量去改變它，衹好追求自身道德的完善。他看到了社會的危機，但找不到正確的途徑去挽救它，衹好求救于人性的復歸。這在他自己也許能部分地達到，特别是在他所創造的詩境裏，但作爲醫治社會的藥方卻是無效的。陶淵明的思想與性格具有複雜性，對此前人多有論述，已如上引。此外，朱光潛在《陶淵明》一文中説："他和我們一般人一樣，有許多矛盾和衝突；和一切偉大詩人一樣，他終於達到了調和靜穆。"（《詩論》，見《朱光潛全集》，安徽教育出版社一九八七年版，第三卷第二五六頁）魯迅説："就是詩，除論客所佩服的'悠然見南山'之外，也還有'精衛銜微木，將以填滄海，形天舞干戚，猛志固常在'之類的'金剛怒目式'。"（《題未定草》六，見其《且介亭雜文二集》，《魯迅全集》人民文學出版社一九五八年版，第六卷第三三六頁）"自己放出眼光看過較多的作品，就知道歷來的偉大的作者，是没有一個'渾身是"靜穆"的'。陶潛正因爲並非'渾身是"靜穆"'，所以他偉大。"（《題未定草》七，同上第三四四頁）（日）岡村繁《陶淵明——世俗與超俗》（日本放送出版協會一九七四年版）則强調了他在超然背後隱藏著的利害得失之心。

陶淵明是魏晉風流的一位代表。魏晉風流是魏晉士人所追求的一種人格美，或者説是他們所追求的藝術化的人生，用自己的言行、詩文使自己的人生藝術化。以世俗的眼光看來，陶淵明的一生是很"枯槁"的；但以超俗的眼光看來，他的一生卻是很藝術的。他的《五柳先生傳》《歸去來兮辭》《歸園田居》

《時運》等作品，都是其藝術化人生的寫照。他求爲彭澤縣令和辭去彭澤縣令的過程，對江州刺史王弘的態度，撫弄無弦琴的故事，取頭上葛巾漉酒的趣聞，也是其藝術化人生的表現。見《宋書·陶潛傳》、蕭統《陶淵明傳》。而酒，則是其人生藝術化的一種媒介。陶淵明可以説是魏晋風流的杰出代表。參見馮友蘭《論風流》(《三松堂學術論文集》，北京大學出版社一九八四年版，第六〇九頁)；袁行霈《陶淵明與魏晋風流》(《魏晋南北朝文學與思想學術研討會論文集》，臺北文史哲出版社一九九一年版，第五七一——五九七頁，《中國典籍與文化論叢》第一輯轉載，中華書局一九九三年版)。

第二節　陶淵明的田園詩及其他

陶詩的題材主要可以分爲五類：田園詩、詠懷詩、詠史詩、行役詩、贈答詩。關於陶詩題材内容的分類，廖仲安大致分爲詠懷詩和田園詩兩類，見其《陶淵明》，中華書局一九六三年版，第六七頁。鍾優民分爲詠懷、田園、哲理三類，見其《陶淵明論集》，湖南人民出版社一九八二年版，第八二——九四頁。

田園詩和山水詩往往并稱，但這是兩類不同的題材。田園詩會寫到農村的風景，但其主體是寫農村的生活、農夫和農耕。山水詩則主要是寫自然風景，寫詩人主體對山水客體的審美，往往和行旅聯繫在一起。陶淵明的詩嚴格地講衹有《游斜川》一首是山水詩，他寫得多的是田園詩。田園詩是他爲中國文學增添的一種新的題材，以自己的田園生活爲内容，并真切地寫出躬耕之甘苦，陶淵明是中國文學史上的第一人。

他的田園詩有的是通過描寫田園景物的恬美、田園生活的簡樸，表現自己悠然自得的心境。或春游，或登高，或酌酒，或讀書，或與朋友談心，或與家人團聚，或盥濯於檐下，或採菊於東籬，以及在南風下張開翅膀的新苗、日見茁壯的桑麻，無不化爲美妙的詩歌。如"山滌餘靄，宇曖微霄。有風自南，翼彼新苗"(《時運》)，寫山村的早晨，晨霧漸漸消失，南風使新苗長上了翅膀。“鄰曲時時來，抗言談在昔。奇文共欣賞，疑義相與析”（《移居》其一），寫鄰居和自己一起談史論文的情形，那種真率的交往令人羡慕。再如《歸園田居》其一：

> 少無適俗韻，性本愛丘山。誤落塵網中，一去三十年。羈鳥戀舊林，池魚思故淵。開荒南野際，守拙歸園田。方宅十餘畝，草屋八九間。榆柳蔭後檐，桃李羅堂前。曖曖遠人村，依依墟里煙。狗吠深巷中，雞鳴桑樹顛。户庭無塵雜，虚室有餘閑。久在樊籠裏，復得返自然。

守拙與適俗，園田與塵網，兩相對比之下，詩人歸田後感到無比愉悦。南野、草屋、榆柳、桃李、遠村、近煙、雞鳴、狗吠，眼之所見、耳之所聞無不愜意，這一切經過陶淵明點化也都詩意盎然了。“曖曖遠人村，依依墟里煙”，一遠一近；“狗吠深巷中，雞鳴桑樹顛”，以動寫静，簡直達到了化境。

他的田園詩有的著重寫躬耕的生活體驗，這是其田園詩最有特點的部分，也是最爲可貴的部分。《詩經》中有農事詩，那是農夫們一邊勞動一邊唱的歌。至于士大夫親身參加農耕，并用詩寫出農耕體驗的，陶淵明是第一位。陶淵明之後的田園詩，真正寫自己勞動生活的也不多見。《歸園田居》其三是這方面的代表作：

> 種豆南山下，草盛豆苗稀。晨興理荒穢，帶月荷鋤歸。道狹草木長，夕露沾我衣。衣沾不足惜，但使願無違。

這是一個從仕途歸隱田園從事躬耕者的切實感受，帶月荷鋤、夕露沾衣，實景實情生動逼真。而在農耕生活的描寫背後，隱然含有農耕與爲官兩種生活的對比，以及對理想人生的追求。《庚戌歲九月中於西田獲早稻》寫出人生的理念：

> 人生歸有道，衣食固其端。孰是都不營，而以求自安。開春理常業，歲功聊可觀。晨出肆微勤，日入負耒還。山中饒霜露，風氣亦先寒。田家豈不苦？弗獲辭此難。四體誠

> 乃疲，庶無異患干。盥濯息檐下，斗酒散襟顔。遥遥沮溺心，千載乃相關。但願長如此，躬耕非所嘆。

陶淵明認爲，衣食是人生之道的開端，不勞動什麽都談不到。詩裏寫到勞動的艱辛，寫到一天勞動之後回家休息時得到的快慰，都很真切。"田家豈不苦？弗獲辭此難"，寫出農民普遍的感受。"四體誠乃疲，庶無異患干"，寫出一個從仕途歸隱躬耕的士人的特殊感受。

他有些田園詩是寫自己的窮困和農村的凋敝。如《怨詩楚調示龐主簿鄧治中》："炎火屢焚如，螟蜮恣中田。風雨縱横至，收斂不盈廛。夏日長抱饑，寒夜無被眠。造夕思雞鳴，及晨願烏遷。"《歸園田居》其四："徘徊丘壟間，依依昔人居。井竈有遺處，桑竹殘朽株。借問採薪者，此人皆焉如？薪者向我言，死没無復餘。"通過這些詩，可以隱約地看到在戰亂和災害之中農村的面貌。

詠懷詩和詠史詩内容有相近之處，詠史也是詠懷，不過是借史實爲媒介而已。他的詠懷詩有些是以組詩的形式寫成的，如《飲酒》《擬古》《雜詩》。他的詠史詩所詠的對象偏重于古代的人物，如"三良""二疏"、荆軻，以及《詠貧士》所寫的古代貧士；《讀山海經》也可歸入這一類。這些詠懷、詠史之作，明顯地繼承了阮籍、左思詩歌的傳統，又有陶淵明自己的特點。這就是圍繞著出仕與歸隱這個中心，表現自己不與統治者同流合污的品格。其中有對自己生平的回顧，如《飲酒》其十九；有對社會的抨擊，如《飲酒》其二十。不乏惋惜也不乏激憤，如《詠荆軻》。從《雜詩》其二可以看出，陶淵明的憂憤是深而廣的：

> 白日淪西阿，素月出東嶺。遥遥萬里輝，蕩蕩空中景。風來入房户，夜中枕席冷。氣變悟時易，不眠知夕永。欲言無予和，揮杯勸孤影。日月擲人去，有志不獲騁。念此懷悲悽，終曉不能靜。

這首詩寫一個不眠的秋夜，用環境的清冷襯托出自己心情的孤獨，又以時光的流逝引出有志未騁的悲悽，是陶淵明詠懷詩中的代表作。

陶淵明的行役詩都是他宦游期間的作品，“行役”一詞取自陶淵明《庚子歲五月中從都還阻風於規林》其二：“自古嘆行役，我今始知之。”它們有一個共同的主題就是悲嘆行役的辛苦，表達對仕宦的厭倦，反復訴説對田園的思念和歸隱的決心。悲嘆行役的辛苦原是此前行役詩共同的内容，後兩者則是陶淵明所特有的，而且越到後來這兩種情緒就越强烈。可參看齊益壽《陶淵明的宦詩》，收入《毛子水先生九五壽慶論文集》，臺灣幼獅文化事業公司一九八七年版；王國瓔《陶詩中的宦游之嘆》，《文學遺産》一九九五年第六期。那種失去自由的無奈之感，成爲這類詩的基調。試看以下例句：“目倦川塗異，心念山澤居。望雲慚高鳥，臨水愧游魚。”（《始作鎮軍參軍經曲阿作》）“久游戀所生，如何淹在兹。”（《庚子歲五月中從都還阻風於規林二首》其二）“詩書敦宿好，林園無世情。如何捨此去，遥遥至西荆。”（《辛丑歲七月赴假還江陵夜行塗中》）“伊余何爲者，勉勵從兹役。”（《乙巳歲三月爲建威參軍使都經錢溪》）

陶淵明的贈答詩頗能見其對友人的敦厚之情。贈答是古已有之的傳統題材，傳爲蘇李贈答的詩歌以叙離情見長，曹植的《贈白馬王彪》以抒幽憤著名，劉楨的《贈從弟》表現了高潔的品格，嵇康的《贈秀才入軍》展示了灑脱的情趣。陶淵明的贈答詩又有他自己的特點：以其真摯的感情、家常的内容、雋永的意味、既不火熱也不冷淡的語調，爲自己塑造了一位仁厚長者的形象。如：“靄靄停雲，濛濛時雨。八表同昏，平路伊阻。静寄東軒，春醪獨撫。良朋悠邈，搔首延佇。”（《停雲》）“飄飄西來風，悠悠東去雲。山川千里外，言笑難爲因。良才不隱世，江湖多賤貧。脱有經過便，念來存故人。”（《與殷晋安别》）《答龐參軍》是其贈答詩中最深沉的一首：

相知何必舊，傾蓋定前言。有客賞我趣，每每顧林園。談諧無俗調，所説聖人篇。或有數斗酒，閑飲自歡然。我實幽居士，無復東西緣。物新人唯舊，弱毫夕所宣。情通萬里外，形迹滯江山。君其愛體素，來會在何年？

詩裏有歡聚的回顧，有離别的傷感，也有殷勤的叮嚀，語重而情深。

在以上五類題材之外，陶淵明還有一些以發揮哲理爲主要内容的作品，如《形影神》《連雨獨飲》，《擬挽歌辭》也可以歸入這一類。這類詩可以視爲玄言詩，但與東晋流行的玄言詩有所不同，并非“柱下之旨歸，漆園之義疏”（劉勰《文心雕龍·時序》），而是將生活中的體驗提煉到哲學的高度。魏晋人注重門閥，陶詩中有的寫到宗族關係或對兒子加以訓誡，如《命子》《責子》《贈長沙公》等，可見陶淵明也還是重視家族的榮譽和門第的。《命子》詩，《册府元龜》作《訓子》，歷數自陶唐以來陶家祖先的業績，於陶侃尤詳。

第三節　陶詩藝術及其淵源

自然，不僅是陶淵明的人生旨趣，也是其詩歌的總體藝術特徵。他作詩不存祈譽之心，生活中有了感觸就訴諸筆墨，既無矯情也不矯飾。他説：“常著文章自娱，頗示己志。忘懷得失，以此自終。”（《五柳先生傳》）又説：“既醉之後，輒題數句自娱，紙墨遂多。”（《飲酒序》）由此可見他的創作態度。陶詩的聲吻和節奏，舒緩而沉穩，給人以藹如之感。陶詩多用内省式的話語，坦誠地記録他内心細微的波瀾，没有奪人的氣勢，没有雄辯的力量，也没有軒昂的氣象，卻如春雨一樣慢慢地滲透到讀者的心中。他的詩不追求强烈的刺激，没有濃重的色彩，没有曲折的結構，純是自然流露，一片神行。但因其人格清高超逸，生活體驗真切深刻，所以衹要原原本本地寫出來就有感染力。正如宋人黄徹所説：“淵明所以不可及者，蓋無心于非譽、巧拙之間也。”(《砻溪詩話》卷五)王叔岷承襲鍾嶸之説又加以擴充,將陶詩分成四類:質直、風力、華靡、温厚,前三者就其五言詩而言,第四就其四言詩而言,見其《陶淵明詩箋證稿》,附録二《陶淵明及其詩》,臺北藝文印書館一九七五年刊行,第五四六頁。孫靜用“真、淳、樸”概括陶詩藝術風格,見其《真、淳、樸——陶淵明的美學觀及其藝術風格》一文,《光明日報》一九八三年三月二十二日。李華將陶詩的特色概括爲“真、大、遠、深”,見其主編《陶淵明詩文賞析集·前言》,巴蜀書社一九八八年版。

陶詩的一大特點也是他的一種開創,就是將日常生活詩化,在日常生活中發現重要的意義和久而彌淳的詩味。在他以前,屈原、曹操、曹植、阮籍、陸機等等都著重於關乎國家政治的題材,陶淵明著重寫普普通通的生活,用家常話寫家常事,寫得詩意盎然。

具體地説,陶詩的藝術特色可以概括爲:

一、情、景、事、理的渾融。陶淵明描寫景物并不追求物象的形似,叙事也不追求情節的曲折,而是透過人人可見之物、普普通通之事,表達高于世人之情,寫出人所未必能够悟出之理。陶詩重在寫心,寫那種與景物融而爲一的、對人生了悟明徹的心境。他無意于模山範水,也不在乎什麼似與不似,祗是寫出他自己胸中的一片天地。陶詩發乎事,源乎景,緣乎情,而以理爲統攝。在南風下張開翅膀的新苗,伴隨他鋤草歸來的月亮,依依升起的炊煙,不嫌他門庭荒蕪重返舊巢的春燕,在中夏貯滿了清陰的堂前林,床上的清琴,壺中的濁酒,以及在他筆下常常出現的青松、秋菊、孤雲、飛鳥,都已不是尋常的事物,它們既是客觀的又是體現了詩人主觀感情與個性的,既是具象的又是理念的。且看《飲酒》其五:

> 結廬在人境,而無車馬喧。問君何能爾,心遠地自偏。採菊東籬下,悠然見南山。山氣日夕佳,飛鳥相與還。此中有真意,欲辯已忘言。

前四句講了“心”與“地”也就是主觀精神與客觀環境之間的關係，衹要“心遠”，不管在什麽地方都不會受塵俗喧囂的干擾。“採菊東籬下，悠然見南山”，偶一舉首，心與山悠然相會，自身彷彿與南山融爲一體了。那日夕的山氣、歸還的飛鳥，在自己心裏構成一片美妙的風景，其中蘊藏著人生的真諦。這種心與境的瞬間感應，以及通向無限的愉悦，是不可落于言筌的。正如《古學千金譜》所説：“籬有菊則採之，採過則已，吾心無菊。忽悠然而見南山，日夕而見山氣之佳，以悦鳥性，與之往還。山花人鳥，偶然相對，一片化機，天真自具。既無名象，不落言詮，其誰辨之。”王漁洋秘本、朱燮增釋《古學千金譜》卷十八，清乾隆五十五年治怒齋刊本。《擬挽歌辭》其三也是情、景、事、理四者渾融的佳作：

> 荒草何茫茫，白楊亦蕭蕭。嚴霜九月中，送我出遠郊。四面無人居，高墳正嶕嶢。馬爲仰天鳴，風爲自蕭條。幽室一已閉，千年不復朝。千年不復朝，賢達無奈何。向來相送人，各自還其家。親戚或餘悲，他人亦已歌。死去何所道？託體同山阿。

這首詩先寫親友爲自己送葬的情事，“荒草”“白楊”烘托出悲涼的氣氛。然後説人皆有死，誰也不能避免，而一個人的死去對活著的人來説并無太大的影響，不必過于執著。最後兩句以理語作結，統攝全詩。死亡是人的一大困惑，這個困惑被陶淵明勘破了。

陶詩中的“理”不是抽象的哲學説教，而是在生活中親自體驗到的，其中包涵著生活的情趣。陶詩表現了他對宇宙、歷史和人生的認識，是探求其奥秘和意義的結晶，而這一切又是用格言一樣既有情趣又有理趣的語言表現的，取得了言有盡而意無窮的效果。如：“人生歸有道，衣食固其端。”（《庚戌歲九月中於西田獲旱稻》）“落地爲兄弟，何必骨肉親。”（《雜詩》其一）“氣變悟時易，不眠知夕永。”（《雜詩》其二）“及時當勉勵，歲月不待人。”（《雜詩》其一）“不覺知有我，安知物爲貴。”（《飲酒》其十四）“人生似幻化，終當歸空無。”（《歸園田居》其四）“吁嗟身後名，於我若浮煙。”（《怨詩楚調示龐主簿鄧治中》）“連林人不覺，獨樹衆乃奇。”（《飲酒》其八）這些詩句言淺意深，富有啟示性。清人潘德輿説陶淵明“任舉一境一物，皆能曲肖神理”（《養一齋詩話》），是中肯之論。

二、平淡中見警策，樸素中見綺麗。前人往往用“平淡樸素”概括陶詩的風格，然而陶詩不僅僅是平淡，陶詩的好處是在平淡中見警策；陶詩不僅僅是樸素，陶詩的好處是在樸素中見綺麗。陶詩所描寫的對象，往往是最平常的事物，如村舍、雞犬、豆苗、桑麻、窮巷、荆扉，而且一切如實説來，没有什麼奇特之處。然而一經詩人筆觸，往往出現警策。陶詩很少用華麗的辭藻、誇張的手法，衹是白描，樸樸素素。如：“種豆南山下”，“今日天氣佳”，“青松在東園”，“秋菊有佳色”，“悲風愛靜夜”，“春秋多佳日”，都是明白如話。然而，平淡之中可見綺麗。又如《擬古》其三：

> 仲春遘時雨，始雷發東隅。衆蟄各潛駭，草木從横舒。翩翩新來燕，雙雙入我廬。先巢故尚在，相將還舊居。自從分别來，門庭日荒蕪。我心固匪石，君情定何如？

春天來了，燕子雙雙回到自己的草廬。一年來，自己的門庭日見荒蕪，但仍然堅持著貧窮的隱居生活。有些朋友并不理解自己的態度，一再勸説出仕。可是燕子卻翩翩而來，絲毫也不嫌棄它們的舊巢以及自己這個貧士。似乎燕子在問詩人：我的心是堅定的，你的心也像我一樣堅定嗎？這首詩好像一個美麗的童話，淺顯平淡卻有奇趣。類似的例子還有不少，例如：“衆鳥欣有託，吾亦愛吾廬。”（《讀山海經》其一）“平疇交遠風，良苗亦懷新。”（《癸卯歲始春懷古田舍》其二）兩個“亦”字，物我情融，耐人尋味。又如：“山澗清且淺，可以濯吾足。漉我新熟酒，隻雞招近局。日入室中闇，荆薪代明燭。”（《歸園田居》其五）一條山澗、一隻雞、一根荆薪，這些平平常常的事物一經詩人點化便有了生活情趣，顯示出他對鄰人的親切，以及農村淳樸的風俗。“傾耳無希聲，在目皓已潔”（《癸卯歲十二月中作與從弟敬遠》），平淡的十個字便寫出了雪的輕柔之美。關于陶詩的這個特點，蘇軾概括爲“質而實綺，癯而實腴”（《與蘇轍書》），十分精闢。朱光潛對蘇軾的話有詳細的發揮：“陶詩的特點在平、淡、枯、質，又在奇、美、腴、綺。這兩組恰恰相反的性質如何能調和在一起呢？把它們調和在一起，正是陶詩的奇蹟；……陶詩的特色正在不平不奇，不枯不腴，不質不綺，因爲它恰到好處，適得其中；也正因爲這個緣故，它一眼看去，卻是亦平亦奇，亦枯亦腴，亦質亦綺。”見《詩論》，《朱光潛全集》，安徽教育出版社一九八七年版，第三卷第二六五頁。

陶詩的語言不是未經錘煉的，祇是不露痕迹，顯得平淡自然。正如元好問所説：“一語天然萬古新，豪華落盡見真淳。”（《論詩絶句》）例如：“及時當勉勵，歲月不待人。”（《雜詩》其一）“日月擲人去，有志不獲騁。”（《雜詩》其二）“藹藹堂前林，中夏貯清陰。”（《和郭主簿》其一）“待”字、“擲”字、“貯”字，這三個動詞都是常見的，看似平淡卻很精彩，不可更易。

關于陶詩的藝術淵源，鍾嶸《詩品》曰：“其源出于應璩，又協左思風力。”其後多有反對此説的，今人則多表示贊同。從今存應璩詩以及關于應璩的傳記資料看來，他與陶淵明很不一樣，與其説陶詩源于應璩，不如説源于漢、魏、晋諸賢，應璩一人不足以籠罩他。如果一定要説得具體些，可以説陶詩源于《古詩》，又紹阮籍之遺音而協左思之風力。魏晋詩歌在他那裏達到了一個新的高峰。參見袁行霈《鍾嶸〈詩品〉陶詩源出應璩説辨析》，《國學研究》第二輯，北京大學出版社一九九四年版。

第四節　陶淵明的散文與辭賦

陶淵明在文學史上的地位和影響，有賴于他的散文和辭賦的，實不下于他的詩歌。特别是《五柳先生傳》《桃花源記》和《歸去來兮辭》，這三篇最見其性情和思想，也最著名。

《五柳先生傳》衹有一百二十多字的本文和四十多字的贊語，卻爲自己留下一篇神情畢現的傳記。《晋書・陶潛傳》曰："潛少有高趣，嘗著《五柳先生傳》以自況。……時人謂之實録。"在陶淵明之前，司馬遷寫過《自序》，王充寫過《自紀》，但那分别是《史記》和《論衡》的自序，帶有自傳性質而已。阮籍寫過《大人先生傳》，雖借著大人先生表現了自己的志趣，但并不是自傳。陶淵明的《五柳先生傳》取正史紀傳體的形式，但不重在叙述生平事迹，而重在表現生活情趣，帶有自叙情懷的特點，這種寫法是陶淵明的首創。此後，王績的《五斗先生傳》、白居易的《醉吟先生傳》都是深受其影響的。《五柳先生傳》在一百多字的篇幅中，以極其簡潔的筆墨表達了不同流俗的性格，清楚地劃出一條與世俗的界限，從而塑造了一個清高灑脱、怡然自得、安貧樂道的隱士形象。五柳先生遂成爲寄托中國古代士大夫理想的人物形象。

《歸去來兮辭》是一篇脱離仕途回歸田園的宣言。文中所寫歸途的情景，抵家後與家人團聚的情景，來年春天耕種的情景，都是想像之辭，于逼真的想像中更可看出詩人對自由的嚮往。文中不乏華彩的段落，跌蕩的節奏，舒暢的聲吻，將詩人欣喜欲狂的情狀呈現于讀者面前。對于後人來説，一切的回歸，一切的解放，都可以借著這篇文章來抒發，因此它也就有了永恒的生命力。歐陽修説："晋無文章，惟陶淵明《歸去來兮辭》一篇而已。"元李公焕《箋注陶淵明集》卷五引。雖未必是嚴謹的評論，但此文之高妙實在是難以倫比的。

《桃花源記》的故事和其他仙境故事有相似之處，描寫了一個美好的世外仙界。參見葛兆光《從出世間到人世間》，《文學史》第三輯，北京大學出版社一九九六年版，第一五頁。不過應當强調的是，陶淵明所提供的理想模式有其特殊之處：在那裏生活著的其實是普普通通的人，一群避難的人，而不是神仙，祇是比世人多保留了天性的真淳而已；他們的和平、寧静、幸福，都是通過自己的勞動取得的。古代的許多神話，描繪的是長生和財寶，桃花源裏既没有長生也没有財寶，祇有一片農耕的景象。陶淵明歸隱之初想到的還祇是個人的進退清濁，寫《桃花源記》時已經不限于個人，而是想到整個社會的出路和廣大人民的幸福。陶淵明邁出這一步，與多年的躬耕和貧困的生活體驗有關。雖然桃花源祇是空想，但能提出這個空想是十分可貴的。陳寅恪《桃花源記旁證》認爲：它不僅是寓意之文也是紀實之文：真實之桃花源在北方，其居人所避之秦乃苻秦，其紀實部分乃依據義熙十三年劉裕率師入關時戴延之等所聞見之材料而作成，其寓意部分乃牽連混合劉驎之入衡山採藥故事加以點綴而成，《擬古》其二可以互相參證。原載《清華學報》第十一卷第一期，一九三六年版，收入《金明館叢稿初編》。

第五節　陶淵明的意義

陶淵明在當時只以隱士著稱，他的文學創作没有得到高度的評價，這是因爲他平淡自然的風格與當時崇尚的華麗文風不合。顔延之《陶徵士誄》盛贊其人品，而對其文學祇有一句評論曰："文取旨達。"鍾嶸《詩品》將他列入中品。蕭統是第一位發現陶淵明文學價值的人，既推崇其人格也推崇其文學。蕭統《陶淵明集序》曰："其文章不群，詞采精拔；跌蕩昭章，獨起衆類；抑揚爽朗，莫之與京。横素波而傍流，干青雲而直上。語時事則指而可想，論懷抱則曠而且真。"見《梁昭明太子文集》卷四，《四部叢刊》影印宋刊本。到了宋朝，特别是經過蘇軾、朱熹的弘揚，以及湯漢對其作品的詮釋，陶淵明才真正確立了他在文學史上的崇高地位，朱熹對陶淵明贊頌備至，如："晉宋間人物，雖曰尚清高，然個個要官職，這邊一面清談，那邊一面招權納貨。淵明卻真個是能不要，此其所以高於晉宋人也。"（見陶澍《靖節先生集》附録"諸家評陶匯集"）"陶淵明詩，人皆説是平淡，據某看他自豪放，但豪放得來不覺耳。"（黎靖德編《朱子語類》卷一百四十,明刊本)南宋湯漢《陶靖節先生詩注》四卷,是現存最早的注本。他據韓駒對《述酒》詩的評論,詳加考釋,認爲此詩是爲劉裕篡晋而作。此説影響很大。這地位一直保持到今天,并獲得了世界的聲譽。一九五八年十二月至一九六〇年三月,《光明日報》的《文學遺産》副刊展開了對陶淵明的大討論,有一種意見認爲陶淵明基本上是反現實主義的,無論在當代還是對後代都起著引人走向消極道路的促退作用;有人則對他抱肯定態度。經過討論,對陶淵明抱肯定態度的佔了上風。《文學遺産》編輯部將這次討論中的重要論文編成《陶淵明討論集》,中華書局一九六一年出版。關於陶淵明在國外的影響,據不完全的統計,其作品有日、韓、俄、德、英、法、捷克等文字的譯本或選本,另有大量研究論著。

陶淵明是中國士大夫精神上的一個歸宿,許多士大夫在仕途上失意以後,或厭倦了官場的時候,往往回歸到陶淵明,從他身上尋找新的人生價值,并藉以安慰自己。白居易、蘇軾、陸游、辛棄疾等莫不如此。于是,不爲五斗米折腰也就成了中國士大夫精神世界的一座堡壘,用以保護自己出處選擇的自由。而平淡自然也就成了他們心目中高尚的藝術境地。韋鳳娟《論陶淵明的境界及其所代表的文化模式》一文認爲,屈原代表了載道文化,陶淵明代表了閑情文化。陶淵明所代表的這種文化模式深刻地契合了具有高度文化修養的封建士大夫獨特的文化心理。宋元以來成爲他們的認同對象,備受推崇。見《文學遺産》一九九四年第二期,江蘇古籍出版社出版。

由于陶淵明的吟詠,酒和菊已成爲他的象徵。古代文人愛酒的不少,但能識酒中之深味的,從飲酒中體悟人生真諦的,陶淵明是爲數不多的幾個人之一,關於魏晋文人與酒之關係,魯迅《魏晋風度及文章與藥及酒之關係》一文有精辟的論述,見《而已集》。王瑶《文人與酒》曰:“所謂酒中趣即是自然,一種在冥想中超脱現實世界的幻覺。”見其《中古文學史論》。酒和陶淵明的生活及其文學緊密地聯繫在一起。阮籍飲酒有以醉逃禍和借酒澆愁的意味,陶淵明則是追求酒所助成的物我兩忘的境界。陶淵明寫菊其實并不多,一共六處,但因“採菊東籬下,悠然見南山”這兩句詩太著名了，菊便成了他的化身，成了中國文學裏象徵著高情遠致的意象。在酒和菊之外，象徵陶淵明的還有"孤雲"："萬族各有託，孤雲獨無依。曖曖空中滅，何時見餘輝。"（《詠貧士》其一）陶淵明生前是孤獨的，他的詩歌是一個孤獨者的自白。他生命的光輝在他死後才逐漸放射出來，"千秋萬歲名，寂寞身後事"（《夢李白》其二），杜甫的這兩句詩用在陶淵明身上是再恰當不過了。

陶淵明集箋注線裝本自序

陶公淵明者，鍾記室以爲“古今隱逸詩人之宗也”，誠哉斯論！陶公棄官歸隱，高卧北窗，人咸目爲隱士；飲酒賦詩，採菊東籬，世皆謂之詩人。然陶公豈止詩人而隱者乎？亦可謂哲人也矣。何則？蓋哲人必有大智慧，其所參悟，恒發爲言語而施諸行止，終生由之而無改。陶公忘懷得失，勘破死生，縱浪大化，不喜不懼。非哲人不能有此境界也。

倘著眼陶公與中國文化之關係，則别有一番見地。夫文化之顯微，必有包藴於内而發露於外或謂爲“文化符號”者，若陶公堪稱“中國文化符號”之犖犖大者也。蘇東坡以降，和陶詩者代不乏人；李龍眠以來，取陶公入畫者比比皆是；王無功以後，摘陶公詩文命其書齋、用爲别號，以示景仰者屢見不鮮。而“五柳”“桃源”“武陵”“戴月”“荷鋤”諸語，皆源出陶集，已提煉爲深具内涵之符號性語辭矣。

余自幼誦習陶集，慕其爲人，年逾不惑遂立志注陶，黽勉從事，藁凡數易，然意終未愜。其後得覽汲古閣藏宋刻十卷本，喜不自勝，此乃現存陶集最早且最爲完備之版本，惜未見採於諸注家。余既用作底本，精加校讎，詳爲箋注，閲二十春秋方始告竣。蒙中華書局不棄，惠然付梓，俾流布於海内，有以請正於方家，可謂幸矣！今更有綫裝本之議，其爲幸也復何如哉！徐俊、顧青、俞國林諸契友歷主其事，謹此一併深表謝忱！

甲午冬月初十，毗陵袁行霈於愈廬

目　録

凡 例

一、本書以毛氏汲古閣藏宋刻《陶淵明集》十卷本爲底本。此書原藏毛氏汲古閣，繼歸黄氏士禮居，後歸楊氏海源閣，楊紹和《楹書隅録》定爲北宋本，其後又歸周叔弢。現藏中國國家圖書館（原北京圖書館），定爲宋刻遞修本。陶集有無自定本，雖不得而知，然自蕭統所編《陶淵明文集》之後，版本之源流可考，流傳有緒，非明人所輯漢魏六朝别集可比。本書所用底本乃今存陶集最早刻本，所標異文約七百四十處之多，遠超出所有其他宋元刻本，爲諸善本中之最上者也。

二、校本皆取宋元刻本，計有：

宋慶元間黄州刊《東坡先生和陶淵明詩》四卷。原刻本。現藏臺灣“中央圖書館”。

宋紹興刻《陶淵明文集》十卷，蘇體大字本。康熙三十三年汲古閣毛扆覆宋本，現藏河南省圖書館。胡伯薊據毛氏汲古閣覆宋本臨寫，胡桐生、俞秀山刊行，有光緒己卯陳澧題記。

宋紹熙壬子（三年）曾集重編刊本《陶淵明集》二册，詩一册，雜文一册。不分卷。原刻本。現藏中國國家圖書館。

宋湯漢《陶靖節先生詩注》四卷，《補注》一卷。原刻本。淳祐初元湯漢自序。現藏中國國家圖書館。

元李公焕《箋注陶淵明集》十卷。原刻本。現藏臺灣“中央圖書館”。

兼採《文選》《樂府詩集》《藝文類聚》《太平御覽》《册府元龜》《宋書》《晉書》《南史》等總集、類書、史書，以爲參校。元代書法家俞和書陶潛詩二册，共九十九首，現藏臺北故宫博物院，本書偶有參考。

三、本書底本共十卷，依次爲：四言詩一卷，五言詩三卷，辭賦一卷，記傳贊述一卷，傳贊（《五孝傳》）一卷，疏祭文一卷，《集聖賢群輔録》（四八目）二卷。無目。本書目録乃據正文增編。其中，傳贊一卷及《集聖賢群輔録》二卷，蕭統所編《陶淵明集》不載，乃北齊陽休之補入者。《四庫全書總目提要》定爲僞作，然難成定讞，姑存疑，兹移至書後，編爲外集。又，《歸園田居》其六、《問來使》非淵明所作；《尚長禽慶贊》本集不載，見於《藝文類聚》，亦編入外集。

四、本書正集七卷，另有外集。卷首列目録，卷末列附録、陶淵明年譜簡編、陶淵明作品繫年一覽、主要參考書目。除移入外集之作品外，正集各篇編排次序一仍底本之舊。底本於卷十《八儒》《三墨》後，有顔延年《靖（底本題目作靜，文中或作靖，或作靜。曾集本同。紹興本一律作靖）節徵士誄》、昭明太子《陶淵明傳》、北齊陽（底本作楊，《北齊書》作陽）僕射休之《序録》、本朝宋丞相《私記》、曾紘《説》，今一併歸入附録一。另增加沈約《宋書・陶潛傳》、梁昭明太子蕭統《陶淵明文集序》、思悦《書靖節先生集後》、佚名氏《跋》、曾集《題識》、湯漢《陶靖節先生詩注序》。

五、本書底本有校記，隨正文以小字夾注，共約七百四十處，本書一律保留，俾讀者得見底本原貌。其夾注或標明“一作”某，或於“一作”下再標“又作”“或作”“宋（庠）本作”，然則其書之校勘所取版本不止一種。既曰“宋本”如何，則宋庠本乃校本而非底本，其底本或即陽休之本亦未可知。正文可改可不改者一律不改，尤忌無版本依據之臆改。凡據底本校記修改正文時，均在校勘記中説明理由。凡據校本修改之處，在正文夾注中説明：原作某，某本作某，並在校勘記中説明理由。其與各校本相同之處，一般不出校，以節省篇幅；不同之處出校，並擇其要者在校勘記中加以考證。本書偶有理校，必通盤考慮、詳加考證，未敢臆斷。亦必注明底本原作某，以供讀者重新考訂。至於外集各篇，文字均據底本，偶作校勘。

六、本書題解説明主旨大意、題目淵源，解釋題目中之人名、地名、語詞等。

七、本書編年作品共四十八題，一百零七篇，均有考證。其未能詳考年代者，暫付闕如，以俟高明。

八、本書箋注力求詳明，舉凡人物、地名、史實、本事、名物等，均加以箋釋，字義、詞義、句義、典故、讀音等亦有注釋。所引書籍一律注出篇名。

九、本書考辨，兼採各家異説，斷以己意，力求公允客觀。其不同於各家之處，見仁見智，申明理由而已，不敢有所譏誚。

十、本書析義，分析作品之涵義，偏重評點欣賞。

十一、本書所附陶淵明年譜簡編，乃根據拙作《陶淵明年譜匯考》壓縮而成，考證部分大都省去，以便閱覽。

十二、本書校勘、題解、編年、箋注、考辨、析義中廣泛採摭各家之説，凡有引用，均一一注出姓名、書名、篇名，不敢掠人之美。爲求簡潔，稱引前賢、師長姓名，無論存殁，均省去“先生”二字；其著作一般用簡稱，如：古《箋》（古直先生《陶靖節詩箋定本》），王注（王瑶先生注《陶淵明集》），王叔岷《箋證稿》（王叔岷先生《陶淵明詩箋證稿》），逯注（逯欽立先生《陶淵明集》），梁《譜》（梁啟超先生《陶淵明年譜》）。對照書後之書目，讀者自明，無須一一列舉。原引文有誤或省去篇名或過於簡略，而須修正、補足者，修正、補充部分一律標以圓括號。

十三、陶集自明代以來翻刻甚多，僅郭紹虞先生《陶集考辨》所録已達一百四十九種，實際數字恐不下二百種。各本序跋亦多，不必一一收録，僅擇宋元刻本録之。至於諸家評論，中華書局早在二十世紀六十年代已有《陶淵明研究資料彙編》及《陶淵明詩文匯評》兩書出版，讀者可以參考，無須抄録，僅在箋注中擇其要者隨時引用而已。

十四、後人追和陶詩乃應注意之文學現象，而且已成爲一種傳統。明代所刻陶集已有附東坡和陶詩者，如萬曆四十七年楊時偉刻本。本書選擇東坡以來和陶詩九種，十家，作爲附録。或有助於對陶集之理解，亦可見陶淵明影響之深遠。

陶淵明集箋注卷第一 詩九首四言

停雲一首 并序

停雲，思親友也〔一〕。罇湛新醪〔二〕，園列初榮〔三〕。願言不一作弗從〔四〕，歎息一作想彌襟①〔五〕。

靄靄停雲〔六〕，濛濛時雨〔七〕。八表同昏〔八〕，平路伊阻〔九〕。静寄東軒〔一〇〕，春醪獨撫〔一一〕。良朋悠邈〔一二〕，搔首延佇〔一三〕。

停雲靄靄，時雨濛濛。八表同昏，平陸成江。有酒有酒，閑飲東窗。願言懷人一作仁，舟車靡從〔一四〕。

東園之樹〔一五〕，枝條一作葉載榮②〔一六〕。競用新好一作朋新，一作競朋親好③，以怡原作招，注一作怡余情④〔一七〕。人亦有言〔一八〕，日月于征〔一九〕。安得促席〔二〇〕，説彼平生〔二一〕？

翩翩飛一作輕鳥〔二二〕，息我庭柯〔二三〕。斂翮閑止一作正⑤〔二四〕，好聲相和。豈無他人，念子寔多〔二五〕。願言不獲，抱恨如何〔二六〕！

【校勘】

① 紹興本"襟"字下有"云爾"二字。

② 載：紹興本作"再"，亦通。

③ 用、新：一作"朋""親"。徐復曰："六朝之時，'朋'或寫作'用'。此'用'爲'朋'之别字。'競朋'，猶言高朋。《爾雅·釋詁四》：'競，高也。'陶氏《祭從弟敬遠文》亦云'樂勝朋高'矣。'親好'，謂親戚好友，義同'親知'。'新'亦'親'字之誤。"案：徐説固有據，然聯繫上下文，仍以原作爲佳。

④ 怡：原作"招"，底本校曰"一作怡"，據改。

⑤ 止：曾集本作"上"，注一作"正"。既曰"斂翮"則已停飛，不得曰"上"。一作"正"，亦費解。

【題解】

“停雲”,停滯不散之雲。此詩仿《詩》體例,取首句二字爲題。詩前有小序。

【編年】

逯欽立《陶淵明年譜稿》訂此詩爲四十歲作,又案曰:“《停雲》《時運》《榮木》三詩,皆冠小序,而序文結構、句法悉同,疑爲同時之作,故若是之畫一也。”其《陶淵明事迹詩文繫年》亦曰四十歲之作。王瑶注同逯説。霈案:《榮木》確爲四十歲所作,但不可因此詩及《時運》與之體制相同,即確定爲同時所作也。此詩編年闕疑。

【箋注】

〔一〕親友:親密之朋友,猶首章之“良朋”。《史記·張釋之傳》:“中尉條侯周亞夫與梁相山都侯王恬開見釋之持議平,乃結爲親友。”阮籍《詠懷》其十七:“日暮思親友,晤言用自寫。”潘岳《金谷集作詩》:“親友各言邁,中心悵有違。”

〔二〕罇湛(chén)新醪(láo):意謂酒罇之中斟滿新釀之醪也。湛:没,見《説文》。湛,又有盈滿之義,《淮南子·覽冥訓》:“故東風至而酒湛溢,蠶咡絲而商弦絶,或感之也。”罇湛:意謂酒罇爲酒所盈没。淵明《擬挽歌辭》其二:“在昔無酒飲,今但湛空觴。春醪生浮蟻,何時更能嘗。”醪:《説文》:“汁滓酒也。”段注:“米部曰:‘糟,酒滓也。’許(慎)意此爲汁滓相將之酒。”據此,“醪”是帶糟之酒,未漉者。丁《箋注》:“湛,澄清也。”逯《注》同。霈案:帶糟之酒,不得謂澄清,恐非是。

〔三〕園列初榮:與上句句式相同,意謂園中遍布鮮花也。列:陳列,又有衆多之義。初榮:初開之花。古《箋》:“《爾雅》:‘木謂之華,草謂之榮。’直案:對言榮華有别,散言榮華,亦通。《禮記·月令》‘鞠有黄華’、《楚辭·遠遊》‘桂樹冬榮’是也。”

〔四〕願言不從:意謂思念友人而不得見。願:思念。《詩·衛風·伯兮》:“願言思伯。”言:語助詞。不從:不順遂。

〔五〕彌襟:滿懷。

〔六〕靄靄:雲集貌。

〔七〕濛濛:雨密貌。時雨:丁《箋注》:“應時之雨。”霈案:《藝文類聚》卷八五曹植《魏德論謳》:“和氣致祥,時雨滲漉。”又,《文選》卷二〇曹植《上責躬應詔詩表》："施暢春風，澤如時雨。"李善注引《吕氏春秋》："甘露時雨，不私一物。"陶詩中多用"時雨"，如《擬古》其二："仲春遘時雨"，《和戴主簿》："神淵寫時雨"。

〔八〕八表：八方以外極遠之處。古《箋》："《淮南·墬形訓》：'八殥之外，而有八紘。'高誘注：'紘，維也。維絡天地而爲之表，故曰紘也。'直案：《尚書》：'光被四表。'此云'八表'，蓋本《淮南》。《晉書·蔡謨傳》：'經營八表。'《桓温傳》：'洽被八表。'然則二字蓋晉人常用之詞也。"需案：魏明帝曹叡《苦寒行》："遺化布四海，八表以肅清。"淵明常用此二字，如《歸鳥》："遠之八表"，《連雨獨飲》："八表須臾還"。昏：指陰雨昏暗。

〔九〕平路伊阻：意謂連平路亦阻難不通矣。曹植《應詔詩》："僕夫警策，平路是由。"《詩·邶風·雄雉》："自詒伊阻。"毛傳："伊，維。阻，難。"

〔一〇〕靜寄東軒：靜居於東軒之下。寄：寄身。東軒：東窗。阮籍《詠懷》其十五："開軒臨四野，登高望所思。"淵明《飲酒》其七："嘯傲東軒下。"

〔一一〕春醪獨撫：意謂獨自飲酒。春醪：春酒。《詩·豳風·七月》："爲此春酒，以介眉壽。"毛傳："春酒，凍醪也。"孔穎達疏："此酒凍時釀之，故稱凍醪。"馬瑞辰通釋："春酒，即酎酒也。漢制，以正月旦作酒，八月成，名酎酒。周制，蓋以冬釀經春始成，因名春酒。"《文選》張衡《東京賦》："因休力以息勤，致歡忻於春酒。"李善注："春酒，謂春時作，至冬始熟也。"撫：持，此猶言把酒。淵明《九日閑居》："持醪靡由。"

〔一二〕悠邈：遥遠。阮籍四言《詠懷詩》十三首之九："山川悠邈，長路乖殊。"棗據《雜詩》："千里既悠邈，路次限關梁。"

〔一三〕搔首：心情煩急之狀。《詩·邶風·靜女》："愛而不見，搔首踟躕。"延佇：久立等待。

〔一四〕舟車靡從：欲往而無舟車相隨也。

〔一五〕東園：淵明《飲酒》其八："青松在東園。"

〔一六〕載榮：猶始榮也。

〔一七〕競用新好，以怡余情：意謂東園之樹競相以其始榮之枝葉快慰余情也。湯漢注："謂相招以事新朝。"需案：此説斷章取義，不可取。

〔一八〕人亦有言:《詩·大雅·蕩》:"人亦有言,顛沛之揭。"魏晉人常以"人亦有言"四字入詩,如王粲《贈士孫文始》:"人亦有言,靡日不思。"陸機《贈馮文羆遷斥丘令》:"人亦有言,交道實難。"歐陽建《答石崇贈詩》:"人亦有言,愛而勿勞。"郭璞《贈温嶠》:"人亦有言,松竹有林。"淵明詩中凡三見,除《停雲》外,另見《時運》《命子》。

〔一九〕日月于征:《詩·唐風·蟋蟀》:"日月其邁。"征:猶"邁",行也。

〔二〇〕促席:促近坐席也。左思《蜀都賦》:"合樽促席,引滿相罰。"

〔二一〕説彼平生:古《箋》:"《文選》嵇叔夜《與山巨源絶交書》:'時與親舊叙闊,陳説平生。'《論語》何晏集解:'平生,猶少時。'"

〔二二〕翩翩:疾飛貌,亦有輕快自得之意。《詩·小雅·四牡》:"翩翩者鵻,載飛載下。"《文選》張華《鷦鷯賦》:"翩翩然有以自樂也。"李善注:"翩翩,自得之貌。"淵明《擬古》其三:"翩翩新來燕,雙雙入我廬。"

〔二三〕庭柯:庭園之樹枝。淵明《歸去來兮辭》:"眄庭柯以怡顏。"

〔二四〕斂翮(hé):斂翅。止:語助詞。

〔二五〕豈無他人,念子寔多:《詩·唐風·杕杜》:"豈無他人,不如我同父。"《詩·唐風·羔裘》:"豈無他人,維子之故。"《詩·秦風·晨風》:"如何如何,忘我實多。"寔:通實。

〔二六〕願言不獲,抱恨如何:《文選》嵇康《贈秀才入軍》其三:"願言不獲,愴矣其悲。"李善注引張衡詩曰:"願言不獲,終然永思。"恨:憾也。

【考辨】

劉履《選詩補注》:"此蓋元熙禪革之後,而靖節之親友,或有歷仕於宋者,故特思而賦詩,且以寓規諷之意焉。此章言'停雲''時雨',以喻宋武陰凝之盛,而微澤及物。'表昏''路阻',以喻天下皆屬於宋,而晉臣無可仕之道矣。……四章,興也,言庭柯之鳥,翔集從容,和鳴而相親,以興仕途之人當擇所處,不可遺棄親友而不顧返也。"黄文焕《陶詩析義》:"四首皆匡扶世道之熱腸,非但離索思群之閑悰也。"

需案:此説或由湯漢注所謂"相招以事新朝"引申而來。倘若就一二句斷章取義,或可謂有感易代而發;若統觀全詩,不過如詩序所謂思親友也。但其孤獨之感顯而易見,或與其所處時代不無關係。從"豈無他人，念子寔多”看來，或有一思念之具體對象，但究係何人已不可考。清吴菘《論陶》曰：“前二章神閑氣静，頗自怡悦，絶無悲憤之意。即曰憾曰慨，亦不過思友春遊、即事興懷耳。如指爲求同心、商匡扶，殊屬枝節。”此論爲是。

【析義】

淵明雖性情高遠，但對友人自有一片熱腸。以舒緩平和之四言寫來，又有一種深情厚意見諸言内，溢於言表。王夫之以“深遠廣大”四字評之（《古詩評選》卷二），實爲有見。“停雲”二字，一經淵明寫出，遂成爲一種意象，隱喻思念親友，僅今存辛棄疾詞中就出現九次之多。

一、二章，雨中路阻，不得與友人往來。三章就“東軒”“東窗”引出“東園”之樹，由枝條始榮聯想歲月流逝，而思與親友共話平生。四章，復由樹及鳥，飛鳥尚能“好聲相和”，而我卻寂寞孤獨，益發“抱恨”矣。

時運一首 并序

時運，游暮春也。春服既成〔一〕，景物斯和〔二〕。偶景一作影獨遊〔三〕，欣慨一作然交心〔四〕。

邁邁一作靄，又作藹時運①〔五〕，穆穆良朝〔六〕。襲我春服〔七〕，薄言東郊〔八〕。山滌餘靄一作藹②，宇曖微霄一作餘靄微消③〔九〕。有風自南，翼彼一作我新苗④〔一〇〕。

洋洋平澤一作津，乃漱乃濯一作濯濯⑤〔一一〕。邈邈遐景，載欣載矚〔一二〕。稱心而言，人亦易足一曰人亦有言，稱心易足⑥〔一三〕。揮兹一觴〔一四〕，陶一作遥然自樂。

延目中流，悠悠一作悠想清沂〔一五〕。童冠齊業〔一六〕，閑詠以歸。我愛其静，寤寐交揮〔一七〕。但悵一作恨殊世〔一八〕，邈不可追〔一九〕。斯晨斯夕，言息其廬。花一作華藥分列，林竹翳如〔二〇〕。清琴横床一作膝，濁酒半壺。黄唐莫逮，慨獨在余〔二一〕。

【校勘】

① 邁邁：底本校曰“一作靄，又作藹”，均不可取。“靄靄”或因上詩《停雲》“靄靄

停雲”而誤。

② 靄：底本校曰“一作藹”，非是。

③ 宇曖微霄：底本校曰“一作餘靄微消”，於義稍遜。徐復引《文選》沈約《學省愁臥》詩：“虚館清陰滿，神宇曖微微。”

④ 翼彼新苗：一作“翼我新苗”，於義雖有勝處，然不如“翼彼新苗”之自然渾成也。

⑤ 乃濯：一作“濯濯”，與下句“載欣載矚”不對稱，恐非是。

⑥ 稱心而言，人亦易足：曾集本、紹興本同。陶注本據焦校，作“人亦有言，稱心易足”，於義較遜。《停雲》雖有“人亦有言”，未必此詩須再重複也。

【題解】

“時運”，指春夏秋冬四季之運行。《莊子·知北遊》：“陰陽四時運行，各得其序。”《大戴禮》：“故仰則觀天文，俯則察地理，前視則睹鸞和之聲，側聽則觀四時之運。”“時運”二字本此。此詩仿《詩》體例，取首句中二字爲題。

【箋注】

〔一〕春服既成：春服已經穿定，氣候確已轉暖也。《論語·先進》：“暮春者，春服既成。冠者五六人，童子六七人，浴乎沂，風乎舞雩，詠而歸。”成：定。《國語·吴語》：“吴晉爭長未成。”注：“成，定也。”

〔二〕斯：句中連詞。和：和穆。

〔三〕景：同“影”。偶景：以自己之身影爲伴，表示孤獨。張華《相風賦》：“超無返而特存，差偶景而爲鄰。”王胡之《贈庾翼詩》：“迴駕蓬廬，獨遊偶影。”

〔四〕欣慨交心：欣喜與慨歎兩種感情交會於心。王胡之《釋奠表》：“仰望雲漢，伏枕欣慨。”

〔五〕邁邁：行而復行，此言四時不斷運行。夏侯湛《莊周贊》：“邁邁莊周，騰世獨游。”

〔六〕穆穆：和美貌。嵇康《贈秀才入軍》：“穆穆惠風，扇彼輕塵。”

〔七〕襲：衣加於外。《文選》潘岳《籍田賦》：“襲春服之萋萋兮。”

〔八〕薄：迫，近。《左傳》文公十二年：“薄諸河。”言：語助詞。郗曇《蘭亭詩》：“薄言遊近郊。”

〔九〕山滌餘靄，宇曖微霄：意謂青山從朝霧中顯現，天空罩上一層薄雲。靄：雲翳。宇：《淮南子·齊俗訓》：“四方上下謂之宇。”曖：

遮蔽。霄：雲氣。

〔一〇〕翼彼新苗：意謂南風吹拂新苗，宛若使之張開翅膀。翼：名詞用爲動詞。

〔一一〕洋洋：水盛大貌。《詩·衛風·碩人》："河水洋洋。"平澤：漲滿水之湖泊。漱、濯：洗滌。《孟子·離婁》："有孺子歌曰：'滄浪之水清兮，可以濯我纓；滄浪之水濁兮，可以濯我足。'"

〔一二〕邈邈遐景，載欣載矚：意謂眺望遠景心感欣喜也。邈邈：遠貌。遐景：遠景。載：語助辭。

〔一三〕稱（chèn）心而言，人亦易足：意謂就本心而論，人之需求亦易滿足。稱：相適應，符合。《國語·晉語六》"稱晉之德"，韋昭注："稱，副也。"《左傳》襄公二十七年："服美不稱，必以惡終。"稱心：猶與心相副。此猶《莊子·逍遥遊》所謂："鷦鷯巢於深林，不過一枝；鼴鼠飲河，不過滿腹。"

〔一四〕揮茲一觴：意謂舉觴飲酒。《還舊居》："一觴聊可揮"，義同。

〔一五〕延目中流，悠悠清沂：意謂當此延目中流之際，平澤忽如魯地之沂水。言外之意，嚮往曾皙所言之生活。延目：放眼遠望。中流：此指平澤之中央。沂：河名，源出山東東南部。關於沂水，參看本詩注一所引《論語》。悠悠：形容水流之悠長。

〔一六〕童冠：童子與冠者，未成年者與年滿二十者。《三國志·蜀書·秦宓傳》："昔百里、蹇叔以耆艾而定策，甘羅、子奇以童冠而立功。"又，《蜀書·向朗傳》："上自執政，下及童冠，皆敬重焉。"齊業：課業完成。齊，通濟。《荀子·王霸》："以國齊義，一日而白，湯、武是也。"楊倞注："齊，當爲濟，以一國皆取濟於義。"《爾雅·釋言》："濟，成也。"

〔一七〕我愛其靜，寤寐交揮：意謂我愛曾皙之靜，不論日夜皆嚮往不已，奮而求之也。"靜"乃儒家所謂仁者之性格。《論語·雍也》："子曰：'知者樂水，仁者樂山。知者動，仁者靜。知者樂，仁者壽。'"湯漢注："靜之爲言，謂其無外慕也，亦庶乎知浴沂者之心矣。"寤：醒時。寐：睡時。《詩·周南·關雎》："寤寐求之。"交：《小爾雅·廣言》："俱也。"揮：《説文》："奮也。"

〔一八〕殊世：不同時代。

〔一九〕追：追隨。

〔二〇〕 翳(yì)如：猶翳然，隱蔽貌。

〔二一〕 黄：黄帝。唐：堯。莫逮：未及。淵明《贈羊長史》："愚生三季後，慨然念黄虞。"

【析義】

一章出游，二章所見，三章所思，四章歸廬。一二章欣，三四章慨。獨游時心與景融，陶然自樂；樂中又有不得與古人相交之慨歎。暮春之景，隱居之樂，懷古之情，渾然交融，淵明之性情與人格畢現。

榮木一首 并序

榮木，念將老也。日月推遷〔一〕，已復九原作有，注一作九夏①〔二〕。總一作髫角聞道②〔三〕，白首無成〔四〕。

采采榮木〔五〕，結根于兹〔六〕。晨耀一作輝其華，夕已喪之。人生若寄〔七〕，顦顇有時〔八〕。静言孔念，中心悵一作恨而〔九〕。

采采榮木，于兹託根〔一〇〕。繁華朝起，慨暮不存。貞脆一作慎由人③〔一一〕，禍福無門〔一二〕。匪道曷依，匪善奚敦〔一三〕？

嗟余一作予小子，禀兹固陋〔一四〕。徂年既流一作遂往④，業不增舊〔一五〕。志彼不一作弗舍⑤，安此日富〔一六〕。我之懷矣，怛焉内疚〔一七〕。

先師遺訓〔一八〕，余豈之一作云墜〔一九〕？四十無聞，斯不足一作可畏〔二〇〕。脂我行原作名，注一作行車⑥，策我名驥一作鑣〔二一〕。千里雖遥，孰敢不至〔二二〕？

【校勘】

① 九：原作"有"，底本校曰"一作九"，今從之。"有夏"指夏代。《書・召誥》："我不可不監于有夏。"或指中國。《書・君奭》："惟文王尚克修和我有夏。"此詩中"夏"乃夏季，作"九夏"爲是。

② 總：底本校曰"一作髫"。曾集本作"髫"，猶"總"。

③ 脆：底本校曰"一作慎"，非。"貞"與"脆"義相反，猶下句之言"禍福"，作"貞脆"爲是。

④ 既流：一作"遂往"，於義爲遜。古《箋》引《後漢書・傅毅傳》："徂年如流。"徐復曰："'徂'既訓往，下又云'遂往'，意嫌復出。"

⑤ 志:湯注:"或曰'志'當作'忘'。"霈案:作"志"於義較勝。

⑥ 行:原作"名",底本校曰"一作行",今從之。"名車"殆隨下文"名驥"而誤。曰"名驥"可也,曰"名車"殊牽强。校文原在篇末,今移至此。

【題解】

"榮木",古《箋》:"木堇也。《月令》:'仲夏之月,木堇榮。'與'日月推遷,已復九夏'應。《説文》:'蕣,木堇,朝生暮落者。'與'晨耀其華,夕已喪之'應。榮木之爲木堇,無疑也。陶公不曰木堇,而曰榮木者,蓋取《月令》'木堇榮'之義。"霈案:此詩之"榮木",或如古直所説指木堇,但"榮木"一詞並非專指木堇。榮木者,繁榮之樹木也,如淵明《飲酒》其四:"勁風無榮木,此蔭獨不衰。"此詩仿《詩》體例,取首句中二字爲題。

【編年】

吴仁傑《陶靖節先生年譜》繫此詩於四十歲,丁晏《晉陶靖節年譜》同,逯欽立《年譜稿》、王瑶注同。霈案:詩云:"四十無聞,斯不足畏。"據以訂爲四十歲作,是也。又據"已復九夏",當是此年夏季所作。

如取淵明享年六十三歲説,是年春淵明已入劉裕幕,九夏不在家中。兹訂淵明享年七十六歲,則淵明四十歲時當晉孝武帝太元十六年辛卯(三九一),正在家閑居,故有此詩也。

【箋注】

〔一〕推遷:推移變遷。謝靈運《過始寧墅》:"束髮懷耿介,逐物遂推遷。違志似如昨,二紀及兹年。"

〔二〕九夏:夏季之九十天。《太平御覽》卷二二引梁元帝《纂要》:"夏曰朱明,亦曰長嬴、朱夏、炎夏、三夏、九夏。"蕭統《錦帶書十二月啟·林鍾六月》:"三伏漸終,九夏將謝。"

〔三〕總角:《禮記·内則》:"男女未冠笄者,雞初鳴,咸盥、漱,櫛、縰,拂髦,總角。"注:"總角,收髮結之。"《詩·齊風·甫田》:"總角丱兮。"傳:"總角,聚兩髦也。"疏:"總聚其髮,以爲兩角丱然兮。"聞道:《論語·里仁》:"朝聞道,夕死可矣。"

〔四〕白首無成:與上句"總角"對舉,皆以頭髮表示年齡。淵明《飲酒》其十六:"行行向不惑,淹留遂無成。"

〔五〕采采:《詩·秦風·蒹葭》:"蒹葭采采。"毛傳:"采采,猶萋萋也。"

〔六〕結根:固根。《古詩十九首》:"冉冉孤生竹,結根泰山阿。"

〔七〕人生若寄：《古詩十九首》："人生忽如寄"，又："人生天地間，忽如遠行客"。李善注引《尸子》："老萊子曰：'人生於天地之間，寄也。'"霈案：寄，客也。見《一切經音義》引《廣雅》。

〔八〕顦顇有時：意謂到一定時間就會憔悴、衰老以至死亡。時：時限。《禮記·玉藻》："親老，出不易方，復不過時。"

〔九〕靜言孔念，中心悵而：安然深思，由衷地悵然。言：語助詞。孔：甚。而：語助詞。古《箋》："《邶風（柏舟）》：'靜言思之'，毛傳：'靜，安也。'"

〔一〇〕託根：寄根。

〔一一〕貞脆由人：意謂貞脆取決於人自己。古《箋》："班婕好《擣素賦》：'雖松梧之貞脆，豈榮凋其異心。'"霈案：殷仲文《南州桓公九井作》詩："何以標貞脆，薄言寄松菌。"貞：堅貞。脆：脆弱。此"貞脆"指人年壽之長短，亦暗指人之節操。陶詩屢用"貞"字，如《和郭主簿》詠青松曰："懷此貞秀姿，卓爲霜下傑。"《戊申歲六月中遇火》自詠曰："貞剛自有質，玉石乃非堅。"

〔一二〕禍福無門：《左傳》襄公二十三年："閔子馬見之，曰：'子無然！禍福無門，惟人所召。'"《淮南子·人間訓》："夫禍之來也，人自生之；福之來也，人自成之。"

〔一三〕匪：非。曷依：何所歸依。奚敦：何以敦勉。古《箋》："《禮記·祭統》：'心不苟慮，必依於道。'《曲禮（上）》：'敦善行而不怠。'"霈案：此所謂"道"與"善"，皆儒家倫理範疇。

〔一四〕嗟余小子，禀兹固陋：意謂自己禀賦不佳。小子：自己之謙稱，兼指自己年幼之時。固陋：固執鄙陋，見識短淺而不通達。司馬相如《上林賦》："鄙人固陋，不知忌諱。"

〔一五〕徂（cú）年既流，業不增舊：意謂時光流逝，而學業未曾有所增益。徂年：逝年。《後漢書·馬援傳贊》："徂年已流，壯情方勇。"

〔一六〕志彼不舍，安此日富：意謂志雖在學，而竟安此酒醉。湯注："《荀子（勸學篇）》：'（駑馬十駕），功在不舍。'《詩（小雅·小宛）》：'一醉日富。'蓋自咎其廢學而樂飲爾。"

〔一七〕怛（dá）：憂傷悲苦。

〔一八〕先師：指孔子。遺訓：死者生前之教導。

〔一九〕之墜：猶"墜之"，賓語前置。之：代指先師遺訓。墜：失落，此謂遺忘。

〔二〇〕四十無聞，斯不足畏：《論語·子罕》："四十、五十而無聞焉，斯亦不足畏也已。"

〔二一〕脂我行車，策我名驥：古《箋》："《小雅(何人斯)》：'爾之亟行，遑脂爾車。'"脂：油，此謂將油塗在車軸上。策：鞭策。

〔二二〕孰：何。

【析義】

此詩念念不忘進業與功名，是淵明出仕前所作。觀"先師遺訓"云云，可見儒家思想影響明顯。

贈長沙公族孫原作族祖一首 并序①

余於長沙公爲族原作長沙公於余爲族，注一作余於長沙公爲族，一無公字②祖，同出大司馬。昭穆既遠〔一〕，以一作已爲路人③〔二〕。經過潯陽〔三〕，臨别贈此。

同源分流，人易世疏〔四〕。慨然一作矣寤歎，念兹厥初〔五〕。禮服遂悠，歲月眇徂一作歲往月徂〔六〕。感彼行路，眷然躊躇一作躕〔七〕。

於穆令族④，允構斯一作新堂⑤〔八〕。諧氣冬暄原作輝，注宋本作暄⑥，映懷圭璋〔九〕。爰采春花一作華，一作爰來春苑，載警一作散，又作驚秋霜一作爰采春苑，載散秋霜〔一〇〕。我曰欽哉，寔宗之光〔一一〕。

伊余云遘，在長忘同忘一作志，忘同又作同行⑦〔一二〕。言笑原作笑言，注一作言笑未久，逝焉西東。遥遥三湘原作遥想湘渚，注一作遥遥三湘，滔滔九江〔一三〕。山川阻遠，行李時通〔一四〕。

何以寫心〔一五〕？貽兹一作怡此話言⑧〔一六〕：進簣雖微一作少，終焉原作在，注一作焉爲山〔一七〕。敬哉離人〔一八〕，臨路悽然。款襟或遼，音問其先〔一九〕。

【校勘】

① 詩題原作"贈長沙公族祖"，兹參照序文改。陶注本曰：楊時偉、何孟春、何

焯，皆以題中“族祖”二字爲衍，删之。霈案：此説不可從。

② 原作“長沙公於余爲族祖”，底本校曰“一作余於長沙公爲族祖”，兹據改。淵明族祖封長沙公者爲陶夏，陶夏卒時淵明尚未出生，此詩所謂“族祖”斷不可能是陶夏。詩曰：“何以寫心，貽兹話言：進簣雖微，終焉爲山。”此乃長輩對晚輩鼓勵之言，如果此“長沙公”係淵明族祖，豈可如此教誨哉！又詩云：“伊余云遘，在長忘同。”上句言“余”，下句言“在長”，顯然是以長者自居。或在“族”字下斷句：“長沙公於余爲族，祖同出大司馬。”於義頗不順暢。

③ 以爲：一作“已爲”，於義稍遜。

④ 族：紹興本作“祖”。

⑤ 斯：一作“新”，形近致誤。

⑥ 暄：原作“輝”，底本校曰“宋本作暄”，於義較勝。宋本者，宋庠本也。

⑦ 忘同：一作“志同”，又作“同行”，於義稍遜。

⑧ 貽：一作“怡”，於義稍遜。

【題解】

“長沙公”，晉大司馬陶侃封長沙郡公。陶姓封長沙公而又任大司馬者，在東晉僅陶侃一人。陶侃之爵位先傳其子陶夏，後傳其孫陶弘、曾孫綽之、玄孫延壽，此指延壽之子。淵明爲陶侃曾孫，故於延壽之子爲族祖。延壽，晉義熙五年曾在劉裕軍幕任諮議參軍，見《宋書·高祖本紀》，入宋後卒，論年齡其子當可與淵明見面。延壽入宋已降封吴昌侯，此以長沙公稱其子者，從晉爵也。延壽之父綽之與淵明爲同曾祖之昆弟，故淵明可稱延壽之子爲族孫。

【箋注】

〔一〕昭穆既遠：意謂雖是同宗，然世系已遠。昭穆：古代宗法制度，宗廟之次序，始祖居中，以下父子互爲昭穆，左側爲昭，右側爲穆。祭祀時亦按此次序排列。

〔二〕路人：陌生人。

〔三〕潯陽：今江西九江，淵明家鄉。

〔四〕同源分流，人易世疏：意謂此長沙公與余祖先相同而分支不同，一代一代逐漸變更而疏遠矣。何注：“班孟堅《幽通賦》：‘術同源而分流’，曹大家曰：‘如水同源而分流也。’”《文鏡秘府論》引孔文舉《與族弟書》：“同源派流，人易世疏。”

〔五〕慨然寤歎，念兹厥初：意謂慨歎於彼此之關係，而顧念其初之同源也。古《箋》：“《詩·曹風（下泉）》：‘愾我寤歎，念彼周京。’鄭箋:'愾,歎息之意。寤,覺也。'"厥初:其初。《詩·大雅·生民》:"厥初生民,實維姜嫄。"此指陶侃之始封也。

〔六〕禮服遂悠,歲月眇徂:意謂親屬關係既已疏遠,歲月之流逝又已久遠。禮服:古代之喪禮,喪服以所用材料之不同而分爲斬衰、齊衰、大功、小功、緦麻等五種,親疏不同,喪服亦不同,謂之"服制"。古《箋》引《漢書·夏侯勝傳》"善説禮服",師古注:"禮之喪服也。"眇徂:遠逝,遠去。

〔七〕感彼行路,眷然躊躇:意謂顧戀徘徊,倉促間未便相認也。行路:路人。《後漢書·范滂傳》:"行路聞之,莫不流涕。"

〔八〕於(wū)穆令族,允構斯堂:贊美其能繼承祖先之事業。古《箋》:"《周頌(清廟)》:'於穆清廟。'毛傳:'於,歎辭也。穆,美。'《書·大誥》:'若考作室,既底法,厥子乃弗肯堂,矧肯構?'孔傳:'父已致法,子乃不肯爲堂基,況肯構立屋乎?'"令族:望族名門。允:信,誠然。

〔九〕諧氣冬暄,映懷圭璋:贊美長沙公諧和温厚,品德高貴。《禮記·禮器》"圭璋特",孔疏:"圭璋,玉中之貴也;……諸侯朝王以圭,朝后執璋。"用以比喻人品之高貴。《後漢書·劉儒傳》:"郭林宗嘗謂儒口訥心辯,有圭璋之質。"

〔一〇〕爰采春花,載警秋霜:贊美長沙公有春花之光彩、秋霜之警肅。《藝文類聚》卷五七引後漢崔琦《七蠲》:"姿喻春華,操越秋霜。"華,通花。

〔一一〕寔:通實,確實。宗:宗族。

〔一二〕伊余云遘,在長忘同:意謂余與長沙公相遇,雖輩分爲長,而竟忘爲同宗也。

〔一三〕遥遥三湘,滔滔九江:湘水發源,與灕水合流後稱灕湘,中游與瀟水合流後稱瀟湘,下游與蒸水合流後稱蒸湘,總稱"三湘"。此指長沙公封地,亦其將去之地。九江:淵明居地。

〔一四〕行李時通:意謂希望時有書信往還。行李:使者。

〔一五〕寫心:輸心。《詩·小雅·蓼蕭》:"既見君子,我心寫兮。"

〔一六〕貽兹話言:贈此善言,即以下二句。《詩·大雅·抑》:"其維哲人,告之話言。"毛傳:"話言,古之善言也。"

〔一七〕進簣雖微,終焉爲山:《論語·子罕》:"譬如爲山,未成一簣。

止,吾止也。譬如平地,雖覆一簣。進,吾往也。"《書·旅獒》:"爲山九仞,功虧一簣。"蕢,同"簣",土籠。

〔一八〕敬哉離人:此亦勉勵長沙公之言。敬:謹慎。《論語·學而》:"敬事而信。"

〔一九〕款襟或遼,音問其先:意謂再次會面暢叙衷曲或遥遥無期,唯以通音信爲要也。款:款曲,衷情。襟:襟懷。其:表示加强語氣。

【考辨】

陶侃爲淵明曾祖本不成問題,除此詩序文外,《命子》詩以及顔延之《陶徵士誄》、沈約《宋書·陶潛傳》、蕭統《陶淵明傳》均可爲證,兹不贅引。然李公焕注此詩序曰:"漢高帝時陶舍。"閻詠《左汾類稿》據李注曰:"大司馬"當作"右司馬",指漢高祖功臣舍。方東樹《昭昧詹言》、洪亮吉《更生齋文甲集》、孫志祖《讀書脞録》,各證成其説。而錢大昕《潛研堂文集》舉閻氏之謬凡五。需案:諸宋本陶集於"大司馬"均無異文,所謂"右司馬"無版本依據,閻氏之説不足信也。

陶澍《靖節先生集注》釋第二章曰:"此蓋長沙公經過潯陽,建桓公祠堂,以展親收族,故詩美其氣如冬日之温,懷有圭璋之潔。而堂成舉祀,不勝秋霜怵惕之思。若此人者,豈非宗之光乎!"需案:"允構斯堂"乃用《尚書》典故,陶澍坐實其意,以爲建桓公祠堂。此説並無旁證,難以成立。

【析義】

此長沙公論爵位是嫡長,論輩分則是淵明族孫,原未曾見面,現以爲路人。偶一相逢,遽又離别。詩之口吻不卑不亢,處處與彼此身份相合。一章,初見之感歎;二章,對長沙公之稱贊;三章,惜别;四章,臨别勖勉。觀此詩,知淵明宗族觀念頗深。重門閥乃當時士大夫之習俗,淵明亦未能免也。

酬丁柴桑一首

有客有客,爰來爰一作宦止①〔一〕。秉直司聰,于惠百里②〔二〕。湌勝如歸〔三〕,矜一作聆善一作音若始③〔四〕。

匪惟一作作諧也一作也諧④,屢有良由一作游⑤〔五〕。載言載眺一作載馳，一作載馳載驅，以寫我憂〔六〕。放歡一遇，既醉還休〔七〕。寔欣心期，方從我游〔八〕。

【校勘】

① 爰止：一作"官止"，逯注據《文館詞林》作"宦止"，均失之淺露，恐非。"爰止"見《詩・小雅・采芑》。

② 于惠：諸宋元本及陶注本、古《箋》皆同。逯注本作"惠于"，注："李本、曾本、焦本作'于惠'。《文館詞林》作'爾惠'。"作"惠于"者，似逯注本徑改，無版本依據，亦未説明理由。

③ 矜善：一作"聆善"，於義稍遜。

④ 惟：一作"怍"，曾集本作"忤"，均非是。

⑤ 良由：一作"良游"，於義稍遜。

【題解】

丁柴桑，柴桑縣令，名字未詳。柴桑，淵明故里。

【箋注】

〔一〕有客有客，爰來爰止：意謂丁柴桑自外地來居於此。古《箋》引《詩・周頌(有客)》："有客有客。"鄭箋："重言之者，異之也。"又引《詩・邶風(擊鼓)》："爰居爰處。"鄭箋："爰，於也。"需案：爰止：《詩・小雅・采芑》："鴥彼飛隼，其飛戾天，亦集爰止。"

〔二〕秉直司聰，于惠百里：意謂秉持正義，處事聰明，爲惠全縣。于：爲。《文選》司馬相如《長門賦》："因于解悲愁之辭。"李善注引鄭玄《儀禮注》："于，爲也。"司聰：古《箋》引《左傳》昭公九年："女爲君耳，將司聰也。"百里：古《箋》引《文選》陸士衡《贈馮文羆遷斥丘令》："我求明德，肆于百里。"李善注："《漢書》曰：'縣，大率百里。其人稠則盛，稀則曠也。'"

〔三〕湌勝如歸：意謂吸取别人之勝理，則如歸依之耳。湌：同"餐"。淵明《讀史述》"共湌至言"(七十二弟子)，又"望義如歸"(程杵)。歸：歸依、歸附。《詩・曹風・蜉蝣》："心之憂矣，於我歸處。"鄭箋："歸，依歸。"

〔四〕矜善若始：意謂珍惜自己之善德，久而不怠，一如開始。矜：敬重，崇矜。《漢書・賈誼傳》："嬰以廉恥，故人矜節行。"師古曰："嬰，加也。矜，尚也。"班昭《女誡》："舅姑矜善，而夫主嘉美。"

〔五〕匪惟諧也，屢有良由：意謂彼此不僅感情投合，而且屢有良緣得以相處也。匪惟：非惟，不僅。由：《儀禮·士相見禮》："某也願見無由達。"注："言久無因緣以自達也。"

〔六〕以寫我憂：古《箋》引《詩·邶風（泉水）》："駕言出游，以寫我憂。"毛傳："寫，除也。"

〔七〕放歡一遇，既醉還（xuán）休：意謂一見情洽，痛飲盡歡，既醉便休。放歡：盡歡。還：便，隨即。淵明《與殷晉安別》："一遇盡殷勤。"淵明《五柳先生傳》："既醉而退，曾不吝情去留。"

〔八〕寔欣心期，方從我游：意謂彼此方始交游，即以心相許，實乃快事也。心期：心中相許。方：始，見《廣雅·釋詁一》。

【考辨】

徐仁甫《古詩别解》卷六："察此章首句曰'匪惟諧也'，此承遞前章之詞。可見首章末缺二句，其末句必有'諧'字，而今本佚矣。"霈案：此詩首章六句，次章八句，顯然首章佚去二句。又，淵明四言詩多爲四章，亦有多於四章者。此詩僅兩章，意思亦不夠完整，或所佚不僅二句，且又佚失兩章歟？

【析義】

"湌勝如歸，矜善若始"，此二句頗如沈德潛所云"可作箴規"（《古詩源》卷八）。若依古《箋》，釋"歸"爲歸家；不取"矜善"而取"聆善"，意趣則嫌不足。

答龐參軍一首 并序

龐爲衛軍參軍，從江陵使上都〔一〕，過潯陽見贈。

衡門之下〔二〕，有琴有書。載彈載詠，爰得我娱〔三〕。豈無他好？樂是幽居〔四〕。朝爲灌園〔五〕，夕偃蓬廬〔六〕。

人之所寶，尚或未珍①〔七〕。不有同愛一作好②，云原作去，注一作云胡以親③〔八〕？我求良友④，實覯懷人〔九〕。歡心孔洽，棟宇唯鄰⑤〔一〇〕。

伊余懷人，欣德孜孜〔一一〕。我有旨酒，與汝樂之〔一二〕。乃陳好言〔一三〕，乃著新詩。一日不見，如何不思⑥〔一四〕！

嘉游未斁⑦〔一五〕，誓將離分⑧〔一六〕。送爾于一作於路，銜觴無欣〔一七〕。依依舊楚，邈邈西雲⑨〔一八〕。之子之遠，良話曷聞〔一九〕？

昔我云一作之别，倉庚載鳴〔二〇〕。今也遇之，霰雪飄零〔二一〕。大藩有命〔二二〕，作使上京。豈忘一作妄宴安⑩〔二三〕？王事靡寧〔二四〕。

慘慘寒日，肅肅其風〔二五〕。翩彼方舟，容與江中一作容與沖沖，一作容裔江中⑪〔二六〕。勖哉征人〔二七〕，在始思終〔二八〕。敬兹良辰一作晨〔二九〕，以保爾躬〔三〇〕。

【校勘】

① 未：曾集本、湯注本注一作“非”，亦通。

② 愛：一作“好”，亦通。

③ 云：原作“去”，底本校曰“一作云”。曾集本作“云”，兹據改。以：曾集本作“已”，於義稍遜。

④ 友：曾集本作“朋”，亦通。

⑤ 唯：曾集本作“惟”，注一作“爲”。“唯”“惟”通。

⑥ 不：曾集本注一作“弗”，通。

⑦ 斁：曾集本注一作“數”，一作“歀”，形近而訛。

⑧ 離分：曾集本作“分離”，失韻，非。

⑨ 邈邈：曾集本作“藐邈”，注一作“邈”。“邈”“藐”通。

⑩ 忘：一作“妄”，於義稍遜。宴：曾集本注一作“燕”，通。

⑪ 容與江中：一作“容與沖沖”，於義爲遜。一作“容裔江中”，曾集本同，曾集本注一作“融洩”，並通用。

【題解】

龐參軍，佚名，曾爲衛軍參軍。凡諸王及將軍開府者皆置參軍。晉代諸州刺史多以將軍開府，故亦置參軍。序曰“從江陵使上都”，可知龐所事衛軍將軍乃江陵刺史。江陵刺史兼領衛軍將軍者，乃王弘也。

【編年】

陶《考異》繫於晉恭帝元熙元年（四一九）。逯《繫年》繫於宋文帝元嘉元年（四二四）。霈案：淵明另有《答龐參軍》五言一首，兩詩之龐參軍當係同一人。五言作於宋少帝景平元年癸亥（四二三）春，此四言《答龐參軍》則作於同年冬。王弘自晉安帝義熙十四年（四一八）爲江州刺史，宋武帝永初三年(四二二),進號衛軍將軍。景平元年(四二三)春,王弘命參軍龐某使江陵,見宜都王義隆,龐有詩贈淵明,淵明作五言詩以答之。是年冬,龐又自江陵經潯陽使都,爲詩贈淵明,淵明作此四言詩以答之。參見五言《答龐參軍》。

【箋注】

〔一〕江陵:荆州治所。在今湖北省,長江北岸。上都:京都。班固《西都賦》:"寔用西遷,作我上都。"晉宋時建都於建康,今南京市。自江陵出使上都,途經潯陽。

〔二〕衡門:衡木爲門,指簡陋之居處。《詩·陳風·衡門》:"衡門之下,可以棲遲。"

〔三〕爰得我娱:古《箋》引《詩·魏風·碩鼠》:"爰得我所。"鄭箋:"爰,曰也。"

〔四〕樂是幽居:古《箋》引《禮記》鄭注:"幽居,謂獨處時也。"霈案:原文見《儒行》:"幽居而不淫。"

〔五〕灌園:劉向《古列女傳·楚於陵妻》載:楚王聞於陵子終賢,欲以爲相。妻曰:"夫子織屨以爲食,……左琴右書,樂亦在其中矣。"遂相與逃而爲人灌園。淵明《扇上畫贊》有於陵仲子,曰:"蔑彼結駟,甘此灌園。"又《戊申歲六月中遇火》:"既已不遇兹,且遂灌我園。"

〔六〕偃:卧。蓬廬:草屋。

〔七〕人之所寶,尚或未珍:意謂己所珍重者,不同於世人。古《箋》引《禮記·儒行》:"儒有不寶金玉,而忠信以爲寶。"

〔八〕不有同愛,云胡以親:意謂倘無同好,何以親近耶?鄭豐《答陸士龍詩·蘭林》:"咨予遘時,千載同愛。"

〔九〕實覯(gòu)懷人:意謂果然遇到所懷念之人。實:果然。《國語·晉語五》:"及欒弗忌之難,諸大夫害伯宗,將謀而殺之,畢陽實送州犁于荆。"劉淇《助字辨略》:"此'實'字,猶云果也。"覯:遇見。

〔一〇〕歡心孔洽,棟宇唯鄰:意謂歡心甚相合也,彼此居處相鄰。古《箋》引《詩·小雅·正月》:"洽比其鄰。"毛傳:"洽,合。"宇:屋檐。唯:語助詞。

〔一一〕伊余懷人,欣德孜孜:意謂余所懷之人,好德樂道,孜孜不倦。

伊：發語詞。《爾雅·釋詁》："維也。"

〔一二〕我有旨酒，與汝樂之：古《箋》引《詩·小雅（鹿鳴）》："我有旨酒，以燕樂嘉賓之心。"旨酒：美酒。

〔一三〕陳：述説。

〔一四〕一日不見，如何不思：古《箋》引《詩·王風（采葛）》："一日不見，如三月兮。"又，《君子于役》："君子于役，如之何勿思。"

〔一五〕斁（yì）：厭倦。

〔一六〕誓將：同"逝將"。古《箋》："《魏風（碩鼠）》：'逝將去汝。'《公羊傳》疏引作'誓將去汝'。"逝：往也。

〔一七〕銜觴：指飲酒。

〔一八〕依依舊楚，邈邈西雲：意謂遥望龐參軍將去之地，無限懷戀。依依：《楚辭·九思·傷時》："志戀戀兮依依。"舊楚：楚國舊都於郢，即江陵。楚頃襄王二十一年，秦拔郢，王東徙陳，故稱郢爲舊楚。邈邈：遠也。

〔一九〕之子之遠，良話曷聞：意謂龐參軍遠逝，何時再共言談耶？古《箋》引《詩·小雅（白華）》："之子之遠，俾我獨兮。"之子：此人。良話：與上"好言"呼應。曷：何時。

〔二〇〕昔我云别，倉庚載鳴：指同年春送别龐參軍之事。云别：言别。倉庚：黄鸝。載鳴：始鳴。古《箋》引《詩·豳風·七月》："春日載陽，有鳴倉庚。"

〔二一〕今也遇之，霰雪飄零：指此次冬天之相遇。霰：雪糁。《詩·小雅·采薇》："昔我往矣，楊柳依依。今我來思，雨雪霏霏。"以上四句由此化出。

〔二二〕大藩：指宜都王劉義隆。藩：藩王。

〔二三〕宴安：閑逸安樂。

〔二四〕王事靡寧：古《箋》引《詩·小雅（四牡）》："王事靡盬，不遑啟處。"靡：無。寧：安寧。

〔二五〕慘慘寒日，肅肅其風：古《箋》引《文選》王仲宣《贈蔡子篤》詩："烈烈冬日，肅肅凄風。"肅肅：《莊子·田子方》："至陰肅肅。"成玄英疏："肅肅，陰氣寒也。"

〔二六〕翩彼方舟，容與江中：翩：摇曳飄忽貌。方舟：兩船相並。容與：徐動貌。《楚辭·九章·涉江》："船容與而不進兮，淹回水而凝滯。”

〔二七〕勖(xù):勉。征人:行人。

〔二八〕在始思終:古《箋》引《左傳》昭公五年:“敬始而思終,終無不復。”

〔二九〕敬:慎。

〔三〇〕躬:身。

【考辨】

吴正傳《詩話》曰:“本傳:‘江州刺史王弘欲識潛,不能致。潛遊廬山,弘令其故人龐通之賫酒具,半道栗里要之。’此《答龐參軍》四言及後五言,皆叙鄰曲契好,明是此人。又有《怨詩示龐主簿》者,豈即參軍耶?‘半道栗里’亦可證移家之事。”霈案:龐主簿與龐參軍,一係故人,一係新交,顯然是兩人。吴説非也。

陶《考異》曰:“時衛軍將軍王弘鎮潯陽,宋文帝方爲宜都王,以荆州刺史鎮江陵,參軍奉弘命使江陵,又奉宜都之命使都,故曰‘大藩有命,作使上京’。非宜都不得稱大藩也。四言、五言,疑皆營陽王景平元年所作。五言是參軍奉使之時,先賦詩爲别,先生作此以答。四言則參軍自江陵回使建康,先生又作詩以贈也。蓋王弘兄弟王曇首、王華,皆爲宜都參佐,後皆以定策功貴顯。營陽之廢,王弘亦至建康與謀。時衆欲立豫州,而徐羨之以宜都有符瑞,宜承大統。此必王弘兄弟先使參軍往來京都,與徐、傅等深布誠款,故江陵符瑞得聞於中朝。特其事秘,外人莫知,故史不載耳。”

逯《繫年》:“龐所事衛軍將軍乃荆州刺史。據《宋書・少帝紀》《文帝紀》《謝晦傳》,景平二年(四二四)七月,荆州刺史劉義隆以鎮西將軍、宜都王入纂皇統,繼承帝位。八月,撫軍將軍謝晦爲荆州刺史,進號衛將軍,封建平王。知龐此春赴江陵乃爲劉義隆鎮西參軍,陶以五言詩酬答;此冬,龐以謝晦衛軍參軍使都,陶以四言詩酬答。謝爲衛將軍、建平王,與四言詩所謂‘衛軍’‘大藩’者,正相吻合。”

霈案:陶、逯兩説前後相差一年,均可成立。惟謝晦爲建平郡公,逯氏誤爲建平王。兹取陶説。

【析義】

一章,己之懷抱。二、三章,以往之交情。四章,春天之離别。五、六章,今冬之重逢與再别。所謂“在始思終”“以保爾躬”,似在勖勉中含有警誡之意。“王事靡寧”豈若己之“樂是幽居”耶？

勸農一首

悠悠上古〔一〕，厥初生民一作人①〔二〕。傲然自足〔三〕，抱朴含真〔四〕。智巧既萌②，資待靡一作無因③〔五〕。誰其一作能贍之④〔六〕？實賴哲人。

哲人伊何〔七〕？時惟后稷〔八〕。贍之伊何？實曰播植。舜既躬耕，禹亦稼穡〔九〕。遠若周典，八政始食〔一〇〕。

熙熙令德一作音〔一一〕，猗猗原陸〔一二〕。卉木繁榮，和風清穆。紛紛士女，趨時競逐〔一三〕。桑婦宵興一作征，農夫野宿〔一四〕。

氣節易過〔一五〕，和澤難久〔一六〕。冀缺攜儷〔一七〕，沮溺結耦一作缺攜尚植，沮溺猶耦〔一八〕。相彼賢達〔一九〕，猶一作尤勤壟畝。矧伊衆庶〔二〇〕，曳裾拱手〔二一〕。

民生在勤，勤則不匱〔二二〕。宴一作燕安自逸〔二三〕，歲暮奚冀〔二四〕？檐石不一作弗儲⑤〔二五〕，飢一作饑寒交至〔二六〕。顧余一又作尔儔列〔二七〕，能不懷愧？

孔耽道德，樊須是鄙〔二八〕。董樂琴書，田園一作園井弗一作不履〔二九〕。若能超然，投迹高軌。敢不斂衽，敬贊一作難讚德美⑥〔三〇〕。

【校勘】

① 民：一作“人”。曾集本作“人”，注一作“民”，一作“正人”。

② 既：曾集本注一作“未”，非。

③ 靡：一作“無”，亦通。

④ 其：一作“能”，亦通。

⑤ 檐：紹興本、曾集本作“儋”，和陶本作“甔”。

⑥ 敬贊：一作“難讚”，非是。

【題解】

“勸農”者，勸勉農耕也。《史記·孝文本紀》：“其於勸農之道未備，其除田之租税。”

【編年】

《晉書·職官志》:“郡國及縣,農月皆隨所領户多少爲差,散吏爲勸農。”可見勸農爲縣吏之職務。又束皙《勸農賦》:“惟百里之置吏,各區别而異曹;考治民之賤職,美莫當乎勸農。”《漢書·循吏傳》:召信臣爲南陽太守時,“躬勸耕農,出入阡陌,止舍離鄉亭,稀有安居時”。則勸農之事又不限於縣吏矣。淵明義熙元年曾爲彭澤令,時當仲秋至冬。《勸農》所寫爲春景,顯然不是任彭澤令時所作,只能是晉孝武帝太元五年庚辰(三八〇)淵明二十九歲爲州祭酒時所作。王注,於《勸農》引《癸卯歲始春懷古田舍》:“秉耒歡時務,解顔勸農人。”認爲“勸農”即勸農人,因繫本詩於晉元興二年癸卯(四〇三)。逯注同。需案:“勸農”者,勸農事也。“解顔勸農人”,未必是勸農事。癸卯歲雖有勸農人之事,未必《勸農》詩即作於癸卯歲也。

【箋注】

〔一〕悠悠:久遠。

〔二〕厥初生民:《詩·大雅·生民》:“厥初生民,實維姜嫄。”厥初:其初。

〔三〕傲然自足:意謂自足而無他求,遂能傲然也。石崇《思歸引序》:“傲然有凌雲之操。”《世説新語·文學》劉孝標注引《名士傳》曰:阮修“傲然無營,家無儋石之儲,晏如也”。

〔四〕抱朴含真:意謂保持樸素真淳,即保持未曾沾染名教與智巧之人性。朴:同“樸”。《老子》十九章:“見素抱樸,少私寡欲。”河上公注:“見素者,當抱素守真。”又《老子》二十八章:“復歸於樸。”《老子》三十二章:“樸雖小,天下莫能臣也。”真:《莊子·漁父》:“禮者,世俗之所爲也。真者,所以受於天也,自然不可易也。故聖人法天貴真,不拘於俗。”《莊子·秋水》:“無以人滅天,無以故滅命,無以得殉名,謹守而勿失,是謂反其真。”淵明認爲上古生民保有人之樸素與真淳,最爲可貴。

〔五〕智巧既萌,資待靡因:意謂上古生民抱朴含真之時,可以傲然自足,智巧既已萌生,欲廣用奢,反而無從供給矣。智巧:《老子》十八章:“大道廢,有仁義。慧智出,有大僞。”《老子》十九章:“絶聖棄智,民利百倍。”“絶巧棄利,盜賊無有。”巧:技巧,技能,見《説文》《廣韻》。資:供給。《戰國策·秦策四》:“王資臣萬金而游。"高誘注:"資,給。"待:供給,備用。《周禮·天官·大府》:"關市之賦,以待王之膳服。"鄭玄注:"待,猶給也。"又,《周禮·春官·小宗伯》:"辨六尊之名物,以待祭祀、賓客。"鄭玄注:"待者,有事則給之。"

〔六〕誰其贍之:意謂誰將使之富足。贍:充足。《墨子·節葬下》:"亦有力不足,財不贍,智不智,然後已矣。"

〔七〕伊何:惟何。《楚辭·天問》:"其罪伊何?"王逸注:"其罪惟何乎?"

〔八〕時惟后稷:《詩·大雅·生民》:"載生載育,時維后稷。"毛傳:"播百穀以利民。"時惟:是爲。后稷:周人之始祖,相傳姜嫄踏上帝足迹懷孕而生。善農作,曾任堯、舜之農官,教民耕種。

〔九〕舜既躬耕,禹亦稼穡(sè):《史記·五帝本紀》:"舜耕歷山。"《論語·憲問》:"禹、稷躬稼而有天下。"躬耕:親身耕種。稼:播種。穡:收穫。

〔一〇〕遠若周典,八政始食:意謂遠古之經書如周典者,以食爲八政之始也。周典:指《尚書》,其《周書·洪範》載"八政":一曰食,二曰貨,三曰祀,四曰司空,五曰司徒,六曰司寇,七曰賓,八曰師。始食:以食爲始。淵明《庚戌歲九月中於西田穫旱稻》:"人生歸有道,衣食固其端。"

〔一一〕熙熙:和樂貌。令德:美德。此言古之哲人。

〔一二〕猗猗(yī):美盛貌。原陸:高而平之土地。

〔一三〕紛紛士女,趨時競逐:意謂在哲人之感召下,衆士女紛紛趁時競相耕作。紛紛:衆多貌,絡繹貌。士女:《詩·小雅·甫田》:"以穀我士女。"王叔岷《箋證稿》引《吕氏春秋·愛類》:"神農之教曰:'士有當年而不耕者,則天下或受其饑矣;女有當年而不績者,則天下或受其寒矣。'"趨時:此指趕農時。

〔一四〕桑婦宵興,農夫野宿:意謂在哲人之感召下,農夫桑婦亦勤於勞作。宵興:天尚未亮即已起身。野宿:夜晚住宿於田野之間。

〔一五〕氣節:猶節氣,一年二十四節氣皆與農業有關。

〔一六〕和澤:温和潤澤之氣候。淵明《和郭主簿》其二:"和澤周三春。"

〔一七〕冀缺携儷:《左傳》僖公三十三年:"初,臼季使過冀,見冀缺耨,其妻饁之。敬,相待如賓,與之歸。"儷:夫婦。

〔一八〕沮溺結耦：《論語·微子》："長沮、桀溺耦而耕。"結耦：合耦。耦：並耕。

〔一九〕相：看。賢達：有才德、聲望之人，此指冀缺、長沮、桀溺等。

〔二〇〕矧(shěn)：況且。伊：代詞，此。庶：衆民。

〔二一〕曳(yè)裾拱手：形容無所事事。曳裾：拖着大襟。

〔二二〕民生在勤，勤則不匱：用《左傳》宣公十二年成句。匱：缺乏。

〔二三〕宴：安逸。

〔二四〕歲暮奚冀：意謂年終何所希望耶？無所收穫也。

〔二五〕檐(dàn)石不儲：意謂連很少糧食都無儲存。檐：量詞。《吕氏春秋·異寳》："荆國之法，得五員者，爵執圭，禄萬檐。"高誘注："萬檐，萬石也。"檐石：一担糧食，言糧少。《後漢書·吴祐傳》："及年二十，喪父，居無檐石，而不受贍遺。"紹興本、曾集本作"儋"，同"甔"，一種小口大腹之陶器。《漢書·揚雄傳上》："家産不過十金，乏無儋石之儲，晏如也。"傅玄《傅子》："每所居姻親、知舊、鄰里有困窮者，家儲雖不盈儋石，必分以贍救之。"《漢書·蒯通傳》注："應劭曰：'齊人名小罌爲儋，受二斛。'晉灼曰：'石，斗石也。'師古曰：'或曰：儋者，一人之所負擔也。'"

〔二六〕交至：俱至。《小爾雅·廣言》："交，俱也。"

〔二七〕顧：看。儔列：猶同伴之輩。

〔二八〕孔耽道德，樊須是鄙：意謂孔子樂於道德而鄙視農耕。《論語·子路》："樊遲請學稼，子曰：'吾不如老農。'請學爲圃，曰：'吾不如老圃。'樊遲出。子曰：'小人哉，樊須也！'"樊須，字子遲。耽：樂。

〔二九〕董樂琴書，田園弗履：意謂董仲舒樂於琴書而足不至田園。《史記·董仲舒傳》："以治《春秋》，孝景時爲博士。下帷講誦，弟子傳以久次相受業；或莫見其面，蓋三年董仲舒不觀於舍園，其精如此。"

〔三〇〕若能超然，投迹高軌。敢不斂衽，敬贊德美：意謂如能超然於衣食需求之上，投足於孔子、董仲舒之高尚道路，雖不務稼穡，敢不尊敬贊美乎？否則，不可不從事農耕也。淵明《癸卯歲始春懷古田舍》："先師有遺訓，憂道不憂貧。瞻望邈難逮，轉欲志長勤。"與此意近。斂衽：整理衣袖，表示恭敬。《戰國策·楚策一》:“一國之衆,見君莫不斂衽而拜,撫委而服。”

【析義】

一章、二章、三章、四章,言農業之興及農耕之樂。五章,勸農,從正面説來。六章,勸農,從反面説來。

命子一首①

悠悠我祖,爰自陶唐〔一〕。邈爲虞賓,世歷一作歷世重光②〔二〕。御龍勤夏,豕韋翼商〔三〕。穆穆司徒,厥族以昌〔四〕。

紛紜一作紛紛戰國,漠漠衰周〔五〕。鳳隱于林,幽人在丘〔六〕。逸虬遶雲③,奔鯨駭流〔七〕。天集有漢,眷余愍侯〔八〕。

於赫愍侯,運當攀龍〔九〕。撫劍風一作夙邁,顯兹武功〔一〇〕。書一作参誓河山一作山河,啟土開封〔一一〕。亹亹丞相,允迪前蹤〔一二〕。

渾渾長源,鬱鬱洪柯④。群川載導,衆條載羅〔一三〕。時有語默,運因隆窊一作窳⑤〔一四〕。在我中晉,業融長沙〔一五〕。

桓桓長沙,伊勳伊德〔一六〕。天子疇我,專征南國〔一七〕。功遂辭歸,臨寵不忒⑥〔一八〕。孰謂斯心一作遠,而近可得⑦〔一九〕。

肅矣我祖,慎終如始。直方三原作二,注一作三臺⑧,惠和千里〔二〇〕。於穆一作皇仁考⑨,淡焉虚止〔二一〕。寄迹風雲⑩,寘一作冥兹慍喜⑪〔二二〕。

嗟余寡陋,瞻望弗及⑫〔二三〕。顧慚華鬢⑬,負影隻立⑭〔二四〕一作貧賤介立。三千之罪,無後爲急⑮〔二五〕原作無復其急,注一作無後爲急,一作後無其急。我誠念哉,呱聞爾泣〔二六〕。

卜云嘉日,占亦一作云良時〔二七〕。名汝曰儼,字汝求思⑯〔二八〕。温恭朝夕,念兹在兹〔二九〕。尚想孔伋,庶其企而〔三〇〕。

厲夜生子,遽而求火〔三一〕。凡百有心⑰,奚特于一作於我⑱〔三二〕?既見其生,實欲其可〔三三〕。人亦有言,斯情無假。

日居月諸,漸免于孩〔三四〕。福不虚至,禍亦易來〔三五〕。夙興夜寐,願爾斯才〔三六〕。爾之不才,亦已焉哉〔三七〕。

【校勘】

① 命子:《册府元龜》作"訓子"。

② 重:紹興本、李注本、《册府元龜》作"垂"。

③ 遶:紹興本、《宋書》《册府元龜》作"撓"。

④ 鬱鬱:紹興本、李注本、《宋書》《册府元龜》作"蔚蔚"。

⑤ 窊:《宋書》《册府元龜》作"窳"。

⑥ 忒:《宋書》《册府元龜》作"惑"。

⑦ 近可:《宋書》《册府元龜》作"可近"。

⑧ 三臺:原作"二臺",底本校曰"一作三臺",今從之。曾集本亦注"一作三"。

⑨ 仁:《册府元龜》作"烈"。

⑩ 風雲:《宋書》《册府元龜》作"夙運"。

⑪ 寘:一作"冥",亦通。《册府元龜》作"其",非。

⑫ 弗:《宋書》《册府元龜》作"靡"。

⑬ 顧:《册府元龜》作"領",非。

⑭ 負影隻立:一作"貧賤介立",與全詩意不相屬,非是。

⑮ 無後爲急:原作"無復其急",非是。《册府元龜》作"無後其急"。

⑯ 汝:《宋書》《册府元龜》作"爾"。

⑰ 百:《册府元龜》作"而"。

⑱ 特:《宋書》《册府元龜》作"待",非。

【題解】

"命",教誨。《孟子·滕文公上》:"夷子憮然爲間曰:'命之矣。'"朱熹集注:"命,猶教也。言孟子已教我矣。""命子",猶教子,其大要在追述祖德以教訓之。《册府元龜》作"訓子",意同。

【編年】

詩曰:"三千之罪,無後爲急。我誠念哉,呱聞爾泣。"顯然是對長子而言。又曰"名汝曰儼",據《與子儼等疏》,陶儼乃長子無疑。又曰:"日居月諸,漸免於孩。"孩,嬰兒。《老子》四十九章:"聖人在天下,歙歙爲天下渾其心,百姓皆注其耳目,聖人皆孩之。"王弼注:"皆使和而無欲,如嬰也。"《孟子·盡心上》:"孩提之童,無不知愛其親者。"趙岐注:"孩提,二三歲之間。"詩又曰:"卜云嘉日,占亦良時。名汝曰儼,字汝求思。"知此詩乃長子三四歲爲其命名時所作也。

詩曰:"顧慚華鬢,負影隻立。三千之罪,無後爲急。我誠念哉,呱聞爾泣。"知長子出生時淵明已華鬢,而且爲無後着急,不似三十歲或三十歲前之情況。淵明或不止兩娶,其三十歲所喪之妻未必有子。不可先設定淵明兩娶，長子爲前妻所生，然後據前妻卒於淵明三十歲時，判定長子生於其三十歲以前。按詩意推斷，長子或生於其三十五歲前後，則不但解釋《命子》順暢，解釋《和郭主簿》《責子》《歸去來兮辭》《擬挽歌辭》皆可暢通矣。

淵明長子如生於其三十五歲，長子三歲命名，則《命子》詩當作於晉孝武帝太元十四年己丑（三八九），淵明三十八歲。

【箋注】

〔一〕悠悠我祖，爰自陶唐：意謂遠祖始自堯。悠悠：久遠貌。爰：助詞，起補充音節之作用。陶唐：堯始居於陶丘，後爲唐侯，故曰陶唐氏。

〔二〕邈爲虞賓，世歷重光：意謂堯之子丹朱爲虞賓，曠世歷代其德重明也。邈：遠。虞賓：堯子丹朱，舜待以賓禮，故稱虞賓。《尚書·益稷》："虞賓在位。"重光：《尚書·顧命》："昔君文王、武王，宣重光。"

〔三〕御龍勤夏，豕韋翼商：意謂先祖御龍氏盡力於夏，而豕韋氏又輔佐商。《左傳》襄公二十四年：范宣子曰："昔匄之祖，自虞以上爲陶唐氏，在夏爲御龍氏，在商爲豕韋氏。"翼：輔助。《書·益稷》："予欲左右有民，汝翼。"孔穎達疏："汝當翼贊我也。"

〔四〕穆穆司徒，厥族以昌：意謂陶叔又使陶祖得以昌盛。穆穆：《詩·大雅·文王》："穆穆文王。"毛傳："穆穆，美也。"司徒：古代官名，西周始置，掌管土地與人民。陶叔曾爲周之司徒。《左傳》定公四年："聃季授土，陶叔授民，命以《康誥》，而封於殷虚。"杜注："陶叔，司徒。"楊伯峻《春秋左傳注》曰：陶叔疑即曹叔振鐸，其封近定陶，故又謂之陶叔。

〔五〕紛紜戰國，漠漠衰周：意謂戰國紛爭雜亂，而王室遂衰微寂寞矣。紛紜：《文選》潘岳《關中詩》："紛紜齊萬，亦孔之醜。"李善注："紛紜，亂貌。"漠漠：寂靜無聲。《荀子·解蔽》："聽漠漠而以爲哅哅。"楊倞注："漠漠，無聲也。"衰周：東周王室。各諸侯國紛爭，而王室衰微寂寞。

〔六〕鳳隱于林，幽人在丘：意謂在戰國亂世中賢者隱居不仕，陶氏亦不顯。幽人：隱士。古《箋》引《法言·問明篇》："或問：'君子在治？'曰：'若鳳。''在亂？'曰：'若鳳。'或人不諭，曰：'未之思矣。'曰:'治則進(見),亂則隱。'"王叔岷《箋證稿》引陸機《招隱詩》:"幽人在浚谷。"

〔七〕逸虬遶雲,奔鯨駭流:意謂縱逸之虬龍蟠繞於雲間,奔逸之鯨魚驚起於水中。形容秦末群雄競起。虬:無角龍。

〔八〕天集有漢,眷余愍侯:意謂皇天使漢成功,並眷顧愍侯陶舍。集:成就。《書・武成》:"惟九年,大統未集,予小子其承厥志。"孔穎達疏:"大業未就也。"有:語助詞,常用於朝代名稱前。愍侯:指陶舍。《史記・高祖功臣侯者年表》作"閔侯",曰:陶舍"以右司馬漢王五年初從,以中尉擊燕,定代,侯。比共侯,二千户"。其國在開封。

〔九〕於(wū)赫愍侯,運當攀龍:意謂愍侯得到追隨帝王建功立業之機緣。於:歎美聲。赫:光明貌。攀龍:《法言・淵騫》:"攀龍鱗,附鳳翼,巽以揚之,勃勃乎其不可及也。"此以龍鳳比喻聖哲,謂弟子因聖哲以成德。後多以龍鳳指帝王,謂臣下從之以建功立業。《後漢書・光武帝紀》:"從大王於矢石之間者,其計固望其攀龍鱗,附鳳翼,以成其所志耳。"

〔一〇〕撫劍風邁,顯兹武功:稱頌愍侯之武功。撫劍:持劍。風邁:如風之超越也。晉鼓吹曲《玄雲》:"清音隨風邁。"

〔一一〕書誓河山,啟土開封:意謂高祖書寫誓言分封諸侯,陶舍得以分土於開封。《史記・高祖功臣侯者年表》:"封爵之誓曰:'使河如帶,泰山若厲。國以永寧,爰及苗裔。'"意謂除非黄河如衣帶,泰山如磨石,國不得亡也。國既永寧,爵位當世代相傳。

〔一二〕亹(wěi)亹丞相,允迪前蹤:意謂陶青果能蹈襲父蹤,而爲丞相。亹亹:勤勉貌。丞相:指陶青,《漢書・百官公卿表》:孝文後二年八月庚午,"開封侯陶青爲御史大夫,七年遷"。孝景二年八月丁未,"御史大夫陶青爲丞相"。允:信。迪:蹈。古《箋》引《書・皋陶謨》:"允迪厥德。"孔傳:"迪,蹈也。"

〔一三〕渾渾長源,鬱鬱洪柯。群川載導,衆條載羅:意謂陶氏源遠流長,根深葉茂,後代枝派分散。渾渾:水流盛大貌。《荀子・富國》:"財貨渾渾如泉源。"鬱鬱:繁盛貌。《後漢書・馮衍傳》:"光扈扈而煬耀兮,紛鬱鬱而暢美。"洪柯:大樹枝。條:枝條。

〔一四〕時有語默,運因隆窊(wā):意謂時運有盛有衰,有高有低。古

《箋》引《易·繫辭》:“君子之道,或出或處,或語或默。”又引《禮記·檀弓》:“道隆則從而隆,道污則從而污。”窊:低下。左思《吴都賦》:“原隰殊品,窊隆異等。”

〔一五〕在我中晉,業融長沙:意謂在我中晉之時,長沙公陶侃功業昭著。中晉:猶言晉之中世,指晉室東遷以降也。《南齊書·巴陵王昭秀傳》:“中晉南遷,事移威弛。”陶注引何焯曰:“漢季稱東漢爲中漢,此中晉所本。”古《箋》引《後漢書·應劭傳》:“又論當時行事,著《中漢輯序》。”融:明。長沙:陶侃以平定蘇峻之功,封長沙郡公。

〔一六〕桓桓長沙,伊勳伊德:意謂長沙公威武,不僅有功勳,而且有德行。桓桓:威武貌。陶侃謚曰“桓”。伊:語氣詞。

〔一七〕天子疇我,專征南國:意謂天子酬我,授命都督南國。疇:通“酬”,見朱駿聲《説文通訓定聲》。專征:古侯伯有大功者,得專自征伐,不待奉天子之命。南國:陶侃都督荆、江等八州諸軍事,荆、江二州刺史,地當南國。

〔一八〕功遂辭歸,臨寵不忒(tè):意謂陶侃功成辭歸,臨寵而無失。《晉書·陶侃傳》載:咸和九年六月陶侃疾篤,曾上表遜位。忒:疑惑。《詩·曹風·鳲鳩》:“淑人君子,其儀不忒。”毛傳:“忒,疑也。”孔穎達疏:“執義如一,無疑貳之心。”

〔一九〕孰謂斯心,而近可得:意謂陶侃此心難得也。

〔二〇〕肅矣我祖,慎終如始。直方三臺,惠和千里:稱頌祖父之謹慎,其直方之德聞於朝中,而惠和之風廣被千里。肅:莊重。《老子》六十四章:“慎終如始,則無敗事。”直方:古《箋》引《易·坤》:“六二:直方大,不習,無不利。”“文言曰:直其正也,方其義也。君子敬以直内,義以方外。”三臺:漢代對尚書、御史、謁者之總稱。尚書爲中臺、御史爲憲臺、謁者爲外臺,合稱“三臺”。千里:指太守管轄之區域。古《箋》引《漢書·嚴延年傳》:“幸得備郡守,專治千里。”《晉書·何曾傳》:郡守專任千里,“上當奉宣朝恩,以致惠和。”霈案:“治千里”者太守也。淵明祖父既“惠和千里”,必曾任太守無疑。《晉書·陶潛傳》:“祖茂,武昌太守。”與《命子》詩正相合。惟陶茂名不見《晉書·陶侃傳》,《傳》曰:“侃有子十七人,唯洪、瞻、夏、琦、旗、斌、稱、範、岱見舊史,餘者並不顯。"全祖望《鮚埼亭集外編》謂陶茂任武昌太守,不得曰不顯。因疑陶茂非侃子,淵明應爲侃七世孫。需案:此説非是,察《陶侃傳》所舉九子,或稱侯,或稱伯,或爲將軍,或爲尚書,陶茂僅爲太守,與此九人相比,曰不顯可也。宋鄧名世《古今姓氏書辨證》曰:"後世望出丹陽,晉太尉侃之祖父同,始居焉。同生丹,吴揚武將軍、柴桑侯,遂居其地。生侃,字士衡,娶十五妻,生二十三子,二子少亡,二十一子官至太尉。侃生員外散騎岱。岱生晉安城太守逸。逸生彭澤令、贈光禄大夫潛。"曰淵明祖父名岱,但陶岱仕爲員外散騎,與《命子》詩不合。兹從《晉書》。

〔二一〕於穆仁考,淡焉虚止:稱頌先父性情淡泊。於穆:《詩・周頌・清廟》:"於穆清廟。"毛傳:"於,歎辭。穆,美也。"考:《禮・曲禮下》:"生曰父,曰母,……死曰考,曰妣。"止:語末助詞。需案:李公焕注:"父,姿城太守,生五子,史失載。"李注又引趙泉山曰:"靖節之父,史逸其名,惟載於陶茂麟《家譜》,而其行事亦無從考見。"《晉書・陶潛傳》不載其父名。據此詩之意,其父生性淡泊,於仕宦並不熱衷,故未言其官職。果係太守,如祖父,不當不言及也。陶茂麟《家譜》久已不傳,僅見於《宋史・藝文志》。宋鄧名世《古今姓氏書辨證》曰:"岱生晉安城太守逸。逸生彭澤令、贈光禄大夫潛。"又,《秀溪譜》謂淵明父名"回",《彭澤定山陶氏宗譜》謂淵明父名"敏"。淵明父名各説,均無確證,僅可備考而已。

〔二二〕寄迹風雲,寘兹愠喜:意謂先父托身於風雲之上,不因仕宦與否而有所愠喜。寄迹:托身。風雲:潘岳《楊荆州誄》:"奮躍淵塗,跨騰風雲。"寘:廢止、棄置。《廣韻》:"寘,止也、廢也。"淵明《祭從弟敬遠文》:"常願携手,寘彼衆議。"愠喜:丁《箋注》引《論語(公冶長)》:"令尹子文,三仕爲令尹,無喜色;三已之,無愠色。"

〔二三〕嗟余寡陋,瞻望弗及:意謂自己孤陋寡聞,望祖先之項背而不可及。《詩・邶風・燕燕》:"瞻望弗及。"

〔二四〕顧慚華鬢,負影隻立:意謂看到自己兩鬢已經花白,而仍無子嗣,只有影子爲伴,心感慚愧。

〔二五〕三千之罪,無後爲急:意謂在各種罪過中以無後爲最大。古

《箋》引《孝經》:"五刑之屬三千,而罪莫大於不孝。"《孟子(離婁)》:"不孝有三,無後爲大。"王叔岷《箋證稿》:"陶公爲叶韻,易大爲急。《吕氏春秋·情欲篇》:'邪利之急。'高誘注:'急猶先。'先與大義亦相因。"

〔二六〕我誠念哉,呱(gū)聞爾泣:意謂我正念及無後之事,而汝誕生矣。呱:小兒之哭聲。《詩·大雅·生民》:"后稷呱矣。"

〔二七〕卜云嘉日,占亦良時:意謂爲汝占卜生辰,日期時辰均吉利。

〔二八〕名汝曰儼,字汝求思:《禮記·曲禮上》:"毋不敬,儼若思。"鄭注:"儼,矜莊貌。人之坐思,貌必儼然。"古《箋》:"《檀弓》:'幼名冠字。'今陶公字子不待於冠,蓋變通從宜耳。"

〔二九〕温恭朝夕,念兹在兹:此乃就所命之名(儼),申發其義,以勉勵兒子。希望他由自己之名,牢記爲人須時時温和恭敬。《詩·商頌·那》:"自古在昔,先民有作。温恭朝夕,執事有恪。"恪,敬也。言恭敬之道,不可忘也。《書·大禹謨》:"帝念哉,念兹在兹。"

〔三〇〕尚想孔伋(jí),庶其企而:此乃就所命之字(求思),申發其義,有追慕孔伋之意也。孔伋,字子思,孔子孫,作《中庸》。尚:上。庶:希冀。企:企及。而:用於句末之語助詞,相當於"耳"。

〔三一〕厲(lài)夜生子,遽(jù)而求火:意謂希望兒子勿如自己之無成也。《莊子·天地》:"厲之人,夜半生其子,遽取火而視之,汲汲然唯恐其似己也。"厲:通"癩"。遽:匆忙。

〔三二〕凡百有心,奚特于我:意謂是人皆有此心,何獨自己如此。《詩·小雅·雨無正》:"凡百君子,各敬爾身。"王叔岷《箋證稿》引《論語·憲問》:"有心哉,擊磬乎!"

〔三三〕可:宜,贊許之辭。古《箋》:"《世説·賞譽篇》:'王大將軍稱其兒云:"其神候似欲可。"'又曰:'王仲祖、劉真長造殷中軍談,談竟,俱載去。劉謂王曰:"淵源真可。"'據此,則題目人以'可'字,乃晉人之常也。《晉書·桓温傳》:'行經王敦墓,望之曰:"可人,可人!"'"

〔三四〕日居(jī)月諸,漸免於孩:意謂日月流逝,陶儼已漸長大。居:語氣詞,相當於"乎"。諸:助詞,相當於"乎",表示感歎。《詩·邶風·日月》:"日居月諸,照臨下土。"毛傳:"日乎月乎,照臨之也。”

〔三五〕 福不虚至，禍亦易來：古《箋》引《淮南子·繆稱訓》：“行合而名副之，禍福不虚至矣。”王叔岷《箋證稿》：“‘亦’猶‘則’也。《淮南子·人間篇》：‘禍之來也，人自生之；福之來也，人自成之。’《史記》補《龜策列傳》：‘禍不妄至，福不徒來。’”

〔三六〕 夙興夜寐，願爾斯才：勉勵陶儼早起晚睡，勤奮努力，以成才也。斯：是，爲。《詩·小雅·采薇》：“彼爾維何？維常之華。彼路斯何？君子之車。”

〔三七〕 爾之不才，亦已焉哉：意謂爾若不才，亦無可奈何也。何注引陸放翁曰：“鄭康成《誡子書》云：‘若忽忘不識，亦已焉哉！’此用其語。”

【析義】

全詩共十章。一章，言陶姓氏族之所自來。二章、三章，追述漢代時陶舍、陶青之德業。四章，謂陶青之後未有顯者，迨至中晉始有長沙公。五章，述曾祖長沙公之功德。六章，述祖父及父親之德操。七章，感歎自身之寡陋，抒寫盼望得子之心情。八章，爲子命名以及名字之意義。九章，望子成才。十章，誡子以福禍之由。

魏晉士大夫重門閥，多有言及祖德並自勵者，如：王粲《爲潘文則作思親詩》、潘岳《家風詩》、陸機《與弟清河雲詩》之類。淵明《命子》追述先祖功德，頗以家族爲榮，亦屬此類。然淵明於其曾祖陶侃特拈出“功遂辭歸，臨寵不忒”；於其祖特拈出“直方”“惠和”；於其父特拈出“淡焉虚止”；於其子特以“儼”命之，又以福禍由己誡之，雖望其成才而亦不强求。淡泊功名，樂天知命，又非一般炫耀家族者可比也。

清蔣薰曰：“初讀之，叙次雅穆，嫌其結語不稱前幅，以少渾厚也。雖然，儼既漸免於孩，不好紙筆，已見無成矣，陶公有激而言，蓋不得已哉。”（蔣薰評《陶淵明詩集》卷一）

歸鳥一首

翼翼歸鳥〔一〕，晨去于林。遠之八表〔二〕，近一作延憩雲岑①〔三〕。和風弗一作不洽，翻翮求心〔四〕。顧儔相鳴，景庇清陰〔五〕。

翼翼歸鳥,載翔載飛。雖不懷遊,見林情依一作飄零〔六〕。遇雲頡頏,相鳴一作鳴景而歸〔七〕。遐路誠悠,性愛無遺〔八〕。
翼翼歸鳥,馴一作相林徘徊②〔九〕。豈思天路,欣反一作及舊棲〔一〇〕。雖無昔侶,衆聲每諧。日夕氣清〔一一〕,悠然其懷〔一二〕。
翼翼歸鳥,戢羽寒一作搴條③〔一三〕。遊不曠林〔一四〕,宿則一作不森標④〔一五〕。晨風清興,好音時交〔一六〕。矰繳奚功一作施,已卷⑤〔一七〕原作卷已,注一作已卷安勞一作旦暮逍遥。

【校勘】

① 近:一作"延",形近而誤。

② 馴林:一作"相林",王叔岷《箋證稿》:"《説文》:'相,省視也。'上已言'見林',此不必更言'相林'。作'馴林'較佳。"逯《注》:"原字當作循,音訛爲馴,形誤爲相。《南史·劉霽傳》:'常有雙白鶴循翔廬側。'《梁書》循作馴。"需案:"馴林",可徑釋爲順林,見箋注〔九〕。

③ 寒:一作"搴",形近而誤。

④ 則:一作"不",涉上"不"字而誤。

⑤ 已卷:原作"卷已",底本校曰"一作已卷",今從之。

【題解】

陶詩中屢次出現歸鳥意象,如《飲酒》:"因值孤生松,斂翮遥來歸。""山氣日夕佳,飛鳥相與還。""日入群動息,歸鳥趨林鳴。"《詠貧士》:"遲遲出林翮,未夕復來歸。"《讀山海經》:"衆鳥欣有託,吾亦愛吾廬。"《歸去來兮辭》:"雲無心以出岫,鳥倦飛而知還。"此皆淵明自身歸隱之象徵。

【編年】

《歸鳥》作於晉安帝義熙二年丙午(四〇六)秋冬。王瑶注曰:"詩中歌頌歸鳥,如'豈思天路,欣及舊棲'等語,都與'羈鳥戀舊林'同義;當與《歸園田居五首》同是彭澤歸田後所作。"王説爲是。詩曰:"日夕氣清,悠然其懷。"亦"采菊東籬下,悠然見南山。山氣日夕佳,飛鳥相與還"之意,當係同時之作。

【箋注】

〔一〕翼翼:和貌。《離騷》:"鳳皇翼其承旂兮,高翱翔之翼翼。"王逸注:"翼翼,和貌。言己動順天道,則鳳皇來隨我車,敬承旂旗,高飛翺翔，翼翼而和。”從下文“顧儔相鳴”可知，此詩所寫之歸鳥非孤鳥也。衆鳥相和，翼翼而飛。

〔二〕之：往。八表：八方以外極遠之處，詳《停雲》注〔八〕。

〔三〕憩：休息。雲岑：高入雲霄之山。

〔四〕和風弗洽，翻翮求心：意謂未遇和風，即轉翅返回，以求遂己之初心。湯注：“託言歸而求志，下文‘豈思天路’意同。”洽：和諧。《詩・小雅・正月》：“洽比其鄰，昏姻孔云。”毛傳：“洽，合。”古《箋》引《文選》束廣微《補亡詩》：“周風既洽，（王猷允泰。）”

〔五〕顧儔相鳴，景庇清陰：意謂衆鳥相約，庇於清陰之中。顧儔：儔侶互相顧盼。

〔六〕雖不懷遊，見林情依：意謂惟其本不想出遊，故一見林即依依不舍。雖：通“惟”，發語助詞，見王引之《經傳釋詞》卷三。《左傳》文公十七年：“雖敝邑之事君，何以不免？”

〔七〕遇雲頡頏，相鳴而歸：此所謂“雲”似有阻礙之意，猶如《停雲》之“靄靄停雲”“八表同昏”。頡頏：鳥飛上下貌。《詩・邶風・燕燕》：“燕燕於飛，頡之頏之。”毛傳：“飛而上者曰頡，飛而下者曰頏。”

〔八〕遐路誠悠，性愛無遺：意謂誠然路途遐悠，遠飛多礙；然性本喜愛舊林，亦未能捨棄也。性愛：本性之所愛。遺：捨棄、遺棄。《易・泰》：“包荒，用馮河，不遐遺。”孔穎達疏：“遺，棄也。”

〔九〕馴林徘徊：意謂順林而徘徊，不忍離去。馴林：猶順林。馴：從，見《廣韻》。段玉裁《説文解字注》：“馴之本義爲馬順，引申爲凡順之稱。”《易・坤》：“象曰：履霜堅冰，陰始凝也。馴致其道，至堅冰也。”陸德明釋文：“馴，向秀云‘從也’。”

〔一〇〕豈思天路，欣反舊棲：意謂不想遠走高飛，登上天路，只因返回舊棲而欣喜。天路：天上之路，此有喻指仕途顯達之意。《藝文類聚》卷二六潘尼《懷退賦》：“伊疇昔之懷憤，思天飛以遠跡。望循塗而投軌，遡翔風以理翮。冀雲霧之可憑，希天路之開闢。……背宇宙之寥廓，羅網罟之重深。”舊棲：原先之棲宿處。

〔一一〕日夕氣清：淵明《飲酒》其五：“山氣日夕佳，飛鳥相與還。”

〔一二〕悠然其懷：心懷悠遠貌。淵明《飲酒》其五：“心遠地自偏。”

〔一三〕戢羽寒條：意謂斂翅於寒枝之上。淵明《飲酒》其四：“因值孤生松，斂翮遥來歸。"丁《箋注》引郭璞詩"戢翼棲榛梗"（見鍾嶸《詩品》所引），曰："亦用爲致仕歸隱之喻。"

〔一四〕曠：遠離，疏遠。《吕氏春秋·長見》："與處則不安，曠之而不穀得焉。"

〔一五〕森：樹木叢生繁密貌。標：樹梢。

〔一六〕晨風清興，好音時交：意謂在晨風中興致高爽，時時以好音交相鳴和。淵明《停雲》："斂翮閑止，好聲相和。"

〔一七〕矰繳（zēng zhuó）奚功，已卷安勞：意謂矰繳何所見其功效耶？衆鳥已然藏林，何勞乎弋者？矰：一種短箭。繳：繫在矰上之絲繩。《史記·留侯世家》："雖有矰繳，尚安所施？"已卷：陶澍注："末二句言業已倦飛知還，不勞虞人之視，超舉傲睨之辭也。"王叔岷《箋證稿》曰："猶已藏，謂鳥已深藏。"

【析義】

一章，遠飛思歸。二章，歸路所感。三章，喜歸舊林。四章，歸後所感。全用比體，多有寓意。如："矰繳奚功"比喻政局險惡；"戢羽寒條"比喻安貧守賤；"宿則森標"比喻立身清高。處處寫鳥，處處自喻。鍾惺曰："其語言之妙，往往累言説不出處，數字回翔略盡。有一種清和婉約之氣在筆墨外，使人心平累消。"（鍾惺、譚元春評選《古詩歸》卷九）

陶淵明集箋注卷第二 詩二十九首①

形影神 并序

貴賤賢愚，莫不營營以惜生，斯甚惑焉〔一〕。故極陳形影之苦言，神辨自然以釋之〔二〕。好事君子，共取其心焉②〔三〕。

形贈影一首

天地長不没〔四〕，山川無改一作如故時。草木得常理，霜露榮一作憔悴之③〔五〕。謂人最靈智，獨復不如原作知，注一作如兹④〔六〕。適見在世中，奄去靡歸期〔七〕。奚覺無一人，親識一作戚豈相思一作相追思⑤〔八〕？但餘平生物，舉目情悽洏〔九〕。我無騰化一作雲術⑥，必爾不復疑〔一〇〕。願君取一作憶吾言⑦〔一一〕，得酒莫苟辭〔一二〕。

【校勘】

① 詩二十九首：底本原作"詩三十首"，此卷實收詩三十一首。兹將《歸園田居》其六、《問來使》二首移入外集，則此卷收詩二十九首。今據改。

② 陶注："毛晉云：一本無末二句。"

③ 霜露榮悴之：一作"霜露憔悴之"，非。露於草木乃榮之，霜於草木乃悴之。

④ 如：原作"知"，亦通。"獨復不知兹"，承上文，意謂不知此天地不没、山川無改，而草木有榮有悴之理。底本校曰"一作如"，則謂人猶不如草木之得常理也，於義爲勝。

⑤ 親識：一作"親戚"，亦通。豈相思：一作"相追思"。需案：此言親識是否相思，尚不得而知也。若作"相追思"，口氣肯定，意趣稍遜。

⑥ 騰化：一作"騰雲"，於義稍遜。

⑦ 取：一作"憶"，於義稍遜。

【題解】

“形”“影”“神”，分别指人之形體、身影、精神。形神關係早已提出，王叔岷《箋證稿》追溯到司馬遷，曰：“太史公《自序》：‘凡人所生者，神也。所託者，形也。……神者，生之本也。形者，生之具也。’”此後，漢代王充多有論述，見其《論衡》中《訂鬼》《論死》等篇。與淵明同時之慧遠又作《形盡神不滅論》。《世説新語・任誕》王佛大歎言：“三日不飲酒，覺形神不復相親。”淵明在《形影神》中不僅言及形神關係，且又增加“影”，遂將形、神兩方關係之命題變爲形、影、神三方關係之命題，使其哲學涵義更爲豐富。

【編年】

晉安帝義熙九年癸丑（四一三），淵明六十二歲，或此年之後。逯《繫年》：“《形影神》詩當作於本年五月以後。詩序：‘貴賤賢愚，莫不營營以惜生，斯甚惑焉。故極陳形影之苦，言神辨自然以釋之。’按此詩蓋針對釋慧遠《形盡神不滅論》《萬佛影銘》而發，以反對當時宗教迷信。釋慧遠元興三年作《形盡神不滅論》，本年又立佛影作《萬佛影銘》。銘云：‘廓矣大象，理玄無名。體神入化，落影離形。’形、影、神三者至此具備。又慧遠等於元興元年建齋立誓，共期西方，又以次作《三報論》《明報應論》《形盡神不滅論》等，皆攝於生死報應之反映，故陶爲此詩斥其營營惜生也。”逯《繫年》於元興二年下又曰：“是年冬，劉遺民棄官，隱於廬山之西林。”引唐釋法琳《辨正論》卷七所引《宣驗記》、釋元康《肇論疏》爲證。霈案：逯氏所論不無可能，姑從之。

【箋注】

〔一〕貴賤賢愚，莫不營營以惜生，斯甚惑焉：意謂凡人皆營營以惜生，此甚爲困惑也。營營：《詩・小雅・青蠅》：“營營青蠅。”毛傳：“營營，往來貌。”古《箋》引《列子・天瑞》：“吾又安知營營而求生非惑乎？”惜生：吝惜生命，以求長生或留名。

〔二〕故極陳形影之苦言，神辨自然以釋之：意謂此三詩之大概，乃在於先代形、影陳言，然後神以自然之理爲之解脱。或以“苦”字斷句，“言”字屬下，雖亦可通，然欠佳，未若“陳……言”，於文理順暢。辨：明察。自然：指道家順應自然之思想。

〔三〕好事君子，共取其心焉：意謂希望好事君子采納同意《神釋》關於自然之義也。車柱環《疏證》曰：“《吕氏春秋・誣徒》：‘以章則心異(案:應作則有異心)。'高誘注云:'心,猶義也。''共取其心',謂共取爲詩之義也。《孟子·萬章上》:'好事者爲之也。'"

〔四〕天地長不没(mò):古《箋》引《老子》(七章):"天長地久。天地所以能長且久者,以其不自生,故能長生。"没:滅。

〔五〕草木得常理,霜露榮悴之:意謂草木雖有生命,不能如天地、山川之不滅無改,然榮而復悴,悴而復榮,亦可謂得到恒久之道矣。常:恒也。《書·咸有一德》:"天難諶,命靡常。"理:道也,見《廣雅·釋詁三》。悴:枯萎。陸機《漢高祖功臣頌》:"悴葉更輝,枯條以肆。"

〔六〕謂人最靈智,獨復不如兹:意謂人爲萬物之靈,偏不如草木之得常理也。復:副詞,表示加强語氣。丁《箋注》:"《書(泰誓)》:'惟人萬物之靈。'"古《箋》:"向子期《難嵇叔夜養生論》曰:'夫人受形於造化,與萬物並(存),有生之最靈者也,異於草木。'此反其意而用之也。"霈案:向子期曰人爲最靈者,有異於草木,意在推崇人之最靈。此詩則曰人雖爲最靈者,反不如草木,意在感歎人生之短促。

〔七〕適見在世中,奄去靡歸期:意謂適才尚見在世間,忽已逝世而永不得復還矣。古《箋》:"《方言》:'奄,遽也(……陳潁之間曰奄)。'《古薤露歌》曰:'人死一去何時歸。'"丁《箋注》引顔延之《秋胡行》:"死(案:應爲没)爲長不歸。"王叔岷《箋證稿》復引曹植《三良詩》:"長夜何冥冥,一往不復還。"鮑照《擬行路難》其十:"一去無還期。"可見魏晉南北朝時人慣用"不歸""無還"之類詞語代指死而不可復生。

〔八〕奚覺無一人,親識豈相思:意謂世上失去一人不會引起注意,親人、朋友是否相思耶?奚:何。豈:副詞,表示推測,相當於"是否"。《莊子·外物》:"君豈有斗升之水而活我哉?"

〔九〕但餘平生物,舉目情淒洏(ér):意謂親識見生前之物而淒然也。此猶《擬挽歌辭》"親戚或餘悲"之意。平生:平素,往常。洏:語助詞,同"而"。《文選》王粲《贈蔡子篤詩》:"中心孔悼,涕淚漣洏。"李善注:"杜預《左氏傳注》曰:'洏',語助也。"又《文選》王粲《贈士孫文始詩》:"矧伊嬿婉,胡不淒而。"

〔一〇〕我無騰化術,必爾不復疑:意謂我無騰化成仙之術,必如此(指逝世)而不復可疑也。騰化術:升騰變化之術。《韓非子·難勢》:"飛龍乘雲,騰蛇遊霧。"曹操《步出夏門行·龜雖壽》曰:"騰蛇乘霧,終爲土灰。"雖乘雲、遊霧,終不免一死也。丁《箋注》:"《抱朴子(論仙)》:'按《仙經》云:"上士舉形昇虚,謂之天仙;中士游於名山,謂之地仙;下士先死後蜕,謂之尸解仙。"'案:'騰化'指天仙而言。"

〔一一〕君:丁《箋注》:"形謂影也。"

〔一二〕苟:苟且,隨便。

影答形一首

存生不可言,衛生每苦拙〔一〕。誠願游崑華,邈然兹道絶〔二〕。與子相遇來,未嘗異悲悦。憩蔭一作陰若暫乖,止日終不别一作不擬别①〔三〕。此同既難常,黯一作默爾俱時滅〔四〕。身没名亦盡,念之一作此五情熱〔五〕。立善一作命有遺愛②,胡可不自竭〔六〕?酒云能消憂,方此詎一作誰,又作誠不劣③〔七〕!

【校勘】

① 終不别:一作"不擬别",於文義稍遜。既止日下,則形影相伴,無所謂"擬"與"不擬"。

② 立善:一作"立命",非。王叔岷《箋證稿》曰:"立善爲此首主旨。《神釋》:'立善常所欣,誰當爲汝譽?'即本此辨之。"

③ 詎:一作"誰",又作"誠",皆形近而訛。

【箋注】

〔一〕存生不可言,衛生每苦拙:承上"形贈影"之意,答曰:存生之道既無可言,而又每苦於衛生也。存生:猶保存生命,長生不死。衛生:衛護其生,以全此一生。丁《箋注》引《莊子·達生》:"世之人以爲養形足以存生,而養形果不足以存生,則世奚足爲哉!"又引《莊子·庚桑楚》:"南榮趎曰:'……趎願聞衛生之經而已矣。'"王叔岷《箋證稿》引《文選》謝靈運《還舊園作見顔范二中書》:"衛生自有經。"李善注引司馬彪(《莊子注》)云:"衛生,謂衛護其生,全性命也。"需案:莊子認爲"生"雖不能脱離

"形",但"生"與物質之"形"有别,僅僅養形尚不足以存生,"形不離而生亡者有之矣。生之來不能卻,其去不能止"(《達生》),所以此詩首言存生不可言也。然則,"衛生"可乎?可也。即《庚桑楚》載老子答南榮趎衛生之經,大意謂精神與形體合一,"身若槁木之枝而心若死灰。若是者,禍亦不至,福亦不來。禍福無有,惡有人災也?"然在"影"看來,此亦是難事,故曰"衛生每苦拙"也。

〔二〕誠願游崑華,邈然兹道絶:意謂非不願學仙以求長生,但此道邈遠不通。崑華:崑崙山與華山,仙人所居。見《列仙傳》所載赤松子故事,《後漢書·方術傳》注引《漢武内傳》所載魯女生故事。

〔三〕憩蔭若暫乖,止日終不别:意謂休息於樹蔭之下形影若暫時乖離,而停於太陽之下則形影終不分别也。終:常、久,與上句之"暫"相對而言。

〔四〕此同既難常,黯爾俱時滅:形影不離,此所謂同。然形既不能長存,則影必隨形之滅而黯然俱滅也。黯:黑也。黯爾:黯然,失色將敗之貌。爾:助詞。

〔五〕身没名亦盡,念之五情熱:影所關心者在名,蓋名之隨身猶影之隨形。形滅影亦滅,此無可奈何也。然身没名亦盡,當可避免,故下言立善以求不朽。古《箋》:"《論語(衛靈公)》:'君子疾没世而名不稱焉。'"五情:《文選》曹植《上責躬應詔詩表》:"形影相弔,五情愧赧。"劉良注:"五情,喜、怒、哀、樂、怨。"

〔六〕立善有遺愛,胡可不自竭:意謂立善則可見愛於後世,胡可不自竭力爲之。丁《箋注》:"《左傳》(襄公二十四年):'太上有立德,其次有立功,其次有立言,雖久不廢。此之謂三不朽。'案:三不朽謂之立善。"霈案:丁説可通,惟淵明所謂"善"似偏重於德,且對立善頗有懷疑也,如:"積善云有報,夷叔在西山。善惡苟不應,何事空立言?"(《飲酒》其二)遺愛:丁《箋注》引《左傳》(昭公二十年):"及子産卒,仲尼聞之,出涕曰:'古之遺愛也。'"杜預注:"子産見愛,有古人之遺風。"

〔七〕酒云能消憂,方此詎不劣:意謂飲酒雖能消憂,而與立善相比,豈不劣乎?丁《箋注》:"《漢書·東方朔傳》:'銷憂者莫若酒。'"方:比擬。方此:相比於此。古《箋》引《世説新語·言語》:

"(桓)宣武移鎮南州,制街衢平直。人謂王東亭曰:'丞相初營建康,無所因承,而制置紆曲,方此爲劣(也)。'"

神釋一首

大鈞無私力,萬物原作理,注一作物自森著①〔一〕。人爲三才中,豈不以我故〔二〕? 與君雖異物,生而相依附。結託善惡一作既喜同②,安得不相語一作與③〔三〕。三皇大聖一作德人,今復在何處〔四〕? 彭祖壽一作愛永年④〔五〕,欲留不得住。老少同一死,賢愚無復數〔六〕。日醉或能忘,將非促齡具〔七〕? 立一作主善常所欣⑤,誰當爲汝譽〔八〕? 甚念傷吾生,正宜一作目委運去⑥〔九〕。縱浪大化中,不喜亦不懼〔一〇〕。應盡便須一作復盡⑦〔一一〕,無復獨多慮一作無使獨憂慮⑧。

【校勘】

① 物:原作"理",底本校曰"一作物",今從之。上句言"大鈞"造器,下句又言人爲三才之中,皆就物而言,故作"物"於義較勝。

② 善惡同:一作"既喜同",亦通,形、影、神三者一體,此所謂"同"也。作"善惡"於義較勝。"結托既喜同"與上句"生而相依附"意思重複,"結托善惡同"則進一步言,不僅相依附,善惡亦相同也。

③ 語:一作"與",恐非是。神與形、影之關係,既是"生而相依附",則已不僅是"相與"矣。

④ 壽:一作"愛",於義較遜。"愛永年"者,人之普遍心理,何止彭祖? 彭祖之異於衆人者,乃在其"壽永年"也。此言其雖然長壽仍不免一死耳。逯注本曰:"愛應作受,音訛成壽,形訛成愛。"

⑤ 立善:一作"主善",形近而訛。

⑥ 宜:一作"目",形近而訛。

⑦ 須:一作"復",涉下句而誤。

⑧ 無復獨多慮:一作"無使獨憂慮",於義稍遜。和陶本作"無事勿多慮"。

【箋注】

〔一〕大鈞無私力,萬物自森著:意謂造化普惠於衆物,無私力於扶持某物,或不扶持某物。萬物自然生長,繁盛而富有生機。鈞:製作陶器所用之轉輪。大鈞：丁《箋注》："造化也。賈子《鵩鳥賦》：'大鈞播物。'如淳注：'陶者作器於鈞上，此以造化爲大鈞。'"案：丁引《漢書·賈誼傳》，此句後又有師古注："今造瓦者謂所轉者爲鈞，言造化爲人，亦猶陶之造瓦耳。"

〔二〕人爲三才中，豈不以我故：意謂人之所以得屬三才之中，乃以我（神）之故也。三才：亦作"三材"，《易·繫辭下》："《易》之爲書也，廣大悉備。有天道焉，有人道焉，有地道焉，兼三材而兩之。"車柱環《疏證》引阮元校勘記："《石經》初刻本作才。"

〔三〕結托善惡同，安得不相語：意謂神之結體、托身不僅與形影互相依附，而且善亦同善，惡亦同惡（意思近於"休戚相關"），故不得不爲之釋惑也。

〔四〕三皇大聖人，今復在何處：意謂三皇者古之大聖人也，亦不免一死。三皇：説法不一，丁《箋注》引《三五曆》指天皇、地皇、人皇；《史記》指天皇、地皇、泰皇；《春秋運斗樞》指伏羲、神農、女媧；《白虎通》指伏羲、神農、祝融；另有異説，不列舉。大聖人：即指三皇而言。

〔五〕彭祖：《莊子·齊物論》："莫壽於殤子，而彭祖爲夭。"《神仙傳》："彭祖，諱鏗，帝顓頊玄孫。至殷之末世，年已七百餘歲而不衰。"

〔六〕老少同一死，賢愚無復數（shǔ）：古《箋》："《列子·楊朱》：'生則有賢愚、貴賤，是所異也；死則有臭腐、消滅，是所同也。'又曰：'十年亦死，百年亦死；仁聖亦死，凶愚亦死。'"數：審，辨。《荀子·非相》："欲觀千歲，則數今日；欲知億萬，則審一二。"

〔七〕將：助詞，豈也。《國語·楚語下》："若無然，民將能登天乎？"韋昭注："若重、黎不絶天地，民豈能上天乎？"淵明《移居》其二："此理將不勝，無爲忽去兹。"促齡：促使年壽縮短。具：車柱環《疏證》："《禮記·内則》：'（若未食，）則佐長者視具。'鄭玄注云：'具，饌也。'促齡具，猶云短壽之飲料也。"

〔八〕立善常所欣，誰當爲汝譽：王叔岷《疏證稿》曰："'古之遺愛'，乃孔子贊子産之辭。如今立善，安得有如孔子者之贊譽邪？然立善固不必有人譽，陶公蓋有所慨而言耳。"當：將。《儀禮·特牲饋食禮》："佐食，當事則户外南面。"鄭玄注："當事，將有事而未至。”

〔九〕正宜委運去：意謂只可聽任天運。正：副詞，相當於恰、只。《韓非子·十過》：“夫虞之有虢也，如車之有輔。輔依車，車亦依輔，虞、虢之勢正是也。”委運：順從天運，亦即順從自然變化之理。淵明《自祭文》：“自余爲人，逢運之貧。”楊羲《中候王夫人詩》：“焉得齊物子，委運任所經。”去：語末助詞，表示趨向。

〔一〇〕縱浪大化中，不喜亦不懼：意謂放浪於大化之中，生死無所喜懼。古《箋》引《左傳》（文公七年）杜注：“縱，放也。”又引《列子·天瑞》：“人自生至終，大化有四：嬰孩也，少壯也，老耄也，死亡也。”《荀子·天論》：“四時代御，陰陽大化。”《莊子·大宗師》：“古之真人，不知悦生，不知惡死。”郭象注：“與化爲體（者也）。”

〔一一〕盡：指大化之盡，亦即死亡。

【析義】

“形”羨慕天地山川之不化，痛感人生之無常，欲藉飲酒以愉悦，在魏晉士人中此想法頗爲普遍。“影”主張立善求名以求不朽，代表名教之要求。“神”以自然化遷之理破除“形”“影”之惑，不以早終爲苦，亦不以長壽爲樂；不以名盡爲苦，亦不以留有遺愛爲樂，此所謂“縱浪大化中，不喜亦不懼”。此三詩設爲形、影、神三者之對話，分别代表三種人生觀，亦可視爲淵明自己思想中互相矛盾之三方面。《形影神》可謂淵明解剖自己思想並求得解決之記録。

此詩設爲形、影、神三者之對答，别具一格。嗣後，白居易有《自戲三絶句》：《心問身》《身報心》《心重答身》。《心問身》曰：“心問身云何泰然，嚴冬暖被日高眠。放君快活知恩否？不早朝來十一年。”《身報心》曰：“心是身王身是宫，君今居在我宫中。是君家舍君須愛，何事論恩自説功？”《心重答身》曰：“因我疏慵休罷早，遣君安樂歲時多。世間老苦人何限，不放君閑奈我何？”造語詼諧，但立意不深。蘇軾和淵明《形影神》三詩，頗有機鋒，可供比較。其《和神釋》曰：“仙山與佛國，終恐無是處。甚欲隨陶公，移家酒中住。”則與淵明詩意有别矣。

九日閑居一首 并序

余閑居，愛重九之名。秋菊盈園，而持醪靡由一作時醪靡至①〔一〕。

空服其華原作九華，紹興本作其華②〔二〕，寄懷於言。世短意恒多，斯人樂久生〔三〕。日月依辰至，舉俗愛其名〔四〕。露淒暄風息〔五〕，氣澈一作清，又作潔天象明〔六〕。往一作去燕無遺影，來雁有餘聲。酒能一作常祛一作消百慮〔七〕，菊爲宋本作解制頽齡③〔八〕。如何蓬廬士，空視時運傾〔九〕！塵爵恥虚罍，寒華徒自榮〔一〇〕。斂襟獨閑謡，緬焉起深情〔一一〕。棲遲固多娱一作虞，淹留豈無成〔一二〕？

【校勘】

① 持醪靡由：一作"時醪靡至"，於義稍遜。

② 其：原作"九"，此從紹興本。

③ 爲：宋(庠)本作"解"，陶注本、古《箋》本同，亦通。

【題解】

"九日"，九月九日重陽節。《太平御覽》卷三二曹丕《九日與鍾繇書》："歲往月來，忽復九月，爲陽數而日月並應。俗嘉其名，以爲宜於長久，故以享宴高會。""閑居"，《禮記》有《孔子閑居》篇，鄭注："退燕避人曰閑居。"《文選》潘岳《閑居賦》李善注："此蓋取於《禮》篇，不知世事閑静居坐之意也。"古時九月九日有飲菊花酒之習俗。《西京雜記》："九月九日，佩茱萸，食蓬餌，飲菊華酒，令人長壽。菊華舒時，並采莖葉，雜黍米釀之。至來年九月九日始熟，就飲焉，故謂之菊華酒。"《太平御覽》卷九九六引後漢崔寔《四民月令》："九月九日，可采菊華。"

【編年】

淵明作於九月九日之詩有兩首，此首之外尚有《己酉歲九月九日》，時在晉義熙五年(四〇九)淵明五十八歲。此首未言何年，王瑶注引《宋書·陶潛傳》"嘗九月九日無酒，出宅邊菊叢中坐久，值弘送酒至，即便就酌，醉而後歸"曰："王弘爲江州刺史始於義熙十四年戊午，凡八年。今暫繫本詩於王弘任職的第二年，晉恭帝元熙元年己未(四一九)。"霈案：王説可供參考，惟此詩是否作於王弘任江州刺史期間，不能肯定。資料缺乏，不如存疑。

【箋注】

〔一〕持醪靡由：意謂無酒可飲。醪：汁滓混合之酒。持醪：猶言把酒。靡：無。由：機緣。

〔二〕空服其華：意謂空持菊花而無菊酒可飲也。服：持。《國語·吴語》："夜中，乃令服兵擐甲。"韋昭注："服，執也。"

〔三〕世短意恒多，斯人樂久生：意謂人生短促，而願望常多，則人皆樂於長生也。湯注引班固《幽通賦》："道脩長而世短。"意：志，意向，願望。斯：則，就。表示承接上文得出結論。《淮南子·本經訓》："人之性，心有憂喪則悲，悲則哀，哀斯憤，憤斯怒，怒斯動，動則手足不靜。"

〔四〕日月依辰至，舉俗愛其名：意謂重陽乃按時而至，自然而然，但世人皆喜愛其重陽之名，而以爲節日也。《藝文類聚》卷四引魏文帝《九月九日與鍾繇書》："歲往月來，忽復九月九日。九爲陽數，而日月並應，俗嘉其名，以爲宜於長久。"此二句意同。陶注："詩意蓋言俗以重九取意長久，而愛其名。其實日月自依辰至，言其有常期也。語可破惑。"辰：時。《爾雅·釋訓》："不辰，不時也。""依辰"與"不辰"意相反。

〔五〕淒：寒涼。暄（xuān）風：暖風。

〔六〕氣澈天象明：描寫秋季大氣澄澈、天空透明之景象。澈：澄清。天象：此指天空之景象。淵明《和郭主簿》："露凝無游氛，天高風景澈。"《己酉歲九月九日》："清氣澄餘滓，杳然天界高。"

〔七〕酒能祛（qū）百慮：劉伶《酒德頌》言酒後"無思無慮，其樂陶陶"。祛：除去。

〔八〕菊爲（wéi）制頹齡：意謂菊花能制止衰老，使人長壽。潘尼《秋菊賦》："既延期以永壽，又蠲疾而弭痾。"爲：則。《莊子·寓言》："與己同則應，不與己同則反；同於己爲是之，異於己爲非之。"王引之《經傳釋詞》："爲，亦則也。"

〔九〕如何蓬廬士，空視時運傾：意謂奈何隱居草廬之士，空視佳節之盡，而無酒可飲耶？如何：奈何。《詩·秦風·晨風》："如何如何，忘我實多。"時運：四時之運行，此指四時運行而至重陽。

〔一〇〕塵爵恥虚罍，寒華徒自榮：古《箋》引《詩·小雅〈蓼莪〉》："缾之罄矣，維罍之恥。"原意謂缾之罄乃罍之恥也，比喻父母不得其所，乃子之過。淵明活用此典，意謂有愧於爵罍，長期不用而生塵，秋菊亦徒榮而無酒也。爵：古代酒器，三足。罍：古代酒器，形似壺。

〔一一〕斂襟獨閑謡，緬焉起深情：意謂整斂衣襟，肅然獨吟，超然遐想，引發深情。緬：沉思貌。《國語·楚語上》："緬然引領南望。"起：引動，興起。

〔一二〕棲遲固多娱，淹留豈無成：意謂歸隱田園固然多娱，淹留而不出仕，豈無成就耶？棲遲：《詩·陳風·衡門》："衡門之下，可以棲遲。"毛傳："棲遲，遊息也。"《漢書·叙傳》："棲遲於一丘，則天下不易其樂。"淹留：久留。《楚辭·九辯》："時亹亹而過中兮，蹇淹留而無成。"淵明反其義用之。湯注："淹留無成，騷人語也。今反之，謂不得於彼，則得於此矣。後'棲遲詎爲拙'亦同。"

【析義】

序曰"寄懷於言"，則有深慨者也。由"世短意多"説起，歸結爲隱居不仕不得謂無成，其意蓋在摒棄諸多世俗之欲，而肯定隱居之意義也。重陽無酒，可見其窮困，然窮而多娱，困而反覺有成。此不過一己之娱、一己之成耳。細細體味，似有解嘲之意。李注："《古詩》云：'人生不滿百，常懷千歲憂。'而淵明以五字盡之，曰'世短意常多'。東坡曰'意長日月促'，則倒轉陶句耳。"湯注："'空視時運傾'，亦指易代之事。"邱嘉穗《東山草堂陶詩箋》："自'塵爵'以下六句，實有安於義命、養晦待時之意……意欲恢復王室，語卻渾然，序所謂寄懷也。"湯、邱之説未免斷章取義，求之過深矣。

歸園田居五首

少無適俗願原作韻，注一作願[①]，性本愛丘山〔一〕。誤落塵網中，一去三十年[②]〔二〕。羈鳥戀一作眷舊林，池魚思故淵〔三〕。開荒南野一作畝際，守拙歸園田〔四〕。方宅十餘畝，草屋一作舍八九間〔五〕。榆柳蔭後園一作簷[③]，桃李羅堂前。曖曖遠人村，依依墟里煙〔六〕。狗吠深巷中，雞鳴桑樹巔〔七〕。户庭無塵雜，虚室有餘閑〔八〕。久在樊籠裏，復一作安得返自然[④]〔九〕。

【校勘】

① 願:原作"韻",亦通。底本校曰"一作願",曾集本同,今從之。霈案:"韻"本指和諧之聲音,引申爲情趣、風度、風雅、氣韻、神情,乃六朝習用語。如《抱朴子外篇·刺驕》:"若夫偉人巨器,量逸韻遠,高蹈獨往,蕭然自得。"《世説新語·言語》:"支道林常養數匹馬。或言:'道人畜馬不韻。'支曰:'貧道重其神駿。'"《世説新語·言語》"衛洗馬初欲渡江"條下劉孝標注引《玠别傳》:"天韻標令。"《宋書·謝弘微傳》:"康樂誕通度,實有名家韻。"王羲之《誡謝萬書》:"以君邁往不屑之韻,而俯同群辟,誠難爲意也。"可見"韻"字乃褒義,或與有褒義之形容詞相聯。《世説新語·言語》"嵇中散既被誅"條下劉孝標注引《向秀别傳》:"又與譙國嵇康、東平吕安友善,並有拔俗之韻。""拔俗"可稱"韻",而在淵明之時,"適俗"不稱"韻"也。又,"韻"固可後天養成,要乃天然生成,故有"天韻"之説。而"願"則偏於個人之希望,"適"亦是主觀所取態度。下句"性本愛丘山"之"性",方爲天然之本性也。上下兩句分别從態度與本性兩方面落筆,錯落有致。《歸園田居》其三:"衣沾不足惜,但使願無違。"此"願"字與"少無適俗願"之"願"字相呼應。至於僧順所謂"子迷于俗韻,滯于重惑"(《析三破論》,見《弘明集》卷八),已在淵明之後。僧順,梁人也。歐陽修所謂"言無俗韻精而勁,筆有神鋒老更奇"(《答杜相公惠》),則更晚矣。

② 三十年:和陶本、紹興本、曾集本、湯注本、李注本均同。宋吴仁傑《陶靖節先生年譜》云當作"十三年":"按太元癸卯,先生初仕爲州祭酒,至乙巳去彭澤而歸,才甲子一周,不應云'三十年',當作'一去十三年'。"元劉履《選詩補注》卷五:"'三'當作'逾',或在'十'字下。"此皆推測之詞,並無版本依據。何孟春注:"按靖節年譜,太元十八年,起爲州祭酒,時年二十九,正合《飲酒》詩'投耒去學仕……是時向立年'之句。以此推之,至彭澤歸,才十三年。此云三十年,誤矣。"陶注:"'三'當作'已',不作'逾'。'三豕渡河','已'之誤'三',舊矣。"此後注家多取"十三年"。王叔岷《箋證稿》取"三十年",曰:"惟陶公自太元十八年起爲州祭酒,至辭彭澤令而歸,中更一紀,時爲義熙元年(非二年)。則當云'一去十二年'乃合。劉履謂'三當作逾',然逾無緣誤爲三。陶澍謂'三當作已',舉《吕氏春秋·察傳篇》'三豕渡河'爲證。然'三豕'乃'己亥'之誤,非三誤爲已也。竊以爲作'三十年'不誤。程傳引《與子儼等疏》'少而窮苦,東西游走'計之,是也。必執著陶公初爲州祭酒時計之,遂異説紛紜矣。且'一去三十年'與第四首'一世異朝市'句正相應,三十年爲一世,則此'三十年'無誤。既就音節言,亦以作'三十年'爲佳。"霈案:各宋元本均作"三十年",後之所謂"十三年""逾十年""已十年"者,皆臆改致誤。其致誤之由乃因所主淵明享年有誤,爲牽合享年六十三歲,遂不得不臆

改正文。若依余所訂淵明享年七十六歲,自“弱冠”(二十歲)即“東西游走”,然尚時返“園田居”,約二十五歲左右離開“園田居”再未返回,至五十五歲辭彭澤令始“歸園田居”,此正所謂“一去三十年”也。

③ 園:一作“簷”,亦通,然作“園”較勝,後園與前堂對舉。“簷”本用以蔭也,復言“榆柳蔭後簷”,顯然不如“榆柳蔭後園”之自然。

④ 復:一作“安”,非是。此詩乃歸隱後所作,應作“復”。

【題解】

《歸園田居》,各本作六首,第六首“種苗在東皋”末尾有注曰:“或云此篇江淹雜擬,非淵明所作。”需案:此篇見《文選》卷三一,題《雜體詩》三十首,其中第二十二首爲《陶徵君田居》,非淵明所作已成定論。宋韓駒(子蒼)曰:“《田園》六首,末篇乃序行役,與前五首不類。今俗本乃取江淹‘種苗在東皋’爲末篇,東坡因其誤和之;陳述古本止有五首,予以爲皆非也,當如張相國本,題爲《雜詩》六首。”但韓所謂末篇序行役者,不知何指,張相國本亦不得見。録以待考。

“園田居”乃淵明之一處居舍(另有“下潠田舍”等),其少時所居,地近南山,即廬山。約二十五歲前後離開此處,至五十五歲方重歸“園田居”,大約三十年也。

【編年】

晉安帝義熙二年丙午(四〇六),淵明五十五歲作。上年冬十一月,淵明辭彭澤令,歸隱田園。此詩寫春景,當是歸隱次年所作。

【箋注】

〔一〕少無適俗願,性本愛丘山:意謂幼小時即無適應世俗之意願,性情本愛此丘山也。世俗之人皆求入仕,而我則異於是也。

〔二〕誤落塵網中,一去三十年:意謂誤落於世間俗事俗欲之中,離開園田居已三十年矣。塵網:塵世之俗事俗欲如網之縛人。東方朔《與友人書》:“不可使塵網名韁拘鎖,怡然長笑,脱去十洲三島。”《晉書・范甯傳》:“平叔神懷超絶,輔嗣妙思通微,振千載之頹綱,落周孔之塵網。”《文選》江淹《雜體詩》三十首之第十九《擬許徵君》:“五難既灑落,超跡絶塵網。”吕延濟注:“塵網,喻世事。”可見,凡塵世間之俗事俗欲,有違本性者,皆可視爲網,不必固定釋爲仕途也。此所謂“塵網”與“五難”相呼應,“五難”指名利、喜怒、聲色、滋味、神慮消散,皆養生之難也,見向秀《難嵇叔夜養生論》。淵明又曾用“塵世”“塵羈”。如《辛丑歲七月赴假還江陵夜行塗中》:"閑居三十載,遂與塵世冥。"《飲酒》其八:"吾生夢幻間,何事紲塵羈。"可互相參照。凡俗事俗欲皆與市廛有關,隱居丘山可以擺脱羈紲,故"誤落塵網中"又有離開丘山步入市廛之意。"塵網"與"丘山"對舉,正是此意。尤可注意者乃此二句之讀法:"三十年",乃從"誤落塵網"算起,上下兩句連讀。各家亦均不釋"年"爲歲,不繫此詩三十歲作。然則"結髮念善事,僶俛六九年""總髮抱孤念,奄出四十年"等詩句亦應照此讀法。至於古直繫此詩於三十一歲之説,詳見本詩考辨。

〔三〕羈鳥戀舊林,池魚思故淵:既有思戀故園之意,又有嚮往自由之意。何注:"《古詩》:'胡馬依北風,越鳥巢南枝。'張景陽《雜詩》:'流波戀舊浦,行雲思故山。'陸士衡(《贈從兄車騎》):'孤獸思故藪,羈鳥悲舊林。'皆言不忘本也。文子曰:'鳥飛之鄉,依其所生也。'王正長詩(《雜詩》):'人情懷舊鄉,客鳥思舊林。'皆此意。"古《箋》:"《文選》潘安仁《秋興賦序》:'譬猶池魚籠鳥,有江湖山藪之思。'"需案:淵明每以鳥、魚對舉,如《感士不遇賦》:"密網裁而魚駭,宏羅制而鳥驚。"《始作鎮軍參軍經曲阿》:"望雲慚高鳥,臨水愧游魚。"

〔四〕守拙:此"拙"乃相對於世俗之"機巧"而言,"守拙"意謂保持自身純樸之本性(自世俗看來爲愚拙),而不同流合污。淵明常以"拙"自居,如《與子儼等疏》:"性剛才拙,與物多忤。"《感士不遇賦》:"誠謬會以取拙,且欣然而歸止。"《雜詩》其八:"人事盡獲宜,拙生失其方。"《詠貧士》其六:"人事固以拙,聊得長相從。"

〔五〕方宅十餘畝,草屋八九間:上句言宅屋周圍之園,下句言宅屋。方:方圓,周圍。

〔六〕曖曖遠人村,依依墟里煙:上句遠景,遠村模糊;下句近景,近煙依稀。《離騷》:"時曖曖其將罷兮。"王逸注:"曖曖,昏昧貌。"墟里:村落。依依:依稀隱約,若有若無。

〔七〕狗吠深巷中,雞鳴桑樹巔:漢樂府《雞鳴》:"雞鳴高樹巔,狗吠深巷中。"

〔八〕户庭無塵雜,虚室有餘閑:上句既言門庭潔淨,亦指家中無塵俗雜事;下句意謂心中寬闊而無憂慮。虚室:《莊子·人間世》:

"瞻彼闋者，虚室生白，吉祥止止。"陸德明《經典釋文》引司馬彪云："室，比喻心，心能空虚，則純白獨生也。"淵明《自祭文》："勤靡餘勞，心有常閑。"《戊申歲六月中遇火》："形跡憑化往，靈府長獨閑。"可以參照。

〔九〕久在樊籠裏，復得返自然：意謂復得脱離樊籠，而回歸自己本來之天性，亦復得以自由也。樊籠：關鳥獸之籠子，比喻世俗社會、市廛生活。自然：自然而然，非人爲之自在狀態。《老子》："人法地，地法天，天法道，道法自然。"（二十五章）"道之尊，德之貴，夫莫之命而常自然。"（五十一章）"以輔萬物之自然而不敢爲。"（六十四章）淵明所謂"自然"乃是來自老莊之哲學範疇。此處與"樊籠"對舉，又有"自由"之意。在樊籠裏，須適應虚僞機巧，既不自然亦不自由；脱離樊籠，歸田隱居，則既得自然復得自由矣。

【考辨】

古《箋》引《莊子·知北遊》："解其天弢，墮其天袠。"云："王先謙集解曰：'喻形骸束縛，死則解散。'直案：陶公所謂塵網即天弢、天袠之意。落塵網猶本集《雜詩》所謂落地，指人生世也。《莊子》曰：'人之生也，與憂俱生。'是人不生則已，才生即落憂患之網矣。范縝曰：'人之生譬如一樹花，(同發一枝，俱開一蒂，)隨風而墮。自有拂簾櫳墜於茵席之上，自有關籬牆落於溷糞之側。'夫落於溷糞之側，非誤落而何？"古《譜》繫此詩於三十一歲下，曰："'誤落塵網'猶'誤生塵世'耳。"需案：古説於上下文皆不連貫，上文已言"少"時如何，此再言出生，下文復言"舊林""故淵"，殊覺顛倒，且難以解釋"一去"二字。《莊子》所謂"弢""袠"涵義與"網"固然相近，但"天"與"塵"意思恰相反也，用《莊子》所謂"天弢""天袠"解釋此詩恐未當。人之生也，自然而然；人之死也，自然而然，本無所謂"誤"與"不誤"，隨"大化"而已。至於是否"落塵網"則是自己之選擇，才有"誤"與"不誤"之别。逯注："三十年，乃十年之誇詞。十而稱三十，古有其例。如《史記·匈奴傳》：'秦滅六國，而始皇帝使蒙恬將十萬之衆，北擊胡。'《蒙恬傳》則稱：'乃使蒙恬將三十萬衆，北伐夷狄。'可以作證。出仕十餘年，而誇言三十，極言其久。"此説恐難成立，出兵誇張數字乃習見之事，出仕時間恐無須誇張也。

“返自然”或釋爲返回大自然、自然界,非是。淵明所謂“自然”並非指與人類社會相對之自然界,而是一種自在之狀態,非人爲者、本來如此者、自然而然者。“返自然”是淵明哲學思考之核心。

《藝文類聚》卷六四晉湛方生《後齋詩》:“解纓復褐,辭朝歸藪。門不容軒,宅不盈畝。茂草籠庭,滋蘭拂牖。撫我子姪,携我親友。茹彼園蔬,飲此春酒。開櫺攸瞻,坐對川阜。心焉孰託,託心非有。素構易抱,玄根難朽。即之匪遠,可以長久。”内容與此詩相近,可以對照。

【析義】

此詩娓娓道來,率真之情貫穿全篇,其渾厚樸茂,少有及者。自“方宅十餘畝”以下八句,畫出一幅田園景色,仿佛帶領讀者參觀,一一指點,一一説明,言談指顧之間自有一種乍釋重負之愉悦。結尾二句畫龍點睛,飽含多少人生經驗!

野外罕人事〔一〕,窮巷寡一作解輪鞅①〔二〕。白日掩荆扉②,虚室一作對酒絶塵想③〔三〕。時復墟曲中一作墟里人〔四〕,披草一作衣共來往④。相見無雜言⑤,但道桑麻長。桑麻日已長,我土一作志日已廣⑥。常恐霜霰至,零落同草莽。

【校勘】

① 寡:一作“解”,非是。紹興本注:“一作鮮。”“鮮”與“寡”同義。

② 荆:和陶本作“柴”,亦通。

③ 虚室:一作“對酒”,亦通。校文原在篇末,今移至此。

④ 草:一作“衣”,亦佳。淵明《移居》其二:“相思則披衣,言笑無厭時。”“披衣”二字可見鄉村生活情趣。

⑤ 雜:和陶本作“别”,於義稍遜。

⑥ 土:一作“志”,亦通。然承上“開荒南野際”,作“我土日已廣”爲佳。

【箋注】

〔一〕罕:少。人事:指世俗間之應酬交往。《後漢書·黄琬傳》:“時權富子弟,多以人事得舉。”淵明《詠貧士》其六:“人事固已拙。”古《箋》引李審言曰:“《後漢書·賈逵傳》:‘(賈逵母病,)此子無人事於外。’章懷注:‘無人事,謂不廣交通也。’”

〔二〕窮巷寡輪鞅：意謂居於僻巷而少有顯貴之人前來。古《箋》引《漢書·陳平傳》："家乃負郭窮巷，（以弊席爲門，）然門外多（有）長者車轍。"窮巷：僻巷。淵明《讀山海經》其一："窮巷隔深轍，頗迴故人車。"鞅：以馬駕車時安在馬頸上之皮套。輪鞅：代指車。

〔三〕虚室絶塵想：意謂心中斷絶世俗之念。《莊子·人間世》："瞻彼闋者，虚室生白。"司馬彪注："室比喻心，心能空虚，則純白獨生也。"

〔四〕墟曲：村落。"曲"有隱蔽之意。

【析義】

主旨在斷絶塵雜，一心務農。"常恐霜霰至，零落同草莽"，非躬耕不能有此心情。劉履《選詩補注》曰："蓋是時朝廷將有傾危之禍，故有是喻。然則靖節雖處田野而不忘憂國，於此可見矣。"此説未免穿鑿附會。方東樹《昭昧詹言》曰："只就桑麻言，恐其零落，方見真意實在田園，非喻己也。"方東樹得淵明原意。"相見無雜言"，乃以農耕外之言爲雜言，頗見情趣。

種豆南山下，草盛豆苗稀〔一〕。晨興一作侵晨理荒穢〔二〕，帶一作戴月荷鋤歸①〔三〕。道狹草木長，夕露沾我衣〔四〕。衣沾一作我衣②不足惜，但使願無一作莫違。

【校勘】

① 帶：一作"戴"。"戴月"固佳，"帶月"更别致。

② 衣沾：一作"我衣"，亦佳。

【箋注】

〔一〕種豆南山下，草盛豆苗稀：李注引《漢書·王惲傳》："田彼南山，蕪穢不治。種一頃豆，落而爲萁。人生行樂耳，須富貴何時。"霈案：王惲應作楊惲；萁應作萁。

〔二〕晨興：晨起。《韓詩外傳》："夙寐晨興。"理：治理。淵明《庚戌歲九月中於西田穫旱稻》："開春理常業，歲功聊可觀。"穢：田中雜草。

〔三〕帶月荷鋤歸：意謂荷鋤晚歸，將月帶歸矣。

〔四〕夕露沾我衣：古《箋》引王仲宣《從軍詩》(其三)："草露霑我衣。"

【析義】

此詩《藝文類聚》卷六五引作《雜詩》。蘇軾曰："覽淵明此詩，相與太息。噫嘻！以夕露沾衣之故而犯所媿者多矣。"(《東坡題跋》卷二《書淵明詩》)譚元春曰："高堂深居人動欲擬陶，陶此境此語，非老於田畝不知。"(鍾惺、譚元春評選《古詩歸》卷九)霈案：此詩妙處全自生活中來，從心底處來，既無矯情，亦不矯飾。淵明似乎無意作詩，亦不須安排，從胸中自然流出即是好詩。"帶月荷鋤歸"一句尤妙，區區五字即可見淵明心境之寧静、平和、充實。李白《下終南山過斛斯山人宿置酒》："暮從碧山下，山月隨人歸。"意趣相似，而天趣盎然，唯厚樸藴藉猶有不及。

久去山澤游〔一〕，浪莽林野娱〔二〕。試携子侄輩，披榛步荒墟〔三〕。徘徊丘壠一作隴，又作壟間，依依昔人居〔四〕。井竈有遺處一作所①，桑竹一作麻殘朽株一作樹木殘根株②〔五〕。借問採薪者，此人皆焉如〔六〕？薪者向我言，死没無復餘。一世異朝市，此語一作言真不虚〔七〕。人生似幻化，終當歸空一作虚無〔八〕。

【校勘】

① 處：一作"所"，於義爲遜。

② 桑竹殘朽株：一作"樹木殘根株"，於義爲遜。

【箋注】

〔一〕久去山澤游：意謂久已廢棄山澤之游矣。去：放棄。《論語·子路》："善人爲邦百年，亦可以勝殘去殺矣。"何晏《集解》引王肅注："去殺，不用刑殺也。"山澤游：《南史·謝靈運傳》："靈運既東，與族弟惠連、東海何長瑜、潁川荀雍、泰山羊璿之，以文章賞會，共爲山澤之游，時人謂之四友。"《梁書·任昉傳》："友人彭城到溉、溉弟洽，從昉共爲山澤游。"

〔二〕浪莽林野娱：丁《箋注》："'浪莽'即'浪孟'也。潘岳賦(《笙賦》)：'罔浪孟以惆悵。'案：'浪孟'即'孟浪'也。《莊子·齊物論》：'孟浪之言。'徐邈讀'莽浪'，蓋放曠之意。"王叔岷《箋證稿》："莽猶荒也，王弼本《老子》二十章：'荒兮其未央哉！'敦煌唐景龍鈔本荒作莽，即莽、荒通用之證。'浪荒'猶曠廢也。張華《鷦鷯賦》曰：‘戀鍾、岱之林野。’起二句謂久已廢去山澤之游，曠廢林野之娱也。”需案：王説甚是。

〔三〕試携子侄輩，披榛步荒墟：意謂姑且携帶子侄輩同遊於荒墟。試：姑且。披：分開。榛：草木叢生。《文選》陸機《漢高祖功臣頌》：“脱跡違難，披榛來洎。”葛洪《抱朴子外篇・自叙》：“披榛出門，排草入室。”荒墟：廢墟。

〔四〕徘徊丘壠間，依依昔人居：意謂今日之墓地即昔人之居處也。丘壠：墓地。《禮記・月令》：“審棺椁之薄厚，塋丘壟之大小、高卑、厚薄之度。”淵明《雜詩》其四：“百年歸丘壠。”依依：依稀可辨貌。

〔五〕井竈有遺處，桑竹殘朽株：意謂昔人居處之井竈尚有遺跡，而桑竹只留殘株矣。《墨子・旗幟》：“井竈有處。”殘：殘留。

〔六〕焉如：何往。

〔七〕一世異朝市，此語真不虚：意謂“一世異朝市”之語真不假也。王充《論衡・宣漢》：“孔子所謂一世，三十年也。”古《箋》：“《古出夏門行》：‘市朝人易，千載墓平。’”丁《箋注》：“三十年爲一世。古者爵人於朝，刑人於市。言爲公衆之地，人所指目也。‘一世異朝市’蓋古語，言三十年間，公衆指目之朝市，已遷改也。”

〔八〕人生似幻化，終當歸空無：意謂人生如同一場幻化，本來即空無實性，最後當復歸於空無也。幻化：《抱朴子内篇・對俗》：“若道術不可學得，則變易形貌，吞刀吐火，坐在立亡，興雲起霧，召致蟲蛇，合聚魚鼈，三十六石立化爲水，消玉爲粭，潰金爲漿，入淵不沾，蹴刃不傷，幻化之事，九百有餘，按而行之，無不皆效……”《列子・周穆王》：“周穆王時，西極之國有化人來，入水火，貫金石；……有生之氣，有形之狀，盡幻也。造化之所始，陰陽之所變者，謂之生，謂之死。窮數達變，因形移易者，謂之化，謂之幻。造物者其巧妙，其功深，固難窮難終。因形者其巧顯，其功淺，故隨起隨滅。知幻化之不異生死也，始可與學幻矣。”空無：裴頠《崇有論》：“深列有形之故，盛稱空無之美。形器之故有徵，空無之義難檢。”逯注：“郗超《奉法要》：‘一切有歸於無，謂之空。’支遁《詠懷》詩：‘廓矣千載事，消液歸空無。’”

【析義】

“徘徊丘壠間，依依昔人居”，乃淵明所見。“人生似幻化，終當歸空無”，乃淵明所感。三十年後舊地重游，感慨良深。可見經過戰亂、疾疫、災荒之後，尋陽一帶農村之凋敝。人世之變遷，人生之無常，益發堅定淵明隱居之決心。

悵恨獨策還①〔一〕，崎嶇歷榛曲〔二〕。山澗一作澗水清且淺，遇一作可以濯吾足②〔三〕。漉一作撥，又作掇，又作擠我新熟酒③〔四〕，隻雞招近局一作屬④〔五〕。日入室中闇〔六〕，荆薪代一作繼明燭⑤。歡來苦夕短〔七〕，已復至天旭。

【校勘】

① 悵：和陶本作“恨”。

② 遇：一作“可”，亦通。

③ 漉：一作“撥”，又作“掇”“擠”，均非是。《宋書·陶潛傳》：“郡將候潛，值其酒熟，取頭上葛巾漉酒，畢，還復著之。”

④ 局：一作“屬”，形近而訛。

⑤ 代：一作“繼”，較遜。

【箋注】

〔一〕策：策杖，扶杖。

〔二〕榛曲：草木叢生而又曲折隱僻之道路。

〔三〕山澗清且淺，遇以濯我足：《古詩十九首》其十：“河漢清且淺。”《孟子·離婁上》：“滄浪之水清兮，可以濯我纓；滄浪之水濁兮，可以濯我足。”

〔四〕漉（lù）：過濾。

〔五〕近局：指近鄰。“局”亦近也。曹丕《與朝歌令吴質書》：“塗路難局，官守有限。”《後漢書·王充王符仲長統列傳》：“不限局以疑遠，不拘玄以妨素。”王先謙集解：“局，近也。”

〔六〕闇：暗。

〔七〕來：語助詞。

【析義】

此首承上首，寫步荒墟之後，歸家途中及歸家後之情事。“漉我新熟酒”以下四句，農村生活之簡樸、鄰人間關係之親切，以及鄉間風俗之淳厚，歷歷在目，耐人尋味。

遊斜川一首 并序

辛丑一作酉正月五日①，天氣澄和一作穆〔一〕，風物閑美〔二〕。與二三鄰曲②〔三〕，同遊斜川。臨長流，望曾一作層，下同城〔四〕，魴鯉躍鱗於將夕一作魴鱮躍鱗，日將於夕③〔五〕，水鷗乘和以翻飛〔六〕。彼南阜者，名實舊矣，不復乃爲嗟歎〔七〕。若夫層城，傍無依接，獨秀中皋〔八〕，遥想靈山，有愛嘉名〔九〕。欣對不足，共爾原作率爾，注：宋本作共，一作共爾賦詩④〔一〇〕。悲日月之遂往，悼吾年之不留〔一一〕。各疏年紀鄉里〔一二〕，以記其時日。

開歲倏五十一作日⑤，吾生行歸休〔一三〕。念之動中懷〔一四〕，及辰一作晨爲兹游〔一五〕。氣和天惟一作唯，一作候澄〔一六〕，班坐依遠流〔一七〕。弱湍馳文魴〔一八〕，閑谷矯鳴鷗〔一九〕。迥澤散游目〔二〇〕，緬然睇曾丘〔二一〕。雖微九重秀，顧瞻無匹儔〔二二〕。提壺接賓侣，引滿更獻酬〔二三〕。未知從今去，當復一作得如此不〔二四〕。中觴縱遥情⑥〔二五〕，忘彼千載憂〔二六〕。且極今朝樂〔二七〕，明日非所求。

【校勘】

① 辛丑：一作“辛酉”。然宋刻《東坡先生和陶淵明詩》，及宋紹興刻本《陶淵明集》，皆作“辛丑”而無一作“辛酉”，且在“辛丑”下多一“歲”字，明言“辛丑”是紀年，極應重視。“辛酉”者，疑後人臆改，乃因按辛丑年五十歲推算，淵明之享年與《宋書》本傳所記六十三歲不合。然改爲“辛酉”，則又生出種種問題，牽動許多作品，遂又一一改動。兹依據底本，參校以宋刻《東坡先生和陶淵明詩》，及宋紹興刻本《陶淵明集》，仍作“辛丑”。又，淵明與二三鄰曲作斜川之遊，據詩序及詩之情趣，係模仿王羲之等人蘭亭之遊。《蘭亭集序》首先交代年月：“永和九年，歲在癸丑，暮春之初，會于會稽山陰之蘭亭，修禊事也。”點明事在癸丑歲三月三日。《遊斜川》亦在序中首先點明年月日：“辛丑正月五日。”蘭亭之遊與斜川之遊皆在丑年，殆非偶然歟？

② 二三：紹興本作“一二”，於義稍遜。

③ 魴鯉躍鱗於將夕：一作“魴鱮躍鱗，日將於夕”，非。需案：此句與下句爲對句。和陶本“鱗”作“鮮”，於義爲遜。

④ 共爾：原作“率爾”，底本校曰：“宋本作共，一作共爾。”今從之。所謂“宋本”者，乃宋庠本也。此詩感慨良深，又各疏年紀、鄉里，顯係相約各作一詩，非率爾成章者。

⑤ 五十：一作“五日”。然宋刻《東坡先生和陶淵明詩》，及宋紹興本《陶淵明集》，均作“五十”，而無異文。據東坡所和陶詩：“雖過靖節年，未失斜川遊”，點明淵明之年紀，可見蘇軾所見版本爲“五十”。然“辛丑”年“五十”歲，與《宋書》本傳所記淵明享年不合，後之作“五日”者，或爲遷就《宋書》本傳而改。詩序明言“各疏年紀鄉里”，首句曰“開歲倏五十”，正與序文相應。又，細審“開歲倏五日，吾生行歸休”，文義殊不聯貫。開歲倏已五日，不過五日而已，何致有吾生行將休矣之歎？必上言年歲，下接“吾生”，上言倏已五十歲，下言吾生行將休矣，文義方可聯貫。古人習慣於歲首增年歲，故一開歲即五十矣。“倏”者言時光之速，前五十年倏然而逝，今忽已半百，故曰“吾生行歸休”也。作“五日”者蓋據序文“正月五日”修改，以避免與《宋書》本傳淵明享年六十三歲相牴牾。作“辛丑”“五十”爲是。

⑥ 鶬：原作“腸”。和陶本、紹興本作“鶬”，爲是，據改。

【題解】

“斜川”，已不可詳考。駱庭芝認爲在栗里附近，陶注引其《斜川辨》曰：“後世失其所在。世人念斜川，若崑崙、桃源比也。庭芝生長廬阜，詢之故老，訪之薦紳先生，未有能辨者。……夫淵明，柴桑人也，所居在栗里。今歸家、靈湯二寺之間，有淵明醉石，其旁有郵亭，曰栗里鋪，則淵明故居必在於是。顧斜川之境豈遠哉！”然淵明居處幾經遷徙，不止栗里一地，難以據此確定斜川位置。

【編年】

序曰“辛丑正月五日”，於年、月、日交代十分清楚，次序井然，不容有其他解釋。和陶本、紹興本於“辛丑”下均有“歲”字，亦可爲確證。淵明有甲子紀年之習慣，而無不書年月僅以甲子紀日之旁證。“辛丑”二字乃紀年無疑。然則此詩作於晉安帝隆安五年辛丑（四〇一）。詩曰：“開歲倏五十”，是年淵明五十歲。

【箋注】

〔一〕天氣澄和：意謂天空清澈，氣候温和。《禮·月令》：“天氣下降，地氣上騰。”《遊斜川》詩曰：“氣和天惟澄”，可與此句互證。

〔二〕風物閑美：意謂風光景物閑静美好。

〔三〕鄰曲：鄰里。

〔四〕曾（céng）城：山名，即詩中所謂“曾丘”。清《江西通志·南康府》：“層城山在府治西五里，今謂之烏石山。晉陶潛《遊斜川詩序》：‘臨長流，望曾城’，即此。”丁《箋注》於“緬然睇曾丘”句下引《名勝志》：“曾城山即烏石山，在星子縣西五里，有落星寺。”需案：《天問》：“崑崙縣圃，其尻安在？增城九重，其高幾里？”《淮南子·墬形訓》：“崑崙中有增城九重。”曾、增通。曾城山與崑崙中之增城同名，所以淵明又説：“遥想靈山，有愛嘉名。”逯注據《水經注》、晉廬山諸道人《遊石門詩序》及詩，認爲曾城指鄣山。但《遊石門詩序》曰鄣山乃“廬山之一隅”，而《遊斜川》曰“傍無依接，獨秀中皋”，可見曾城山不與廬山相接。姑存疑。

〔五〕魴（fáng）：《説文》：“魴，赤尾魚。”潘岳《西征賦》：“華魴躍鱗，素鱮揚鬐。”

〔六〕和：指和風。

〔七〕彼南阜者，名實舊矣，不復乃爲嗟歎：意謂不再爲廬山嗟歎贊驚矣。南阜：南山，指廬山。古《箋》：“南阜，謂廬山也。凡詩中南山、南嶺，亦即廬山。顔延之《陶徵士誄》又謂之南嶽。”

〔八〕傍無依接，獨秀中皋：意謂曾城山周圍無其他山與之相依接，獨自突出於中皋。秀：特異。皋：水邊地。淵明《歸去來兮辭》：“登東皋以舒嘯，臨清流而賦詩。”“中皋”“東皋”，或方位有别。

〔九〕遥想靈山，有愛嘉名：意謂遥想崑崙中之增城山，而愛曾城與之同有嘉名也。崑崙乃神仙所居之山，故稱之爲“靈山”。有：語首助詞。

〔一〇〕欣對不足，共爾賦詩：《詩·大序》：“情動於中而形於言；言之不足，故嗟歎之；嗟歎之不足，故詠歌之。”

〔一一〕悲日月之遂往，悼吾年之不留：古《箋》引《論語（陽貨）》：“日月逝矣，歲不我與。”又引《離騷》：“汩余若將不及兮，恐年歲之不吾與。”“日月忽其不淹兮，春與秋其代序。”遂：竟。

〔一二〕疏（shū）：分條記録。

〔一三〕開歲倏五十，吾生行歸休：感歎時光流逝，歲月不待。意謂開年忽已五十歲，吾之生命行將結束矣。詩序曰：“悲日月之遂往，悼吾年之不留。”所謂“吾年”，指己之年齡，與“倏五十”相呼應。孔融《論盛孝章書》：“歲月不居，時節如流，五十之年，忽焉已至。”開歲：古《箋》引《後漢書》馮衍《顯志賦》：“開歲發春兮。”章懷注：“開，發，皆始也。”行：將。歸休：指死。古《箋》引《莊子·田子方》：“生有所乎萌，死有所乎歸。”《刻意》：“其生若浮，其死若休。”

〔一四〕中懷：心懷。

〔一五〕及辰：及時。《古詩十九首》：“爲樂當及時。”

〔一六〕惟：句中助詞，起調整音節之作用。

〔一七〕班坐：依次而坐。班：次也。序曰“各疏年紀鄉里”，則此“班坐”應是據年紀之長幼依次而坐。

〔一八〕湍（tuān）：急流之水。弱湍：丁《箋注》：“悠揚之水也。”

〔一九〕閑：静。矯：飛。

〔二〇〕迥澤散游目：意謂散游目於迥澤之間。迥澤：遠澤。散游目：放眼四顧。《離騷》：“忽反顧以游目兮。”張華《情詩》：“游目四野外。”

〔二一〕緬然睇（dì）曾丘：意謂望曾丘而有所思也。緬然：沉思貌，又遠貌。詩序曰：“遥想靈山，有愛嘉名。欣對不足，共爾賦詩。悲日月之遂往，悼吾年之不留。”此皆由“睇曾丘”引起之感慨。此處之“緬然”作沉思解爲佳。睇：望、視。

〔二二〕雖微九重秀，顧瞻無匹儔：意謂此曾丘雖無崑崙增城九重之秀，但環顧四周亦無可比矣，猶詩序所謂“獨秀中皋”。微：無。九重：《天問》：“增城九重。”匹儔：王叔岷《箋證稿》引《楚辭·九懷·危俊》：“覽可與兮匹儔。”王逸注：“二人爲匹，四人爲儔。一云：一人爲匹。”

〔二三〕提壺接賓侣，引滿更獻酬：意謂爲賓客斟酒，並互相敬勸。接：《儀禮·聘禮》：“賓立接西塾。”鄭玄注：“接，猶近也。”引滿：丁《箋注》：“謂酒滿杯也。《漢書·叙傳》：‘皆引滿舉白，談笑大噱。’”更：復。獻酬：《詩·小雅·楚茨》：“獻醻交錯。”鄭箋：“始主人酌賓爲獻。賓既酌，主人又自飲酌賓爲醻。”酬：通“醻”。

〔二四〕當：尚。《列子·天瑞》載榮啟期語：“貧者士之常也，死者人之終也，處常得終，當何憂哉？”

〔二五〕中觴縱遥情：黄文焕《陶詩析義》："初觴之情矜持，未能縱也。席至半而爲中觴之候，酒漸以多，情漸以縱矣。一切近俗之懷，杳然喪矣。"中觴：陶注："酒半也。"

〔二六〕忘彼千載憂：《古詩十九首》："生年不滿百，常懷千歲憂。"

〔二七〕極：盡。

【析義】

淵明多有田園詩，而山水詩僅此一首。首尾感歲月之易逝，中間描寫山水景物。"弱湍馳文魴"以下四句，描寫工細，上承玄言詩之山水描寫，下開謝靈運山水詩之先河。淵明斜川之遊蓋仿王羲之蘭亭之遊也，《遊斜川序》與《蘭亭集序》，《遊斜川詩》與《蘭亭詩》相對照，悲悼歲月之既往，感歎人生之無常，寓意頗有相近之處。惟《遊斜川序》樸實簡練，僅略陳始末而已，不似《蘭亭集序》之鋪陳且多抒情意味也。

示周續之祖企謝景夷三郎一首①

原作示周掾祖謝一首，注一作示周續之祖企謝景夷三郎。時三人同在城北講《禮》校書。夷，又作仁。

負痾頹簷下，終日無一欣一作終無一處欣②〔一〕。藥石有時閑，念我意中人〔二〕。相去不尋常，道路邈何一作無，又作所因〔三〕？周生述孔業，祖謝響然臻〔四〕。道喪向千載，今朝復斯聞〔五〕。馬隊非講肆，校書亦已勤〔六〕。老夫有所愛〔七〕，思與爾爲鄰。願言誨諸子一作客，一作勉諸生，一作但願還渚中③，從我潁水濱〔八〕。

【校勘】

① 詩題原作"示周掾祖謝一首"，底本校曰"一作示周續之祖企謝景夷三郎。時三人同在城北講《禮》校書"，今據改。唯"時三人同在城北講《禮》校書"殆題下原注。淵明詩題單稱姓氏，如"祖謝"，無例可援。疑《示周掾祖謝》經過簡略。謝景夷：一作"謝景仁"。霈案：蕭統《陶淵明傳》："後刺史檀韶苦請續之出州，與學士祖企、謝景夷三人，共在城北講《禮》，加以讎校。"據此，作"謝景夷"爲是。

② 終日無一欣：一作"終無一處欣"，於義爲遜。

③ 願言誨諸子：一作“但願還渚中”，與下句文意不連。子：一作“客”。一作“勉諸生”，亦可。誨：紹興本作“謝”，意謂告。

【題解】

蕭統《陶淵明傳》曰：“時周續之入廬山事釋慧遠，彭城劉遺民亦遁跡匡山，淵明又不應徵命，謂之‘潯陽三隱’。後刺史檀韶苦請續之出州，與學士祖企、謝景夷三人，共在城北講《禮》，加以讎校。所住公廨，近於馬隊。是故淵明示其詩云：‘周生述孔業，祖謝響然臻。馬隊非講肆，校書亦已勤。’”

《宋書・隱逸傳》：“周續之，字道祖，雁門廣武人也。其先過江，居豫章建昌縣。……豫章太守范寧於郡立學，召集生徒，遠方至者甚衆。續之年十二，詣寧受業，居學數年，通五經並緯候，名冠同門，號曰‘顔子’。既而閑居讀《老》《易》，入廬山事沙門釋慧遠。時彭城劉遺民遁跡廬山，陶淵明亦不應徵命，謂之‘尋陽三隱’。……高祖之北討，世子居守，迎續之館於安樂寺，延入講《禮》，月餘復還山。江州刺史劉柳薦之高祖曰……俄而辟爲太尉掾，不就。……景平元年卒，時年四十七。”生於晉孝武帝太元二年（三七七），卒於宋少帝景平元年（四二三）。

周續之在江州講《禮》乃應刺史檀韶苦請。查《晉書・安帝紀》《宋書・檀韶傳》《南史・劉湛傳》，檀韶任江州刺史在義熙十二年（四一六）六月以後。《宋書・王弘傳》載，王於義熙十四年遷江州刺史。然則，檀韶免江州刺史當不晚於此年。由此可知，周續之在江州城北講《禮》肯定在義熙十二年至十四年之間，時當四十歲至四十二歲之間。《宋書》本傳曰：“俄而辟爲太尉掾，不就。”故稱“周掾”。祖企、謝景夷，不詳。“郎”，一般男子之尊稱。漢魏以後對年輕人通稱“郎”。《三國志・吴書・周瑜傳》：“瑜時年二十四，吴中皆呼爲周郎。”《世説新語・雅量》：“王家諸郎亦皆可嘉。”“禮”，《周禮》《儀禮》《禮記》，通稱“三禮”。

【編年】

本詩既稱周續之爲“周掾”，必作於劉裕辟周續之爲太尉掾之後。據《宋書・周續之傳》，江州刺史劉柳薦續之於劉裕，劉裕辟爲太尉掾，不就，事在晉安帝義熙十一年（四一五）或十二年（四一六）六月劉柳逝世前。劉柳卒，檀韶繼任江州刺史。周續之應檀韶苦請出州講《禮》當在義熙十二年六月之後。此詩口吻，乃周續之等初出州講《禮》時所作，兹定於晉安帝義熙十二年丙辰（四一六），淵明六十五歲。

詩中自稱“老夫”，對周續之等稱“郎”“周生”“諸子”，又言“誨諸子”。可見，若論年齡，淵明應比周續之等人年長一輩即二十歲左右，否則難以解釋。周續之生於晉孝武帝太元二年（三七七），若曰淵明享年六十三歲（三六五生），僅長續之十二歲，不宜有如此口吻。至於享年六十三歲以下諸説，更難成立矣。若僅自稱“老夫”或不必拘泥，但對周續之等人之稱呼及教誨口吻，不應忽視也。

【箋注】

〔一〕負痾頹簷下，終日無一欣：意謂自己貧病之中，終日無一欣悦之事。痾（ē）：病。負痾：爲病所累。淵明《贈羊長史》：“聞君當先邁，負痾不獲俱。”

〔二〕藥石有時閑，念我意中人：意謂有時病情稍愈，遂想念我意中之人。藥石：《左傳》襄公二十三年：“孟孫之惡我，藥石也。”疏：“《本草》所云鍾乳、礬、磁石之類，多矣。”淵明《與子儼等疏》：“疾患以來，漸就衰損。親舊不遺，每以藥石見救。”閑：通“間”。《論語・子罕》：“病間。”何晏《集解》引孔安國注：“病少差曰間也。”皇侃疏：“若少差則病勢斷絶有間隙也。”意中人：指周、祖、謝。

〔三〕相去不尋常，道路邈何因：意謂路遠難以相見。不尋常：不近。八尺曰尋，倍尋曰常。因：由。何因：何由到達。需案：周生等在城北，若論路程不算遠，此所謂道路邈遠無由到達，主要乃在旨趣不同。

〔四〕周生述孔業，祖謝響然臻：意謂周續之傳述孔子之學説，而祖、謝亦應聲而至。述：闡述前人之成説。《論語・述而》：“述而不作，信而好古。”皇侃注：“述者，傳於舊章也。”響然臻：《文選》孔融《薦禰衡表》：“群士響臻。”李善注：“響臻，如應聲而至也。孫卿子曰：‘下之和上，譬響之應聲也。’”

〔五〕道喪向千載，今朝復斯聞：意謂孔子之道喪失已近千載，今日又得聞矣。何注：“《莊子（繕性）》：‘世喪道矣，道喪世矣，世與道交相喪也。’”古《箋》：“《論語（里仁）》：‘朝聞道，夕死可矣。’”淵明《飲酒》其三：“道喪向千載。”向：將近。

〔六〕馬隊非講肆，校書亦已勤：蕭統《陶淵明傳》：“後刺史檀韶苦請續之出州，與學士祖企、謝景夷三人，共在城北講《禮》，加以讎校。所住公廨，近於馬隊。”丁《箋注》：“馬隊，馬肆也。講肆，講舍也。”

〔七〕老夫：老人之自稱。《禮記·曲禮》：“大夫七十而致事，自稱老夫。”

〔八〕願言誨諸子，從我潁水濱：意謂希望周生等人從我隱居。言：語助詞。誨：曉教也。《詩·大雅·抑》：“誨爾諄諄，聽我藐藐。”潁水濱：《史記·伯夷列傳》：“堯讓天下於許由，許由不受，恥之逃隱。”《正義》引皇甫謐《高士傳》：“許由字武仲。堯聞致天下而讓焉，乃退而遁於中嶽潁水之陽，箕山之下隱。堯又召爲九州長，由不欲聞之，洗耳於潁水濱。時有巢父牽犢欲飲之，見由洗耳，問其故。對曰：‘堯欲召我爲九州長，惡聞其聲，是故洗耳。’巢父曰：‘子若處高岸深谷，人道不通，誰能見子？子故浮游，欲聞求其名譽，污吾犢口。’牽犢上流飲之。”

【析義】

李公煥《箋注陶淵明集》引趙泉山曰：“按靖節不事覲謁，惟至田舍及廬山游觀，舍是無他適。續之自社主遠公順寂之後，雖隱居廬山，而州將每相招引，頗從之遊，世號‘通隱’。是以詩中引箕、潁之事微譏之。”需案：詩固有微譏，然語氣真摯，長者口吻顯而易見。

乞食一首

飢來驅我去一作出①，不知竟何之〔一〕。行行至斯里，叩門拙言辭〔二〕。主人諧一作解余意，遺贈豈虚來一作副虚期，又作豈虚期②〔三〕。談諧一作諧語終日夕，觴至一作舉輒傾杯一作卮〔四〕。情欣新知勸一作歡③，言詠一作興言遂賦詩。感子漂母惠，愧我非韓才一作韓才非〔五〕。銜戢一作戴知何謝？冥報以相貽〔六〕。

【校勘】

① 飢：陶澍《靖節先生集》校曰：“何校宣和本作‘飢’，各本作‘饑’。澍按：《説文》：飢、饑義別，穀不熟爲饑。飢，餓也。當以作‘飢’爲是。”需案：本書所用宋元本皆作“飢”，無一作“饑”者。

② 豈虛來：一作“副虛期”，意謂得稱心之所期也（古直説）。然古氏徑釋“虛”爲心，引《淮南子·俶真訓》“虛室生白”，高誘注：“虛，心也。”車柱環、王叔岷皆以爲非。大略曰：“虛”不得訓心，高誘注“虛”下蓋脱“室”字。“副虛期”者，“猶言滿足淵明所空待者”。一作“豈虛期”，意謂超出心之所期，或超出所空待者。然則作“副虛期”“豈虛期”，頗多費解，反不如原作“豈虛來”爲佳。“來”亦屬“之”部，押韻。

③ 勸：一作“歡”，意謂欣此新知之歡，亦可。

【題解】

“乞食”，《國語·晉語四》：“乞食於野人。”《史記·晉世家》：“（重耳）飢而從野人乞食，野人盛土器中進之。”

【編年】

淵明《有會而作》序曰：“舊穀既没，新穀未登。頗爲老農，而值年災。日月尚悠，爲患未已。”此詩與《有會而作》當爲同年所作，即宋文帝元嘉三年丙寅（四二六）。《南史·宋本紀》元嘉三年（四二六）秋，“旱且蝗”。

【箋注】

〔一〕何之：賈誼《鵩鳥賦》：“請問于鵩兮，予去何之？”

〔二〕拙言辭：拙於表明乞食之意。

〔三〕遺（wèi）贈豈虛來：意謂主人有所饋贈，而不虛此行也。

〔四〕談諧終日夕，觴至輒傾杯：古《箋》引劉公幹《贈五官中郎將詩》：“清談同日夕。”曹子建《贈丁翼詩》：“觴至反無餘。”

〔五〕感子漂母惠，愧我非韓才：意謂慚愧無力報答。《史記·淮陰侯列傳》：“信釣於城下，諸母漂，有一母見信飢，飯信，竟漂數十日。信喜，謂漂母曰：‘吾必有以重報母。’……漢五年正月，徙齊王信爲楚王，都下邳。信至國，召所從食漂母，賜千金。”

〔六〕銜戢知何謝？冥報以相貽：意謂中心戢藏感謝之意，待死後相報也。銜：有懷於心中。戢：藏也。古《箋》釋“冥報”曰：“蓋暗用《左傳》結草以亢杜回意也。”

【考辨】

此詩真而切，非有親身體驗寫不出。乞食之事，他人或未有，即使有亦未必入詩。淵明晚年窮困飢餒，又真率曠達，故有《乞食》之作。陶必銓《萸江詩話》曰：“此詩寄慨遥深，著眼在‘愧非韓才’一語。借漂母以起興，故題曰《乞食》，不必真有扣門事也。”視此詩如《述酒》，皆寄托

“故國舊君之思”。此乃執著於“恥事二姓”、忠於晉室之説，穿鑿過甚，不足信也。張蔭嘉《古詩賞析》曰：“此向人借貸、感人遺贈留飲而作。題云《乞食》，蓋乞借於人以爲食計，非真丐人食也，觀詩中解意遺贈可見。”此説亦勉强。“乞食”語出《國語》，不得强解爲“乞借以爲食計”。何況用漂母、韓信事，顯然是乞食也。

【析義】

此詩描摹“飢來”情狀，維妙維肖。首句“飢來驅我去”，一“來”一“去”，妙合無垠。“驅”字寫其迫不得已，亦妙。次句“不知竟何之”，恍惚之狀凸現紙上。而“扣門拙言辭”一句，可見淵明非慣於乞討者也，或此行原非有意於乞討也。末尾曰“冥報以相貽”，顯然已知生前無力相報，惟待死後，沉痛之至，絶望之至。而一乞食竟至以“冥報”相許，足見非一飯之可感，要在主人之仁心厚意感人肺腑。蘇軾曰：“淵明得一食，至欲以冥謝主人，此大類丐者口頰也。”(《東坡題跋》卷二《書淵明乞食詩後》)此非中肯之論。“感子漂母惠，愧我非韓才。銜戢知何謝？冥報以相貽。”字字出自心田，慚愧之情溢於言表，絶非丐者順口謝語。關於詩中“主人”，亦有可論者。此人無須淵明出言而已知其來意，非但“遺贈”，且又“談諧終日”，“傾杯”“賦詩”，何等體貼！何等高雅！淵明乞食乃有所選擇也，檀道濟饋以粱肉，淵明雖“偃卧飢餒有日”，仍“麾而去之”(見蕭統《陶淵明傳》)。此主人一飯之贈，竟欲“冥報”，足見飢餒固難，受惠於人尤難也。

諸人共遊周家墓柏下一首

今日天氣佳，清吹與鳴彈一作蟬①〔一〕。感彼柏下人，安得不爲歡〔二〕。清歌散一作發新聲〔三〕，緑一作時酒開芳顔。未知明日事，余襟一作懷良已殫〔四〕。

【校勘】

① 彈：一作“蟬”，亦通，清吹與鳴蟬，聲相應也。

【題解】

陶澍注引《晉書·周訪傳》，曰：或即周訪家墓。霈案：周訪亦家廬江尋陽，小陶侃一歲，曾薦侃爲主簿，又以女妻侃子瞻。訪曾爲尋陽太守，賜爵尋陽縣侯。淵明此詩所云周家墓，雖未必即周訪家墓，然陶澍之説不爲無據。惟陶澍所引《晉書》有删節，兹補足之："初，陶侃微時，丁艱，將葬，家中忽失牛而不知所在。遇一老父，謂曰：'前崗見一牛眠山汙中，其地若葬，位極人臣矣。'又指一山云：'此亦其次，當世出二千石。'言訖不見。侃尋牛得之，因葬其處，以所指别山與訪。訪父死，葬焉，果爲刺史，著稱寧益。自訪以下，三世爲益州四十一年，如其所言云。"古《箋》："墓植松柏，古之遺制。故《古詩十九首》曰：'驅車上東門，遥望郭北墓。白楊何蕭蕭，松柏夾廣路。'又曰：'古墓犁爲田，松柏摧爲薪。'李善注：'仲長子《昌言》曰："古之葬者，松柏梧桐以識其墳者也。"'"

【箋注】

〔一〕清吹(chuì)：王喬之《奉和慧遠遊廬山詩》："事屬天人界，常聞清吹空。"鮑照《擬行路難》："不見柏梁銅雀上，寧聞古時清吹音。"

〔二〕感彼柏下人，安得不爲歡：王粲《七哀詩》："悟彼下泉人，喟然傷心肝。"此反用其意。

〔三〕清歌：《李陵録别詩》其十："悲意何慷慨，清歌正激揚。"劉楨《贈五官中郎將詩》其一："清歌製妙聲，萬舞在中堂。"

〔四〕未知明日事，余襟良已殫：意謂未知明日如何，今日誠已盡情矣。襟：襟懷，情懷。良：誠然。殫：盡。

【析義】

諸人共遊人家墓柏下，且清吹、鳴彈、清歌、飲酒，乃有感於人生無常，以發抒心中之鬱悶也。"今日天氣佳"，直用口語，而未失詩味。

怨詩楚調示龐主簿鄧治中一首

天道幽且遠，鬼神茫昧然〔一〕。結髮念善事，僶俛六九一作五十年①〔二〕。弱冠逢世阻，始室喪其偏〔三〕。炎火屢焚如一作和②，螟蜮恣中田〔四〕。風雨縱横至，收斂不盈廛〔五〕。夏日長抱飢一作抱長飢③，寒夜無被眠。造夕思雞鳴〔六〕，及晨願烏一作景，又作烏遷④〔七〕。在己何怨天，離憂悽目前一作在己何所怨，天愛悽目前⑤〔八〕。吁嗟身後名，於我若浮煙〔九〕。慷慨一作慨然獨一作激悲歌，鍾期信爲賢〔一〇〕。

【校勘】

① 六九年：一作“五十年”，非是。《東坡先生和陶淵明詩》於“六九”下無“五十”。一作“五十”者，蓋是拘於淵明享年六十三歲而改易之。然即使作“五十”，從結髮時算起，再過五十年，此詩亦當作於六十五歲，淵明享年六十三歲或其以下諸説，皆不合。

② 如：一作“和”，形近而訛。

③ 校記原在篇末，曰“長抱飢，一作抱長飢”，今移至此句下。

④ 烏：一作“景”，“景”亦日也，可通。底本注曰“又作烏”，恐有誤，姑存之。

⑤ 在己何怨天，離憂悽目前：一作“在己何所怨，天愛悽目前”，非是。“愛”字乃“憂”字之訛，“天”應屬上句，脱一“離”字。

【題解】

“怨詩”，王僧虔《技録》“楚調曲”中有《怨詩行》（據郭茂倩《樂府詩集》所引《古今樂録》載）。楚調曲屬樂府相和歌。《怨詩行》古辭今存一篇，首二句曰：“天德悠且長，人命亦何促。”曹植等人有擬作。淵明此詩首二句亦有明顯模擬痕跡，此乃淵明今存作品中唯一樂府詩。“主簿”，官名。漢代中央及郡縣官署均置此官，以典領文書，辦理事務。魏晉以後漸漸成爲統兵開府之大臣幕府中重要僚屬，參與機要，統領府事。“龐主簿”，古《箋》引《宋書・裴松之傳》：“元嘉三年，分遣大使巡行天下，主簿龐遵使南兗州。龐主簿，殆即遵也。”霈案：古《箋》係節引，原文曰：“太祖元嘉三年，誅司徒徐羨之等，分遣大使巡行天下。……司徒主簿龐遵使南兗州……”然則龐遵爲司徒徐羨之主簿在元嘉三年以前。《宋書・徐羨之傳》載：“劉穆之卒（據《宋書・劉穆之傳》，穆之卒於義熙十三年十一月），高祖命以羨之爲吏部尚書、建威將軍、丹陽尹。”永初元年，“高祖踐祚，進號鎮軍將軍，加散騎常侍。……封南昌縣公”。龐遵或於義熙十三年已任徐羨之主簿，故淵明得稱之龐主簿耶？龐遵，字通之。《宋書・陶潛傳》：“江州刺史王弘欲識之，不能致也。潛嘗往廬山，弘令潛故人龐通之齎酒具於半道栗里要之。”《晉書・陶潛傳》：“其鄉親張野及周旋人羊松齡、龐遵等，或有酒要之。”可見，龐遵是淵明故交。

此詩中吐露衷曲，非泛泛之交所可與言也。“治中”，官名。《通典》：“治中從事史一人，居中治事，主衆曹文書，漢制也。”“鄧治中”，其名無考。

【編年】

詩曰：“結髮念善事，僶俛六九年。”此二句應連讀，意謂自“結髮念善事”以來，已努力（僶俛）爲善五十四年。“結髮”，十五歲以上，兹以十五歲計。“六九年”，五十四年。自十五歲再過五十四年，爲六十九歲。此詩作於是年，即宋武帝永初元年庚申（四二〇）。

自王質《栗里譜》以來即繫此詩於五十四歲下，相沿已久，殊不妥。兹列舉理由如下：其一，“六九年”不可徑釋爲“六九歲”（五十四歲）。“年”字固可釋爲“年歲”，但一般均在數字之前，如“年若干”。“年”字置於“數字之後”，如“若干年”，一般不可釋爲若干歲也。除非前面加上“壽考”之類字樣，如“壽考萬年”（《詩・小雅・信南山》）。王力《古代漢語》常用詞四有“［辨］年，歲”曰：“這是同義詞，但是在習慣用法上有些差别。在表示年齡時候，‘年’字放在數字的前面（“年七十”）；‘歲’字放在數字的後面（“七十歲”）。”其二，淵明詩中所用“年”字置於數字之後者，除“百年”、“萬年”兩處慣用詞語外，一共八處：“一去三十年”“僶俛六九年”“十年著一冠”“三年望當採”“奈何五十年”“維晉義熙三年”“僶俛四十年”“奄出四十年”。此八處無一可作歲字解。倘“僶俛六九年”可解爲五十四歲，爲何“一去三十年”（一作“十三年”）不解爲三十歲（或十三歲），而訂《歸園田居》爲三十歲（或十三歲）所作邪？對陶集中“年”字之解釋應當統一。既然“三十年”不釋爲三十歲，則“六九年”亦不應釋爲六九歲。其三，詩曰：“結髮念善事，僶俛六九年。”如以爲此詩乃六九五十四歲所作，則自出生即努力爲善矣，顯然不通，襁褓中有何僶俛爲善可言？只能説自“結髮”起努力爲善也。其四，淵明《連雨獨飲》曰：“自我抱兹獨，僶俛四十年。”上句有一“自”字，下句亦曰“僶俛……年”，顯然是“自抱獨”算起，而不是從出生算起，“自抱獨”以來已四十年矣。兩詩互相對照，其義自明。其五，或曰“結髮”乃泛指少年時。然十五歲乃人生之一重要分界，孔子曰：吾年十五而有志於學。此詩下兩句又言“弱冠”如何，“始室”如何，即二十歲如何，三十歲如何，可見此詩有歷數平生之意，益見其非泛指也。何況即使是泛指少年時，亦應從少年時算起努力爲善六九五十四年，而不能從出生算起。據“六九年”，説此詩作於五十四歲，仍然不通。其六，“結髮念善事，僶俛六九年”之後，歷數二十如何，三十如何，此後又如何，意謂雖念善事而不得善報也。顯然，"六九年"應自知"念善事"之"結髮"那年算起。其七，謝靈運《過始寧墅》："束髮懷耿介，逐物遂推遷。違志似如昨，二紀及兹年。"句式與此詩相似。謝詩決不是二十四歲（二紀）所作，可作爲正確理解"結髮念善事，僶俛六九年"之佐證。

【箋注】

〔一〕天道幽且遠，鬼神茫昧然：意謂天理幽隱難明而且邈遠難求，鬼神之事亦茫然幽暗而不可知。天道：天理。《書·湯誥》："天道福善禍淫。"《禮記·月令》："毋變天之道。"疏："天云道，地云理，人云紀，互辭也。"上句意本《左傳》昭公十八年："子產曰：'天道遠，人事邇。'"句法則擬古樂府《怨歌行》："天德悠且長。"

〔二〕結髮念善事，僶俛六九年：意謂從結髮時即念善事，已經努力五十四年矣。結髮：猶束髮成童，十五歲以上，見《大戴禮·保傅》注及《禮記·内則》注。念善事：思欲立善成名也。淵明《影答形》曰："立善有餘愛，胡可不自竭。"《神釋》曰："立善常所欣，誰當爲汝譽？"可見淵明確曾有立善之志。僶俛：勤勉努力。《詩·小雅·十月之交》："僶俛從事，不敢告勞。"賈誼《新書·勸學》："然則舜僶俛而加志，我儃僈而弗省耳。"六九：五十四。

〔三〕弱冠逢世阻，始室喪其偏：意謂二十歲時遇到世難，三十歲時喪妻。弱冠：《禮記·曲禮》："二十曰弱冠。"疏："二十成人初加冠，體猶未壯，故曰弱也。"世阻：世事阻難。淵明二十歲時當晉簡文帝咸安元年辛未（三七一），是年十一月桓温廢帝爲東海王，立會稽王昱爲帝，是爲簡文皇帝。桓温殺東海王三子及其母，又請誅武陵王晞。帝賜温手詔曰："若晉祚靈長，公便宜奉行前詔；如其大運去矣，請避賢路。"十二月桓温降東海王爲海西獻公。自此政局混亂，社會動蕩，民不聊生。咸安二年（三七二），庾希等入京口，討桓温，敗死。七月，簡文帝卒。十月，盧悚自稱大道祭酒，事之者八百餘家。十一月遣弟子許稱迎海西公興復，突入殿廷，敗死。是歲三吴大旱，人多餓死。此所謂"世阻"也。始室：三十歲。喪其偏：指喪妻。吴《譜》曰："喪偏爲喪室，爲三十歲事。"古《箋》："始室與弱冠對文。《禮記·内則》：'二十而冠，始學禮。三十而有室，始理男事。四十始仕。'

‘始室’語例猶之‘始仕’。《記》不曰‘始室’者，避始理男事而變文耳。”“《小雅(鴻雁)》：‘哀此鰥寡。’毛傳：‘偏喪曰寡。’”霈案：王《譜》曰君年二十失妾。湯注曰其年二十喪偶，繼娶翟氏。説有不同。今從吴、古之説。

〔四〕炎火屢焚如，螟蜮(míng yù)恣中田：意謂屢次遭到旱災，害蟲恣虐田中。炎火：《詩·小雅·大田》：“田祖有神，秉畀炎火。’毛傳：“炎火，盛陽也。”盛陽焚如，正是旱象。螟蜮：兩種害蟲，食心曰螟，食葉曰蜮。見《吕氏春秋·任地》高誘注。

〔五〕風雨縱横至，收斂不盈廛(chán)：意謂屢有風災水災，收成不足維持一家生活。廛：《詩·魏風·伐檀》：“不稼不穡，胡取禾三百廛兮。”毛傳：“一夫之居曰廛。”據説古代一户可分到一廛土地(二畝半)，以建造住宅。三百廛：指三百户之收成。

〔六〕造：至。

〔七〕烏：指太陽，相傳日中有三足烏。願烏遷：希望太陽快些移動，即日子難挨之意。

〔八〕在己何怨天，離憂悽目前：意謂生活之坎坷貧困原因在於自己，何必怨天？但又不能不爲目前所遭遇之憂患而感到悽然。離：遭。古《箋》：“《論語(憲問)》：‘不怨天，不尤人。’《楚辭·九歌(山鬼)》：‘思公子兮徒離憂。’”

〔九〕吁嗟身後名，於我若浮煙：感歎死後之聲名若浮煙一般，對自己毫無意義。亦即淵明《雜詩》其四所謂：“百年歸丘壠，用此空名道?”吁嗟：歎詞。

〔一〇〕慷慨獨悲歌，鍾期信爲賢：意謂身後之名無所謂也，所幸生前有龐、鄧二君如鍾子期之賢，則己之慷慨悲歌亦得知音矣。《吕氏春秋·本味》：“伯牙鼓琴，鍾子期聽之。方鼓琴而志在太山，鍾子期曰：‘善哉乎鼓琴，巍巍乎若太山！’少選之間，而志在流水，鍾子期又曰：‘善哉乎鼓琴，湯湯乎若流水！’鍾子期死，伯牙破琴絶弦，終身不復鼓琴，以爲世無足爲鼓琴者。”

【析義】

從結髮時説起，結髮如何，弱冠如何，始室如何，目前如何，頗有總結平生之意。種種貧困飢寒之狀，如“造夕思雞鳴，及晨願烏遷”，非親歷者不能道也。雖曰一生之坎坷全在自己，而題取《怨詩》，一種不平之情藏在字裏行間，足見天道之不足信，善事之不足爲也。“吁嗟身後名，於我若浮煙。”此二句與前後似不銜接，本來叙述自己之飢寒，何以忽然説起身後名耶？蓋古之貧士，多有以安貧留名者，淵明欲表自己之安貧，非以此邀名也。

答龐參軍一首 并序

三復來貺，欲罷不能〔一〕。自爾鄰曲，冬春再交〔二〕。款然良對，忽成舊游〔三〕。俗諺一作談云：數面成親舊或無舊字①。況一本又有其字情過此者乎〔四〕？人事好乖〔五〕，便當語離。楊公一作翁所歎，豈惟常悲〔六〕？吾抱疾多年，不復爲一作屬文。本既不豐〔七〕，復一本復作兼兹老病繼之。輒依周禮原作孔，注一作礼往復之義②，且爲别後相思之資③〔八〕。

相知何必舊一作早④，傾蓋定前言〔九〕。有客賞我趣〔一〇〕，每每顧林園〔一一〕。談諧無俗調〔一二〕，所説聖人篇〔一三〕。或有數斗一作斟酒⑤〔一四〕，閑飲自歡然。我實幽居士，無復東西緣〔一五〕。物新人唯舊一作唯人舊，弱毫夕所宣⑥〔一六〕。情通宋本作懷萬里外⑦，形跡滯江山一作江山前⑧〔一七〕。君其一作期愛體素⑨，來會在何年〔一八〕？

【校勘】

① 親舊：一無“舊”字。

② 周禮：原作“周孔”，底本校曰“一作礼”，今從之。王叔岷《箋證稿》曰：“案禮，古作礼，孔乃礼之誤。”

③ 且爲别後相思之資：和陶本“資”下有“乎”字。

④ 一作早：曾集本注“一作旦”，“旦”乃“早”之壞字。

⑤ 斗：一作“斟”，形近而訛。

⑥ 夕：和陶本、紹興本、湯注本作“多”，亦通。

⑦ 通：宋(庠)本作“懷”，亦通。

⑧ 滯江山：一作“江山前”，於文稍遜。

⑨ 其：一作“期”，文義稍遜。

【題解】

龐參軍，參見四言《答龐參軍》注。

【編年】

陶《考異》繫於晉恭帝元熙元年（四一九）下，逯《繫年》繫於宋文帝元嘉元年（四二四）下。霈案：《答龐參軍》詩五言及四言，兩首中之龐參軍當係一人。五言《答龐參軍序》曰："自爾鄰曲，冬春再交，款然良對，忽成舊游。……人事好乖，便當語離。"四言《答龐參軍序》曰："龐爲衛軍參軍，從江陵使上都，過潯陽見贈。"兩相比較，五言乃龐離開柴桑之際所作，兩人相識不久。四言乃龐途經柴桑時所作，必在五言之後。五言乃春季所作，四言乃冬季所作。王弘自義熙十四年（四一八）爲江州刺史，永初三年（四二二）入朝，進號衛將軍。宋少帝景平元年癸亥（四二三）春，命衛軍參軍龐某使江陵見宜都王義隆，龐有詩贈淵明，淵明作五言以答之。是年冬，龐又奉義隆之命以衛軍參軍自江陵使都，經潯陽，爲詩贈淵明，淵明作四言以答之。時義隆仍爲宜都王，故詩稱"大藩有命，作使上京"。景平二年（四二四）五月，徐羨之等謀廢立，召王弘入朝；七月，廢少帝，立義隆爲文帝。龐參軍之出使於江陵、上都之間，或有重任亦未可知。

【箋注】

〔一〕三復來貺（kuàng），欲罷不能：意謂屢讀賜詩，欲罷而不能。貺：賜也。古《箋》："《論語（先進）》：'南容三復白圭。'集解引孔曰：'南容讀《詩》至此，三反復之。'欲罷不能：亦《論語（子罕）》文。"

〔二〕自爾鄰曲，冬春再交：意謂自從結鄰，已經年餘。爾：助詞，用於句中。《詩·邶風·雄雉》："百爾君子，不知德行。"

〔三〕款然良對，忽成舊游：意謂彼此誠懇相待，雖然時間不久，而已成老友矣。款：誠。

〔四〕況情過此者乎：意謂何況感情投合，又超過數面即成親舊者。

〔五〕人事好（hào）乖：意謂人世間之事，常常容易違背乖戾，猶言不如意事常八九也。好：常常容易發生。乖：違背。《抱朴子·博喻》："志合者不以山海爲遠，道乖者不以咫尺爲近。"

〔六〕楊公所歎，豈惟常悲：意謂楊朱所感歎者，非常人之悲也。淵明以楊朱自況，言己所悲者非僅離别之類常悲，而是悲人事常乖，世路多歧。其《飲酒》十九曰："世路廓悠悠，楊朱所以止。"可以參證。李注："楊公，楊朱也。"《淮南子·説林訓》："楊子見逵路而哭之，爲其可以南，可以北。"

〔七〕本既不豐：李注："謂癯瘁也。"

〔八〕輒依周禮往復之義，且爲別後相思之資：意謂即依照古禮，作詩答贈，且爲別後之紀念也。《禮記·曲禮》："禮尚往來。往而不來，非禮也；來而不往，亦非禮也。"輒：就。

〔九〕相知何必舊，傾蓋定前言：意謂相識何必舊久，有一見如故者也。《太平御覽》卷三六三引《戰國策》："白頭如新，傾蓋如舊。"古《箋》引《史記·鄒陽列傳》："諺曰：'有白頭如新，傾蓋如故。'何則？知與不知也。"張守節《正義》（案：古氏誤，當作裴駰《集解》）引桓譚《新論》曰："言内有以相知與否，不在新故也。"傾蓋：兩車相遇，乘車之人停車對語，車蓋略傾斜相交。

〔一〇〕有客賞我趣：意謂龐參軍與己志趣相投。淵明《飲酒》其十三："有客常同止。"其十四："故人賞我趣。"賞：尚也，尊重。

〔一一〕顧：探望、訪問。林園：指自己之住處。

〔一二〕談諧：言談和諧。淵明《乞食》："談諧終日夕。"俗調：世俗之論調。

〔一三〕説（yuè）：悦。聖人篇：聖賢之書。

〔一四〕㪷：同"斗"。

〔一五〕我實幽居士，無復東西緣：意謂我乃隱居之人，不再有東西奔波之機會矣。幽居：隱居。無復：淵明多用此二字，如《歸園田居》其四："死没無復數。"《雜詩》其五："值歡無復娱。"《雜詩》其六："一毫無復意。"東西緣：古《箋》："《（禮記）檀弓》：'今丘也，東西南北之人也。'鄭注：'東西南北，言居無常處也。'東西二字本此。"需案：淵明《與子儼等疏》："東西游走。"其中"東西"二字與此意近，可以參看。

〔一六〕物新人唯舊，弱毫夕所宣：意謂舊友難得，此情曾用筆以宣之也。古《箋》："《書·盤庚》：'人惟求舊，器非求舊，惟新。'"夕：通"昔"。《史記·吴王濞列傳》："吴王不肖，有宿夕之憂。"

〔一七〕情通萬里外，形跡滯江山：意謂分别之後，雖然感情相通，而形跡爲江山阻隔，不能親近矣。滯：滯留。滯江山：爲山川所阻隔。

〔一八〕君其愛體素，來會在何年：希望龐參軍多加保重，不知何年再會矣。其：副詞，表示祈使。素：本也。《説苑·反質》："是謂伐其根素，流於華葉。"體素：身體之根本也。《張遷碑》："晉陽珮瑋，西門帶弦。君之體素，能雙其勳。"晉武帝《轉華嶠爲秘書監典領著作詔》："尚書郎嶠，體素宏簡，文雅該通。"《三國志·吴書·吕岱傳》："時年已八十，然體素精勤，躬親王事。"就以上用例而言，"體素"包括身心兩方面。湯注引曹子建《贈白馬王彪》："王其愛玉體。"古《箋》釋爲"行素"，引嵇叔夜《與阮德如》詩："君其愛德素。"又引《莊子·刻意》："素也者，謂其無所與雜也……能體純素，謂之真人。"又引《淮南子·氾論訓》："聖人以身體之。"高誘注："體，行。"録以備考。

【析義】

詩前小序乃一絶妙小品，晉人聲吻躍然紙上，其誠摯樸茂處尤不可及。贈答詩，彼此身份至關重要，舊交新知着筆有異，爲宦爲隱亦不相同。此詩在"忽成舊游"上着筆渲染，結尾隱約點出彼此出處之異，頗可咀嚼。"情通萬里外，形跡滯江山"二句，道出常人常有之感慨，頗有深味。

五月旦作和戴主簿一首

虚舟縱逸棹，回復遂無窮〔一〕。發歲始一作若俛仰①，星紀奄將中〔二〕。南窗一作明兩罕悴一作萃時物②，北林榮且豐〔三〕。神淵一作萍光寫時雨③，晨色奏景風〔四〕。既來孰不去，人理固有終〔五〕。居常待其盡，曲肱豈傷沖〔六〕。遷化或夷險，肆志無窊隆〔七〕。即事如以一作已高，何必升華嵩〔八〕！

【校勘】

① 始：一作"若"，亦通。

② 南窗：一作"明兩"，亦通。《易·離》："明兩作離。"李鼎祚曰："夏火之候也。"罕悴物：一作"萃時物"，意謂應時之物皆已叢生，亦通。

③ 神淵：一作"萍光"，恐非。

【題解】

"五月旦",五月初一。"戴主簿",不詳。

【箋注】

〔一〕虛舟縱逸棹,回復遂無窮:意謂時光不停,迅速流逝;四季循環,無窮無盡。吴注引《莊子·山木》:"方舟而濟於河,有虛船來觸舟,雖有惼心之人不怒。"古《箋》引《莊子·列禦寇》:"(巧者勞而智者憂,無能者無所求,飽食而遨游。)泛若不繫之舟,虛而遨游。"霈案:以上兩篇雖切合字面,但不切合意思。《莊子·大宗師》:"夫藏舟於壑,藏山於澤,謂之固矣。然而夜半有力者負之而走,昧者不知也。"《列子·天瑞》:"粥熊曰:運轉亡已,天地密移,疇覺之哉?"張湛注:"此則莊子舟壑之義。"淵明此詩所謂"虛舟",蓋本《大宗師》。淵明《雜詩》其五:"壑舟無須臾,引我不得住。"所謂"壑舟",亦比喻時光或時光之不駐。縱:放縱。逸:奔,引申有急速之意。逸棹:快槳。回復:指虛舟之往來,亦季節之循環往復。

〔二〕發歲始俛仰,星紀奄將中:意謂開歲以來剛剛在俯仰之間,一年忽已將半矣。詩作於五月,故有此感慨也。發歲:一年開始。《楚辭·九章·思美人》:"開春發歲兮,白日出之悠悠。"俛仰:一俯一仰之間,表示時間短暫。《莊子·在宥》:"其疾俯仰之間,而再撫四海之外。"星紀:十二星次之一,此泛指歲時。"星紀奄將中"與"歲月將欲暮"(《有會而作》)句式相同。

〔三〕南窗罕悴物,北林榮且豐:意謂植物大都已繁榮茂盛。罕:少。悴:憔悴。

〔四〕神淵寫時雨,晨色奏(còu)景風:意謂從神淵瀉下時雨,清晨吹起南風,晨色恰與南風相約俱來也。神淵:嵇康《琴賦》:"蒸靈液以播雲,據神淵而吐溜。"丁《箋注》:"(曹植)《七啟》:'觀游龍於神淵。'"王叔岷《箋證稿》:"《淮南子·齊俗篇》許慎注:'神蛇潛於神淵,能興雲雨。'"寫:猶"瀉"。時雨:及時之雨。《禮記·孔子閒居》:"天降時雨,山川出雲。"奏:通凑,聚合。景風:南風。《説文·風部》:"南方曰景風。"《史記·律書》:"景風居南方。景者,言陽氣道竟,故曰景風。"

〔五〕既來孰不去,人理固有終:意謂人皆有死也。來去,指生死。古

《箋》:“《莊子·達生篇》:‘生之來不能卻,其去不能止。’《列子·天瑞篇》:‘生者,理之必終者也。’”人理:《文選》陸機《塘上行》:“天道有遷易,人理無常全。”李善注:“司馬遷《悲士不遇賦》曰:‘天道悠昧,人理促兮。’”

〔六〕居常待其盡,曲肱(gōng)豈傷沖:意謂安貧以待終,生活雖然貧窮而無傷於沖虚之道也。居常:古《箋》:“《太平御覽》五百九引嵇康《高士傳》:“榮啟期曰:‘貧者士之常,死者民之終。居常以待終,何不樂也?’”曲肱:彎臂。《論語·述而》:“飯疏食飲水,曲肱而枕之,樂亦在其中矣。”沖:虚。《老子》:“道沖,而用之或不盈。淵兮,似萬物之宗。”

〔七〕遷化或夷險,肆志無窊(wā)隆:意謂生命在遷移變化之中有平有險,惟保持心志之自由,便無所謂高下矣。遷化:古《箋》:“《漢書》武帝《悼李夫人賦》:‘忽遷化而不反(兮,魄放逸以飛揚)。’魏文帝《典論(論文)》:‘(日月逝於上,體貌衰於下,)忽然與萬物遷化。’”肆志:放志,任意。古《箋》:“《史記·魯仲連傳》:‘吾與富貴而詘於人,寧貧賤而輕世肆志焉。’”窊:下。隆:高。

〔八〕即事如以高,何必升華嵩:意謂抱此人生態度便已達到高超地步,何必升上華嵩以成仙! 即事:此事。華嵩:華山與嵩山,皆仙人居住之地。如華山之毛女、呼子先,嵩山之浮丘公、王子喬。

【考辨】

王注、逯注皆據“星紀”二字繫此詩於晉義熙九年癸丑(四一三)。需案:所謂“星紀”者,乃十二星次之一。古人將黄道附近一周天分爲十二等分,命名爲星紀、玄枵等十二次。歲星(木星)十二年繞天一周,每年行經一個星次。“星紀”不過是十二星次之一,用以標示天文位置。《左傳》所謂“歲在星紀,而淫於玄枵”,乃指歲星運行所到達之位置。“星紀”雖然與十二辰相配爲丑,但在詩文中單獨用“星紀”一詞往往並非紀年(表示丑年)。如《文選》左太沖《吴都賦》:“故其經略,上當星紀。拓土畫疆,卓犖兼並。”指與地域相當之星野。《南齊書·虞悰傳》:“猥屬興運,荷竊稠私,徒越星紀,終慚報答。”此言歲月虚度。張華《感婚賦》:“方今歲在己巳,將次四仲。婚姻者兢赴良時,粲麗之觀,相繼於路。……乃作《感婚賦》曰:彼婚姻之俗忌,惡當梁之在斯。逼來年之且至，迨星紀之未移。”既然歲在己巳，可見此所謂“星紀”乃泛指歲時，決非指丑年。淵明所謂“發歲始俛仰，星紀奄將中”，用法與張華《感婚賦》相同。此詩繫年姑存疑。

【析義】

從此詩可見淵明之人生哲學。季節時令循環往復無窮無盡，而人之生命卻有極限。長生不可信，神仙不可求，窮通貴賤更不必考慮。惟堅守本性，肆志遂心，即可達到神仙般境界矣。

連雨獨飲一首 一作連雨人絶獨飲①

運生會歸盡，終古謂之然〔一〕。世間有松喬，於今定何間一作聞②〔二〕？故老贈余酒，乃言飲得仙〔三〕。試酌百情遠，重觴忽忘天〔四〕。天豈去此哉一云天際去此幾③，任真無所先〔五〕。雲鶴一作鴻有奇翼，八表須臾還〔六〕。自一作顧我抱兹獨④，僶俛四十年〔七〕。形骸久已化一云形體憑化遷，又云形神久已死⑤，心在一作在心復何言⑥〔八〕！

【校勘】

① 連雨獨飲：一作“連雨人絶獨飲”，亦通。

② 間：一作“聞”，不協韻，非是。

③ 天豈去此哉：一作“天際去此幾”，意謂天際距此幾何，與上下文脱節。

④ 自：一作“顧”，意謂回顧，於義稍遜。

⑤ 形骸久已化：一作“形體憑化遷”，亦通；一作“形神久已死”，非是。淵明形神均未死，不可謂“形神久已死”也。蓋“神”乃“骸”之訛，“死”乃“化”之訛。

⑥ 心在：一作“在心”，非是。上句言“形骸”已化，此句言“心”尚在也。

【題解】

連雨天氣，少與友朋交往，故有孤獨之感。獨飲中體悟人生，多有哲學思考。

【編年】

詩曰：“自我抱兹獨，僶俛四十年”，與《戊申歲六月中遇火》“總髮抱孤念，奄出四十年”意同。“抱兹獨”猶“抱孤念”也，乃在“總髮”之時，即十五歲以上。“自”字限定此兩句必須連讀，自“抱兹獨”以來已四十年，此詩作於五十五六歲。王《譜》、吴《譜》、梁《譜》、王注、逯注皆云四十歲所作，恐不然。自抱獨以來四十年，非謂四十歲也。“僶俛”者，努力也。只可説自抱獨以來僶俛努力，豈可謂自出生以來僶俛努力哉？襁褓中不解事，何得謂之“僶俛”乎？且詩之開首曰：“運生會歸盡，終古謂之然。”結尾曰：“形骸久已化，心在復何言！”亦非四十歲時之口吻，對照四十歲所作《榮木》可知。此《連雨獨飲》歎老之意甚明，兹繫於五十六歲，正合。時當晉安帝義熙三年丁未（四〇七）。

【箋注】

〔一〕運生會歸盡，終古謂之然：意謂人之生命運行不已，必當歸於終結，自古以來即是如此。運生：生命之運行，淵明以爲生命乃不斷行進之過程，故曰“運生”。運行必有終結，生命遂終止矣。終古：自古以來。《世説新語·棲逸》：“籍商略終古，上陳黄、農玄寂之道，下考三代盛德之美，以問之，仡然不應。”

〔二〕世間有松喬，於今定何間：意謂人稱神仙之松喬，於今究竟在何處？松：赤松子。劉向《列仙傳》：“赤松子者，神農時雨師也。服水玉……至崑崙山上，常止西王母石室中……得仙俱去。”喬：王子晉。劉向《列仙傳》：“王子喬者，周靈王太子晉也。好吹笙，作鳳凰鳴。游伊、洛之間，道士浮丘公接上嵩高山。三十餘年後，求之於山上，見桓良曰：‘告我家：七月七日待我於緱氏山巔。’至時，果乘鶴駐山頭。望之不可到，舉手謝時人，數日而去。”定：究竟。《世説新語·言語》：“卿云艾艾，定是幾艾？”

〔三〕故老贈余酒，乃言飲得仙：意謂故老以酒相贈，且言飲酒即可得仙矣。此所謂“得仙”，就淵明而言，乃指有成仙之感覺：昏昏然，飄飄然，忘乎己，忘乎天。淵明並不信神仙也。正如《莊子·達生》所謂：“夫醉者之墜車，雖疾不死；骨節與人同，而犯害與人異，其神全也。乘亦不知也，墜亦不知也，死生驚懼不入乎其胸中，是故迕物而不慴。彼得全於酒而猶若是，而況得全於天乎？”又如《世説新語·任誕》：“王衛軍云：‘酒正自引人著勝地。’”乃：連詞，表示遞進關係，相當於“且”。《春秋繁露·玉杯》：“有文無質，非直不予，乃少惡之。”

〔四〕試酌百情遠，重觴忽忘天：意謂初酌即已遠離世情，再飲則忽忘天矣。百情遠：遠離種種世情，如一般喜怒哀樂、名利之心。忘天：《莊子・天地》："忘乎物，忘乎天，其名爲忘己。忘己之人，是之謂入於天。"此所謂"天"意謂超於物之上而接近自然。《老子》："故道大，天大，地大，人亦大。域中有四大，而人居其一焉。人法地，地法天，天法道，道法自然。"能忘天則幾於道，而近乎自然矣。百情是感物而生之各種感情，"百情遠"即不爲物累。但僅僅"百情遠"尚未爲高，"忘天"才臻於至境矣。

〔五〕天豈去此哉，任真無所先：意謂忘天者蓋與天爲一也；與天爲一，必以任真爲先，一切出於真，服從於真。真：《莊子・漁父》："禮者世俗之所爲也；真者所以受於天也，自然不可易也。故聖人法天貴真，不拘於俗。"《莊子・秋水》："無以人滅天，無以故滅命，無以得殉名，謹守而勿失，是謂反其真。"可見"真"與世俗禮法相對立，指人之自然本性。任真：即不束縛人之自然本性，任其自由發展。

〔六〕雲鶴有奇翼，八表須臾還：古《箋》、丁《箋注》，皆以"雲鶴"指仙人，意謂仙人得以遨游八極。王叔岷《箋證稿》曰："上言'世間有松喬，於今定何間？'陶公已不信仙人矣，此何必就仙人言之耶？二句蓋喻心境之舒卷自如耳。"王説爲是。需案：此二句或另有寓意，其重點乃在一"還"字，"雲鶴"亦知還也。陶詩屢詠歸鳥，見《歸鳥》《飲酒》等詩。從鳥之倦飛歸還，悟出人生真諦。此二句言雲鶴雖有奇翼，可以遠之八表，尚且須臾而還，而我豈能不任真守拙乎？

〔七〕自我抱茲獨，僶俛四十年：意謂自從我抱獨守一，不爲外物所惑，至今已努力四十年矣。"獨"，乃莊子之哲學概念。《莊子・大宗師》："吾猶守而告之，參日而後能外天下；已外天下矣，吾又守之，七日而後能外物；已外物矣，吾又守之，九日而後能外生；已外生矣，而後能朝徹；朝徹，而後能見獨；見獨，而後能無古今；無古今，而後能入於不死不生。殺生者不死，生生者不生。其爲物，無不將也，無不迎也，無不毁也，無不成也；其名爲攖寧。攖寧也者，攖而後成者也。"《莊子・田子方》："孔子見老聃，老聃新沐，方將被髪而乾，慹然似非人。孔子便而待之，少焉見，曰：'丘也眩與，其信然與？向者先生形體掘若槁木，似遺物離人而立於獨也。'老聃曰:'吾遊心於物之初。'"所謂"獨",猶言"一"或"本",即與具體之萬物相對待之"本根"。《莊子·知北遊》:"天下莫不沉浮,終身不故;陰陽四時運行,各得其序。惛然若亡而存,油然不形而神,萬物畜而不知。此之謂本根,可以觀於天矣。"《淮南子·詮言訓》:"智者不以位爲事,勇者不以位爲暴,仁者不以位爲患,可謂無爲矣。夫無爲,則得于一也。一也者,萬物之本也,無敵之道也。""抱獨"猶言得于一,亦即守一、守本,不爲外物所惑也。淵明《戊申歲六月中遇火》:"總髮抱孤念,奄出四十年。"可以參看。

〔八〕形骸久已化,心在復何言:意謂四十年來形骸久已變化,不是原先之形骸矣。但本心尚在,初衷未改,斯可無悔矣。《莊子·齊物論》:"其形化,其心與之然,可不謂大哀乎?"淵明反其意,曰我之心未隨形骸之化而化也。

【析義】

此詩集中表現其生死觀。人有生必有死,神仙不存在。惟忘乎物,進而忘乎天,任真自得,順乎自然,才真正得以超脱。後六句有回顧平生之意,回顧之後益加肯定自己之人生道路。形化心在,乃一篇結穴。古《箋》引《莊子·知北遊》"古之人外化而内不化",此之謂也。立意玄遠,用筆深峻。邱嘉穗《東山草堂陶詩箋》:"蓋陶公深明乎生死之説,而不以夭壽貳其心,所以異於慧遠之修淨土、作生天妄想者遠甚。"

移居二首

昔欲居南村〔一〕,非爲卜其宅〔二〕。聞多素心人〔三〕,樂與數晨夕〔四〕。懷此一作兹頗有年①,今日從兹役〔五〕。弊廬何必廣,取足蔽床席。鄰曲時時來〔六〕,抗一作話言談在昔②〔七〕。奇文共一作互欣賞〔八〕,疑義相與析一作斥③〔九〕。

【校勘】

① 此:一作"兹",蓋涉下"兹"字而誤。

② 抗言:一作"話言",於義稍遜。

③ 析：一作"斥"，意謂探測，於義稍遜。

【題解】

淵明居處，歷來多有考證。朱自清《陶淵明年譜中之問題》總結各家之説曰："始居柴桑，繼遷上京，復還南村。栗里在柴桑，爲淵明嘗游之地。上京有淵明故居，南村在尋陽附郭。"然根據尚嫌太少，未足論定也。此詩所謂"移居"，從何處移來，姑存疑。

【箋注】

〔一〕南村：古直《陶靖節年譜》義熙六年下："南村（亦曰南里）果在何處？李公焕曰即栗里。何孟春曰柴桑之南村。……愚通考先生詩文以及誄、傳，而知南村實在尋陽負郭。……自義熙七年至元嘉四年凡十七年，先生蹤跡皆在尋陽。其尤顯著者如'因家尋陽'，如'過尋陽見贈'，如'經過尋陽，臨别贈此'，如'在尋陽與潛情款'，如'經過尋陽，日造淵明飲焉'，皆確指其地，不可假借。然則南村之在尋陽負郭，萬無可疑已。"古直所考有據，然《移居》詩果爲何年所作，並無充分根據以論定之，則南村是否在尋陽負郭，亦未能論定矣。

〔二〕非爲卜其宅：意謂不是因爲南村之住宅好。卜宅：《左傳》昭公三年："諺云：'非宅是卜，惟鄰是卜。'"

〔三〕素心人：心地樸素之人。《文選》顔延之《陶徵士誄》："弱不好弄，長實素心。"李善注："《禮記》曰：'有哀素之心。'鄭玄曰：'凡物無飾曰素。'"

〔四〕樂與數（shuò）晨夕：意謂喜歡與素心人朝夕相處。數：屢。何注："言相見之頻也。"

〔五〕從兹役：爲此事，指移居南村。從：爲。《管子・正世》："知得失之所在，然後從事。"役：事。《左傳》昭公十三年："爲此役也。"

〔六〕鄰曲：鄰居。

〔七〕抗言：高言。《後漢書・董卓傳》："卓又抗言曰"，李賢注："抗，高也。"在昔：陶澍注："《商頌（那）》：'自古在昔。'《魯語》：'古曰在昔。'"

〔八〕奇文：或指自己與朋友所作文章，或指前人文章。《漢書・王褒傳》："朝夕誦奇文。"

〔九〕疑義相與析：蔣薰評《陶淵明集》曰："讀'疑義相析'，知淵明非不求解，不求甚解以穿鑿耳。”

春秋多佳日，登高賦新詩〔一〕。過門更相呼〔二〕，有酒斟酌之〔三〕。農務各自歸，閑暇輒相思。相思則披一作拂衣①〔四〕，言笑無厭時。此理將不勝，無爲忽去兹〔五〕。衣食當須紀一作幾②，力耕不吾一作吾不欺③〔六〕。

【校勘】

① 披：一作“拂”，於義稍遜。

② 紀：一作“幾”，於義稍遜。

③ 不吾：一作“吾不”，非是。

【箋注】

〔一〕賦新詩：古《箋》引嵇叔夜《琴賦》：“臨清流，賦新詩。”

〔二〕更：更替輪流。

〔三〕斟酌：斟酒飲酒。

〔四〕披衣：披衣出訪。

〔五〕此理將不勝，無爲忽去兹：意謂此理難道不妙乎？勿輕易舍此而去也。“此理”，指下二句所謂力耕之理，淵明《庚戌歲九月中於西田穫旱稻》：“人生歸有道，衣食固其端。”意思相近。將不：豈不，有揣測或商量之語氣，六朝習用語，相當於今言“難道不”。《世説新語·言語》：“謝靈運好戴曲柄笠，孔隱士謂曰：‘卿欲希心高遠，何不能遺曲蓋之貌？’謝答曰：‘將不畏影者，未能忘懷？’”又《政事》：“殷仲堪當之荆州，王東亭謂曰：‘德以居全爲稱，仁以不害物爲名。方今宰牧華夏，處殺戮之職，與本操將不乖乎？’”勝：優、妙。古《箋》：“‘理勝’蓋晉人常語。《晉書·庾亮傳》：‘舅所執理勝’，《袁喬傳》：‘以理勝爲任’，《王述傳》：‘且當擇人事之勝理’是也。”無爲：猶言不要。

〔六〕衣食當須紀，力耕不吾欺：意謂人生必須經營衣食，盡力耕作必有收穫。紀：理，經營。力耕：盡力從事農耕。不吾欺：不欺吾。

【考辨】

此二詩之繫年，各家多有考證。李注《戊申歲六月中遇火》曰：“靖節舊宅居於柴桑縣之柴桑里，至是屬回禄之變。越後年，徙居於南里之南村。"李注《和劉柴桑》曰："靖節自庚戌徙居南村。"此乃義熙六年（四一〇）也。丁《譜》曰："柴桑舊宅既毁，移居南村，有《移居》詩。"古《譜》亦繫此詩於義熙六年。王注、逯注均繫於義熙七年辛亥（四一一），以遷就《與殷晉安别》所謂"去歲家南里，薄作少時鄰"，意謂素心人指殷晉安（景仁）等人，並繫《與殷晉安别》於義熙八年壬子（四一二）。然據霈考證，殷晉安絶非殷景仁，究係何人，無可確考，然則《與殷晉安别》一詩之年代亦不能確定。更不能據此詩年代，進而考定《移居》之年代也。詩曰"農務各自歸"，其鄰曲似亦力耕者，而非爲宦者如殷晉安。《移居》詩之年代姑付闕如。至於是否遇火後移居南村，從何處移居而來？亦均難考定。

【析義】

此二詩語言清新樸素，直如口語，然鄰曲之情、力耕之樂溢於言表。"奇文"二句向爲人稱道，其妙處在以最精煉之語言道出讀書人普遍之體驗。有素心人可與共賞奇文、共析疑義，真乃一大樂事也。此外，如"鄰曲時時來，抗言談在昔"，所談爲"在昔"，態度爲"抗言"，有此等鄰曲實乃幸事。又如"過門更相呼""相思則披衣"，亦極富情趣。

和劉柴桑一首

山澤久見招，胡事乃躊躇〔一〕？直爲親舊故，未忍言索居〔二〕。良辰入奇懷，挈一作策杖還西廬①〔三〕。荒塗無歸人，時時見一作有廢墟〔四〕。茅茨已就治，新疇復舊原作應，和陶本作舊畬②〔五〕。谷風轉淒薄，春一作嘉醪解飢劬〔六〕。弱女雖非男，慰情良一作殊勝無〔七〕。栖栖世中事，歲月共相疏〔八〕。耕織稱其用，過此奚所須〔九〕？去去百年外，身名同翳如〔一〇〕。

【校勘】

① 挈杖：一作"策杖"，意謂扶杖，未佳。此時遇良辰而高興，不覺提杖而行，故曰挈杖。

② 舊：原作"應"，今據和陶本改。"新疇復應畬"，費解。

【題解】

"劉柴桑",柴桑令劉遺民也,現將其資料臚列於下:一、慧遠《劉公傳》:"劉程之,字仲思,彭城人,漢楚元王裔也。承積慶之重粹,體方外之虚心。百家淵談,靡不游目。精研佛理,以期盡妙。陳郡殷仲文、譙國桓玄,諸有心之士,莫不崇拭。禄尋陽柴桑,以爲入山之資。未旋幾時,桓玄東下,格稱永始,逆謀始,劉便命孥,考室林藪。義熙公侯咸辟命,皆遜辭以免。九年,太尉劉公知其野志沖邈,乃以高尚人望相禮,遂其初心。居山十有二年卒。有説云:入山以後,自謂是國家遺棄之民,故改名遺民也。"(唐釋元康《肇論疏》引)二、《廣弘明集》卷二七慧遠《與隱士劉遺民等書》注:"彭城劉遺民,以晉太元中,除宜昌、柴桑二縣令。值廬山靈邃,足以往而不反,遇沙門釋慧遠可以服膺。丁母憂,去職入山,遂有終焉之志。於西林澗北别立禪坊,養志閑處,安貧不營貨利。是時,閑退之士輕舉而集者,若宗炳、張野、周續之、雷次宗之徒,咸在會焉。遺民與群賢遊處,研精玄理,以此永日。……在山一十五年,自知亡日,與衆别已,都無疾苦。至期,西面端坐,斂手氣絶,年五十有七。"三、宋劉義慶《宣驗記》:"劉遺民,彭城人……家貧,卜室廬山西林中。體常多病,不以妻子爲心,絶跡往來,精思禪業。"四、沈約《宋書・周續之傳》:續之入廬山,"時彭城劉遺民遁跡廬山,陶淵明亦不應徵命,謂之'尋陽三隱'。"五、蕭統《陶淵明傳》:"時周續之入廬山,事釋慧遠;彭城劉遺民,亦遁跡匡山;淵明又不應徵命,謂之'尋陽三隱'。"六、《蓮社高賢傳》:"劉程之,字仲思。彭城人,漢楚元王之後。妙善老莊,旁通百氏。少孤,事母以孝聞。自負才,不預時俗,初解褐爲府參軍。謝安、劉裕嘉其賢,相推薦,皆力辭。……劉裕以其不屈,乃旌其號曰遺民。……卧床上,西面,合手而絶……時義熙六年也,春秋五十九。"(宛委山堂本《説郛》卷五七)七、《隋書・經籍志》:梁有"柴桑令《劉遺民集》五卷,録一卷"。八、白居易《宿西林寺》:"木落天晴山翠開,愛山騎馬入山來。心知不及柴桑令,一宿西林便卻回。"注:"柴桑令,劉遺民也。"

【編年】

劉遺民於晉安帝元興元年(四〇二)隱於廬山西林。詩曰"山澤久見招",則必作於此年之後。詩又曰"新疇復舊畬",田三歲曰"畬"。淵明於義熙元年(四〇五)冬作《歸去來兮辭》,設想次年春之農事曰:"農人告余以春及,將有事於西疇。"有事西疇時在義熙二年(四〇六),至義熙五年（四〇九）恰爲三年。又曰“挈杖還西廬”，據《漢書·食貨志》：“廬，田中屋也。”然則，“西廬”當即西田之廬。淵明有《庚戌歲九月中於西田穫早稻》，庚戌歲當義熙六年（四一〇），此年秋淵明在西田力耕，並住西廬。此秋前後一段時間内或亦住西廬，揣測詩意，或淵明曾往廬山訪劉柴桑，劉復招入山澤，而淵明未允。此詩作於歸西廬之後。兹繫此詩於晉安帝義熙五年己酉（四〇九）。

【箋注】

〔一〕山澤久見招，胡事乃躊躇：意謂久已被招隱入山澤，因何事而躊躇不往乎？曰“久見招”者，此前（義熙二年）已招淵明入山，淵明未肯，作《酬劉柴桑》。劉復招之，故此詩曰“久見招”也。李注：“時遺民約靖節隱山結白蓮社，靖節雅不欲預其社列，但時復往還於廬阜間。”《蓮社高賢傳》：“遠法師與諸賢結蓮社，以書招淵明。淵明曰：‘若許飲則往。’許之，遂造焉。忽攢眉而去。”

〔二〕直爲親舊故，未忍言索居：意謂只爲親舊之故，而未忍言離群索居也。直：但，僅只。《世説新語·賞譽》：“簡文道王懷祖：‘才既不長，於榮利又不淡，直以真率少許，便足對人多多許。’”索居：《禮記·檀弓上》：“子夏曰：‘吾離群而索居，亦已久矣。’”鄭注：“索，猶散也。”親舊：親戚故舊。《三國志·魏書·王朗傳》：“收恤親舊。”嵇康《與山巨源絶交書》：“時與親舊叙闊，陳説平生。”淵明《五柳先生傳》：“親舊知其如此，或置酒而招之。”《與子儼等疏》：“親舊不遺，每以藥石見救。”

〔三〕良辰入奇懷，挈杖還西廬：良辰入懷，言物境與人心之合一。襟懷本無所謂奇與不奇，逢良辰而精神倍爽，不同往常，淵明用“奇懷”二字言之。挈：提起。挈杖：提杖而行。良辰入懷，故無須拄杖也。西廬：西田中之廬舍。據《庚戌歲九月中於西田穫早稻》：“盥濯息簷下，斗酒散襟顔。”知淵明於西田中有廬舍。淵明有幾處田莊，此其一也。何注：“指上京之舊居。”丁《箋注》：“此乃指自上京移居至南村而言。”均恐非是。

〔四〕荒塗無歸人，時時見廢墟：寫歸西廬途中所見。廢墟：已荒蕪破敗之村莊。淵明《歸園田居》其四：“試携子侄輩，披榛步荒墟。徘徊丘壟間，依依昔人居。”蓋當時廢墟頗多見也。

〔五〕茅茨已就治，新疇復舊畬（yú）：意謂茅屋、新田與舊田均已整治就緒。茅茨：茅草蓋頂之房屋。新疇：新田。畬：開墾過三年之舊田。《爾雅·釋地》："田，一歲曰菑，二歲曰新田，三歲曰畬。"郝懿行義疏："畬者，田和柔也。孫炎曰：'新田，新成柔田也。……畬，和也，田舒緩也。蓋治田三歲，則陳根悉拔，土脈膏肥。'"郝懿行又引孫炎曰："菑，始災殺其草木也。"

〔六〕谷風轉淒薄，春醪解飢劬(qú)：意謂當東風轉冷時，聊以酒解飢勞也。谷風：《爾雅·釋天》："東風謂之谷風。"淒：寒涼。薄：《楚辭·九辯》："憯悽增欷兮，薄寒之中人。"張銑注云："薄，迫也，有似迫寒之傷人。"古《箋》："谷風宜和，而反寒，故曰'轉淒薄'。"劬：勞也。

〔七〕弱女雖非男，慰情良勝無：吴注引王棠曰："柴桑有女無男，潛心白業，酒亦不欲，想必以無男爲憾，故公以達者之言解之。"但劉遺民並非無男，慧遠《劉公傳》曰："劉便命孥，考室林藪。"《廣弘明集》所載釋慧遠《與隱士劉遺民等書》注亦曰："即土爲墓，勿用棺槨，子雍從之。"且劉遺民"不以妻子爲心"(《宣驗記》)。此説似難通。且此詩前後皆表白自己生活與心情，中間忽插入安慰劉遺民之語，亦嫌突兀。另一説，謂春醪雖薄，聊勝於無，不僅可解飢劬，亦可慰情也。李注引趙泉山曰："'谷風轉淒薄'四句，雖出於一時之諧謔，亦可謂巧於處窮矣。以'弱女'喻酒之醨薄，飢則濡枯腸，寒則若挾纊，曲盡貧士嗜酒之常態。"古《箋》："《魏志·徐邈傳》：'(時科禁酒，而邈私飲至於沉醉，校事趙達問以曹事，邈曰"中聖人"。達白之太祖，太祖甚怒。渡遼將軍鮮于輔進曰：)平日醉客，謂酒清者爲聖人，濁者爲賢人。(邈性修慎，偶醉言耳。竟坐得免刑。)'《世説(術解)》：'桓公有主簿，善别酒，(有酒輒令先嘗，)好者謂"青州從事"，惡者謂"平原督郵"。(青州有齊郡，平原有鬲縣；"從事"言到臍，"督郵"言在鬲上住。)'魏晉人每好爲酒品目，靖節亦復爾爾。"霈案：以聖人、賢人喻酒之清濁，或以青州、平原喻酒之善否，皆有説也，古《箋》删節，難見全貌，兹已補完。而以女、男喻酒之薄否，有何説耶？方東樹《昭昧詹言》曰："無論陶公無此險薄輕儇筆意，而於詩亦氣脈情景俱澆灕矣。"陶澍注曰兩説皆通，霈則曰兩説皆未圓滿，姑存疑，以俟高明。

〔八〕栖栖世中事，歲月共相疏：意謂世間之事棲棲不定，隨歲月之流逝，世事與我互相疏遠益甚矣。栖栖：忙碌不安貌。《論語·憲問》："微生畝謂孔子曰：'丘何爲是栖栖者與？無乃爲佞乎？'"淵明《飲酒》其四："栖栖失群鳥，日暮猶獨飛。"疏：遠。陶澍注引何焯曰："我棄世，世亦棄我也。"

〔九〕耕織稱（chèn）其用，過此奚所須：意謂只求衣食滿足所用，過多非所須求也。稱：相當、符合。須：要求、須求。《廣韻》："須，意所欲也。"

〔一〇〕去去百年外，身名同翳（yì）如：意謂人死之後，身名没滅消失，不復爲人所知，衣食之需更勿多求也。去去：曹植《雜詩》："去去莫復道，沉憂令人老。"淵明《飲酒》其十二："去去當奚道，世俗久相欺。"百年：指一生。《列子·楊朱》："百年，壽之大齊。"人壽罕過百歲，故以百年爲死之婉稱。翳：滅也。陸機《愍懷太子誄序》："傷我惠后，寂焉翳滅。"又，陸機《弔魏武帝文》："苟形聲之翳没，雖音景其必藏。"翳如：猶言"翳然"，没滅消失貌。

【析義】

淵明本已隱居家中，遺民復招以何事耶？蓋劉遺民於元興元年（四〇二）入廬山，並與慧遠等一百二十三人共立誓願，則是已皈依佛門矣。遺民當是招淵明入廬山，離家人而"索居"，淵明不肯，故《酬劉柴桑》及此詩頗言隱居及與親舊家人團聚之樂。淵明之隱居乃離開仕途與世俗，退隱田園從事躬耕，而未脱離人間，仍與親友、鄰居相往還，此所謂"結廬在人境"也。此詩所謂："去去百年外，身名同翳如。"《酬劉柴桑》所謂："今我不爲樂，知有來歲不？"均表明其不慮來生之意，非如劉遺民之離群索居、期往生極樂世界也。

張蔭嘉《古詩賞析》曰："此詩别劉歸家和劉之作，只起處略帶及劉，下皆述己懷抱。"淵明既不求顯達，亦不預佛門，結廬人境，躬耕守拙，親舊不遺。此詩可見其懷抱。

酬劉柴桑一首

窮居寡人用，時忘四運周〔一〕。門原作櫚，注一作門，又作空，或作簷庭多落葉①,慨然知已秋〔二〕。新葵鬱北牖原作墉,注一作牖②,嘉穟養一作卷,又作眷南疇③〔三〕。今我不爲樂,知有來歲不〔四〕?命室携童弱,良日一作曰登遠游④〔五〕。

【校勘】

① 門:原作"梱",費解。底本校曰"一作門",今從之。

② 牖:原作"墉",城牆也,高牆也,於義稍遜。底本校曰"一作牖",今從之。和陶本亦作"牖"。

③ 養:一作"卷",又作"眷",皆形近致訛。

④ 日:一作"曰",形近致訛。

【題解】

"劉柴桑",劉遺民。"酬",亦答也。

【編年】

約作於晉安帝義熙二年丙午(四〇六)秋。劉柴桑即劉程之,字仲思,曾爲柴桑令,隱居廬山,自號遺民。約淵明入山,淵明不肯,以詩答之。詩寫躬耕之事、天倫之樂,曰"窮居寡人用""嘉穟養南疇""命室携童弱,良日登遠游",與《歸園田居》:"野外罕人事,窮巷寡輪鞅""開荒南野際,守拙歸園田""試携子侄輩,披榛步荒墟"等句大意相同,蓋同時所作。詩曰"命室携童弱",此年其幼子十六歲,正相吻合。

【箋注】

〔一〕窮居寡人用,時忘四運周:意謂居處偏僻少有人來,四季之更替時或忘矣。窮居:偏僻之居室。用:行也,見《方言》。寡人用:少人行,少有人往來,與《歸園田居》其二"窮巷寡輪鞅"意同。四運周:《莊子·知北遊》:"陰陽四時運行,各得其序。"

〔二〕門庭多落葉,慨然知已秋:意謂見落葉而慨然知已秋矣。古《箋》引《淮南子·説山訓》:"以小明大,見一葉落而知歲之將暮。"慨然:有感歎流光易逝、歲月不待之意。

〔三〕新葵鬱北牖,嘉穟(suì)養南疇:意謂北窗外新葵茂盛,南疇間禾實飽滿。淵明喜食葵,其《止酒》曰:"好味止園葵。"葵:蔬菜名,乃古代重要蔬菜之一。《詩·豳風·七月》:"七月亨葵及菽。"《齊民要術》列爲蔬類。鬱:盛貌。牖:窗。穟:《説文》:"禾采之貌。"采者,《説文》曰:"禾成秀,人所收者也。"段注:"采

(suí)與秀古互訓。”然則“穟”即禾秀之貌。嘉穟:禾實飽滿者也。養:育。南疇:位於居處南邊之一片田地。參看淵明《歸園田居》其一“開荒南野際”,此南疇或係新開墾之田。

〔四〕今我不爲樂,知有來歲不:古《箋》引《詩·唐風(蟋蟀)》:“今我不樂,日月其除。”

〔五〕命室携童弱,良日登遠游:意謂携帶子侄,佳日遠游爲樂。室:妻室。童弱:指子侄等。登:成。登遠游:實現遠游。

【析義】

此詩寫隱居之樂,與《和郭主簿》其一旨趣略同。題曰《酬劉柴桑》,而不及酬答之意,全是自抒情懷。

和郭主簿二首

藹藹堂前一作北林〔一〕,中夏貯一作復,又作駐,又作佇清陰①〔二〕。凱風因時來〔三〕,回飈開我襟一作心②〔四〕。息交一作友遊閑業③,卧起弄書琴一云息交逝閑卧,坐起弄書琴。逝一作誓,坐起一作起坐④〔五〕。園蔬有餘滋〔六〕,舊穀猶儲今〔七〕。營己良有極,過足非所欽〔八〕。春秫作美酒〔九〕,酒熟吾自斟。弱子戲我側一作前〔一〇〕,學語未成音。此事真復樂,聊用忘華簪〔一一〕。遥遥望白雲,懷古一何深〔一二〕!

【校勘】

① 貯:一作“復”,又作“駐”,又作“佇”,均通,但於義以“貯”爲佳。

② 襟:一作“心”,亦通,然作“襟”爲佳。

③ 交:一作“友”,形近而訛。遊閑業:一作“逝閑卧”,於義爲遜。

④ 卧起:一作“坐起”,又作“起坐”,於義稍遜。

【題解】

“郭主簿”,不詳。“主簿”,官名,詳《怨詩楚調示龐主簿鄧治中》題解。

【編年】

詩曰:“弱子戲我側,學語未成音。”姑以“弱子”爲幼子佟,是年二歲，則此詩約作於晉孝武帝太元二十一年丙申（三九六）。此題共二首，當爲同年所作，一作於夏，一作於秋。

【箋注】

〔一〕藹藹：茂盛貌。

〔二〕中夏：仲夏。貯：貯存。清陰可貯，以備取用。"貯"字妙絶。

〔三〕凱風因時來：意謂南風按時而來。凱風：南風，見《爾雅·釋天》。繁欽《定情詩》："凱風吹我裳。"

〔四〕回飈：回風。《爾雅·釋天》："迴風爲飄。"案："飄"通"飈"。

〔五〕息交遊閑業，卧起弄書琴：意謂停止交游，瀏覽正典以外之閑書；隨時以書琴爲戲，並不刻意鑽研。淵明《五柳先生傳》："好讀書，不求甚解。"《讀山海經》："泛覽周王傳，流觀山海圖。"閑業：對正業而言。《禮記·學記》："教必有正業。"孔疏："正業，謂先王正典，非諸子百家。"遊：《論語·述而》："志於道，據於德，依於仁，遊於藝。"集解："藝，六藝也。不足據依，故曰遊。"卧起：陶澍注："《（漢書）蘇武傳》：'卧起操持。'"意謂時不離手。弄：戲。

〔六〕園蔬有餘滋：意謂自己園中之蔬菜格外有味，或謂其繁滋有餘。餘滋：餘味。古《箋》引《（禮記）檀弓》："喪有疾，食肉飲酒，必有草木之滋（焉）。"鄭注："增以香味。"又，"滋"，王叔岷《箋證稿》釋爲"繁滋"，蘇武詩："淚爲生别滋。"逯欽立注引《國語·齊語》注："滋，長也。"《文選·思玄賦》注："滋，繁也。"

〔七〕舊穀：《論語·陽貨》："舊穀既没，新穀既升。"

〔八〕營己良有極，過足非所欽：意謂營求自身之衣食誠然有限，並無過分之希求也。淵明《庚戌歲九月中於西田穫早稻》："人生歸有道，衣食固其端。孰是都不營，而以求自安。"衣食確須謀求經營，但稱用即可，不可過分。《和劉柴桑》曰："耕織稱其用，過此奚所求。"《雜詩》其八："豈期過滿腹，但願飽粳糧。"與此詩意近。

〔九〕秫（shú）：黏稻。蕭統《陶淵明傳》："公田悉令吏種秫，曰：'吾常得醉於酒，足矣！'妻子固請種粳，乃使二頃五十畝種秫，五十畝種粳。"

〔一〇〕弱子：幼子、少子。

〔一一〕此事真復樂，聊用忘華簪：意謂上述之生活情事真是快樂，可賴以忘掉富貴榮華。復：助詞，起補充或調節音節之作用。聊：依賴，憑藉。《荀子·子道》："古之人有言曰：'衣與！繆與！不女聊。'"楊倞注："聊，賴也。"用：以。華簪，華貴之髮簪。簪：古人用以綰住髮髻或連冠於髮之用品。左思《招隱》："聊欲投吾簪。"投簪表示棄官，與"忘簪"意近。

〔一二〕遥遥望白雲，懷古一何深：意謂遥望白雲，而緬懷古代安貧樂道之高士。一：助詞，用以加强語氣。《戰國策·燕策一》："此一何慶弔相隨之速也。"

和澤一作風周一作同三春①，清涼素秋節原作華華涼秋節，注一作清涼華秋節，又作清涼素秋節②〔一〕。露凝無游氛，天高風一作肅景澈一作冽③〔二〕。陵一作凌，又作峻岑聳逸峰④，遥瞻皆奇絶〔三〕。芳菊開林耀〔四〕，青松冠巖列。懷此貞秀姿〔五〕，卓爲霜下傑⑤。銜觴念幽人，千載撫爾訣〔六〕。檢一作儉素不獲展⑥，厭厭竟良一作終月⑦〔七〕。

【校勘】

① 和澤：一作"和風"，亦通。周：一作"同"，恐非。詩中所寫"露凝""風景澈""霜下傑"，皆不同於春景也。

② 清涼素秋節：原作"華華涼秋節"，底本校曰"一作清涼華秋節，又作清涼素秋節"，今取"清涼素秋節"。

③ 風：一作"肅"。澈：一作"冽"，亦通。

④ 陵：一作"凌"，又作"峻"，於義皆稍遜。

⑤ 霜：紹興本作"山"，注一作"霜"。作"山"難通，此松"冠巖列"，不可謂"山下傑"。

⑥ 檢：一作"儉"，非是。

⑦ 良：一作"終"，非是。

【箋注】

〔一〕和澤周三春，清涼素秋節：此詩寫秋，先以春陪襯。意謂春天和澤，而秋來何其清涼也。和澤：温和濕潤。周：遍。三春：春季之三個月。素秋：《文選》張華《勵志》："四氣鱗次，寒暑還周。星火既夕，忽焉素秋。"李善注引《爾雅》："秋爲白藏，故云素秋。"《三國志·蜀書·郤正傳》："朱陽否於素秋，玄陰抑於孟春。”

〔二〕露凝無游氛，天高風景澈：形容秋高氣爽。露凝：露水凝結爲霜。蔡邕《釋誨》：“蕤賓統則微陰萌，蒹葭蒼而白露凝。”陸機《爲顧彦先作》：“肅肅素秋節，湛湛濃露凝。”氛：氣。游氛：指雲氣。潘岳《秋興賦》：“游氛朝興，槁葉夕隕。”風景澈：言秋天之空氣與光綫給人以透明澄清之感。

〔三〕陵岑聳逸峰，遥瞻皆奇絶：因爲風景澄澈，山峰清晰，似覺更高更奇。奇絶：言山峰之奇異達到極點。岑：《説文》：“山小而高。”逸：特出。

〔四〕芳菊開林耀：黄文焕《陶詩析義》曰：“秋來物瘁，氣漸閉塞，林光黯矣。惟此孤芳，足以開景色，而生全林之光耀。”言菊花之燦爛，使樹林頓覺開朗明亮。王叔岷《箋證稿》曰：“‘開林耀’，疑本作‘耀林開’。‘芳菊耀林開’，與‘青松冠巖列’相儷。兩句第三字以耀、冠對言。謝靈運《日出東南隅行》：‘柏梁冠南山，桂宫耀北泉。’江淹《雜體詩・擬謝僕射遊覽》：‘時菊耀巖阿，雲霞冠秋嶺。’並同此例。”逯欽立注亦曰：“開林耀，當作耀林開，與冠巖列對文。”

〔五〕貞：正。曹植《贈丁儀王粲》：“歡怨非貞則，中和誠可經。”

〔六〕銜觴念幽人，千載撫爾訣：意謂念及自古以來之隱者，亦皆遵循松菊之法，以保持高潔也。觴：酒杯。銜觴：飲酒。幽人：隱者。撫：循，彷效。《後漢書・杜篤傳》：“規龍首，撫未央，視平樂，儀建章。”李賢注：“或云‘撫’亦‘模’。……謂光武規模而修理也。”訣：法。

〔七〕檢素不獲展，厭厭竟良月：意謂自檢平素之情志而不得展，惟安然静居，終此良好之季節。檢：尋求。《後漢書・張衡傳》：“收檢遺書。”素：《漢書・鄒陽傳》：“披心腹，見情素。”師古注：“見，顯示之也。素，謂心所向也。”不獲展：不得伸展。厭厭：《詩・小雅・湛露》：“厭厭夜飲。”傳：“厭厭，安静也。”良月：古《箋》引《左傳》莊公十六年：“使以十月入，曰良月也。”

【析義】

兩詩寫法不同：其一，“堂前林”“凱風”“回飈”等客觀之物皆與淵明建立親切體貼之關係，或爲之貯陰，或爲之開襟，宛若朋友一般。其二，多有象徵意象，如秋菊、青松，皆象徵高潔堅貞之人格。但兩詩皆以懷念古之幽人作結，“銜觴念幽人”猶“懷古一何深”也。而“檢素不獲展”則又進一層，己之情素竟不得展，感慨益深矣。

於王撫軍座送客 一作座上①

冬日淒且厲②，百卉具已腓〔一〕。爰以履霜節，登高餞將歸〔二〕。寒氣冒山澤〔三〕，游雲倏一作永無依③〔四〕。洲渚思綿一作四緬邈④，風水互乖違〔五〕。瞻夕欲一作欣良讌⑤，離言聿云悲〔六〕。晨鳥暮來還一作晨雞揔來歸⑥，懸車一作崖斂餘暉⑦〔七〕。逝原作遊，注一作逝止判殊路⑧，旋駕悵遲遲〔八〕。目送回舟遠一作往⑨，情隨萬化遺〔九〕。

【校勘】

① 送客：一作“座上”，亦通。

② 冬：李注本作“秋”，陶注本從之。然本書底本及曾集本、和陶本、紹興本、湯注本均無異文。李注本後出，恐不足據。

③ 倏：一作“永”，亦通。

④ 思綿邈：一作“四緬邈”，意謂洲渚四周環水，水面寬廣遥遠，亦通。

⑤ 欲：一作“欣”，意謂欣此良宴，亦通。

⑥ 晨鳥暮來還：一作“晨雞揔來歸”，於義稍遜。

⑦ 車：一作“崖”，恐非是。

⑧ 逝：原作“遊”，底本校曰“一作逝”，今從之。

⑨ 遠：一作“往”，於義稍遜。

【題解】

“王撫軍”，指王弘。《宋書・王弘傳》：王弘字休元，義熙十四年“遷監江州、豫州之西陽、新蔡二郡諸軍事，撫軍將軍，江州刺史”。“客”，指豫章太守謝瞻，西陽太守、太子庶子庾登之。《文選》卷二〇有謝宣遠（瞻）《王撫軍庾西陽集别時爲豫章太守庾被徵還東》一首。李善注：“沈約《宋書》曰：王弘爲豫州之西陽、新蔡諸軍事，撫軍將軍，江州刺史。庾登之爲西陽太守，入爲太子庶子。集序曰：‘謝還豫章，庾被徵還都，王撫軍送至湓口南樓作。'"陶《考異》曰:"今《文選》瞻序僅紀三人,無先生名字,豈宋本有之,今本奪去耶?"古《箋》:"《文選》謝宣遠《王撫軍庾西陽集别作》云:'方舟析舊知,對筵曠明牧。'李善注:'舊知,庾也。明牧,王撫軍也。'止紀二人。"王叔岷《箋證稿》:"謝詩'方舟新舊知',李善注:'舊知,庾也。'新知,蓋謂陶公。則謝詩所紀,實休元、登之、陶公及瞻自己四人。"需案:王説爲是。

【編年】

劉裕還彭城在義熙十四年正月,宋臺之建在此年六月。據《宋書》卷四四《謝晦傳》及《宋書》卷五六《謝瞻傳》:宋臺初建,謝晦爲右將軍,時謝瞻尚在家,則謝瞻之任豫章太守必在義熙十四年之六月以後。王弘既在江州與謝瞻、庾登之集别,則謝瞻之赴任又在王弘赴江州之後,且在王弘結識淵明之後。謝瞻《王撫軍庾西陽集别時爲豫章太守庾被徵還東》曰:"袛召旋北京,守官反南服。"既曰"反",則非初次上任。或上任後曾入都又南返,途經江州,適值庾登之由西陽入爲太子庶子,亦經江州。王弘遂邀謝、庾及淵明集别。檢《宋書》卷五三《庾登之傳》,其入爲太子庶子時間不確定。但據《宋書・武帝紀》,元熙元年十二月劉裕之世子義符爲宋太子,元熙二年六月劉裕即位改元永初,八月義符被立爲皇太子,庾登之入爲太子庶子,必在義熙元年十二月之後。茲繫此詩於宋武帝永初元年庚申(四二〇)。

【箋注】

〔一〕冬日淒且厲,百卉具已腓(féi):意謂冬季風寒且急,百草均已枯黄。古《箋》:"《小雅(四月)》:'秋日淒淒,百卉具腓。'毛傳:'淒淒,涼風也。(卉,草也。)腓,病也。'《文選(曹子建洛神賦)》注:'厲,急也。'"案:此二句借用《四月》字句以寫冬景。

〔二〕爰以履霜節,登高餞將歸:意謂以此踐霜之季節,登高餞别將歸之人。爰:助詞,起補充音節作用。履霜:《詩・魏風・葛屨》:"糾糾葛屨,可以履霜。"

〔三〕冒:覆蓋。

〔四〕游雲倏無依:形容游雲忽聚忽散,飄忽不定。淵明《詠貧士》其一:"萬族各有託,孤雲獨無依。"

〔五〕洲渚思綿邈,風水互乖違:意謂離思廣遠,彌漫洲渚;風水阻隔,友人分離。洲渚:《爾雅・釋水》:"水中可居者曰洲。小洲曰渚。”綿邈：廣遠貌。左思《吴都賦》：“島嶼綿邈。”乖違：分離。

〔六〕瞻夕欲良讌，離言聿云悲：意謂目瞻日夕欲成良宴，而離别之言令人悲傷。“聿”“云”，皆語助詞。《詩・小雅・小明》：“歲聿云暮。”

〔七〕晨鳥暮來還，懸車斂餘暉：承上瞻夕，寫日夕景色。懸車：指黄昏之前。《淮南子・天文訓》：“日出于暘谷……至于悲泉，爰止其女，爰息其馬，是謂懸車。至于虞淵，是謂黄昏。”斂餘暉：夕日收起餘光。

〔八〕逝止判殊路，旋駕悵遲遲：意謂行者送者路各不同，回駕遲遲悵然而歸。逝止：謂行者與留者。羊徽《答丘泉之詩》：“自兹乖互，屬有逝止。”判：分。

〔九〕目送回舟遠，情隨萬化遺：意謂既已目送回舟遠去，則離情亦隨萬化而遺落，不復滯於心中矣。萬化：古《箋》引《莊子・大宗師》：“若人之形者，萬化而未始有極也。”霈案：淵明每言“化”，如“縱浪大化中”（《神釋》），“遷化或夷險”（《五月旦作和戴主簿》），“形骸久已化”（《連雨獨飲》），“聊且憑化遷”（《始作鎮軍參軍經曲阿》），“形跡憑化往”（《戊申歲六月中遇火》）。蓋自淵明視之，萬物莫不處於變化之中，人之形骸亦復如是，故不必爲離别而悲傷也。

【析義】

前八句景語，後八句情語，淡而有味。方東樹《昭昧詹言》云：“景與情俱帶畫意。”黄文焕《陶詩析義》曰：“鍾情語以遣情結，最工於鍾情。”

與殷晉安別一首 并序

殷先作晉安南府長史掾，因居潯陽①。後作太尉參軍，移家東下，作此以贈。

遊好非久一作少長②，一遇盡一作定殷勤③〔一〕。信宿酬清話，益復知爲親〔二〕。去歲家南里，薄作少時鄰〔三〕。負杖肆游從，淹留忘宵晨〔四〕。語默自殊勢，亦知當乖分〔五〕。未謂事已及④，興言在兹春〔六〕。飄飄西來風，悠悠東去一作歸東雲⑤〔七〕。山川千里外，言笑難爲因〔八〕。良才一作才華不隱世⑥，江湖多賤貧〔九〕。脱有經過便，念來存故人〔一〇〕。

【校勘】

① 殷先作晉安南府長史掾，因居潯陽：此二句頗費解，疑有誤，未敢確定，姑言之，聊備一説。晉安：郡名，屬江州，地當今福建泉州一帶。南府：鎮南將軍府之簡稱，治所在江州潯陽，位於首都建康之南，故稱。長史：南朝凡刺史之帶將軍開府者，其幕府亦設長史。然則，"南府長史"四字應連讀。掾：古代屬官之通稱。長史不置屬員，下不設掾，此"掾"當係南府之掾。據"殷先作晉安南府長史掾"，似乎殷既任晉安郡太守，復兼任南府長史，又兼任南府掾。但晉安郡與南府所在之江州潯陽相去甚遠，任晉安太守而居潯陽，頗費解；郡太守與長史或掾，官階高下懸殊；同在一南府，既任長史又兼掾，三職如此兼法殊不合情理也。疑文字有顛倒，應作："殷晉安先作南府長史掾，因居潯陽。""晉安"者，或係殷之名（或字）也，非殷之官職。詩題《與殷晉安别》，直稱其姓名，而不稱官職，有《示周續之祖企謝景夷三郎》之例。或殷某原曾任晉安太守，此以其原先官階較高之職位稱之。

② 久長：一作"少長"，亦通。王叔岷《箋證稿》曰："'久長'與'一遇'對言，較佳。"

③ 盡：一作"定"，於義稍遜。

④ 未謂：和陶本作"禾黍"，非是。

⑤ 東去：一作"歸東"，於義稍遜。

⑥ 良才：一作"才華"，亦通。

【題解】

吴《譜》於晉安帝義熙七年（四一一）下曰："有《與殷晉安别》詩。其序云：'殷先作晉安南府長史掾，因居尋陽。後作太尉參軍，移家東下，作此以贈。'按《宋武帝紀》，此年改授太尉。又按《殷景仁傳》，爲宋武帝太尉行參軍。則所謂殷晉安，即景仁也。先生方避世，而景仁乃就辟，故其詩云：'語默自殊勢，亦知當乖分。'又云：'興言在兹春。'則此詩在春月作。"李公焕《箋注》於詩題下注曰："景仁名鐵。"或據吴《譜》。陶澍注："《南史·劉湛傳》：'劉敬文之父，詣殷景仁求郡。敬文謝湛曰："老父悖耄，遂就殷鐵干禄。"'此景仁名鐵之證也。"陶《考異》於義熙七年下曰："裕辟景仁事在三月。詩題下原注云：'景仁名鐵。'考《劉湛傳》，湛黨劉敬文父成，詣殷景仁求郡，敬文謝湛曰：'老父悖耄，遂就殷鐵干禄。'又《南史·范泰傳》:泰卒,議贈開府,殷景仁曰:'泰素望未重,不可。'王弘撫棺哭曰:'君生平重殷鐵,今以此爲報。'劉知幾《史通·模擬篇》曰:'凡列姓名,罕兼其字。苟前後互舉,則觀者自知。……(至)裴子野《宋略》亦然。(何者?)上書桓玄,則下云敬道;後叙殷鐵,則先著景仁。'此必殷本名鐵,後或以字行耳。"古《箋》引《文選》注:"王隱《晉書》曰:'晉安郡,太康三年置,即今之泉州也。'"直案:"唐泉州,今福州府,洪亮吉《乾隆府廳州縣圖志》曰:'福州府,三國吴屬建安郡,晉太康三年始分置晉安郡,屬揚州,後屬江州。'《通典》卷三十三:'秦置郡丞,其郡當邊戍者,丞爲長史,掌兵馬。漢因而不改。其後長史遂爲軍府官。'"

霈案:今存幾種宋刊本,如《東坡先生和陶淵明詩》、汲古閣藏宋刊十卷本、紹興本、曾集本、湯注本,於詩題下均無"景仁名鐵"之注,此注乃李公焕所加,非淵明自注也。李公焕可能是根據吴《譜》,而吴《譜》只是推測,並無確鑿根據。兹據《宋書·武帝紀》,參照《資治通鑑》,劉裕於晉義熙七年三月始受太尉、中書監。《通鑑》於義熙七年下明言:"三月,劉裕始受太尉、中書監,以劉穆之爲太尉司馬,陳郡殷景仁爲行參軍。"倘此詩之"殷晉安"果爲殷景仁,只能作於義熙七年。然考《宋書》卷六三《殷景仁傳》:"景仁少有大成之量,司徒王謐見而以女妻之。初爲劉毅後軍參軍,高祖太尉行參軍。"未言任晉安郡太守及南府長史掾。考《資治通鑑》,劉毅任後軍將軍在義熙六年五月。然則殷景仁於義熙六年五月後初仕爲劉毅參軍,七年三月即改任劉裕太尉行參軍,斷無在此十個月内又曾任晉安太守及南府長史掾之理。而且《資治通鑑》明言:義熙六年"五月,戊午,毅與(盧)循戰於桑落洲,毅兵大敗……丙寅,(毅)至建康,待罪。裕慰勉之,使知中外留事。毅乞自貶,詔降爲後將軍。……十月,裕帥兖州刺史劉藩、寧朔將軍檀韶、冠軍將軍劉敬宣等南擊盧循,以劉毅監太尉留府,後事皆委焉。……十二月……裕還建康。劉毅惡劉穆之,每從容與裕言穆之權太重,裕益親任之"。義熙七年四月"毅求兼督江州,詔許之。……毅以親將趙恢領千兵守尋陽……"據此可知劉毅任後將軍期間一直在建康,而未曾到過尋陽,然則殷景仁爲其參軍亦不可能住在尋陽。何況,《資治通鑑》載:盧循在義熙六年趁劉裕北伐之際自嶺南進軍長沙、南康、廬陵、豫章。二月,"何無忌自尋陽引兵拒盧循"。三月,敗死,此後直至八月,尋陽均在盧循手中。八月,江州刺史庾悦始破盧循兵,進據豫章。義熙七年四月劉毅才從庾悦手中接管江州，而此年三月殷晉安已任太尉劉裕參軍。殷景仁根本無居住尋陽之可能。淵明詩中所謂"殷晉安"定非殷景仁也。

然則殷晉安果係何人？並無史料足資考證，暫付闕如爲宜。

【編年】

晉安帝義熙七年（四一一）三月，劉裕始受太尉。殷作太尉參軍，自尋陽移家東下，當在此後。究竟何年？不能肯定。

【箋注】

〔一〕游好非久長，一遇盡殷勤：意謂彼此交遊相善時日非長，僅一遇而傾心也。《南史·庾杲之傳》："時諸王年少，不得妄稱接人，敕杲之及濟陽江淹五日一詣諸王，使申遊好。"殷勤：情意懇切。司馬遷《報任安書》："夫僕與李陵俱居門下，素非相善也。趣舍異路，未嘗銜杯酒接殷勤之歡。"

〔二〕信宿酬清話，益復知爲親：意謂一再對答交談，更知是密友也。一宿曰宿，再宿曰信。酬：答。清話：談話不染世俗，清高雅潔。王叔岷《箋證稿》曰："蓋《移居》詩'抗言談在昔'之類，與'清談'當有别。魏、晉人士好清談，陶公則不爾。"

〔三〕去歲家南里，薄作少時鄰：意謂去歲家於南里時，曾短期爲鄰。各家之注多據此句，謂此詩乃移居南村後一年所作。然此句之主語或係殷晉安，意謂去歲殷來居南村遂結鄰矣，詩序"因居潯陽"可證。此句主語或兼指自己與殷雙方，而不一定指自己始遷來南村。不能據此一句推定此詩作於《移居》詩之後一年也。薄：助詞，用於句首，相當於"夫""且"。

〔四〕負杖肆游從，淹留忘宵晨：寫彼此過從之密，交往之歡。負杖：古《箋》："《禮記（檀弓）》鄭注：'加其杖頸上。'"不拄杖而擔之，興高而步健也，與《和劉柴桑》所謂"挈杖"相近。肆：縱情。游從：結伴同游。淹留：久留。

〔五〕語默自殊勢，亦知當乖分：意謂彼此一顯達，一隱淪，勢態本自不同，故亦知終當分離也。語默：顯與不顯。丁《箋注》："《周易（繫辭）》：'君子之道，或出或處，或語或默。'"淵明《命子》："時有語默，運因隆窊。"

〔六〕未謂事已及，興言在兹春：承上句意謂雖知終當分離，但未謂如此之遽，事已速至，起於今春，離别在即矣。興：起也。言：語助詞。

〔七〕飄飄西來風，悠悠東去雲：殷晉安東下，故以"西來風""東去雲"寫別情。

〔八〕山川千里外，言笑難爲因：意謂山川遠隔，難以言笑爲親矣。徐復引《廣雅·釋詁三》："因，親也。"王念孫疏證《大雅·皇矣》："因心則友。"《喪服傳》："繼母之配父，與因父同。"毛傳、鄭注並云："因，親也。"

〔九〕良才不隱世，江湖多賤貧：上句言殷晉安，下句言自己。

〔一〇〕脱有經過便，念來存故人：意謂倘有便經過潯陽，勿忘來問候故人也。脱：倘若、或許。《後漢書·李通傳》："事既未然，脱可免禍。"《世説新語·賞譽》："濟（王濟）脱時過，止寒温而已。"存：問候、省視。

【析義】

此詩有無譏諷，前人説法不一。清吴崧《論陶》曰："深情厚道，絶無譏諷意。'良才不隱世'，並不以殷之出爲卑；'江湖多賤貧'，亦不以己之處爲高。各行其志，正應'語默自殊勢'句，真所謂'肆志無汙隆'也。"清温汝能纂集《陶詩彙評》曰："殷事劉裕，與靖節殊趣，故篇中'語默殊勢'，已顯言之。至'事已及'即指其移家東下。'才華'數語，抑揚吞吐，詞似出之忠厚，意實暗寓譏刺。殷景仁當日得此詩，未必無愧。予謂讀陶詩者，當知其藹然可親處，即有凛然不可犯處。"今細玩詩意，吴崧所論爲是。詩曰"一遇盡殷勤""益復知爲親""奄留忘宵晨"，可知情誼匪淺耳。淵明雖隱世，未必欲朋友人人隱世。或隱或仕，遂其自然。語默殊勢，不妨言笑無厭。王弘、顔延之，皆其例也。然如檀道濟勸其出仕，則又當别論矣。故詩末猶眷眷然，曰"脱有經過便，念來存故人"。情真意摯，非泛泛之言也。統觀全詩，惋惜之意有之，而譏刺之意未必有也。

贈羊長史一首

左軍羊長史，銜使秦川〔一〕，作此與之。羊名松齡①。

愚生三季後，慨然念黄虞〔二〕。得知千載外一作上②，政原作上，注一作政賴古人書③〔三〕。賢聖留餘跡，事事在一作有中都④〔四〕。豈忘游心目〔五〕？關河不可踰〔六〕。九域甫已一一作爾去，又作一邕⑤，逝將理舟輿〔七〕。聞君當先邁，負痾不一作弗獲俱〔八〕。路若經商山，爲我少躊躇〔九〕。多謝綺與甪一作園⑥，精爽今何如〔一〇〕？紫芝誰復採？深谷久一作又應蕪⑦〔一一〕。駟馬無貰患，貧賤有交娱〔一二〕。清謡結心曲，人乖原作乘運見疏⑧〔一三〕。擁一作唯，又作歡懷累代下⑨，言盡意不舒〔一四〕。

【校勘】

① 羊名松齡：湯注本無此小注。

② 外：一作"上"，亦通。

③ 政：原作"上"，底本校曰"一作政"。"政"，正，僅也。李注："山谷云：'"正賴古人書"，蓋當時語。或作"上賴"，甚失語意。'"

④ 在：一作"有"，於義稍遜。

⑤ 已一：一作"爾去"，又作"一邕"，均非。

⑥ 甪：一作"園"，指"東園公"，亦通。

⑦ 久：一作"又"，形近而訛。

⑧ 乖：原作"乘"，費解。今據《文章正宗》《文選補遺》《古詩紀》改。

⑨ 擁：一作"唯"，又作"歡"，形近而訛。

【題解】

"羊長史"，據序下小注即羊松齡。《晉書·陶潛傳》："既絶州郡觀謁，其鄉親張野及周旋人羊松齡、龐遵等，或有酒要之，或要之共至酒坐，雖不識主人，亦欣然無忤。"

【編年】

劉履《選詩補注》云："義熙十三年，太尉劉裕伐秦，破長安，送秦主姚泓詣建康受誅。時左將軍朱齡石遣長史羊松齡往關中稱賀，而靖節作此詩贈之。"錢大昕《十駕齋養新録》曰："羊名松齡，不見晉、宋二史。其詩云：'九域甫已一，逝將理舟輿。'當在義熙十四年滅姚泓後。羊爲左軍長史，必朱齡石之長史矣。唯史稱齡石以右將軍領雍州刺史，而此云左軍，小異。考《宋書·齡石傳》，義熙十二年已遷左將軍矣。左右將軍品秩雖同，而左常居右上。齡石之鎮雍州，必仍本號，不應改轉爲右，則此云左軍者爲可信。"逯《繫年》曰："檀韶自去年八月以左將軍爲江州刺史，坐鎮尋陽，今遣羊長史銜使秦川，向劉裕稱賀，故曰左軍羊長史。……劉説非是。據《宋書·朱齡石傳》，'十二年北伐'，朱齡石'遷左將軍……配以兵力，守衛殿省……十四年……以齡石持節督關中諸軍事、右將軍、雍州刺史'。知朱爲左將軍乃在建康守衛殿省，如遣使往關中稱賀，必不發自尋陽，陶無由贈之以詩。劉謂羊爲朱齡石長史，乃臆斷耳。……錢沿劉履之誤，又曲爲之解，亦非是。"

霈案：詩前小序曰："左軍羊長史，銜使秦川，作此與之。"詩曰"九域甫已一"，可見此詩作於晉安帝義熙十三年（四一七），是年九月劉裕入長安，十二月劉裕東還。羊長史銜使秦川，必在此三四月間。驗之《宋書》卷四五《檀韶傳》：義熙九年"進號左將軍"，十二年"遷督江州、豫州之西陽、新蔡二州諸軍事、江州刺史，將軍如故"。逯説羊係檀韶長史，爲是。序中所謂"左軍"，即左將軍檀韶也。檀韶及其弟祗、道濟，均從劉裕起兵討桓玄，乃劉裕親信。劉裕北伐，檀道濟爲前鋒。劉裕破長安，檀韶遣使北上，事可信也。兹繫於晉安帝義熙十三年丁巳（四一七）。

【箋注】

〔一〕銜使秦川：奉命出使秦川。銜：奉，接受。《禮記·檀弓上》："銜君命而使。"秦川：泛指今陝西、甘肅秦嶺以北平原地帶，因春秋戰國時地處秦國而得名。川：指平川。

〔二〕愚生三季後，慨然念黄虞：意謂自己懷念黄帝、虞舜之時代也。三季：指夏、商、周三代之末年。黄虞：黄帝、虞舜。淵明《時運》："黄唐莫逮，慨獨在余。"

〔三〕得知千載外，政賴古人書：意謂得知千載以上之事，僅賴古人之書也。政：正也，意謂僅。《北史·劉璠傳附劉行本》："行本怒其不能調護，每謂三人曰：'卿等正解讀書耳。'"徐震堮《世説新語校箋》附《世説新語語詞簡釋》："正，止也，僅也，乃晉人常語，亦作'政'。"並舉《世説新語·言語》："謝太傅語王右軍曰：'中年傷於哀樂，與親友别，輒作數日惡。'王曰：'年在桑榆，自然至此。正賴絲竹陶寫，但恒恐兒輩覺，損欣樂之趣。'"案：覺、損二字應連讀。

〔四〕中都：古代對都城之通稱。《史記·平準書》："漕轉山東粟，以給中都官。"此指洛陽、長安。

〔五〕游心目：游心縱目。《莊子·駢拇》："游心於堅白同異之間。"王羲之《蘭亭集序》："仰觀宇宙之大，俯察品類之盛，所以游目騁懷，足以極視聽之娱，信可樂也。"

〔六〕關河：《史記·蘇秦列傳》："秦，四塞之國，被山帶渭，東有關河，西有漢中，南有巴蜀，北有代馬，此天府也。"張守節《正義》："東有黄河，有函谷、蒲津、龍門、合河等關。"

〔七〕九域甫已一，逝將理舟輿：意謂九州始已統一，將整治舟車前往遊覽古聖賢之地也。逝：發語辭。理舟輿：整治舟車，表示準備出發。

〔八〕聞君當先邁，負痾（ē）不獲俱：李注："原詩意，靖節初欲從松齡訪關洛，會病，不果行。"邁：往。痾：病。

〔九〕路若經商山，爲我少躊躇：表示嚮往古之隱者。商山：又名商阪、地肺山、楚山，在陝西商縣東南，秦末漢初東園公、綺里季、夏黄公、角里先生等四老人隱於此，號"商山四皓"。《漢書·王貢兩龔鮑傳序》："漢興，有園公、綺里季、夏黄公、角里先生，此四人者，當秦之世，避而入商雒深山，以待天下之定也。"躊躇：駐足不行貌。《楚辭·七諫·怨世》："驥躊躇於弊輂兮。"

〔一〇〕多謝綺與角（lù），精爽今何如：意謂爲我多多問候"四皓"，不知其魂魄至今如何也。古《箋》："《漢書·趙廣漢傳》：'多謝問趙君。'"謝：問候。《漢書·李廣傳》："少卿良苦，霍子孟、上官少叔謝女。"顔師古注："謝，以辭相問也。"精爽：《左傳》昭公二十五年："心之精爽，是謂魂魄。魂魄去之，何以能久？"楊伯峻注："精爽猶言精明。"《文選》潘安仁《寡婦賦》："晞形影於几筵兮，馳精爽於丘墓。"湯注："天下分裂，而中州聖賢之跡不可得而見。今九土既一，則五帝之所連，三王之所爭，宜當首訪。而獨多謝於商山之人，何哉？蓋南北雖合，而世代將易，但當與綺、角遊耳。遠矣深哉！"

〔一一〕紫芝誰復採，深谷久應蕪：意謂"四皓"之後商山恐再無隱者，紫芝無人采，深谷亦久荒蕪矣。隋釋智匠《古今樂録》載四皓隱於商山，作歌曰："莫莫高山，深谷逶迤。曄曄紫芝，可以療飢。唐虞世遠，吾將何歸？駟馬高蓋，其憂甚大。富貴之畏人兮，不若貧賤之肆志。"

〔一二〕駟馬無貰(shì)患,貧賤有交娱:意謂富貴之人無以免其禍患,而貧賤之士有以得娱樂也。貰:《漢書·車千秋傳》:"武帝以爲辱命,欲下之吏。良久,乃貰之。"師古注:"貰,寬縱也,謂釋放之也。"交:兩相接觸,引申爲逢得,猶今言"交上好運"之"交"。

〔一三〕清謡結心曲,人乖運見疏:意謂四皓之歌雖縈繫心曲念念不忘,但四皓之人既不可見,世運亦遠隔矣。清謡:指《紫芝歌》。心曲:内心深處。乖:乖離。

〔一四〕擁懷累代下,言盡意不舒:意謂四皓既不得見,只能積遺憾於累代之下,此中深意非可盡言於詩也。言外之深意,冀羊長史領會。擁:猶"壅"。擁懷:壅積於胸中。淵明《感士不遇賦》:"擁孤襟以畢歲。"舒:伸。

【析義】

贈别詩而無惜别之意,全從自己方面下筆,抒發懷念古隱者之情,别具一格。詩曰:"九域甫已一,逝將理舟輿。"可見當時人視劉裕破長安爲統一國家之舉,又可見南人對中原之嚮往。然三年後劉裕即篡晉,此時篡位之心跡已明,淵明特寄意於四皓,以表白心曲也。

歲暮和張常侍一首

市朝悽舊人,驟驥感悲泉〔一〕。明旦非今日,歲暮余何言〔二〕!素顔斂光潤〔三〕,白髮一已繁。闊哉秦穆談,旅力豈未愆〔四〕。向夕長風起〔五〕,寒雲没西山。厲厲一作冽冽氣遂嚴①〔六〕,紛紛飛鳥還。民生鮮常在,矧伊愁苦纏〔七〕。屢闕清酤至,無以樂當年〔八〕。窮通靡攸一作欣慮②,顦顇由化遷〔九〕。撫己有深懷,履運增慨然〔一〇〕。

【校勘】

① 厲厲:一作"冽冽",義相通。

② 靡攸慮:一作"靡欣慮",意謂既無欣亦無慮,亦通。

【題解】

"歲暮",一年將盡之時。"常侍",散騎常侍之簡稱,三國魏置,即漢代散騎和中常侍之合稱。在皇帝左右規諫過失，以備顧問。晉以後增加員額，稱員外散騎常侍或通直散騎常侍，往往預聞機要。

【編年】

何注："時義熙十四年冬。"陶注曰："張常侍，當即本傳所稱鄉親張野。"《蓮社高賢傳・張野傳》："張野，字萊民，居潯陽柴桑，與淵明有婚姻契。野學兼華梵，尤善屬文。性孝友，田宅悉推與弟，一味之甘與九族共。州舉秀才、南中郎府功曹、州治中，徵拜散騎常侍，俱不就，入廬山依遠公，與劉、雷同尚淨土。及遠公卒，謝靈運爲銘，野爲序，首稱門人，世服其義。義熙十四年與家人别，入室端坐而逝，春秋六十九。"（宛委山堂本《説郛》五十七）有《奉和慧遠游廬山詩》。據《宋書・陶潛傳》，張野乃淵明鄉親，相與飲酒者。

劉履《選詩補注》卷五："按晉史，義熙十四年十二月，宋公劉裕弑安帝於東堂而立恭帝。靖節和此歲暮詩，蓋亦適當其時，而寄此意焉。首言市朝耆舊之人，莫不相爲悲淒，而其乘馬亦有悲泉懸車之感。且謂明旦已非今日，予復何言，其意深矣。中謂長風夕起，寒雲没山，猛氣嚴而飛鳥還者，以喻宋公弑逆之暴，而能使人駭散也。篇末又言窮通死生皆不足慮，但撫我深懷而踐此末運，能不慨然而增憤激焉。"清吴崧《論陶》："'歲暮'二字便有意，因時起興，易代之悲不言自喻矣。"（清吴瞻泰《陶詩彙注》引）陶《考異》曰："張常侍當即本傳所稱鄉親張野……但野以義熙十四年卒，題不應云和。詳味詩意，亦似哀輓之辭，或'和'當作'悲'。又野族子張詮亦徵常侍，或詮有輓野之作，而公和之邪？"古《箋》："'市朝悽舊人'明指禪革。'驟驥感悲泉'，以興歲暮。詩無哀輓張野之意，陶《考》殆非。"王叔岷《箋證稿》："張常侍蓋即張野。義熙十四年十二月，劉裕幽安帝於東堂，而立恭帝。野卒於是年。詩題云《歲暮和張常侍》，是十二月野尚存。蓋陶公和其詩之後乃卒耳。"

需案：安帝之亡在義熙十四年十二月戊寅，次年正月朔日爲壬辰，依此推算，安帝之亡在十二月十七日。消息傳到尋陽，淵明得知最早在十二月二十日。張野卒於是年不知何月，然以常情推斷，卒於十二月下旬淵明和其詩之後可能性甚小。所以如據詩意認定是義熙十四年劉裕弑安帝之後所作，則此張常侍是張野之可能性亦甚小。陶《考異》疑是和張詮之作，不無道理。兹姑繫於晉安帝義熙十四年戊午（四一八），所和者爲張詮。題中"歲暮"二字疑是張詮原詩之題。歲暮本義爲歲將盡也，又喻老年，淵明此詩兼有兩方面之意，同時暗喻時事。

【箋注】

〔一〕市朝(cháo)悽舊人，驟驥感悲泉：意謂世事變遷，不禁爲市朝之舊人而悲悽；光陰流逝，不覺已日入悲泉。市：集市。朝：古代官府之廳堂。《禮記・檀弓上》："遇諸市朝，不反兵而鬬。"孔穎達疏："設朝或在野外，或在縣、鄙、鄉、遂，但有公事之處，皆謂之朝。"市朝：指人衆會集之所。何注："《古北門行》：'市朝易人，千載墓平。'"驟驥：快馬。古《箋》："《莊子・盜跖篇》：'天與地無窮，人死者有時。操有時之具，而託於無窮之間，忽然無異騏驥之馳過隙也。''驟驥'二字本此。"悲泉：日入處。《淮南子・天文訓》："(日)至於悲泉，爰止其女，爰息其馬，是謂懸車。"比喻歲暮，且喻自己已年暮。

〔二〕明旦非今日，歲暮余何言：意謂明旦將入新年，非復今日矣。百感交集，復何言哉！言外感歎安帝被弑，晉朝將亡；並有感歎年暮力衰之意。

〔三〕素顔：王褒《責髯奴文》："無素顔可依，無豐頤可怙。"

〔四〕闊哉秦穆談，旅力豈未愆：意謂自己膂力已失，衰老無用矣，秦穆公之言迂闊不近情理也。《書・秦誓》："番番良士，旅力既愆，我尚有之。"旅力：猶膂力。"膂"，脊骨。愆：失去。

〔五〕向夕：近夕，傍晚。

〔六〕厲厲：猶冽冽，寒貌。

〔七〕民生鮮常在，矧伊愁苦纏：意謂人生本不長久，何況愁苦纏繞，更難免衰老也。民生：人生。鮮：少。矧伊：況此。

〔八〕屢闕清酤至，無以樂當年：意謂屢缺清酒，無以及時行樂也。闕：缺。清酤：清酒。當年：古《箋》："《列子・楊朱篇》：'徒失當年之至樂，不能自肆於一時。'"

〔九〕窮通靡攸慮，顦顇由化遷：意謂窮通既無所思慮，憔悴亦聽其自然。窮通：困厄與顯達。《莊子・讓王》："古之得道者，窮亦樂，通亦樂，所樂非窮通也。"靡攸慮：無所慮。顦顇：指人衰老。淵明《榮木》："人生若寄，顦顇有時。"化遷：指人生、社會與宇宙之演化遷徙。淵明《始作鎮軍參軍經曲阿》："聊且憑化遷。"淵明認爲萬物皆在變化之中，人之衰老亦不可避免。應以恬淡之態度順應自然之規律，此即“由化遷”也。

〔一〇〕撫己有深懷，履運增慨然：意謂逢此易代之際，内省則深有感懷，並增慨然也。撫己：省察自己，自問。屢運：遭逢時運，暗指劉裕將篡晉之事。古《箋》：“《後漢書·皇甫嵩傳》：‘閻忠曰：“將軍遭難得之運，蹈易駭之機，而踐運不撫，臨機不發……乎？”’屢運，猶踐運也。運謂五德之運。《文選》班叔皮《王命論》：‘未見運世無本，（功德不紀，）而得倔起在此位者也。’李注：‘運世，五行更運，相次之世也。’”

【析義】

全從“暮”字入筆：一怨歲時之暮，二怨己年之暮，三怨晉室之暮。虚實反正，紛總交錯。首四句即已鋪開此三層，接下專就年暮而言，末四句又排除己身而歸之於易代之慨。含蓄婉轉，沉郁頓挫，乃淵明詩作之上乘。

和胡西曹示顧賊曹一首

蕤賓五月中〔一〕，清朝起南颸〔二〕。不駛亦不遲〔三〕，飄飄吹我衣。重雲一作寒蔽白日①，閑雨紛微微〔四〕。流目視西園〔五〕，曄曄榮紫葵〔六〕。於今甚可愛，奈何當一作後復衰一作當奈行復衰②。感物願及時，每恨靡所揮〔七〕。悠悠待秋稼，寥落將賒一作奢遲〔八〕。逸想一作相不可淹③，猖狂獨長悲〔九〕。

【校勘】

① 雲：一作“寒”，亦通。

② 奈何當復衰：一作“當奈行復衰”。當：一作“後”，亦通。

③ 想：一作“相”，非是。

【題解】

古《箋》引《通典》卷三二：“州之佐吏：功曹書佐一人，主選用，漢制也……晉以來，改功曹爲西曹書佐。宋有别駕西曹，主吏及選舉，即漢之功曹書佐也。”又《通典》卷三三：“郡之佐吏：司法參軍，兩漢有決曹、賊曹掾，主刑法，歷代皆有。或謂之賊曹，或爲法曹，或爲墨曹。隋以後與功曹同。”又《太平御覽》二六四引韋昭《辨釋名》曰：“曹，群也。功曹，吏所群聚。户曹，民所群聚(也。)其他皆然。”

【箋注】

〔一〕蕤(ruí)賓：本是十二律之一，代指五月。古代律制，用三分損益法將一個八度分爲十二個不完全相等之半音，各律由低到高依次爲黄鐘、大吕、太簇、夾鐘、姑洗、仲吕、蕤賓、林鐘、夷則、南吕、無射、應鐘。古人遂以十二律配十二月。《禮記・月令》：“仲夏之月……其音徵，律中蕤賓。”《漢書・律曆志》：“蕤賓：蕤，繼也；賓，導也。言陽始導陰氣使繼養物也。位於午，在五月。”

〔二〕颸：涼風。《樂府詩集・鼓吹曲辭一・有所思》：“秋風肅肅晨風颸。”

〔三〕駛：疾速。慧琳《一切經音義》引《倉頡篇》：“駛，疾也。”《詩・秦風・晨風》：“鴥彼晨風，鬱彼北林。”毛傳：“駛疾如晨風之飛入北林。”

〔四〕重雲蔽白日，閑雨紛微微：《古詩十九首》：“浮雲蔽白日。”閑雨：細雨不疾也。

〔五〕流目：放眼隨意觀看。張衡《思玄賦》：“流目眺夫衡阿兮，睹有黎之圮墳。”

〔六〕曄曄(yè)：美茂貌。紫葵：蔬菜名。此用商山四皓《紫芝歌》“曄曄紫芝”句意。

〔七〕感物願及時，每恨靡所揮：意謂有感於景物變遷光陰荏苒，願及時行樂，而每恨無酒可飲也，故下言“待秋稼”以釀酒。感物：曹植《贈白馬王彪》：“感物傷我懷。”張協《雜詩》：“感物多所懷。”揮：舉觴飲酒。

〔八〕悠悠待秋稼，寥落將賒遲：意謂秋收爲時尚遥，無酒之寂寥尚須久耐，而愈覺緩慢難熬也。悠悠：遥遠。寥落：稀疏冷落。賒遲：緩慢。《晉書・郗超傳》：“超又進策於温曰：‘……若此計不從，便當頓兵河、濟，控引糧運，令資儲充備，足及來夏。雖如賒遲，終亦濟克。’”

〔九〕逸想不可淹，猖狂獨長悲：意謂各種念頭紛飛轉移，不停留於一處，感情亦縱放而不可收，獨長悲於人生之無常也。淹：滯留。

狷狂:《莊子·在宥》:"浮游不知所求,狷狂不知所往。"

【考辨】

古《箋》:"《繫辭》:'君子進德修業,欲及時也。'《説文》:'揮,奮也。'直案:'每恨靡所揮',即'有志不獲騁'之意也。"丁《箋注》亦曰:"感物以下,言其志也。雖願及時有爲,而身無事權,靡所發揮。僅躬耕以待秋稼耳。寥落如此,日遠日遲,不猶園卉之就衰乎?所以逸想不可淹制,而狷狂獨悲也。二曹其皆篤志之士乎?不然,胡詩獨以及時逸想一出示之,而於他人絶未聞也。"霈案:淵明詩中多用"揮"字,如《時運》:"揮兹一觴。"《還舊居》:"一觴聊可揮。"《雜詩》:"揮杯勸孤影。"《詠二疏》:"揮觴道平素。"皆可證"揮"即揮觴飲酒,"靡所揮"即無酒可飲,故須"待秋稼"以釀酒也。古、丁之説,與下句難合。王注:"詩中説:'感物願及時,每恨靡所揮。悠悠待秋稼,寥落將賒遲。'淵明尚欲及時有爲,且恨無發揮能力機會,則本詩必作於乙巳歸田以前。由'悠悠待秋稼'二句,知淵明已經躬耕;淵明開始躬耕在癸卯,距乙巳尚有兩年。"故繫於晉安帝元興二年癸卯(四〇三)五月。楊勇《校箋》亦繫於是年。霈案:此詩繫年根據不足,姑闕疑。

悲從弟仲德一首①

銜哀過舊宅,悲淚應心零〔一〕。借問爲誰悲?懷人在九冥〔二〕。禮服名群從,恩愛若同生〔三〕。門前執手時,何意爾先傾〔四〕。在數原作毁,注一作數竟不一作未免②〔五〕,爲山不及成〔六〕。慈母沉哀疚〔七〕,二胤纔數齡〔八〕。雙位原作泣,注一作位委空館③,朝夕無哭聲〔九〕。流塵集虚坐〔一〇〕,宿草旅一作依前庭④〔一一〕。階除曠游跡,園林獨餘情〔一二〕。翳然乘化去,終天不復形〔一三〕。遲遲將回步,惻惻悲襟盈一作衿涕盈⑤〔一四〕。

【校勘】

① 仲德:紹興本作"敬德"。逯注:"陶又一從弟名敬遠,當以作敬德爲是。"恐未必,録以備考。淵明從弟非止一房,此或係另一房從弟。又,"仲德"或是字,未必是名,故不必皆用"敬"字。

② 數：原作“毀”，底本校曰“一作數”，今從之。“毀”乃“數”之訛。不：一作“未”，亦通。

③ 位：原作“泣”，底本校曰“一作位”，今從之。

④ 旅：一作“依”，亦通。

⑤ 悲襟盈：一作“衿涕盈”，亦通。

【題解】

“從弟”，堂弟。“仲德”，事跡不詳。

【箋注】

〔一〕銜哀過舊宅，悲淚應心零：意謂過仲德之舊宅而悲哀落淚也。銜哀：古《箋》：“嵇康《與阮德如》：‘含哀還舊廬，（感切傷心肝。）’”零：落。應心零：隨心情之悲哀而落淚。

〔二〕九冥：九泉幽冥之處，指地下。

〔三〕禮服名群從，恩愛若同生：意謂以禮服之親疏而論，從弟名爲群從之一，若以恩愛而論，則情如同胞也。禮服：舊時喪服制度，以親疏爲差等，有斬衰、齊衰、大功、小功、緦麻五種名稱，統稱五服。

〔四〕傾：傾覆，引申爲身亡。

〔五〕數：氣數、氣運，即命運。《後漢書·鄭孔荀列傳論》：“及阻董昭之議，以致非命，豈數也夫！”

〔六〕爲山不及成：意謂功業未就。《論語·子罕》：“譬如爲山，未成一簣。”

〔七〕疚：《詩·周頌·閔予小子》：“閔予小子，遭家不造，嬛嬛在疚。”鄭玄箋：“嬛嬛然孤特，在憂病之中。”沉哀疚：沉浸於哀疚之中。

〔八〕胤：嗣。二胤：指其二子。

〔九〕雙位委空館，朝夕無哭聲：意謂仲德與其妻之靈位寄托於舊宅，其中已無人居住。古《箋》：“詩序其母與子，而不及妻。然則所謂‘雙位’者，其一殆其妻邪？”位：靈位。委：寄托。空館：空舍，空室，指仲德舊宅已無人居住，故曰“朝夕無哭聲”。

〔一〇〕虛坐：此指爲死者所設之座位。《文選》潘岳《寡婦賦》：“上瞻兮遺像，下臨兮泉壤。窈冥兮潛翳，心存兮目想。奉虛坐兮肅清，愬空宇兮曠朗。”吕延濟注：“靈座，虛座也。”

〔一一〕宿草：隔年之草。《禮記·檀弓上》：“朋友之墓，有宿草而不哭焉。”注：“宿草，謂陳根也。”旅：野生。《後漢書·光武紀上》：“至是野穀旅生，麻尗尤盛。”李賢注：“旅，寄也。不因播種而生，故曰旅。”

〔一二〕階除曠游跡，園林獨餘情：意謂階除上已不見其足跡，而園林間尚有其餘情也。王粲《登樓賦》：“循階除而下降兮。”除：亦階也。曠：空也，廢也。獨：僅僅。

〔一三〕翳然乘化去，終天不復形：意謂一旦隱然逝去，則永不得復形爲人矣。翳然：隱蔽貌。翳然而去，指逝世。乘化：順應不可違抗之自然規律，亦即逝世之意。《歲暮和張常侍》：“顏額由化遷。”《戊申歲六月中遇火》：“形跡憑化遷。”終天：《文選》潘岳《哀永逝文》：“今奈何兮一舉，邈終天兮不返。”李善注：“天地之道，理無終極。今云‘終天不返’，長逝之辭。”劉良曰：“終天，謂終竟天地。”復形：曹植《武帝誄》：“千代萬乘，曷時復形？”

〔一四〕遲遲將回步，惻惻悲襟盈：意謂遲遲將歸，愈加悽惻，而悲痛滿懷。

【考辨】

王注曰：“詩中開始就説‘銜哀過舊宅’，則本詩當與《還舊居》詩爲一時之作。今依之暫繫於義熙十三年丁巳（四一七）。”但細審詩意，所謂“舊宅”乃指仲德之舊宅，而非淵明之舊居。且《還舊居》究竟何年所作，亦難考定。此詩繫年暫付闕如。

【析義】

淵明與仲德雖非同胞，但恩愛非同一般，痛惜之情尤爲沉重。“慈母”以下八句，從細處落筆，睹物思人，平淡之語，感人至深。

陶淵明集箋注卷第三 詩三十九首

《文選》五臣注陶淵明《辛丑歲七月赴假還江陵夜行塗中》詩題云:"淵明詩,晉所作者皆題年號,入宋所作但題甲子而已。意者恥事二姓,故以異之。"思悦考淵明之詩,有以題甲子者,始庚子,距丙辰凡十七年間,只九首耳,皆晉安帝時所作也。中有《乙巳歲三月爲建威參軍使都經錢溪》作,此年秋乃爲彭澤令,在官八十餘日,即解印綬賦《歸去來兮辭》。後一十六年庚申晉禪宋,恭帝元熙二年也。蕭德施《淵明傳》曰:"自宋高祖王業漸隆,不復肯仕。"於淵明之出處,得其實矣。寧容晉未禪宋前二十年,輒恥事二姓,所作詩但題以甲子,而自取異哉? 矧詩中又無有標晉年號者。其所題甲子蓋偶記一時之事耳,後人類而次之,亦非淵明之意也。世之好事者多尚舊説,今因詳校故書於第三卷首,以明五臣之失,且袪來者之惑焉。

【説明】

本書底本第三卷卷首有此段文字,宋紹興刻本、李公焕箋注本與本書底本同,湯注本無。曾集本不分卷,《悲從弟仲德》後爲《庚子歲五月中從都還阻風於規林》二首、《始作鎮軍參軍經曲阿》一首,次序與本書底本稍異。此段文字列於《庚子歲五月中從都還阻風於規林》二首之後。

始作鎮軍參軍經曲阿一首①

弱齡寄事外，委懷在琴書〔一〕。被褐欣自得，屢空常一作恒晏如〔二〕。時來苟冥一作宜，又作且會②，宛轡原作婉孌，注一作踠轡憩通衢③〔三〕。投策命晨裝④，暫與園田一作田園疏〔四〕。眇眇孤舟逝⑤，綿綿歸思紆〔五〕。我行豈不遥，登降原作陟，注一作降千里餘⑥。目倦川塗異一作修塗永⑦，心念山澤居〔六〕。望雲慚高鳥，臨水愧游魚〔七〕。真想初在襟一作在襟懷⑧，誰謂形跡原作蹟，注一作跡拘⑨〔八〕。聊且憑化遷，終返班生廬〔九〕。

【校勘】

① 《文選》卷二六於詩題下有"作"字:《始作鎮軍參軍經曲阿作》。

② 冥:一作"宜"，一作"且"。《文選》作"宜"，亦通。

③ 宛轡:原作"婉孌"，底本校曰"一作踠轡"，今從《文選》作"宛轡"。

④ 裝:《文選》作"旅"，亦通。

⑤ 逝:《文選》作"遊"，於義稍遜。

⑥ 登降:原作"登陟"，底本校曰"一作降"，今據改。《文選》亦作"降"。作"降"於義較勝，"登降"，意謂上下也，言路途之艱難。丁《箋注》作"陟"，曰:"陟與涉爲同音假借字。"

⑦ 川塗異:一作"修塗永"，《文選》作"修塗異"。原作於義較勝。

⑧ 初在襟:一作"在襟懷"，亦通。

⑨ 跡:原作"蹟"，底本校曰"一作跡"。今據改。

【題解】

"鎮軍參軍"，鎮軍將軍之參軍。《文選》李善注:"臧榮緒《晉書》曰:'宋武帝行鎮軍將軍。'"宋武帝劉裕在東晉曾兼鎮軍將軍，又見《晉書》卷一〇《安帝本紀》:元興三年(四〇四)三月壬戌，"桓玄司徒王謐推劉裕行鎮軍將軍、徐州刺史，都督揚、徐、兖、豫、青、冀、幽、并八州諸軍事，假節"。"始作鎮軍參軍"，開始任鎮軍參軍。"曲阿"，古縣名。本戰國楚雲陽邑，秦置曲阿縣，治所在今江蘇丹陽。三國吴改名雲陽，晉又改曲阿。

【編年】

晉安帝元興二年(四〇三)十二月，桓玄篡位。三年(四〇四)二月，建武將軍劉裕帥劉毅、何無忌等聚義兵於京口。三月，玄衆潰而逃，裕入建康，立留臺百官。桓玄司徒王謐推劉裕行鎮軍將軍、徐州刺史，都督揚、徐、兖、豫、青、冀、幽、并八州諸軍事。裕以身範物，先以威禁内外；百官皆肅然奉職，不盈旬日，風俗頓改。

淵明就任鎮軍參軍，必在元興三年甲辰（四〇四）三月之後。而義熙元年乙巳（四〇五）三月，淵明已改任建威將軍劉敬宣參軍，有《乙巳歲三月爲建威參軍使都經錢溪》詩。然則淵明在劉裕幕中不足一年也。

【箋注】

〔一〕弱齡寄事外，委懷在琴書：意謂年少時即寄身於世事之外，置心琴書之中。弱：年少。《釋名·釋長幼》："二十曰弱，言柔弱也。"《左傳》文公十二年："趙有側室曰穿，晉君之婿也。有寵而弱。"杜預注："弱，年少也。"寄事外：李善注引《晉中興書》："簡文詔曰：'會稽王英秀玄虚，神棲事外。'"古《箋》："《晉書·樂廣傳》：'廣與王衍，俱宅心事外。'"委：安置。琴書：淵明《與子儼等疏》："少學琴書，偶愛閑靜。"

〔二〕被（pī）褐（hè）欣自得，屢空常晏如：意謂安於貧賤，欣喜自得也。被：穿。褐：粗毛布衣服。《老子》："是以聖人被褐而懷玉。"欣自得：李善注："《家語（七十二弟子解）》曰：'原憲衣冠弊，並日而食蔬，衎然有自得之志。'"屢空：謂貧窮。李善注引《論語（先進）》："子曰：'回也其庶乎！屢空。'"淵明《飲酒》其十一："屢空不獲年。"晏如：猶安然。李善注："《漢書》曰：揚雄家産不過十金，室無檐石之儲，晏如也。"淵明《五柳先生傳》："簞瓢屢空，晏如也。"

〔三〕時來苟冥會，宛轡憩通衢：意謂如果時來與己默會，則回駕息於仕途之中。李善注："盧子諒（諶）《答魏子悌》詩曰：'遇蒙時來會。'宛，屈也。言屈長往之駕，息於通衢之中。通衢，喻仕路也。"《文選》卷二五有盧子諒《答魏子悌》詩，曰："遇蒙時來會，聊齊朝彦跡。"李善注曰："言富貴榮寵，時之暫來也。《漢書》蒯通曰：'時乎時，不再來。'"五臣向曰："魏子悌亦爲劉琨從事，與諶同官。"五臣翰曰："言我蒙遇其時。"時：指時機、運數。苟：若。冥會：猶默會，言時來與己相會，蓋時機運數默然而來，不可明求而得之。郭璞《山海經圖贊·磁石》："氣有潛感，數亦冥會。"宛轡：猶屈轡、曲轡、紆轡，均回駕之意。淵明《飲酒》其九：

"紆轡誠可學,違己詎非迷。且共歡此飲,吾駕不可回。"原非仕途中人而入仕,原欲遁世長往而暫憩於仕途通衢,故曰"宛轡"。

〔四〕投策命晨裝,暫與園田疏:李善注:"《七命》曰:'夸父爲之投策。'"五臣向注:"投,舍策杖也。謂舍所拄之杖,命早行之衆。將赴職,與田園漸疏也。"

〔五〕眇眇孤舟逝,綿綿歸思紆:意謂孤舟愈遠,歸思愈縈於心而難斷絶也。眇眇:遠也。紆:縈繞。李善注:"《楚辭(七諫·怨世)》:'安眇眇兮無所歸薄。'又(《九章·悲回風》)曰:'縹綿綿之不可紆。'王逸曰:'綿綿,細微之思,難斷絶也。'"

〔六〕目倦川塗異,心念山澤居:意謂厭倦行旅,而想念隱居生活。山澤居:隱居之田園。李善注:"仲長子《昌言》曰:'古之隱士,或夫負妻戴,以入山澤。'"

〔七〕望雲慚高鳥,臨水愧游魚:李善注:"言魚鳥咸得其所,而己獨違其性也。"古《箋》:"《莊子·庚桑楚篇》:'鳥獸不厭高,魚鱉不厭深。夫全其形生之人,藏其身也,不厭深眇而已矣。'詩意蓋本此。"

〔八〕真想初在襟,誰謂行跡拘:意謂只要"真"想始終存於胸襟,則雖入仕途,亦不可謂形跡受到束縛也。真:與世俗禮法相對立,指人之自然本性。《莊子·漁父》:"禮者,世俗之所爲也。真者,所以受於天也,自然不可易也。故聖人法天貴真,不拘於俗。"又,《莊子·秋水》:"無以人滅天,無以故滅命,無以得殉名。謹守而勿失,是謂反其真。"初:全,始終。《後漢書·獨行傳·彭修》:"受教三日,初不奉行,廢命不忠,豈非過邪?"形跡:形與跡,身體與行跡。

〔九〕聊且憑化遷,終返班生廬:意謂既然時來與己冥會,則姑且順遂時運之變化,然終將返回園田也。化遷:李善注:"莊子謂惠子曰:'孔子行年六十而六十化。'郭象曰:'與時俱化也。'"支遁《述懷》:"恢心委形度,亹亹隨化遷。"憑化遷:聽憑化遷。班生廬:指仁者隱居之處。班固《幽通賦》:"終保己而貽則兮,里上仁之所廬。"

【考辨】

吴仁傑《陶靖節先生年譜》曰:"先生亦豈從裕辟者?善注引用非

是。”陶澍《靖節先生年譜考異》訂淵明以隆安三年己亥（三九九）參劉牢之軍，曰：“考《晉書·百官志》有左右前後軍將軍，左右前後四軍爲鎮衛軍。王恭、劉牢之皆爲前將軍、正鎮衛軍，即省文曰鎮軍，亦奚不可？”古直《陶靖節年譜》從其説，後亦多有取此説者。

需案：“鎮軍參軍”確指鎮軍將軍參軍，有《晉書》爲證，卷九《孝武帝本紀》：“冬十一月己亥，以鎮軍大將軍郗愔爲司空。會稽人檀元之反，自號安東將軍，鎮軍參軍謝藹之討平之。”然陶澍曰此鎮軍爲鎮衛軍之簡稱，不可信。既然鎮軍將軍已簡稱鎮軍，復以鎮衛軍簡稱鎮軍，豈不徒生混亂？且陶澍並未舉出證據，僅是猜想，不足爲憑。朱自清《陶淵明年譜中之問題》力駁陶澍之誤，大意謂：陶澍根據《宋書·武帝紀》説己亥牢之爲前將軍討孫恩，但據《晉書·安帝紀》，此年牢之爲輔國將軍，次年始以前將軍爲鎮北將軍。吴士鑒、劉承幹《晉書校注》十引丁國鈞《晉書校文》一云：“以牢之傳考之，則進號前將軍在破孫恩後，此書所書官號爲得其實，《宋書》誤。”既然隆安三年劉牢之尚未任前將軍，遂亦不可能簡稱鎮軍。又，《晉書·職官志》“五校”條下有云“後省左軍右軍前軍後軍爲鎮衛軍”，意即省並爲一軍。陶《考異》截去“後省”二字，義便大異。朱自清認爲《始作鎮軍參軍經曲阿》中之“鎮軍”肯定是劉裕無疑。朱説爲是。需曾詳考，東晉一朝進號鎮軍將軍者共六人，其身份地位均不尋常：司馬晞乃元帝之子，封武陵威王。范汪曾任鷹揚將軍，後進爵武興縣侯。郗愔曾都督徐、兖、青、幽、揚州之晉陵諸軍事，領徐、兖二州刺史。王藴是孝武定皇后父。王薈是王導之子，曾任尚書。見拙作《陶淵明與晉宋之際的政治風雲》。劉裕出身雖不高貴，但他是在討伐桓玄攻入京師掌握軍政大權之後才進號鎮軍將軍，可見在東晉鎮軍將軍之號並不輕易授人。劉牢之不過是一員猛將而已，其出身較低，王恭僅以部曲將待之，不可能進號鎮軍將軍。陶澍力辯淵明未曾任劉裕參軍，乃執著於淵明忠於晉室恥事二姓之先見。豈不知劉裕當時並未露篡晉之意，其篡晉在此十六年之後。淵明豈能在其篡晉十六年前即察見其野心，而因忠於晉室不爲其參軍耶？且此年劉裕起兵討桓玄正爲扶持晉室，當其控制尋陽、都督江州，任命劉敬宣爲江州刺史時，淵明出任劉裕參軍於情理正合。

梁《譜》曰：劉牢之進號鎮北將軍，“鎮軍”或是“鎮北”之訛，繫此詩於隆安二年（三九八）。梁説出於猜測，不足爲據。梁《譜》又説“始作”

“正謂始仕耳”，亦不可信。“始作”二字連屬下文“鎮軍參軍”，顯係開始任鎮軍參軍之職，不能釋爲開始出仕。

【析義】

淵明仕裕，心情頗爲矛盾。在晉宋之際政治混亂之中，淵明出爲劉裕參軍，實欲有所作爲也。然而此次出仕，前途既未卜，又深怕有違本性。進退之間，甚爲猶豫。此詩即是此種心情之寫照。

庚子歲五月中從都還阻風於規林二首

行行循歸路〔一〕，計日望舊居。一欣侍温顔一作清①〔二〕，再喜見友于〔三〕。鼓棹路崎曲〔四〕，指景限西一作四隅②〔五〕。江山豈不險，歸子念前塗〔六〕。凱風負我心，戢枻一作世守窮湖③〔七〕。高莽眇無界，夏木獨森疏〔八〕。誰言客舟遠，近瞻百里餘。延目識一作城南嶺④，空歎將焉如〔九〕！

【校勘】

① 温顔：一作“温凊”。王叔岷《箋證稿》曰：“‘凊’當作‘凊’，《説文》：‘凊，寒也。’《禮記・曲禮》：‘凡爲人子之禮，冬温而夏凊。’謂冬保其温暖，夏致其凊涼也。就一日言，亦可謂温凊。《顔氏家訓・序致篇》：‘曉夕温凊’，是也。”需案：“凊”者，致其涼也。温凊定省是古禮。“温凊”一詞除見於《顔氏家訓》外，又見於《北史・薛寘傳》：“至於温凊之禮，朝夕無違。”

② 西：一作“四”，非是。

③ 枻：一作“世”，非是。

④ 識：一作“城”，非是。

【題解】

“庚子”，晉安帝隆安四年（四〇〇）。“都”，指京都建康。“規林”，地名，詩曰：“誰言客舟遠，近瞻百里餘。”可知距尋陽不遠。據江西省九江縣陶淵明紀念館人員實地考察，以爲在今安徽省宿松縣長江邊，晉時屬桑落洲，今屬新墾農場。

據此詩其二“自古歎行役”，可知淵明此次行旅乃因公事。又據《辛丑歲七月赴假還江陵夜行塗中》，可知辛丑歲（四〇一）淵明正在桓玄幕中，七月赴假回尋陽，旋即還江陵繼續任職。然則，庚子歲應已任桓玄僚佐，此次赴都蓋因桓玄差遣。事畢，途經尋陽省親，隨即抵江陵述職。

【編年】

據詩題，作於晉安帝隆安四年庚子（四〇〇）五月。

【箋注】

〔一〕行行：行而又行。《古詩十九首》："行行重行行。"

〔二〕一欣侍温顔：意謂回家得以侍奉母親，故欣喜也。温顔：温和之面容。淵明八歲喪父，此指母親。

〔三〕友于：代指兄弟。《書·君陳》："孝乎惟孝，友于兄弟。""于"本介詞，後常"友于"連用，代指兄弟。《後漢書·史弼傳》："陛下隆於友于，不忍遏絶。"曹植《求通親親表》："今之否隔，友于同憂。"

〔四〕鼓棹：劃動船槳以行舟也。

〔五〕指景限西隅：意謂手指太陽，只見已迫於西隅矣。潘岳《寡婦賦》："獨指景而心誓兮，雖形存而志殞。"景：日也。限西隅：局迫於西隅。繁欽《與魏文帝牋》："是時日在西隅，涼風拂衽。"

〔六〕江山豈不險，歸子念前塗：意謂不顧江山之艱險，一心向前。

〔七〕凱風負我心，戢（jí）枻（yì）守窮湖：意謂南風辜負我急歸省親之心，不得不停船困守於荒僻隱蔽之湖濱。凱風：南風。《詩·邶風·凱風》傳："南風謂之凱風。"戢：斂。枻：槳。

〔八〕高莽眇無界，夏木獨森疏：意謂在一片無邊之深草中，夏木特高聳也。莽：草。眇：遠。森疏：形容樹木茂盛而聳出之狀。

〔九〕延目識南嶺，空歎將焉如：意謂離家已近，但不得歸，空自歎息，將何以前往。延目：放眼遠望。淵明《時運》："延目中流。"南嶺：指廬山。焉如：何如，何往。《歸園田居》其四："此人皆焉如。"

【考辨】

王《譜》：隆安四年庚子"五月，有《從都還阻風於規林》詩，當是參鎮軍，銜命自京都上江陵，故在《始作鎮軍參軍經曲阿》詩後。父在柴桑，故云'一欣侍温顔'，又云'久游戀所生'。父爲人度不肯適都，當是己舍單行。見《還舊居》詩。軍僚差强郡吏，故云'時來苟冥會，婉孌憩通衢。投策命晨裝，暫與園田疏'。"需案：《始作鎮軍參軍經曲阿》未標年歲，舊本雖在前，未必寫於《從都還阻風於規林》之前。王《譜》曰此年任鎮軍參軍，銜命自京都上江陵，蓋誤。又，此年其父已亡故。“温顔”“所生”指其母，非父也。

吴《譜》：隆安四年庚子“始作鎮軍參軍，有《經曲阿》詩。曲阿，今丹陽也。本傳稱：‘躬耕自資，遂抱羸疾，復爲鎮軍、建威參軍事。’按晉官制，鎮軍、建威皆將軍官，各置屬掾，非兼官也。以詩題考之，先生蓋於此年作鎮軍參軍，至乙巳歲作建威參軍，史從省文耳。《文選·經曲阿》詩李善注云：‘宋武帝行鎮軍將軍。’按裕元興元年爲建威將軍，三年行鎮軍將軍，與此先後歲月不合，先生亦豈從裕辟者？善注引用非是。此年五月，又有《從都還阻風規林》詩曰：‘一欣侍温顔’，則先生就辟，至是乃挈家居京師，故《還舊居》詩有‘疇昔家上京’之句。葛文康云：‘先生《阻風規林》詩，落句云：“静念園林好，人間良可辭。”是歲春秋三十六。明年《夜行塗口》詩云：“投冠旋舊廬，不爲好爵縈。”卒踐其言，自彭澤歸，優游里巷者二十有二年。’”霈案：始作鎮軍參軍非於此年，李善注亦不誤。所謂“挈家居京師”，乃誤以“上京”爲京師，尤誤。“上京”者，尋陽山名也。

陶澍《靖節先生年譜考異》：以隆安三年始作鎮軍參軍，四年請假回里，有《從都還阻風規林》詩：“嘗通考先生出處前後，始鎮參軍，就辟京口，故有《始作鎮軍參軍經曲阿》詩，鎮軍在京口，故經曲阿。庚子五月，請假回里，途必由建康，故有《從都還阻風規林》詩。懷所生而念友于，遂留尋陽逾年，故明年辛丑正月有《游斜川》詩。疑旋入都免假，至七月有江陵之役。自都往江陵，必由尋陽，故有《赴假還江陵》詩。”霈案：陶澍所説隆安三、四、五年淵明之行蹤均不確。其大誤在以隆安三年參劉牢之軍事，而諱言淵明曾入桓玄幕。但劉牢之並無鎮軍參軍之號，遂不得不作種種曲解，以致一誤再誤。

王注：“《晉書·桓玄傳》記：玄自爲荆、江二州刺史後，屢上表求討孫恩，詔輒不許。恩逼京師，復上疏討之，會恩已走等情。孫恩逼進京師在辛丑春，則桓玄屢次上表必在庚子。淵明當於庚子春奉桓玄命使都，五月中乃從都還。”逯《繫年》從之。霈案：可備一説，但此年桓玄除上表求討孫恩外，還曾屢次上表求爲都督，豈知淵明必爲討孫恩而入都耶？又焉知既非爲討孫恩又非爲求都督而另有他事耶？史書記載有闕，只可存疑。

【析義】

舊居計日可歸矣，南嶺延目可見矣。惟路曲、日短、風逆，遂守窮湖而不前。此情此景寫得真切。

自古歎行役〔一〕，我今始知之。山川一何曠〔二〕，巽坎難與期〔三〕。崩浪聒天響〔四〕，長風無息時。久游戀所生〔五〕，如何淹在兹〔六〕！静念園林好，人間良可辭〔七〕。當年詎有幾？縱心復何疑〔八〕。

【箋注】

〔一〕行役：指因公出行。《詩·魏風·陟岵》："父曰嗟！予子行役，夙夜無已。"《禮記·曲禮上》："大夫七十而致事，若不得謝，則必賜之几杖，行役以婦人。"疏："行役，謂本國巡行役事。婦人能養人，故許自隨也。"《周禮·地官·州長》："若國作民而師田行役之事，則帥而致之。"疏："行謂巡狩，役謂役作。"

〔二〕山川一何曠：古《箋》："陸士龍《爲顧彦先贈婦詩》：'山海一何曠。'"一：助詞，加强語氣。《戰國策·燕策一》："此一何慶弔相隨之速也？"曠：阻隔。《孔子家語·六本》："庭不曠山，不直地。"王肅注："曠，隔也。"

〔三〕巽(xùn)坎難與期：丁《箋注》："猶言風波不定耳。"《易·説卦傳》："巽爲木、爲風……坎爲水。"期：預期，預料。難與期：意猶不可測。

〔四〕崩浪：郭璞《江賦》："駭崩浪而相礧。"聒(guō)：《楚辭·九思·疾世》："鴝鵒鳴兮聒余。"王逸注："多聲亂耳爲聒。"

〔五〕所生：生身父母。《詩·小雅·小宛》："夙興夜寐，毋忝爾所生。"樂府古辭《長歌行》："游子戀所生。"淵明早年喪父，此指母。

〔六〕淹：久留。

〔七〕人間：此指世俗社會。《史記·留侯世家》："願棄人間事，欲從赤松子游耳。"良：誠，確實。

〔八〕當年詎有幾？縱心復何疑：意謂壯年無幾，應放任心之所好歸隱田園，而不復猶豫矣。當年：壯年。《墨子·非樂上》："將必使當年，因其耳目之聰明，股肱之畢强，聲之和調，眉之轉朴。"孫詒讓《閒詁》："王云：'當年，壯年也。'當有盛壯之義。"淵明

《飲酒》其二:"九十行帶索,飢寒況當年。"詎:副詞,表示反問,猶豈也。幾:數詞,表示數量甚少。《左傳》昭公十六年:"韓子亦無幾求。"杜預注:"言所求少。"詎有幾:猶言無幾也。縱心:放縱情懷,不受世俗約束。古《箋》:"張平子《歸田賦》:'苟縱心於物外,焉知榮辱之所如。'"

【析義】

行役之苦,思親之切,溢於言表。以歸隱之願作結,是淵明一貫寫法。

辛丑歲七月赴假還江陵夜行塗中一首①

閑居三十載,遂一作遠與塵事冥〔一〕。詩書敦宿好,林園無俗一作世情②〔二〕。如何捨此去〔三〕,遥遥至西原作南,《文選》作西荆③〔四〕。叩枻新秋月④,臨流別一作引友生⑤〔五〕。涼風起將夕,夜景湛虚明〔六〕。昭昭天宇闊〔七〕,皛皛川上平〔八〕。懷役不遑寐,中宵尚孤一作向南征⑥〔九〕。商歌非吾事,依依在耦耕〔一〇〕。投冠旋舊墟一作廬⑦,不爲好爵縈⑧〔一一〕。養真衡茅下,庶以善自名〔一二〕。

【校勘】

① 塗中:《文選》作"塗口",李善注:"《江圖》曰:'自沙陽縣下流一百一十里,至赤圻,赤圻二十里至塗口也。'"沙陽縣在漢水濱,江陵東北不遠處,自沙陽再下流浮漢水一百二十里至塗口,則已距武昌不遠。

② 林園:和陶本、《藝文類聚》作"園林"。

③ 西荆:原作"南荆",《文選》作"西荆",據改。李善注:"西荆州也,時京都在東,故謂荆州爲西也。"

④ 新秋月:六臣注《文選》作"親月船"。王叔岷《箋證稿》曰:作"新秋月"較勝,"惟新當借爲親,親與别對言,甚佳。《史記·孝文本紀》:'親與朕俱棄細過。'《漢書》親作新,即二字通用之證"。

⑤ 别:一作"引",意謂牽挽,亦通。

⑥ 尚孤征:一作"向南征",於義稍遜。

⑦ 墟:一作"廬",亦通。

⑧ 縈:《文選》作“縈”。

【題解】

“辛丑”,晉安帝隆安五年(四〇一)。“赴假”,趨假,此言回家休假。“還江陵”,回家休假後復返回江陵任職。“江陵”,荆州治所,桓玄於隆安三年(三九九)十二月襲殺荆州刺史殷仲堪,隆安四年(四〇〇)三月任荆州刺史,至元興三年(四〇四)桓玄敗死,荆州刺史未嘗易人。淵明既然於隆安五年(四〇一)七月赴假還江陵任職,則必在桓玄幕中無疑。

【編年】

據詩題,此詩作於晉安帝隆安五年辛丑(四〇一)。題目中“七月”乃赴假之時,當年秋復返回江陵。詩曰“叩枻新秋月”,“新”通“親”,“新秋月”即“親秋月”也。詳本詩校勘及箋注。

【箋注】

〔一〕閑居三十載,遂與塵事冥:閑居:李善注引《漢書(司馬相如傳)》:“司馬相如稱疾閑居。”《禮記·孔子閑居》鄭注:“退燕避人曰閑居。”《文選》潘岳《閑居賦》李善注:“不知世事,閑静居坐之意也。”三十載:疑是“二十載”之訛,詳本詩“考辨”。淵明自“向立年”(二十九歲)起爲江州祭酒,少日,自解歸。四十七歲復至荆州入桓玄幕。自二十九歲至四十七歲,閑居十九年,舉其成數爲二十年。此詩開首四句追述二十年賦閑生活,第五、六句“如何捨此去,遥遥至西荆”,意謂如何捨棄此二十年閑居之快樂,而遠至西荆以仕玄耶?此二句意謂出仕荆州之前曾閑居二十年,遂與塵俗之事遠隔也。

〔二〕詩書敦宿好,林園無俗情:意謂閑居可敦詩書之素好,林園之中無世俗之情干擾。敦:注重、崇尚。《左傳》僖公二十七年:“悦禮樂而敦詩書。”宿好:舊所好也。俗情:《世説新語·排調》:“范榮期見郗超俗情不淡,戲之曰:‘夷、齊、巢、許一詣垂名,何必勞神苦形,支策據梧邪?’”

〔三〕如何:奈何。《詩·秦風·晨風》:“如何如何,忘我實多。”此:指林園。

〔四〕西荆:李善注:“西荆州也。時京都在東,故謂荆州爲西也。”

〔五〕叩枻(yì)新秋月,臨流别友生:淵明或有朋友在途中一度相聚,分别後繼續行舟往西荆而去,故言。李善注:“《楚辭(漁父)》:

‘漁父鼓枻而去。’王逸注：‘叩船舷也。’《楚辭（九章・抽思）》曰：‘臨流水而太息。’《毛詩（小雅・常棣）》曰：‘雖有兄弟，不如友生。’”新：通“親”。朱駿聲《説文通訓定聲・坤部》：“新，假借爲親。”《書・金縢》：“惟朕小子其新逆。”陸德明釋文：“新逆，馬本作親迎。”此二句對仗，釋“新”爲“親”於義爲勝。

〔六〕夜景湛虚明：意謂月光皎潔，夜色澄清。夜景：夜色，實即月色、月光。湛：澄清。謝混《游西池》詩：“景昃鳴禽集，水木湛清華。”虚明：空明。

〔七〕昭昭天宇闊：月光之中天宇明亮，故覺寬闊。昭昭：明亮。《楚辭・九歌・雲中君》：“靈連蜷兮既留，爛昭昭兮未央。”

〔八〕皛皛（xiǎo，又讀 jiǎo）：明亮。

〔九〕懷役不遑寐，中宵尚孤征：意謂惦記職事而無暇寐，中夜尚獨自趕路。《詩・召南・小星》：“肅肅宵征，夙夜在公。”役：事，此指職事。不遑寐：李善注：“《毛詩（小雅・小弁）》曰：‘不遑假寐。’”

〔一〇〕商歌非吾事，依依在耦耕：意謂不願效法寧戚之求宦，而留戀於長沮、桀溺之耦耕也。李善注：“《淮南子（主術訓）》曰：‘寧戚商歌車下，而桓公慨然而悟。’許慎曰：‘寧戚，衛人，聞齊桓公興霸，無因自達，將車自往。’商，秋聲也。《莊子（讓王）》：‘卞隨曰：“非吾事也。”’《論語（微子）》曰：‘長沮、桀溺耦而耕。’”耦耕：兩人並耕。

〔一一〕投冠旋舊墟，不爲好爵縈：意謂終將棄官還家，不爲好爵所牽擾約束也。投冠：指棄官。旋：返。舊墟：故所居之地。好爵：李善注：“《周易（中孚）》曰：‘我有好爵，吾與爾靡之。’”縈：繫縛，牽掛。

〔一二〕養真衡茅下，庶以善自名：意謂養真於蔽廬之下，庶幾得以保持自己之善名矣。養真：修養真性，詳前《始作鎮軍參軍經曲阿》“箋注”〔八〕。衡茅：衡門茅茨也。庶以：將近。李善注：“曹子建《辯問》曰：‘君子隱居以養真也。’……范曄《後漢書（馬援傳）》：‘馬援曰：“吾從弟少游曰：‘士生一時，鄉里稱善人，斯可以矣。’鄭玄《禮記》注曰：‘名，令聞也。’”

【考辨】

“赴假還江陵”，陶澍《靖節先生年譜考異》釋爲“赴假還自江陵”，增字爲訓，難以成立。而且詩之語氣是離家就職，不是還家，“懷役不遑寐”一句可證，陶説不足信。古《箋》釋爲“急假”：“‘假’與‘赴假’，其間有别。‘假’，常假。《晉書》：‘徐邈並吏假還’，是其例。‘赴假’，急假。《世説》：‘陸機赴假還洛’，是其例。”古《譜》曰：“考《禮記》鄭《注》：‘赴，疾也。’《釋文》：‘急，疾也。’‘赴假’，猶言‘急假’。”古直意謂淵明因急事而請假，仍舊將“赴假還江陵”釋爲“赴假還自江陵”。朱自清駁古直曰：“此文見《自新篇》云：‘陸機赴假還洛，輜重甚盛。’此寧類急假耶……足知‘赴假’即今言銷假意；淵明正是銷假赴官，乃有‘投冠’‘養真’等語耳。”但朱氏所謂“赴假”即銷假之説未必成立。“赴”，無“銷”意。《説文》：“赴，趨也。”《左傳》昭公二十五年：“故人之能自曲直以赴禮者，謂之成人。”孔穎達疏：“赴，謂奔走。”意思相近。“赴”可引申爲前往、投入、到達，如“赴官”“赴職”“赴命”“赴戰”，其意亦恰與“銷”相反。所以“赴假”可釋爲趨假，猶言進入休假，而不可釋爲“銷假”也。淵明詩題中“赴假”與“還江陵”是相連續之兩件事，先赴假回尋陽家中，旋還江陵。即使《世説新語》所謂陸機“赴假還洛”，亦是先赴假南歸，後還洛也。陸機有《於承明作與士龍》詩曰：“南歸憩永安，北邁頓承明。永安有昨軌，承明子棄予。”可見陸機確曾南歸。張蔭嘉《古詩賞析》曰：“此告假還家，假滿赴荆之作，亦有思隱意。”最爲恰切。

“閑居三十載”，各家解釋分歧：(一)從出生算起，至寫此詩爲止，中間除去爲官時間，大致是三十年(實際上是三十四五年)。但“閑居”從出生算起，不合情理，孩提時代無所謂“賦閑”不“賦閑”，不應把孩提時代也算作“閑居”。(二)從出生算起，到起爲江州祭酒之二十九歲，大致是三十年。然詩曰：“閑居三十載，遂與塵世冥。詩書敦宿好，林園無俗情。如何捨此去，遥遥至西荆。”據上下文，三十載應是至荆州仕桓玄之前那段時間，不是出仕爲州祭酒前那段時間。而且既曰“閑居”，則非謂年歲。“閑居三十載”釋爲行年三十歲，意殊不合。(三)三十代表多數，非確指。三十固然可以代指多數，但不可一概而論，亦有確指三十或大約三十者。“三十”可能是誇大之虚數，但並非古書中所有“三十”皆誇大之辭。淵明此詩所謂“三十載”究竟是否誇大，仍然需要具體考察，不可籠統言之。(四)“三十”乃“已一”之訛。此説頗有創見，然缺少版本證據，恐難成立。（五）“三十”乃“二十”之訛。古直主此説，所舉各例，皆無可爭辯。古《譜》：“‘二’‘三’形近，每易互訛。如《書》：‘咨女二十有二人。’王引之《經義述聞》曰：‘上“二”字當作“三”，傳寫者脱去一畫耳。’《史記·高祖紀》注：‘年六十三’，《太平御覽》引《史記》云：‘年六十二’。《漢書·地理志》：‘二都得百里者百’，汲古閣本作‘三都得百里者百’。《禮記》：‘舜葬蒼梧之野，蓋三妃未之從也。’《後漢書·趙咨傳》作‘二妃不從’。沈欽韓《疏證》曰：‘“二”當作“三”。’《後漢書·徐防傳》：‘奉事二帝。’姚本《續漢書》作‘奉事三世’。《蜀志·向朗傳》：‘優游林下，垂三十年。’裴松之注：‘朗免長史至卒，整二十年耳，此云三十，字之誤也。’皆與《還江陵》詩‘二十’訛爲‘三十’同其比例也。又《尚書》：‘謁者御史名爲三臺。’先生《命子》詩‘直方三臺’謂此也。集本皆誤作‘二臺’，惟紹熙壬子曾集刻本注云：‘一作三。’是則‘二’‘三’互訛，本集亦有其例矣。”然古直主五十二歲説，此詩繫於二十六歲。從出生算起，除去爲官時間，大致是二十年。古説之弊病與第一、二説相同。兹繫此詩於五十歲下，取古説，“三十”乃“二十”之訛。淵明自二十九歲辭江州祭酒，至四十七歲仕桓玄幕，中間十九年閑居，舉其成數爲二十年。如此則順理成章，了無窒礙矣。

【析義】

此淵明倦游之作也。夜行江中，懷役不寐，遂反省何爲舍林園而入仕途。篇末表示終當養真於衡茅之下，以保全令名也。

癸卯歲始春懷古田舍二首

在昔聞南畝，當年竟未踐〔一〕。屢空既有人，春興豈自免〔二〕？夙晨裝吾駕〔三〕，啟塗情已緬〔四〕。鳥哢歡新節〔五〕，泠風送餘善一作鳥弄新節令，風送餘寒善。令一作泠①〔六〕。寒竹一作草被荒蹊②，地爲罕一作幽人遠③〔七〕。是以植杖翁，悠然不復返〔八〕。即理愧通識，所保詎乃淺一作成淺④〔九〕。

【校勘】

① 泠：曾集本作“冷”，非是。鳥哢歡新節，泠風送餘善：一作“鳥弄新節令，風送

餘寒善";節令:又作"節冷"。於義均稍遜。

② 竹:一作"草",亦通。

③ 罕:一作"幽",非是。

④ 乃淺:一作"成淺",非是。

【題解】

"癸卯歲",晉安帝元興二年(四〇三)。"懷古田舍",懷古於田舍。陶澍《考異》曰:"懷古田舍,古人文簡語倒,當是於田舍中懷古也。"時淵明正丁母憂居喪在家。第一首懷荷蓧丈人,第二首懷長沮、桀溺,所懷皆古之躬耕隱士。"田舍",田間之廬舍。從首二句"在昔聞南畝,當年竟未踐"看來,或即南畝中之田舍。淵明之田産不止一處,除南畝外,尚有西田、下潠田,各處田産中或均有廬舍。

【編年】

晉安帝元興二年癸卯(四〇三)。

【箋注】

〔一〕在昔聞南畝,當年竟未踐:意謂以前雖聞有南畝,但未曾親自到南畝躬耕。

〔二〕屢空既有人,春興豈自免:意謂自己之貧窮既如顏回,則必趁春興之際躬耕也。屢空:常常貧窮。《論語・先進》:"回也其庶乎！屢空。"春興:春天農事開始。

〔三〕夙晨裝吾駕:意謂一早即裝束車駕準備去到田中。夙:早。駕:車乘。南畝似較遠,故須乘車。淵明不止一次寫乘車到田中,《歸去來兮辭》:"或命巾車,或棹孤舟。"

〔四〕啟塗情已緬:意謂剛一啟程而心已遠飛至田中矣。緬:遠。

〔五〕哢(lòng):鳥叫。新節:指春。

〔六〕泠(líng)風:小風、和風。《莊子・齊物論》:"泠風則小和。"陸德明釋文:"泠風,泠泠小風也。"《吕氏春秋・任地》:"子能使子之野盡爲泠風乎?"高誘注:"泠風,和風,所以成穀也。"

〔七〕地爲罕人遠:意謂南畝因人跡罕至而覺其遥遠。

〔八〕是以植杖翁,悠然不復返:承上意謂南畝蹊荒地遠,正是遁世隱逸之好處所。由此得以體會荷蓧丈人悠然自得之心情,決心躬耕隱逸。植杖翁:《論語・微子》:"子路從而後,遇丈人,以杖荷蓧。……植其杖而芸。子路拱而立,止子路宿。……明日,子路行，以告。子曰：‘隱者也。’使子路反見之。至，則行矣。”不復返：古《箋》引《韓詩外傳》：“山林之士，往而不反。”即不返回塵世，而甘於隱居。

〔九〕即理愧通識，所保詎乃淺：意謂隱居躬耕之理雖有愧於通識，但其所保非淺也。古《箋》：“《晉書・王羲之傳》：‘所謂通識，正(自)當隨事行藏，乃爲遠耳。’直案：魏晉之際，所謂通字，從後論之，每不爲佳號。”丁《箋注》：“通識，謂與時依違，而取富貴者。靖節不能，故愧之也。”霈案：“愧”字乃反語，其實是不屑於此。淵明《歸園田居》其一曰“守拙歸園田”，所謂“拙”恰與“通”對立。所保：古《箋》：“《後漢書・逸民傳》：龐公者，襄陽人也。劉表就候之曰：‘夫保全一身，孰若保全天下乎？’龐公笑曰：‘鴻鵠巢於高林之上，暮而得所棲；黿鼉穴於深淵之下，夕而得所宿。夫趣舍行止，亦人之巢穴也。且各得其棲宿而已。天下非所保也。’因釋耕於壟上，而妻子耘於前。”霈案：淵明所保者非僅一身性命，而是淳真樸素之本性。其所謂“抱樸含真”(《勸農》)，“抱樸守靜”(《感士不遇賦》)，“養真衡茅下”(《辛丑歲七月赴假還江陵夜行塗中》)，可證。

先師有遺訓一作成誥①，憂道不憂貧〔一〕。瞻望一作仰瞻邈難逮②，轉欲志原作患，注一作思，又作志長勤③〔二〕。秉耒歡一作力時務④〔三〕，解顔勸農人〔四〕。平疇交遠風〔五〕，良苗亦懷新。雖未量歲功，即事多所欣〔六〕。耕種一作者有時息⑤，行者無問津〔七〕。日入一作田人相與歸⑥〔八〕，壺漿勞近鄰〔九〕。長吟掩柴門，聊爲隴畝民一作人⑦〔一〇〕。

【校勘】

① 遺訓：一作“成誥”，非是。

② 瞻望：一作“仰瞻”，亦通。

③ 志：原作“患”，底本校曰“一作思，又作志”。今以“志”爲是，據改。

④ 歡：一作“力”，亦通。

⑤ 種：一作“者”，亦通。

⑥ 日入：一作“田人”，亦通。

⑦ 民：一作“人”，亦通。

【箋注】

〔一〕先師有遺訓，憂道不憂貧：《論語・衛靈公》：“子曰：‘君子謀道不謀食。耕也，餒在其中矣；學也，禄在其中矣。君子憂道不憂貧。’”

〔二〕瞻望貌難逮，轉欲志長勤：意謂孔子之遺訓可望而不可及，故轉而立志於長期從事農耕。古《箋》：“《邶風（燕燕）》：‘瞻望弗及。’《論語（子罕）》：‘顔淵喟然歎曰：“仰之彌高，鑽之彌堅。瞻之在前，忽焉在後。”’”邈：遠。難逮：難以達到。

〔三〕秉：持。耒：犁柄。時務：當及時而爲之事，指農事。《國語・楚語》：“民不廢時務。”《後漢書・章帝紀》：“方春東作，宜及時務。”

〔四〕解顔：開顔。《列子・黄帝》：“夫子始一解顔而笑。”馬璞《陶詩本義》：“解顔者，其情見於顔，非强之也。”勸農人：勸勉農人。

〔五〕疇：耕治之田。交：交遇。

〔六〕雖未量歲功，即事多所欣：意謂雖未計算一年之收入，而即此目前之農事已多所欣喜矣。歲功：指一年之收成。丁《箋注》：“《漢書（董仲舒傳）》：‘天使陽出布施於上，而主歲功。’”《後漢書》卷四九《王符傳》録《潛夫論・愛日》：“歲功既虧，天下豈無受其飢者乎？”

〔七〕耕種有時息，行者無問津：意謂可以充分享受安静，而不受打攪。《論語・微子》：“長沮、桀溺耦而耕，孔子過之，使子路問津焉。長沮曰：‘夫執輿者爲誰？’子路曰：‘爲孔丘。’曰：‘是魯孔丘與？’曰：‘是也。’曰：‘是知津矣。’問於桀溺。桀溺曰：‘子爲誰？’曰：‘爲仲由。’曰：‘是魯孔丘之徒與？’對曰：‘然。’曰：‘滔滔者天下皆是也，而誰以易之？且而與其從辟人之士也，豈若從辟世之士哉？’耰而不輟。”津：渡口。

〔八〕日入：《擊壤歌》：“日出而作，日入而息。”

〔九〕壺漿：指酒。淵明《飲酒》其九：“壺漿遠見候。”

〔一〇〕聊：姑且。隴畝民：田野之人，即農人。

【析義】

此二詩結構相似，先説孔子、顔回之憂道不憂貧自己難逮，轉而躬耕以謀食。繼而寫躬耕之樂、田野景物之可愛，並以長沮、桀溺等人自況。末尾表示躬耕隱居之決心。由此可見淵明雖接受儒家思想，但比孔子更爲實際。

“平疇交遠風，良苗亦懷新。”良苗人格化。“亦”字，可見己心與物妙合無垠，與其《時運》“有風自南，翼彼新苗”有異曲同工之妙。蘇軾曰：“非古之耦耕植杖者，不能道此語；非世之老農，不能識此語之妙。”(《東坡題跋》)“雖未量歲功，即事多所欣。”得道語也。做事原不必斤斤計較其結果，愉快即在創造之過程中。亦即只管耕耘，不問收穫之意也。

癸卯歲十二月中作與從弟敬遠一首

寢跡衡門下〔一〕，邈與世相絶。顧眄莫誰知①，荆扉晝常閉一作荆門終日閇，閇音必結反②〔二〕。淒淒一作慘慘歲暮風③〔三〕，翳翳經日一作夕雪④〔四〕。傾耳無希聲，在目皓一作浩已結⑤〔五〕。勁氣侵襟袖，簞瓢謝屢設〔六〕。蕭索空宇中〔七〕，了無一可悦〔八〕。歷覽千載書，時時見遺烈〔九〕。高操非所攀，謬原作深，注宋本作謬得固窮節⑥〔一〇〕。平津苟不由一作苟不申⑦，栖遲詎爲拙〔一一〕？寄意一言外，兹契誰能别〔一二〕？

【校勘】

① 眄：紹興本作“盻”，義同。

② 荆門晝常閉：一作“荆門終日閇”，亦通。湯注本作“閇”，通“閉”。

③ 淒淒：一作“慘慘”，亦通。

④ 日：一作“夕”。

⑤ 結：紹興本作“絜”，李注本作“潔”，意謂潔淨，亦有佳處。

⑥ 謬：原作“深”，注宋本作“謬”，今從宋本。

⑦ 苟不由：一作“苟不申”。需案：此校語原在篇末，今移至此。

【題解】

“癸卯歲”，晉安帝元興二年(四〇三)。“從弟”，堂弟。淵明有《祭從弟敬遠文》，文曰：“余嘗學仕，纏綿人事。流浪無成，懼負素志。斂策歸來，爾知我意。常願攜手，寘彼衆意。每憶有秋，我將其刈。與汝偕行，舫舟同濟。三宿水濱，樂飲川界。静月澄高，温風始逝。”可知敬遠與淵明志同道合。

【編年】

晉安帝元興二年癸卯（四〇三）。

【箋注】

〔一〕寢：止息。寢跡：隱没蹤跡，意猶隱居。衡門：衡木爲門，指淺陋之住處。《詩·陳風·衡門》：“衡門之下，可以栖遲。”

〔二〕顧眄莫誰知，荆扉晝常閇（bì）：意謂四顧無一相識之人，荆門雖白日亦常關閉也。淵明《歸園田居》其二：“白日掩荆扉。”《歸去來兮辭》：“門雖設而常關。”眄：斜視。曹植《美女篇》：“顧眄遺光彩。”閇：同“閉”。《藝文類聚》卷三一顔延之《贈王太常僧達詩》：“郊扉常晝閇，林閭時晏開。”

〔三〕淒淒：寒涼。《詩·鄭風·風雨》：“風雨淒淒，雞鳴喈喈。”

〔四〕翳翳：暗貌，見《文選》陸機《文賦》“理翳翳而愈伏”李善注。淵明《歸去來兮辭》：“景翳翳以將入。”

〔五〕傾耳無希聲，在目皓已結：意謂聽之無所聞，視之已白成一片矣。古《箋》：“《老子》：‘大音希聲。’又曰：‘聽之不聞名曰希。’陸士衡《於承明作與士龍》：‘傾耳玩餘聲。’”結：聚積。《文選》陸機《挽歌》：“悲風徽行軌，傾雲結流藹。”李善注：“結，猶積也。”

〔六〕簞瓢謝屢設：意謂即使簞瓢亦不得常設也。《論語·雍也》：“賢哉回也！一簞食，一瓢飲，在陋巷，人不堪其憂，回也不改其樂。”

〔七〕蕭索：蕭條空蕩。宇：屋宇。《楚辭》宋玉《招魂》：“高堂邃宇，檻層軒些。”王逸注：“宇，屋也。”左思《詠史》：“寥寥空宇中，所講在玄虚。”

〔八〕了：完全，全然。《抱朴子外篇·審舉》：“假令不能必盡得賢能，要必愈於了不試也。”《世説新語·任誕》：“張甚欲話言，劉了無停意。”

〔九〕歷覽千載書，時時見遺烈：古《箋》：“左太沖《詠史詩》：‘遺烈光篇籍。’”歷覽：遍覽。遺烈：古之志士。

〔一〇〕高操非所攀，謬得固窮節：意謂遺烈之崇高德操非己所攀求者，僅謬得其固窮之節操耳。《論語·衛靈公》："君子固窮，小人窮斯濫矣。"謬：謙辭。

〔一一〕平津苟不由，栖遲詎爲拙：意謂苟不行平津，則隱居於衡門之下豈爲拙乎？平津：坦途，此喻仕途。由：蹈行，踐履。《孟子·公孫丑上》："隘與不恭，君子不由也。"曹植《雜詩》其五："將騁萬里塗，東路安足由。"栖遲：《詩·陳風·衡門》："衡門之下，可以栖遲。"

〔一二〕寄意一言外，兹契誰能别：意謂一言（指上句"栖遲詎爲拙"）之外寄有深意，唯敬遠能與吾心相契合也。契：契合，淵明《桃花源詩》："高舉尋吾契。"《易·繫辭上》："子曰：'書不盡言，言不盡意。'"《莊子·天道》："語有貴也。語之所貴者，意也。意有所隨，意之所隨者，不可以言傳也。"

【析義】

此抒志之作也。欲有爲而不可得，遂退而隱居，與世隔絶，其中頗有難言之隱，唯敬遠能得其心。"傾耳無希聲，在目皓已結"，渾厚已極。羅大經《鶴林玉露》曰："只十字，而雪之輕虚潔白盡在是矣。後來者莫能加也。"沈德潛《古詩源》曰："淵明詠雪，未嘗不刻劃，卻不似後人黏滯。愚於漢人得兩語曰'前日風雪中，故人從此去'，於晉人得兩語曰'傾耳無希聲，在目皓已潔'，於宋人得一句曰'明月照積雪'，爲千古詠雪之式。"

乙巳歲三月爲建威參軍使都經錢溪一首

我不踐斯境，歲月好已積①〔一〕。晨夕看山川，事事悉如昔。微雨洗高林，清飆矯雲翮〔二〕。眷彼品物存，義風一作在義都未隔②〔三〕。伊余一作余亦何爲者③，勉勵從兹役。一形似有制，素襟不可易〔四〕。園田日夢想一作想夢④，安得久離析一作拆⑤！終懷在歸一作壑舟⑥，諒哉宜一作負霜柏⑦〔五〕。

【校勘】

① 好：和陶本作"秏"，非是。

② 義風：一作“在義”，於義爲遜。

③ 伊余：一作“余亦”，非是。

④ 夢想：一作“想夢”，非是。

⑤ 析：一作“拆”，非是。

⑥ 歸舟：一作“壑舟”，亦通。

⑦ 宜：一作“負”，非是。

【題解】

“乙巳歲”，晉安帝義熙元年（四〇五）。“建威參軍”，建威將軍參軍。時建威將軍爲劉敬宣。“使都”，出使京都。“錢溪”，陶澍注：“《宋書》曰：‘錢溪江岸最狹。’胡三省《通鑑》注：‘《新唐書・地理志》：“宣州，南陵縣有梅根監錢官。”’《宋書》：‘陳慶軍至錢溪，軍於梅根。’蓋今之梅根港也。以有置錢監，故謂之錢溪。”需案：陶澍所引不確，“錢溪江岸最狹”，見於《資治通鑑》卷一三一明帝泰始二年。“陳慶”云云，原文見《宋書》卷八四《鄧琬傳》：“陳慶至錢溪，不敢攻。越錢溪，於梅根立砦。”查《新唐書・地理志》，宣州宣城郡南陵下，有注曰：“有梅根、宛陵二監錢官。”據此，錢溪與梅根相近，但不是一地。

【編年】

據詩題，作於晉安帝義熙元年乙巳（四〇五）。

【箋注】

〔一〕我不踐斯境，歲月好（hào）已積：意謂久已未至此地矣。好：副詞，表示程度，猶言孔、甚。古《箋》引《漢書（食貨志）》注：“韋昭曰：‘好，孔也。’”

〔二〕清飈矯雲翮：意謂清風高舉雲中之鳥。矯：高舉。《文選》揚雄《解嘲》：“矯翼厲翮。”

〔三〕眷彼品物存，義風都未隔：意謂顧彼衆物生機勃勃，一如往昔；都能得好風之助，全無阻隔也。古《箋》：“《易・乾》：‘雲行雨施，品物流形。’《文言》曰：‘利物足以和義。’又曰：‘知終終之，可以存義。’直案：‘眷彼品物’二句當本此。義風未隔，即孔疏所謂：‘品類之物流布成形，各得亨通，無所壅蔽也。’《晉書・劉琨傳》：‘義風既暢’，《温嶠傳》：‘士稟義風’，詞同而意微殊。”

〔四〕一形似有制，素襟不可易：意謂自己既已從宦，則形體似有所制約，但平素之襟懷卻不可易也。淵明《始作鎮軍參軍經曲阿》“真想初在襟，誰謂行跡拘”意同。一形：《莊子・則陽》：“古之君人者，以得爲在民，以失爲在己；以正爲在民，以枉爲在己；故一形有失其形者，退而自責。"《吕氏春秋·明理》："成非一形之功也。"古《箋》引《淮南子·詮言訓》："有形而制於物。"王叔岷《箋證稿》引《列子·天瑞》："(凡一氣不頓進，)一形不頓虧。"素襟：《文選》王僧達《答顔延年》："崇情符遠跡，清氣溢素襟。"李周翰注："高情同往賢之遠跡，清淑之氣自盈於本心。"

〔五〕終懷在歸舟，諒哉宜霜柏：意謂己之所懷終在乘舟以返園田，而己之節操誠然足以當霜柏之堅貞也。諒：信。宜：當。霜柏：古《箋》引《莊子·讓王》："霜雪已降，吾是以知松柏之茂也。"

【考辨】

吴《譜》："三月，建威將軍劉懷肅討振，斬之。天子乃還京師。是年懷肅以建威將軍爲江州刺史，先生實參建威軍事，從討逆黨於江陵。有《使都經錢溪》詩，蓋自江陵以使事如建業。"吴瞻泰《陶詩彙注》曰："考《宋書·懷肅傳》：其年爲輔國將軍，無建威之説。惟《晉書·劉牢之傳》云：'劉敬宣與諸葛長民破桓歆於芍陂，遷建威將軍、江州刺史，鎮尋陽。'《宋書·劉敬宣傳》所載亦同。實元帝元興三年甲辰，則公爲敬宣建威參軍，未可知也。《年譜》失考。"陶《考異》："今按：斗南謂是年劉懷肅以建威將軍爲江州刺史，先生實參懷肅軍事，從討逆黨於江陵。蓋據《晉書》義熙元年乙巳三月，桓振襲江陵，荆州刺史司馬休之奔於襄陽，建威將軍劉懷肅討振，斬之。而先生詩題云《乙巳三月爲建威參軍使都》，故遂以此事當之。東巖謂懷肅爲輔國將軍，無建威之説，誤也。惟懷肅雖亦號建威將軍，而時爲淮南、歷陽二郡太守，非江州刺史。江州刺史則敬宣以建威將軍爲之，鎮尋陽，已先在甲辰三月。先生爲江州柴桑人，得佐本州戎幕，且素參牢之軍事，敬宣爲牢之子，與先生世好，其特辟先生，有由也。斗南謂先生從討江陵，亦與題云'使都'相戾，使都何能從討乎？東巖又以乙巳年事繫於甲辰，亦誤。"楊希閔《晉陶徵士年譜》："陶公參建威軍，史亦無主名。周保緒《晉略》謂是劉敬宣。考敬宣去職在前，未合。或曰朱齡石，然又遠在後，亦未合。且闕疑。"古《譜》："有《乙巳歲三月爲建威參軍使都經錢溪》詩一首，當是爲敬宣奉表辭官。敬宣已去，先生當亦罷歸也。"王注、逯《繫年》從之。

需案：劉懷肅任建威將軍見《晉書·桓玄傳》："玄故將劉統、馮稚等聚黨四百人，襲破尋陽城。(劉)毅遣建威將軍劉懷肅討平之。"《資治通鑑》繫此事於安帝元興三年(四〇四)五月。但《宋書·劉懷肅傳》只言其任輔國將軍,而不及建威將軍。《晉書校注》:"疑懷肅傳失書,或輔國即建威之訛。"然而劉懷肅之任建威將軍既不見本傳,實可懷疑也。劉敬宣任建威將軍,見《宋書》卷四七《劉敬宣傳》:"桓歆率氐賊楊秋寇歷陽,敬宣與建威將軍諸葛長民大破之。歆單騎走渡淮,斬楊秋於練固而還。遷建威將軍、江州刺史。"又《晉書》卷八四《劉敬宣傳》:"與諸葛長民破桓歆於芍陂,遷建威將軍、江州刺史,鎮尋陽。"《資治通鑑》繫此事於安帝元興三年(四〇四)四月。綜合上述資料可知:元興三年四月,劉敬宣隨建威將軍諸葛長民破桓歆之後即繼其任建威將軍。如果劉懷肅於此年五月正任建威將軍,則同時有二建威將軍,或劉敬宣任建威將軍僅一個月,均不可能。劉懷肅任建威將軍之説不見其本傳,本有疑問。此時之建威將軍只能是劉敬宣。建威軍駐地在江州一帶,劉敬宣任建威將軍兼江州刺史,合乎慣例。此年十月,桓玄兄子亮自稱江州刺史,舉兵攻豫章,劉敬宣擊敗之。可見直到十月劉敬宣尚未離建威將軍任。劉懷肅之任建威將軍,乃《晉書·桓玄傳》誤記。劉敬宣在江州爲劉毅所忌,甚不安。義熙元年三月安帝反正,遂自表解職。籍屬江州之陶淵明此月爲建威將軍參軍使都經錢溪,此建威將軍即劉敬宣無疑。淵明於是年三月前已解除鎮軍參軍職回江州,三月改任建威參軍出使。陶澍《靖節先生爲鎮軍、建威參軍辨》曰:淵明赴都當是奉賀復位,或並爲劉敬宣上表解職。此説雖係猜測,然不無可能,録以備考。

【析義】

錢溪者,淵明舊經之地,風物佳勝,記憶猶新。今復經此地,風物未改,而己身爲行役所制,竟不得自由,一似義風壅蔽。故懷念故園,終將歸去。"義風都未隔",乃一篇之關鍵。淵明以己身與品物對照,或隔或不隔,大相異趣。

還舊居一首

疇昔家一作居上京①〔一〕,六一作十載去還歸〔二〕。今日始復來,惻愴多所悲。阡陌不移舊,邑屋或時非〔三〕。履歷周故居〔四〕,鄰老罕復遺。步步尋往跡,有處特一作時依依②〔五〕。流幻百年中,寒暑日相推一作追③〔六〕。常恐大化盡，氣力不及衰〔七〕。撥一作廢置且莫一作旦莫念④，一觴聊可一作一揮〔八〕。

【校勘】

① 家：一作“居”，亦通。

② 特：一作“時”，亦通。

③ 推：一作“追”，亦通。

④ 撥：一作“廢”，亦通。且莫：一作“旦莫”，猶“旦暮”，於義爲遜。

【題解】

題曰“還舊居”，首二句點明“疇昔家上京”，則此舊居在上京無疑。

【編年】

此“舊居”或即《庚子歲從都還阻風於規林》中“計日望舊居”之“舊居”也，然《庚子歲從都還阻風於規林》與此詩非同時所作。《庚子歲從都還阻風於規林》作於庚子（四〇〇），淵明四十九歲，而《還舊居》曰：“常恐大化盡，氣力不及衰。”“衰”者，據《禮記》爲五十歲。“常恐不及衰”，意謂恐怕活不到五十歲，揣度語氣當作於四十五歲前後，彼時或曾一度還舊居。詩中未言及家人，亦未言及自家狀況，只言“邑屋時非”，“鄰老罕遺”，蓋非爲省親也。如此，《還舊居》或可訂爲晉孝武帝太元二十一年（三九六）四十五歲前後所作。此前“六載”或“十載”，淵明遷離此舊居，此時復舉家遷回舊居。至庚子歲從都還時，即還此舊居省親也。

【箋注】

〔一〕上京：李注：“《南康志》：‘近城五里，地名上京，亦有淵明故居。’”陶澍注：“《名勝志》：‘南康城西七里，有玉京山，亦名上京，有淵明故居。其詩曰“疇昔家上京”，即此。’”

〔二〕六載去還歸：意謂六年前離去，今復歸還也。陶澍注：“去還歸者，謂以己亥出，庚子假還，辛丑再還，甲辰服闋，又爲本州建威參軍，去而歸，歸而復去，故曰‘六載去還歸’也。”但細審詩意，是久已未還，故甚覺變化巨大而感慨萬千。若如陶澍所説，數年内去而又還，還而又去，去而又還，則不當有此等語也。且詩中明言“今日始復來，惻愴多所悲”，則決非如陶澍所説多次去來也。

〔三〕阡陌不移舊，邑屋或時非：意謂田間道路依舊，而村舍時見變異。阡陌：田間小路。《風俗通義》："南北曰阡，東西曰陌。"邑屋：古《箋》："《國策・齊策》：'顔斶（辭去）曰："……願得賜歸，安行而反臣之邑屋。"'《漢書・游俠傳》：'郭解曰："居邑屋不見敬。"'師古曰：'邑屋，猶今人言村舍、巷舍也。'"

〔四〕履歷：步經。周：繞。

〔五〕依依：留戀貌。

〔六〕流幻百年中，寒暑日相推：意謂人生百年無時不在流遷幻化之中，寒暑互相推遷，無一日停歇也。古《箋》："《繫辭》：'寒暑相推，而歲成焉。'"

〔七〕常恐大化盡，氣力不及衰：意謂常恐己身之幻化終止，氣力尚不及於衰而死去。黄文焕《陶詩析義》曰："由壯而衰，由衰而老，此化盡之恒也。中年物化，則衰將不及，可畏哉！"大化：指由生至死之變化。《列子・天瑞》："人自生至終，大化有四：嬰孩也，少壯也，老耄也，死亡也。"古《箋》："《禮記・王制》：'五十始衰。'又《檀弓》：'五十無車者不越疆而弔人。'鄭注：'氣力始衰。'"

〔八〕撥置且莫念，一觴聊可揮：意謂幻化之事且擺脱棄置而勿念，聊飲酒以開懷也。撥：廢棄，除去。劉向《九歎・惜賢》："撥諂諛而匡邪兮。"揮：揮觴。

【析義】

淵明頗以世事變遷生命短促爲念，本欲有所爲者。六年或十年間，邑屋鄰老皆已變化，此或社會動亂不安故也。

戊申歲六月中遇火一首

草廬寄窮巷，甘以辭華軒〔一〕。正夏長風急一作至①〔二〕，林室頓燒燔。一宅無遺宇，舫舟蔭門前〔三〕。迢迢新秋夕〔四〕，亭亭月將圓〔五〕。果菜一作藥始復生②，驚鳥尚未還。中宵竚遥念，一盼周九天〔六〕。總髮抱孤念一作諸孤，念又作介③，奄出四一作門十年④〔七〕。形跡憑化往，靈府長獨閑〔八〕。貞剛自有一作在質⑤，玉石乃非堅〔九〕。仰想東户時，餘糧宿中田〔一〇〕。鼓腹無所思一作且無慮⑥，朝起暮歸眠〔一一〕。既已不遇兹，且遂灌我園⑦〔一二〕。

【校勘】

① 急：一作“至”，亦通。

② 菜：一作“藥”，蓋形近而訛。

③ 抱孤念：一作“抱諸孤”，非是。一作“抱孤介”，亦通。

④ 四十年：一作“門十年”，非是。“門”乃“四”之訛。

⑤ 自有質：一作“自在質”，非是。“在”乃“有”之訛。

⑥ 無所思：一作“且無慮”，亦通。

⑦ 我：李注本作“西”，恐非是。

【題解】

“戊申”，晉安帝義熙四年（四〇八）。李公焕注：“靖節舊宅居于柴桑縣之柴桑里，至是屬回禄之變，越後年徙居於南里之南村。”丁《譜》曰：“柴桑舊宅既毁，移居南村，有《移居》詩。”需案：此詩未言“舊居”“舊宅”，所言爲“草廬”，即“草屋八九間”之“園田居”也。然是否在上京難以考定。淵明辭彭澤令歸隱“園田居”之大後年即遇火，故首二句曰：“草廬寄窮巷，甘以辭華軒。”指辭官歸田事也。

【編年】

晉安帝義熙四年戊申（四〇八），淵明五十七歲。

【箋注】

〔一〕草廬寄窮巷，甘以辭華軒：意謂草廬寄於僻巷之中，甘心隔絶貴人之華軒，不與之往來也。華軒：華美之車。古《箋》：“阮嗣宗《詠懷詩》（其六十）：‘緼袍笑華軒。’”

〔二〕正夏：當夏。《書·堯典》：“日永星火，以正仲夏。”

〔三〕一宅無遺宇，舫舟蔭門前：丁《箋注》引程傳：“‘一宅無遺宇’者，對‘草屋八九間’而言也。‘舫舟蔭門前’者，謂如張融權牽小舟爲住室也。”需案：張融事見《南齊書》本傳。舫舟：方舟、并舟。蔭門前：蔭於門下，蓋屋室燒盡，惟餘柴門及門前舫舟也。

〔四〕迢迢：丁《箋注》：“《古詩》：‘迢迢牽牛星。’迢迢，高貌。潘岳詩（《顧内》）：‘迢迢遠行客。’迢迢，遠貌。此句之迢迢，又引申爲長意。”

〔五〕亭亭：李注："高也。"《文選》張衡《西京賦》："狀亭亭以苕苕。"李善注："亭亭、苕苕，高貌也。"

〔六〕中宵竚遥念，一盼周九天：意謂中宵難寐，久立遐想；秋夕月明，一顧盼則遍覽九天。竚：久立。九天：《楚辭·離騷》："指九天以爲正兮。"王逸注："九天，謂中央八方也。"

〔七〕總髮抱孤念，奄出四十年：意謂自總髮時即已懷抱孤念，耿介而不群，至今已四十多年矣。總髮：猶束髮、總角。古代男孩成童時束紮髮髻爲兩角，因以代指成童之年。《大戴禮·保傅》："古者年八歲而出就外舍，學小藝焉，履小節焉。束髮而就大學，學大藝焉，履大節焉。"北周盧辯注："束髮謂成童。《白虎通》曰'八歲入小學，十五入大學'是也。"《禮記·内則》："成童，舞象，學射御。"鄭玄注："成童，十五以上。"《後漢書·李固傳》："固弟子汝南郭亮，年始成童，游學洛陽。"李賢注："成童，年十五也。"《禮記·内則》："男女未冠笄者……拂髦，總角。"男子二十而冠，可見總髮在十五歲或稍長。《陳書·韓子高傳》："子高年十六，爲總角，容貌美麗，狀似婦人。"是十六歲爲總角也。孤：特也。孤念：不同流俗之想。奄：忽。出：超出。此二句決當連讀，意謂自總髮以來忽已超過四十年矣。四十年：不可釋爲四十歲。淵明《連雨獨飲》"自我抱兹獨，僶俛四十年"可爲確證，意謂自"抱獨"（猶"抱孤念"）以來努力四十年矣。若釋"四十年"爲"四十歲"，則自出生以來即已"抱獨"，即已"僶俛"，顯然不通。兹以"總髮"爲十六歲，"奄出四十年"爲四十一年，十六加四十一爲五十七，戊申年五十七歲，下推至淵明卒年丁卯，恰爲七十六歲。與《遊斜川》所記年歲相合，決非偶然。關於此二句之讀法，參見《怨詩楚調示龐主簿鄧治中》編年。

〔八〕形跡憑化往，靈府長獨閑：意謂四十餘年間，形跡隨大化而遷移變化，心靈卻獨能長閑，而無塵俗雜念也。意猶《歸園田居》其一："虚室有餘閑。"《連雨獨飲》："形骸久已化，心在復何言。"形跡：形與跡，形體與行跡。化：指事物不可抗拒之變化規律，參看《形影神》"箋注"。靈府：《莊子·德充符》："不可入於靈府。"郭象注："靈府者，精神之宅也。"

〔九〕貞剛自有質，玉石乃非堅：意謂自有貞剛之本質，相比之下玉石乃非爲堅也。貞剛:王粲《車渠椀賦》:“體貞剛而不撓,理修達而有文。”貞:堅定。謝靈運《過始寧墅》:“緇磷謝清曠,疲薾慚貞堅。”與陶詩意正相反。方宗誠《陶詩真詮》曰此二句“有不流不倚、不磷不緇之慨”。

〔一〇〕仰想東户時,餘糧宿中田:古《箋》引李審言曰:《初學記·帝王部》引《子思子》曰:“東户季子之時,道上雁行而不拾遺,(耕耨)餘糧宿諸畝首。”《淮南子·繆稱訓》高注:“東户季子,古之人君。”直案:《吕氏春秋·有度篇》高注:“季子,户(季子),堯時諸侯也。”仰想:慕想。仰:企慕,《詩·小雅·車舝》:“高山仰止。”宿:積久也。宿中田:積於田中,任人自取也。

〔一一〕鼓腹無所思,朝起暮歸眠:意謂無憂無慮,只須耕作。《莊子·馬蹄》:“夫赫胥氏之時,民居不知所爲,行不知所之,含哺而熙,鼓腹而游,民能以此矣。”《淮南子·俶真訓》:“含哺而游,鼓腹而熙。”高注:“鼓,擊也。熙,戲也。”案:“鼓腹”,示已食飽。

〔一二〕既已不遇兹,且遂灌我園:意謂既不遇東户、赫胥氏之時,且獨自躬耕隱居耳。灌園:《史記·鄒陽列傳》獄中上書曰:“是以孫叔敖三去相而不悔,於陵子仲辭三公爲人灌園。”集解引《列士傳》:“楚於陵子仲,楚王欲以爲相,而不許,爲人灌園。”淵明《扇上畫贊》:“至矣於陵,養氣浩然,蔑彼結駟,甘此灌園。”《答龐參軍》:“朝爲灌園,夕偃蓬廬。”

【析義】

何焯《義門讀書記·陶靖節詩》曰:“形骸猶外,而况華軒。所以遺宇都盡,而孤介一念炯炯獨存,之死靡它也。”然尤可注意者,“仰想東户時”數句,與《桃花源記》參看,可見嚮往原始社會之真淳樸素,乃淵明一貫想法。

己酉歲九月九日一首

靡靡秋已夕〔一〕,淒淒風露交〔二〕。蔓草不復榮〔三〕,園木一作林空自凋①〔四〕。清氣一作光澄餘滓②,杳一作遥然天界高③〔五〕。哀一作衰蟬無留原作歸,注一作留響④,叢原作燕,注一作叢雁鳴雲霄⑤〔六〕。萬化相尋繹一作異⑥，人生豈不勞〔七〕？從古皆有没，念之中一作令心焦⑦〔八〕。何以稱我情？濁酒且一作思自陶⑧〔九〕。千載非所知，聊以永今朝〔一〇〕。

【校勘】

① 木：一作"林"，亦通。

② 清氣：一作"清光"，意謂月光，亦通。

③ 杳：一作"遥"，音同而訛。

④ 哀：一作"衰"，恐非是；紹興本作"衆"，於義稍遜。留：原作"歸"，底本校曰"一作留"，今據改。"歸一作留"原在下句"雁"字下，今移至此。

⑤ 叢：原作"燕"，底本校曰"一作叢"，今據改。

⑥ 繹：一作"異"，亦通。

⑦ 中：一作"令"，亦通。

⑧ 且：一作"思"，於義稍遜。

【題解】

"己酉"，晉安帝義熙五年(四〇九)。"九月九日"，重陽節。

【編年】

晉安帝義熙五年己酉(四〇九)，淵明五十八歲。

【箋注】

〔一〕靡靡：猶遲遲。《詩·王風·黍離》："行邁靡靡，中心揺揺。"毛傳："靡靡，猶遲遲也。"引申爲漸漸。此言時運漸漸推移。夕：每年最後一季、每季最後一月、每月最後一旬，皆可稱"夕"。秋已夕：猶言秋已暮，九月爲秋季最後一月，故稱。

〔二〕淒淒風露交：意謂風露交並，頗有涼意也。《詩·小雅·四月》："秋日淒淒。"毛傳："涼風也。"交：俱、並、共。

〔三〕蔓草：蔓生之草。《詩·鄭風·野有蔓草》："野有蔓草，零露漙兮。"

〔四〕空自凋：徒然凋零，有聽其自然無可奈何之意。

〔五〕清氣澄餘滓，杳然天界高：意謂秋高氣爽。古《箋》："張景陽《雜詩》(十首其一)：'(秋夜涼風起，)清氣蕩暄(應爲暄)濁。'《九辯》：'泬寥兮天高而氣清。'"杳：深遠。淵明《和郭主簿》："露凝無游氛，天高風景澈。"《九日閑居》："露淒暄風急，氣澈天象明。"均寫秋高氣爽,可參看。餘滓:指暑夏各種濁氣、濕氣,清氣來則蕩盡矣。

〔六〕哀蟬無留響,叢雁鳴雲霄:古《箋》:"《九辯》:'蟬寂寞而無聲,雁廱廱而南游兮(案:當作雁翩翩而南游兮,蟬寂寞而無聲。)。'張孟陽《七哀》(二首其二):'陽鳥收和響,寒蟬無餘音。'"叢:聚集。

〔七〕萬化相尋繹,人生豈不勞:意謂以萬化相推求,唯人生爲最可憂耳。草木有悴有榮,寒暑有往有來,化則化矣,而皆有往復循環,唯人生化去則不復有歸期矣。萬化:古《箋》引《莊子·大宗師》:"若人之形者,萬化而未始有極。"需案:此言"萬化"乃承上草、林、蟬、雁,以及清氣、餘滓等,指外界種種事物之遷移變化,與《莊子》之指人形者異。此猶《於王撫軍座送客》所謂"情隨萬化移"之"萬化"。尋:《説文》:"繹理也。"繹:《説文》:"抽絲也。"尋繹:意猶推求、探索,以發現隱微。勞:憂愁。《詩·邶風·燕燕》:"瞻望弗及,實勞我心。"

〔八〕從古皆有没,念之中心焦:王叔岷《箋證稿》引《論語·顔淵》:"自古皆有死。"又,淵明《影答形》:"念之五情熱。"《遊斜川》:"念之動中懷。"

〔九〕陶:喜也。

〔一〇〕永今朝:古《箋》引《詩·小雅·白駒》:"縶之維之,以永今朝。"鄭箋:"永,久也。願此去者乘其白駒而來,使食我場中之苗。我則絆之縶之,以久今朝。愛之,欲留之。"

【析義】

由秋景引發人生之悲哀,而借酒以消之。寫秋景,筆墨淒清。

庚戌歲九月中於西田穫早原作早稻一首①

人生歸有道一作事②,衣食固其一作無端③〔一〕。孰一作執是都不營④,而以求自安〔二〕!開春一作春事理常業⑤〔三〕,歲功聊可觀〔四〕。晨出肆微勤⑥,日入負禾一作耒還⑦〔五〕。山中饒霜露〔六〕,風氣亦先寒。田家豈不苦?弗穫一作獲辭此難〔七〕。四體誠乃一作已疲[⑧]，庶原作交無異患干一作我患[⑨]〔八〕。盥濯一作灌息簷下[⑩]，斗原作升酒散襟原作襟，注一作劬，又作矜，又作襟顏[⑪]〔九〕。遥遥沮溺心，千載乃相關〔一〇〕。但願長如此，躬耕非所歎〔一一〕。

【校勘】

① 旱稻：原作"早稻"，各本同。丁《箋注》曰："九月穫稻，不爲早矣。下潠田八月穫，且不言早，今潯陽之俗，禾早者六月穫。一本早是旱字，故有山中風氣句。姑存此以備一説。""九月中穫早稻"，顯然與季節不合，"早"字必訛，惟不知丁氏所據版本，無以考校。逯欽立《陶淵明年譜稿》曰："九月所穫，不爲早稻，九早二字，必有一誤。據詩中風氣先寒語，九月或當爲七月也。"王叔岷《箋證稿》曰："古書中九、七二字往往相亂。"需案：詩曰"山中饒霜露，風氣亦先寒"，不應在七月，"九"字不誤。"西田"在山中，所種稻或係旱稻也。據游修齡《中國稻作史》記載：旱稻，又稱陸稻、陵稻，起源於南方。陸稻之名始見於《禮記・内則》，陵稻之名始見於《管子・地員篇》，旱稻之名始見於《齊民要術》。今雲南南部山區仍然種植旱稻，四月播種，"九月末十月初收穫"。查《齊民要術》卷二"旱稻第十二"云：旱稻種於山中或下田，有九月收者。據需實地考察，江西一帶收早稻在六月，氣候正炎熱，即使山中亦不寒，尤不應有"霜"，作"七月"與詩中所寫氣候不合。作"旱稻"爲是。

② 道：一作"事"，非是。

③ 其：一作"無"，非是。

④ 孰：一作"執"，非是。

⑤ 開春：一作"春事"，於義稍遜。

⑥ 晨：和陶本作"景"，意謂日出，亦通。

⑦ 禾：一作"耒"，非是。"耒"者，耒耜之曲木柄（耜爲耒耜之鏟）。耒耜是耕地翻土之工具，即春耕時農具。此詩言秋季收稻，不用耒也。

⑧ 乃：一作"已"，亦通。

⑨ 庶：原作"交"，和陶本、紹興本同。曾集本作"庶"，今從之。患干：一作"我患"，恐非是。

⑩ 盥：一作"灌"，非是。

⑪ 斗：原作"升"，各本均作"斗"，今從之。襟：原作"襟"，底本校曰"又作襟"，今從之。又作"劬""矜"，於義稍遜。

【題解】

"庚戌歲"，晉安帝義熙六年（四一〇）。"西田"，蓋《歸去來兮辭》所謂"西疇"："農人告余以春及，將有事於西疇。"

【編年】

晉安帝義熙六年庚戌(四一〇)。霈案:淵明於安帝義熙元年乙巳(四〇五)辭彭澤令,有《歸去來兮辭》,所歸爲園田居。義熙二年丙午(四〇六)春曾往"西疇"(西田)耕作。義熙四年戊申(四〇八)園田居遇火,暫住舟中。園田居修葺後,義熙五年己酉(四〇九)復居於此。故義熙六年庚戌(四一〇)得往西田(西疇)收旱稻也。

【箋注】

〔一〕人生歸有道,衣食固其端:意謂衣食原是人生之開端,若不謀衣食,生活尚且不能維持,趨道更無論矣。歸:趨、就。有:相當於"於"。《易·家人》:"閑有家。"《禮記·大學》:"是故君子有大道,必忠信以得之,驕泰以失之。"《孟子·滕文公上》:"人之有道也,飽食、煖衣、逸居而無教,則近於禽獸。"固:原本。端:開始。淵明《勸農》:"遠若周典,八政始食。"此二句似由《孟子》引出,而立意不同。

〔二〕孰是都不營,而以求自安:意謂何能連衣食都不經營,而求自安乎？孰:何。是:此,指衣食。營:經營。

〔三〕開春:《楚辭·九章·思美人》:"開春發歲兮。"常業:日常工作,指農務。《管子·揆度》:"農有常業,女有常事。"

〔四〕歲功:指一年之收成。詳見《癸卯歲始春懷古田舍》其二"箋注"〔六〕。聊:略、略微。

〔五〕晨出肆微勤,日入負禾還:意謂晨出從事輕微之勞作,日入則背負所收稻禾而歸。肆:《爾雅·釋言》:"肆,力也。"注:"肆,極力。"淵明《桃花源詩》:"相命肆農耕。"微勤:輕微勞動。

〔六〕饒:多。

〔七〕田家豈不苦,弗穫辭此難:意謂田家誠然辛苦,然不得脱離此苦也。楊惲《報孫會宗書》:"田家作苦。"此難:指耕作之艱苦。

〔八〕四體誠乃疲,庶無異患干:意謂四肢誠然疲勞,或可免除其他禍患之干擾也。

〔九〕斗酒:楊惲《報孫會宗書》:"斗酒自勞。"襟顏:襟懷容顏。飲酒可使襟顏放鬆,故曰"散"。

〔一〇〕遥遥沮溺心,千載乃相關:意謂己心與千載上之沮溺相通也。沮溺心:《論語·微子》:"長沮、桀溺耦而耕。……曰:'滔滔者天下皆是也，而誰以易之？且而與其從辟人之士也，豈若從辟世之士哉？'"乃：竟。時隔千載而心竟相通，難得如此也。

〔一一〕但願長如此，躬耕非所歎：親身耕作雖然勞苦，卻無異患干犯，所以寧願長如此，而不歎躬耕之苦矣。

【析義】

《癸卯歲始春懷古田舍》其二曰難逮孔子之遺訓，此詩又不取孟子之論，曰衣食乃道之開端，且皆表示嚮往荷蓧丈人、長沮、桀溺等躬耕之隱士。就對力耕之態度而言，淵明明白表示與孔、孟異趣。"盥濯息簷下"，活畫出農家生活情景，非親身勞作者莫辨。"簷下"二字尤妙。"斗酒散襟顏"，活畫出勞作後淵明之形象，心情與表情均因酒而放鬆矣。

丙辰歲八月中於下潠田舍穫一首

貧居依稼穡一作事耕稼①，勠力東林隈〔一〕。不言春作苦〔二〕，常一作當恐負所懷②〔三〕。司田眷有秋，寄聲與我諧〔四〕。飢者歡初飽，束帶候一作俟鳴雞③〔五〕。揚檝越平湖，汎隨清壑迴〔六〕。鬱鬱一作嶓嶓荒山裏④，猿聲閑且哀〔七〕。悲風愛靜夜一作夜靜⑤，林鳥喜晨開〔八〕。曰余作此來，三四星火頽〔九〕。姿年逝已老〔一〇〕，其事未云乖〔一一〕。遥謝荷蓧翁，聊得從君栖〔一二〕。

【校勘】

① 依稼穡：一作"事耕稼"，亦通。

② 常：一作"當"，形近而訛。

③ 候：一作"俟"，亦通。

④ 鬱鬱：一作"嶓嶓"，非是。和陶本作"酹酒"，亦非是。

⑤ 靜夜：一作"夜靜"，亦通。

【題解】

"丙辰歲"，晉義熙十二年（四一六）。"下潠（sùn）田舍"，淵明之一處田莊。"潠"，《一切經音義》引《通俗文》："水湓曰潠。"水湓，水湧出。詩言"東林隈"，又言"荒山裏"，此田舍當在山中地勢彎曲低窪之盆地内，有水湧出之處。

【編年】

晉安帝義熙十二年丙辰(四一六)。

【箋注】

〔一〕貧居依稼穡,勠力東林隈(wēi):意謂貧居而依農業爲生,勉力耕於東林之隈。貧居:指不受官禄,甘居貧賤。勠力:勉力。《書·湯誥》:"聿求元聖,與之勠力,以與爾有衆請命。"東林:或指廬山南之東林。隈:山水等彎曲之處。

〔二〕春作苦:楊惲《報孫會宗書》:"田家作苦。"作:勞作。

〔三〕負所懷:指辜負歸隱躬耕之初衷。

〔四〕司田眷有秋,寄聲與我諧:意謂守舍司田之人報告秋熟,均喜有此年成也。司田:原是官名,《管子·小匡》:"墾草入邑,辟土聚粟多衆,盡地之利,臣不如寧戚,請立爲大司田。"此指爲淵明管理田莊之人。其《歸去來兮辭》曰:"農人告余以春及,將有事於西疇。"似乎淵明田舍有農人爲之看管,春秋農時向淵明報告。眷:顧之深也。淵明《乙巳歲三月爲建威參軍使都經錢溪》:"眷彼品物存。"秋:禾穀熟也。有秋:《書·盤庚》:"若農服田力穡,乃亦有秋。"寄聲:猶今言捎信也。《漢書·趙廣漢傳》:"湖都亭長西至界上,界上亭長戲曰:'至府,爲我多謝問趙君。'亭長既至,廣漢與語,問事畢,謂曰:'界上亭長寄聲謝我,何以不爲致問?'"諧:合。此言司田與我均喜有秋也。

〔五〕束帶:結上衣帶,意謂穿好衣服。古《箋》:"秦嘉《贈婦詩》:'束帶待鳴雞。'"

〔六〕揚檝(jí)越平湖,汎隨清壑迴:先乘船越湖,後泛舟於清壑之中,隨流迂回而前。揚檝:舉槳蕩舟。

〔七〕鬱鬱荒山裏,猿聲閑且哀:言荒山之間,草木鬱結,猿聲大且哀也。鬱鬱:丁《箋注》:"《文選·長門賦》注:'鬱鬱,不舒散也。'"閑:大。《文選》左思《魏都賦》:"旅楹閑列,暉鑒抰振。"李善注引《韓詩章句》:"閑,大也。"

〔八〕悲風愛静夜,林鳥喜晨開:上句是陪襯,下句是眼前實景。

〔九〕曰余作此來,三四星火頽:意謂歸隱力耕以來已十二年矣。星火:古星名。《書·堯典》:"日永、星火,以正仲夏。"傳:"火,蒼龍之中星,舉中則七星見可知,以正仲夏之氣節。"《文選》張華

《勵志詩》:"星火既夕,忽焉素秋。"李善注:"星火,火星也。"頹:向下降行,意猶《詩·豳風·七月》"七月流火"之"流"。夏曆五月(仲夏)黄昏,火星出現於正南方,六月以後遂偏西,入秋更低向西方,故曰"頹"。星火頹:指秋季。"三四星火頹",猶言已十二秋矣。此二句應連讀,淵明自晉安帝義熙元年乙巳(四〇五)十一月歸田,至丙辰(四一六)作此詩時,恰爲十二年。

〔一〇〕姿年:姿容與年齡。逝:助詞,無實義,起調節音節之作用。《後漢書·岑彭傳》:"天下之事,逝其去矣。"

〔一一〕其事:指農事。乖:背棄。

〔一二〕遥謝荷蓧翁,聊得從君栖:意謂遥遥告訴荷蓧翁,姑且得以從君隱居矣。謝:以辭相告。荷蓧翁:古之躬耕隱士。《論語·微子》:"子路從而後,遇丈人,以杖荷蓧。子路問曰:'子見夫子乎?'丈人曰:'四體不勤,五穀不分,孰爲夫子?'植其杖而耘。"栖:止息。

【考辨】

淵明《歸去來兮辭》曰:"農人告余以春及,將有事於西疇。或命巾車,或棹孤舟。既窈窕以尋壑,亦崎嶇而經丘。"此詩又曰:"司田眷有秋,寄聲與我諧。揚檝越平湖,汎隨清壑迴。"可見淵明之田舍或有人代爲看管,且有距離其住處頗遠者,故須乘舟車前往也。

【析義】

"束帶候鳴雞"五字寫迫不及待之心情,抵得上多少言語!

飲酒二十首 并序

余閑居寡歡,兼秋原作比,注一作秋夜已長①。偶有名酒,無夕不飲一作傾②。顧影獨盡〔一〕,忽焉復醉〔二〕。既醉之後,輒一作與題數句自娱③〔三〕。紙墨遂多,辭無詮次④〔四〕。聊命故人書之〔五〕,以爲歡笑爾⑤。

【校勘】

① 秋:原作"比",底本校曰"一作秋",今從之。"比"者,近也,亦通。然"秋"字

於義較勝。其五曰“采菊東籬下”，其七曰“秋菊有佳色”，其八曰“凝霜殄異類”，皆秋令也。焦本作“此”，乃“比”之訛，不足取。

② 飲：一作“傾”，亦通。

③ 輒：一作“與”，恐非。題：《藝文類聚》作“以”。

④ 辭無詮次：《藝文類聚》作“别辭無次”，恐非。

⑤ 歡笑爾：《藝文類聚》作“談笑也”，亦通。

【題解】

據詩序，此二十首皆酒後所作，故題曰《飲酒》。

《文選》録其五、其七兩首，題爲《雜詩》。《藝文類聚》卷六五節録此二首，亦題《雜詩》；但卷七二節録詩序，及“有客常同止”數句，題《飲酒》。《續夢溪筆談》引其五“采菊東籬下，悠然見南山”兩句，亦稱《雜詩》。方東樹《昭昧詹言》曰：“據序亦是雜詩，直書胸臆，直書即事，借飲酒爲題耳，非詠飲酒也。”

【編年】

據詩序，此二十首當是同一年秋天所作。

其十九曰：“是時向立年，志意多所恥。遂盡介然分，終死歸田里。冉冉星氣流，亭亭復一紀。”“向立年”，接近三十歲。一紀爲十二年，《書・畢命》：“既歷三紀，世變風移。”孔傳：“十二年曰紀。”《國語・晉語四》：“蓄力一紀，可以遠矣。”韋昭注：“十二年歲星一周爲一紀。”向立年，乃出爲州祭酒之時。此次出爲州祭酒，少日，自解歸，故向立年亦其自解州祭酒之時也。彼時只是多所恥，尚未與仕途決絶，後復出仕爲官。至辭彭澤令乃盡介然之分，終死歸隱不仕。作“終死”，乃據汲古閣藏十卷本、曾集本、湯注本（汲古閣本、曾集本有校曰“一作拂衣”，湯注本無），作“終死”爲是。既曰“終死”，則歸隱之後再未出仕也。故“終死歸田里”決非解州祭酒之事，而是辭彭澤令之事。辭彭澤令在乙巳（四〇五）五十四歲，自乙巳復經一紀（十二年），即作此詩之年。然則此詩作於晉安帝義熙十三年丁巳（四一七），淵明六十六歲，《飲酒》二十首均作於同年秋。是年九月，劉裕北伐至長安，次年六月爲相國，封宋公，加九錫。後年七月劉裕晉爵宋王。大後年六月劉裕即篡位稱皇帝。可見《飲酒》詩正作於劉裕加緊篡位晉朝將亡之時。淵明曾任劉裕參軍，當此劉裕權勢日上之際，自然會有人勸他復出，再次投靠劉裕，而淵明斷然拒絶。故《飲酒》二十首中有“咄咄俗中愚，且當從黄綺”“且共歡此飲，吾駕不可回”“一往便當已，何爲復狐疑”“覺悟當念還，鳥盡廢良弓”

等語，且有"邵生""三季""伐國"等詞以暗示晉之將亡也。

【箋注】

〔一〕顧影獨盡：言其孤獨也。淵明《雜詩》其二："揮杯勸孤影。"盡：謂盡觴。

〔二〕復醉：意謂無夕不飲，無夕不醉。

〔三〕輒題數句自娱：淵明《五柳先生傳》："嘗著文章自娱，頗示己志。"

〔四〕辭無詮次：意謂詩中詞語未經選擇且無章法倫次，任意揮灑，非經意之作。詮：《一切經音義》引《通俗文》："釋言曰詮。"次：次序。

〔五〕故人：舊友。其十四："故人賞我趣，挈壺相與至。班荆坐松下，數斟已復醉。父老雜亂言，觴酌失行次。"又其九："清晨聞扣門，倒裳往自開。問子爲誰歟，田父有好懷。……深感父老言，稟氣寡所諧。"由此看來，此所謂"故人"主要是其居家附近之父老、田父之類，亦包括居住於當地之官吏，與淵明詩酒往還者。既曰"相與至""雜亂言"，則不止一人也。

【考辨】

其十六："少年罕人事，遊好在六經。行行向不惑，淹留自無成。竟抱固窮節，飢寒飽所更。……孟公不在兹，終以翳吾情。"吴《譜》、陶《考異》、古《譜》、逯《繫年》均據"向不惑"之語繫《飲酒》詩於三十九歲。梁《譜》繫於四十一歲。上述各説恐非是。此數句顯然是追述語，少年時如何，中年時如何，至今又如何，層次分明。以少年之遊好六經，中年本應有成，豈料淹留無成。此與其《榮木》所謂"四十無聞，斯不足畏。脂我名車，策我名驥。千里雖遥，孰敢不至"，用語相似而心情不同。《榮木》四十歲所作，仍欲奮發有爲，此則歎老嗟貧，亦可見"向不惑"非寫詩之年也。此詩又言"竟抱固窮節"，"竟"者，終於也。又言"飢寒飽所更"，可見"向不惑"後又非止一年矣。又言"敝廬交悲風，荒草没前庭。披褐守長夜，晨雞不肯鳴"，淵明三十九歲未至如是之窮困也。

衰榮無定在一作所①，彼此更共之〔一〕。邵生瓜田中，寧似東陵時〔二〕。寒暑有代一作换謝②，人道每如兹〔三〕。達人解其會一作趣③，逝將不復疑〔四〕。忽與一觴酒，日夕歡相持一作相遲，又作自持④〔五〕。

【校勘】

① 在：一作“所”，亦通。

② 代：一作“换”，於義稍遜。

③ 會：一作“趣”，亦通。

④ 相持：一作“相遲”，音同而訛。一作“自持”，於義稍遜。歡相持：《藝文類聚》作“相歡持”。

【箋注】

〔一〕衰榮無定在，彼此更共之：意謂衰榮不固定於一處，彼此交替而共有之。更：交替、更迭。

〔二〕邵生瓜田中，寧似東陵時：以邵平爲例，以明衰榮不定之意。《史記·蕭相國世家》：“召平者，故秦東陵侯。秦破，爲布衣，貧，種瓜於長安城東。瓜美，故世俗謂之‘東陵瓜’，從召平以爲名也。”王叔岷《箋證稿》：“《文選》阮嗣宗《詠懷詩》注、《藝文類聚》八七、《御覽》九七八、《記纂淵海》九二引《史記》皆作邵平，荀悦《漢紀》四、《水經·渭水下》注並同。與此作‘邵’合。”

〔三〕寒暑有代謝，人道每如兹：意謂人道每如天道，寒暑既有代謝，人事亦有榮衰也。人道：《易·繫辭》：“有天道焉，有人道焉。”寒暑代謝即所謂天道。

〔四〕達人解其會，逝將不復疑：意謂達人明察時機，誓將不再疑惑矣。達人：知能通達之人。《左傳》昭公七年：“聖人有明德者，若不當世，其後必有達人。”會：時機。《銀雀山漢墓竹簡·孫臏兵法·兵失》：“兵不能昌大功，不知會者也。”“解其會”猶“知會”也。逝：通誓，表示決心。朱駿聲《説文通訓定聲》：“逝，叚借爲誓。”《詩·魏風·碩鼠》：“逝將去汝，適彼樂土。”

〔五〕忽與一觴酒：忽得一觴酒也。與：猶得也，見張相《詩詞曲語詞匯釋》，如白居易《送嵩客》：“君到嵩陽吟此句，與教三十六峰知。”此種用法早在淵明已有之。

【析義】

既已參透天道與人道，故不以一己之窮達爲意，而能安貧守拙，躬耕自樂。此詩語調平静，通達、自信。

積善云有報，夷叔在一作飢西山①〔一〕。善惡苟不應，何事空立言一作立空言②〔二〕？九十行帶索，飢寒況一作抱當年③〔三〕。不賴固窮節，百世當誰傳〔四〕！

【校勘】

① 在：一作"飢"，於義稍遜。

② 空立言：一作"立空言"，亦通。此校語原在篇末，今移至此句下。

③ 況：一作"抱"，於義稍遜。

【箋注】

〔一〕積善云有報，夷叔在西山：意謂積善有報之説深可懷疑，伯夷、叔齊皆積善之人，卻餓死在西山。《易·坤》："積善之家，必有餘慶。積不善之家，必有餘殃。"《荀子·宥坐》："爲善者天報之以福，爲不善者天報之以禍。"《史記·伯夷列傳》："武王已平殷亂，天下宗周，而伯夷、叔齊恥之，義不食周粟，隱於首陽山，采薇而食之。及餓且死，作歌。其辭曰：'登彼西山兮，采其薇矣。……'"

〔二〕善惡苟不應，何事空立言：意謂既然善無善報，惡無惡報，何故有天道常與善人之論耶？《史記·伯夷列傳》："或曰：'天道無親，常與善人。'若伯夷、叔齊，可謂善人者非邪？積仁絜行如此而餓死！且七十子之徒，仲尼獨薦顔淵爲好學。然回也屢空，糟糠不厭，而卒蚤夭。天之報施善人，其何如哉？……若至近世，操行不軌，專犯忌諱，而終身逸樂，富厚累世不絶。或擇地而蹈之，時然後出言，行不由徑，非公正不發憤，而遇禍災者，不可勝數也。余甚惑焉，儻所謂天道，是邪非邪？"此詩首四句乃就《史記》而發揮之。淵明《感士不遇賦》："承前王之清誨，曰天道之無親。……夷投老以長飢，回早夭而又貧。……雖好學與行義，何死生之苦辛！疑報德之若兹，懼斯言之虚陳。"與此詩意同。或疑此處針對佛教善惡報應論，恐不然。事：徐仁甫曰："猶用也。《戰國策·燕策》：'安事死馬(而捐五百金)？'《新序·雜事三》'事'作'用'。"

〔三〕九十行帶索，飢寒況當年：舉榮啟期爲例，復申述上四句之意。《列子·天瑞》："孔子遊於太山，見榮啟期行乎郕之野，鹿裘帶索，鼓琴而歌。孔子問曰：'先生所以樂，何也？'對曰：'吾樂甚多。天生萬物，唯人爲貴。而吾得爲人，是一樂也。男女之别，男尊女卑，故以男爲貴。吾既得爲男矣，是二樂也。人生有不見日月、不免襁褓者，吾既已行年九十矣，是三樂也。貧者士之常也，死者人之終也。處常得終，當何憂哉？'孔子曰：'善乎！能自寬者也。'"行：且。帶索：以繩索爲衣帶。當年：壯年。

〔四〕不賴固窮節，百世當誰傳：承上就榮啟期而言，意謂若不依靠固窮之氣節，百世之後尚有誰傳其名耶？固窮：甘居困窮，不失氣節。《論語·衛靈公》："君子固窮，小人窮斯濫矣。"百世：猶言百代。當：借爲"尚"，《史記·魏其武安侯列傳》："即宫車晏駕，非大王立，當誰哉？"

【析義】

此詩與上首不同，全是義憤之語，而以固窮作結。范温《潛溪詩眼》曰："若淵明意，謂至於九十仍不免行而帶索，則自少壯至於長老，其飢寒艱苦宜如此，窮士之所以可深悲也。"見郭紹虞《宋詩話輯佚》。

道喪一作衰向千載①，人人惜其情〔一〕。有酒不肯飲，但一作惟顧世間名②〔二〕。所以貴我身，豈不在一生〔三〕？一生復能幾，倏如流電驚一作倏忽若沉星③〔四〕。鼎鼎一作訂訂百年内，持此欲何成〔五〕！

【校勘】

① 喪：一作"衰"，亦通。

② 但：一作"惟"，亦通。

③ 倏如流電驚：一作"倏忽若沉星"，亦通。倏如：和陶本亦作"倏忽"。

【箋注】

〔一〕道喪向千載，人人惜其情：意謂道喪已近千載，人皆失其真率自然之本性。《莊子·繕性》："古之人在混芒之中，與一世而得澹漠焉。……當是時也，莫之爲而常自然。逮德下衰，及燧人、伏羲……德又下衰，及神農、黄帝……德又下衰，及唐、虞……然後民始惑亂，無以反其性情而復其初。由是觀之，世喪道矣，道喪世矣，世與道交相喪也。"此二句檃括《莊子》大意。向：將近。

惜：吝惜。惜其情：不表露其感情，失去真率自然之本性，即《莊子》所謂“無以反其性情而復其初”。淵明《五柳先生傳》：“性嗜酒，家貧不能常得，親舊知其如此，或置酒而招之。造飲輒盡，期在必醉；既醉而退，曾不吝情去留。”不吝情，亦即不惜情，欲飲則飲，欲醉則醉，欲去則去，欲留則留，感情真率自然。

〔二〕有酒不肯飲，但顧世間名：魏晉之際以飲酒得名者不在少數，如劉伶自稱“以酒得名”（見《世説新語·任誕》）。嵇康醉後“若玉山之將崩”（《世説新語·容止》），亦傳爲美談。然則，淵明何以將飲酒與名對立，曰世人但顧名而不肯飲酒乎？蓋此所謂“世間名”，乃指功名而言也。《世説新語·任誕》：“張季鷹縱任不拘，時人號爲‘江東步兵’。或謂之曰：‘卿乃可縱適一時，獨不爲身後名耶？’答曰：‘使我有身後名，不如即時一杯酒。’”此則又指身後名矣，與世間名稍異。

〔三〕所以貴我身，豈不在一生：意謂世人所以愛護貴重己身，豈非欲長生乎？《列子·楊朱》：“孟孫陽問楊朱曰：‘有人於此，貴生愛身，以蘄不死，可乎？’曰：‘理無不死。’‘以蘄久生，可乎？’曰：‘理無久生。生非貴之所能存，身非愛之所能厚。……’”

〔四〕一生復能幾，倏如流電驚：意謂人生飄忽不能長久。流電：閃電。《藝文類聚》卷六引三國魏李康《遊山序》：“蓋人生天地之間也，若流電之過户牖，輕塵之栖弱草。”古《箋》：“樂府晉《白紵舞歌》：‘人生世間如電過。’”倏：迅疾貌。

〔五〕鼎鼎百年内，持此欲何成：意謂人生不過百年，以此欲何成耶？鼎鼎：《禮記·檀弓上》：“故騒騒爾則野，鼎鼎爾則小人。”鄭注：“鼎鼎爾，謂大舒。”孔疏：“若吉事鼎鼎爾，不自嚴敬，則如小人然，形體寬慢也。”蔣薰評《陶淵明詩集》曰：“鼎鼎乃薪火不傳意。”聞人倓《古詩箋》云：“鼎鼎，取寬慢之意。百年自速，而人意自寬慢。”古《箋》訓“鼎鼎”爲“擾攘貌”。

栖栖失群鳥〔一〕，日暮猶獨飛。裴回無定止〔二〕，夜夜聲轉悲。厲響思清遠〔三〕，去來何依依一作厲響思清晨，遠去何所依。又作求何依①〔四〕！因值孤生松②〔五〕，斂翮遥一作更，又作終來歸③〔六〕。勁一作動風無榮木④〔七〕，此蔭獨一作交不衰⑤。託身已得所，千載不一作莫相違⑥〔八〕。

【校勘】

① 厲響思清遠，去來何依依：一作“厲響思清晨，遠去何所依”。“何所依”又作“求何依”，於義稍遜。

② 因：李注本作“自”，亦通。

③ 遥：一作“更”，又作“終”，亦通。

④ 勁：一作“動”，形近而訛。

⑤ 獨：一作“交”，非是。

⑥ 不：一作“莫”，亦通。

【箋注】

〔一〕栖栖：忙碌不安貌。《論語·憲問》：“微生畝謂孔子曰：‘丘何爲是栖栖者與？無乃爲佞乎？’”

〔二〕裴回：即“徘徊”。止：居。

〔三〕厲響：《文選》蘇武《詩四首》之二：“絲竹厲清聲，慷慨有餘哀。”李善注：“王逸《楚辭注》曰：‘厲，烈也。謂清烈也。’”清遠：指清淨僻遠之地。

〔四〕依依：《文選》蘇武《詩四首》之二：“胡馬失其群，思心常依依。”李善注：“依依，思戀之貌也。”

〔五〕值：遇。

〔六〕斂翮：猶斂翅停飛。《文選》應璩《與侍郎曹長思書》：“薄援助者，不能追參於高妙，復斂翼於故枝。塊然獨處，有離群之志。”淵明《停雲》：“斂翮閑止。”

〔七〕勁風：疾風。《文選》潘岳《夏侯常侍誄》：“零露沾凝，勁風淒急。”

〔八〕託身已得所，千載不相違：意謂既已託身於松樹，則永不相離矣。淵明《讀山海經》其一：“衆鳥欣有託，吾亦愛吾廬。”

【析義】

以歸鳥自喻，表示退隱決心。歸鳥乃淵明詩文中常見之意象，有四言《歸鳥》詩。李公煥引趙泉山曰：“此詩譏切殷景仁、顔延之輩附麗於宋。”恐非是。

結廬在人境，而無車馬喧〔一〕。問君何能一作爲爾①？心遠地自偏〔二〕。採菊東籬下，悠然一作時時見一作望南山②〔三〕。山氣日夕嘉③〔四〕，飛鳥相與還〔五〕。此還一作中有真意④，欲辯已一作忽忘言⑤〔六〕。

【校勘】

① 能：一作“爲”，亦通。

② 悠然：一作“時時”，於義稍遜。見：一作“望”，《文選》《藝文類聚》亦作“望”。白居易《效陶潛體詩》其九：“時傾一樽酒，坐望終南山。”然“望”於義終嫌稍遜。

③ 嘉：曾集本作“佳”。“嘉”“佳”，均有美、善之意。

④ 還：曾集本、《文選》同。湯注本作“中”，注一作“還”。和陶本作“間”。案：作“中”亦佳，所包弘廣。作“還”遂順上句，得自然之妙。參見程千帆《陶詩“結廬在人境”篇異文釋》。

⑤ 已：一作“忽”，亦通。

【箋注】

〔一〕結廬在人境，而無車馬喧：意謂雖居於人間而無世俗之交往。結廬：構室，建造房屋。王叔岷《箋證稿》：“《後漢書·周燮傳》：‘有先人(之)草廬結於岡畔。’張景陽《雜詩》七首之七：‘結宇窮岡曲。’並與此結字同義。”人境：人間。車馬喧：指世俗交往。《史記·陳丞相世家》：“然門外多有長者車轍。”淵明與陳平異趣，雖居人間而與世俗隔絶也。

〔二〕問君何能爾，心遠地自偏：意謂已心遠離世俗，故若居於偏僻之地也。君：淵明自謂。爾：如此。心遠：李善注：“《琴賦》曰：‘體清心遠邈難極。’”“心遠”與“地偏”對舉，結廬之地本不偏，因爲已心遠離世俗，故地自然偏矣。王士禎《古學千金譜》曰：“心不滯物，在人境不虞其寂，逢車馬不覺其喧。籬有菊則採之，採過則已，吾心無菊。”

〔三〕南山：丁《箋注》：“指廬山而言。”悠然：悠遠貌，又閑適貌，所想者遠，故得閑適也。此處兩義兼而有之。郭璞《遊仙詩》其八：“悠然心永懷，眇爾自遐想。”王喬之《奉和慧遠遊廬山詩》：“遐麗既悠然，餘盼覿九江。”《世説新語·言語》：“王右軍與謝太傅共登冶城，謝悠然遠想，有高世之志。”

〔四〕山氣：山間之雲氣。《楚辭》淮南小山《招隱士》：“山氣巃嵸兮石嵯峨，谿谷嶄巖兮水曾波。”

〔五〕相與還：結伴還山。

〔六〕此還有真意，欲辯已忘言：《莊子·齊物論》：“大辯不言。”《莊子·外物》：“言者所以在意，得意而忘言。”王弼《周易略例·明象》：“故言者所以明象，得象而忘言；象者所以存意，得意而忘象。”霈案：上二句，象也，象中存有真意。真意者何？欲説卻已忘言。既已得意亦無須言之矣。蓋淵明所謂“真意”，乃在一“歸”字，飛鳥歸還，人亦當知還。返歸於自然，方爲真正之人生。此二句涉及魏晉玄學言意之辨，乃當時士大夫關注之哲學命題也。

【析義】

“心遠地自偏”，頗有理趣。心與地之關係亦即主觀精神與客觀環境之關係，地之喧與偏，取決於心之近與遠。隱士高人原不必穴居巖處遠離人世，心不滯於名利自可免除塵俗之干擾。“採菊東籬下，悠然見南山”，瞬間之感應，帶來無限愉悦。在偶一舉首之間心與山悠然相會，自身仿佛與山交融成爲一體。日夕之山氣、相與之歸鳥，諸般景物仿佛不在外界而在心中，構成一片美妙風景。此乃蘊藏宇宙、人生之真諦，此真諦即還歸本原。萬物莫不歸本，人生亦須歸本，歸至未經世俗污染之真我也。

蘇軾《東坡題跋》曰：“因採菊而見南山，境與意會，此句最有妙處。近歲俗本皆作‘望南山’，則此一篇神氣都索然矣。”晁補之《雞肋集》卷三三曰：“東坡云：陶淵明意不在詩，詩以寄其意耳。‘採菊東籬下，悠然望南山。’則既採菊又望山，意盡於此，無餘藴矣，非淵明意也。‘採菊東籬下，悠然見南山。’則本自採菊，無意望山，適舉首而見之，故悠然忘情，趣閑而景遠，此未可於文字精粗間求之。”

吴淇《六朝選詩定論》曰：“心遠爲一篇之骨，而真意又爲一篇之髓。”此説不爲無見，但“心”在己身之中，“意”在物象之中。心不遠則不能得真意，“心遠”是根本，“真意”是主旨。

行止千萬端，誰知非與是〔一〕。是非苟相形，雷同共毁譽〔二〕。三季多此事，達士一作人似不爾①〔三〕。咄咄俗中惡一作愚②，且當從黄綺〔四〕。

【校勘】

① 士:一作“人”,亦通。

② 惡:一作“愚”,亦通。

【箋注】

〔一〕行止千萬端,誰知非與是:意謂人事之變化頭緒萬千,或行或止,或彼或此,誰能知其是非耶?《莊子·齊物論》:“罔兩問景曰:‘曩子行,今子止。曩子坐,今子起。何其無特操與?’”又:“既使我與若辯矣,若勝我,我不若勝,若果是也,我果非也耶?我勝若,若不吾勝,我果是也,而果非也耶?其或是也,其或非也耶?其俱是也,其俱非也耶?”

〔二〕是非苟相形,雷同共毁譽:意謂世之所謂是非乃因比較而暫且體現,並無真正區别。但世俗卻人云亦云,共同對是非加以毁譽。苟:姑且、暫且。相形:《老子》:“有無相生,難易相成,長短相形,高下相傾,音聲相和,前後相隨。”雷同:《禮記·曲禮上》:“毋勦説,毋雷同。”鄭玄注:“雷之發聲,物無不同時應者,人之言當各由己,不當然也。”《楚辭·九辯》:“世雷同而炫曜兮,何毁譽之昧昧。”

〔三〕三季多此事,達士似不爾:意謂三季多雷同毁譽之事,唯達士似不如此。三季:夏、商、周三代之末。達士:見識高超、不同流俗之人。《吕氏春秋·知分》:“達士者,達乎死生之分。達乎死生之分,則利害存亡弗能惑矣。”《後漢書·仲長統傳》:“至人能變,達士拔俗。”爾:如此。《漢書·田叔傳》:“王自使人償之,不爾,是王爲惡而相爲善也。”

〔四〕咄咄俗中惡,且當從黄綺:意謂驚怪世俗之惡,己當隨從黄、綺避世隱居也。咄咄:驚怪聲。《後漢書·嚴光傳》:“咄咄子陵,不可相助爲理耶?”《藝文類聚》卷一八晉陸機詩:“冉冉逝將老,咄咄奈老何?”《世説新語·黜免》:“殷中軍被廢,在信安,終日恒書空作字。揚州吏民尋義逐之,竊視,唯作‘咄咄怪事’四字而已。”俗中:《世説新語·任誕》:“阮方外之人,故不崇禮制。我輩俗中人,故以儀軌自居。”黄綺:夏黄公、綺里季。詳見《贈羊長史》"箋注"〔九〕。

【析義】

此篇本《齊物論》,感歎世俗不辨是非,雷同毁譽,自己當明達獨立。詩曰"三季"蓋隱指晉末。淵明處此是非之時,欲超乎是非,而自甘隱居也。

秋一作霜菊有佳色①,裛露掇其英〔一〕。汎此忘憂物,遠我遺一作達世情②〔二〕。一觴聊原作雖,注一作聊獨進③,杯盡壺自傾〔三〕。日入群動息,歸鳥趣林鳴〔四〕。嘯傲東軒下,聊復得此生〔五〕。

【校勘】

① 菊:一作"霜",非是。

② 遺:一作"達",《藝文類聚》也作"達",亦通。

③ 聊:原作"雖",底本校曰"一作聊",今從之。

【箋注】

〔一〕裛:沾濕。掇:拾取。英:花。

〔二〕汎此忘憂物,遠我遺世情:浮菊花於酒上,飲之而遺世之情愈加高遠。蓋菊於群芳謝後方開,似有遺世之情也。汎:浮。忘憂物:指酒。李善注:"《毛詩》:'微我無酒,以遨以游。'毛萇曰:'非我無酒,可以忘憂也。'"潘岳《秋菊賦》:"汎流英於清醴,似浮萍之隨波。"遺世:棄世。

〔三〕一觴聊獨進,杯盡壺自傾:言獨飲無伴。進:奉上。《禮記·曲禮上》:"侍飲於長者,酒進則起,拜受於尊所。"此言"聊獨進",語含詼諧並有自甘寂寞之意,意謂且自飲也。壺自傾:自斟也,自己傾壺而滿杯。

〔四〕日入群動息,歸鳥趣林鳴:意謂日入則各種動者皆已止息,歸鳥亦返林矣。《藝文類聚》卷三八引晉王珣《祭徐聘士文》:"貞一足以制群動,純本足以息浮末。"李善注此詩曰:"《莊子(讓王)》:'善卷曰:余日出而作,日入而息。'《尸子》:'晝動而夜息,天之道也。'杜育詩:'臨下覽群動。'曹子建《贈白馬王彪》詩:'歸鳥赴喬林。'"

〔五〕嘯傲東軒下,聊復得此生:意謂採菊飲酒,嘯傲東軒,此生聊復滿足矣。嘯傲：李善注："郭璞《遊仙詩》曰：'嘯傲遺俗羅。'"案《初學記》卷二三引郭璞《遊仙詩》："嘯傲遺世羅，縱情在獨往。"嘯：嘬口出聲。《詩・召南・江有汜》："其嘯也歌。"嘯傲：放曠自得之態。東軒：東窗。淵明《停雲》："靜寄東軒，春醪獨撫。"得：滿足。《史記・管晏列傳》："意氣揚揚，甚自得也。"

【析義】

首二句帶露採菊，時在清晨。第七句言"日入"，則已傍晚矣。李注引定齋曰："自南北朝以來，菊詩多矣。未有能及淵明詩，語盡菊之妙。如'秋菊有佳色'，他華不足以當此一'佳'字。然終篇寓意高遠，皆繇菊而發耳。"又引艮齋曰："'秋菊有佳色'一語，洗盡古今塵俗氣。"秋菊、歸鳥，皆淵明詩常見之意象，象徵高潔與退隱。生命之意義在於自得，無拘無束。

青松在東園，衆草没其一作奇姿①〔一〕。凝一作晨霜殄異類②，卓然見高枝〔二〕。連一作叢林人不覺③，獨樹衆乃奇一作知④。提壺挂一作撫寒柯⑤，遠望時復爲一作復何爲⑥〔三〕。吾生夢幻間，何事紲塵羈原作羇，注一作羈⑦〔四〕。

【校勘】

① 其：一作"奇"，於義稍遜。

② 凝：一作"晨"，亦通。

③ 連：一作"叢"，亦通。

④ 奇：一作"知"，亦通。

⑤ 挂：一作"撫"，亦通。《歸去來兮辭》："撫孤松而盤桓。"

⑥ 時復爲：一作"復何爲"，意謂復何爲遠望，於義稍遜。

⑦ 羈：原作"羇"，底本校曰"一作羈"，異體字，今從之。

【箋注】

〔一〕青松在東園，衆草没其姿：意謂東園之青松，其卓異之姿被衆草埋没，難以顯現。東園：淵明居處有一東園，《停雲》："東園之樹，枝條載榮。"

〔二〕凝霜殄(tiǎn)異類，卓然見高枝：承上意謂平時衆草或能没青松之姿，然霜降歲寒衆草滅絶，方見青松之特立高超。《論語・

子罕》:"歲寒,然後知松柏之後凋也。"凝霜:《楚辭·九章·悲回風》:"吸湛露之浮涼兮,漱凝霜之雰雰。"殄:滅絶。異類:此指衆草。卓然:特立貌。

〔三〕提壺挂寒柯,遠望時復爲:陶澍注:"此倒句,言時復爲遠望也。"丁《箋注》:"梁元帝《纂要》:'冬木爲寒柯。'"柯:枝也。

〔四〕吾生夢幻間,何事紲(xiè)塵羈:意謂吾生既在夢幻之間,何故爲塵羈所縶,而不放曠自得耶?夢幻:夢與幻。淵明《歸園田居》其四:"人生似幻化,終當歸空無。"古《箋》:"《莊子·大宗師篇》:'吾特與汝,其夢未始覺者邪!'郭注:'死生猶夢覺耳。'《列子(周穆王)》:'有生之氣,有形之狀,盡幻也。'"何事:何故。紲:縶,捆綁。羈:馬籠頭。塵羈:以塵俗爲羈。

【析義】

此詩以青松自喻孤高。淵明詩中"青松"凡三見:此詩之外,尚有《和郭主簿》其二:"青松冠巖列。"《擬古》其五:"青松夾路生。"邱嘉德《東山草堂陶詩箋》卷三曰:"諸人附麗於宋者皆如衆草,惟公獨樹青松耳。"觀詩末"吾生夢幻間,何事紲塵羈",此説頗穿鑿。

清晨聞叩門,倒裳往自開〔一〕。問子爲誰與?田父有好懷〔二〕。壺漿遠見候〔三〕,疑我與時乖〔四〕。繿縷茅簷下,未足爲高栖〔五〕。一一作舉世皆尚同①,願君汩其泥〔六〕。深感父老言,稟氣寡一作少所諧②〔七〕。紆轡誠可學,違己詎非迷〔八〕!且共歡此飲,吾駕不可回。

【校勘】

① 一:一作"舉",亦通。

② 寡:一作"少",亦通。

【箋注】

〔一〕倒裳:表示匆忙。《詩·齊風·東方未明》:"東方未明,顛倒衣裳。"

〔二〕田父:老農。《史記·項羽本紀》:"項王至陰陵,迷失道,問一田父。田父紿曰:'左。'左,乃陷大澤中。"《文選》潘岳《秋興賦》:"僕,野人也。偃息不過茅屋茂林之下,談話不過農夫田父之客。”李善注：“《尹文子》曰：‘魏田父有耕於野者。’”

〔三〕漿：古代一種釀製飲料，略帶酸味。《詩·小雅·大東》：“或以其酒，不以其漿。”《周禮·天官·酒正》：“辨四飲之物：一曰清，二曰醫，三曰漿，四曰酏。”鄭玄注：“漿，今之截漿也。”孫詒讓《正義》：“截、漿同物，累言之則曰截漿，蓋亦釀糟爲之，但味微酢耳。”

〔四〕與時乖：與時俗乖離，猶言不合時宜。

〔五〕繿縷茅簷下，未足爲高栖：此乃田父之言，意謂安貧不是高隱也。繿縷：同襤褸、藍縷，衣服破爛。高栖：高隱。《藝文類聚》卷五七魏王粲《七釋》：“今子深藏其身，高栖其志，外無所營，内無所事。”謝靈運《山居賦》：“選自然之神麗，盡高栖之意得。”

〔六〕一世皆尚同，願君汩(gǔ)其泥：此亦田父之言，意謂世人皆以雷同爲好，願君汩其泥而揚其波也。同：《論語·子路》：“君子和而不同，小人同而不和。”汩：攪渾。汩其泥：《楚辭·漁父》：“漁父曰：‘聖人不凝滯於物，而能與世推移。世人皆濁，何不汩其泥而揚其波？……’”

〔七〕稟氣寡所諧：意謂性情天生寡和，亦即淵明所謂“抱孤念”“抱兹獨”。稟氣：王充《論衡·命義》：“人秉氣而生，含氣而長。”又，《無形》：“人秉元氣於天。”稟：稟受。

〔八〕紆轡誠可學，違己詎非迷：意謂回駕從政固然可學，然違背自己之本性豈非迷誤乎？紆轡：猶曲轡、宛轡，回駕也。《始作鎮軍參軍經曲阿》：“宛轡憩通衢。”違己：違反本性。淵明《歸去來兮辭》：“質性自然，非矯厲所得。飢凍雖切，違己交病。”迷：誤。《韓非子·解老》：“凡失其所欲之路而妄行者之謂迷，迷則不能至於其所欲至矣。今衆人之不能至於其所欲至，故曰迷。”

【析義】

此篇寫法模仿《楚辭·漁父》，實乃針對一般朝隱、通隱、充隱而言。《史記·滑稽列傳》載東方朔歌曰：“陸沉於俗，避世金馬門，宫殿中可以避世全身，何必深山之中、蒿廬之下。”田父勸告淵明：“繿縷茅簷下，未足爲高栖。”欲使離蒿廬而隱於朝中，效東方朔之流也。又，《世説新語·言語》：“南郡龐士元聞司馬德操在潁川，故二千里候之。至，遇德操采桑，士元從車中謂曰：‘吾聞大夫處世，當帶金佩紫，焉有屈洪流之量，而執絲婦之事?’德操曰:‘子且下車,子適知邪徑之速,不慮失道之迷。……’”淵明曰:“紆轡誠可學,違己詎非迷。”亦如司馬德操之答龐士元也。李注引趙泉山曰:“時輩多勉靖節以出仕,故作是篇。”趙説爲是。

在昔曾遠遊①,直至東海隅。道路迴且長,風波阻一作起中塗②〔一〕。此行誰使然?似爲飢所驅。傾身營一飽,少許便有餘〔二〕。恐此非名計,息駕歸閑居〔三〕。

【校勘】

① 在:和陶本作“我”,亦通。

② 阻:一作“起”,亦通。

【題解】

沈約《宋書·陶潛傳》:“潛弱年薄宦,不潔去就之跡。”惜各家對此未曾注意。據此可知淵明於弱冠之年嘗爲生活所迫遊宦謀生,其地位甚低也。此篇當是回憶弱年薄宦之生活。

關於“東海隅”,何注引劉履曰:“指曲阿而言,蓋其地在宋爲南東海郡。”陶澍注:“《宋書·州郡志》:‘晉元帝初,割吴郡海虞縣之北境爲東海郡,立剡、朐、利城、況其三縣。(霈案:引文有誤。應作:“立郯、朐、利城三縣,而祝其、襄賁等縣寄治曲阿。”)’劉牢之討孫恩,濟浙江,恩懼,逃於海。後恩浮海,奄至京口。牢之在山陰,率大衆還,恩走郁洲。今海州之雲臺山,即郁洲,乃朐縣地。先生參牢之軍事,蓋嘗從討恩至東海,故追述之也。”梁《譜》安帝隆安三年:“本年十一月,海賊孫恩陷會稽。劉牢之率衆東討,時劉裕爲牢之參軍,立功最多。先生之馳驅海隅,沖冒風波,蓋在牢之軍中也。牢之擁兵北府,炙手可熱,然其人反覆。先生或逆料其將敗而亟思自拔,故後二年遂乞假歸,詩所謂‘恐此非名計,息假歸閑居’也。”

霈案:陶澍、梁啟超之説不足信。牢之未嘗任鎮軍將軍,淵明之任鎮軍參軍,必非參牢之軍事,而是參劉裕軍事。淵明參劉裕軍事,有《始作鎮軍參軍經曲阿》詩,經曲阿至京口,不可曰“直至東海隅”。《晉書·地理志》徐州下有東海郡:“元帝渡江之後,徐州所得惟半……是時,幽、冀、青、并、兖五州及徐州之淮北流人相帥過江淮,帝並僑立郡縣以司牧之。割吴郡之海虞北境,立郯、朐、利城、祝其、厚丘、西隰、襄賁七縣,寄居曲阿……"曲阿乃東海郡治，在今江蘇丹陽縣，南京以東，鎮江以南。京口，在今江蘇鎮江。皆不得謂東海郡之"隅"也。如曰東海郡位於偏隅之地，亦不然。東海郡地最近京都，何得曰"隅"？"東海隅"，係指東海郡内偏遠近海之地，今蘇北沿海一帶。《搜神記》卷二有"東海孝婦"，故事又見《説苑·貴德》《漢書·于定國傳》，東海即今江蘇連雲港一帶。此詩所謂"直至東海隅"必非指任鎮軍參軍之事，乃淵明弱年薄宦之事。又，既曰"薄宦"，時間必不很長，姑以兩年計，後年復歸家。

【箋注】

〔一〕道路迥且長，風波阻中塗：意謂道路遥遠，風波險阻。《古詩十九首》："道路迥且長。"塗，同"途"。《荀子·性惡》："塗之人可以爲禹，曷謂也？"此二句賦而比，所謂"風波"或有喻指人事險惡時局動蕩之意，故下言"恐此非名計，息駕歸閑居"。逯注謂"風波阻中塗"指阻風於規林事，非是。阻風於規林乃從都還阻於途中，此言自家遠遊求宦途中，顯然並非一事。

〔二〕傾身營一飽，少許便有餘：意謂傾身以求不過一飽，而一飽所需少許便有餘矣，何須冒風波之險乎？傾身：竭盡全力。《史記·酷吏列傳》："周陽侯始爲諸卿時，嘗繫長安，湯傾身爲之。"

〔三〕恐此非名計，息駕歸閑居：意謂遠遊從仕恐非適宜之計，遂止步返歸也。名：通"明"，見朱駿聲《説文通訓定聲》。名計：猶明計，良策也。《宋書·臨川烈武王道規傳》，何無忌議攻何澹之，道規曰："此名計也。"參見鄭騫《龍淵述學》。

【析義】

詩中頗有後悔之意，結合沈《傳》所謂"不潔去就之跡"，正相吻合。

顏生稱爲仁〔一〕，榮公言有道〔二〕。屢空不獲年〔三〕，長飢至于一作縈老①〔四〕。雖留身後名〔五〕，一生亦枯槁〔六〕。死去何所知②？稱心固爲好。各原作客，注一作各，又作容養千金軀③，臨一作幻化消其寶一作臨死鎮真寶④〔七〕。裸葬何必惡，人當解其表一作意表⑤〔八〕。

【校勘】

① 于：一作"縈"，亦通。

② 死去：和陶本作“生死”；所：和陶本作“可”。於義爲遜。

③ 各：原作“客”，底本校曰“一作各，又作容”。案：作“各”爲佳。

④ 臨化消其寶：一作“臨死鎮真寶”，形近而訛。臨：一作“幻”，於義稍遜。

⑤ 其表：一作“意表”，亦通。

【箋注】

〔一〕顔生稱爲仁：指顔回，《論語·雍也》：“子曰：‘回也，其心三月不違仁。’”

〔二〕榮公言有道：指榮啟期，詳見《飲酒》其二“箋注”〔三〕。“言”與上句“稱”對舉，稱其有道也。

〔三〕屢空不獲年：指顔回，《論語·先進》：“子曰：‘回也其庶乎，屢空。’”何晏《集解》曰：“言回庶幾聖道，雖數空匱而樂在其中。”不獲年：不得長壽，早卒。《史記·伯夷列傳》：“回也屢空，糟糠不厭，而卒蚤夭。”又，《仲尼弟子列傳》：“回年二十九，髪盡白，蚤死。”

〔四〕長飢至于老：指榮啟期。

〔五〕身後名：死後之名聲。《世説新語·任誕》：“張季鷹縱任不拘，時人號爲江東步兵。或謂之曰：‘卿乃可縱適一時，獨不爲身後名邪？’答曰：‘使我有身後名，不如即時一杯酒。’”

〔六〕枯槁：與榮華相對而言，有困窮、勞苦、憔悴等意。《莊子·天下》：“墨子真天下之好也，將求之不得也，雖枯槁不舍也。才士也夫！”

〔七〕各養千金軀，臨化消其寶：意謂人各保養其千金之軀，然臨死亦各失其所寶貴者也。古《箋》：“楊朱云：‘生則堯、舜，死則腐骨。’（案：見《列子·楊朱》）四海之主，終亦消化。何有於千金之軀哉？《古詩十九首》：‘奄忽隨物化，榮名以爲寶。’知軀寶終消，而轉希名寶，亦未爲達矣。”

〔八〕裸葬何必惡，人當解其表：楊王孫言欲裸葬，意在以身親土，以反其真。言外之意，死不足懼，返歸自然而已。正如淵明《擬挽歌辭》所言：“死去何所道，託體同山阿。”裸葬：《漢書·楊王孫傳》：“及病且終，先令其子，曰：‘吾欲臝葬，以反吾真，必亡易吾意。死則爲布囊盛尸，入土七尺，既下，從足引脱其囊，以身親土。’”其表：指楊王孫之言外意。《莊子·天道》：“意之所隨者，不可以言傳也，而世因貴言傳書。世雖貴之哉，猶不足貴也，爲其貴非其貴也。”郭象注：“其貴恒在意言之表。”

【考辨】

古《箋》引曾星笠曰：“《説文》：‘客，寄也。’客養千金軀，即寓形宇内之意。《説文》：寓亦寄也。賈誼《鵩鳥賦》：‘不以生故自寶兮，養空而浮。’”丁《箋注》曰：“客指楊王孫而言，《漢書·楊王孫傳》：‘學黄老之術，家世（當作業）千金。厚自奉養生，亡所不至。’”王瑶注：“厚自奉養，如待賓客。”以上各説録以備考。

【析義】

“雖留身後名，一生亦枯槁。”此二句恰是淵明自身寫照。淵明生前枯槁，死後反留名千載，此非有意求之而得也。湯漢曰：“顔、榮皆非希身後名者，正以自遂其志耳。保千金之軀者，亦終歸於盡，則裸葬亦未可非也。或曰：前八句言名不足賴，後四句言身不足惜。淵明解處正在身名之外也。”王叔岷曰：“言身後之名不可知，身前厚養不可貴。惟有稱心以爲好也。”

長公曾一仕，壯節忽失時。杜一作松門不復出①，終身與世辭〔一〕。仲理歸大澤，高風始在一作如兹②。一往便當已，何爲復狐疑〔二〕？去去當奚道，世俗久相欺〔三〕。擺落悠悠談，請從余所之〔四〕。

【校勘】

① 杜：一作“松”，形近而訛。

② 在：一作“如”，恐非是。

【箋注】

〔一〕長公曾一仕，壯節忽失時。杜門不復出，終身與世辭：此四句褒揚長公既已辭官遂終身不仕。長公：張摯。《史記·張釋之傳》：“其子曰張摯，字長公，官至大夫，免。以不能取容當世，故終身不仕。”淵明《扇上畫贊》《讀史述九章》中均有長公。壯節：壯年時節。《禮記·曲禮》：“三十曰壯。”失時：《論語·陽貨》：“好從事而亟失時，可謂知乎？”杜門：閉門。

〔二〕仲理歸大澤，高風始在兹。一往便當已，何爲復狐疑：此四句惋惜仲理，既已歸隱始有高風，則當有始有終，何爲狐疑不決，一再出仕？仲理：楊倫。《後漢書・儒林傳》："楊倫字仲理，陳留東昏人也。……爲郡文學掾。更歷數將，志乖於時，以不能人閒事，遂去職，不復應州郡命。講授於大澤中，弟子至千餘人。元初中，郡禮請，三府並辟，公車徵，皆辭疾不就。後特徵博士，爲清河王傅。……閻太后以其專擅去職，坐抵罪。順帝即位……徵拜侍中。……尚書奏倫探知密事，激以求直。坐不敬，結鬼薪。……陽嘉二年，徵拜太中大夫。大將軍梁商以爲長史。諫諍不合，出補常山王傅，病不之官。……遂徵詣廷尉，有詔原罪。"霈案：楊仲理既已歸隱，講授於大澤中，又三次出仕，每次均以獲罪告終，淵明不以爲然也。舊注均以"一往便當已，何爲復狐疑"爲淵明自指，非是。首四句叙一人，次四句又叙一人，兩人對舉。一堪效法，一不足效法。

〔三〕去去當奚道，世俗久相欺：意謂無須再言矣，世俗久已相欺，尚不決心退隱乎？去去：重複"去"字，以加强語氣，表示決絶、作罷。曹植《雜詩》："去去莫復道，沉憂令人老。"當：借爲"尚"。《史記・魏公子列傳》："使秦破大梁而夷先王之宗廟，公子當何面目立天下乎？"當奚道：尚何言。與下"悠悠談"呼應。

〔四〕擺落悠悠談，請從余所之：意謂可置悠悠談於不顧，請從余隱居也。擺落：擺脱。悠悠談：衆人無根據之言談。《晉書・王導傳》："吾與元規休慼是同，悠悠之談，宜絶智者之口。"《世説新語・賞譽》注引《晉安帝紀》："悠悠之論，頗有異同。"《宋書・劉穆之傳》："長民果有異謀，而猶豫不能發，乃屏人謂穆之曰：'悠悠之言，皆云太尉與我不平，何以至此？'"

【析義】

此詩以長公自況，又借仲理以示諷喻，詩末徑言"請從余所之"，似有爲而發。下一首"有客常同止，取捨邈異境"，似爲同一人所作。

有客常同止，取捨邈異境①〔一〕。一士長獨醉，一夫終年醒〔二〕。醒醉還一作遞相笑②，發言各不領〔三〕。規規一何愚，兀傲差若一作嗟無穎〔四〕。寄言酣中客，日没燭當秉原作獨何炳，注一作當秉，又作燭當炳③〔五〕。

【校勘】

① 境:《藝文類聚》作"景",於義爲遜。

② 還:一作"遞",亦通。

③ 燭當秉:原作"獨何炳",底本校曰"一作當秉,又作燭當炳",以"燭當秉"爲是。

【箋注】

〔一〕有客常同止,取捨邈異境:意謂有人常同住於一處,但其出處志趣迥然不同。有客:《詩・周頌・有客》:"有客有客,亦白其馬。"客:泛指某人。止:居。《詩・商頌・玄鳥》:"邦畿千里,維民所止。"箋:"止,猶居也。"取捨:進止。《漢書・王吉傳》:"世稱'王陽在位,貢公彈冠',言其取捨同也。"注:"取,進趣也;捨,止息也。"邈:遠。"同止"指居處鄰近。"取捨邈異境"指出處仕隱迥然不同。

〔二〕一士長獨醉,一夫終年醒:意謂兩人醉醒各異。一士:自指。一夫:一人,此指首句之客。《書・君陳》:"無求備於一夫。""醉"與"醒",不僅關乎酒,且指處世態度。淵明之醉,乃韜晦遠禍,蕭統所謂"寄酒爲跡者也"。

〔三〕醒醉還相笑,發言各不領:意謂醒者醉者尚相視而笑,發言卻各不領會也。

〔四〕規規一何愚,兀傲差若穎:意謂醒者愚而醉者穎也。湯注:"醒者與世討分曉,而醉者頽然聽之而已。淵明蓋沉溟之逃者,故以醒爲愚,而以兀傲爲穎耳。"規規:淺陋拘泥貌。《莊子・秋水》:"子乃規規然而求之以察,索之以辯,是直用管窺天,用錐指地也,不亦小乎?"此指醒者。兀傲:兀然、傲然,不拘禮節貌。劉伶《酒德頌》:"兀然而醉,豁爾而醒。"古《箋》引支遁《詠懷詩》(五首其一):"傲兀乘尸素。"差若穎:較似聰穎。

〔五〕寄言酣中客,日没燭當秉:意謂寄言於醉中之人當夜以繼日秉燭而飲也。古《箋》:"《古詩十九首》:'何不秉燭遊。'直案:魏晉、晉宋之際,志節之士每以酣飲避禍。《晉書・阮籍傳》:'文帝(初)欲爲武帝求婚於籍,籍醉六十日,不得言而止。'拒婚以醉,誠兀傲若穎哉!蓋自命醒者,每出智力以佐亂,豈若託於醉者,得全其真於酒中。"

【析義】

醉者若愚而實不愚，醒者若不愚而實愚。世事既不可爲而强爲之，徒然無益也。世事既不可爲而不爲，委順自然也。然淵明本欲有爲者也，世之相違，不得已而退隱，遂以醉者自許。醉語中憤慨良深也。

故人賞我趣，挈壺相與至〔一〕。班荆坐松下〔二〕，數斟已復醉。父老雜亂言，觴酌失行次〔三〕。不覺知有我，安知物爲貴〔四〕。悠悠一作咄咄迷所留一作之①，酒中有深味一作固多味②〔五〕。

【校勘】

① 悠悠：一作"咄咄"，恐非。留：一作"之"，亦通。

② 有深味：一作"固多味"，亦通。

【箋注】

〔一〕故人賞我趣，挈(qiè)壺相與至：此言"相與至"，下又言"父老雜亂言"，可見"故人"不止一人也。《序》曰："聊命故人書之"，亦不止一人也。挈：提。

〔二〕班荆：《左傳》襄公二十六年："班荆相與食。"杜注："班，布也。布荆坐地，共議歸楚事。"

〔三〕行次：行列次第。失行次：不拘禮節，隨意而飲。

〔四〕不覺知有我，安知物爲貴：言醉後悠然恍惚之狀。《晉書·阮籍傳》："嗜酒能嘯，善彈琴。當其得意，忽忘形骸。"此亦即"不覺知有我"也。《列子·楊朱》："方其荒於酒也，不知世道之安危，人理之悔吝，室内之有亡，九族之親疏，存亡之哀樂也。雖水火兵刃交於前，弗知也。"此亦即"安知物爲貴"也。

〔五〕悠悠迷所留，酒中有深味：意謂酒中深味乃在悠然忘我。悠悠：閑適自得貌。留：止也。迷所留：不知所止，不知身在何處。

【析義】

"不覺知有我，安知物爲貴。"此固寫酒後之狀，但物我兩忘乃淵明所追求之人生境地，則又不僅是寫酒醉矣。此詩所寫故人乃賞其趣者，與前之"田父"不同。"田父"雖亦以壺漿見候，但疑其與時相乖而不知其趣也。

貧居乏人工，灌一作卉木荒余宅①。班班有翔鳥，寂寂無行跡〔一〕。宇宙一何悠一作何悠悠②，人生少至百〔二〕。歲月相催逼宋本作從過③〔三〕，鬢邊早已白。若不委窮達，素抱一作懷深可惜④〔四〕。

【校勘】

① 灌：一作"卉"，非是。

② 一何悠：一作"何悠悠"，亦通。

③ 催逼：宋本作"從過"，於義爲遜。

④ 抱：一作"懷"，亦通。

【箋注】

〔一〕班班有翔鳥，寂寂無行跡：意謂上有翔鳥，班班可見；下無人跡，寂寂獨居。班班：明顯，與下之"寂寂"對舉。《後漢書・趙壹傳》："余畏禁，不敢班班顯言。"注："班班，明貌。"

〔二〕宇宙一何悠，人生少至百：意謂宇宙悠久，人生短促。古《箋》："《列子・楊朱篇》：'百年，壽之大齊，得百年者，千無一焉。'"丁《箋注》："《吕氏春秋(安死)》：'人之壽，久之不過百。'《古詩》：'生年不滿百。'"

〔三〕催逼：謂催人老也。淵明《雜詩》其一："歲月不待人。"其七："四時相催逼。"

〔四〕若不委窮達，素抱深可惜：意謂窮達命定，非可强求，亦不足掛於懷。若汲汲以求顯達，豈不深負於平素之志乎？窮達：困厄與顯達。《莊子・德充符》："死生、存亡、窮達、貧富、賢與不肖、毁譽、飢渴、寒暑，是事之變，命之行也；日夜相代乎前，而知不能規乎其始者也。故不足以滑和，不可入於靈府。"素抱：平素之懷抱。

【析義】

"催逼"二字，深感於宇宙之久、歲月之速、人生之短也。

少年罕人事，遊好在六經〔一〕。行行向不惑，淹留自一作遂無成①〔二〕。竟抱固窮原作窮苦，注一作固窮節②，飢寒飽所更〔三〕。弊廬交悲風，荒草没前庭。披褐守長夜③〔四〕，晨雞不肯鳴。孟公不在兹,終以一作已翳吾情④〔五〕。

【校勘】

① 自:一作"遂",亦通。

② 固窮:原作"窮苦",底本校曰"一作固窮",今從之。"固窮"可稱"節","窮苦"不可稱"節"也。《飲酒》其二:"不賴固窮節,百世當誰傳。"

③ 披:和陶本作"被",亦通。

④ 以:一作"已",亦通。

【箋注】

〔一〕少年罕人事,遊好在六經:回憶少年時代。罕人事:淵明《歸園田居》其二:"野外罕人事。"人事:指世俗交往。遊好:交遊愛好。既不願與世俗交往,遂與六經爲伴。六經:指《詩》《書》《禮》《樂》《易》《春秋》。

〔二〕行行向不惑,淹留自無成:回憶中年時代。行行:行而又行。向不惑:年近四十。《論語·爲政》:"四十而不惑。"淹留:久留,此指歲月已久。《楚辭·九辯》:"時亹亹而過中兮,蹇淹留而無成。"王逸注:"雖久壽考,無成功也。"自:仍舊。

〔三〕竟抱固窮節,飢寒飽所更:叙述老年境況。淵明《有會而作》:"弱年逢家乏,老至更長飢。"竟:終於。更:經歷。

〔四〕褐(hè):用粗布或粗麻製成之衣服。

〔五〕孟公不在兹,終以翳吾情:以張仲蔚自喻,歎無如劉龔(字孟公)之人能知己也。皇甫謐《高士傳》:"張仲蔚者,平陵人也。與同郡魏景卿俱修道德,隱身不仕。明天官博物,善屬文,好詩賦。常居窮素,所處蓬蒿没人。閉門養性,不治榮名。時人莫識,唯劉龔知之。"翳:隱蔽。翳吾情:吾情無可申述也。

【考辨】

"孟公",李注:"前漢陳遵字孟公,嗜酒,每大飲,賓客滿堂。"陶澍注同。古《箋》:"孟公有二,一爲陳遵,一爲劉龔。詩曰:'弊廬交悲風,荒草没前庭。'則絶似蓬蒿没人、劉龔獨知之張仲蔚家。此孟公必指劉龔也。《後漢書·蘇竟傳》:'龔字孟公,長安人,善論議。扶風馬援、班彪並器重之。'章懷注引《三輔決録》曰:'唯有孟公論可觀者。'班叔皮《與京兆丞郭季通書》曰:'劉孟公藏器於身,用心篤固。實瑚璉之器,宗廟之寶也。'"霈案:證以淵明《詠貧士》其六:"仲蔚愛窮居,遶宅生蒿蓬。翳然絶交游,賦詩頗能工。舉世無知者,止有一劉龔。"則古説爲是。

古《箋》於"行行向不惑"下注曰:"向不惑,則未至不惑也。蓋三十九歲之作。"霈案:恐非是。此乃追叙往事,少年如何,中年如何,至今老年又如何。"竟"字、"飽所更"三字,道盡"向不惑"之後多年情事,詩非"向不惑"之年所作也。或問曰:何以特舉"向不惑"而言?因四十歲乃人生一大關鍵,有成與否,取决於此時。淵明《榮木》亦曰:"四十無聞,斯不足畏。"可證。將此詩與《榮木》對照,其生活與心情大相懸殊,顯然不是同一時期之作。

【析義】

此詩有回顧一生之意,欲有成而仍無成,遂抱固窮之節。"披褐守長夜,晨雞不肯鳴。"飢凍之切,盼望雞鳴天亮,而天偏不亮,寫盡貧窮之狀。

幽蘭生前庭,含薰待清風〔一〕。清風脱然一作若至①,見别蕭艾中〔二〕。行行失故路,任道或能通一作前道或能窮②〔三〕。覺悟當念還,鳥盡廢良弓〔四〕。

【校勘】

① 然:一作"若",於義爲遜。

② 任道或能通:一作"前道或能窮",意謂既失故路,向前則道窮矣,於義稍遜。

【箋注】

〔一〕幽蘭生前庭,含薰待清風:比喻賢人懷其德而有待於聖明。幽:隱也。幽蘭:《世説新語·言語》:"謝太傅問諸子侄:'子弟亦何預人事,則正欲使其佳?'諸人莫有言者,車騎曰:'譬如芝蘭玉樹,欲使其生於庭階耳。'"霈案:幽蘭本生於山谷,不染塵俗。其生於前庭者,比喻賢者不隱於山林,而出仕以預人事。薰:香氣。清風:《詩·大雅·烝民》:"穆如清風。"傳:"清微之風,以養萬物者也。"

〔二〕清風脱然至,見别蕭艾中:意謂倘有清風吹來,則幽蘭即可見别於蕭艾之中矣。此二句乃設語,希望中之事,非真有清風至也。幽蘭生於前庭本欲待清風以見别於蕭艾,然清風未至。賢人出仕本欲待聖明,然聖明未至。故後四句有覺悟念還之意。蕭艾：野蒿，臭草。《楚辭・離騷》："户服艾以盈腰兮，謂幽蘭其不可佩。""何昔日之芳草兮，今直爲此蕭艾也！"脱：或許。《吴子・勵士》："君試發無功者五萬人，臣請率以當之。脱其不勝，取笑於諸侯，失權於天下矣。"淵明《與殷晉安别》："脱有經過便，念來存故人。"

〔三〕行行失故路，任道或能通：意謂行行而迷失故路，遂任其道而行，或能通達，但終非良計也。故下言"覺悟當念還"，應再回至故路耳。故路：舊路，此指平素之人生道路，亦即淵明《詠貧士》其一"量力守故轍"之"故轍"。失故路：意謂未能堅守故轍而迷路矣。曹操《苦寒行》："迷惑失故路，薄暮無宿棲。行行日已遠，人馬同時飢。"任道：聽任道路之所通，繼續向前。此"道"字承上"故路"，意謂道路，非"道德"之道。

〔四〕覺悟當念還，鳥盡廢良弓：意謂任道雖或能通，但既已覺悟則當以還歸爲念，豈不知鳥盡而良弓藏耶？《史記・越王句踐世家》載范蠡遺大夫種書曰："蜚鳥盡，良弓藏；狡兔死，走狗烹。"又，《淮陰侯列傳》："狡兔死，走狗烹；高鳥盡，良弓藏；敵國破，謀臣亡。"

【考辨】

陶必銓《萸江詩話》曰："非經喪亂，君子之守不見，寓意甚深。覺悟念還，傅亮、謝晦輩不知也。"古《箋》："晉義熙八、九年之交，劉裕誅鋤異己，不遺餘力。劉藩、謝混、劉毅、諸葛長民兄弟，皆見夷戮。史記諸葛長民之言曰：'昔年醢彭越，今（當作前）年殺韓信，禍其至矣。'既而歎曰：'貧賤常思富貴，富貴必蹈危機（當作履機危）。今日欲爲丹徒布衣，豈可得邪？'詩蓋因此託諷。"王叔岷《箋證稿》曰："非僅爲劉裕誅鋤異己而託諷；蓋亦所以自警。"

【析義】

前四句以幽蘭爲喻，後四句以行路爲喻，前後若兩詩，其實不然。前以幽蘭生於前庭，比喻賢人之出仕，後遂就出仕而言。賢人出仕猶失去故路也，繼續任道而行或亦能通，但應以還歸爲上，鳥盡弓廢是爲誡也。前四句中有一"脱"字，後四句有一"或"字，皆假設之辭。其實，清風難至，任道難通，幽蘭終當處幽谷，賢人終當隱田園也。

子雲性嗜酒〔一〕，家貧無由得。時賴好事人，載醪祛所惑〔二〕。觴來爲之盡，是諮一作語無不塞①〔三〕。有時不肯言，豈不在伐國〔四〕。仁者用其心，何嘗失顯默〔五〕。

【校勘】

① 諮：一作“語”，非是。

【箋注】

〔一〕子雲：西漢揚雄字子雲。《漢書·揚雄傳贊》：“家素貧，嗜酒，人希至其門。時有好事者載酒餚從遊學，而鉅鹿侯芭常從雄居，受其《太玄》《法言》焉。”

〔二〕載醪：携酒。祛(qū)：去，去除。祛所惑：去除自己之疑惑，指求教於揚雄。《文選》蔡邕《郭有道碑文》：“童蒙賴焉，用祛其蔽。”殷仲文《南州桓公九井作》：“伊余樂好仁，惑祛吝亦泯。”

〔三〕諮：詢問。塞：答。《漢書·終軍傳》：“獻享之精交神，積和之氣塞明。”師古注：“塞，答也。”

〔四〕有時不肯言，豈不在伐國：意謂有時所不肯言者，唯伐國之事也。《漢書·董仲舒傳》：“聞昔者魯君問柳下惠：‘吾欲伐齊，何如？’柳下惠曰：‘不可。’歸而有憂色，曰：‘吾聞伐國不問仁人，此言何爲至於我哉！’”此以柳下惠喻指揚雄。

〔五〕仁者用其心，何嘗失顯默：意謂仁者之用心，何嘗因出與處而改易，無論顯默皆不失其仁心也。失：改易。《淮南子·原道訓》：“今夫徙樹者，失其陰陽之性，則莫不枯槁。”顯默：出與處、語與默。《文選》傅亮《爲宋公修張良廟教》：“顯默之際，窅然難究。”

【析義】

湯漢曰：“此篇蓋託子雲以自況，故以柳下惠事終之。”陶澍曰：“載醪不卻，聊混跡於子雲；伐國不對，實希風於柳下。蓋子雲《劇秦美新》，正由未識不對伐國之義。必如柳下，方爲仁者之用心，方爲不失顯默耳。此先生志節皭然，即寓於和光同塵之内，所以爲道合中庸也。”古直曰：“湯注自況子雲之説是矣。陶氏潛易其説，徒疑雄爲莽大夫耳。不知漢魏六朝間人視雄猶聖人也。……蓋《法言》云：‘或問柳下惠非朝隱者與？曰：(君子謂之不恭，)古者高餓顯，下禄隱。’姚信《士緯》曰：‘揚子雲有深才潛知，屈伸沉浮，從容顯(玄)默，近於柳下惠朝隱之風。’

(《御覽》卷四四七引)子雲以柳下惠自比,故靖節亦即以柳下惠比之。《抱朴子》曰:'孟子不以矢石爲功,揚雲不以治民益世。求仁而得,不亦可乎?'靖節稱爲仁者,亦當時之篤論矣。班固贊雄'恬於勢利','好古樂道','用心於内,不求於外',此豈肯言伐國者哉! 不言伐國,從容朝隱,以希柳下之風,顯默之際,窅乎遠矣。靖節所以贊之曰:'仁者用其心,何嘗失顯默。'"

霈案:古直所論是也。此篇專詠揚雄,非兼詠揚雄、柳下惠二人,更非有所抑揚。揚雄《解嘲》曰:"知玄知默,守道之極;爰清爰静,遊神之廷;惟寂惟寞,守德之宅。"顏延之《陶徵士誄》:"在衆不失其寡,處言愈見其默。"此篇既贊子雲之顯又贊其默,然主旨在默也。

疇昔苦長飢,投耒去學仕〔一〕。將養不得節,凍餒固一作故纏己①〔二〕。是時向立年②,志意多所恥③〔三〕。遂盡介然分,終死一作拂衣歸田里④〔四〕。冉冉星氣流,亭亭復一紀〔五〕。世路廓悠悠,楊原作揚,紹興本、李注本作楊朱所一作疏以止⑤〔六〕一作揚歧何以止,又作揚生所以止。雖無揮金事,濁酒聊可恃⑥〔七〕。

【校勘】

① 固:一作"故",亦通。

② 向:和陶本作"而",亦通。

③ 多所:和陶本作"尚多",亦通。

④ 終死:一作"拂衣"。

⑤ 楊朱所以止:楊:原作"揚",曾集本、湯注本同,紹興本、李注本作"楊",今據改。一作"揚歧何以止",於義稍遜。又作"揚生所以止",亦通。所:一作"疏",非。

⑥ 雖無揮金事,濁酒聊可恃:《文選》江淹《雜體詩》李善注引作"雖欲揮手歸,濁酒聊自持"。

【箋注】

〔一〕疇昔苦長飢,投耒去學仕:指弱冠之年薄宦之事。沈約《宋書·陶潛傳》:"潛弱年薄宦,不潔去就之跡。"此二句即指此,既曰"薄宦",時間當不長,惟詳情已不可考。疇昔:往日。疇:曩也。長飢:陶詩中屢見,如《飲酒》其十一:"長飢至於老。"《有會而作》："老至更長飢。"《感士不遇賦》："夷投老以長飢。"投耒：放下農具。

〔二〕將養不得節，凍餒固纏己：指薄宦後仍無法將養家人，解除自己之飢寒。將：養息。《廣雅·釋詁一》："將，養也。"王念孫疏證："今俗語猶云將養，或云將息矣。"《詩·小雅·四牡》："王事靡盬，不遑將父。"毛傳："將，養也。"節：法度。固：常。《吕氏春秋·首時》："時固不易得……故聖人之所貴唯時也。"高誘注："固，常也。"

〔三〕是時向立年，志意多所恥：指向立之年起爲州祭酒之事。《宋書·陶潛傳》："親老家貧，起爲州祭酒。不堪吏職，少日，自解歸。"所詠當係此次出仕，因恥於吏職而復歸。向立年：接近三十歲。《論語·爲政》："三十而立。"淵明詩中"向"字用例尚有"向夕長風起"(《歲暮和張常侍》)，"行行向不惑"(《飲酒》其十六)。志意：《禮記·樂記》："故聽其雅頌之聲，志意得廣焉。"志猶意也。

〔四〕遂盡介然分(fèn)，終死歸田里：指堅持耿介之原則，辭彭澤縣令，永歸田里之事。吴注："顧炎武曰：二句用方望《辭隗囂書》：'雖懷介然之節，欲潔去就之分。'"霈案：方望書見《全後漢文》卷一一。遂，終於。介然：堅貞。《荀子·修身》："善在身，介然必以自好也。"楊倞注："介然，堅固貌。"分：制，原則。《文選》班固《答賓戲》："蓋聞聖人有一定之論，烈士有不易之分。"

〔五〕冉冉星氣流，亭亭復一紀：意謂自辭彭澤令後，日月星辰漸漸流轉，又復十二年矣。冉冉：漸進貌。《楚辭·離騷》："老冉冉其將至兮。"星氣：《後漢書·百官志》："靈臺掌候日月星氣，皆屬太史。"星氣與日月並舉，蓋星象也。流：古《箋》："《豳風》：'七月流火。'此流字所本。"亭亭：《文選》司馬相如《長門賦》："澹偃蹇而待曙兮，荒亭亭而復明。"李善注："亭亭，遠貌。"此指時間之久遠漫長。一紀：十二年。《書·畢命》："既歷三紀。"傳："十二年爲一紀。"復：又。自晉安帝義熙元年乙巳(四〇五)五十四歲辭彭澤令歸田，又經一紀，則此詩作於義熙十三年丁巳(四一七)六十六歲。

〔六〕世路廓悠悠，楊朱所以止：意謂世路空闊遥遠而又多歧，楊朱所以無所適從止步不前。世路：人生譬如行路，故謂處世之經歷爲世路。劉峻《廣絶交論》："世路險巇，一至於此！"廓：空。悠悠：遠。《詩·王風·黍離》："悠悠蒼天。"毛傳："悠悠，遠意。"馬瑞辰《通釋》："悠悠，即遥遥之假借，古悠、遥同音通用。"《楚辭·九辯》："襲長夜之悠悠。"楊朱：李注："《淮南·説林訓》：'楊子見逵路而哭之，爲其可以南可以北。墨子見練絲而泣之，爲其可以黄可以黑。'"案：《太平御覽》卷一九五引作"楊朱見岐路而哭，曰可以南可以北"。

〔七〕雖無揮金事，濁酒聊可恃：意謂雖不能如疏廣之揮金取樂，但聊可憑濁酒以自陶醉也。張協《詠史》云："揮金樂當年，歲暮不留儲。"《漢書·疏廣傳》：廣上疏乞骸骨，許之。加賜黄金二十斤，皇太子贈以五十斤。"廣既歸鄉里，日令家共具設酒食，請族人故舊賓客，與相娱樂。數問其家：'金餘尚有幾所？'趣賣以共具。"

【析義】

"志意多所恥"，説得沉痛。"遂盡介然分"，説得堅決。"介然分"亦即"抱獨""抱孤念"之意，故"與物多忤"也。

羲農去我久〔一〕，舉世少復真〔二〕。汲汲一作波波魯中叟①，彌縫使其淳〔三〕。鳳鳥雖不至，禮樂暫得一作時新②〔四〕。洙泗輟微響，漂流逮一作待狂秦③〔五〕。詩書復何罪，一朝成灰塵④〔六〕。區區諸老翁，爲事誠殷勤〔七〕。如何絶世下，六籍無一親〔八〕！終日馳車走，不見所問一作憑津⑤〔九〕。若復不快飲，空負頭上巾〔一〇〕。但一作所恨多謬誤⑥，君當恕醉人〔一一〕。

【校勘】

① 汲汲：一作"波波"，形近而訛。

② 得：一作"時"，於義稍遜。

③ 逮：一作"待"，音同而訛。

④ 成：和陶本作"作"，於義稍遜。

⑤ 問：一作"憑"，非是。

⑥ 但：一作"所"，亦通。

【箋注】

〔一〕羲農:伏羲、神農。

〔二〕真:指人之自然本性,與儒家所倡之"禮"相對立。"真"與"自然"有相通之處,但更具人生價值判斷之意義。既屬於抽象理念範疇,又屬於道德範疇。"真"字,不見於《論語》《孟子》,乃老莊特有之哲學範疇。《老子》曰:"孔德之容,惟道是從。道之爲物,惟恍惟惚。……其中有精,其精甚真。"意謂"真"乃"道"之精髓。《莊子·漁父》:"禮者,世俗之所爲也。真者,所以受於天也,自然不可易也。故聖人法天貴真,不拘於俗。愚者反此,不能法天而恤於人,不知貴真,禄禄而受變於俗,故不足。"又《秋水》曰:"無以人滅天,無以故滅命,無以得殉名。謹守而勿失,是謂反其真。"莊子認爲每人皆有"真",惟能守真者方爲聖人。淵明作品中不止一處言及"真",如"抱朴含真"(《勸農》),"任真無所先"(《連雨獨飲》),"真想初在襟"(《始作鎮軍參軍經曲阿》),"養真衡茅下"(《辛丑歲七月赴假還江陵夜行塗中》),"此中有真意"(《飲酒》其五),"自真風告逝,大僞斯興"(《感士不遇賦》)。

〔三〕汲汲魯中叟,彌縫使其淳:意謂孔子汲汲然彌縫其闕,而使其復歸於淳。汲汲:心情急切貌。《禮記·問喪》:"其往送也,望望然,汲汲然,如有追而弗及也。"《漢書·揚雄傳》:"不汲汲於富貴,不戚戚於貧賤。"魯中叟:指孔子。彌縫:彌補縫合。《左傳》僖公二十六年:"彌縫其闕,而匡救其災。"淳:質樸淳厚。《淮南子·齊俗訓》:"衰世之俗……澆天下之淳,析天下之樸。"注:"淳,厚也。"與"真"有相通之處,可以互相引發。《文選》張衡《思玄賦》:"何道真之淳粹兮,去穢累而飄輕。"淵明《感士不遇賦》:"望軒唐而永歎,甘貧賤以辭榮。淳源汩以長分,美惡作以異途。"《桃花源詩》:"奇蹤隱五百,一朝敞神界。淳薄既異源,旋復還幽閉。"《扇上畫贊》:"三五道邈,淳風日盡。九流參差,互相推隕。"

〔四〕鳳鳥雖不至,禮樂暫得新:意謂孔子雖感生不逢時,但頗有整理禮樂之功。《論語·子罕》:"子曰:'鳳鳥不至,河不出圖,吾已矣夫!'""子曰:'吾自衛反魯,然後樂正,《雅》《頌》各得其所。'"

《史記·孔子世家》:"孔子之時,周室微而禮樂廢,《詩》、《書》缺。追跡三代之禮,序《書傳》,上紀唐虞之際,下至秦繆,編次其事。……三百五篇孔子皆弦歌之,以求合《韶》《武》《雅》《頌》之音。禮樂自此可得而述,以備王道,成六藝。"

〔五〕洙泗輟微響,漂流逮狂秦:意謂孔子死後洙泗之上微響輟絶,江河日下,乃至於狂暴之秦朝。洙泗:二水名。古時二水自今山東泗水縣北合流西下,至魯國首都曲阜北,又分爲二水,洙水在北,泗水在南。洙泗之間,即孔子聚徒講學之所。微響:精微要妙之音響,承上"禮樂"而言。《漢書·藝文志》:"仲尼没而微言絶。"師古注:"精微要妙之言。"

〔六〕詩書復何罪,一朝成灰塵:言秦始皇焚書之事。《史記·秦始皇本紀》:"丞相李斯曰:'……臣請史官非秦記皆燒之。非博士官所職,天下敢有藏《詩》、《書》、百家語者,悉詣守、尉雜燒之。有敢偶語《詩》《書》者棄市。……'制曰:'可。'"

〔七〕區區諸老翁,爲事誠殷勤:言漢興諸老翁專誠努力傳授經書。《史記·儒林列傳》:"及今上即位,趙綰、王臧之屬明儒學,而上亦鄉之,於是招方正賢良文學之士。自是之後,言《詩》於魯則申培公,於齊則轅固生,於燕則韓太傅。言《尚書》自濟南伏生。言《禮》自魯高堂生。言《易》自菑川田生。言《春秋》於齊魯自胡毋生,於趙自董仲舒。"區區:拳拳,忠誠專一。爲事:指傳授經書之事。

〔八〕如何絶世下,六籍無一親:感歎漢世之後無人親近經籍矣,即使熟讀六籍者,亦未必得其真旨也。古《箋》:"《文選》干寶《晉紀總論》:'學者以老莊爲師,而黜六經。'沈約《宋書·謝靈運傳論》:'有晉中興,玄風獨振。爲學窮於柱下,博物止乎七篇。……自建武暨乎義熙,歷載將百……莫不寄言上德,託意玄珠。'"丁《箋注》:"絶世下,謂漢世既絶之後。"陳澧《東塾雜俎》卷三:"陶公時讀六籍者多矣,而以爲'無一親',蓋書自書,我自我,則不親矣。'親'之一字,陶公示人以問津處。"霈案:此乃誇張説法,極言世之忽視六經也。

〔九〕終日馳車走,不見所問津:意謂雖有馳車之人,但不見此問津者也。湯注曰:"蓋自況於沮溺而歎世無孔子徒也。"問津:《論語·微子》："長沮、桀溺耦而耕，孔子過之，使子路問津焉。"所：助詞，此。

〔一〇〕若復不快飲，空負頭上巾：表示失望之餘，惟飲酒爲樂。《宋書·陶潛傳》："郡將候潛，值其酒熟，取頭上葛巾漉酒，畢，還復著之。"快：快意。

〔一一〕但恨多謬誤，君當恕醉人：意謂所言多有謬誤之處，當恕我也。古《箋》："中多托諷之辭，故以醉自飾也。"恨：遺憾、後悔。

【析義】

此篇首言舉世少"真"，"真"者，乃道家特有之哲學範疇也，孔、孟皆未言及。下忽接孔子，言孔子彌縫使其淳，是將孔子道家化矣。儒家之道家化乃當時思想界之潮流。再下又言孔子整理禮樂，始皇焚書後諸老翁傳授六經，而感歎目前經術之無續，不復有孔子之徒出現。只好以飲酒爲樂，寄托空虛寂寞。如此看來，淵明似是呼唤孔子再生、儒家復興。詩末二句，自言"謬誤"，似有觸犯當世之處，如"六籍無一親"，誠爲激忿之語。

止酒一首

居止次城邑〔一〕，逍遥自閑止〔二〕。坐止高蔭下，步一作行止蓽門裏[①]〔三〕。好味止園葵，大一作天歡止稚子[②]〔四〕。平生不止酒，止酒情一作懼無喜[③]。暮止不安寢，晨止不能起。日日欲止之，營衛止不理〔五〕。徒知止不樂，未信止利己。始覺止爲善，今朝真止矣。從此一止去，將止扶桑涘〔六〕。清顔止宿容一作客[④]，奚止千萬祀〔七〕。

【校勘】

① 步：一作"行"，亦通。

② 大：一作"天"，形近而訛。

③ 情：一作"懼"，亦通。

④ 容：一作"客"，形近而訛。

【題解】

此詩共二十句，每句用一"止"字，共二十處。但"止"字涵義不盡相同，有停、至、靜止等義，以及作語末助詞之止。詩題《止酒》，意謂停止飲酒。淵明或曾一時戒酒，或從未戒酒，無須考究。但此"止"字，頗可玩味，人之禍患或因不知"止"所致也。《易·艮》："時止則止，時行則行。動静不失其時，其道光明。"古《箋》："《莊子(德充符)》曰：'(人莫鑑於流水而鑑於止水，)惟止能止衆止。'靖節能止榮利之欲，又何物不能止邪？"朱自清《陶詩的深度》曰："《止酒》詩每句藏一'止'字，當係俳諧體。以前及當時諸作，雖無可供參考，但宋以後此等詩體大盛，建除、數名、縣名、姓名、藥名、卦名之類，不一而足，必有所受之。逆而推上，此體當早已存在，但現存的只《止酒》一首，便覺得莫名其妙了。"此詩確有俳諧意味，但亦寄有感慨，筆墨非僅止於俳諧也。

【箋注】

〔一〕止：居也。次：近。

〔二〕逍遥：丁《箋注》："倘佯自適也。《詩·鄭風·清人》：'河上乎逍遥。'"閑：清閑。止：語末助詞。

〔三〕坐止高蔭下，步止蓽門裏：意謂坐只在高蔭之下，行只在蓽門之内。止：僅、只。蓽門：柴門。《玉篇》："篳，荆竹織門也。亦作蓽。"

〔四〕好味止園葵，大歡止稚子：意謂好味止於園葵，大歡止於稚子。葵：菜名。園葵：園中之葵。《詩·豳風·七月》："七月亨葵及菽。"古樂府《長歌行》："青青園中葵，朝露待日晞。"陸機《園葵詩》："種葵北園中，葵生鬱萋萋。"淵明《和郭主簿》："弱子戲我側，學語未成音。此事真復樂，聊用忘華簪。"

〔五〕營衛止不理：意謂止酒則營衛二氣不順。營衛：指人體中之營氣與衛氣。《靈樞經·營衛生會》："五藏六府皆以受氣，其清者爲營，濁者爲衛。營在脈中，衛在脈外。營周不休，五十而復大會。陰陽相貫，如環無端。"理：順也。賈誼《新書·胎教》："《易》曰：'正其本而萬物理，失之毫釐，差以千里。'"

〔六〕從此一止去，將止扶桑涘(sì)：意謂此次一直止酒，即可至於仙界矣。扶桑：神木名，傳説日出之處。涘：水邊。淵明想象"扶桑涘"是仙界。

〔七〕清顔止宿容，奚止千萬祀：意謂止酒之後可以長生不老。清顔：鮮潔之顔。陸機《日出東南隅行》："高臺多妖麗，濬房出清顔。淑貌耀皎日，惠心清且閑。"宿容：舊容。止宿容：去宿容也。王叔岷《箋證稿》："《淮南子・説山篇》：'止念慮。'高注：'止，猶去也。''止宿容'，猶言'去衰容'耳。"奚止：何止。祀：年。

【析義】

胡仔《苕溪漁隱叢話》後集卷三："坐止於樹蔭之下，則廣厦華居吾何羨焉？步止於蓽門之裏，則朝市聲利我何趨焉？好味止於噉園葵，則五鼎方丈我何欲焉？大歡止於戲稚子，則燕歌趙舞我何樂焉？在彼者難求，而在此者易爲也。淵明固窮守道，安於丘園，疇肯以此易彼乎！"

述酒一首

儀狄造，杜康潤色之。宋本云：此篇與題非本意。諸本如此，誤。黄庭堅曰：《述酒》一篇蓋闕，此篇似是讀異書所作，其中多不可解。

重離照南陸，鳴鳥聲相聞〔一〕。秋草雖未黄，融風久已分〔二〕。素礫皛宋本作襟輝脩渚①，南嶽無餘雲〔三〕。豫章抗高門，重華固靈一作虚墳②〔四〕。流淚抱中歎，傾耳聽司晨〔五〕。神州獻嘉粟，西靈一作雲，又作零爲我馴③〔六〕。諸梁董師旅，芊原作羊，注一作芊勝喪其身④〔七〕。山陽歸下國，成名猶不勤〔八〕。卜生善斯牧，安樂不爲君〔九〕。平王原作生，湯注本作王去舊京⑤，峡中納遺薰〔一〇〕。雙陵一作陽甫云育⑥，三趾顯奇文〔一一〕。王子愛清吹，日一作星中翔河汾⑦〔一二〕。朱公練九齒，閑居離世紛〔一三〕。峨峨西嶺一作四顧内⑧，偃息常一作得所親⑨〔一四〕。天容一作客自永固⑩，彭殤非等倫〔一五〕。

【校勘】

① 礫皛：宋本作"襟輝"，非是。

② 靈：一作"虚"，亦通。王叔岷《箋證稿》曰：作"虚"似較勝，"虚之俗書與靈形近，又涉下'四靈'字而誤耳"。

③ 靈：一作"雲"，又作"零"。恐非是。

④ 芊：原作"羊"，底本校曰"一作芊"，今從之。

⑤ 王：原作"生"，湯注本作"王"，云："從韓子蒼本，舊作生。"今據改。需案：蓋涉上句"卜生"而誤爲"生"。

⑥ 陵：一作"陽"，非是。

⑦ 日：一作"星"，恐非是。

⑧ 西嶺：一作"四顧"，非是。

⑨ 常：一作"是"，亦通。

⑩ 容：一作"客"，非是。

【題解】

李公煥箋注引韓子蒼曰："余反覆之，見'山陽歸下國'之句，蓋用山陽公事，疑是義熙以後有所感而作也。故有'流淚抱中歎'、'平王去舊京'之語。淵明忠義如此。今人或謂淵明所題甲子，不必皆義熙後。此亦豈足論淵明哉！惟其高舉遠蹈，不受世紛，而至於躬耕乞食，其忠義亦足見矣！"

李公煥箋注引趙泉山曰："此晉恭帝元熙二年也。六月十一日宋王裕迫帝禪位，既而廢帝爲零陵王，明年九月潛行弑逆。故靖節詩中引用漢獻事。今推子蒼意，考其退休後所作詩，類多悼國傷時感諷之語，然不欲顯斥，故命篇云《雜詩》，或託以《述酒》《飲酒》《擬古》。惟《述酒》間寓以他語，使漫奧不可指摘。今於各篇姑見其一二句警要者，餘章自可意逆也。如'豫章抗高門，重華固靈墳'，此豈述酒語耶？'三季多此事'，'慷慨爭此場'，'忽值山河改'，其微旨端有在矣，類之風雅無愧。《誄》稱靖節'道必懷邦'，劉良注：'懷邦者，不忘於國。'故無爲子曰：'詩家視淵明，猶孔門視伯夷也。'"

湯漢曰："晉元熙二年六月，劉裕廢恭帝爲零陵王，明年以毒酒一罌授張禕，使酖王，禕自飲而卒。繼又令兵人逾垣進藥，王不肯飲，遂掩殺之。此詩所爲作，故以《述酒》名篇也。詩辭盡隱語，故觀者弗省，獨韓子蒼以'山陽下國'一語疑是義熙後有感而賦。予反覆詳考而後知爲零陵哀詩也。因疏其可曉者，以發此老未白之忠憤。昔蘇子讀《述史》九章曰：'去之五百歲，吾猶見其人也。'豈虛言哉！儀狄、杜康乃自注，故爲疑詞耳。"

逯欽立《述酒詩題注釋疑》曰："湯注此篇，大體明確。而其以劉裕遣張禕酖恭帝事，説明《述酒》名篇之意，尤卓絶不刊之論。顧尚不知此儀狄、杜康之注文，正與題目表裏相成以示其詩之爲兼斥桓玄、劉裕而哀東晉之兩次篡禍也。夫東晉之亡，亡於兩次之篡奪，……又莫不有關於酒。如桓玄酖殺道子，劉裕酖弑安、恭二帝，俱以酒取人天下。此略觀《晉書·安恭紀贊》《會稽王道子傳》《宋書·王韶之傳》及《晉書·張禕傳》，即可洞知。淵明所以設此題注，即以此也。”又，其《陶淵明集》注曰：“爲了篡位，桓玄曾酖殺司馬道子，劉裕曾酖殺晉安帝，都是用毒酒完成篡奪。所以陶以述酒爲題，以‘儀狄造，杜康潤色之’爲題注。”

霈案：韓、湯之説，大體可信。唯“儀狄造，杜康潤色之”係自注之説恐不可信也。湯注本、李注本皆有“舊注”二字。然更早之汲古閣藏十卷本、紹興本、曾集本，均無“舊注”二字。此二字疑爲湯漢所加，李注本因襲之。湯漢曰：“儀狄、杜康乃自注，故爲疑詞耳。”此乃湯漢之判斷，未必有版本依據也。逯欽立據湯漢，以此句爲淵明自注，而爲之解説，更難成立矣。至於逯注以桓玄殺司馬道子、劉裕殺晉安帝相提並論，顯然不妥。司馬道子雖執掌大權然非皇帝，劉裕雖使王韶之殺安帝，但因德文常在帝左右，不得間，遂以散衣縊帝，非以酒酖殺也。逯所謂“比喻桓玄篡位於前，劉裕潤色於後，晉朝終於滅亡”之説，似嫌牽强。

“儀狄”“杜康”，《初學記》卷二六引《世本》：“儀狄始作酒醪，變五味。少康作秫酒。”《説文解字·巾部》：“古者，少康初作箕、帚、秫酒。少康，杜康也。”《戰國策·魏策二》：“昔者，帝女令儀狄作酒而美，進之禹，禹飲而甘之，遂疏儀狄，絶旨酒，曰：‘後世必有以酒亡其國者。’”“潤色”，本指修飾文字，使有光彩。《論語·憲問》：“東里子産潤色之。”後也指使事物有光彩。左思《吴都賦》：“其奏樂也，則木石潤色；其吐哀也，則淒風暴興。”此曰“杜康潤色之”，頗覺生硬，不必强解。

“宋本”，宋庠本。

【編年】

零陵王卒於宋武帝永初二年辛酉（四二一），姑繫此詩於是年。

【箋注】

〔一〕重離照南陸，鳴鳥聲相聞：意謂晉室南渡之初有群賢輔佐。重離：湯注：“司馬氏出重離之後。”吴師道《詩話》：“愚謂以‘離’爲‘黎’，則是陶公改訛其字以相亂。離，南也，午也。重黎，典午再造也。止作晉南渡説自通。《書(君奭)》：‘我則鳴鳥不聞。’陶正用此鳥指鳳皇。此謂南渡之初，一時諸賢猶盛也。”張諧之

《敬齋存稿·陶淵明述酒詩解》曰:"《易》:'離爲日',又君象也。位在南,盛於午。'重離',言典午再造也。'南陸',夏至日躔南方,鶉火之次也。'鳴鳥',鳳也,見《書·君奭篇》,言群才輔而鳳鳴於郊也。二句以日照南陸、陽氣盛大,喻晉室南遷,君德尚隆,而得群賢之輔佐也。"古《箋》引晉元帝《改元大赦令》:"景皇纂戎,文皇扇烈。重離宣曜,庸蜀稽服。"(《文館詞林》卷六九五)直案:"'重離照南陸',此喻元帝中興江左也。《易·離彖》曰:'離,麗也。……重明以麗乎正,乃化成天下。'象曰:'明兩作,離。大人以繼明照於四方。'郭璞《晉元帝哀策文》:'大人承運,重明繼作。'即本《易》爲説。'重明'猶'重離'也。《續漢書·律曆志》:'日行南陸謂之夏。'"逯欽立注曰:"寓言東晉孝武帝在位。司馬氏稱典午,午在南,於八卦爲離,東晉於西晉爲重。又,司馬氏出於重黎,重黎,火正。《易經·説卦》:'離爲火。'故此重離可以寓言東晉。又孝武帝小字昌明。《易經·説卦》:'離爲火,爲日。'重離,重日,即昌字,此並託言昌明在位。"霈案:綜上各家之説,皆以重離指東晉,"重離照南陸",指晉室南渡,而立論稍異,皆可通。要之,"重離"即"重黎",故訛其字。"重黎"爲晉帝司馬氏之祖先,兹再舉二證。《宋書·禮志三》:晉武帝平吴,混一區宇。太康元年九月庚寅,尚書令衛瓘等奏曰:"大晉之德,始自重黎。實佐顓頊,至於夏商。世序天地,其在於周,不失其緒。"《晉書·宣帝紀》:"宣皇帝諱懿,字仲達,河内温縣孝敬里人,姓司馬氏。其先出自帝高陽之子重黎,爲夏官祝融。歷唐、虞、夏、商,世序其職。及周,以夏官爲司馬。"照南陸:言東晉中興氣象。《史記·楚世家》:"重黎爲帝嚳高辛居火正,甚有功,能光融天下,帝嚳命曰祝融。"重黎既能光融天下,故以"照南陸"指晉元帝中興於江左也。鳴鳥:指鳳也。"鳴鳥聲相聞",言南渡之初有王導等賢臣輔佐也。《詩·大雅·卷阿》:"鳳皇鳴矣,於彼高岡。梧桐生矣,於彼朝陽。"後遂以鳴鳳朝陽比喻賢才遇時而起。

〔二〕秋草雖未黄,融風久已分:意謂秋草雖未黄,而融風久已散去,比喻司馬氏(祝融之後)之勢力已經没落。湯注:"國雖未末,而勢之分崩久矣,至於今則典午之氣數遂盡也。"融風:《左傳》昭公十八年："夏五月……丙子，風。梓慎曰：'是謂融風，火之始也。七日，其火作乎！'戊寅，風甚。壬午，大甚。宋、衛、陳、鄭皆火。"分：散也。《列子・黄帝》："用志不分，乃凝於神。"張湛注："分，猶散。"

〔三〕素礫(lì)皛(xiǎo)脩渚，南嶽無餘雲：水涸雲散，比喻晉室氣數已盡。礫：碎石。皛：皎潔，明亮。脩渚：脩長之小洲。白石顯露於洲上，以言水之乾涸也。南嶽：衡山。張諧之曰："二句以水清石見、山不出雲，喻君弱臣强，國勢式微，而無從龍之彦也。"

〔四〕豫章抗高門，重華固靈墳：暗喻劉裕篡弑，晉恭帝幽於零陵之事。豫章：郡名，治所在南昌。安帝義熙二年封劉裕爲豫章郡公，遂與高門(代指王室)抗衡。十五年後恭帝禪位於劉裕，而被幽於零陵，見害。重華：舜，其冢在零陵九疑。固：閉也。湯注："義熙元年裕以匡復功封豫章郡公。重華，謂恭帝禪宋也。"古《箋》："《詩(大雅・綿》：'迺立皋門，皋門有伉。'毛傳：'王之國(郭)門曰皋門，美太王作郭門以致皋門。'……皋、高通用。《禮記・明堂位》：'天子皋門。'鄭注：'皋之爲(案：爲字衍。)言高也。'"又曰："'重華固靈墳'，言零陵王何在？但有靈墳耳。《經傳釋詞》曰：'固，又作顧。顧猶但也。'孫綽《聘士徐君墓頌》：'乃與友人殷浩等，東帶靈墳。'"

〔五〕流淚抱中歎，傾耳聽司晨：歷來釋爲淵明悲歎晉室之亡，恐非是。淵明對晉室何至如此之忠耶？與篇末所表明之態度不合。此指恭帝被幽於零陵時帝后之憂歎也，此時恭帝身邊唯帝后一人而已。中：猶忠。《睡虎地秦墓竹簡・爲吏之道》："吏有五善：一曰中信敬上。"《隸釋・魏横海將軍吕君碑》："以中勇顯名州司。"洪适注："碑以中勇爲忠勇。"抱中：猶抱忠。司晨：雄雞也。聽司晨：盼望天亮。

〔六〕神州獻嘉粟，西靈爲我馴：暗指劉裕借符瑞以謀篡奪。湯注："義熙十四年，鞏縣人獻嘉禾，裕以獻帝，帝以歸於裕。'西靈'當作'四靈'，裕受禪文有'四靈效徵'之語。二句言裕假符瑞以奸大位也。"古《箋》："恭帝禪詔有'四靈效瑞，川嶽啟圖'語，策書有'上天垂象，四靈效徵'語。又義熙十三年進奉裕爲宋王詔曰：'周道方遠，則鸑鷟鳴岐；二南播德，則麟騶呈瑞。自公大號初發，爰暨告成，靈祥炳焕，不可勝紀。豈伊素雉遠至，嘉禾近歸(而)已哉！'此詔，裕腹心傅亮筆也。俗(裕)以符瑞惑人，其來漸矣。"案："四靈"指麟、鳳、龜、龍，見《禮記·禮運》。

〔七〕諸梁董師旅，芊勝喪其身：以楚國之内亂暗喻晉朝内訌，至於具體所指難以確定，衆説紛紜，均未切，姑存疑。李注引黄山谷曰："芊勝，白公也。沈諸梁，葉公也，殺白公勝。"諸梁：沈諸梁，楚左司馬沈君戍之子，葉公子高。董：督也。芊勝：王孫勝，楚平王太子子建之子，號白公。《史記·楚世家》："惠王二年，子西召故平王太子建之子勝於吴，以爲巢大夫，號曰白公……六年，白公請兵令尹子西伐鄭……子西許而未爲發兵……白公勝怒，乃遂與勇力死士石乞等襲殺令尹子西、子綦於朝，因劫惠王，置之高府，欲弑之。惠王從者屈固負王亡走昭王夫人宫。白公自立爲王。月餘，會葉公來救楚，楚惠王之徒與共攻白公，殺之。惠王乃復位。"《國語·楚語》："子西使人召王孫勝，沈諸梁聞之，見子西，曰：'……若召而近之，死無日矣。人有言曰："狼子野心，怨賊之人也。"其又何善乎……'不從，遂使爲白公。子高以疾閒居於蔡。及白公之亂……帥方城之外以入，殺白公而定王室。"

〔八〕山陽歸下國，成名猶不勤：意謂恭帝甘心禪位，歸於下國，猶如不勤於成名也。《晉書·恭帝紀》："(元熙)二年夏六月壬戌，劉裕至於京師。傅亮承裕密旨，諷帝禪位，草詔，請帝書之。帝欣然謂左右曰：'晉氏久已失之，今復何恨！'乃書赤紙爲詔。甲子，遂遜於琅邪第。劉裕以帝爲零陵王，居於秣陵……'山陽：漢獻帝，魏降漢獻帝爲山陽公，此代指晉恭帝。"成名猶不勤"，變化《逸周書·謚法解》"不勤成名曰靈"之成句。"靈"乃含有貶義之謚號，恭帝雖以"尊賢讓善"而謚曰"恭"，但從其甘心禪位而言之，亦猶成名不勤也。

〔九〕卜生善斯牧，安樂不爲君：責恭帝自甘遜位，有似安樂公劉禪也。古《箋》："此責零陵王有似安樂公也。'卜生'當爲'卜年'，形近而訛也…… 晉恭帝禪位璽書曰：'故有國必亡，卜年著其數。'又曰：'歷運改卜，永終於兹。'此書自是王韶之所草，然帝閱後，欣然操筆曰：‘晉祚已移，重爲劉公所延，將二十載。今日之事，本所甘心。’遂書赤紙爲詔，以授傅亮。不能爲高貴鄉公以一死謝國，願爲劉禪降附，受安樂之封，是豈得爲之君哉？深責之也。《左傳》：‘天生民而立之君，使司牧之。’《魯語》：‘君也者，將牧民而正其邪者也。’……人謂汝歷數永終於兹而已，反謂祚移將二十載。斯牧卜年，抑何善邪？其詞蓋不嚴而厲矣。”湯注：“安樂公，劉禪也。丕既篡漢，則安樂不得爲君矣。”

〔一〇〕平王去舊京，峽中納遺薰：喻指晉室南遷，中原淪於胡人之手。平王：周平王。《史記·周本紀》：“平王立，東遷於雒邑，辟戎寇。”去舊京：指離舊京長安而東遷洛陽。峽：“郟”之借字。周之舊都，在今洛陽市西。薰：“獯”之借字。獯鬻之簡稱。《廣韻·文韻》：“獯，北方胡名。夏曰獯鬻……漢曰匈奴。”遺獯：獯鬻之後代也。古《箋》：“劉聰爲匈奴遺類，寇陷洛陽，故曰‘峽中納遺薰’。”

〔一一〕雙陵甫云育，三趾顯奇文：意謂劉裕北伐後，遂加緊篡位。古《箋》：“雙陵，即二陵。《左傳》曰：‘崤有二陵焉。’雙陵甫云育，謂關洛已平，人民始可長育也。三趾者，三足烏也……案《山海經》注又有三足烏，主給使……烏或爲鳥也……義熙十二年劉裕伐秦，克洛陽，遣長史王宏還都求九錫，此其事也。奇文者，世不常有之文，九錫文、禪位詔等是也。王宏回都而九錫文等以次出，故曰‘三趾顯奇文’。”

〔一二〕王子愛清吹，日中翔河汾：湯注：“王子晉好吹笙，託言晉也。”案：意謂晉已化去，喻指晉室之亡。王子晉，周靈王太子，名晉，以直諫廢爲庶人。一説，好吹竽，作鳳鳴，游伊、洛之間。道士浮丘生（當作公）接晉上嵩高山。三十餘年後見桓良，謂曰：“可告我家，七月七日候我於緱氏山顛。”至期，果乘白鶴駐山頭，可望不可到。事見《逸周書·太子晉解》《列仙傳》等書。

〔一三〕朱公練九齒，閑居離世紛：此下言自處之態度。湯注：“朱公者，託言陶也。意古别有朱公修煉之事，此特託言陶耳。晉運既終，故陶閑居以避世，明言其志也。”逯注：“越范蠡自稱陶朱公，詩本此。練九齒，齒，年；九齒，長年；練九齒，練養生術。”

〔一四〕峨峨西嶺内，偃息常所親：意謂偃息於峨峨西嶺之内，乃己心之所近者也。古《箋》:“西嶺,殆指崑崙山。崑崙,仙真之窟,正在西方也。”

〔一五〕天容自永固,彭殤非等倫:意謂天之容儀本自永固,即使彭祖亦不能相比也。天容:徐復曰:“陸賈《新語·本行》:‘聖人乘天威,合天氣,承天功,象天容,而不與爲功,豈不難哉!’‘天容’當謂自然之容。”彭殤:彭祖、殤子,此乃偏義複詞,言彭祖也。《莊子·齊物論》:“莫壽於殤子,而彭祖爲夭。”陶注:“即《楚辭》思遠遊之旨也。”古《箋》:“‘王子’以下故作游仙之詞,以寄其無可如何之哀思。陶謂即《遠游》之旨,是也。”

【考辨】

此詩多有歧解,兹擇其要者録於下,備考。

“鳴鳥聲相聞”:陶澍注:“蓋用《楚辭》:‘恐鵜鴂之先鳴兮,使夫百草爲之不芳。’《月令》:‘仲夏之月,鵙始鳴,鳴則衆芳皆歇。’”需案:“相聞”與“先鳴”意殊遠,陶澍蓋因下文“秋草雖未黄”而有此誤解。殊不知三四句另起一層意思,不必與一二句連屬。逯注曰“逐漸減少”,恐亦非是。

“豫章抗高門,重華固虚墳”:張諧之曰:“高門,言劉裕家本微寒,至是貴盛也。重華,虞帝,喻禪讓也。虚墳,以九疑之虚墓喻安帝之失權也。二句言劉裕誅桓玄之後,功爵日高,而禪讓之事將起,安帝衹坐擁虚位也。叙起禍之始。”逯欽立曰:“《晉書·桓玄傳》:玄竊據朝政後,即‘諷朝廷以己平元顯功封豫章公’。可見桓玄、劉裕之篡,皆以封豫章爲始。抗者,分庭抗禮之抗,兩相對峙的意思。豫章兩個高門對峙,指劉裕繼桓玄之後正在篡奪。”

“流淚抱中歎,傾耳聽司晨”:湯注:“裕既建國,晉帝以天下讓而猶不免於弑,此所以流淚抱歎,夜耿耿而達曙也。”古《箋》:“司晨,雄雞也。雄雞一鳴而天下白,以喻建義之師也。”需案:湯、古之意,皆以爲淵明流淚。古意似淵明盼望建義師以伐劉裕。觀篇末之意,淵明未必如是也。

“諸梁董師旅,芊勝喪其身”:湯注:“沈諸梁,葉公也,殺白公勝。此言裕誅剪宗室之有才望者。”黄文焕曰:“白公勝欲殺王篡楚,得沈諸梁葉公誅之,楚國卒以存。晉之能爲諸梁者何人乎?”古《箋》:“言舉世惑於符瑞,司晨不聞,而晉宗室又夷滅已盡也。芈勝以比司馬休之,諸梁則比沈田子、沈林子兄弟。休之於芈勝事雖不同,其爲復仇而舉兵,則恍惚相似。勝爲楚宗室，休之爲晉宗室，開府荆楚，故以爲比。姚秦之敗，由於二沈，休之竄死，由於秦亡。”逯欽立注：“桓玄篡晉後稱楚，劉裕籍彭城爲楚人，故以此葉公、白公事寓言桓玄之篡及其爲劉裕所誅。”王叔岷《箋證稿》曰：“如逯説，葉公誅芈勝，喻劉裕誅桓玄，則是褒劉裕矣。陶公恐無此意……湯氏以爲葉公殺芈勝，言裕誅翦宗室之有才望者，其説較長。然以葉公比劉裕，終覺不倫。二句蓋陶公借葉公誅芈勝事，概歎當時無人誅弑君篡國之劉裕耳。黄説最勝。”

“山陽歸下國，成名猶不勤”：湯注：“魏降漢獻爲山陽公，而卒弑之。《謚法》：‘不勤成名曰靈。’古之人主不善終者，有靈若厲之號。此政指零陵先廢而後弑也。”黄文焕曰：“‘成名猶不勤’者，言丕已成其帝位之名，猶能不以殺山陽爲應勤之事，而置之度外，留其餘年也。”儲皖峰《陶淵明述酒詩補注》曰：“然吾謂‘成名’者，恭帝遜位已成裕之名，裕猶不能僶勉以改前愆，而反以進毒不遂，遽加掩殺，斯則零陵處境之不及山陽也。”逯注：“用劉賀被廢，昌邑除爲山陽郡故事，託言晉恭帝被廢爲石陽公。”“不勤，不勞，不存問安慰。”

“卜生善斯牧，安樂不爲君”：湯注：“魏文侯師（案：原誤斯 ）事卜子夏，此借之以言魏文帝也。安樂公，劉禪也。丕既篡漢，則安樂不得爲君矣。”黄文焕曰：此用《莊子・齊物論》“‘牧乎君乎’之語，爲天子而不能自保其身，即求爲人牧，亦何可得！自卜此生者，寧以人牧爲善、爲可安樂，而不願爲君也。”逯注：“卜生，卜式。善斯牧，善於牧羊。《漢書・卜式傳》：‘式布衣草（案：應作屮）蹻而牧羊……上過其羊所，善之。式曰：“非獨羊也，治民亦猶是也。以時起居，惡者輒去，毋令敗群。”上奇其言，欲試以（案：應作使）治民。’案：卜生所以爲善牧，在‘惡者輒去’一條原則。而這條原則，數術家視爲改朝换代的手段。許芝奏啟曹丕應該代漢稱帝，曾引《京房易傳》云：‘凡爲王者，惡者去之，弱者奪之，易姓改代，天命應常。’卜生善斯牧，寓言劉裕剪滅晉朝宗室之强者，如司馬休之等，爲篡奪作準備，如卜生‘惡者輒去之’之善牧。”儲皖峰曰：“前人釋此詩範圍只限於零陵，至此處無論如何解釋，均不可通……前十句爲淵明對安、恭致慨之語，後六句乃對裕泄憤之語也。”儲氏據《宋書・少帝紀》，少帝景平二年，皇太后廢帝爲營陽王。“時帝於華林園爲列肆，親自酤賣。又開瀆聚土，以象破岡埭，與左右引船唱呼，以爲歡樂。夕游天淵池，即龍舟而寢。”曰：“此即後二句之真實注脚。‘卜生善斯牧’，卜即卜筮之卜。《左傳》閔二年：成季之將生也，使卜楚丘之父卜之，曰：男也。昭五年：初，穆子之生也，莊叔以《周易》筮之，遇明夷之謙，以示卜楚丘。觀《少帝紀》，謂武帝晚無男，及帝生悦甚，則卜其將來可畀大任，善牧斯民。不料其一味耽於安樂，不足爲君也。《論語》：'予無樂乎爲君。'當即此句所本。"

"天容自永固，彭殤非等倫"：陶澍注："謂天老、容成，與下彭殤爲對，言富貴不如長生，即《楚辭》思遠游之旨也。"霈案："天成"，黄帝之臣，著有《雜事陰道》二十五卷。事見《竹書紀年》上、《列子・黄帝》。"容成"，黄帝史官，始造律曆。世傳道家采陰補陽之術出自容成。《漢書・藝文志》有《容成陰道》二十六卷。《列仙傳》："容成公者，自稱黄帝師，見於周穆王。能善輔導之事。"

【析義】

此詩頗不可解，以上綜合諸家之説，斷以己意，勉强使之圓融，恐難論定。大概言之，乃爲劉裕篡晉而發，湯注是也。"重離""豫章""山陽""下國""不爲君"等語可證。前六句言晉室衰微。第七句至第十八句，言劉裕篡晉。第十九句至第二十句，補叙劉裕篡晉之形勢。第二十三句至篇末，托言游仙以示無可奈何之慨。

責子一首 舒儼、宣俟、雍份、端佚、通佟，凡五人。舒、宣、雍、端、通，皆小名。俟一作俣①，佟一作俗②。

白髮被兩鬢，肌膚不復實〔一〕。雖有五男兒，總不好紙筆〔二〕。阿舒已二八一作十六③，懶惰一作放故一作固無匹④〔三〕。阿宣行志學〔四〕，而不愛文術〔五〕。雍端年十三，不識六與七。通子垂九一作六齡〔六〕，但覓宋本作念梨與栗⑤。天運苟如此〔七〕，且進杯中物〔八〕。

【校勘】

① 俟：一作"俣"，誤。淵明《與子儼等疏》："告儼、俟、份、佚、佟。"

② 佟：一作"俗"，誤。淵明《與子儼等疏》："告儼、俟、份、佚、佟。"

③ 二八：一作"十六"，亦通。

④ 懶惰：一作"懶放"，亦通。故：一作"固"，意謂常常，於義稍遜。

⑤ 覓：宋本作"念"，亦通。

【題解】

責子，責備諸子。然語氣似非對諸子所言，而是自歎命運。與《命子》《與子儼等疏》不同。

【編年】

詩曰："阿舒已二八"，是年長子十六歲，阿舒乃淵明三十五歲所得，詳前《命子》詩"編年"，此詩當作於淵明五十歲，晉安帝隆安五年辛丑（四〇一）。詩云："白髮被兩鬢，肌膚不復實。"正與五十歲相合。

【箋注】

〔一〕白髮被兩鬢，肌膚不復實：意謂已不年輕矣。被：覆蓋。不復實：肌膚鬆弛，不再堅實。

〔二〕總不好紙筆：意謂都不愛學習也。

〔三〕故：仍然。無匹：無比。

〔四〕行志學：行將十五歲。《論語・爲政》："吾十有五而志於學。"

〔五〕文：書籍。《國語・周語下》："小不從文。"韋昭注："文，詩書也。"《論語・學而》："行有餘力，則以學文。"何晏注引馬融曰："文者，古之遺文也。"《漢書・孫寶傳》："前日君男欲學文。"顔師古注："文謂書也。"文術：泛指學問。

〔六〕垂：將近。

〔七〕天運：天命。《後漢書・公孫瓚傳論》："舍諸天運。"注："天運猶天命也。"

〔八〕杯中物：指酒。

【析義】

杜甫《遣興》曰："陶潛避俗翁，未必能達道。觀其著詩集，頗亦恨枯槁。達生豈是足，默識蓋不早。有子賢與愚，何其掛懷抱。"黄庭堅《書淵明責子詩後》曰："觀淵明之詩，想見其人豈弟慈祥，戲謔可觀也。俗人便謂淵明諸子皆不肖，而淵明愁歎見於詩，可謂癡人前不得説夢也。"此後或爲杜辯，或爲黄辯，仁者見仁，智者見智，莫衷一是。霈案：淵明期望於諸子甚高，而諸子非僶俛於學，蓋事實也。然淵明並不過分責備之。失望之中，見其諧謔；諧謔之餘，又見其慈祥。一切順乎自然，有所求而不强求，求而得之固然好，不得亦無不可。淵明處世蓋如是而已。

有會而作一首 并序

舊穀既没，新穀未登〔一〕。頗爲老農〔二〕，而值年災。日月尚悠，爲患未已。登歲之功〔三〕，既不可希。朝夕所資〔四〕，煙火裁通〔五〕。旬日已來，日原作始，注一作日念飢乏①。歲云夕矣，慨然永懷。今我不述，後生何聞哉！

弱年逢家乏〔六〕，老至更長飢。菽麥實所羨〔七〕，孰敢慕甘肥〔八〕！惄如亞九一作惡無飯②〔九〕，當暑厭寒衣〔一〇〕。歲月將欲暮，如何辛苦一作足新悲③。常善粥者心，深恨一作念蒙袂非④〔一一〕。嗟來何足吝，徒没空自遺〔一二〕。斯濫豈彼一作攸志⑤？固窮夙所歸〔一三〕。餒也已矣夫，在昔余多師〔一四〕。

【校勘】

① 日：原作"始"，底本校曰"一作日"，今從之。"飢乏"非自"旬日"始也。

② 亞九：一作"惡無"，非。

③ 辛苦：一作"足新"，難通。

④ 恨：一作"念"，亦通。

⑤ 彼：一作"攸"，亦通。

【題解】

"會"，災厄也，即詩序所謂"而值年災"。"有會而作"，有災而作，年災中作也。《後漢書·董卓傳贊》："百六有會，《過》《剝》成災。"可證。又，"會"，領會。淵明於災年長飢之後，對人生有不同於前之領悟："嗟來何足吝，徒没空自遺。"故曰"有會而作"，亦通。

【編年】

詩曰："老至更長飢"，顯係老年所作。王瑶注、逯欽立注皆繫於宋文帝元嘉三年丙寅（四二六），爲是。是年天下大旱且蝗。

【箋注】

〔一〕舊穀既没，新穀未登：意謂青黄不接也。登：成熟。《孟子·滕文公上》："五穀不登。"朱熹注："登，成熟也。"《論語·陽貨》："宰我問：'三年之喪，期已久矣。君子三年不爲禮，禮必壞；三年不爲樂，樂必崩。舊穀既没，新穀既升，鑽燧改火，期可已矣。’”

〔二〕頗爲老農：意謂久爲老農矣。頗：甚。

〔三〕登歲之功：指一年之收成。

〔四〕資：取用，此指每天糧食之需用。《左傳》僖公三十三年："吾子淹久於敝邑，唯是脯資、餼牽竭矣。"杜預注："資，糧也。"《後漢書·袁紹傳》："北兵雖衆，而勁果不及南軍；南軍穀少，而資儲不如北。"

〔五〕煙火裁通：剛剛能不斷炊。裁：才、僅。通：連接。

〔六〕弱年逢家乏：意謂二十歲時家道中落。弱：據《禮記·曲禮上》："二十曰弱，冠。"淵明《怨詩楚調示龐主簿鄧治中》："弱冠逢世阻。"淵明二十歲時桓温廢晉帝爲東海王，又降封東海王爲海西縣公，自此政局混亂，民不聊生。淵明家道亦於是年衰落，生活發生困難。

〔七〕菽：豆類之總稱。

〔八〕甘肥：指美味也。丁《箋注》："《孟子》：‘爲肥甘不足於口與？’"

〔九〕惄(nì)如亞九飯：極寫缺食飢餓之狀，尚不如子思之三旬九食也。惄：飢意也，見《説文》。又《詩·周南·汝墳》："未見君子，惄如調飢。"毛傳："惄，飢意也。"如：語末助詞，相當於"然"。亞：《爾雅·釋言》："亞，次也。"《世説新語·識鑒》："諸葛道明初過江左，自名道明，名亞王、庾之下。"九飯：《説苑·立節》："子思居於衛，緼袍無表，三旬而九食。"

〔一〇〕當暑厭寒衣：丁《箋注》引聞人倓(《古詩箋》)曰："當暑之服，至嫌夫寒衣之未改，則無衣又可知矣。"

〔一一〕常善粥者心，深恨蒙袂非：意謂嘉許施粥者之善心，而以不肯接受施舍爲憾也。《禮記·檀弓下》："齊大饑，黔敖爲食於路，以待餓者而食之。有餓者蒙袂輯屨，貿貿然來。黔敖左奉食右執飲，曰：‘嗟，來食！’揚其目而視之，曰：‘予唯不食嗟來之食，以至於斯也。’從而謝焉，終不食而死。曾子聞之，曰：‘微與！其嗟也，可去；其謝也，可食。’"鄭氏曰："蒙袂，不欲見人也……嗟來食，雖閔而呼之，非敬辭。"恨：憾也。

〔一二〕嗟來何足吝，徒没空自遺：意謂乞食不足爲恥，徒然餓死，而自棄於世方爲可惜也。吝：羞恥。《後漢書·楊震傳》："三后成功，惟殷於民，皋陶不與焉，蓋吝之也。"李賢注："吝，恥也。"

〔一三〕斯濫豈彼志？固窮夙所歸：意謂蒙袂者固窮守節。《論語·衛靈公》："君子固窮，小人窮斯濫矣。"濫：指不能堅持，無所不爲。夙所歸：平素所歸依者。

〔一四〕餒也已矣夫，在昔余多師：意謂欲效法蒙袂者以及其他古代貧士，任憑飢餓而固窮守節。

【析義】

"常善粥者心，深恨蒙袂非。嗟來何足吝，徒没空自遺。"此四句沉痛之極！若非飢餓難耐，淵明不能爲此語也；若非屢經飢餓，淵明不能爲此語也。然淵明終不肯食嗟來之食，故詩末曰："斯濫豈彼志，固窮夙所歸。餒也已矣夫，在昔余多師。"檀道濟饋以粱肉，淵明麾而去之，正是此語之應驗，誠可敬哉！

蜡日一首

風雪送餘運，無妨時已和〔一〕。梅柳夾門植，一條有佳花一作葩。我唱爾言得，酒中適何多①〔二〕！未能一作知明多少②，章山有奇歌〔三〕。

【校勘】

① 何：逯欽立校《海録碎事》引作"句"。

② 能：一作"知"，亦通。

【題解】

"蜡（zhà）日"，古代年終大祭萬物。《禮記·郊特牲》："天子大蜡八，伊耆氏始爲蜡。蜡也者，索也，歲十二月，合聚萬物而索饗之也。"鄭玄注："所祭有八神也。"《世説新語·德行》："（華）歆蜡日，嘗集子侄燕飲。"劉孝標注："晉博士張亮議曰：'蜡者，合聚百物索饗之，歲終休老息民也。'"

【箋注】

〔一〕風雪送餘運，無妨時已和：意謂風雪送走舊年，而不能阻擋春之到來也。運：年歲之運行。

〔二〕我唱爾言得，酒中適何多：寫飲酒詠詩之樂。得：曉悟。《禮記·樂記》："禮得其報則樂。"鄭玄注："得謂曉其義，知其吉凶之歸。"適：悦也。《莊子·大宗師》："是役人之役，適人之適，而不自適其適者也。"成玄英疏："斯乃被他驅使，何能役人，悦樂衆人之耳目。"

〔三〕章山：《山海經·中山經》："（鮮山）又東三十里，曰章山，其陽多金，其陰多美石。皐水出焉，東流注于澧水，其中多脆石。"逯注曰："鄣山，即石門山。《水經注》二（霈案：三誤爲二）十九：'廬山之北，有石門水（……）其（水）下入江。南嶺，即彭蠡澤西天子鄣也。'廬山諸道人《游石門山詩序》：'石門在精舍南十餘里，一名鄣山。'"

【考辨】

吴騫《拜經樓詩話》卷三："陶靖節詩，大率和平沖淡，無艱深難讀者，惟《述酒》一篇，從來多不得其解。或疑有舛訛。至宋韓子蒼，始決爲哀零陵王而作，以時不可顯言，故多爲廋辭隱語以亂之。湯文清漢復推究而細釋之，陶公之隱衷，始曉然表白於世。其《蜡日》詩，舊亦編次《述酒》之後，而文清未注。予細讀之，蓋猶之乎《述酒》意也。爰爲補釋於左，俟考古者論定焉。'風雪送餘運，無妨時已和。'此感蜡爲歲之終，喻典午運已告訖，而宋祚方隆，臣民已多附從，不必更滋防忌，故曰無妨也。'梅柳夾門植，一條有佳花。'梅喻君子，柳比小人。夾門植謂參錯朝宁。君子不能厲冰霜之操，小人則但知趨炎附時，望風而靡。'一條有佳花'，有者猶言無有乎爾。'我唱爾言得，酒中適何多。'裕以毒酒一罌命張禕酖帝，禕自飲之而卒；又命兵進藥而害之。下句言酒中之陰計何多耶。'我唱爾言得'，謂裕倡其謀，而附姦黨惡者衆也。'未能明多少，章山有奇歌。'《山海經》：鮮山'又東三十里，有（案：當作曰）章山。'《地理志》：章山在江夏竟陵縣東北，古文以爲内方山。按竟陵、零陵皆楚地，故假竟陵之山以寓意，猶《述酒》詩之用舜冢事也。淵明爲桓公曾孫，昔侃鎮荆楚，屢平寇難，勳在社稷。'未能明多少'，謂若曹勿謂陰計之多，以時無英雄耳。使我祖若在，豈遂致神州陸沉乎！'有奇歌'，蓋欲效《採薇》之意也。"

霈案：吴説過於曲折，難以置信。此詩雖編在《述酒》之後，但中間隔《責子》與《有會而作》，豈可因此而必如《述酒》之有隱語耶？此詩寫歲暮風物，兼及飲酒之樂，本不難曉。“梅柳夾門植，一條有佳花”二句尤佳。惟末二句費解，姑存疑可也。

四時一首 此顧凱之《伸情詩》，《類文》有全篇。然顧詩首尾不類，獨此警絕。

春水滿四澤，夏雲多奇峰。秋月揚明暉，冬嶺秀孤一作寒松。

劉斯立云：“當是凱之用此足成全篇，篇中唯此警絕，居然可知。或雖顧作，淵明摘出四句，可謂善擇。”

【考辨】

《藝文類聚》卷三只存此四句，題作《神情詩》，且注明爲“摘句”。此詩題下小注，未知何人所加，所謂“此顧凱之《伸情詩》”，亦只可聊備一說，未必可信。兹據各宋本，仍存此詩於卷三末。至於是否淵明所作，姑存疑。

陶淵明集箋注卷第四 詩四十八首内一首聯句

擬古九首

榮榮窗下一作後窗蘭①，密密堂前柳〔一〕。初與君别時〔二〕，不謂行當久。出門萬里客〔三〕，中道逢嘉友。未言心相醉一作解②〔四〕，不在接杯酒。蘭枯一作空柳亦衰③，遂令此言負一作時没身還朽④〔五〕。多謝諸少年，相知不中一作相，又作在厚⑤〔六〕。意氣傾人命，離隔復何有〔七〕？

【校勘】

① 窗下：一作“後窗”，於義稍遜。“窗下”與“堂前”對舉。

② 醉：一作“解”，形近而訛。下句“不在接杯酒”，故知當爲“醉”。

③ 枯：一作“空”，聲同而訛。

④ 遂令此言負：一作“時没身還朽”，恐非是。

⑤ 中：一作“相”，又作“在”，亦通。李注本作“忠”。

【題解】

《擬古》九首，是模擬古詩之作。淵明之前以“古詩”爲題者，今知有：見於《文選》之《古詩十九首》；見於《玉臺新詠》之《古詩》八首（有重見於《古詩十九首》者）；見於《文選》《古文苑》等書題作蘇武、李陵詩，逯欽立彙爲《李陵録别詩》二十一首；以及散見於各書之其他一些題作《古詩》之作，如“步出城東門”等。

《擬古》題目蓋始於陸機，《文選》載其《擬古詩》十二首，其中十一首擬《古詩十九首》，一首擬“蘭若生春陽”（《玉臺新詠》卷一枚乘《雜詩》之六），均已標明。又，《文選》卷三一録有劉休玄《擬古》二首，亦是擬《古詩十九首》，且也已標明。淵明之《擬古》九首雖未標出所擬者何，但參考上述情況，擬《古詩十九首》以及上述其他古詩或不以古詩爲題之漢魏詩歌，可能性很大，細加對照不難明白。各詩之有綫索可尋者，在“析義”中説明。

【箋注】

〔一〕榮榮窗下蘭，密密堂前柳：點明時令及居處環境，兼作比興。

〔二〕君：指行人。

〔三〕出門萬里客：王叔岷《箋證稿》引曹植《門有萬里客行》：“門有萬里客。”

〔四〕未言心相醉，不在接杯酒：意謂心相投合也。心相醉：丁《箋注》：“傾倒之至，如爲酒所中也。”古《箋》：“《莊子・應帝王篇》：‘鄭有神巫曰季咸，（知人之死生存亡，禍福壽夭，期以歲月旬日，若神。鄭人見之，皆棄而走，）列子見之而心醉。’《漢書・司馬遷傳》：‘未嘗銜杯酒、接殷勤之餘歡。’”

〔五〕蘭枯柳亦衰，遂令此言負：蘭枯柳衰比喻友情轉薄，“此言”指“不謂行當久”也。古《箋》：“《楚辭（抽思）》：‘昔君與我成言兮，曰黄昏以爲期。羌中道而回畔兮，反既有此他志。’詩意蓋本此。”

〔六〕多謝諸少年，相知不中厚：意謂告知諸少年，謂其不忠厚也。《古詩爲焦仲卿妻作》：“多謝後世人，戒之慎勿忘。”中：通“忠”，《睡虎地秦墓竹簡・爲吏之道》：“吏有五善：一曰中信敬上。”《隸釋・魏横海將軍吕君碑》：“以中勇顯名州司。”洪适注：“碑以中勇爲忠勇。”丁《箋注》曰：“因諸少年之負言而謝絶之，謂其不忠厚也。”亦通。

〔七〕意氣傾人命，離隔復何有：意謂交友之道，尚意氣而輕性命，雖爲之死亦在所不惜；至於離隔又有何難乎？意氣：情誼、恩義。《三國志・吴書・孫破虜討逆傳》裴注引孫盛曰：“夫意氣之間，猶有刎頸，況天倫之篤愛，豪達之英鑒，豈吝名號於既往，違本情之至實哉？”王叔岷《箋證稿》引古樂府《白頭吟》：“男兒重意氣。”何有：王叔岷曰：“《論語・里仁篇》：‘能以禮讓爲國，於從政乎何有？’（今本脱“於從政”三字，劉寶楠《正義》有説。）何晏注：‘何有者，言不難。’”

【考辨】

關於《擬古》九首之繫年，多疑是晉宋易代後所作。劉履《選詩補注》：“凡靖節退休後所作之詩，類多悼國傷時托諷之詞，然不欲顯斥，故以擬古、雜詩等目名其題云。”黄文焕《陶詩析義》:“陶詩自題甲子者十餘首,其餘何年所作,詩中或自及之,其在禪宋以後,不盡可考。獨此詩九首專感革運,最爲明顯,與他詩隱語不同。”温汝能纂輯《陶詩彙評》:“《擬古》九首大抵遭逢易代,感世事之多變,歎交情之不終,撫時度勢,實所難言,追昔傷今,惟發諸慨。”翁同龢曰:“此數首皆在晉亡之後,故有‘飢食首陽薇’及‘忽值山河改’之語。”(姚培謙編《陶謝詩集》卷三眉批)梁啟超《陶淵明年譜》繫於宋武帝永初三年壬戌(四二二)。古直《陶靖節年譜》繫於宋武帝永初元年庚申(四二〇)。王瑶注曰:“劉裕於義熙十四年戊午(四一八)十二月,幽晉安帝於東堂,而立恭帝,至恭帝元熙二年庚申(四二〇)六月,裕乃逼禪即位。恭帝前後共歷三年,而晉室以終。詩中托興的詩句多春景,如‘仲春遘時雨’、‘春風扇微和’,則本詩當作於宋武帝永初二年辛酉(四二一)。”逯欽立《陶淵明事迹詩文繫年》於宋永初元年庚申(四二〇)下曰:“《擬古》詩第九首當作於是年。詩云:‘種桑長江邊,三年望當採。枝條始欲茂,忽值山河改。’黄文焕曰:‘劉裕以戊午年十二月……立瑯邪王德文,是爲恭帝(己未,爲恭帝)元熙元年(庚申二年),而裕逼禪矣。帝之年號雖止二年,而初立則在戊午,是已三年也。望當採者,既經三年,或可以自修内治,奏成績也。長江邊豈種桑之地,爲裕所立,而無以防裕,勢終受制。’”

需案:余反覆觀此九詩,内容凡五類:一、友情與交往,如其一、其三、其六;二、懷念古今之賢人義士,如其二、其五、其八;三、功名難以持久,如其四;四、人生易逝,如其七;五、别有寓意,如其九。除其九或許寓有易代之感外,其他八首均係古詩之傳統題材,無關易代也。即如其九,亦有他説,詳該首下“考辨”。由此觀之,未可輕易將此九詩統統繫於宋初,首首坐實爲劉裕篡晉而發。“擬古”者,模擬之作也,雖如方東樹所説:“是用古人格作自家詩。”(《昭昧詹言》)然終以不離古詩之氣格爲佳,不必如《述酒》之寄託易代之慨也。

【析義】

劉履《選詩補注》曰:“‘君’謂晉君……靖節見幾而作,由建威參軍即求爲彭澤令,未幾賦歸。及晉宋易代之後,終身不仕。豈在朝諸親舊或有諷勸之者,故作此詩以寄意歟?”黄文焕《陶詩析義》曰:“初首曰‘遂令此言負’,扶運之懷,無可伸於入世也。”

需案:劉履之説不可取,以“君”指晉君,非淵明本意也。此詩慨歎友情之難久，其模仿《古詩十九首》其二甚明。兹録其全詩如下，以便對照："青青河畔草，鬱鬱園中柳。盈盈樓上女，皎皎當窗牖。娥娥紅粉妝，纖纖出素手。昔爲倡家女，今爲蕩子婦。蕩子行不歸，空床難獨守。"對照兩詩，開頭兩句十分相似，韻脚亦相同，而且詩之取材與主旨亦同。所不同者，《古詩》中蕩子婦之身份在淵明《擬古》中已變爲友人之交情。此乃擬古而不泥於古，正是淵明高明之處。淵明乃重友情之人，觀其與友人酬答詩可知。一般少年喪失交友之道，淵明慨然繫之。又，曹植《離友詩》三首序曰："鄉人有夏侯威者，少有成人之風。余尚其爲人，與之昵好。王師振旅，送余於魏邦。心有眷然，爲之隕涕，乃作離友之詩。"其二曰："感離隔兮會無期，伊鬱悒兮情不怡。"淵明詩言及"少年"之"不中厚"，或有感於曹植詩中之中厚少年耶？

辭家夙嚴駕〔一〕，當往志無終〔二〕。問君今何行？非商復非戎〔三〕。聞有田子春一作泰①，節義爲士雄〔四〕。斯人久已死〔五〕，鄉里習其風。生有高世名〔六〕，既没傳無窮。不學狂一作驅馳子②，直在百年中〔七〕。

【校勘】

① 春：一作"泰"，亦通。

② 狂：一作"驅"，亦通。

【箋注】

〔一〕夙：早。嚴：裝束，整飭。駕：車乘。

〔二〕志：王叔岷《箋證稿》曰："至、志古通。《莊子·漁父篇》：'真者，精誠之至也。'《文選》嵇叔夜《幽憤詩》注引至作志。《荀子·效儒篇》：'行法至堅。'《韓詩外傳》三引至作志。《文子·道德篇》：'至德道行，命也。'唐寫本至作志(《淮南子·俶真篇》同)。皆其證。"無終：縣名，漢屬右北平，今河北薊縣，即"田子春"家鄉。

〔三〕非商復非戎：意謂非"四皓"、老子所往之地。"四皓"入商山避秦。商山，在陝西商縣東南。詳見《贈羊長史》"箋注"〔九〕。戎：古代泛指西部少數民族。《史記·老子韓非列傳》裴駰《集解》引《列仙傳》："關令尹喜者，周大夫也……與老子俱之流沙之西，服巨勝實，莫知其所終。”

〔四〕聞有田子春，節義爲士雄：意謂田子春以節義立身，乃士人之傑出者也。《三國志·魏書·田疇傳》：“田疇，字子泰，右北平無終人也。”古《箋》：“《後漢書·劉虞傳》注引《魏志》曰：‘田疇，字子春。’是章懷所見《魏志》尚與靖節同也。”案《田疇傳》載：疇好讀書，善擊劍。董卓遷帝於長安，幽州牧劉虞欲奉使展節，遂署田疇爲從事。疇至長安致命，詔拜騎都尉，固辭不受。後還至鄉里，入徐無山中，營深險平敞地而居，躬耕以養父母。百姓歸之，數年間至五千餘家。疇爲約束，興舉學校。衆皆便之，道不拾遺。北邊翕然服其威信。袁紹數遣使招命，皆拒不受。後助曹操平定烏桓，封疇亭侯，邑五百户。疇自以始爲居難，率衆遁逃，志義不立，反以爲利，非本意也，固讓。曹操知其至心，許而不奪。（魏）文帝踐祚，高疇德義，賜疇從孫續爵關内侯，以奉其嗣。節義：《三國志·魏書·田疇傳》裴注引《先賢行狀》載太祖表論疇功曰：“疇文武有效，節義可嘉，誠應寵賞，以旌其美。”

〔五〕斯人久已死：指田疇。斯人：此人。《論語·雍也》：“斯人也，而有斯疾也！”

〔六〕高世名：高於當世之名。王叔岷《箋證稿》：“《戰國策·秦策五》：‘雖有高世之名，無咫尺之功者不賞。’”

〔七〕不學狂馳子，直在百年中：意謂狂馳奔走以求名者，即使得名亦只在一生之中，不能長久也。直：僅。

【考辨】

前人注此詩，多取田疇早年事跡。李注：“時董卓遷帝於長安，幽州牧劉虞欲遣使奔問行在，無其人。聞疇奇士，乃署爲從事。疇將行，道路阻絶，遂循間道至長安。致命，詔拜騎都尉。疇以天子蒙塵，不可荷佩榮寵，固辭不受。得報還，虞已爲公孫瓚所滅，疇謁虞墓，哭泣而去。瓚怒曰：‘汝何不送章報於我？’疇答曰云云，瓚壯之。疇得北歸，遂入徐無山中。”黄文焕《陶詩析義》曰：“晉主被廢，有一人能爲田疇者乎？此詩當屬劉裕初廢晉帝爲零陵王所作。蓋當時裕以兵守之，行在消息，總無能知生死何若，故元亮寄慨於子春也。”

需案：李注固可注意，所謂“節義”即指其對漢守節，對劉虞守義也。然此詩之推崇田疇，並與狂馳子對比，重點在其生平事跡之後半。詩中所謂"節義"亦曹操就其後來之作爲而表彰之語。又所謂"斯人久已死，鄉里習其風。生有高世名，既没傳無窮。不學狂馳子，直在百年中"，田疇在徐無山聚百姓五千餘家，躬耕自給，以避世亂，儼然一桃花源也。陳寅恪《桃花源記旁證》曰："淵明《擬古》詩之第二首可與《桃花源記》互相印證發明。"陳説頗可注意。

【析義】

古《箋》引李審言曰："曹植《雜詩》'僕夫早嚴駕'，此首蓋擬其體。"兹録其詩如下："僕夫早嚴駕，吾行將遠遊。遠遊欲何之？吴國爲我仇。將騁萬里塗，東路安足由！江介多悲風，淮泗馳急流。願欲一輕濟，惜哉無方舟。閑居非吾志，甘心赴國憂。"

霈案：此詩模擬曹植《雜詩》痕跡可尋。開首所謂"辭家夙嚴駕，當往志無終"，乃就己之意願而言，非真往無終也。曹植曰"吾行將遠遊"，亦是意願。故此詩可視爲言志之作。淵明不甘心閑居，其"猛志"時有流露，此詩以田疇爲"士雄"，最能見其志之所在。抑淵明亦欲爲"士雄"耶？

仲春遘時雨〔一〕，始雷發東隅。衆蟄各潛駭〔二〕，草木從橫一作此，一作是舒①〔三〕。翩翩新來燕，雙雙入我廬。先巢故尚在〔四〕，相將還舊居〔五〕。自從分别來，門庭日荒蕪。我心固匪石，君情定何如〔六〕？

【校勘】

① 横：一作"此"，一作"是"，亦通。

【箋注】

〔一〕仲春：二月。遘：遇。時雨：按時降落之雨。淵明《五月旦作和戴主簿》："神淵瀉時雨。"

〔二〕衆蟄(zhé)各潛駭：古《箋》："《(禮記)月令》：'仲春之月(……)始雨水(……)雷乃發聲(生)，蟄蟲咸動，啟户始出。'"蟄：冬季潛伏之動物。潛駭：陸雲《大將軍宴會被命作詩》："神風潛駭，有赫兹威。"

〔三〕從(zòng)横：縱横。

〔四〕故：今，見《爾雅・釋詁》。

〔五〕相將：相偕。

〔六〕我心固匪石，君情定何如：此乃燕問淵明之語，意謂我心堅固而不可轉移，君情究竟何如？《詩・邶風・柏舟》："我心匪石，不可轉也。我心匪席，不可卷也。"定：究竟。《世説新語・言語》："卿云艾艾，定是幾艾？"

【考辨】

前人多認爲此詩有寓意，吴師道《吴禮部詩話》曰："託言不背棄之義。"邱嘉穗《東山草堂陶詩箋》曰："自劉裕篡晉，天下靡然從之，如衆蟄草木之赴雷雨，而陶公獨惓惓晉室，如新燕之戀舊巢。雖門庭荒蕪，而此心不可轉也。"馬璞《陶詩本義》曰："此首似譏仕宋室者之不如燕也。"古《箋》曰："此首詠劉裕與桓玄之事也。"大意謂劉裕與何無忌起兵在二月，又在建康東，故曰"仲春遘時雨，始雷發東隅"。劉裕有同謀，刻期齊發，故曰"衆蟄各潛駭，草木從横舒"。桓玄敗，裕入建康，迎帝還，故曰"翩翩新來燕，雙雙入我廬。先巢故尚在，相將還舊居"。靖節辭彭澤令老死田里，故曰"自從分别來，門庭日荒蕪"。恥復屈身異代，故曰"我心固匪石"。其故人如顔延之等勉事新朝者尚多，故曰"君情定何如"。逯欽立注大致本古《箋》而稍略。

霈案：此詩只是借燕歸舊巢，抒發戀舊之情以及隱逸之堅。若曰通篇皆比喻劉裕討桓玄事，句句鑿實，如破謎語，則嫌牽强，且了無趣味。如：燕之復來，乃來我廬；門庭荒蕪，亦我廬荒蕪，此本淵明草廬實況，豈可以新燕比喻劉裕，我廬比喻晉室耶？

【析義】

邱嘉穗曰"末四句亦作燕語方有味"，頗爲有見。燕既重來，則其情之固可知矣，無須主人再問。燕既重來，見門庭荒蕪，不知主人有無遷徙之意，遂反問主人"君情定何如"，正在情理之中，且見天真趣味。寫人與燕之感情交流，可見淵明物我情融之境。

迢迢百尺樓〔一〕，分明望四荒〔二〕。暮作歸雲宅，朝爲飛鳥堂〔三〕。山河滿目中，平原獨一作轉茫茫①〔四〕。古時功名士，慷慨爭此場。一旦百歲後，相與還北邙〔五〕。松柏爲人伐，高墳互低昂〔六〕。頹基無遺主，遊魂在何方〔七〕？榮華誠足貴，亦復可憐傷！

【校勘】

① 獨:一作"轉",於義稍遜。

【箋注】

〔一〕迢迢:遠貌。

〔二〕四荒:四方極遠之地。《爾雅·釋地》:"觚竹、北户、西王母、日下,謂之四荒。"注:"觚竹在北,北户在南,西王母在西,日下在東,皆四方昏荒之國。"

〔三〕暮作歸雲宅,朝爲飛鳥堂:言所登之樓只有歸雲、飛鳥出入。

〔四〕山河滿目中,平原獨茫茫:意謂山河滿目,而平原偏廣大無邊也。茫茫:《文選》阮籍《詠懷》:"曠野莽茫茫。"李善注:"毛萇曰:茫茫,廣大貌。"

〔五〕北邙:山名,在河南省洛陽市北。何孟春注引《洛陽志》:"漢晉君臣墳多在此。"

〔六〕互低昂:相互錯落,有低有高。

〔七〕頹基無遺主,遊魂在何方:意謂有墳基已頹者,而無後人修復,其遊魂亦不知在何方矣。

【考辨】

黄文焕曰:"前六語純從國運更革寄愴,後八語兼拈士人生死分恨,然後總結以榮華憐傷……蓋感憤於廢帝極矣。"陶《注》曰:"慷慨而爭,同歸於盡,後之視今,將亦猶今之視昔耳。哀司馬即是哀劉裕,意在言外,當善會之。"

霈案:黄、陶之説牽强,非從詩中得出,而是先設定"忠憤"之説,强爲之解。

【析義】

此乃寄慨於人生之作,兼采《古詩十九首》其十三"驅車上東門,遥望郭北墓",其十四"古墓犂爲田,松柏摧爲薪",感歎死亡之不可免與榮華之不足恃也。

東方有一士,被服常不完〔一〕。三旬九遇一作過食①,十年著一冠〔二〕。辛勤一作苦無此比②,常有好容顔。我欲觀其人,晨去越河關。青松夾路生,白雲宿簷端。知我故來意一作時③〔三〕,取琴爲一作與我彈④。上絃驚别鶴,下絃操孤鸞〔四〕。願留就君住〔五〕，從今至歲寒〔六〕。

【校勘】

① 遇：一作“過”，形近而訛。

② 勤：一作“苦”，亦通。

③ 意：一作“時”，非是。

④ 爲：一作“與”，亦通。

【箋注】

〔一〕東方有一士，被服常不完：此東方之士乃設爲理想中人，非固定指某人，亦非自指。湯注：“《國語》：‘東方之士孰愈。’《新序（節士篇）》：‘東方有士曰袁旌目。’”被服：《古詩十九首》其十二：“被服羅裳衣，當户理清曲。”其十三：“不如飲美酒，被服紈與素。”

〔二〕三旬九遇食，十年著一冠：上句言子思，詳見《有會而作》“箋注”〔九〕。下句稍改易曾子事，與上句對仗。古《箋》引《莊子·讓王》：“曾子居衛……（三日不舉火，）十年不製衣，（正冠而纓絶，捉衿而肘見，納屨而踵決。曳縰而歌商頌，聲滿天地，若出金石。天子不得臣，諸侯不得友。故養志者忘形，養形者忘利，致道者忘心矣。）”

〔三〕故：王叔岷《箋證稿》：“故猶所以也。《史記·項羽本紀》：‘沛公曰：“所以遣將守關者，備他盗之出入與非常也。”’下文：‘樊噲曰：“故遣將守關者，備他盗出入與非常也。”’上言‘所以’，下言‘故’，其義相同。”

〔四〕上絃驚别鶴，下絃操孤鸞：意謂先彈奏《别鶴》，後彈奏《孤鸞》。上、下：表示時間、次序之前後。王引之《經義述聞·毛詩上》：“古者，上與前同義。”《古詩十九首》其十七：“上言長相思，下言久别離。”《樂府詩集·相和歌辭·飲馬長城窟行》：“上言加餐飯，下言長相憶。”别鶴、孤鸞：琴曲名。古《箋》：“崔豹《古今注》曰：‘《别鶴操》，商陵牧子所作也。娶妻五年而無子，父兄將爲之改娶。妻聞之，中夜（起，）依（案：當作倚）户而悲嘯。牧子聞之，愴然而悲，乃援琴而歌。（歌曰……）後人因爲樂章焉。’《西京雜記》：‘慶安世（年十五，爲成帝侍郎，）善鼓瑟（琴），能爲雙鳳、離鸞之曲。'"

〔五〕就：趨就，歸從。

〔六〕歲寒：《論語·子罕》："歲寒，然後知松柏之後凋也。"

【考辨】

黄文焕《陶詩析義》曰："東晉祚移，而舉世無復爲東之人矣。特言'東方有一士'，繫其人於東也，鸞孤鶴别，豈復有耦哉？嗟夫！真能爲晉忠臣者，淵明一身而已，自喻自負。"霈案：僅就一"東"字，發揮淵明忠於東晉之意，過於牽强。以忠臣自喻之説，尤不可取。

【析義】

此詩抒發其理想人格也。被服不完，三旬九食，而有好容顏；居處有青松夾路，白雲繚繞；所彈爲别鶴、孤鸞，正見其安貧固窮，孤高不凡。全詩聲吻格調絶似《古詩十九首》。"驚别鶴"之"驚"字，絶佳。

蒼蒼谷中樹，冬夏常如兹〔一〕。年年見霜雪，誰謂不知時〔二〕？厭聞世上語，結友一作交到臨淄①〔三〕。稷下多談士，指彼一作往決吾一作狐疑一作柏社決五疑②〔四〕。裝束既有日〔五〕，已與家人辭。行行停出門〔六〕，還坐更自思。不怨道里長，但畏人我欺。萬一不合意，永爲世笑之一作笑嗤③。伊懷難具道④〔七〕，爲君作此詩。

【校勘】

① 友：一作"交"，亦通。

② 彼：一作"往"。吾：一作"狐"，亦通。指彼決吾疑：一作"柏社決五疑"，非是。

③ 之：一作"嗤"，亦通。此校語原在篇末，今移至此。

④ 難具：紹興本作"誰與"，亦通。

【箋注】

〔一〕蒼蒼谷中樹，冬夏常如兹：此指松柏。古《箋》引《莊子·德充符》："受命於地，惟松柏獨也（正，）在冬夏青青。"蒼蒼：猶青青也。谷中樹：左思《詠史》其二："鬱鬱澗底松。"

〔二〕年年見霜雪，誰謂不知時：意謂松柏雖冬夏青青，然非不知時令之變化也，霜雪之寒豈能無感乎？誰謂：王叔岷《箋證稿》引《詩·召南·行露》："誰謂雀無角，何以穿我屋？誰謂女無家，何以速我獄？"

〔三〕厭聞世上語，結友到臨淄：意謂已厭倦世俗之論，而欲結友臨淄，聆聽稷下先生之談也。臨淄：戰國時齊國都城。

〔四〕稷下多談士，指彼決吾疑：意謂從稷下之談士，望彼破解吾之疑惑。古《箋》："《史記·孟荀列傳》：'自騶衍與齊之稷下先生，如淳于髡、慎到、環淵、接子、田駢、騶奭之徒，各著書言治亂(之事)，以干世主，豈可勝道哉？'《文選》注引劉歆《七略》曰：'齊有稷門，城門也。齊説談之士，期會於稷下者甚衆。'《楚辭(卜居)》：'余有所疑，願因先生決之。'"談士：王叔岷《箋證稿》引《史記·日者列傳》："公見夫談士辯人乎？"《文選》孔融《論盛孝章書》："天下談士，依以揚聲。"指：赴也，歸也。《淮南子·原道訓》："趨舍指湊。"注："指，所之也。"

〔五〕裝束：整理行裝。《三國志·魏書·荀彧傳》裴注引《平原禰衡傳》："衡知衆不悦，將南還荆州。裝束臨發，衆人爲祖道。"王叔岷《箋證稿》引《古詩爲焦仲卿妻作》："交語速裝束。"

〔六〕行行停出門：丁《箋注》："《後漢書·桓典傳》：'行行且止，避驄馬御史。'行行，躑躅道中也。停，中止也。"

〔七〕伊：代詞，表示近指，相當於"是""此"。《詩·秦風·蒹葭》："所謂伊人，在水一方。"鄭箋："伊，當作緊，緊猶是也。"

【考辨】

湯漢注："前四句興而比，以言吾有定見，而不爲談者所眩，似謂白蓮社中人也。"需案：前四句以松柏比喻自己之卓然獨立，而又深感霜雪之寒也。於國家之治亂，心中有疑，欲向人求解，而竟無可與語者，孤獨彷徨之情溢於言表。稷下談士所論皆治亂之事、治國之術，如以稷下談士比喻白蓮社所信仰之佛教，不倫不類。湯説非是。

日暮天無雲，春風扇微和〔一〕。佳人美清夜〔二〕，達曙酣且歌。歌竟長歎息，持此感人多〔三〕：皎皎雲間月①〔四〕，灼灼葉中華〔五〕。豈無一時好，不久當如何？

【校勘】

① 皎皎：《文選》《玉臺新詠》作"明明"，亦通。

【箋注】

〔一〕扇:風起、風吹。嵇康《四言贈兄秀才入軍詩》:"穆穆惠風,扇彼輕塵。"

〔二〕美:喜,快樂。《荀子·致士》:"美意延年。"楊倞注:"美意,樂意也,無憂患則延年也。"

〔三〕持:同"恃",賴也。持此:指以下四句歌詞。

〔四〕皎皎:明亮貌。《古詩十九首》:"迢迢牽牛星,皎皎河漢女。"

〔五〕灼灼:鮮明貌。《詩·周南·桃夭》:"桃之夭夭,灼灼其華。"

【考辨】

劉履《選詩補注》曰:"此詩殆作於元熙之初乎?'日暮'以比晉祚之垂没。天無雲而風微和,以喻恭帝暫遇開明温煦之象。'清夜'則已非旦晝之景,而'達曙'則又知其爲樂無幾矣。是時宋公肆行弑立,以應'昌明之後,尚有二帝'之讖,而恭帝雖得一時南面之樂,不無感歎於懷,譬猶雲間之月,行將掩蔽,葉中之華,不久零落,當如之何哉!其明年六月,果見廢爲零陵王,又明年被弑。此靖節預爲憫悼之意,不其深歟?"古《箋》:"此首追痛會稽王道子之誤國也。"其考頗詳,兹不俱録。

需案:劉、古皆以此詩爲政治諷喻詩,然諷喻對象不同。兩説頗爲曲折,而無明證。若依此法索隱,可引出多種解釋。凡短者暫者、酣歌誤國者,皆可成爲此詩之諷喻對象矣。《述酒》一詩固多暗示隱喻,韓子蒼、湯漢之詮釋頗有可取。至於此詩之明白如話,題目又標明爲《擬古》,徑可照直解釋,而不必取詮釋《述酒》之法,以免深文周納、牽强附會之嫌。

【析義】

古詩中頗多人生無常、良景易逝之歎,此詩亦是如此。末二句"豈無一時好,不久當如何"已點明主題矣。

少時壯且厲〔一〕,撫劍獨行遊〔二〕。誰言行遊一作道近①,張掖至幽州〔三〕。飢食首陽薇〔四〕,渴飲易水流〔五〕。不見相知人,惟見一作純是古時丘②。路邊兩高墳,伯牙與莊周〔六〕。此士難再得,吾一作君行欲何求③?

【校勘】

① 遊：一作“道”，於義稍遜。

② 惟見：一作“純是”，和陶本作“純見”，於義稍遜。上句言“不見”，此接言“惟見”，爲佳。

③ 吾：一作“君”，亦通。

【箋注】

〔一〕厲：猛，剛烈。《荀子・王制》：“威嚴猛厲，而不好假道人，則下畏恐而不親。”楊倞注：“厲，剛烈也。”

〔二〕撫：持，見《廣雅・釋詁三》。

〔三〕張掖：漢代郡名，在今甘肅省境内。幽州：古九州之一，在今河北北部及遼寧等地。

〔四〕飢食首陽薇：表示對伯夷、叔齊之景慕。《史記・伯夷列傳》：“伯夷、叔齊，孤竹君之二子也。父欲立叔齊，及父卒，叔齊讓伯夷。伯夷曰：‘父命也。’遂逃去。叔齊亦不肯立而逃之。國人立其中子。於是伯夷、叔齊聞西伯昌善養老，盍往歸焉。及至，西伯卒，武王載木主，號爲文王，東伐紂……武王已平殷亂，天下宗周，而伯夷、叔齊恥之，義不食周粟，隱於首陽山，采薇而食之。及餓且死，作歌。”首陽山，史傳及諸書所記凡五處，各有案據。馬融曰：“在河東蒲阪華山之北，河曲之中。”

〔五〕渴飲易水流：表示對荆軻之景慕。《史記・刺客列傳》：“至易水之上，既祖，取道，高漸離擊筑，荆軻和而歌，爲變徵之聲，士皆垂淚涕泣。又前而爲歌曰：‘風蕭蕭兮易水寒，壯士一去兮不復還！’”

〔六〕伯牙與莊周：表示希望有知音者。古《箋》：“《淮南・修務訓》：‘是故鍾子期死，而伯牙絶絃破琴，知世莫賞也；惠施死，而莊子寢説言，見世莫可爲語者也。’高誘注：‘伯牙，楚人。莊子，名周，宋蒙縣人。’《後漢書（尹敏傳）》：‘（尹敏）與班彪親善……自以爲鍾子期、伯牙，莊周、惠施之相得也。’”

【析義】

此詩託言少時遠遊，而追慕兩類古人。其一，伯夷、叔齊、荆軻，取其義。其二，伯牙與鍾子期、莊周與惠施，以寓渴望知己。淵明之追慕伯夷、叔齊，另見《飲酒》其二、《讀史述》。其追慕荆軻，另見《詠荆軻》。

其追慕鍾子期,另見《怨詩楚調示龐主簿鄧治中》。湯漢注:"伯牙之琴,莊子之言,惟鍾、惠能聽;今有能聽之人而無可聽之言,此淵明所以罷遠遊也。"義士既不可見,知音亦不可得,淵明深感孤獨耳。

種桑長江邊,三年望當採。枝條始欲茂,忽值山河一作川改①。柯葉自摧折〔一〕,根株浮滄海〔二〕。春蠶既無食,寒衣欲誰待〔三〕。本不植高原,今日復何悔!

【校勘】

① 河:一作"川",亦通。

【箋注】

〔一〕柯:樹枝。

〔二〕株:露出地面之樹根。《説文》:"株,木根也。"徐鍇《繫傳》:"入土曰根,在土上者曰株。"

〔三〕誰:何也。

【析義】

此詩曰"山河改",又言及滄海桑田,似有寓意。究竟何所指,則衆説紛紜。湯漢注:"業成志樹,而時代遷革,不復可騁,然生斯時矣,奚所歸悔耶?"僅就時代遷革一般而論,着重於生不逢時之慨。此後,各家解説愈加複雜具體。何孟春注《陶靖節集》曰:"此詩全用鬼谷先生書意。《逸民傳》:(案:當爲《太平御覽》卷五一〇《逸民部十》載《真隱傳》文)鬼谷遺蘇秦、張儀書曰:'二君豈不見河邊之樹乎?僕御折其枝,風浪盪其根,此木豈與天地有讎怨?所居然也。子見祟嵩岱之松柏乎?上枝干於青雲,下枝通於三泉,千秋萬歲不逢斧斤之患。此木豈與天地有骨肉?所居然也。'"黄文焕《陶詩析義》以爲指恭帝之被廢。恭帝戊午年立,庚申年被劉裕逼禪,首尾三年。何焯《義門讀書記》曰:"此言下流不可處,不得謬比易代。"橋川時雄引傅咸《桑樹賦序》:"世祖昔爲中壘將軍,於直廬種桑一株,迄今三十餘年,其茂盛不衰。皇太子入朝,以此廬爲便坐。"兼及陸機《桑賦》、潘尼《桑樹賦》,意謂晉室興起與桑有關,"陶公此作,寓意典據,自然分明,蓋遡想皇晉建國之初兆,而俯仰古今,而發桑田碧海之歎耳"(見鄭文焯批、日本橋川時雄校補《陶集鄭批録》)。古《箋》曰:"此首追痛司馬休之之敗也。《易》曰:'其亡其亡,繫于苞桑。'休之爲晉室之重，故以桑起興也。"意謂休之爲荆州都督刺史鎮江陵，後被劉裕征討，兵敗奔於後秦，晉自此更無所恃也。張芝《陶淵明傳論》以爲喻指桓玄。淵明本寄希望於桓玄，以爲可以中興晉室。不料其終於篡晉且敗死也。

霈案：各家或曰喻指恭帝，或曰喻指司馬休之，或曰喻指桓玄，多牽合"三年"之數。其實，"三年"者，自種桑至采桑葉，所需之時間也。直述而已，何必有所喻指？余以爲此詩乃自述之辭："忽值山河改"，環境變化也；"本不植高原"，擇居不當也。既生不逢時，又不善處世，故難免困苦。湯漢、何焯所言近是。

雜詩十二首

人生無根蒂，飄如陌上塵〔一〕。分散逐風轉，此已非常身〔二〕。落地爲一作流落成兄弟①，何必骨肉親〔三〕！得歡當作樂〔四〕，斗酒聚比鄰。盛年不重來，一日難再晨〔五〕。及時當勉勵，歲月不待人〔六〕。

【校勘】

① 落地爲：一作"流落成"，亦通。

【題解】

"雜詩"：《文選》卷二九雜詩上，卷三〇雜詩下，包括《古詩十九首》，以及題爲《雜詩》（如王仲宣《雜詩》）或並不題爲"雜詩"（如陸士衡《園葵詩》）者。李善注王仲宣《雜詩》曰："五言雜者，不拘流例，遇物即言，故云雜也。"《文選》按文體分爲三十九大類，大類之下再按題材分爲若干小類，"雜歌""雜詩""雜擬"在詩類之最後，蓋其内容難以列入"補亡""述德""祖餞""遊仙"等小類也。

淵明《雜詩》十二首内容頗雜，大概包括以下方面：人生無常，盛年難再（其一、其三、其六、其七）；歲月不待，有志未騁（其二、其五）；不求空名，願不知老（其四）；拙於謀生，慨歎貧苦（其八）；掩淚東遊，羈役思歸（其九、其十、其十一）；其十二似有殘缺，從所存六句看，似亦感歎人生無常者耶？

【編年】

淵明集中其他組詩如《詠貧士》《飲酒》均係同時所作,《雜詩》是否同時所作? 王瑶注曰:"前八首詞意連貫,當爲一時所作;而第六首中有'奈何五十年'一句,知此八首當爲晉安帝義熙十年甲寅(四一四)作。其餘第九首以下三首,都是寫旅途行役之苦的;在《與子儼等疏》中,淵明自述'少而窮苦,每以家弊,東西遊走',知此三詩當爲盛年所作。淵明於三十六七歲間,行役甚苦,有《庚子歲五月中從都還阻風於規林》及《辛丑歲七月赴假還江陵夜行塗口》等詩,内容與《雜詩》第九首以下三首相同,知當爲同時所作……第十二首與前面詠行役的三首,或爲同時所作。今將前八首與後四首分編兩處,皆題《雜詩》。除前八首繫於晉安帝義熙十年甲寅(四一四)外,其餘四首暫列此處,繫於晉安帝隆安五年辛丑(四〇一),本年淵明三十七歲。"

需案:因爲王注取六十三歲説,無法兼顧"五十年"與行役之時間差,所以不得不將此一組詩分爲兩年所作,前後相距十三年。若取淵明享年七十六歲説,則五十餘歲正是行役最苦之時,前八首與後四首恰好時間吻合,不必勉强分作兩處。

《雜詩》其六曰:"昔聞長老言,掩耳每不喜。奈何五十年,忽已親此事。"此"五十年"應從"昔"日算起。"長老言",一作"長者言",長老者之言語,聯繫下文應是關於人生易老之事,淵明昔日掩耳不喜聞者,兒童心理每如此。昔日童年不喜聞長者言及衰老之事,而今五十年已過,自身親歷人生衰老之事、親友凋零之悲,故多有感慨。倘所謂昔日指四歲,則淵明寫此詩或當五十四歲,晉安帝義熙元年乙巳(四〇五)。本年淵明行役最苦,自鎮軍參軍轉建威參軍,東使都,又改任彭澤縣令,終於辭官歸里。驗之詩中"飄如陌上塵","有志不獲騁","榮華難久居","丈夫志四海,我願不知老。親戚共一處,子孫還相保","前途當幾許,未知止泊處","代耕本非望,所業在田桑","掩淚泛東逝,順流追時遷","趨役無停息,軒裳逝東崖","愁人難爲辭,遥遥春夜長",詩之思想感情與本年經歷恰相吻合。其十曰:"荏苒經十載,暫爲人所羈。"淵明四十七歲,安帝隆安二年(三九八)入桓玄幕,至此已前後八年,"十載"取其整數也。

【箋注】

〔一〕人生無根蒂,飄如陌上塵:意謂人與植物不同,生而無根,飄流轉徒如陌上之塵耳。丁《箋注》:"根蒂,猶言根柢。蒂與柢爲同音假借字。"古《箋》:"《古詩》:'人生寄一世,奄忽若飆塵。'"王叔岷《箋證稿》:"阮籍《詠懷》:'人生若塵露。'又云:'飄若風塵逝。'"

〔二〕分散逐風轉,此已非常身:意謂人如塵土隨風轉徙,無恒久不變之身,今日之我已非往日之我矣。

〔三〕落地爲兄弟,何必骨肉親:意謂塵土飄轉,一旦落地即成兄弟矣,何必骨肉才相親乎?丁《箋注》:"《論語(顔淵)》:'四海之内皆兄弟也。'"又曰:"言何必真同胞始謂之兄弟,凡人皆兄弟也。"淵明《與子儼等疏》:"汝等雖不同生,當思四海之内皆兄弟之義。"

〔四〕得歡當作樂:意謂得遇友好當作樂也。歡:友好。《漢書·陳餘傳》:"上使泄公持節問之箯輿前,卬視泄公,勞苦如平生歡。"

〔五〕盛年不重來,一日難再晨:盛年:壯年。古《箋》:"吴季重《答魏太子牋》:'盛年一過,實不可追。'阮嗣宗《詠懷詩》:'朝陽不再盛。'"

〔六〕及時當勉勵,歲月不待人:古《箋》:"《論語(陽貨)》:'日月逝矣,歲不我與。'邢疏:'歲月已往,不復留待我也。'"曹丕《與吴質書》:"動見瞻觀,何時易乎?恐永不復得爲昔日遊也。少壯真當努力,年一過往,何可攀援!"

【析義】

此詩言人生飄忽不定,短暫無常,既能相聚即爲兄弟矣。遇友好則當以酒爲樂,而不負此時光耳。末四句,非僅爲飲酒而發,呼應開首四句,亦寓勉勵之意於其中也。

白日淪西河一作阿①〔一〕,素月出東嶺。遥遥萬里輝,蕩蕩一作迢迢空中景②〔二〕。風來入房户,夜中一作中夜枕席冷③。氣變悟時易一作異④〔三〕,不眠知夕永〔四〕。欲言無予一作或,又作餘和⑤〔五〕,揮杯勸孤影。日月擲一作梯,又作掃人去⑥,有志不獲騁〔六〕。念此懷悲悽,終原作中,注一作終曉不能静⑦〔七〕。

【校勘】

① 河:一作"阿",意謂山阿,亦通。

② 蕩蕩：一作"迢迢"，意謂遠，與上句"遥遥"意思重複，作"蕩蕩"爲佳。

③ 夜中：一作"中夜"，亦通。

④ 易：一作"異"，亦通。

⑤ 予：一作"或"，於義稍遜。又作"餘"，音同而訛。

⑥ 擲：一作"梯"，又作"掃"，於義爲遜。

⑦ 終：原作"中"，底本校曰"一作終"，今據改。

【箋注】

〔一〕淪：沉淪，落。

〔二〕蕩蕩：廣大。《左傳》襄公二十九年："爲之歌《豳》，曰：'美哉，蕩乎！'"孔穎達疏："蕩蕩，寬大之意。"景：光亮。

〔三〕氣變悟時易：意謂由氣候之變化而悟出季節之改易。

〔四〕不眠知夕永：古《箋》："《古詩十九首》：'愁多知夜長。'"

〔五〕欲言無予和：古《箋》："《莊子・徐無鬼篇》：'自夫子之死（也，吾無以爲質矣），吾無與言之矣！'張茂先《雜詩》：'寤言莫予應。'"

〔六〕騁：施展、發揮。《荀子・天論》："因物而多之，孰與騁能而化之。"左思《詠史》："鉛刀貴一割，夢想騁良圖。"

〔七〕終曉：直至天明。

【析義】

此詩句句精彩絶倫。首四句，兩兩相對，繪出月光中一片皎潔世界，且極具動感。"不眠知夕永"，非失眠者不能體會"夕永"二字。"揮杯勸孤影"，寫盡寂寞孤獨之狀，李白《月下獨酌》蓋出於此。"日月擲人去，有志不獲騁"，言時光流逝。屈原《離騷》："日月忽其不淹兮，春與秋其代序。"曹植《箜篌引》："驚風飄白日，光景馳西流。"此二句有異曲同工之妙。"勸"字、"擲"字，極精當極工妙，卻無一點斧鑿痕。

榮華難久居，盛衰不可量〔一〕。昔爲三春蕖一作英①〔二〕，今作秋蓮房〔三〕。嚴霜結野草〔四〕，枯悴未遽央〔五〕。日月有環周一作復，又作還復周②，我去不再陽〔六〕。眷眷往昔時〔七〕，憶此斷人腸。

【校勘】

① 蕖：一作"英"，於義稍遜。"蕖"與下"蓮"對應，爲佳。

② 有環周：一作"有環復"，又作"還復周"，亦通。

【箋注】

〔一〕榮華難久居，盛衰不可量：意謂榮華難以久持，盛衰不可預計。古《箋》："曹子建《(雜)詩》：'榮華難久恃。'《古詩十九首》：'盛衰各有時。'"《文選》班固《答賓戲》："朝爲榮華，夕爲顦顇，福不盈眥，禍溢於世，凶人且以自悔，況吉士而是賴乎？"居：守持、擔當。《左傳》昭公十三年："獲神一也，有民二也，令德三也，寵貴四也，居常五也。"量：估量。《古詩爲焦仲卿妻作》："自君别我後，人事不可量。"

〔二〕蕖：芙蕖，即荷花。

〔三〕蓮房：蓮蓬。

〔四〕嚴霜結野草：古《箋》："《古詩十九首》：'白露霑野草。'《樂府・焦仲卿妻詩》：'嚴霜結庭蘭。'"結：聚集。《文選》陸機《挽歌》："悲風徽行軌，傾雲結流藹。"李善注："結，猶積也。"

〔五〕枯悴未遽央：意謂枯悴未遂盡，尚有更爲枯悴之時也。漢樂府古辭清調曲《相逢行》："調絃未遽央。"遽：遂，就。《吕氏春秋・察今》："其父雖善游，其子豈遽善游哉？"

〔六〕日月有環周，我去不再陽：意謂日月運轉有循環往復，而我死則不再生矣。古《箋》："張茂先《勵志》詩：'四氣鱗次，寒暑環周。'《莊子・齊物論篇》：'近死之心，莫使復陽也。'《釋文》：'復陽，陽謂生也。'陸士衡《短歌行》：'華不再陽。'"

〔七〕眷眷：顧戀貌。

【析義】

湯注："此篇亦感興亡之意。"恐不然。此乃感歎人生無常，榮華難久，古詩中常見之主題也。

丈夫志四海〔一〕，我願不知老。親戚共一處，子孫還相保〔二〕。觴絃肆朝日〔三〕，罇中酒不燥〔四〕。緩帶盡歡娱〔五〕，起晚眠常早。孰若當世士，冰炭滿懷抱〔六〕。百年歸一作埽丘壟一作埽壟①，用此空名道〔七〕？

【校勘】

① 歸：一作"埽"，形近而訛。丘壟：一作"埽壟"，非是。

【箋注】

〔一〕丈夫志四海，我願不知老：古《箋》："曹子建《贈白馬王彪》詩：'丈夫志四海。'《論語(述而)》：'發憤忘食，樂以忘憂，不知老之將至云爾。'"

〔二〕保：安也。《孟子·梁惠王上》："保民而王，莫之能御也。"趙岐注："保，安也。"《漢書·叙傳下》："保此懷民。"顔師古注："保，安也。"

〔三〕觴絃肆朝日：意謂每日設列絃歌宴席。肆：陳列。逯注："朝日當作朝夕。"

〔四〕罇中酒不燥：陶注："燥，乾也。與孔文舉'罇中酒不空'意同。"案：《後漢書·孔融傳》："及退閑職，賓客日盈其門，常歎曰：'坐上客常滿，尊中酒不空，吾無憂矣。'"

〔五〕緩帶：放寬衣帶。古《箋》："曹子建《箜篌引》：'緩帶傾庶羞。'"王叔岷《箋證稿》："《穀梁》文十八年傳：'一人有子，三人緩帶。'楊士勛疏：'緩帶者，優游之稱也。'"

〔六〕孰若當世士，冰炭滿懷抱：意謂何能如當世之士，義利交戰於胸中，而不得安寧耶？古《箋》："《淮南·齊俗訓》：'貪禄者見利不顧身，而好名者非義不苟得。此相爲論，譬猶冰炭鉤繩也，何時而合？'"丁《箋注》："彼此不能相合者，恒以冰炭爲喻。"

〔七〕百年歸丘壟，用此空名道：意謂人死之後歸於墳墓，安用此空名以稱道哉？何注："謝靈運《弔廬陵王》詩：'一隨往化滅，安用空名揚？'"丘壟：冢，墳墓。道：黄文焕《陶詩析義》曰："丘壟中復能用否乎？復能道否乎？"王叔岷《箋證稿》曰："古氏據《古詩》訓道爲寶，非也。丁氏訓道爲引，義亦難通。道猶稱也，《論語·衛靈公篇》：'君子疾没世而名不稱焉。'陶公反其意，謂百年歸丘壟，安用此空名稱哉？何注引謝詩'安用空名揚'，揚亦稱也，最得其旨。"

【析義】

以"丈夫"與"我"對舉，"丈夫志四海"，則"冰炭滿懷抱"，而所得不過"空名道"而已，我願與"親戚共一處"，以安享天年耳。

憶我一作爲，又作昔少壯時①，無樂自欣豫②〔一〕。猛志逸四海〔二〕，騫一作輕翮思遠翥③〔三〕。荏苒歲月頹，此心稍已去〔四〕。值歡無復娱，每每多憂慮。氣力漸衰損〔五〕，轉覺日不如〔六〕。壑舟無須臾，引我不得住。前塗當幾許〔七〕？未知止泊一作宿處④。古人惜寸陰，念此使人懼〔八〕。

【校勘】

① 我：一作"爲"，於義稍遜。一作"昔"，亦通。

② 自：和陶本作"亦"，亦通。

③ 騫：一作"輕"，亦通。

④ 泊：一作"宿"，亦通。"泊"與"舟"相應，爲佳。

【箋注】

〔一〕無樂自欣豫：意謂雖無樂事亦自保持愉悦之心情也。

〔二〕猛志逸四海：意謂壯志超越四海之外，極其遠大也。猛志：壯志。《文選》張華《鷦鷯賦》："屈猛志以服養，塊幽縶於九重。"逸：超絶。

〔三〕騫(qiān)翮(hé)思遠翥(zhù)：意謂願振翅遠翔也。騫：飛貌。翥：飛舉也。

〔四〕荏苒歲月頹，此心稍已去：意謂歲月漸漸流逝，壯心亦漸漸消去。荏苒：《文選》潘岳《悼亡詩》其一："荏苒冬春謝。"李善注："荏苒，猶漸也。"頹：下墜。《楚辭·九章·悲回風》："歲忽忽其若頹兮，時亦冉冉而將至。"洪興祖補注："頹，下墜也。"

〔五〕氣力漸衰損，轉覺日不如：意謂氣力漸漸衰損，一日不及一日矣。轉：劉淇《助字辨略》："浸也。"《搜神後記》卷六："(王戎)忽見空中有一異物如鳥，熟視轉大。"如：及也。王叔岷《箋證稿》："《藝文類聚》十八引張載詩：'氣力漸衰損。'"

〔六〕壑舟無須臾，引我不得住：意謂時光片刻不停，己身亦隨之不斷變化而漸衰老。丁《箋注》引《莊子·大宗師》："夫藏舟於壑，藏山於澤，謂之固矣。然而夜半有力者負之而走，昧者不知也。"郭象注："言死生變化之不可逃。"

〔七〕當：尚。《史記·魏公子列傳》："使秦破大梁而夷先王之宗廟，公子當何面目立天下乎？"

〔八〕古人惜寸陰：古《箋》："《淮南子(原道訓)》：'聖人不貴尺之璧，

而重寸之陰，時難得而易失也。'《晉書・陶侃傳》：'大禹聖者，乃惜寸陰；至於衆人，當惜分陰。'"

【析義】

自歎年老無成，而仍欲有爲也，故詩末曰"念此使人懼"。倘完全心灰意冷，則無須懼矣。

昔聞長者一作老言①，掩耳每一作常不喜②〔一〕。奈何五十年，忽已親此事〔二〕。求我盛年一作時歡③，一毫無復意〔三〕。去去轉欲遠，此生豈一作難再值④〔四〕？傾家時一作特，又作持此作樂⑤，竟此歲月駛〔五〕。有子不留金，何用身後置一作事⑥〔六〕。

【校勘】

① 者：一作"老"，亦通。

② 每：一作"常"，亦通。

③ 年：一作"時"，亦通。

④ 豈：一作"難"，亦通。

⑤ 時：一作"特"，於義稍遜。時作：一作"持此"，非是。

⑥ 置：一作"事"，亦通。

【箋注】

〔一〕昔聞長者言，掩耳每不喜：意謂往昔每不喜聞長者言衰老及親朋凋零等事。古《箋》："陸士衡《歎逝賦序》：'昔每聞長老追計平生，同時親故，或凋落已盡，或僅有存者。余年方四十，而懿親戚屬，亡多存寡；昵交密友，亦不半在……以是思哀，哀可知矣。'詩意本此。"

〔二〕奈何五十年，忽已親此事：意謂奈何五十年後，自己忽已親歷此事耶！

〔三〕求我盛年歡，一毫無復意：意謂反求盛年之歡已不復嚮往矣。意：意向，心之所向也。

〔四〕去去轉欲遠，此生豈再值：意謂日月擲人而去，去去反而愈遠，此生豈能再逢盛年乎？值：逢，遇。《莊子・知北遊》："明見無值。"成玄英疏："值，會遇也。"

〔五〕傾家時作樂，竟此歲月駛：意謂竭盡家財及時行樂，以終此速去之餘年也。《漢書·疏廣傳》載:宣帝時疏廣爲太子太傅,以老告退,上許之,多加賞賜。"既歸鄉里,日令家共具設酒食,請族人故舊賓客,與相娱樂。數問其家:'金餘尚有幾所?'趣賣以共具。"

〔六〕有子不留金,何用身後置:意謂如疏廣者,有子不留金與之,何須爲身後置辦産業耶?《漢書·疏廣傳》載:"廣子孫竊謂其昆弟老人廣所愛信者曰:'子孫幾及君時頗立産業基阯,今日飲食費且盡。宜從丈人所,勸説君買田宅。'老人即以閑暇時爲廣言此計。廣曰:'吾豈老誖不念子孫哉?顧自有舊田廬,令子孫勤力其中,足以共衣食,與凡人齊。今復增益之以爲羸餘,但教子孫怠墯耳。賢而多財,則損其志;愚而多財,則益其過。且夫富者,衆人之怨也;吾既亡以教化子孫,不欲益其過而生怨。又此金者,聖主所以惠養老臣也,故樂與鄉黨宗族共饗其賜,以盡吾餘日,不亦可乎!'"

【考辨】

李注曰:"此詩,靖節年五十作也。時義熙十年甲寅初。"又牽合廬山東林寺主釋慧遠結白蓮社,邀淵明入社,而淵明謝之。邱嘉穗《東山草堂陶詩箋》遂據以發揮,謂"此生不再值","何用身後置",皆破白蓮社中前生後生、輪回淨土之説。

霈案:此詩非五十歲所作,已見題下"編年"。且據湯用彤《漢魏兩晉南北朝佛教史》及方立天《慧遠及其佛學》考證,十八高賢結蓮社之事以及《蓮社高賢傳》均不可信。李氏、邱氏之説,不能成立。

【析義】

淵明有《詠二疏》,專詠疏廣、疏受叔侄,《集聖賢群輔録》亦載其事。二疏功成身退,頤養天年,正是淵明所欽羨者。此詩自歎盛年已逝,欲肆意以樂餘年也。

日月不肯遲,四時相催迫〔一〕。寒風拂枯條〔二〕,落葉掩一作滿長陌①。弱質與原作興,注一作與運頹一作頹齡②〔三〕,玄鬢早已白。素標插人一作君頭③,前塗漸就窄〔四〕。家爲逆旅舍,我如當去客〔五〕。去去欲何之,南山有舊宅〔六〕。

【校勘】

① 掩：一作“滿”，亦通。

② 與：原作“興”，底本校曰“一作與”，今據改。運頽：一作“頽齡”，於義稍遜。

③ 人：一作“君”，亦通。

【箋注】

〔一〕四時相催迫：古《箋》：“陸士衡《日重光行》：‘（譬如）四時，固恒相催。’”

〔二〕寒風拂枯條：曹攄《思友人詩》：“嚴霜彫翠草，寒風振纖枯。”條：樹枝。

〔三〕弱質與運頽：意謂柔弱之體質隨時運而衰頽也。

〔四〕素標插人頭，前塗漸就窄：意謂白髮若標誌然，以示來日無多矣。

〔五〕家爲逆旅舍，我如當去客：古《箋》：“《列子・仲尼篇》：‘處吾之家，如逆旅之舍。’《古詩》：‘人生天地間，忽如遠行客。’”逆：迎也。王叔岷《箋證稿》：“爲、如互文，爲猶如也。”又曰：“當猶將也。”

〔六〕南山有舊宅：丁《箋注》：“宅，塋兆也。陶公《自祭文》曰：‘陶子將辭逆旅之館，永歸於本宅。’”

【析義】

感歎歲月易逝來日無多，惟順化以歸舊宅而已。

代耕本非望〔一〕，所業在田桑〔二〕。躬親未曾替①〔三〕，寒餒常糟糠。豈期過一作遇滿腹②〔四〕，但願一作就飽粳糧③〔五〕。御冬足一作禦冬乏大布④〔六〕，麤絺以應陽〔七〕。政原作止，注一作政爾不能得⑤〔八〕，哀哉亦可傷！人皆盡獲宜，拙生失其方〔九〕。理也可奈何，且爲陶一觴〔一〇〕。

【校勘】

① 親：和陶本作“耕”，亦通。

② 過：一作“遇”，形近而訛。

③ 願：一作“就”，於義稍遜。

④ 御冬足：一作“禦冬乏”，“御”與“禦”，古通。“乏”乃“足”之訛，據上下文意，

應爲“足”。

⑤ 政：原作“止”，底本校曰“一作政”，曾集本作“正”，通“政”，今據改。

【箋注】

〔一〕代耕：古《箋》：“《孟子（萬章下）》：‘禄足以代其耕。’”王叔岷《箋證稿》：“《禮記·王制》亦云：‘夫禄足以代其耕也。’”《文選》任昉《啟蕭太傅固辭奪禮》：“昉往從末宦，禄不代耕。”李善注引《晉中興書》：簡文詔曰：“禄不代耕，非經通之制也。”

〔二〕業：從事於某事。田：耕種田地。《漢書·高帝紀》：“故秦苑囿園池，令民得田之。”顔師古注：“田，謂耕作也。”

〔三〕躬親未曾替：意謂未曾放棄親身耕作也。躬：親身。《儀禮·士昏禮》：“宗子無父，母命之。親皆没，己躬命之。”鄭玄注：“躬，猶親也。”諸葛亮《前出師表》：“臣本布衣，躬耕於南陽。”替：廢棄。《書·大誥》：“已，予惟小子，不敢替上帝命。”孫星衍疏：“《釋言》云：‘替，廢也。’”

〔四〕豈期過滿腹：意謂只希望果腹而已，並無更高之奢望。古《箋》：“《莊子·逍遥遊篇》：‘偃鼠飲河，不過滿腹。’”

〔五〕粳（jīng）：稻之一種，不黏者。通“秔”。稻之黏者曰“秫”。《宋書·陶潛傳》：“公田悉令吏種秫稻，妻子固請種秔，乃使二頃五十畝種秫，五十畝種秔。”

〔六〕御冬足大布：意謂禦冬寒只需大布已足矣。大布：何注：“大猶麤也。”陶澍注：“《左傳》（閔公二年）：‘衛文公大布之衣。’”

〔七〕麤絺（chī）以應陽：意謂春夏只需粗葛布已足矣。麤：通“粗”。絺：本爲細葛布，兹冠以麤字，則係粗葛布。《文選》張衡《西京賦》：“夫人在陽時則舒，在陰時則慘，此牽乎天者也。”李善注引薛綜曰：“陽謂春夏。”

〔八〕政爾不能得：意謂僅此亦不可得。政：通“正”。徐震堮《世説新語校箋》附《世説新語語詞簡釋》：“止也、僅也，乃晉宋人常語，亦作‘政’。”如《文學》：“許便問主人：‘有《莊子》不？’正得《漁父》一篇。”《宋書·庾炳之傳》：“主人問：‘有好牛不？’云：‘無。’問：‘有好馬不？’又云：‘無，政有佳驢耳。’”爾：如此。《世説新語·任誕》：“仲容以竿掛大布犢鼻褌於中庭。人或怪之，答曰：‘未能免俗，聊復爾耳。’”

〔九〕人皆盡獲宜,拙生失其方:意謂别人皆有適當之方法以謀生,而自己謀生無方也。宜:適當。拙:自謂。生:生計。方:方計、方法。

〔一〇〕理也可奈何,且爲陶一觴:意謂有道者貧,乃常理也,無可奈何,姑且飲酒自樂而已。

【析義】

躬耕不替而不得温飽,此乃理乎?答曰:"理也。"然則此"理"不亦有失其爲理者歟?怨中有坦然之情,坦然中復有怨語。

遥遥從羈役〔一〕,一心處兩端〔二〕。掩淚汎東逝,順流追時遷〔三〕。日没星與昴,勢翳西山巔〔四〕。蕭條隔天涯,惆悵念常飡〔五〕。慷慨思南歸,路遐無由緣〔六〕。關梁難虧替,絶音寄斯篇〔七〕。

【箋注】

〔一〕遥遥從羈役:意謂遠離家鄉出任外地之小官。從:爲。羈:羈旅。《左傳》昭公七年:"單獻公棄親用羈。"杜預注:"羈,寄客也。"役:《文選》謝靈運《鄰里相送方山》:"祇役出皇邑,相期憩甌越。"李善注:"役,所蒞之職也。"淵明《歸去來兮辭序》:"於時風波未静,心憚遠役。"

〔二〕一心處兩端:意謂心情猶豫不定,既想從役又想歸家。

〔三〕掩淚汎東逝,順流追時遷:意謂在東去途中甚感悲傷,暫且順流而下隨時光之變遷而已。參照淵明《始作鎮軍參軍經曲阿》"聊且憑化遷",似有順遂時勢變遷之意。

〔四〕日没星與昴(mǎo),勢翳西山巔:意謂太陽没落,星宿與昴宿顯現,然其勢隱翳不明也。星:二十八宿之一,南方朱鳥七宿之第四宿。昴:二十八宿之一,西方白虎七宿之第四宿。《書·堯典》:"日短、星昴,以正仲冬。"《書》言"日短",仲冬也。此言"日没",不涉及季節,乃日暮時分也。

〔五〕蕭條隔天涯,惆悵念常飡:意謂遠在天涯蕭條索寞,惆悵中思念平静閑居之生活。常飡:同常餐,平時所食,指平居生活。

〔六〕遐:遠。由緣:緣由,事之由來也。《文選》曹植《與吴季重書》:"天路高邈,良久無緣。"李善注:"仲長子《昌言》:'蕩蕩乎若升天路，而不知夫所登也。'"

〔七〕關梁難虧替，絶音寄斯篇：意謂行役既難廢，音問又斷絶，惟寄情於此詩而已。關：關隘。梁：橋。丁《箋注》："虧，少也。替，廢也。言少廢關梁而不能也，即難廢行役之意。音問既絶，故寄托於斯篇。"

【析義】

此詩言行役之苦，思鄉之切。"一心處兩端"，最見淵明之矛盾心情。

閑居執蕩志，時駛不可稽〔一〕。驅役無停一作休息①，軒裳逝一作遊東崖②〔二〕。泛舟擬董司原作沈陰擬薰麝，注一作泛舟擬董司，又作泛舟董司寒③〔三〕，悲風激我懷原作寒氣激我懷，注一作悲風激我懷④。歲月有常御，我來淹已彌〔四〕。慷慨憶綢繆，此情久一作少已離⑤〔五〕。荏苒經十載，暫爲人所羈〔六〕。庭宇翳餘木，倏忽日月虧〔七〕。

【校勘】

① 停：一作"休"，亦通。

② 逝：一作"遊"，亦通。

③ 泛舟擬董司：原作"沉陰擬薰麝"，底本校曰"一作泛舟擬董司"，今據改。又作"泛舟董司寒"，蓋涉下"寒氣"而訛。

④ 悲風：原作"寒氣"，一作"悲風"，今據改。王叔岷《箋證稿》曰："言'激我懷'，則作'悲風'較勝。秦嘉《贈婦詩》三首之二：'悲風激深谷。'"

⑤ 久：一作"少"，於義爲遜。

【箋注】

〔一〕閑居執蕩志，時駛不可稽：追述閑居之時守持逸志，時光疾駛而不可留也。執：王叔岷《箋證稿》曰："執，猶持也。《孟子·公孫丑篇》：'持其志。'"蕩志：逸志。嵇康《四言詩》其四："寔惟龍化，蕩志浩然。"稽：留。

〔二〕驅役無停息，軒裳逝東崖：言此時正行役在外，乘車東往，不得停息。陶澍注："何注：'《書（僞舜典）》："車服以庸。"'車曰軒。服，上衣下裳。"崖：水邊高岸，此指長江邊。

〔三〕泛舟擬董司：意謂泛舟向劉裕也。擬：玄應《一切經音義》卷一六："擬，向也。"原用於以武器指向某人，後嚮往某人某地亦可曰擬。謝靈運《石壁立招提精舍》:"敬擬靈鷲山,尚想祇洹軌。"蕭綱《奉和登北固樓詩》:"皇情愛歷覽,遊陟擬崆峒。"逯欽立注:"擬當是詣之訛字。詣,去見尊長。"稍嫌迂曲。又注曰:"董司,都督軍事者。《晉書·謝玄傳》:'復令臣荷戈前驅,董司戎首。'據《晉書·安帝紀》,元興三年,劉裕伐桓玄,爲使持節、都督揚徐兖豫青冀幽并八州諸軍事,董司當指劉裕。"《後漢書·百官志》注:"未嘗不藉蕃兵之權,挾董司之力,逼迫伺隙,陵奪沖幼。"

〔四〕歲月有常御,我來淹已彌:意謂歲月有常,運行有時,往者不可諫也,而我之東來滯留已久矣。御:時。《管子·五行》:"日至,睹甲子木行御。"尹知章注:"御,時也。"淹:滯留。彌:久。

〔五〕慷慨憶綢繆,此情久已離:意謂回憶往日與親朋綢繆之情,久已不復有矣,爲此不禁慷慨也。綢繆:丁《箋注》曰:"古詩皆以綢繆爲昏姻之稱。"又曰:"此意乃因行役而偶及悼亡也。"王叔岷《箋證稿》曰:"古人於朋友之情,亦可言綢繆。《文選》李少卿《與蘇武》三首之二:'與子結綢繆。'李善注:'毛詩曰:"綢繆束薪。"毛萇曰:"綢繆,纏綿之貌也。"'"

〔六〕荏苒經十載,暫爲人所羈:淵明自晉安帝隆安二年(三九八)入桓玄幕,至安帝義熙元年(四〇五)寫此詩,前後凡八載,舉其成數爲"十載"。荏苒:時間漸漸過去。暫:偶或。張相《詩詞曲語詞匯釋》:"暫,猶偶也,適也。"十載不可謂短暫,但其間斷續出仕,故言偶或爲人所羈也。羈:拘繫,束縛。

〔七〕庭宇翳餘木,倏忽日月虧:意謂田園荒蕪,歲月空逝。庭宇:庭院居處。翳餘木:庭宇爲餘木所遮蔽。餘:饒也。虧:損耗。

【析義】

此詩亦寫行役之愁。親朋疏遠,田園荒蕪,不勝感慨之至。閑居既感歲月不待(如開首二句所言),出仕又悲爲人所羈,然則不知如何是好,誠所謂"一心處兩端"也。

我行未云遠,回顧慘風涼〔一〕。春燕應節起,高飛拂塵梁〔二〕。邊一作𩾏雁悲一作照無所①,代謝歸北鄉〔三〕。離鵾鳴清池,涉暑一作暮經秋霜②〔四〕。愁人難爲辭,遥遥春一作喜夜長③〔五〕

【校勘】

① 邊：一作"鳧"，亦通。悲：一作"照"，非是。

② 暑：一作"暮"，形近而訛。

③ 春：一作"喜"，非是。

【箋注】

〔一〕我行未云遠，回顧慘風涼：意謂我行尚未久，而已春暖，前此則慘風悲涼也。

〔二〕春燕應節起，高飛拂塵梁：意謂燕順應春之到來，自塵梁高飛而起。應節：順應時令。

〔三〕邊雁悲無所，代謝歸北鄉：意謂春已到來，塞上之大雁亦北歸矣。代謝：亦有順應時節變化之意。

〔四〕離鶤鳴清池，涉暑經秋霜：上句實寫春景，下句所謂"暑""秋"皆回顧也。意謂涉暑經霜之鶤鳥如今鳴於清池。古《箋》："嵇叔夜《琴賦》：'嚶若離鶤鳴清池。'"

〔五〕愁人難爲辭，遥遥春夜長：春燕、邊雁、離鶤，皆有所歸宿，而愁人有難言之隱，春夜無眠也。

【析義】

以春景襯托憂愁，一種徘徊不定難以言説之感情，蘊涵其中。詩寫春景，可證是元興三年春，淵明東下任鎮軍參軍時所作。

嫋嫋松摽崖一作雀①〔一〕，婉孌柔童子〔二〕。年始三五間，喬柯何可倚一作柯條何滓滓，又作華柯真可寄②〔三〕。養色含津氣，粲然有心理〔四〕。

【校勘】

① 崖：一作"雀"，形近而訛。

② 喬柯何可倚：注一作"柯條何滓滓"，非是。篇末注又作"華柯真可寄"，今移至此句下。

【箋注】

〔一〕嫋嫋(niǎo)：長弱貌，見《廣韻》。摽(biāo)：高舉貌。《管子·侈靡》："摽然若秋雲之遠，動人心之悲。"尹知章注："摽然，高舉貌。"

〔二〕婉孌:古《箋》:"《齊風(甫田)》:'婉兮孌兮。'毛傳:'婉孌,少好貌。'鄭箋:'婉孌之童子,少自修飾。'"

〔三〕年始三五間,喬柯何可倚:王叔岷《箋證稿》:"蓋謂弱松之年始在三年五年之間,何可待其喬柯已成而倚之乎?"

〔四〕養色含津氣,粲然有心理:意謂松樹養其氣色,内涵津氣,其心理粲然可見也。王叔岷《箋證稿》曰:"《素問·調經篇》:'人有精氣、津液。'《荀子·非相篇》:'欲觀聖王之跡,則於其粲然者矣。'楊倞注:'粲然,明白之貌。'"

【考辨】

陶澍注:"湯本以此首别出,編於《歸去來辭》之後。云:東坡和陶無此篇。澍按:諸本皆題《雜詩》十二首,並此首其數乃足。今仍從諸本。"

【析義】

邱嘉穗《東山草堂陶詩箋》曰:"比也,通篇俱指嫩松説,而正意自可想見。'童子'句亦喻嫩松也,意公以老松自居,望後生輩如嫩松之養柯植節也。"王瑶注曰:"這是一首詠松的詩,童子也借以喻松;松樹幼時雖爲弱枝,但如得善養,必可成爲高幹大材。"

霈案:邱、王之説爲是。此詩雖在《雜詩》之末,卻與其九、其十、其十一不同,非行役詩也。

詠貧士七首

萬族各有託,孤雲獨無依〔一〕。曖曖空中滅①,何時見餘暉②〔二〕?朝霞開宿霧,衆鳥相與飛〔三〕。遲遲出林翮,未夕一作久復來歸一作未夕已復歸③〔四〕。量力守故轍〔五〕,豈不寒與飢?知音苟不存,已矣何所悲一作當告誰④〔六〕!

【校勘】

① 空:《文選》作"虚",於義稍遜。

② 暉:《文選》作"輝",字通。

③ 夕:一作"久"。復來歸:一作"已復歸",亦通。

④ 何所悲:一作"當告誰",於義稍遜。

【題解】

淵明詩文多次言貧，此七首則專詠貧士。《書·洪範》所謂"六極"，其四曰"貧"，孔傳："困於財。"淵明所詠貧士雖困於財，而志不撓，氣不屈，安於貧，樂於道，故引以爲知己也。其一、其二總寫自己之無依與飢寒，及依賴古賢以慰懷之意。後五首分詠幾位貧士及其知音。七詩之主旨乃在欲求知音而苦無知音耳。據鍾嶸《詩品序》："陳思贈弟……陶公詠貧之製……斯皆五言之警策者也。"此七首當爲組詩。

【編年】

淵明隱居之初，生活尚不致貧窮如是，此蓋屢遭災禍，七十歲以後所作。但細細揣摩詩意與口吻，亦非臨終前"偃卧飢餒"時所爲，兹繫於宋文帝元嘉二年乙丑（四二五），淵明七十四歲。早於《有會而作》《乞食》一年，一年後寫此二詩時貧窮之狀尤甚矣。

【箋注】

〔一〕萬族各有託，孤雲獨無依：《文選》李善注："孤雲，喻貧士也。陸機《鱉賦》曰：'總美惡而兼融，播萬族乎一區。'《楚辭》曰：'憐浮雲之相佯。'王逸注曰：'相佯，無所據依之貌也。'"霈案：浮雲，非僅喻貧士，更是自喻也。

〔二〕曖曖空中滅，何時見餘暉：意謂孤雲黯然自滅，不留痕跡。《文選》李善注引《楚辭·離騷》："時曖曖其將罷兮，結幽蘭而延佇。"王逸注："曖曖，昏昧貌。"又引陸機《擬古》詩曰："照之有餘暉。"

〔三〕朝霞開宿霧，衆鳥相與飛：言早晨衆鳥結伴高飛。宿霧：夜霧。《文選》李善注："喻衆人也。"劉履《選詩補注》："且所謂朝霞開霧，喻朝廷之更新；衆鳥群飛，比諸臣之趨附。而遲遲出林，未夕來歸者，則又自況其審時出處與衆異趣也。"霈案：以"宿霧"比晉朝，以"朝霞"比宋朝，未免牽强。淵明《丙辰歲八月中於下潠田舍穫》"林鳥喜晨開"亦非有寓意也。衆鳥朝飛，襯托下句遲遲出林之鳥，以喻自己與衆不同，不甘於出仕，非必專指仕宋也。

〔四〕遲遲出林翮，未夕復來歸：言獨有一鳥出林既遲，來歸又早。《文選》李善注："亦喻貧士。"霈案：實亦自喻也。

〔五〕量力守故轍：意謂量力而行，返歸故路。亦即《歸園田居》其一

"守拙歸園田"之意。

〔六〕知音苟不存,已矣何所悲:《文選》李善注:"《古詩》曰:'不惜歌者苦,但傷知音稀。'《楚辭》曰:'已矣,國無人兮莫我知!'"

【析義】

温汝能纂集《陶詩彙評》:"以孤雲自比,身分絶高。惟其爲孤雲,隨時散見,所以不事依託,此淵明之真色相也。下以鳥言,不過因衆鳥飛翻,而自言其倦飛知還之意爾。"

淒厲一作戾歲云暮①〔一〕,擁一作短褐曝前軒②〔二〕。南圃無遺秀〔三〕,枯條盈北園。傾壺絶一作弛餘瀝③〔四〕,闚竈不見煙。詩書塞座外,日昃不遑研④〔五〕。閑居非陳厄,竊有愠見言〔六〕。何以慰吾懷?賴古多此賢〔七〕。

【校勘】

① 厲:一作"戾",相通。王叔岷《箋證稿》:"《詩·小雅·四月》:'翰飛戾天。'《文選》班孟堅《西都賦》注引《韓詩》戾作厲,《莊子·讓王篇》:'高節戾行。'《吕氏春秋·離俗篇》戾作厲,並其證。"

② 擁:一作"短",丁《箋注》引顧皜按:"短或是裋之誤。裋褐,敝衣襦也。"王叔岷《箋證稿》曰:"短借爲裋。"引《淮南子·覽冥訓》:"短褐不完。"高誘注:"短,或作裋字。"曝前軒:《初學記》作"抱南軒"。

③ 絶:一作"弛",同"弛",形近而訛。

④ 日昃不遑研:《初學記》作"白日去不還",與上句語義不銜接,非是。

【箋注】

〔一〕淒厲:王叔岷《箋證稿》曰:"《漢書·外戚·孝武李夫人傳》:'秋氣潛以淒淚兮。'顔師古注:'淒淚,寒涼之意也。淚,音戾。'"歲云暮:古《箋》:"《小雅(小明)》:'歲聿云暮。'《古詩》:'凛凛歲云暮。'"

〔二〕擁褐(hè)曝(pù)前軒:言寒冷之狀。擁:抱。淵明《自祭文》:"敗絮自擁。"褐:獸毛或粗麻製成之短衣,貧人所服。曝:曬太陽。淵明《自祭文》:"冬曝其日,夏濯其泉。"前軒:前廊。

〔三〕秀:草木之花。漢武帝《秋風辭》:"蘭有秀兮菊有芳,懷佳人兮不能忘。"

〔四〕傾壺絶餘瀝，闚竈不見煙：意謂無酒無食。瀝：濾過之清酒。《楚辭·大招》："吴醴白蘗，和楚瀝只。"王逸注："瀝，清酒也。"《史記·滑稽列傳》："侍酒於前，時賜餘瀝。"

〔五〕詩書塞座外，日昃不遑研：意謂多有詩書，而無暇研究也。昃：《説文》："日在西方時，側也。"遑：暇也。

〔六〕閑居非陳厄，竊有愠見言：意謂自己之閑居，情形不同於孔子在陳之厄，但私自亦有子路愠見之言也。君子當如是之窮乎？故下言有賴古賢慰懷也。《論語·衛靈公》："在陳絶糧，從者病，莫能興。子路愠見曰：'君子亦有窮乎？'子曰：'君子固窮，小人窮斯濫矣。'"竊：私自。

〔七〕何以慰吾懷，賴古多此賢：意謂有賴古代衆多賢士（即所詠貧士）安慰吾心也。

【析義】

貧窮之狀，非親歷寫不出。淵明心中有不平，亦有疑問，所謂"貧富常交戰"，如此才真實。能以古賢釋懷，已爲不易矣。

榮叟老帶一作縈索①，欣然方彈琴〔一〕。原生納決屨一作履②，清歌暢商音③〔二〕。重華去我久一作去我重華久④，貧士世相尋〔三〕。弊襟不掩肘⑤，藜羹常乏斟⑥〔四〕。豈忘襲輕裘？苟得非所欽〔五〕。賜也徒能辯，乃不見吾心〔六〕。

【校勘】

① 帶：一作"縈"，非。

② 屨：一作"履"，義同。《説文》："履，屨也。"

③ 商：和陶本、紹興本、李注本作"高"，稍遜。

④ 重華去我久：一作"去我重華久"，亦通。

⑤ 弊襟：《初學記》作"斂袂"，非。

⑥ 乏斟：《初學記》作"乏恒"，非。

【箋注】

〔一〕榮叟老帶索，欣然方彈琴：《列子·天瑞》："孔子遊於太山，見榮啟期行乎郕之野，鹿裘帶索，鼓琴而歌。孔子問曰：'先生所以樂，何也？'對曰：'吾樂甚多：天生萬物，唯人爲貴。而吾得爲人，是一樂也。男女之别，男尊女卑，故以男爲貴。吾既得爲男矣，是二樂也。人生有不見日月、不免襁褓者，吾既已行年九十矣，是三樂也。貧者士之常也，死者人之終也。處常得終，當何憂哉？'孔子曰：'善乎！能自寬者也。'"方：且。

〔二〕原生納決屨，清歌暢商音：《韓詩外傳》載：原憲居魯，子貢往見之。原憲應門，振襟則肘見，納履則踵決。子貢曰："嘻！先生何病也？"憲曰："憲貧也，非病也……仁義之匿，車馬之飾……憲不忍爲之也。"子貢慚，不辭而去。憲乃徐步曳杖，歌《商頌》而返，聲滿於天地，如出金石。納：著，穿。

〔三〕重華去我久，貧士世相尋：意謂虞舜之後，貧士世代不斷。古《箋》："《莊子·秋水篇》：'當堯、舜而天下無窮人，（非知得也。）'"重華：舜之號。《史記·五帝本紀》："虞舜者，名曰重華。"尋：繼續，連續。

〔四〕弊襟不掩肘，藜羹常乏斟：意謂衣食困乏。古《箋》："《莊子·讓王篇》：'孔子窮於陳、蔡之間，七日不火食，藜羹不糝。'《吕氏春秋（任數）》：'糝作斟。'"丁《箋注》："斟與糝爲同音假借字。"霈案：藜，藜科，嫩葉可食。《顔氏家訓·勉學》："藜羹緼褐，我自欲之。"糝，以米和羹。《説文》："糂，以米和羹也。糝，古文糂从參。"常乏斟：猶"常乏糝"，野菜羹中乏米也。

〔五〕豈忘襲輕裘？苟得非所欽：意謂並非不願富貴，但隨便得來則非所望也。古《箋》："《説苑·立節篇》：'子思居（於）衛，緼袍無表……田子方（聞之，）使人遺之狐白之裘……子思（辭而）不受……（子思）曰："……妄與不如遺棄物於溝壑。伋雖貧也，不忍以身爲溝壑，是以不敢當也。"'"丁《箋注》："《禮記（曲禮）》：'臨財毋苟得。'"

〔六〕賜也徒能辯，乃不見吾心：古《箋》："《史記·仲尼弟子列傳》曰：'子貢利口巧辭，孔子常黜其辨。'""辯""辨"，古字通用。乃：而。

【析義】

邱嘉穗《東山草堂陶詩箋》曰："'賜也徒能辯'，亦指當時勸之仕者。"王叔岷《箋證稿》曰："慨貧居不見諒於妻室也。"

安貧守賤者，自古有黔婁〔一〕。好爵吾不榮①〔二〕，厚饋一作餽吾不酬②〔三〕。一旦壽命盡，弊服仍一作蔽覆乃不周③〔四〕。豈不知其極？非道故無憂〔五〕。從來將千載，未復見斯儔④〔六〕。朝與仁義生，夕死復何求〔七〕？

【校勘】

① 不榮：《藝文類聚》作"弗營"，意謂不營求，亦通。榮：焦本作"縈"，亦通，淵明《辛丑歲七月赴假還江陵夜行塗中》："不爲好爵縈。"

② 饋：一作"餽"，通假字。

③ 弊服仍：一作"蔽覆乃"，非是。

④ 斯：和陶本作"兹"，亦通。

【箋注】

〔一〕黔婁：《列女傳・賢明傳・魯黔婁妻傳》：黔婁"死，曾子與門人往弔之。其妻出户，曾子弔之。上堂，見先生之尸在牖下，枕墼席藁，緼袍不表。覆以布被，手足不盡斂。覆頭則足見，覆足則頭見……其妻曰：'昔先生君嘗欲授之政，以爲國相，辭而不爲，是有餘貴也。君嘗賜之粟三十鍾，先生辭而不受，是有餘富也。彼先生者，甘天下之淡味，安天下之卑位。不戚戚於貧賤，不忻忻於富貴。求仁而得仁，求義而得義。'"

〔二〕好爵吾不榮：猶言不以好爵爲榮也。淵明《感士不遇賦》："既軒冕之非榮。"

〔三〕饋：贈。酬：丁《箋注》："答也。賜而不受，是不見答也。"

〔四〕不周：不完備。淵明《擬古》其五："東方有一士，被服常不完。"

〔五〕豈不知其極？非道故無憂：意謂非不知貧困已極，然貧無關乎道故無須憂也。王叔岷《箋證稿》："《莊子・大宗師篇》又云：'(子桑)曰："吾思夫使我至此極者，而弗得也。"'成玄英疏以極爲窮極，與此極字同義。"《論語・衛靈公》："君子憂道不憂貧。"

〔六〕從來將千載，未復見斯儔：意謂自黔婁以來將近千年矣，而未復見黔婁之輩也。

〔七〕朝與仁義生，夕死復何求：古《箋》："《論語(里仁)》：'朝聞道，夕死可矣。'"

【析義】

淵明《五柳先生傳》："贊曰：'黔婁之妻有言："不戚戚於貧賤，不汲汲於富貴。"極其言，兹若人之儔乎？'"蓋淵明於黔婁景仰尤甚，故此詩專詠之。

袁安困一作門積雪①，邈然不可干〔一〕。阮公見錢入〔二〕，即日棄其官。芻藁一作藍蒿有常温，採莒一作采之足朝飡②〔三〕。豈不實辛苦？所懼非飢寒。貧富常交戰，道勝無戚一作厚顔③〔四〕。至德冠邦閭，清節映西關〔五〕。

【校勘】

① 困：一作"門"，形近而訛。

② 採莒：一作"采之"，於義稍遜。

③ 戚：一作"厚"，非是。

【箋注】

〔一〕袁安困積雪，邈然不可干：《後漢書·袁安傳》：安，字邵公，東漢汝南汝陽人。注引魏周斐（亦作裴）《汝南先賢傳》："時大雪積地丈餘，洛陽令身出案行，見人家皆除雪出，有乞食者。至袁安門，無有行路，謂安已死。令人除雪入户，見安僵卧。問：'何以不出？'答曰：'大雪，人皆餓，不宜干人。'令以爲賢，舉爲孝廉也。"傳載袁安不干人，此言袁安不可干，人雖貧而志不短也，意稍不同。干：冒犯。《説文》："干，犯也。"藐然：高遠貌。

〔二〕阮公：事跡不詳。

〔三〕芻藁有常温，採莒足朝飡：意謂藉草以眠、採野禾以食，於願已足。陶澍注引何焯曰："莒，疑作稆。《後漢·獻紀》：'（群僚飢乏，）尚書郎以下自出採莒。'注云：'稆，音吕，與穭同。'"古《箋》："《史記·秦始皇本紀》：'下調郡縣，轉輸（菽粟）蒭藁。'案'芻藁'本供馬食，而貧者藉之以眠。故曰'有常温'也。"案："稆"，同"穭（lǚ）"，禾自生。《後漢書·孝獻帝紀》："群僚飢乏，尚書郎以下自出採稆。"李賢注："《埤蒼》：'穭，自生也。'稆與穭同。"《晉書·索靖傳》："百官飢乏，採稆自存。"

〔四〕貧富常交戰，道勝無戚顔：意謂安貧與求富，兩者常交於心，道勝則無愁容矣。王叔岷《箋證稿》曰："《淮南子·精神篇》：'子夏見曾子，一臞、一肥。曾子問其故。曰："出見富貴之樂而欲之，入見先生之道又説之。兩者心戰，故臞。先生之道勝，故肥。"'此詩言'道勝'，蓋直本於《淮南子》。"王説爲是。

〔五〕至德冠邦閭，清節映西關：意謂至德冠於邦閭，清節輝映西關。上句或謂袁安，下句或謂阮公。至德：至高之品德。《論語·泰伯》："泰伯，其可謂至德也已矣。"閭：泛指鄉里。清節：清高之節操。西關：或係阮公之所居。

【析義】

此詩寫袁安與阮公二人，亦以自況。"貧富常交戰，道勝無戚顔。"貧士之内心並非毫無矛盾，道勝則有好容顔也。

仲蔚愛窮居，遶宅生蒿蓬〔一〕。翳然絶交游〔二〕，賦詩頗能工。舉世無知者一作音①，止一作正有一劉龔②〔三〕。此士胡獨然？寔由罕所同〔四〕。介焉安其業一作棄本案其末③，所樂非窮通〔五〕。人事固以一作已拙④，聊得長相從〔六〕。

【校勘】

① 者：一作"音"，亦通。

② 止：一作"正"，於義稍遜。

③ 介焉安其業：一作"棄本案其末"，非是。

④ 以：一作"已"，古通。

【箋注】

〔一〕仲蔚愛窮居，遶宅生蒿蓬：丁《箋注》引皇甫謐《高士傳》："張仲蔚者，平陵人也。與同郡魏景卿俱修道德，隱身不仕。明天官博物，善屬文，好詩賦。常居窮素，所處蓬蒿没人。閉門養性，不治榮名。時人莫識，唯劉龔知之。"窮：荒僻。

〔二〕翳然：隱蔽貌。

〔三〕劉龔：丁《箋注》引《後漢書·蘇竟傳》："龔，字孟公，長安人。善論議，扶風馬援、班彪並器重之。"章懷注引《三輔決録(注)》曰："唯有孟公，論可觀者。班叔皮與京兆丞郭季通書曰：'劉孟公藏器於身，用心篤固，實瑚璉之器，宗廟之寶也。'"

〔四〕此士胡獨然？寔由罕所同：意謂張仲蔚何獨如此之窮居絶游耶？實因世人少有同調也。

〔五〕介焉安其業，所樂非窮通：意謂堅守其本業，而不以窮通爲意。湯注："《莊子(讓王)》：'古之得道者，窮亦樂，通亦樂。所樂非窮通也。'"介焉：猶介然，堅固貌。丁《箋注》引《荀子·修身》："善在身，介然必以自好也。"業：《國語·周語上》："庶人工商，各守其業，以共其上。"馬融《長笛賦》："宦夫樂其業，士子世其宅。"

〔六〕人事固以拙，聊得長相從：意謂自己本來拙於人事，樂得長隨張仲蔚以終耳。固：本來，原來。聊：樂。

【析義】

張仲蔚，遺世者也。所樂不在窮通與否，而自樂其所樂。淵明嘗謂自己"性剛才拙，與物多忤"，每與世相違，故引仲蔚爲同調也。

昔有原作在，注一作有黄子廉①〔一〕，彈冠佐名州。一朝辭吏歸，清貧略難儔〔二〕。年飢感仁妻一作人事②，泣涕向我流〔三〕。丈夫雖有志，固爲兒女一作孫憂③〔四〕。惠孫一晤歎，腆贈竟莫酬〔五〕。誰云固窮難一作節④，邈哉此前修〔六〕。

【校勘】

① 有：原作"在"，底本校曰"一作有"，今從之。"在"乃"有"之形訛。

② 饑：原作"飢"，和陶本、曾集本、紹興本同；此言饑饉，當作"饑"。仁妻：一作"人事"，非。

③ 女：一作"孫"，亦通。王叔岷《箋證稿》曰："女，一作孫，涉下惠孫字而誤。"

④ 難：一作"節"，非。

【箋注】

〔一〕昔有黄子廉，彈冠佐名州：湯注："《黄蓋傳》云：'南陽太守黄子廉之後也。'"彈冠：且入仕也。《漢書·王吉傳》："吉與貢禹爲友，世稱'王陽在位，貢公彈冠'，言其取捨同也。"佐名州：任州太守之副職。

〔二〕一朝辭吏歸，清貧略難儔：意謂一旦辭職而歸，則清貧全難比也。略：全。《世説新語·任誕》："應聲便許，略無慊吝。"

〔三〕年饑感仁妻，泣涕向我流：意謂仁妻有感於年饑，而向我哭訴也。

〔四〕丈夫雖有志，固爲兒女憂：此乃仁妻之言。固：姑且。《淮南子·人間訓》："其事未究，固試往復問之。"

〔五〕惠孫一晤歎，腆贈竟莫酬：意謂惠孫曾晤見之而歎其貧，並有厚贈，而竟不被接受也。惠孫事不詳。腆：豐厚，見《方言》。酬：實現，實行。

〔六〕誰云固窮難，邈哉此前修：意謂固窮不難，已有古賢爲榜樣矣。邈：遠，指時間久遠。前修：《離騷》："謇吾法夫前修兮。"王逸注："前代遠賢也。"此指黄子廉。

【考辨】

陶澍注："王應麟《困學紀聞》：《風俗通》云：'潁川黄子廉，每飲馬，輒投錢於水。'黄溍曰：'陶靖節詩："昔在黄子廉，彈冠佐名州。"湯伯紀云：《三國志·黄蓋傳》注："南陽太守黄子廉之後。"劉潛夫《詩話》亦云："子廉之名，僅見蓋傳。"案：《後漢書》尚書令黄香之孫守亮，字子廉，爲南陽太守。注及《詩話》舉其孫而遺其祖，豈弗深考歟？子廉乃守亮之字，亦非名也。'吴騫曰：'黄文獻溍《筆記》"漢黄香之孫守亮，字子廉，爲南陽太守"云云，未審見於何書。考黄香及子瓊、瓊孫琬，並著於范史，而守亮獨未見。且後漢人雙名絶少，昔人論之詳矣。竊疑自唐以後，各姓譜系多附會杜撰，不可盡信。文獻豈亦據其家譜牒而云然耶？'"

需案：黄子廉一見於《三國志·吴書·黄蓋傳》裴注引《吴書》："故南陽太守黄子廉之後也。"二見於《太平御覽》卷四二六引《風俗通》："潁川黄子廉者，每飲馬，投錢於水中。"吴淑《事類賦》卷一〇所引《風俗通》文字稍異。又《風俗通·愆禮》載："太原郝子廉，饑不得食，寒不得衣，一介不取諸人。曾過姊飯，留十五錢，默置席下去。每行飲水，常投一錢井中。"此郝子廉者，與黄子廉或是同一人，"黄""郝"聲同，傳寫有異；或黄、郝均有此事。又《太平御覽》卷一八九引《風俗通》："郄子路行飲馬，投錢井中。"郄何人，未能詳考。

【析義】

此詩詠黄子廉，亦以自況也。仁妻所勸之言，似亦切合淵明實際。

詠二疏一首①

大象轉四時，功成者自去〔一〕。借問衰一作商周來②，幾人得其趣〔二〕？游目漢廷中，二疏復此舉。高嘯返舊居，長揖儲君傅〔三〕。餞送傾皇朝，華軒盈道路。離别情所悲，餘榮何足顧③〔四〕！事勝感行人〔五〕，賢哉豈常譽？厭厭閭里歡，所營非近一作正務④〔六〕。促席延故老〔七〕，揮觴道平素〔八〕。問金一作爾終寄心⑤，清言曉未悟〔九〕。放意樂餘年〔一〇〕，遑恤身後慮〔一一〕？誰云其人亡，久而道彌著〔一二〕！

【校勘】

① 疏：底本作"踈"，異體字。

② 衰：一作"商"，恐非是。

③ 足：和陶本作"肯"，亦通。

④ 近：一作"正"，非。

⑤ 金：一作"爾"，非。

【題解】

"二疏"：指西漢疏廣（字仲翁）及其兄子疏受（字公子），東海蘭陵人。《漢書·疏廣傳》：宣帝時，疏廣爲太子太傅，疏受爲太子少傅。"太子每朝，因進見。太傅在前，少傅在後。父子並爲師傅，朝廷以爲榮。在位五歲，皇太子年十二，通《論語》《孝經》。廣謂受曰：'吾聞"知足不辱，知止不殆"，"功遂身退，天之道"也。今仕官至二千石，宦成名立，如此不去，懼有後悔。豈如父子相隨出關，歸老故鄉，以壽命終，不亦善乎？'受叩頭曰：'從大人議。'即日父子俱移病。滿三月賜告，廣遂稱篤，上疏乞骸骨。上以其年篤老，皆許之。加賜黄金二十斤，皇太子贈以五十斤。公卿大夫故人邑子設祖道，供張東都門外，送者車數百兩，辭決而去。及道路觀者皆曰：'賢哉，二大夫！'或歎息爲之下泣。廣既歸鄉里，日令家共具設酒食，請族人故舊賓客，與相娱樂。數問其家：'金餘尚有幾所？'趣賣以共具。居歲餘，廣子孫竊謂其昆弟老人廣所愛信者曰：'子孫幾及君時頗立産業基阯，今日飲食費且盡。宜從丈人所，勸説君買田宅。'老人即以閑暇時爲廣言此計。廣曰：'吾豈老誖不念子孫哉？顧自有舊田廬，令子孫勤力其中，足以共衣食，與凡人齊。今復增益之以爲贏餘，但教子孫怠惰耳。賢而多財，則損其志；愚而多財，則益其過。且夫富者，衆人之怨也。吾既亡以教化子孫，不欲益其過而生怨。又此金者，聖主所以惠養老臣也，故樂與鄉黨宗族共饗其賜，以盡吾餘日，不亦可乎！’於是族人説服。皆以壽終。”張協有《詠史詩》一首，即詠二疏事，見《文選》卷二一。

【箋注】

〔一〕大象轉四時，功成者自去：意謂四季按大道運轉，功成者自去也。大象：《老子》三十五章：“執大象，天下往。”河上公注：“象，道也。”成玄英疏：“大象，猶大道之法象也。”湯注：“（《史記·蔡澤列傳》）蔡澤曰：‘四時之序，成功者去。’”

〔二〕借問衰周來，幾人得其趣：意謂衰周以後，得其旨趣者不多矣。趣：歸趣，旨意，旨趣。

〔三〕長揖儲君傅：指二疏辭去太子太傅、少傅之職。儲君：太子。

〔四〕餘榮何足顧：意謂二疏並不看重此多餘之榮耀。餘榮：張協《詠史》曰：“達人知止足，遺榮忽如無。”

〔五〕事勝：指二疏辭歸。勝：優越，佳妙。

〔六〕厭厭閭里歡，所營非近務：意謂安於閭里之歡，而不爲子孫置辦田産。厭厭：安也。《詩·小雅·湛露》：“厭厭夜飲。”近務：目前之俗事。古《箋》：“魏文帝《典論》：‘營目前之務，而遺千載之功。’”

〔七〕促席：接席，座位靠近。延：邀請。

〔八〕平素：往日之事。

〔九〕問金終寄心，清言曉未悟：蔣薰評《陶淵明詩集》曰：“蓋謂問金終是寄心於金，廣以清言曉故老之未悟也。”清言：明澈通達之言。

〔一〇〕放意：猶言放懷，縱情。

〔一一〕遑恤身後慮：意謂何暇憂及子孫耶？遑恤：《詩·邶風·谷風》：“我躬不閱，遑恤我後？”鄭玄箋：“我身尚不能自容，何暇憂我後所生子孫也。”遑：何，怎能。恤：憂，憂慮。

〔一二〕誰云其人亡，久而道彌著：意謂其人雖亡，其道久而愈加光大，是則其人未亡也。

【析義】

此詩贊頌二疏功成身退，知足不辱。淵明雖無揮金之事，但其道相通也。

詠三良一首

彈冠乘通津，但懼時我遺〔一〕。服勤盡歲月，常恐功愈微〔二〕。忠一作中情謬獲露，遂爲君所私〔三〕。出則陪文輿，入必侍丹帷〔四〕。箴規嚮已從，計議初無虧一作物無非①〔五〕。一朝長逝後，願言同此歸。厚恩固一作心難忘②，君一作顧命安可違③〔六〕？臨穴罔惟一作遲疑④，投義志攸希〔七〕。荆棘籠高墳，黄鳥聲正悲〔八〕。良人不可贖，泫然沾我衣〔九〕。

【校勘】

① 初無虧：一作"物無非"，非是。

② 固：一作"心"，於義稍遜。李注本作"因"。

③ 君：一作"顧"，非是。

④ 惟：一作"遲"，亦通。

【題解】

"三良"：指子車氏之三子奄息、仲行、鍼虎。《左傳》文公六年："秦伯任好卒，以子車氏之三子奄息、仲行、鍼虎爲殉，皆秦之良也。國人哀之，爲之賦《黄鳥》。"任好，秦穆公之名。子車，秦大夫也。《史記・秦本紀》曰："三十九年，繆公卒，葬雍。從死者百七十七人，秦之良臣子輿氏三人名曰奄息、仲行、鍼虎，亦在從死之中。"《左傳》作"子車氏"。《詩・秦風・黄鳥》序曰："黄鳥，哀三良也。國人刺穆公以人從死而作是詩也。"

【箋注】

〔一〕彈冠乘通津，但懼時我遺：意謂世人但求出仕，占據顯要地位，而懼時之棄己。彈冠：且入仕也。《漢書・王吉傳》："吉與貢禹爲友，世稱'王陽在位，貢公彈冠'，言其取捨同也。"乘：登，升。通津：猶通衢，要津，比喻仕途。丁《箋注》引《古詩》："何不策高足，先據要路津。”時：時機、時運。《論語・陽貨》：“好從事而亟失時，可謂知乎？”

〔二〕服勤盡歲月，常恐功愈微：意謂終年從事勤苦勞辱之事，常恐功績不卓著也。古《箋》：“《禮記（檀弓上）》曰：‘事君有犯而無隱，（左右就養有方，）服勤至死。’”孔穎達疏：“謂服持勤苦勞辱之事。”

〔三〕忠情謬獲露，遂爲君所私：意謂忠情既已表露，遂爲君所厚愛，以致不得不殉身。本不應表露，故曰“謬獲露”。私：古《箋》：“《儀禮・燕禮》：‘寡君，君之私也。’鄭注：‘私，謂獨受厚恩之謂也。’”

〔四〕出則陪文輿，入則侍丹帷：意謂出入皆隨秦王左右，深得信任。丁《箋注》：“文輿謂會集衆綵以成錦繡之輿也。晉傅咸詩（《贈何劭王濟》）：‘並坐侍丹帷。’”王叔岷《箋證稿》曰：“《史記・屈原列傳》：‘入則與王圖議國事，以出號令。出則接遇賓客，應對諸侯。’即此詩句法所本。”

〔五〕箴規嚮已從，計議初無虧：意謂君王對三良言聽計從，而三良爲君王計議本無所缺失也。王叔岷《箋證稿》曰：“《文選》何平叔《景福殿賦》：‘圖象古昔，以當箴規。’李善注：‘韋昭《國語注》曰：“箴，箴刺王闕。”鄭玄《毛詩箋》曰：“規，正圓之器。以思親正君曰規也。”’”初無：意謂本來不，從來不。《詩・豳風・東山》：“勿士行枚。”鄭玄箋：“亦初無行陣銜枚之事。”孔穎達疏：“初無，猶本無。”虧：缺，缺欠。

〔六〕一朝長逝後，願言同此歸。厚恩固難忘，君命安可違：意謂三良殉葬，既是感謝君恩，亦是迫於君命也。三良殉葬，説法有異。楊伯峻《春秋左傳注》曰：“先秦皆謂三良被殺。自殺之説，或起於漢人。”引《史記・秦本紀》張守節《正義》引應劭云：“秦穆公與群臣飲酒酣，公曰：‘生共此樂，死共此哀。’於是奄息、仲行、鍼虎許諾。及公薨，皆從死，《黄鳥詩》所爲作也。”《漢書・匡衡傳》載匡衡上疏亦云：“臣竊考《國風》之詩……秦穆貴信，而士多從死。”鄭玄《詩》箋亦云：“三良自殺以從死。”霈案：穆公既有言曰“生共此樂，死共此哀”，以當時情勢而論，衆人不能不許諾，或已帶有被迫成分。被殺與自殺，並無大異也。曹植有《三良詩》一首，曰："秦穆先下世，三臣皆自殘。"王粲《詠史》一首亦詠三良，曰："秦穆殺三良，惜哉空爾爲。"説法不同，立意亦異。淵明此詩兩方面兼顧，合情合理，最能體會三良心情。

〔七〕臨穴罔惟疑，投義志攸希：意謂三良臨穴無疑，以殉身爲投義，正是其志之所望也。丁《箋注》："《詩·黄鳥》：'臨其穴，惴惴其慄。'箋：'穴，謂塚壙中也。'攸，所也。希，望也。"徐復曰："'惟疑'亦爾時常語，《三國志·蜀書·諸葛亮傳》注引《襄陽記》載習隆、向充表云：'今若盡順民心，則瀆而無典，建之京師，又逼(偪)宗廟，此聖懷所以惟疑也。'吴君金華爲舉後漢曇果、康孟祥譯《中本起經》及《晉書·高崧傳》、《宋書·謝晦傳》、《臧質傳》、謝靈運《謝封康樂侯表》等文亦均有'惟疑'語……又按'惟疑'亦與'懷疑'聲轉……《爾雅·釋詁》'惟'、'懷'均訓'思也'，故可通用矣。"

〔八〕荆棘籠高墳，黄鳥聲正悲：意謂三良之墳荆棘叢生，黄鳥正爲之悲鳴。《詩·秦風·黄鳥》："交交黄鳥，止於棘。"王粲《詠史》："黄鳥作悲詩，至今聲不虧。"

〔九〕良人不可贖，泫然沾我衣：爲良人不可贖回復生而哀傷也。《詩·秦風·黄鳥》："彼蒼者天，殲我良人！如可贖兮，人百其身。"孔穎達疏："如使此人可以他人贖代之兮，我國人皆百死其身以贖之。"泫然：傷心流淚貌。

【考辨】

陶澍曰："'厚恩固難忘'，'投義志攸希'，此悼張褘之不忍進毒，而自飲先死也。"王瑶注從之。需案：三良之事自《黄鳥》以來，曹植、王粲、阮瑀皆有吟詠。曹植題作《三良詩》，王粲、阮瑀皆題爲《詠史》。淵明此詩不過模擬舊題，未必影射現實。張褘之死，與三良殊不類，亦難比附也。

【析義】

此詩首言人皆求仕達，盡殷勤，建功名；次言三良受重恩於秦穆公，君臣相合，求仕者至此蓋無憾矣。而厚恩難忘，君命難違，一旦君王長逝，遂以身殉之。言外之意，反不如不乘通津，不恐功微，明哲以保身也。"忠情謬獲露，遂爲君所私。"一"謬"字最可深味。爲君所私，無異投身羅網。淵明既爲三良之死而傷感，又爲其忠情謬露而遺憾也。

詠荆軻一首

燕丹善養士，志在報强嬴①〔一〕。招集百夫良〔二〕，歲暮得荆卿。君一作之子死知己②〔三〕，提劍出燕京。素驥鳴廣陌，慷慨送我行〔四〕。雄髮指危冠〔五〕，猛氣衝長纓③〔六〕。飲餞易水上，四座列群英。漸離擊悲筑，宋意唱高聲〔七〕。蕭蕭哀風逝一作起④〔八〕，淡淡寒波生⑤〔九〕。商音更流涕，羽奏壯士驚〔一〇〕。公知去不歸一作一去知不歸⑥〔一一〕，且有後一作百世名⑦。登車何時顧〔一二〕，飛蓋入秦庭〔一三〕。凌一作陵厲越萬里⑧〔一四〕，逶迤過千城〔一五〕。圖窮事自至，豪主正怔營〔一六〕。惜哉劍術疏，奇功遂不成。其人雖已没，千載有餘情一作斯人久已没，千載有深情⑨〔一七〕。

【校勘】

① 報：和陶本作“服”，於義爲遜。

② 君：一作“之”，亦通。

③ 衝：李注本作“充”，於義爲遜。

④ 逝：一作“起”，亦通。

⑤ 淡淡：《初學記》作“澹澹”，水摇也，亦通。

⑥ 公知去不歸：一作“一去知不歸”，亦通。李注本作“心知去不歸”，亦通。

⑦ 後：一作“百”，亦通。

⑧ 凌：一作“陵”，古字通，逾越也。朱駿聲《説文通訓定聲》：“夌，經傳多以陵、以淩、以凌爲之。”

⑨ 其人雖已没，千載有餘情：一作“斯人久已没，千載有深情”，亦通。

【題解】

《史記·刺客列傳》：“荆軻者，衛人也……而之燕，燕人謂之荆卿……荆軻既至燕，愛燕之狗屠及善擊筑者高漸離。荆軻嗜酒，日與狗屠及高漸離飲於燕市，酒酣以往，高漸離擊筑，荆軻和而歌於市中，相樂也，已而相泣，旁若無人者……居頃之，會燕太子丹質秦亡歸燕……歸而求爲報秦者，國小，力不能……於是尊荆卿爲上卿，舍上舍。太子日造門下，供太牢具，異物間進，車騎美女恣荆軻所欲，以順適其意……頃之，未發，太子遲之，疑其改悔，乃復請曰：‘日已盡矣，荆卿豈有意哉？

丹請得先遣秦舞陽。'荆軻怒,叱太子曰:'何太子之遣?往而不返者,竪子也!且提一匕首入不測之彊秦,僕所以留者,待吾客與俱。今太子遲之,請辭決矣!'遂發。太子及賓客知其事者,皆白衣冠以送之。至易水之上,既祖,取道,高漸離擊筑,荆軻和而歌,爲變徵之聲,士皆垂淚涕泣。又前而爲歌曰:'風蕭蕭兮易水寒,壯士一去兮不復還!'復爲羽聲忼慨,士皆瞋目,髮盡上指冠。於是荆軻就車而去,終已不顧。遂至秦……秦王聞之,大喜,乃朝服,設九賓,見燕使者咸陽宫。荆軻奉樊於期頭函,而秦舞陽奉地圖柙,以次進……軻既取圖奏之,秦王發圖,圖窮而匕首見。因左手把秦王之袖,而右手持匕首揕之。未至身,秦王驚,自引而起,袖絶……荆軻逐秦王,秦王環柱而走……左右乃曰:'王負劍!'負劍,遂拔以擊荆軻,斷其左股。荆軻廢,乃引其匕首以擿秦王,不中,中銅柱。秦王復擊軻,軻被八創。軻自知事不就,倚柱而笑,箕踞以駡曰:'事所以不成者,以欲生劫之,必得約契以報太子也。'於是左右既前殺軻,秦王不怡者良久……魯句踐已聞荆軻之刺秦王,私曰:'嗟乎!惜哉,其不講於刺劍之術也。'"

王粲有《詠史》詠軻,左思《詠史》八首之六、阮瑀《詠史》二首之二,亦詠荆軻。

【箋注】

〔一〕燕丹善養士,志在報强嬴:阮瑀《詠史》其二首句:"燕丹養勇士,荆軻爲上賓。"善:優待。嬴:秦王姓嬴氏。

〔二〕百夫良:古《箋》:"《詩・黄鳥》:'百夫之特。'"鄭玄箋:"百夫之中最雄俊也。"

〔三〕君子死知己:意謂荆軻爲知己者死。《戰國策・趙策一》:"豫讓……曰:'士爲知己者死。'"

〔四〕素驥鳴廣陌,慷慨送我行:阮瑀《詠史》:"素車駕白馬,相送易水津。"素驥:猶白馬也。

〔五〕指:直立,竪起。《史記・項羽本紀》:"(樊噲)頭髮上指,目眥盡裂。"《吕氏春秋・必己》:"孟賁瞋目而視船人,髮植,目裂,鬢指。"高誘注:"指,直。"危冠:高冠。

〔六〕纓:繫冠之帶。

〔七〕漸離擊悲筑(zhú),宋意唱高聲:湯漢注:"《淮南子(泰族訓)》:'高漸離、宋意爲擊筑而歌於易水之上。'"王叔岷《箋證稿》:

"《意林》《御覽》五七二并引《燕丹子》:'高漸離擊筑,宋意和之。'(《水經注·易水》引宋意作宋如意)《淮南子》許慎注:'高漸離、宋意,皆太子丹之客也。筑曲,二十一弦。'《燕策三》《史記·刺客(列)傳》載荆軻事,並不涉及宋意。"筑:古擊弦樂器,形似箏,頸細而肩圓。演奏時以左手握持,右手以竹尺擊弦發音。

〔八〕蕭蕭:風聲。

〔九〕淡淡:阮脩《上巳會詩》:"澄澄緑水,淡淡其波。"

〔一〇〕商音更流涕,羽奏壯士驚:二句互文見義,意謂高漸離之擊筑與荆軻之高歌,使人流涕、震動。商、羽:古代五聲音階之第二音與第五音,相當於現代簡譜中之"2"與"6"。五聲爲宫、商、角、徵、羽。羽比徵(相當於"5")高一音階。

〔一一〕公知去不歸:意謂明知去不歸。王叔岷《箋證稿》曰:"公猶明也,荆軻歌'壯士一去兮不復還',所謂'明知去不歸'也。《史記·吕(太)后本紀》:'太尉尚恐不勝諸吕,未敢訟言誅之。'索隱:'徐廣(又)云:(訟)一作公……公言,猶明言也。'"

〔一二〕顧:徐復曰:"回反也。《穆天子傳》卷五(案:當作三):'吾顧見汝。'郭璞注:'顧,還也。'顧、反亦連用爲回反義。"

〔一三〕蓋:車蓋,代指車。

〔一四〕凌厲:奮起直前貌。

〔一五〕逶迤(wēi yí):曲折前進。

〔一六〕豪主:指秦王。怔(zhēng)營:惶恐不安貌。《後漢書·郎顗傳》:"怔營惶怖,靡知厝身。"

〔一七〕其人雖已没,千載有餘情:意謂荆軻雖亡,而其事跡與精神永遠感動人心也。

【析義】

前人多認爲是劉裕篡晉後淵明思欲報仇之作。如劉履《選詩補注》曰:"此靖節憤宋武弑奪之變,思欲爲晉求得如荆軻者往報焉,故爲是詠。觀其首尾句意可見。"蔣薰評《陶淵明詩集》曰:"摹寫荆卿出燕入秦,悲壯淋灕。知潯陽之隱,未嘗無意奇功,奈不逢會耳,先生心事逼露於此。"邱嘉穗《東山草堂陶詩箋》曰:"抑公常報誅劉裕之志,而荆軻事跡太險,不便明言,以自擬也歟?"翁同龢曰:"晉室既亡,自傷不能從死報仇,此《三良》《荆軻》詩之所以作也。"(清姚培謙《陶謝詩集》卷四眉批）霈案：此説無旁證，不可取。觀淵明《述酒》等詩，其態度不至於如是之激烈也。此乃讀《史記・刺客列傳》及王粲等人詠荆軻詩，有感而作，可見淵明豪放一面。朱熹曰："淵明詩，人皆説是平淡。據其看他自豪放，但豪放得來不覺耳。其露出本相者，是《詠荆軻》一篇。平淡底人如何説得這樣言語出來。"（《朱子語類》卷一四〇《論文下（詩）》）朱説極是。

讀山海經十三首

孟夏草木長，遶屋樹扶疏〔一〕。衆鳥欣有託，吾亦愛吾廬。既耕亦一作且已種①，時還讀我書②〔二〕。窮巷隔深轍，頗迴故人車〔三〕。歡然酌春酒③〔四〕，摘我園中蔬④。微雨從東來，好風與之俱。泛覽周王傳一作典⑤〔五〕，流觀山海圖〔六〕。俯一作俛仰終宇宙⑥〔七〕，不樂復一作將何如⑦？

【校勘】

① 亦：一作"且"，亦通。

② 時：《文選》《藝文類聚》作"且"，於義稍遜。

③ 然：和陶本作"言"，鍾嶸《詩品》亦引作"言"，助詞，無義。丁《箋注》曰："然與言爲同音通借字。《詩・大東》：'睠言顧之。'《後漢書・劉陶傳》作'眷然顧之'。《荀子・宥坐篇》作'眷焉顧之'。'然'、'焉'、'言'三字，皆通用。"

④ 摘：《文選》作"擿"，古字通。

⑤ 傳：一作"典"，非是。

⑥ 俯：一作"俛"，古字通。

⑦ 復：一作"將"，亦通。

【題解】

《山海經》：古代典籍中最早提及此書者爲《史記》："故言九州山川，《尚書》近之矣。至《禹本紀》《山海經》所有怪物，余不敢言之也。"（《大宛列傳贊》）《漢書・藝文志》於"數術略・形法家"之首列《山海經》十三篇。《漢志》采自《七略》，其中數術諸書乃成帝時太史令尹咸校定者。漢哀帝建平元年，劉秀（即劉歆）又校上《山海經》十八篇。晉郭璞就劉秀校本整理注釋，並著《山海經圖贊》二卷，即今傳《山海經》之祖本。《山海經》今傳本共十八卷，三十九篇。

此詩乃讀《山海經》及其圖而作。淵明所見圖，當即郭璞所見並爲之作贊者也。第一首寫耕種之餘，飲酒讀書之樂；以下十二首就《山海經》内容，參以《穆天子傳》，撮其要以詠之，間或流露其情懷。

【編年】

其一曰："衆鳥欣有託，吾亦愛吾廬。"與《歸鳥》詩心情相近。"窮巷隔深轍，頗迴故人車。"與《歸園田居》"野外罕人事，窮巷寡輪鞅"之生活相近。從"歡然酌春酒，摘我園中蔬"看來，顯然是閑居躬耕時所作，而且生活尚有餘裕。姑與《歸園田居》《歸鳥》同繫於晉安帝義熙二年丙午（四〇六）。其五曰："在世無所須，唯酒與長年。"與《形影神》詩異趣。論其思想，當早於《形影神》（義熙九年，四一三）也。

【箋注】

〔一〕扶疏：李善注："《上林賦》曰：'垂條扶疏。'"《文選》司馬相如《上林賦》李善注："《説文》曰：'扶疏，四布也。《吕氏春秋（辨士）》：'樹肥無使扶疏。'"

〔二〕時：時常，經常。

〔三〕窮巷隔深轍，頗迴故人車：意謂居在僻巷，少有故人來往也。李善注："《漢書（陳平傳）》：'張負隨陳平至其家，乃負郭窮巷，以席爲門，門外多長者車轍。'《韓詩外傳》：'楚狂接輿妻曰："門外車轍何其深。"'"淵明《歸園田居》其二："窮巷寡輪鞅。"《戊申歲六月中遇火》："草廬寄窮巷。"頗：王叔岷《箋證稿》曰："頗猶每也。《史記·漢興以來諸侯王年表》：'漢獨有三河、東郡、潁川、南陽，自江陵以西至蜀，北自（案：王氏誤作北有）雲中至隴西，與内史凡十五郡，而公主列侯頗食邑其中。'《漢書·田千秋傳》：'至今餘巫，頗脱不止。'（脱猶或也）兩頗字亦並與每同義。"逯欽立注曰："深轍，大車的轍；車大轍深。古人常以門外多深轍，表示貴人來訪的多……詩言隔深轍，是説無貴人車到窮巷。"迴：轉回，掉轉。這句是説連故人的車子也掉頭他去，把故人不來故意説成是由於"窮巷隔深轍"。

〔四〕歡然酌春酒：古《箋》："春餘夏始，春酒未罄，故云爾。"

〔五〕泛覽周王傳：李善注："周王傳，《穆天子傳》也。"西晉太康二年汲郡人不準盜發魏襄王墓（或言安釐王冢），得竹書數十車，其中有《穆天子傳》。晉郭璞有注。《春秋經傳集解·後序正義》

引王隱《晉書・束皙傳》曰:“《周王遊行》五卷,説周穆王遊行天下之事,今謂之《穆天子傳》。”晁公武《郡齋讀書志》亦曰:“郭璞注本謂之《周王遊行記》。”

〔六〕流觀山海圖:朱熹曰:《山海經》“疑本依圖畫而述之”(王應麟《王會補傳》引)。此後,胡應麟、楊慎、畢沅皆認爲《山海經》乃《山海圖》之文字説明。霈案:此説不爲無據,書中有少數文字確實類似圖畫之文字説明,如“叔均方耕”之類。書中可能有一部分内容係根據上古流傳之圖畫記録成文,但不可以偏概全,説整部書都是圖畫之文字説明。今所見山海經圖,皆《山海經》成書後繪製之插圖。《史記・大宛列傳》:“漢使窮河源,河源出于寘,其山多玉石,采來,天子案古圖書,名河所出山曰崑崙云。”武帝所案古圖書,據篇末贊語,是《禹本紀》與《山海經》。如果所謂圖書既有文又有圖,則武帝時已有一部《山海經圖》,其時代在《山海經》成書之後。郭璞注有“畫似仙人”“畫似獮猴”“在畏獸畫中”等語,可見郭曾見圖畫,可惜郭璞所見之圖已佚,不可考其繪自何時。淵明此詩所謂“山海圖”,亦不可詳考其究竟矣。至於楊慎、畢沅所謂《山海經》出自禹鼎圖,更不可信。

〔七〕俯仰終宇宙:意謂短時間内即可神遊遍及宇宙。李善注:“《莊子(在宥)》:‘老聃曰:“其疾也(案:也字衍)俯仰之間,(案:脱而字)再撫四海之外。”’”

【考辨】

黄文焕曰:“蓋從晉室所由式微之故寄恨於此。”“愴然於易代之後,有不堪措足之悲焉。”(《陶詩析義》卷四)吴崧曰:“案此數首,皆寓篡弒之事。”(《論陶》)陶注曰:“晉自王敦、桓温,以至劉裕,共、鯀相尋,不聞黜退,魁柄既失,篡弒遂成。此先生所爲託言荒渺,姑寄物外之心,而終推本禍原,以致其隱痛也。”王瑶注曰:“帝者慎用才”,“蓋慨歎於晉室的滅亡”。又據其十一曰:“顯然是爲劉裕弒逆而作。按宋武帝即位後,即廢晉恭帝爲零陵王;永初二年九月,以毒酒謀鴆零陵王,王不肯飲,遂掩殺之。詩中開首就説‘孟夏草木長’,則本詩當爲零陵王被害的次年,宋武帝永初三年壬戌(四二二)所作。”逯《繫年》繫此詩於義熙四年戊申(四〇八):“這年六月中遇火。《讀山海經》是遇火前作品。”

霈案：黄文焕等以此詩寓指劉裕之篡晉，恐難自圓其説。《讀山海經》其十一"巨猾肆威暴"，故事見《山海經・西山經》與《山海經・海内西經》，一是"鼓"與"欽䲹"殺"葆江"，遭帝之懲罰；一是"貳負"與"危"殺"窫窳"，遭帝之懲罰。此二事並不涉及篡位，與劉裕之篡晉不倫不類，不必勉强比附。其一曰："泛覽周王傳，流觀山海圖。俯仰終宇宙，不樂復何如？"明言瀏覽異書俯仰宇宙之樂趣，何憤慨之有？何深意之有？自湯漢解釋《述酒》以來，或以爲陶詩多有寓意，《讀山海經》内容荒渺，尤易作種種猜測，恐失之穿鑿。元劉履《選詩補注》卷五："詞雖幽異離奇，似無深旨耳。""愚意淵明偶讀《山海經》，意以古今志林多載異説，往往不衷於道，聊爲詠之，以明存而不論之意，如求其解，則鑿矣。"此説最爲通達。

【析義】

此乃陶詩中上乘之作。"衆鳥欣有託，吾亦愛吾廬"，物我情融，最見淵明特有之意境。"微雨從東來，好風與之俱"，自然淡雅，最是淵明口吻。"俯仰終宇宙，不樂復何如"，十字寫盡讀書之樂。

玉堂一作臺凌霞秀①，王母怡一作積妙顔②〔一〕。天地共俱生，不知幾何年〔二〕。靈化無窮已，館宇非一山〔三〕。高酣發新謡，寧效俗中言〔四〕？

【校勘】

① 堂：一作"臺"，亦通。和陶本作"王"，非是。

② 王：和陶本作"生"，形近而訛。怡：一作"積"，於義稍遜。

【箋注】

〔一〕玉堂凌霞秀，王母怡妙顔：意謂西王母居於玉堂之上，高凌雲霞，其容顔怡然而美也。《山海經・西山經》："又西三百五十里，曰玉山，是西王母所居也。西王母其狀如人，豹尾，虎齒而善嘯，蓬髪戴勝。"古《箋》引《莊子・大宗師》釋文引《漢武内傳》："西王母與上元夫人降帝，美容貌，神仙人也。"

〔二〕天地共俱生，不知幾何年：意謂西王母長生不老。《莊子・大宗師》："夫道……先天地生而不爲久，長於上古而不爲老……西王母得之，坐乎少廣，莫知其始，莫知其終。"

〔三〕靈化無窮已，館宇非一山：意謂西王母變化無窮，其館宇亦不在一處也。《山海經·大荒西經》："崑崙之丘……有人，戴勝，虎齒，有豹尾，穴處，名曰西王母。"郭璞注："《河圖玉版》亦曰：'西王母居崑崙之山。'《西山經》曰：'西王母居玉山。'《穆天子傳》曰：'乃紀名跡於弇山之石，曰西王母之山'也。然則西王母雖以崑崙之宫，亦自有離宫别窟，游息之處，不專住一山也。"靈：言其變化之奇異也。

〔四〕高酣發新謡，寧效俗中言：意謂西王母酒酣之後所爲歌謡，非世俗之言也。《穆天子傳》："天子觴西王母於瑶池之上。西王母爲天子謡曰：'白雪在天，山陵自出。道里悠遠，山川間之。將子無死，尚能復來。'"郭璞《山海經圖贊·西王母》："韻外之事，難以俱言。"

【析義】

此詩專詠西王母，"寧效俗中言"，特拈出一"俗"字，淵明平生最厭俗也。其五言《答龐參軍》曰"談諧無俗調"，或可對照。

迢遞槐一作櫰江嶺①，是謂玄圃丘〔一〕。西南望崑墟一作崙②，光氣難與儔〔二〕。亭亭明玕照，落落清瑶流〔三〕。恨不及周穆，託乘一來游〔四〕。

【校勘】

① 槐：一作"櫰"，非是。

② 墟：一作"崙"，亦通。

【箋注】

〔一〕迢遞槐江嶺，是謂玄圃丘：意謂高聳之槐江嶺乃帝所居之玄圃也。《山海經·西山經》："又西三百二十里，曰槐江之山。丘時之水出焉，而北流注于泑水。其中多嬴母，其上多青雄黄，多藏琅玕、黄金、玉。其陽多丹粟，其陰多采黄金銀。實惟帝之平圃，神英招司之。"郭璞注：平圃"即玄圃也"。迢遞：高貌。左思《魏都賦》："神鉦迢遞於高巒，靈響時驚於四表。"

〔二〕西南望崑墟，光氣難與儔：意謂自槐江山西南望見崑崙山，其光氣難與相比也。《山海經·西山經》："南望昆侖，其光熊熊，其氣魂魂。"《西山經》:"西南四百里,曰昆侖之丘,是實惟帝之下都。"墟:大丘。《説文·丘部》:"虚,大丘也。崑崙丘,謂之崑崙虚。"

〔三〕亭亭明玕照,落落清瑶流:《山海經·西山經》:"爰有淫(瑶)水,其清洛洛。"亭亭:高貌,明玕在山上,故言。落落:《山海經》作"洛洛",郭璞注:"水留下之貌也。"王叔岷《箋證稿》:"落、洛古通,《左·閔元年傳》:'公及齊侯盟於落姑。'《公羊》《穀梁》落並作洛,即其比。"

〔四〕恨不及周穆,託乘一來游:意謂恨不能追上周穆王,附其車駕一游槐江、崑崙也。及:《説文》:"逮也。"《論語·季氏》:"見善如不及,見不善如探湯。"《穆天子傳》:"乃爲銘跡於玄圃之上。"

【析義】

淵明偶讀《山海經》遂發爲奇想,願一遊仙界耳。黄文焕《陶詩析義》曰:"愴然於易代之後,有不堪措足之悲焉。"恐不免穿鑿矣。

丹木生何許?迺在密山陽〔一〕。黄花復朱實,食之壽命長。白玉凝素液,瑾瑜發奇一作其光①〔二〕。豈伊君子寶?見重我軒黄一作皇②〔三〕。

【校勘】

① 奇:一作"其",於義稍遜。

② 軒黄:一作"軒皇"。王叔岷《箋證稿》曰:"軒黄,一作軒皇,蓋淺人所改。《路史·後紀》五引《河圖握拒》云:'黄帝名軒。'故稱軒黄;亦稱黄軒,《劉子·審名篇》:'黄軒四面。'"

【箋注】

〔一〕丹木生何許?迺在密山陽:《山海經·西山經》:"又西北四百二十里,曰峚山,其上多丹木,員葉而赤莖,黄華而赤實,其味如飴,食之不飢。"郭璞注:"峚音密。"迺:通"乃"。

〔二〕白玉凝素液,瑾瑜發奇光:《山海經·西山經》:"又西北四百二十里,曰峚山……丹水出焉,西流注於稷澤,其中多白玉,是有玉膏,其原沸沸湯湯,黄帝是食是饗。是生玄玉,玉膏所出,以灌丹木。丹木五歲,五色乃清,五味乃馨。黄帝乃取峚山之玉榮,而投之鍾山之陽。瑾瑜之玉爲良,堅粟精密,濁澤而有光。五色發作,以和柔剛。天地鬼神,是食是饗;君子服之,以禦不祥。"

〔三〕豈伊君子寶?見重我軒黄:意謂豈惟君子重之,亦見重於黄帝也。伊:語氣詞,相當於"惟"。王叔岷《箋證稿》引《文選》張平子《西京賦》"豈伊不虔",薛綜注:"伊,惟也。"

【析義】

就《山海經·西山經》所載峚山而成此詩,亦有略加點染之處,如"食之壽命長"。

翩翩三青鳥,毛色奇一作甚可憐①〔一〕。朝爲王母使,暮歸三危山②。我欲因此鳥〔二〕,具一作期,又作且向王母言③〔三〕:在世無所須一作願④〔四〕,唯酒與長年一作唯願此長年⑤〔五〕。

【校勘】

① 奇:一作"甚",亦通。

② 歸:和陶本作"登",亦通。

③ 具:一作"期",又作"且",亦通。

④ 須:一作"願",亦通。

⑤ 唯酒與長年:一作"唯願此長年",於義稍遜。

【箋注】

〔一〕翩翩三青鳥,毛色奇可憐。朝爲王母使,暮歸三危山:《山海經·西山經》:"又西二百二十里,曰三危之山,三青鳥居之。"《海内北經》蛇巫之山:"其南有三青鳥,爲西王母取食,在昆侖墟北。"奇:極、甚、特别,見楊樹達《詞詮》卷四。《世説新語·品藻》:"劉尹亦奇自知,然不言勝長史。"可憐:可愛。

〔二〕因:依靠,憑藉。

〔三〕具:通"俱"。

〔四〕須:要求,尋求。

〔五〕長年:長壽。淵明《讀史述》七十二弟子章:"賜獨長年。"

【析義】

末言"在世無所須,唯酒與長年",可參照《形影神》詩中"形"與"影"

之對話。

逍遥蕪皋上，杳然望扶木〔一〕。洪柯百萬尋，森散覆暘谷〔二〕。靈人侍一作待丹池①，朝朝爲日浴〔三〕。神景一作願一登天②，何幽不見燭〔四〕？

【校勘】

① 侍：一作“待”，亦通。

② 景：一作“願”，非。

【箋注】

〔一〕逍遥蕪皋上，杳然望扶木：意謂遊於無皋山上，可遠望扶木。《山海經·東山經》：“又南水行五百里，流沙三百里，至于無皋之山，南望幼海，東望榑木，無草木，多風。”。蕪：陶澍注：“蕪，當作無。”王叔岷《箋證稿》曰：“蕪諧無聲，與無古蓋通用。”扶木：扶桑。神話中樹名。《淮南子·墬形訓》：“扶木在陽州，日之所曊。”高誘注：“扶木，扶桑也，在湯谷之南。”逍遥：屈原《離騷》：“折若木以拂日兮，聊逍遥以相羊。”王逸注：“逍遥、相羊，皆游也。”

〔二〕洪柯百萬尋，森散覆暘谷：形容扶木枝條之長，密布而覆蓋暘谷。《山海經·大荒東經》：“大荒之中，有山名曰孽摇頵羝，上有扶木，柱三百里，其葉如芥。有谷曰温源谷，湯谷上有扶木，一日方至，一日方出，皆載於烏。”暘谷：即湯谷。

〔三〕靈人侍丹池，朝朝爲日浴：意謂神人侍於丹池，每天早晨爲太陽沐浴。《山海經·海外東經》：“湯谷上有扶桑，十日所浴，在黑齒北。”《大荒南經》：“東南海之外，甘水之間，有羲和之國，有女子名曰羲和，方日浴于甘淵。羲和者，帝俊之妻，生十日。”古《箋》：“甘淵，疑丹淵之訛。甘字到（倒）看，即是丹字，因而致訛也。阮嗣宗《詠懷詩》（其二十三）：‘沐浴丹淵中，炤耀日月光。’”

〔四〕神景一登天，何幽不見燭：意謂太陽登天之後，其光普照。神景：猶靈景，指日光。左思《詠史》其五：“皓天舒白日，靈景耀神州。”幽：幽暗之處。燭：照。

【析義】

邱嘉穗《東山草堂陶詩箋》:"日者,君象也。天子當陽,群陰自息,亦由時有忠臣碩輔浴日之功耳。此詩殆借日以思盛世之君臣,而悲晉室之遂亡於宋也。豈非以君弱臣强而然耶?"此説頗穿鑿,淵明僅就《山海經》之記述敷衍成詩,並無寓意也。

粲粲三珠樹,寄生赤水陰〔一〕。亭亭凌風桂,八幹共成林〔二〕。靈鳳撫雲舞,神鸞調玉音〔三〕。雖非世上寶,爰得王母心母一作子①〔四〕。

【校勘】

① 母:一作"子",非。

【箋注】

〔一〕粲粲三珠樹,寄生赤水陰:意謂鮮盛之三珠樹,寄生於赤水之南也。《山海經·海外南經》:"三珠樹在厭火北,生赤水上。其爲樹如柏,葉(《御覽》九五四引葉下有實字)皆爲珠。"粲粲:文采鮮美貌。《詩·小雅·大東》:"西人之子,粲粲衣服。"毛傳:"粲粲,鮮盛貌。"

〔二〕亭亭凌風桂,八幹共成林:意謂桂樹高聳凌風,八株即成林矣。《山海經·海内南經》:"桂林八樹,在番隅東。"郭璞注:"八樹而成林,言其大也。"

〔三〕靈鳳撫雲舞,神鸞調玉音:意謂神鳳拍雲而舞,神鸞奏出玉石般悦耳之音。《山海經·海外西經》:"此諸夭之野,鸞鳥自歌,鳳鳥自舞。"關於鸞鳳,又見《大荒南經》《大荒西經》《海内經》。撫:拍,輕擊。《儀禮·鄉射禮》:"左右撫矢而乘之。"鄭玄注:"撫,拊之也。"賈公彦疏:"言撫者,撫拍之義。"

〔四〕爰:乃。

【析義】

三珠樹、桂林八樹、靈鳳、神鸞,皆非一地之物也,淵明合而詠之。結尾言得王母之心,出自想象,加以點染。"雖非世上寶,爰得王母心",意謂世人雖不以爲寶,而王母珍惜也。

自古皆有没,何人得一作河氏獨靈長①〔一〕？不死復一作亦不老②,萬歲如平常〔二〕。赤泉給我飲,員丘足我糧〔三〕。方與三辰游,壽考一作老豈渠央③〔四〕。

【校勘】

① 何人得:一作"河氏獨",非是。

② 復:一作"亦",亦通。

③ 考:一作"老",亦通。

【箋注】

〔一〕自古皆有没,何人得靈長:意謂自古以來人皆有死,誰能長得福祐以不死耶? 靈:祐,福。《漢書·董仲舒傳》:"受天之祐,享鬼神之靈。"王叔岷《箋證稿》引《論語·顔淵》:"自古皆有死。"繆襲《挽歌詩》:"自古皆有然,誰能離此者?"

〔二〕不死復不老,萬歲如平常:意謂不死又不老,雖過萬年猶無變化也。

〔三〕赤泉給我飲,員丘足我糧:《山海經·海外南經》交脛國:"不死民在其東,其爲人黑色,壽,不死。"郭璞注:"有員丘山,上有不死樹,食之乃壽。亦有赤泉,飲之不老。"

〔四〕方與三辰游,壽考豈渠央:意謂且與日月星辰同遊,壽命豈能速盡也。古《箋》:"《莊子(天下)》:'上與造物者游。'豈渠央,猶豈遽央也。"丁《箋注》:"三辰,日月星也。"王叔岷《箋證稿》引《莊子·大宗師》:"彼方且與造物者爲人,而遊乎天地之一氣。"

【析義】

詩言人皆有死,然能得赤泉之水、員丘之糧,與三辰同遊,則可長生矣。

夸父誕宏志,乃與日競走〔一〕。俱至虞淵一作泉下①,似若無勝負〔二〕。神力既殊妙,傾河焉足有〔三〕? 餘跡寄鄧林,功竟在身後〔四〕。

【校勘】

① 淵:一作"泉",乃避唐高祖李淵諱。

【箋注】

〔一〕夸父誕宏志，乃與日競走：《山海經·海外北經》："夸父與日逐走，入日，渴欲得飲，飲于河渭；河渭不足，北飲大澤。未至，道渴而死。棄其杖，化爲鄧林。"誕：放，放縱，放縱其宏志而不加約束也。

〔二〕俱至虞淵下，似若無勝負：意謂夸父與日俱至虞淵之下，似無勝負也。《山海經·大荒北經》："夸父不量力，欲追日景，逮之于禺谷。"郭璞注："禺淵，日所入也。今作虞。"

〔三〕神力既殊妙，傾河焉足有：意謂夸父之神力既甚妙，傾河之水飲之亦不足也。《山海經·大荒北經》："將飲河而不足也，將走大澤，未至，死于此。"

〔四〕餘跡寄鄧林，功竟在身後：意謂夸父渴死，棄其杖化爲鄧林，則鄧林是其餘跡之所寄托，其功亦在死後也。鄧林：郝懿行《山海經箋疏》："《列子·湯問篇》云：'鄧林彌廣數千里。'今案其地蓋在北海外。"

【考辨】

黄文焕《陶詩析義》曰："寓意甚遠甚大。天下忠臣義士，及身之時，事或有所不能濟，而其志其功足留萬古者，皆夸父之類，非俗人目論所能知也。胸中饒有幽憤。"陶澍《靖節先生集》曰："此蓋笑宋武垂暮舉事，急圖禪代，而志欲無厭。究其統緒所貽，不過一隅之蔭而已。乃反言若正也。"古直《陶靖節詩箋》曰："此託夸父以悼司馬休之之死也。《晉書》：休之敗，奔後秦。後秦爲裕所滅，乃奔魏，未至，道卒。此絶似夸父之狀。抗表討裕，是與日競走，敗奔於秦，是飲於河渭。秦亡奔魏，是北飲大澤。未至，道卒，則未至，道渴而死也。考《通鑑》：義熙十三年九月癸酉，司馬休之、司馬文思、司馬國璠、司馬道賜、魯軌、韓延之、刁雍、王慧詣魏降，是則休之雖死，餘黨猶多，藉魏之力，或可以乘劉裕之隙。餘跡寄鄧林，功竟在身後，靖節所以望也。"

霈案：以上諸家之説，皆以爲淵明有所寄託。而所寄託者爲何，竟南轅北轍，大相徑庭，皆臆測之辭。余以爲此篇乃耕種之餘，流觀之間，隨手記録，敷衍成詩，未必有政治寄託。如作謎語視之，求之愈深，離之愈遠矣。

精衛銜微木①，將以填滄海〔一〕。形夭無千歲②〔二〕，猛志故常在。同物既無慮，化去不復一作何復悔③〔三〕。徒設一作役，又作使在昔心④，良晨詎可待〔四〕？

【校勘】

① 木：和陶本、紹興本作“石”，亦通。

② 形夭無千歲：湯注本、李注本作“形天舞干戚”。曾紘《説》：“頃因閲《讀山海經》詩，其間一篇云：‘形夭無千歲，猛志固常在。’且疑上下文義不甚相貫，遂取《山海經》參校。《經》中有云：‘刑天，獸名也，口中好銜干戚而舞。’乃知此句是‘刑天舞干戚’，故與下句‘猛志固常在’意旨相應。五字皆訛，蓋字畫相近，無足怪者。間以語友人岑穰彦休、晁詠之之道，二公撫掌驚歎，亟取所藏本是正之。”周必大《二老堂詩話》曰：“余謂紘説固善，然靖節此題十三篇大概篇指一事，如前篇終始記夸父，則此篇恐專説精衛銜木填海，無千歲之壽，而猛志常在，化去不悔。若並指刑天，似不相續。又況末句云：‘徒設在昔心，良晨詎可待。’何預干戚之舞耶？後見周紫芝《竹坡詩話》第一卷，復襲紘意以爲己説，皆誤矣。”此後，或依陶集，或從曾説，聚訟紛紜，而無新見。陶澍總結各家之説曰：“‘刑天舞干戚’，正誤始於曾端伯。洪容齋、朱子、王伯厚皆從其説，獨周益公以爲不然。近世猶有伸周絀曾者，如何義門、汪洪度皆是。微論原作‘刑夭’，字義難通。即依康節書作‘形夭’，既云夭矣，何又云無千歲？夭與千歲相去何啻彭殤，恐古人無此屬文法也。若謂每篇止詠一事，則欽䲹、窫窳，固亦對舉。若謂刑天爭神，不得與精衛通論。未知斷章取義，第憐其猛志常在耳。以此説詩，豈非固哉高叟乎？”但陶澍之後，仍有不取曾説者，如丁《箋注》：“陶注非是。《酉陽雜俎》卷十四：‘形夭與帝爭神，帝斷其首，葬之常羊山。乃以乳爲目，臍爲口，操干戚而舞焉。’則形夭之夭，不作夭折解。據《酉陽雜俎》及陶詩，知陶公當時所讀之《山海經》，皆作‘形夭’。且‘形夭無千歲’與上下句文義亦相貫。宜仍從宋刻江州《陶靖節集》，作‘形夭無千歲’爲是，不可妄改。”王叔岷《箋證稿》亦曰：“《海外西經》之‘形夭’，曾氏引作‘刑天’，形、刑古通。畢沅《山海經新校正》稱唐《等慈寺碑》作‘形夭’，郭璞《圖贊》亦作‘形夭’，並與《酉陽雜俎》合。則此詩‘形夭’二字，本於《山海經》不誤。‘無千歲’三字，亦當從丁説，無煩改字。‘形夭無千歲’謂形夭爲帝所斬也。‘猛志固常在’，謂其仍能操干戚而舞也。”惟畢沅曰：“千歲則干戚之訛，形夭是也。”逯欽立注從畢沅，作“形夭無干戚”，曰：“詩强調形夭猛志常在，作無干戚亦可，作舞干戚更生動。”霈案：異文形近，作“刑天舞干戚”，於義較長；作“形夭無千歲”，版本有據。可兩説並存。今反覆斟

酌，仍以維持底本爲妥也。

③ 不復：一作“何復”，亦通。

④ 設：一作“役”，又作“使”，形近而訛。

【箋注】

〔一〕精衛銜微木，將以填滄海：《山海經・北山經》：“又北二百里，曰發鳩之山，其上多柘木。有鳥焉，其狀如烏，文首、白喙、赤足，名曰精衛，其鳴自詨。是炎帝之少女，名曰女娃。女娃游于東海，溺而不返，故爲精衛。常銜西山之木石，以堙于東海。”

〔二〕形夭無千歲，猛志固常在：意謂形夭雖亡，其猛志常在也。《山海經・海外西經》：“形夭與帝至此爭神，帝斷其首，葬之常羊之山。乃以乳爲目，以臍爲口，操干戚以舞。”

〔三〕同物既無慮，化去不復悔：以上四句係叙述《山海經》中故事，此下四句乃淵明之議論。此二句先一般而論，意謂生時既無慮，死後亦不悔也，生死如一，何必掛懷。王叔岷《箋證稿》引賈誼《鵩鳥賦》：“化爲異物兮，又何足患！”最確。或以爲此二句乃就精衛、形夭而言，然精衛填海、形夭操干戚以舞，並非無悔者也。

〔四〕徒設在昔心，良晨詎可待：此二句仍是議論，意謂精衛、形夭徒然存有往昔之心，而良機難待。在昔心：猶上言“猛志”。

【析義】

孫人龍《陶公詩評注初學讀本》曰：“顯悲易代，心事畢露。”翁同龢曰：“以精衛、刑天自喻。”（姚培謙編《陶謝詩集》眉批）魯迅則稱之爲“金剛怒目式”（《且介亭雜文二集・題未定草六》）。然細讀全詩，旨在悲憫精衛、形夭之無成且徒勞也。非悲易代，亦非以精衛、刑天自喻也。

巨猾一作危肆威暴①〔一〕，欽駓違帝旨②〔二〕。窫窳强能變〔三〕，祖江遂獨死。明明上天鑒，爲惡不可履〔四〕。長枯固已劇，鵕鶚一作鵕鶚豈足恃③〔五〕？

【校勘】

① 巨猾：“猾”一作“危”。丁《箋注》：當作“臣危”，“巨因形而誤，猾因雙聲而誤也”。

② 欽駓：《山海經》作“欽鴀”，《後漢書・張衡傳》注引此經作“欽䲹”，通。

③ 鵕鶚:注一作"鵔鶚"。王叔岷《箋證稿》:"鼓化爲鵕,欽䲹化爲鶚。鶚,一作鶚,蓋因鵕字聯想而誤。(《説文》:'鶚,鵕鶚也。')"

【箋注】

〔一〕巨猾肆威暴:《山海經・海内西經》:"貳負之臣曰危,危與貳負殺窫窳。帝乃梏之疏屬之山,桎其右足,反縛兩手與髮,繫之山上木。"

〔二〕欽駓違帝旨:《山海經・西山經》:"又西北四百二十里曰鍾山,其子曰鼓,其狀如人面而龍身,是與欽䲹殺葆江于昆侖之陽,帝乃戮之鍾山之東曰崌崖。欽䲹化爲大鶚,其狀如雕而黑文白首,赤喙而虎爪,其音如晨鵠,見則有大兵。鼓亦化爲鵕鳥,其狀如鴟,赤足而直喙,黄文而白首,其音如鵠,見則其邑大旱。"郭璞注:"葆,或作祖。"

〔三〕窫窳(yà yǔ)强能變:《山海經・北山經》:"又北二百里,曰少咸之山,無草木,多青碧。有獸焉,其狀如牛而赤身,人面馬足,名曰窫窳。其音如嬰兒,是食人。"《海内南經》:"窫窳龍首,居弱水中。"郭璞注:"窫窳,本蛇身人面,爲貳負臣所殺,復化而成此物也。"

〔四〕明明上天鑒,爲惡不可履:意謂有上天鑒視善惡,其鑒明明,爲惡不可行也。《詩・大雅・大明》:"天監在下。"鄭箋:"天監視善惡於下。"

〔五〕長枯固已劇,鵕鶚豈足恃:意謂臣危長久被桎梏,此刑固已甚矣;至於欽䲹死後化爲大鶚,又何足恃負哉!枯:古《箋》釋爲"桎梏"。丁《箋注》徑改爲"梏",曰形近而誤。又曰:"言被殺者,雖有能變不能變之殊,而臣危爲惡,長梏於山,固已甚矣。即化爲鵕鶚,豈能逃于戮乎?"

【析義】

陶澍注曰:"此篇爲宋武弑逆所作也。陳祚明曰:'不可如何,以筆誅之。今兹不然,以古徵之。人事既非,以天臨之。'"丁《箋注》曰:"蓋心嫉晉宋之間之爲大惡違帝旨者,而痛切言之如此。"需案:臣危殺窫窳、欽䲹殺祖江,遭帝懲罰,事與劉裕弑逆不倫不類,不可强比。此篇乃言上天明鑒,爲惡必有報也,不必有所喻指。

鴟鴸原作鵰鶚，注一作鳴鵠，湯注本作鴟鴸見城邑①，其國有放士〔一〕。念彼一作昔懷王世一作母②，當時一作亦得數來止③〔二〕。青丘有奇鳥，自言獨見爾一作理④〔三〕。本爲迷者生，不以喻君子⑤〔四〕！

【校勘】

① 鴟鴸：原作“鵰鶚”，底本校曰“一作鳴鵠”。湯注本、李注本曰：“當作鴟鴸。”今從之。

② 彼：一作“昔”，亦通。世：一作“母”，和陶本作“玉”，非。

③ 當時：一作“亦得”，於義稍遜。

④ 爾：一作“理”，亦通。

⑤ 不：和陶本作“欲”，亦通。

【箋注】

〔一〕鴟鴸(chī zhū)見城邑，其國有放士：《山海經·南山經》：櫃山“有鳥焉，其狀如鴟而人手，其音如痺，其名曰鴸，其鳴自號也，見則其縣多放士。”郭璞注：“放，放逐。”

〔二〕念彼懷王世，當時數來止：意謂楚懷王之世，鴟鴸多次來止也。此不見於《山海經》，乃淵明由鴟鴸之見而多放士，聯想屈原。

〔三〕青丘有奇鳥，自言獨見爾：《山海經·南山經》：青丘之山“有鳥焉，其狀如鳩，其音若呵，名曰灌灌，佩之不惑”。王叔岷《箋證稿》曰：“獨見者不惑，爾與耳同，‘自言獨見爾’，謂此鳥自言不惑耳。此鳥不惑，所以爲迷惑者生也……阮籍《詠懷》：‘林中有奇鳥，自言是鳳凰。’”

〔四〕本爲迷者生，不以喻君子：陶澍曰：“詩意蓋言屈原被放，由懷王之迷。青丘奇鳥，本爲迷者而生，何但見鴟鴸，不見此鳥，遂終迷不悟乎？寄慨無窮。”吴崧《論陶》曰：“鵰鶚見則迷而放士，青丘鳥見則不惑，正兩相對照。結言此乃本迷者耳，若君子亦何待於鳥哉！”亦通。

【析義】

讀《山海經》忽聯想及於屈原、懷王，同情屈原之被放，而惋惜懷王之迷也。

巖巖一作悠悠顯朝市①，帝者慎一作善用才②〔一〕。何以廢共鯀③？

重華爲之來〔二〕。仲父一作文獻誠言④，姜公乃見猜。臨没告飢渴，當復何及哉〔三〕！

【校勘】

① 巖巖：一作"悠悠"，亦通。

② 慎：一作"善"，於義稍遜。

③ 廢：和陶本作"放"，亦通。

④ 父：一作"文"，非。

【箋注】

〔一〕巖巖顯朝市，帝者慎用才：意謂帝者高居於京師，用才須慎也。古《箋》："《大學》曰：'《詩》云："節彼南山，維石巖巖。赫赫師尹，民具爾瞻。"有國者不可以不慎，辟則爲天下僇矣。'鄭注：'巖巖，喻師尹之高嚴。'《華陽國志》：'董扶曰："京師，天下之市朝。"'"

〔二〕何以廢共鯀，重華爲之來：意謂帝舜何以流放共工而殺鯀耶？共：共工。《山海經·海外北經》："共工之臣曰相柳氏，九首，以食於九山。相柳之所抵，厥爲澤谿。禹殺相柳，其血腥，不可以樹五穀種。禹厥之，三仞三沮，乃以爲衆帝之臺。在昆侖之北。"鯀：《山海經·海内經》："洪水滔天，鯀竊帝之息壤以堙洪水，不待帝命。帝令祝融殺鯀于羽郊。"《尚書·舜典》："流共工于幽州，放驩兜于崇山，竄三苗于三危，殛鯀于羽山。"《史記·堯本紀》："於是舜歸而言於帝，請流共工于幽陵……殛鯀於羽山。"正義："《尚書》及《大戴禮》皆作幽州。"來：語末助詞。

〔三〕仲父獻誠言，姜公乃見猜。臨没告飢渴，當復何及哉：意謂管仲向齊桓公獻誠言，遠易牙等四人，反被猜疑。桓公臨死方知其言之長，但已無濟於事矣。姜公：指齊桓公，姜姓。何注："易桓爲姜者，避長沙公（陶侃）謚之嫌耳。"《管子·小稱》："管仲有病，桓公往問之，曰：'仲父之病病矣！若不可諱而不起此病也，仲父亦將何以詔寡人？'……管仲攝衣冠起對曰：'臣願君之遠易牙、豎刁、堂巫、公子開方。夫易牙以調和事公，公曰："惟烝嬰兒之未嘗。"於是烝其首子而獻之公。人情非不愛其子也，於子之不愛，將何有於公？公喜宫而妒，豎刁自刑而爲公治内。

人情非不愛其身也，於身之不愛，將何有於公？公子開方事公十五年，不歸視其親。齊、衛之間，不容數日之行。臣聞之，務爲不久，蓋虚不長。其生不長者，其死必不終。'桓公曰：'善。'管仲死，已葬，公憎四子者，廢之官。逐堂巫，而苛病起兵。逐易牙，而味不至。逐豎刁，而宫中亂。逐公子開方，而朝不治。桓公曰：'嗟！聖人固有悖乎？'乃復四子者。處朞年，四子作難，圍公一室，不得出。有一婦人，遂從竇入，得至公所。公曰：'吾飢而欲食，渴而欲飲，不可得，其故何也？'婦人對曰：'易牙、豎刁、堂巫、公子開方四人分齊國，塗十日不通矣。公子開方以書社七百下衛矣，食將不得矣。'公曰：'嗟兹乎，聖人之言長乎哉！死者無知則已，若有知，吾何面目以見仲父於地下！'乃援素幭以裹首而絶。"

【析義】

黄文焕《陶詩析義》曰："首章專言讀書之快，曰'不樂復何如'。至十二章而《山海經》内所寄懷者，遞舉無餘矣，卻於經外别作論史之感。自了一身則易樂，念及朝廷則易悲。以樂起，以悲結，有意於布置。題只是《讀山海經》，結乃旁及論史，有意於隱藏。因讀經，生肆惡放士之歎，故亟承十一、十二之後，言及舉士黜惡，有意於穿插。'當復何及哉'一語，大聲哀號，哭世之淚無窮。"陶澍注曰："晉自王敦、桓温，以至劉裕，共、鯀相尋，不聞黜退。魁柄既失，篡弒遂成。此先生所爲託言荒渺，姑寄物外之心，而終推本禍原，以致其隱痛也。"

需案：此篇亦由《山海經》引起，非專論史也。蓋由《山海經》所記廢共工與鯀之事，聯想而及齊桓公不聽管仲之言，既廢易牙等人又復之。感慨帝者倘不慎用才，必遭禍患。

擬挽歌辭三首[①]

有生必有死，早終非命促〔一〕。昨暮同爲人，今旦在一作作鬼録[②]〔二〕。魂氣一作魄散何之[③]？枯形寄空木〔三〕。嬌兒索父啼，良友撫我哭。得失不復知，是非安能覺〔四〕？千秋萬歲後，誰知榮與辱〔五〕？但恨在世時，飲酒不得足一作常不足[④]。

【校勘】

① 擬挽歌辭:《文選》録其第三首,題《挽歌詩》。

② 在:一作"作",亦通。

③ 氣:一作"魄",亦通。

④ 不得足:一作"常不足",亦通。

【題解】

《文選》卷二八有繆襲《挽歌詩》一首五言,陸機《挽歌詩》三首五言,淵明此三詩當係擬繆、陸等人之作。繆詩曰:"造化雖神明,安能復存我。"陸詩其二曰:"人往有反歲,我行無歸年。"從死者方面立言。淵明詩曰:"肴案盈我前,親舊哭我傍。"亦是從死者方面立言。繆詩曰:"朝發高堂上,暮宿黄泉下。"陸詩曰:"昔居四民宅,今托萬鬼鄉。"寫生死之異。淵明詩曰:"昔在高堂寢,今宿荒草鄉。"亦寫生死之異,摹擬痕跡明顯。《北堂書鈔》卷九二有傅玄《挽歌》,曰:"欲悲淚已竭,欲辭不能言。"陶詩曰:"欲語口無音,欲視眼無光。"立意亦同。

【編年】

魏晉文人有自挽之習,且非必臨終所作也。李公焕引趙泉山曰:"晉桓伊善挽歌,庾晞亦喜爲挽歌,每自摇大鈴爲唱,使左右齊和。袁山松遇出遊,則好令左右作挽歌。類皆一時名流達士習尚如此,非如今之人例以爲悼亡之語而惡言之也。"袁山松事見《世説新語·任誕》:"張湛好於齋前種松柏。時袁山松出遊,每好令左右作挽歌。時人謂:'張屋下陳屍,袁道上行殯。'"李公焕引祁寬曰:"昔人自作祭文挽詩者多矣,或寓意騁辭,成於暇日。寬考次靖節詩文,乃絶筆於祭挽三篇,蓋出於屬纊之際者。"

需案:所謂"寓意騁辭,成於暇日",爲是;而"出於屬纊之際",非是也。陸機倉促間死於軍中,其《挽歌詩》顯非臨終所作者。淵明《擬挽歌辭》亦非臨終所作也,舊注及各家所撰年譜大都繫此三詩於臨終前,殊不妥。或據"早終非命促",考定淵明係早終者。然無論主六十三歲、五十六歲、五十二歲,都不得謂之"早終"也。古《箋》:"靖節卒時僅五十二,故曰'早終'。"然五十二何得謂之"早終"耶?梁啟超據顔延之《陶徵士誄》所謂"年在中身",考定淵明卒於五十六歲,姑不論此"中身"是否指其卒於中年,既然稱"中身"亦不得謂"早終"矣。逯《繫年》繫於五十一歲,不爲無據。兹細玩《擬挽歌辭》,詼諧達觀,想象死後情形,繪聲繪色，語帶譏諷。《自祭文》回顧一生之艱難，於死後情形反覺茫然："人生實難，死如之何？"二者顯然不是同一時間同一心境下所作。《自祭文》乃逝世前不久所作，《擬挽歌辭》乃壯年所作。其一曰"嬌兒索父啼"，如係臨終所作，無論享年取何家之説，其子不應如此幼小也。據拙作《陶淵明年譜匯考》，其幼子佟蓋生於淵明四十三歲，既稱"嬌兒"，當在三四歲間，即淵明四十六歲前後。《和郭主簿》曰："弱子戲我側，學語未成音。"繫於四十五歲下。然則《擬挽歌辭》繫於四十六歲，出入不致太大。時當晉安帝隆安元年丁酉（三九七）。

【箋注】

〔一〕有生必有死，早終非命促：意謂人之有生則必有死；且無所謂長短壽夭，早終亦非命短也。此二句乃一般而論，包含兩層意思：首句言人必有死，猶淵明《神釋》所謂"老少同一死"。次句遞進一層，言生命亦無長短之别，此本於《莊子·齊物論》："天下莫大於秋毫之末，而太山爲小；莫壽於殤子，而彭祖爲夭。"壽夭乃相對而言，彭祖未必命長，殤子未必命短也。

〔二〕鬼録：古《箋》："魏文帝《與吴質書》曰：'觀其姓名，已爲鬼録。'"録：簿籍也。

〔三〕魂氣散何之？枯形寄空木：意謂魂魄已散，惟留枯形於棺木之中。古《箋》："《（禮記）檀弓（下）》：'（骨肉歸復於土，命也。）若魂氣則無不之也。'"空木：中空之木。《説苑·反質》："昔堯之葬者，空木爲櫝。"

〔四〕覺：感知。《世説新語·言語》："王司州至吴興印渚中看，歎曰：'非惟使人情開滌，亦覺日月清朗。'"

〔五〕千秋萬歲後，誰知榮與辱：古《箋》："阮嗣宗《詠懷詩》：'千秋萬歲後，榮名安所之。'"

在昔無酒飲，今但一作旦湛空觴①〔一〕。春醪生浮蟻〔二〕，何時更一作復能嘗②〔三〕？肴案盈我前〔四〕，親舊哭我傍③。欲語口無音，欲視眼無光〔五〕。昔在高堂寢，今宿荒草鄉。荒草無人眠，極視正茫茫原無此二句，注一本有此二句。今從之。極又作直④。一朝出門去一作易⑤，歸來良未央⑥〔六〕。

【校勘】

① 但:一作"旦",非是。今但:《樂府詩集》作"但恨"。

② 更:一作"復",通"更"。

③ 舊:《樂府詩集》作"戚",亦通。

④《樂府詩集》亦多此二句。

⑤ 去:一作"易"。

⑥ 來:《樂府詩集》作"家"。

【箋注】

〔一〕湛(zhàn):盈滿。《淮南子·覽冥訓》:"故東風至而酒湛溢,蠶咡絲而商弦絶。"

〔二〕春醪生浮蟻:意謂酒上泛有浮沫,酒之新釀就者也。《文選》曹子建《七啟》:"於是盛以翠樽,酌以彫觴。浮蟻鼎沸,酷烈馨香。"李善注引《釋名》曰:"酒有汎齊,浮蟻在上,汎汎然。"淵明《停雲》:"樽湛新醪。"

〔三〕更:復,再。

〔四〕肴案:指陳列祭品之几案。

〔五〕眼無光:意謂看不見。

〔六〕一朝出門去,歸來良未央:意謂一旦出門而宿於荒草之鄉,誠永歸於黑夜之中矣。良:誠然。未央:未旦。《詩·小雅·庭燎》:"夜如何其,夜未央。"毛傳:"央,旦也。"

荒草何茫茫,白楊亦蕭蕭〔一〕。嚴霜九月中,送我出一作來遠郊①〔二〕。四面無人居,高墳正嶕嶢〔三〕。馬爲仰天鳴,風爲自蕭條一曰鳥爲動哀鳴,林爲結風飈②〔四〕。幽室一已閉,千年不復朝〔五〕。千年不復朝,賢達無奈何〔六〕。向來相送人,各自一作已還其家③〔七〕。親戚或餘悲,他人亦已歌。死去何所道?託體同山阿〔八〕。

【校勘】

① 出:一作"來",亦通。

② 馬爲仰天鳴,風爲自蕭條:一作"鳥爲動哀鳴,林爲結風飈",未若原作自然。《樂府詩集》作"鳥爲動哀鳴"。風爲:《太平御覽》作"風日"。

③ 自:一作"已",亦通。《太平御覽》作"亦"。還:《太平御覽》作"歸"。

【箋注】

〔一〕荒草何茫茫，白楊亦蕭蕭：李善注："《古詩》曰：'四顧何茫茫，東風摇百草。'又曰：'白楊何蕭蕭，松柏夾廣路。'"

〔二〕嚴霜九月中，送我出遠郊：李善注："《楚辭》曰：'冬又申之以嚴霜。'《爾雅》曰：'邑外曰郊。'"古《箋》："杜子春《周禮注》：'距國百里(者)爲遠郊。'"

〔三〕嶕嶢(jiāo yáo)：李善注："《字林》曰："嶕嶢，高貌也。'"

〔四〕馬爲仰天鳴，風爲自蕭條：李善注："蔡琰詩曰：'馬爲立踟躕。'《漢書》息夫躬《絶命辭》曰：'秋風爲我吟。'"蕭條：風聲。自：另自、别自。《漢書・張湯傳附張安世》："上曰：'吾自爲掖庭令，非爲將軍也。'安世乃止，不敢復言。"

〔五〕幽室一已閉，千年不復朝：意謂墓壙一旦封閉，永不得見天日矣。丁《箋注》："幽室，猶泉壤也。"

〔六〕千年不復朝，賢達無奈何：意猶淵明《神釋》所謂："三皇大聖人，今復在何處？彭祖壽永年，欲留不得住。老少同一死，賢愚無復數。"

〔七〕向來：剛才。《顔氏家訓・兄弟》："沛國劉璡嘗與兄瓛連棟隔壁，瓛呼之數聲，不應，良久方答。瓛怪問之，乃曰：'向來未著衣帽故也。'"

〔八〕死去何所道？託體同山阿：意謂死亡是常事，身體復歸於大地，無須多慮也。阿：《爾雅・釋地》："大陵曰阿。"淵明《雜詩》其二："白日淪西阿，素月出東嶺。"

【析義】

此三詩全是設想之辭。淵明或設想自己死後情況與心情，或以第三者眼光觀察死後之自己，以及周圍之人之事，而自身這一主體反而客觀化，構思巧妙之極。其一，寫剛死之際，乍離人世恍惚之感。嬌兒、良友、是非、榮辱，全無意義，"但恨在世時，飲酒不得足"，詼諧中見出曠達。其二，寫祭奠與出殯，一反上首之詼諧曠達，字裏行間透出些許悲哀。其三，寫送殯與埋葬，尤着筆於埋葬後獨宿荒郊之寂寞。"親戚或餘悲，他人亦已歌。"觀察人情世故透徹，筆墨冷峻、率直、深刻。淵明認爲人本是禀受大塊之氣而生，死後復歸於大塊，此乃自然之理。直須順應大化，無復憂慮也。

聯句

鳴雁乘風飛，去去當何極〔一〕？念彼窮居士，如何不歎息[淵明]〔二〕！雖欲騰九萬，扶摇竟無原作何，注一作無力①〔三〕。遠招王子喬一作晉，雲駕庶可飭[愔之]〔四〕。顧侣正徘徊一作離離，又作爭飛②，離離翔天側一作附羽天池則③〔五〕。霜露豈不切一作霜落不切肌④？徒愛雙飛翼原作務從忘愛翼，注一作徒愛雙飛翼[循之]⑤〔六〕。高柯擢條幹，遠眺同天色。思絶慶未看，徒使生迷惑〔七〕。

【題解】

何注："愔之，循之，集内不再見，莫知其姓。考晉、宋書及《南史》，亦無此人。意必《晉書》潛本傳所謂其鄉親張野及周旋人羊松齡、裴遵等輩中人也。"霈案：《宋書・符瑞志下》："泰始六年十二月壬辰，木連理生豫章南昌，太守劉愔之以聞。"泰始六年，公元四七〇年，距淵明逝世已四十三年。與淵明聯句者未知是否此人，録以備考。

【校勘】

① 無：原作"何"，底本校曰"一作無"，今從之。

② 徘徊：一作"離離"，蓋涉下句而致。又作"爭飛"，於義稍遜。

③ 離離翔天側：一作"附羽天池則"，"則"乃"側"之誤。《莊子・逍遥遊》言鵬鳥之高舉："南溟者，天池也。"此詩所詠乃鳴雁，雖欲扶摇而上，苦於無力。不得言"附羽天池側"也，非是。

④ 霜露豈不切：一作"霜落不切肌"，於義稍遜。

⑤ 原作"務從忘愛翼"，底本校曰一作"徒愛雙飛翼"，於義較勝，今從之。

【箋注】

〔一〕鳴雁乘風飛，去去當何極：意謂鳴雁乘風而飛，將以何處爲頂點耶？當：將。《儀禮・特牲饋食禮》："佐食，當事則户外南面。"鄭玄注："當事，將有事而未至。"極：頂點。段玉裁《説文解字注》："極，凡至高至遠皆謂之極。"

〔二〕念彼窮居士，如何不歎息：由鳴雁之高飛，轉念窮居士之困頓偃蹇，而歎息也。

〔三〕雖欲騰九萬，扶摇竟無力：意謂鳴雁雖有飛騰九萬里之雄心，而終究無力也。《莊子·逍遥遊》："鵬之徙於南溟也，水擊三千里，搏扶摇而上者九萬里。"陸德明曰："司馬云：'上行風謂之扶摇。'《爾雅》：'扶摇謂之飆。'郭璞云：'暴風從下上。'"

〔四〕遠招王子喬，雲駕庶可飭：意謂遠招王子喬，雲駕庶幾可以備妥矣。王子喬：周靈王太子，名晉。好吹笙，作鳳鳴。游伊、洛之間，道士浮丘生（當作公）接晉上嵩高山。三十餘年後見桓良，謂曰："可告我家，七月七日候我於緱氏山顛。"至期，果乘白鶴駐山頭，可望不可到。事見《逸周書·太子晉解》《列仙傳》等書。飭：備也。

〔五〕顧侣正徘徊，離離翔天側：古《箋》："蘇子卿詩：'黄鵠一遠别，千里顧徘徊。'《禮記》鄭注：'離，兩也。'"離離：有序也。

〔六〕霜露豈不切？徒愛雙飛翼：意謂霜露切肌，雖愛飛翼，亦徒然矣。

〔七〕思絶慶未看，徒使生迷惑：大意謂慶幸未看高天，看則迷惑矣。

【析義】

聯句非出一人之手，意思未必首尾一貫。此篇大意謂鳴雁不能如鵬鳥之高翔，亦不必思與鵬鳥齊飛也。

陶淵明集箋注卷第五 賦辭三首

感士不遇賦 并序①

昔董仲舒作《士不遇賦》〔一〕，司馬子長又爲一作悲之②〔二〕。余嘗以三餘之日〔三〕，講習之暇〔四〕，讀其文，慨然惆悵。夫履信思順〔五〕，生人之善行〔六〕；抱朴守靜〔七〕，君子之篤素一作業③〔八〕。自真風告逝〔九〕，大僞斯興〔一〇〕，閭閻懈廉退之節一作廉退之文節④〔一一〕，市朝驅易進之心〔一二〕。懷正志道之士，或潛玉於當年一作或潛於當年⑤〔一三〕；潔己清操之人，或没世以徒勤一作想，又作或没於往世⑥〔一四〕。故夷皓有安歸之歎〔一五〕，三閭發已矣之哀〔一六〕。悲夫！寓形百年〔一七〕，而瞬息已盡；立行之難〔一八〕，而一城莫賞〔一九〕。此古人所以染翰慷慨，屢伸而不能已者也。夫導達意氣，其惟文乎？撫卷躊躇，遂感而賦之。

咨大塊之受氣〔二〇〕，何斯人之獨靈〔二一〕！禀神智以藏照一作往⑦，秉三五而垂名〔二二〕。或擊壤以自歡〔二三〕，或大濟於蒼生。靡潛躍之非分〔二四〕，常傲然以稱情〔二五〕。世流浪而遂徂，物群分以相形〔二六〕。密網裁而魚駭，宏羅制而鳥驚。彼達人之善覺〔二七〕，乃逃禄而歸耕。山嶷嶷而懷影一作褐⑧，川汪汪而藏聲〔二八〕。望軒唐而永歎〔二九〕，甘貧賤以辭榮。淳源汩一作消以長分⑨，美惡作以一作紛其，其又作然異途⑩〔三〇〕。原百行之攸貴，莫爲善之可娱〔三一〕。奉上天一作天地之成命⑪，師聖人之遺書。發忠孝於君親，生信義於鄉閭。推誠心而一作以獲顯⑫，不矯然而祈譽〔三二〕。嗟乎！雷同毁異〔三三〕，物惡其上〔三四〕。妙算者謂迷〔三五〕,直道者云妄。坦一作恒至公而無猜⑬,卒蒙耻以受謗。雖懷瓊一作瓌,又作瑶而握蘭⑭〔三六〕,徒芳絜而誰亮〔三七〕? 哀哉! 士之不遇,已不在炎帝帝魁之世⑮〔三八〕。獨祗脩以自勤〔三九〕,豈三省之或廢〔四〇〕。庶進德以及時〔四一〕,時既至而不惠〔四二〕。無爰原作奚,注一作爰生之晤一作格言⑯,念張季之終蔽〔四三〕。愍馮叟於郎署,賴魏守以納計〔四四〕。雖僅然於必知一作智⑰,亦苦心而曠歲〔四五〕。審夫市之無虎一作有獸⑱,眩三夫之獻説〔四六〕。悼賈傅之秀朗,紆遠轡於促界〔四七〕。悲董相之淵致,屢乘危而幸濟〔四八〕。感哲人之無偶一作遇⑲〔四九〕,淚淋浪以灑袂〔五〇〕。承前王之清誨〔五一〕,曰天道之無親〔五二〕。澄得一以作鑒,恒輔善而佑仁〔五三〕。夷投老以長飢〔五四〕,回早夭而又貧〔五五〕。傷請車以備槨〔五六〕,悲茹薇而殞身〔五七〕。雖好學與行義〔五八〕,何死生之苦辛! 疑報德之若兹,懼斯言之虚陳〔五九〕。何曠世之無才,罕無路之不澀〔六〇〕。伊古人之慷慨,病一作痛奇名之不立⑳〔六一〕。廣結髮以從政,不愧賞於萬邑〔六二〕。屈雄志於戚豎,竟尺土之莫及〔六三〕。留誠信於身後,慟一作動衆人之悲泣㉑〔六四〕。商盡規以拯弊,言始順而患入〔六五〕。奚良辰之易傾,胡害勝其乃急〔六六〕。蒼旻遐緬,人事無已。有感有昧,疇測其理〔六七〕? 寧固窮以濟意,不委曲而一作以累己〔六八〕。既軒冕之非榮〔六九〕,豈緼袍之爲耻〔七〇〕? 誠謬會以取拙,且欣然而一作於歸止㉒〔七一〕。擁孤襟以畢歲〔七二〕,謝良價於朝市〔七三〕。

【校勘】

① 曾集本題下無"并序"二字。

② 爲:一作"悲",非是。

③ 素:一作"業",亦通。

④ 廉退之節:一作"廉退之文節","文"字衍。

⑤ 或潛玉於當年:一作"或潛於當年",於音節稍遜。校記原在"或没世以徒勤"下,今移至此。

⑥ 或没世以徒勤:一作"或没於往世",於音節稍遜。勤:一作"想",非是。

⑦ 照:一作"往",非是。

⑧ 影：一作"褐"，非是。
⑨ 汨：一作"消"，亦通。
⑩ 美惡作以異途：一作"美惡紛其異途"。其：又作"然"，亦通。
⑪ 上天：一作"天地"，非是。
⑫ 而：一作"以"，亦通。
⑬ 坦：一作"恒"，亦通。
⑭ 瓊：一作"瓌"，又作"瑶"，亦通。
⑮ 紹興本"已"下無"不"字。
⑯ 爰：原作"奚"，底本校曰"一作爰"，今從之。晤：一作"格"。
⑰ 知：一作"智"，恐非是。
⑱ 無虎：一作"有獸"，非是。
⑲ 偶：一作"遇"，非是。
⑳ 病：一作"痛"，亦通。
㉑ 慟：一作"動"，非是。
㉒ 而：一作"於"，亦通。

【題解】

"遇"，遇合，投合。《孟子·公孫丑下》："千里而見王，是予所欲也。不遇故去，豈予所欲哉？"文學作品中之"士不遇"主題蓋濫觴於屈原《離騷》、宋玉《九辯》。此賦乃讀董仲舒之《士不遇賦》、司馬遷之《悲士不遇賦》，有感而作。

【編年】

賦曰："寧固窮以濟意，不委曲而累己。既軒冕之非榮，豈縕袍之爲恥。誠謬會以取拙，且欣然而歸止。"細揣文意，當是初歸園田所作，兹繫於晉安帝義熙三年丁未（四〇七），淵明時年五十六歲。

【箋注】

〔一〕董仲舒：生於公元前一七九年，卒於前一〇四年。哲學家、今文經學大師。西漢廣川（今河北棗强東）人。景帝時爲博士，武帝舉賢良文學之士。除江都相，遷膠西相，去官，以壽終於家。著有《春秋繁露》十七卷。《漢書·藝文志》著録其文百二十三篇，大多已佚。其《士不遇賦》見《藝文類聚》卷三〇。

〔二〕司馬子長：司馬遷，字子長，西漢史家，著有《史記》一百三十卷。其《悲士不遇賦》見《藝文類聚》卷三〇。

〔三〕三餘：《三國志·魏書·王肅傳》裴注引《魏略》曰："（董）遇善治

《老子》，爲《老子》作訓注。又善《左氏傳》，更爲作朱墨别異。人有從學者，遇不肯教，而云‘必當先讀百遍’，言‘讀書百遍而義自見’。從學者云：‘苦渴無日。’遇言：‘當以三餘。’或問三餘之意，遇言：‘冬者歲之餘，夜者日之餘，陰雨者時之餘也。’由是諸生少從遇學，無傳其朱墨者。”

〔四〕講習：講議研習。《易·兑》：“《象》曰：麗澤兑，君子以朋友講習。”孔穎達疏：“朋友聚居，講習道義，相悦之盛莫過於此也。”

〔五〕履信思順：行爲誠信，思想和順。《易·繫辭上》：“佑者，助也。天之所助者順也；人之所助者信也。履信思乎順，又以尚賢也，是以‘自天佑之，吉無不利也’。”

〔六〕生人：衆人，民衆。

〔七〕抱朴守静：意謂保持人之本性。《老子》十九章：“見素抱朴，少私寡欲。”十六章：“致虚極，守静篤。”

〔八〕篤素：純厚樸實之質素。

〔九〕真：就一般意義而言，指真實；就哲學意義而言，指人之本性。其源乃出自老莊哲學。《老子》二十一章：“孔德之容，惟道是從。道之爲物，惟恍惟惚……其中有精，其精甚真。”五十四章：“修之身，其德乃真。”老子認爲“真”是道之精髓。《莊子·漁父》：“謹修而身，慎守其真，還以物與人，則無所累矣……真者，精誠之至也……真者，所以受於天也，自然不可易也。故聖人法天貴真，不拘於俗。”莊子認爲“真”是至淳至誠之境界，受之於天者。聖人與俗人之區别即在於能否守住性分之内原有之“真”。真風：指上古時代禮教與智慧未興時之狀況。

〔一〇〕大僞：《老子》十八章：“大道廢，有仁義；智慧出，有大僞。”此所謂“僞”，就一般意義而言，指虚僞；就哲學意義而言，指人爲。

〔一一〕閭閻懈廉退之節：意謂鄉里間已不再砥礪廉潔退讓之節操。閭閻：里巷之門。懈：懈怠。《晉書·李重傳》：“重奏曰：‘……如詔書之旨，以二品繫資，或失廉退之士，故開寒素以明尚德之舉。’”

〔一二〕市朝驅易進之心：意謂市朝間盛行巧取升遷之心。市朝：指人衆會集之處。《孟子·公孫丑上》：“思以一豪挫於人，若撻之於市朝。”亦指集市。《鹽鐵論·本議》：“市朝以一其求，致士民，聚萬貨，農商工師各得所欲，交易而退。”

〔一三〕潛玉：指隱居不仕。《論語·子罕》：“子貢曰：‘有美玉於斯，韞櫝而藏諸，求善賈而沽諸？’子曰：‘沽之哉！沽之哉！我待賈者也。’”當年：畢生。《漢書·司馬遷傳》：“六藝經傳以千萬數，累世不能通其學，當年不能究其禮。”

〔一四〕没世：終身。《莊子·天運》：“以舟之可行於水也，而求推之於陸，則没世不行尋常。”徒勤：猶言徒勞無功。

〔一五〕故夷皓有安歸之歎：《史記·伯夷列傳》：“武王已平殷亂，天下宗周，而伯夷、叔齊恥之，義不食周粟，隱於首陽山，采薇而食之。及餓且死，作歌。其辭曰：‘登彼西山兮，采其薇矣。以暴易暴兮，不知其非矣。神農、虞、夏忽焉没兮，我安適歸矣？於嗟徂兮，命之衰矣！’”皇甫謐《高士傳》：“四皓者，皆河内軹人也，或在汲。一曰東園公，二曰角里先生，三曰綺里季，四曰夏黄公，皆修道潔己，非義不動。秦始皇時，見秦政虐，乃退入藍田山，而作歌曰：‘莫莫高山，深谷逶迤。曄曄紫芝，可以療飢。唐虞世遠，吾將何歸？駟馬高蓋，其憂甚大。富貴之畏人，不如貧賤之肆志。’”

〔一六〕三閭發已矣之哀：屈原曾任楚國三閭大夫，其《離騷》曰：“已矣哉！國無人莫我知兮，又何懷乎故都？既莫足與爲美政兮，吾將從彭咸之所居。”

〔一七〕寓形：寄托形體。百年：一生。

〔一八〕立行：行爲舉動。《後漢書·袁敞傳》：“郎朱濟、丁盛立行不脩，俊欲舉奏之，二人聞，恐……”

〔一九〕一城莫賞：意謂無一城之封賞。

〔二〇〕大塊：《莊子·齊物論》：“夫大塊噫氣，其名爲風。”成玄英疏：“大塊者，造物之名，亦自然之稱也。”又《大宗師》：“夫大塊載我以形，勞我以生，佚我以老，息我以死。”《文選》張華《答何劭詩》其二：“洪鈞陶萬類，大塊稟群生。”李善注：“大塊，謂地也。”受氣：《莊子·知北遊》：“人之生，氣之聚也。聚則爲生，散則爲死。”

〔二一〕何斯人之獨靈：《書·泰誓上》：“惟天地，萬物父母；惟人，萬物之靈。”

〔二二〕稟神智以藏照，秉三五而垂名：意謂或承受神智以藏其明，隱而不仕；或秉持三五而建功立業，垂名後世。三：指君、父、師。《國語・晉語一》："民生於三，事之如一。"韋昭注："三，君、父、師也。"五：五常，即五種倫常道德：父義、母慈、兄友、弟恭、子孝，見《書・泰誓下》孔疏。

〔二三〕擊壤：古代一種遊戲。壤：以木爲之，前廣後狹，長尺四寸，闊三寸，其形如履。將戲，先側一壤於地，遠三四十步，以手中壤擊之，中者爲上。見《太平御覽》卷七五五引三國魏邯鄲淳《藝經》。皇甫謐《帝王世紀》："帝堯陶唐氏，……天下大和，百姓無事。有八十老人擊壤於道，觀者歎曰：'大哉，帝之德也！'老人曰：'吾日出而作，日入而息，鑿井而飲，耕田而食。帝何力於我哉！'"

〔二四〕靡潛躍之非分：意謂無論潛隱或者仕進，皆出自本分，合乎自然。《易・乾卦》："初九，潛龍勿用。""九四，或躍在淵。"

〔二五〕傲然：高傲貌。《晏子春秋・諫下》："（齊景公）帶球玉而冠且，被髮亂首，南面而立，傲然。"稱情：心滿意足。

〔二六〕世流浪而遂徂，物群分以相形：意謂世事流遷不定，上古自然淳樸之社會一去不返，人亦分化爲各不相同之群體。物：人，衆人。《左傳》昭公十一年："晉荀吳謂韓宣子曰：'不能救陳，又不能救蔡，物無以親。'"群分：以類區分。《易・繫辭上》傳："方以類聚，物以群分。"相形：相互對待區别。

〔二七〕達人：通達之人。《左傳》昭公七年："聖人有明德者，若不當世，其後必有達人。"孔穎達疏："謂知能通達之人。"

〔二八〕山嶷嶷而懷影，川汪汪而藏聲：意謂達人藏於高山大川，隱居不仕。嶷嶷：高聳貌。王褒《九懷・陶壅》："越炎火兮萬里，過萬首兮嶷嶷。"汪汪：深廣貌。《藝文類聚》卷一〇引班固《典引》："汪汪乎丕天之大律，其疇能亘之哉。"

〔二九〕軒唐：古代傳説中之帝王軒轅氏（黄帝）、陶唐氏（堯）。陸雲《晉故豫章内史夏府君誄》："披圖承禪，襲化軒唐。"

〔三〇〕淳源汩（gǔ）以長分，美惡作以異途：意謂淳樸之源已亂，則如水之分流，美惡興而異途矣。蓋淵明認爲上古道德渾一，無善惡、美醜之别，後來淳源既亂，則善惡分、美醜起矣。汩：亂。

《書·洪範》:“鯀陻洪水,汩陳其五行。”孔傳:“汩,亂也。”

〔三一〕原百行之攸貴,莫爲善之可娱:意謂尋究各種品行之所貴,莫若爲善之可足遣憂娱情也。百行:各種品行。《周禮·地官·師氏》:“二曰敏德,以爲行本。”鄭玄注:“德行,内外之稱;在心爲德,施之爲行。”《詩·衛風·氓》:“士之耽兮,猶可説也。”鄭玄箋:“士有百行,可以功過相除。”嵇康《與山巨源絶交書》:“故君子百行,殊途而同致。”貴:重要。《論語·學而》:“禮之用,和爲貴。”

〔三二〕推誠心而獲顯,不矯然而祈譽:意謂擴展誠心以獲得顯達,而不虚詐矯情以祈求榮譽。推:擴展。《孟子·公孫丑上》:“推惡惡之心。”矯:假托。董仲舒《士不遇賦》:“雖矯情而獲百利兮,復不如正心而歸一善。”

〔三三〕雷同:《禮記·曲禮上》:“毋勦説,毋雷同。”鄭玄注:“雷之發生,物無不同時應者;人之言各當由己,不當然也。”毁異:詆毁異己。

〔三四〕物惡其上:世人憎惡高於自己者。逯注引《晉書·袁宏傳》:“人惡其上,世不容哲。”

〔三五〕妙算者:有神妙謀劃之人。

〔三六〕懷瓊、握蘭:比喻有美好之品德。

〔三七〕亮:相信,信任。劉向《九歎·愍命》:“昔皇考之嘉志兮,喜登能而亮賢。”

〔三八〕炎帝帝魁之世:《文選》張衡《東京賦》:“昔常恨《三墳》《五典》既泯,仰不睹炎帝帝魁之美。”薛綜注:“炎帝,神農後也。帝魁,神農名。並古之君號也。”李善注引宋衷《春秋傳》:“帝魁,黄帝子孫也。”

〔三九〕祗(zhī)脩:敬修。

〔四〇〕三省:《論語·學而》:“曾子曰:‘吾日三省吾身:爲人謀而不忠乎?與朋友交而不信乎?傳不習乎?’”

〔四一〕庶進德以及時:《易·乾卦》:“君子進德修業,欲及時也,故無咎。”

〔四二〕惠:善。《禮記·表記》:“先王謚以尊名,節以壹惠,恥名之浮於行也。”鄭玄注:“惠,猶善也。”

〔四三〕 無爰生之晤言，念張季之終蔽：《漢書·張釋之傳》："張釋之字季，南陽堵陽人也。與兄仲同居，以貲爲騎郎，事文帝，十年不得調，亡所知名。釋之曰：'久宦減仲之産，不遂。'欲免歸。中郎將爰盎知其賢，惜其去，乃請徙釋之補謁者。釋之既朝畢，因前言便宜事。文帝曰：'卑之，毋甚高論，令今可行也。'於是釋之言秦漢之間事，秦所以失，漢所以興者。文帝稱善，拜釋之爲謁者僕射。"晤言：見面並接談。《詩·陳風·東門之池》："彼美淑姬，可與晤言。"

〔四四〕 愍(mǐn)馮叟於郎署，賴魏守以納計：意謂可憐馮唐已老而僅任中郎署長，依靠爲魏尚辯解被文帝采納才得以升遷。《史記·張釋之馮唐列傳》：馮唐爲中郎署長，事文帝。上以胡寇爲意，問馮唐何以知吾不能用廉頗、李牧。馮唐答曰："臣愚，以爲陛下法太明，賞太輕，罰太重。且雲中守魏尚坐上功首虜差六級，陛下下之吏，削其爵，罰作之。由此言之，陛下雖得廉頗、李牧，弗能用也。"文帝説。是日令馮唐持節赦魏尚，復以爲雲中守，而拜唐爲車騎都尉，主中尉及郡國車士。

〔四五〕 雖僅然於必知，亦苦心而曠歲：意謂張釋之、馮唐雖勉强得以知遇，但亦苦心經營空度許多歲月矣。僅然：才得以如此，勉强能如此。《史記·滑稽列傳》："公車令兩人共持舉其書，僅然能勝之。"

〔四六〕 審夫市之無虎，眩三夫之獻説：《韓非子·内儲説上》龐恭謂魏王曰："今一人言市有虎，王信之乎？"王曰："不信。""二人言市有虎，王信之乎？"王曰："不信。""三人言市有虎，王信之乎？"王曰："寡人信之。"龐恭曰："夫市之無虎也明矣，然而三人言而成虎。"審：確實。眩：迷惑。

〔四七〕 悼賈傅之秀朗，紆遠轡於促界：《史記·屈原賈生列傳》載：賈生名誼，文帝召以爲博士。是時賈生年二十餘，最爲少。文帝説之，超遷，一歲中至太中大夫。"諸律令所更定，及列侯悉就國，其説皆自賈生發之。於是天子議以爲賈生任公卿之位。絳、灌、東陽侯、馮敬之屬盡害之，乃短賈生曰：'雒陽之人，年少初學，專欲擅權，紛亂諸事。'於是天子後亦疏之，不用其議，乃以賈生爲長沙王太傅。"秀朗：秀美俊朗。陸機《漢高祖功臣頌》：

“袁生秀朗，沉心善照。”紆：屈抑。葛洪《抱朴子·道意》：“皂隸之巷，不能紆金銀之軒；布衣之門，不能動六轡之駕。”遠轡：可以行遠之馬。促界：促狹之界，不足以施展其能力。

〔四八〕悲董相之淵致，屢乘危而幸濟：《史記·董仲舒列傳》：“以治《春秋》，孝景時爲博士……今上即位，爲江都相……中廢爲中大夫，居舍，著《災異之記》。是時遼東高廟災，主父偃疾之，取其書奏之天子。天子召諸生示其書，有刺譏……於是下董仲舒吏，當死，詔赦之。董仲舒爲人廉直……以（公孫）弘爲從諛。弘疾之，乃言上曰：‘獨董仲舒可使相膠西王。’膠西王素聞董仲舒有行，亦善待之。董仲舒恐久獲罪，疾免居家。”淵致：精深之旨趣。濟：度過，引申爲得救。

〔四九〕無偶：無與匹比。《三國志·魏書·管寧傳》：“德行卓絶，海内無偶。”

〔五〇〕淋浪：淚流不止貌。袂（mèi）：衣袖。

〔五一〕清誨：明教。《後漢書·趙壹傳》：“冀承清誨，以釋遥悚。”

〔五二〕無親：猶言無所偏愛。《書·蔡仲之命》：“皇天無親，惟德是輔。”《老子》：“天道無親，常與善人。”河上公注：“天道無有親疏，惟與善人。”

〔五三〕澄得一以作鑒，恒輔善而佑仁：意謂天道澄明如同明鏡，常擇善者仁者而福佑之。《老子》：“天得一以清，地得一以寧。”一：指唯一之道。

〔五四〕夷：伯夷。《史記·伯夷叔齊列傳》載：伯夷、叔齊恥食周粟，隱於首陽山，采薇而食，遂餓死。投老：垂老、臨老。《後漢書·循吏傳·仇覽》：“母守寡養孤，苦身投老，奈何肆忿於一朝，欲致子以不義乎？”

〔五五〕回：顔回。《史記·仲尼弟子列傳》：“回年二十九，髮盡白，蚤死。”

〔五六〕傷請車以備槨：《論語·先進》：“顔淵死，顔路請子之車以爲之椁。”何晏《集解》：“孔曰：路，顔父也，家貧，欲請孔子之車賣以作槨。”

〔五七〕茹薇而殞身：言伯夷、叔齊餓死之事。茹：食菜。

〔五八〕好學：指顔回。《論語·雍也》：“哀公問：‘弟子孰爲好學？’孔子對曰:'有顔回者好學,不遷怒,不貳過。'"行義:指伯夷、叔齊之事。

〔五九〕斯言:指天道無親,輔善佑仁。虛陳:空言無驗。

〔六〇〕何曠世之無才,罕無路之不澀:意謂豈是久無英才,只因各條道路均已阻滯而不能使人才施展。何:哪裏,表示反問。曠世:歷時久遠。澀:道路阻滯不暢。

〔六一〕病:憂。《禮記·樂記》:"病不得其衆也。"鄭玄注:"病,猶憂也。"奇:佳,美。《古詩爲焦仲卿妻作》:"今日違情義,恐此事非奇。"

〔六二〕廣結髮以從政,不愧賞於萬邑:意謂李廣自結髮以來即已從政,所立之功雖賞賜萬邑亦無愧也。《史記·李將軍列傳》:"廣既從大將軍青擊匈奴,既出塞,青捕虜知單于所居,乃自以精兵走之,而令廣並與右將軍軍,出東道……廣自請曰:'臣部爲前將軍,今大將軍乃徙令臣出東道。且臣結髮而與匈奴戰,今乃一得當單于,臣願居前,先死單于。'大將軍青亦陰受上誡,以爲李廣老,數奇,毋令當單于,恐不得所欲……軍亡導,或失道,後大將軍……大將軍使長史急責廣之幕府對簿。廣曰:'諸校尉無罪,乃我自失道。吾今自上簿。'至莫府,廣謂其麾下曰:'廣結髮與匈奴大小七十餘戰,今幸從大將軍出接單于兵,而大將軍又徙廣部行回遠,而又迷失道,豈非天哉!且廣年六十餘矣,終不能復對刀筆之吏。'遂引刀自剄。"

〔六三〕屈雄志於戚豎,竟尺土之莫及:意謂李廣屈其雄志於外戚小人,竟不得尺土之封賞。戚豎:指衛青等。衛青乃漢武帝衛皇后之弟。《史記·李將軍列傳》:"廣嘗與望氣王朔燕語,曰:'自漢擊匈奴而廣未嘗不在其中,而諸部校尉以下,才能不及中人,然以擊胡軍功取侯者數十人,而廣不爲後人,然無尺寸之功以得封邑者,何也?豈吾相不當侯邪?且固命也?'"

〔六四〕留誠信於身後,慟衆人之悲泣:《史記·李將軍列傳》:廣自剄,"廣軍士大夫一軍皆哭。百姓聞之,知與不知,無老壯皆爲垂涕"。太史公曰:"余睹李將軍悛悛如鄙人,口不能道辭。及死之日,天下知與不知,皆爲盡哀。彼其忠實心誠信於士大夫也?"

〔六五〕商盡規以拯弊，言始順而患入：《漢書・王商傳》載：成帝即位，徙商爲左將軍，甚敬重之。而帝元舅大司馬大將軍王鳳與商不和。後，商爲丞相，益封千户。鳳陰求其短，使人上書言商閨門内事，遂下其事司隸。左將軍丹等亦奏商不忠不道。商免相，發病卒。盡規：盡諫。《吕氏春秋・恃君覽・達鬱》："是故天子聽政，使公卿列士正諫……近臣盡規，親戚補察，而後王斟酌焉。"高誘注："規，諫。"許維遹曰："盡與進通，《列子》書'進'多作'盡'。"（《吕氏春秋集釋》）

〔六六〕奚良辰之易傾，胡害勝其乃急：意謂王商之良辰何其如此易盡，而王鳳等人讒害才能超過自己之人何其急迫。

〔六七〕蒼旻遐緬，人事無已。有感有昧，疇測其理：意謂蒼天遥遠，天命既不可知；而人事無盡，其變化亦難以預料。有可感應者，亦有昧而不覺者。誰能預測其中之規律耶？

〔六八〕寧固窮以濟意，不委曲而累（lèi）己：自此以下乃淵明言其自身之態度。寧可固窮以成全自己之意願，而不委曲事人以損害自己。累：使損害。《書・旅獒》："夙夜罔或不勤，不矜細行，終累大德。"

〔六九〕軒冕：古時大夫以上官員之車乘與冕服，借指官位爵禄及顯貴者。《管子・立政》："生則有軒冕服位穀禄田宅之分，死則有棺槨絞衾壙壟之度。"

〔七〇〕緼（yùn）袍：以新舊混合之亂絮製成之袍。《禮記・玉藻》："纊爲繭，緼爲袍。"鄭玄注："纊謂今之新棉也，緼謂今纊及舊絮也。"《漢書・東方朔傳》："衣緼無文。"顔師古注："緼，亂絮也。"

〔七一〕誠謬會以取拙，且欣然而歸止：意謂誠然是謬取守拙之路，且欣然歸田。謬會：錯誤之解會。

〔七二〕孤襟：孤介之情懷。畢歲：終此一年。

〔七三〕謝：辭謝。良價：《論語・子罕》："子貢曰：'有美玉於斯，韞櫝而藏諸？求善賈而沽諸？'子曰：'沽之哉！沽之哉！我待賈者也。'"

【析義】

序謂寫作之由，點明"士不遇賦"之傳統。賦則從上古説起，對淳厚之風嚮往之至。既而密網裁、宏羅制，達人逃禄歸耕，而入仕者命運多舛。歷數張釋之、馮唐、賈誼、董仲舒、伯夷、叔齊、顏回、李廣、王商等人事跡,感歎不已。最後歸結自己之人生態度,更加堅定歸隱決心。

閑情賦 并序

初張衡作《定情賦》一無賦字〔一〕,蔡邕作《靜情一作檢逸賦》一無賦字〔二〕,檢逸辭而宗澹泊①〔三〕,始則一本無檢逸辭而宗澹泊始則九字,則一作皆蕩以思慮,而終歸閑正〔四〕。將以抑流宕之邪心,諒有助於諷諫。綴文之士,奕代一作世繼作。並固觸類②,廣其辭義〔五〕。余園閭多暇,復染翰爲之一作文③。雖文妙一作好學不足④,庶不謬作者之意乎一無乎字〔六〕?

夫何瓌逸之令姿〔七〕,獨曠世以一作而秀群〔八〕。表傾城之艷一作令色〔九〕,期有德一作聽於傳聞⑤〔一〇〕。佩鳴玉以比絜,齊幽蘭以爭芬。淡柔情於俗内,負雅志於高雲〔一一〕。悲晨曦之易夕,感人生之長勤〔一二〕。同一盡一作晝於百年⑥,何歡寡而愁殷〔一三〕。褰朱幃而正坐〔一四〕,汎清瑟以自欣〔一五〕。送纖指之餘好,攘皓袖一作腕之繽紛〔一六〕。瞬美目以流眄,含言笑而不分〔一七〕。曲調將半,景落西軒〔一八〕。悲商叩林〔一九〕,白雲依山。仰睇天路,俯促鳴絃〔二〇〕。神儀嫵媚,舉止詳妍〔二一〕。激清音以感余,願接膝一作手以交言〔二二〕。欲自往以結誓,懼冒禮之爲諐。待鳳鳥一作鳴鳳以致辭,恐他人之我先〔二三〕。意惶惑而靡寧,魂須臾而九遷〔二四〕。願在衣而爲領,承華首之餘芳;悲羅一作素襟之宵離,怨秋夜之一作其未央〔二五〕。願在裳而爲帶〔二六〕,束窈窕之纖身;嗟溫涼之異氣,或脱故而服新〔二七〕。願在髮而爲澤〔二八〕,刷玄鬢於一作以頹肩⑦〔二九〕;悲佳人之屢沐,從白水一作永日以枯煎⑧。願在眉而爲黛〔三〇〕,隨瞻視以閑揚〔三一〕;悲脂一作紅粉之尚鮮〔三二〕,或取毁於華粧〔三三〕。願在莞而爲席〔三四〕,安弱體於三秋〔三五〕;悲文茵之代御〔三六〕,方經年而見求〔三七〕。願在絲而爲履,附素足以周旋〔三八〕;悲行止之有節〔三九〕,空委棄一作余於床前。願在晝而爲影，常依形而一作以西東；悲高樹之多蔭，慨有時而一作之不同。願在夜而爲燭，照玉容於兩楹〔四〇〕；悲扶桑之舒光〔四一〕，奄滅景而藏明〔四二〕。願在竹而爲扇，含淒飆一作命淒風於柔握⑨〔四三〕；悲白露之一作以晨零，顧襟袖以一作之緬邈〔四四〕。願在木而爲桐，作膝上之鳴琴；悲樂極以哀來，終推我而輟音。考所願而必違，徒契契一作挈挈，又作契闊以苦心⑩〔四五〕。擁勞情而罔訴〔四六〕，步容與於南林〔四七〕。栖木蘭之遺露〔四八〕，翳青松之餘陰。儻行行之有覿〔四九〕，交欣懼於中襟。竟寂寞而無見，獨悁想一作搖搖以空尋〔五〇〕。斂輕裾以復一作候路〔五一〕，瞻夕陽而流歎。步徙倚以忘趣〔五二〕，色慘悽一作懍而矜顔〔五三〕。葉燮燮以一作而去條〔五四〕，氣淒淒而就寒。日負影以偕没，月媚景於雲端。鳥悽聲以孤歸，獸索偶而不還。悼當年之晚暮〔五五〕，恨兹歲之欲殫〔五六〕。思宵夢以從之，神飄颻而不安。若憑舟之失棹〔五七〕，譬緣崖而無攀。于時畢昴一作夜景盈軒〔五八〕，北風淒淒。耿耿原作炯炯，注一作耿耿不寐⑪〔五九〕，衆念徘徊。起攝帶以伺晨〔六〇〕，繁霜粲於素階。雞斂翅而未鳴，笛流遠以一作遠嗷而清哀。始妙密一作密勿以閑和〔六一〕，終寥亮而藏摧⑫〔六二〕。意夫人之在兹〔六三〕，託行雲以送懷。行雲逝而無語，時奄冉而就過一本云：行雲逝而不我留，時亦奄冉而就過〔六四〕。徒勤思以自悲，終阻山而滯原作帶，注一作滯河⑬。迎清風以祛累，寄弱志於歸波〔六五〕。尤一作遮蔓草之爲會，誦邵南之餘歌〔六六〕。坦萬慮以存誠，憩遥情於八遐〔六七〕。

【校勘】

① “檢逸辭而宗澹泊”七字乃是單句，或奪去一句。一本無“檢逸辭而宗澹泊，始則”九字。無“始則”二字，語氣不暢，恐非。“則”一作“皆”，亦通。

② 固：紹興本作“因”，亦通。

③ 爲之：一作“爲文”，亦通。

④ 文妙：一作“好學”，於義稍遜。

⑤ 德：一作“聽”，於義稍遜。

⑥ 晝：一作“畫”，形近而訛。

⑦ 於：一作“以”，亦通。

⑧ 從:紹興本作"徒",形近而訛。白水:一作"永日",形近而訛。

⑨ 含凄飈:一作"命凄風",形近而訛。

⑩ 契契:又作"契闊",非是。

⑪ 耿耿:原作"憪憪",底本校曰"一作耿耿",今從之。霈案:"憪",意謂小明或記憶,於義不合。或係"炯炯"之誤。《楚辭·哀時命》:"夜炯炯而不寐兮,懷隱憂而歷兹。"王逸注:"言己中心愁怛,目爲炯炯而不能眠。"

⑫ 而:紹興本作"以"。

⑬ 滯:原作"帶",底本校曰"一作滯"。霈案:"滯河"與"阻山"相對,作"滯"爲勝。

【題解】

《説文》:"閑,闌也。从門,中有木。"注:"以木距門也。"引申爲"防""限""閉""正"。《廣韻》:"閑,闌也,防也,禦也。"《廣雅·釋詁》:"閑,正也。"《春秋繁露·循天之道》:"故君子閑欲止惡以平意,平意以靜神,靜神以養氣。"可見"閑"有防閑之意。《閑情賦序》曰:"始則蕩以思慮,而終歸閑正。"則"閑情"猶正情也,情已流蕩,而終歸於正。《序》又曰:"將以抑流宕之邪心,諒有助於諷諫。""抑"者,止也,與"閑"義近。《閑情賦》末尾曰:"坦萬慮以存誠,憩遥情於八遐。""憩"者,止也,與"閑"亦義近。以上内證足以説明"閑情"意謂抑憩流宕之情使歸於正也,與淵明在序中所謂張衡《定情賦》、蔡邕《靜情賦》之"定""靜"意思相符。此外,"閑"之意義可參看王粲《閑邪賦》,"邪"字已指明此類"情"之性質。孔子曰:"《詩》三百,一言以蔽之,曰思無邪。"(《論語·爲政》)"邪"意爲不正,"閑邪"是使邪歸正之義。

從《閑情賦》之題目、承傳關係、序中自白,可以斷定此賦乃模擬之作,淵明寫作此賦之主觀動機是防閑愛情流蕩。然而賦之爲體勸百諷一,不鋪陳(如此賦中之"十願")則不合賦體,而鋪陳太過又難免掩其主旨。客觀效果與主觀動機或不盡吻合,乃賦體通常情況,淵明此賦亦難免如此也。

【編年】

此賦寫愛情之流蕩,又序曰"余園閭多暇",可見乃淵明少壯閒居時所作。姑繫於晉海西公太和五年庚午(三七〇),淵明十九歲。

【箋注】

〔一〕張衡《定情賦》:佚文見《藝文類聚》卷一八:"夫何妖女之淑麗,光華艷而秀容。斷當時而呈美,冠朋匹而無雙。歎曰:大火流兮草蟲鳴，繁霜降兮草木零。秋爲期兮時已征，思美人兮愁屏營。”

〔二〕蔡邕《靜情賦》：一作《檢逸賦》，佚文見《藝文類聚》卷一八：“夫何姝妖之媛女，顔煒燁而含榮。普天壤其無儷，曠千載而特生。余心悦於淑麗，愛獨結而未並。情罔象而無主，意徙倚而左傾。晝騁情以舒愛，夜託夢以交靈。”

〔三〕檢：約束，限制。《書·伊訓》：“與人不求備，檢身若不及。”孔穎達疏：“檢，謂自攝斂也。”逸辭：放逸之文辭。宗：尊。

〔四〕始、終：指賦的前後。

〔五〕綴文之士，奕代繼作。並固觸類，廣其辭義：情賦有愛情與閑情之分。愛情賦始於《楚辭》，《九歌》可視爲先河，《離騷》中求女一段雖非抒寫愛情，但其寫法對後世頗有影響。宋玉有《高唐賦》《神女賦》《登徒子好色賦》，可視爲此類賦之發端；漢司馬相如有《美人賦》，蔡邕有《協和婚賦》《青衣賦》；魏楊修有《神女賦》，陳琳有《神女賦》，應瑒有《神女賦》，徐幹有《嘉夢賦》，曹植有《洛神賦》；晉張敏有《神女賦》。《閑情賦》亦出自宋玉而改變其主題，漢張衡《定情賦》發其端，繼之蔡邕有《靜情賦》，魏王粲有《閑邪賦》《神女賦》，應瑒有《正情賦》，陳琳、阮瑀均有《止欲賦》，曹植有《靜思賦》，晉張華有《永懷賦》，傅玄有《矯情賦》。淵明主要繼承閑情一類，在辭義兩方面加以鋪陳。奕代：猶奕世，累世，代代。《國語·周語上》：“奕世載德，不忝前人。”

〔六〕雖文妙不足，庶不謬作者之意乎：意謂雖然文妙不足，但庶幾不違背張衡等原作者之主旨也。

〔七〕瓌逸：瓌奇超邁。令：美。

〔八〕曠世：絶代，空前。張衡《東京賦》：“故曠世而不覿。”秀群：秀出於衆人之上。

〔九〕傾城：《漢書·外戚傳》：“北方有佳人，絶世而獨立。一顧傾人城，再顧傾人國。”

〔一〇〕期：希望。

〔一一〕淡柔情於俗内，負雅志於高雲：意謂淡然於世俗之柔情，而抱清高不俗之雅志。柔情：曹植《洛神賦》：“柔情綽態，媚於語言。”

〔一二〕感人生之長勤：《楚辭·遠遊》：“惟天地之無窮兮，哀人生之長勤。”

〔一三〕殷：多。

〔一四〕褰：撩起。幃：帳幕。

〔一五〕汎：通泛。古琴通過特定之演奏法所發出之輕而清之音曰泛，也泛指彈奏，此係泛指。瑟：絃樂器名。

〔一六〕送纖指之餘好，攘皓袖之繽紛：形容彈瑟時手部腕部之優美動作。送：傳送出。曹植《美女篇》：“攘袖見素手，皓腕約金環。”

〔一七〕瞬美目以流眄，含言笑而不分：意謂美目流轉，似言似笑。瞬：目光轉動。

〔一八〕景：日光。軒：窗。

〔一九〕商：五音之一。《禮記・月令》：“孟秋之月……其音商。”

〔二〇〕仰睇天路，俯促鳴絃：連上四句意謂其彈奏與大自然之聲音相諧和。天路：天上之路，此泛指天空。曹植《雜詩》其二：“高高上無極，天路安可窮。”促：急促彈奏。

〔二一〕詳妍：安詳美好。

〔二二〕激清音以感余，願接膝以交言：意謂其音樂感動自己，而願與之接近也。接膝：兩人之膝相接。

〔二三〕欲自往以結誓，懼冒禮之爲諐（qiān）。待鳳鳥以致辭，恐他人之我先：意謂自往結誓既恐爲諐，而待鳳鳥爲媒又恐落後於他人也。冒禮：冒犯禮法。諐：同愆，過失。《楚辭・離騷》：“心猶豫而狐疑兮，欲自適而不可。鳳凰既受詒兮，恐高辛之先我。”

〔二四〕意惶惑而靡寧，魂須臾而九遷：極言心神不寧。《楚辭・九章・抽思》：“惟郢路之遼遠兮，魂一夕而九逝。”

〔二五〕悲羅襟之宵離，怨秋夜之未央：意謂爲其衣領固可承華首之餘芳，然當夜晚脱衣而睡則不得不分離矣，而秋夜漫漫難盡，深怨離别之久長也。

〔二六〕裳（cháng）：下衣。

〔二七〕嗟温涼之易氣，或脱故而服新：意謂爲其下衣固可束其美好之纖身，然氣候温涼變化，衣裳亦隨之脱故服新，終不能永隨其身也。

〔二八〕澤：潤髮之膏澤。

〔二九〕玄：黑。頹肩：削肩。

〔三〇〕黛：青黑色顔料，古代女子用以畫眉。
〔三一〕閑揚：形容眉毛跟隨眼睛瞻視而揚起之閑雅表情。
〔三二〕尚鮮：言脂粉以新鮮爲好。
〔三三〕或取毁於華粧：意謂被華麗之化妝品所取代。
〔三四〕莞（guǎn）：蒲草。《爾雅·釋草》郭璞注："今西方人呼蒲爲莞蒲……用之爲席。"
〔三五〕三秋：秋季三月。
〔三六〕文茵：車上之虎皮坐褥。代御：取代使用。
〔三七〕方經年而見求：意謂下年秋季莞席才會再次用上。
〔三八〕周旋：指步履之移動。
〔三九〕行止：偏義複詞，此指行動。有節：有節制。
〔四〇〕楹：廳堂前部之柱子。
〔四一〕扶桑：傳説日出之處。舒光：舒布其光也。
〔四二〕奄：忽然。景、明：此指燭光。
〔四三〕淒飈：冷風。
〔四四〕顧襟袖以緬邈：意謂秋季則遠棄不用，不得與之親近矣。
〔四五〕契契：憂苦。《詩·小雅·大東》："契契寤歎，哀我憚人。"
〔四六〕勞：憂愁。《詩·邶風·燕燕》："瞻望弗及，實勞我心。"
〔四七〕容與：徘徊不進貌。
〔四八〕栖木蘭之遺露：《楚辭·離騷》："朝飲木蘭之墜露兮，夕餐秋菊之落英。"
〔四九〕儻：倘或，表示希望。覿（dí）：見。
〔五〇〕悁（yuān）：憂也，見《説文》。《一切經音義》："悁，憂貌也。"
〔五一〕裾：衣服之大襟。
〔五二〕趣：同趨，行也。忘趣：意謂心神不定，不知所之。
〔五三〕矜顔：容貌嚴肅。
〔五四〕燮燮：葉落聲。條：樹枝。
〔五五〕當年：壯年。
〔五六〕殫：盡。
〔五七〕棹：船槳。
〔五八〕畢：二十八宿之一。昴（mǎo）：二十八宿之一。
〔五九〕耿耿：形容心中不能安寧。《詩·邶風·柏舟》："耿耿不寐，如有隱憂。”

〔六〇〕攝帶：束帶，意謂穿衣。

〔六一〕妙密：精微細密。

〔六二〕藏摧：哀傷貌。

〔六三〕意：料想。夫(fú)人：彼人。

〔六四〕奄冉：猶荏苒，形容時光逐漸推移。就：副詞，表示時間，相當於逐漸。梁范雲《四色詩》其四：“烏林葉將賈，墨池水就乾。”

〔六五〕迎清風以袪(qū)累，寄弱志於歸波：意謂上述愛慕之情乃多餘之雜念，意志柔弱之表現，亦即序文中所謂“流宕之邪心”，使隨清風流水而去。

〔六六〕尤蔓草之爲會，誦邵南之餘歌：意謂責備男女之私會，而以禮教約束自己。蔓草：指《詩·鄭風·野有蔓草》，《毛詩序》曰：“男女失時，思不期而會焉。”邵南：指《詩》中之《召南》，《詩大序》曰：“《周南》《召南》，正始之道，王化之基。”

〔六七〕坦萬慮以存誠，憩遥情於八遐：意謂寬舒種種思慮，而僅存誠正之心；停止放蕩之感情於八方以外。亦即序文所謂“終歸閑正”之意。

【析義】

歷來對此賦詮釋不同，評價不一，有言情與寄託兩説，言情説又有肯定與否定兩種態度。兹舉其要者如下：蕭統認爲此賦乃言情之作，其《陶淵明集序》曰：“余愛嗜其文，不能釋手；尚想其德，恨不同時。故更加搜求，粗爲區目。白璧微瑕者，惟在《閑情》一賦。揚雄所謂勸百而諷一者，卒無諷諫，何必摇其筆端？惜哉，無是可也！”蘇軾亦不認爲《閑情賦》有諷諫之寓意，而確信是言情之作，但無傷大雅：“淵明《閑情賦》，正所謂《國風》好色而不淫，正使不及《周南》，與屈、宋所陳何異？而統乃譏之，此乃小兒强作解事者。”(《東坡題跋》卷二《題文選》)張自烈則認爲此賦别有寓意：“此賦託寄深遠……合淵明首尾詩文思之，自得其旨……或云此賦爲睠懷故主作，或又云續之輩雖居廬山，每從州將游，淵明思同調之人而不可得，故託此以送懷。”(《箋注陶淵明集》)劉光蕡曰：“其所賦之詞，以爲學人之求道也可，以爲忠臣之戀主也可，即以爲自悲身世以思聖帝明王也亦無不可。”(陶淵明《閑情賦注》)

霈案：主寄託説者所用方法，乃是以淵明其他作品爲參照，以解釋

《閑情賦》此一特定作品，而不是從本文之詮釋中得出結論，故難免牽强附會，主觀臆測。如就其題目、承傳關係、序中之自白而言，可以斷定淵明寫作此賦之主觀動機確是防閑愛情流宕。無論如何不宜將淵明欲防閑之情，釋爲懷念故主之情，或某種理想之寄託。蕭統、蘇軾雖評價不同，但皆視之爲言情之作，宜也。

歸去來兮辭 并序①

余家貧，耕植不足以自給。幼稚盈室一作兼稚子盈室，缾無儲粟〔一〕，生生所資，未見其術〔二〕。親故多勸余爲長吏〔三〕，脱然有懷〔四〕，求之靡途。會有四方之事〔五〕，諸侯以惠愛爲德〔六〕，家叔以余貧苦，遂見用爲小邑②〔七〕。于時風波未静〔八〕，心憚遠役〔九〕，彭澤去家百里〔一〇〕，公田之秫原作利，注一作秫，過足爲潤原作足以爲酒，注一作過足爲潤③〔一一〕，故便求之。及少日，眷然有歸歟之情〔一二〕。何則？質性自然，非矯勵所得〔一三〕。飢凍雖切，違己交病〔一四〕。嘗一作曾從人事，皆口腹自役〔一五〕。於是悵然慷慨，深愧平生之志〔一六〕。猶望一稔〔一七〕，當斂裳宵逝〔一八〕。尋程氏妹喪于武昌，情在駿奔，自免去職〔一九〕。仲秋至冬，在官八十餘日。因事順心〔二〇〕，命篇曰歸去來兮。乙巳歲十一月也④。

歸去來兮！田園將蕪胡不歸⑤〔二一〕？既自以心一作身爲形役⑥，奚惆悵而獨悲〔二二〕！悟已往之不諫，知來者之可追〔二三〕。實迷途其未遠，覺今是而昨非〔二四〕。舟遥遥以輕颺⑦〔二五〕，風飄飄而吹衣。問征夫以前路〔二六〕，恨晨光之熹一作晞微⑧〔二七〕。乃瞻衡宇〔二八〕，載欣載奔。僮僕歡迎⑨，稚子候門。三徑就荒〔二九〕，松菊猶存。携幼入室，有酒盈罇⑩。引壺觴以自酌一作適⑪，眄庭柯以怡顔⑫。倚南窗以寄傲⑬〔三〇〕，審容膝之易安〔三一〕。園日涉以成趣一作逕⑭〔三二〕，門雖設而常關。策扶老以流憩⑮〔三三〕，時矯首而遐觀⑯〔三四〕。雲無心以出岫⑰,鳥倦飛而知還〔三五〕。景翳翳以將入⑱〔三六〕,撫孤松而盤桓⑲〔三七〕。歸去來兮!請息交以絶游⑳〔三八〕。世與我而相遺㉑,復駕言兮焉求〔三九〕?悦親戚之情話,樂琴書以消憂。農人告余以春及一無及字,一作暮春,又作仲春㉒,將有事於西疇㉓〔四〇〕。或命巾車㉔〔四一〕,或棹孤舟㉕〔四二〕。既窈窕以尋壑㉖〔四三〕,亦崎嶇而經一作尋丘。木欣欣以向榮,泉涓涓而始流〔四四〕。善萬物之得時㉗,感吾生之行休㉘〔四五〕。已矣乎!寓形宇内能一無能字復幾時㉙,曷不委心任去留㉚〔四六〕?胡爲乎遑遑兮一無兮字欲何之㉛〔四七〕?富貴非吾願,帝鄉不可期〔四八〕。懷良辰以孤往〔四九〕,或植杖而耘耔㉜〔五〇〕。登東皋以舒嘯〔五一〕,臨清流而賦詩。聊乘化以歸盡㉝,樂夫天命復奚疑一作爲〔五二〕!

【校勘】

① 曾集本無"并序"二字。《文選》作"歸去來一首"。

② 爲:李注本作"於"。

③ 公田之秫,過足爲潤:原作"公田之利,足以爲酒"。底本校曰:"利"一作"秫","足以爲酒"一作"過足爲潤",今從之。需案:原作亦通,然語涉詼諧,而此文通篇莊重,且上文一言"余家貧,耕植不足以自給。幼稚盈室,缾無儲粟",再言"飢凍雖切",所求者唯食飽也,非爲酒也,且語極沉痛。此處竟以"足以爲酒"爲求彭澤縣令理由,文義未能銜接。原作"公田之利,足以爲酒",疑是因蕭統《陶淵明傳》而改。《傳》曰:"公田悉令種秫,曰:'吾嘗得醉於酒,足矣!'"

④ 《文選》李善注所載《序》較短:"余家貧,又心憚遠役。彭澤縣去家百里,故便求之。及少日,眷然有歸歟之情,自免去職。因事順心,命篇曰《歸去來》。"

⑤ 田園:《宋書》作"園田"。將:《宋書》作"荒"。

⑥ 心:一作"身"。"心"與"形"相對而言,作"身"於義稍遜。

⑦ 遥遥:《宋書》作"超遥",亦通。以:《藝文類聚》作"而",亦通。

⑧ 熹:一作"晞",《宋書》《晉書》作"希"。

⑨ 歡:《晉書》作"來"。

⑩ 盈:《宋書》作"停",非是。

⑪ 以:《宋書》《南史》作"而"。

⑫ 眄:《宋書》、六臣注《文選》作"盼"。

⑬ 以:《宋書》《南史》作"而"。

⑭ 以:《宋書》《晉書》作“而”。
⑮ 憩:《宋書》作“愒”。
⑯ 矯:《晉書》作“翹”。而:《藝文類聚》作“以”。
⑰ 以:李注本、《藝文類聚》《晉書》作“而”。
⑱ 以:《宋書》《晉書》《南史》作“其”。
⑲ 而:《宋書》作“以”。
⑳ 以:《宋書》《南史》作“而”。
㉑ 而:《宋書》作“以”。遺:李注本作“違”。
㉒ 春及:《宋書》作“上春”,《文選》作“春兮”,於義皆稍遜。六臣注《文選》無“及”字。
㉓ 於:《文選》《晉書》作“乎”,《南史》作“兮”。
㉔ 或命巾車:《文選》江文通《雜體詩》李善注引作“或巾柴車”。
㉕ 孤:《宋書》《南史》作“扁”。
㉖ 以:《藝文類聚》作“而”。尋:《宋書》《南史》作“窮”。
㉗ 時:《藝文類聚》作“所”。
㉘ 生:《藝文類聚》作“年”。
㉙ 復:《藝文類聚》此字下有“得”字。
㉚ 曷:《宋書》作“奚”。
㉛ 乎:和陶本、《文選》無此字。遑遑:和陶本作“皇皇”。
㉜ 耘:和陶本作“芸”。
㉝ 以:《晉書》作“而”。

【題解】

“辭”,文體名,源出於《楚辭》,但《文選》單列一類“辭”體,以區别於騷、賦。

先秦文獻屢見“歸來”一詞,如《楚辭·招魂》:“魂兮歸來!東方不可以托些。”《戰國策·齊策》:“長鋏歸來乎!食無魚。”此後仍不乏用例,如淮南小山《招隱士》:“王孫兮歸來!山中不可以久留。”王褒《碧雞頌》:“深谿回谷,非土之鄉。歸來歸來,漢德無疆。”《文選》張衡《東征賦》:“且歸來以釋勞,膺多福以安悆。”潘岳《西征賦》:“作歸來之悲臺,徒望思其何補?”“來”字置於“歸”字之後,有强調、呼唤之語氣,而其意義或已虚化,“長鋏歸來乎”,其實是離孟嘗君而去,但不言歸去,而曰歸來,歸來猶歸去,其方向性已經虚化。

至於“歸去來”乃六朝習語,《樂府詩集》卷二五梁鼓角横吹曲《黄淡思歌辭》其四:“緑絲何葳蕤,逐郎歸去來。”(又有“還去來”,《樂府詩集》

卷二五《黄淡思歌辭》其一:"歸歸黄淡思,逐郎還去來。")《樂府詩集》卷八九《梁武帝時謡》:"城中諸少年,逐歡歸去來。"同卷《陳初時謡》:"日西夜烏飛,拔劍倚梁柱。歸去來,歸山下。"沈約《八詠詩·解佩去朝市》:"眷昔日兮懷哉,日將暮兮歸去來。"(《玉臺新詠》卷九)吴均《贈別新林詩》:"去去歸去來,還傾鸚鵡杯。"(《文苑英華》卷二八六)盧思道《聽鳴蟬詩》:"歸去來,青山下。秋菊離離日堪把,獨焚枯魚宴林野。"(《藝文類聚》卷九七)

尤可注意者,《史記·孟嘗君列傳》所載《彈歌》:"長鋏歸來乎!食無魚。"《北堂書鈔》作"大丈夫,歸去來兮"。在"歸"字與"來"字之間加一"去"字,可見"歸去來"義猶"歸來"。又有"隱去來",《晉書》卷九四《祈嘉傳》:嘉字孔賓,"年二十餘,夜忽窗中有聲呼曰:'祈孔賓,祈孔賓!隱去來,隱去來!修飾人世,甚苦不可諧。所得未毛銖,所喪如山崖。'"

總之,"歸去來"之涵義重在"歸"字,而"去""來"之方向性已逐漸淡化,重在表示强調、呼喚之語氣。淵明所謂"歸去來兮",或本於馮驩,而引祈嘉爲同調耶?

【編年】

《序》末署"乙巳歲十一月也",已言明寫作時間,乃將歸未歸之際。至於文中涉及歸途及歸後情事,乃想象之辭。兹繫於晉義熙元年乙巳(四〇五)十一月。

【箋注】

〔一〕缾無儲粟:意謂連一缾粟之微尚無所儲,極言貧窮之狀。《説文》:"缾,罋也。从缶并聲。""瓶,缾或从瓦。""罋,汲缾也。"《詩·小雅·蓼莪》:"缾之罄矣,維罍之恥。"缾小罍大,皆酒器也。《左傳》昭公二十四年:"缾之罄矣。"注:"缾,小器。"可見"缾"或用以汲水,或用以盛酒,非儲粟器也。蘇軾《東坡志林》卷三《書淵明歸去來序》:"俗傳書生入官庫,見錢不識。或怪而問之,生曰:'固知其爲錢,但怪其不在紙裹中耳。'予偶讀淵明《歸去來辭》云:'幼稚盈室,缾無儲粟。'乃知俗傳信而有徵。使缾有儲粟,亦甚微矣,此翁平生只於缾中見粟也耶!"蘇説恐未當,此序乃十分嚴肅之文字,言其貧狀,不涉詼諧,全是寫實手法。且淵明雖貧,尚不至在汲水缾或酒缾中儲粟也。"缾",疑本作"𢀜"(píng)。《説文·甾部》:"甾,東楚名缶曰甾。""𢀜,㼜也，从甾并聲。杜林以爲竹筥，揚雄以爲蒲器。”《巾部》：“帔，蒲席䈪也。”“𢄼，載米䈪也。”則“𤬪”“帔”“𢄼”“䈪”均係儲米器，或以竹編，或以蒲編。

〔二〕生生所資，未見其術：意謂未見有何方法可充養育幼稚之用也。生生：孳息不絶，此謂養育幼稚也。《易·繫辭上》傳：“生生之謂易。”孔疏：“生生，不絶之辭。”《書·盤庚中》：“汝萬民乃不生生，暨予一人猷同心。”孔疏：“物之生長，則必漸進，故以生生爲進進。”《文選》張華《鷦鷯賦》：“鷦鷯，小鳥也。生於蒿萊之間，長於藩籬之下，翔集尋常之内，而生生之理足矣。”慧遠《沙門不敬王者論·出家二》：“知生生由於禀化，不順化以求宗。”資：用。術：方法。此非泛泛言其生活無法維持，乃承上“幼稚盈室，缾無儲粟”，强調無以養育幼稚也。

〔三〕長吏：《漢書·百官公卿表》：“縣令、長皆秦官，掌治其縣……皆有丞、尉，秩四百石至二百石，是爲長吏；百石以下有斗食、佐史之秩，是爲少吏。”

〔四〕脱然有懷：淵明原爲“生生所資，未見其術”所苦，親故勸爲長吏，遂舒然釋懷而有此想。《淮南子·精神訓》：“今夫繇者揭钁臿、負籠土，鹽汗交流，喘息薄喉。當此之時，得茠越下，則脱然而喜矣。”高誘注：“脱，舒也。言繇人之得小休息，則氣得舒，故喜也。”有懷：《詩·邶風·泉水》：“有懷于衛，靡日不思。”《文選》顔延年《秋胡詩》：“有懷誰能已，聊用申苦難。”

〔五〕會：恰逢。四方之事：李注：“銜建威命使都。”逯注：“經營四方的大事，指劉裕等的起兵勤王。《晉書·虞潭傳》：‘大駕逼遷，潭勢弱，（不能獨振，）乃固守以俟四方之舉。’是其例證。”霈案：“四方”者，諸侯也。《周禮·夏官·訓方氏》：“掌道四方之政事。”注：“四方，諸侯也。”《禮記·中庸》：“柔遠人則四方歸之。”孔疏：“四方，則蕃國也。”然則，“四方之事”，即諸侯之事，與下文“諸侯以惠愛爲德”呼應。事：變故，多指重大之政治軍事事件，《商君書·農戰》：“國有事，則學民惡法，商民善化，技藝之民不用，故其國易破也。”此所謂“四方之事”指當時各地刺史、都督之間及其與東晉王朝間之矛盾戰爭，即自王恭起兵以來變化莫測之政治局面。

〔六〕諸侯以惠愛爲德：意謂諸侯有事，故皆以惠愛人才爲德，延攬人才以爲己用也。諸侯：泛指各地刺史、都督，非專指某一人如劉裕或劉敬宣。

〔七〕家叔以余貧苦，遂見用爲小邑：陶澍《靖節先生年譜考異》曰："家叔當即《孟府君傳》所謂叔父太常夔也。"李公焕注："當時刺史得自采辟所部縣令而版授之，故云。"需案：觀此二句行文，似乎家叔用之爲小邑，其實不然。陶夔曾任王孝伯（恭）參軍、太常、尚書，但未嘗任刺史；亦不見淵明另有任刺史之家叔，家叔用之爲小邑云云頗可疑也。若聯繫上文"諸侯以惠愛爲德"，顯係某諸侯用之爲小邑。因疑"家叔以余貧苦，遂見用爲小邑"中之"苦"字，乃"告"字之誤。"苦""告"形近。家叔乃"勸余爲長吏"之衆"親故"中之一人，淵明自己既"求之靡途"，家叔遂以其貧告知諸侯，而被諸侯用爲小邑。是年陶夔任尚書，迎元帝還建康，當可推薦淵明也。至於小邑則淵明自選之彭澤縣也。關於陶夔，《太平御覽》卷二四九引《俗説》曰："陶夔爲王孝伯參軍。三日，曲水集，陶在前行坐，有一參軍都護在坐。陶於坐作詩，隨得五三句，後坐參軍都護隨寫取詩，成；陶猶更思補綴。後坐寫其詩者先呈，陶詩經日方成。王怪：陶參軍乃復寫人詩？陶愧愕不知所以。王後知陶非濫，遂彈去寫詩者。"《晉故征西大將軍長史孟府君傳》曰："淵明從父太常夔。"《魏書・司馬叡傳》曰："德宗復僭立于江陵，改年義熙。尚書陶夔迎德宗，達於板橋，大風暴起，龍舟沉没，死者十餘人。"

〔八〕風波：指桓玄篡晉，劉裕起兵討桓。

〔九〕憚：畏懼。遠役：行役至遠處。

〔一〇〕彭澤：自漢置縣，在今江西省北部、長江南岸，鄰近安徽省，距淵明家鄉尋陽不遠。

〔一一〕公田之秫，過足爲潤：淵明任彭澤縣令得公田三頃，所穫可資養家，較原先飢貧之狀已過足且爲豐潤矣。公田：《漢書・蘇武傳》："賜錢二百萬，公田二頃。"《後漢書・百官志》注引《獻帝起居注》："其若公田，以秩石爲率，賦與令各自收其租税。"

〔一二〕眷然：反顧貌。《説文》段注："眷者，顧之深也。"《三國志・魏書・高堂隆傳》："上天不蠲，眷然回顧。"歸歟：《論語・公冶長》："子在陳，曰：'歸歟！歸歟！……'"集注："道不行而思歸之歎也。"

〔一三〕質性自然，非矯勵所得：意謂吾之質性天然如此，非刻意力求所及，不堪繩墨也。質性：天性、天資。《韓非子·難言》："殊釋文學，以質性言，則見以爲鄙。"《説苑·建本》："質性同倫，而學問者智。"自然：自然而然，以自己本來之面貌存在，依自己固有之規律演化，無須外在之條件或力量。矯勵：勉勵磨練。《莊子·天下》："以繩墨自矯而備世之急。"郭注："矯，厲也。"成疏："用仁義爲繩墨，以勉勵其志行也。"《荀子·性惡》："故枸木必將待檃栝烝矯然後直，鈍金必將待礱厲然後利。"阮籍《達莊論》："矯厲才智，競逐縱横。""厲"同"勵"。《晉書·王敦傳》："初，敦務自矯厲，雅尚清談，口不言財色。"得：及。

〔一四〕飢凍雖切，違己交病：意謂飢凍雖感急迫，而違反自己之本性則於飢凍之外更遭恥辱矣。切：急迫。病：《儀禮·士冠禮》："某不敏，恐不能共事，以病吾子，敢辭。"注："病，猶辱也。"與下文"深愧平生之志"相呼應。交：兩相接觸，引申爲遭遇某種情況。

〔一五〕嘗從人事，皆口腹自役：意謂過去曾經從政，皆因圖一飽而役使自己，非本性所好也。口腹：《孟子·告子上》："飲食之人無有失也，則口腹豈適爲尺寸之膚哉？"《東觀漢記·閔貢》："閔仲叔豈以口腹累安邑耶！"

〔一六〕於是悵然慷慨，深愧平生之志：意謂此次任彭澤令亦復悵然若失，慷慨不已，深愧於平生志也。

〔一七〕一稔（rěn）：一年。穀物成熟曰"稔"。

〔一八〕當斂裳宵逝：意謂恭恭敬敬辭去官職，毫不留戀遲疑，連夜離去。斂裳："斂衽"之活用。《文選》潘岳《秋興賦》："且斂衽以歸來兮，忽投紱以高厲。"向注："衽，衣襟也。"斂衽，整飭衣襟以示敬。宵逝：夜行。潘岳《螢火賦》："熲若飛焱之宵逝，嘒如移星之雲流。"

〔一九〕尋程氏妹喪于武昌，情在駿奔，自免去職：尋：不久。程氏妹：嫁於程氏之妹。駿奔：疾奔。《詩·周頌·清廟》："駿奔走在廟。"《文選》應璩《與從弟君苗君胄書》："徒有飢寒駿奔之勞。"李善注："《尚書》曰：'駿奔走。'"關於妹喪與辭官之關係，前人多有論述。李公焕引韓子蒼曰:“《傳》言淵明以郡遣督郵至,即日解印綬去。而淵明自叙,以程氏妹喪去奔武昌。余觀此士既以違己交病,又愧役於口腹,意不欲仕久矣。及因妹喪即去,蓋其孝友如此。世人但以不屈於州縣吏爲高,故以因督郵而去。此士識時委命,其意固有在矣。豈一督郵能爲之去就哉! 躬耕乞食且猶不恥,而恥屈於督郵,必不然矣。”洪邁《容齋隨筆·五筆》:“觀其語意,乃以妹喪而去,不緣督郵。所謂矯勵違己之説,疑心有所屬,不欲盡言之耳。詞中正喜還家之樂,略不及武昌,自可見也。”林雲銘評注《古文析義初編》卷四:“陶元亮作令彭澤,不爲五斗米折腰,竟成千秋佳話。豈未仕之先,茫不知有束帶謁見之時,孟浪受官,直待郡遣督郵,方較論禄之微薄、禮之卑屈耶? 蓋元亮生於晉祚將移之時,世道人心,皆不可問;而氣節學術,無所用之,徒勞何益。五斗折腰之説,有託而逃,猶張翰因秋風而思蓴鱸,斷非爲饞口垂涎起見。故於詞内前半段以‘心爲行役’一語,後半段以‘世與我遺’一句,微見其意也。”陶澍曰:“先生之歸,史言不肯折腰督郵,《序》言因妹喪自免。竊意先生有託而去,初假督郵爲名,至屬文,又迂其説於妹喪以自晦耳。其實閔晉祚之將終,深知時不可爲,思以岩棲谷隱,置身理亂之外,庶得全其後凋之節也。”

〔二〇〕因事順心:意謂就妹喪之事辭官而去,得以順遂心願矣。《莊子·庚桑楚》:“欲神則順心。”

〔二一〕田園將蕪胡不歸:《詩·式微》:“式微式微,胡不歸?”

〔二二〕既自以心爲形役,奚惆悵而獨悲:意謂既然自己求官出仕,以心爲形所役使,何以又惆悵而獨悲乎? 李善注引《淮南子》曰:“是皆形神俱役者也。”奚:爲何。惆悵:悲愁貌。

〔二三〕悟已往之不諫,知來者之可追:《論語·微子》:“楚狂接輿歌而過孔子曰:‘鳳兮,鳳兮! 何德之衰? 往者不可諫,來者猶可追。已而,已而! 今之從政者殆而!’”諫:止,挽救。追:補救。

〔二四〕實迷途其未遠,覺今是而昨非:《楚辭·離騷》:“回朕車以復路兮,及行迷之未遠。”《莊子·則陽》:“蘧伯玉行年六十而六十化,未嘗不始於是之,而卒詘之以非也。未知今之所謂是之非五十九非也。”

〔二五〕遥：飄蕩。《楚辭·大招》："魂魄歸徠，無遠遥只。"王逸注："遥，猶漂遥，放流貌也。"

〔二六〕征夫：行路之人。

〔二七〕熹微：晨光微明。

〔二八〕乃：竟，終於。衡宇：衡木爲門之屋宇。

〔二九〕三徑就荒：意謂舊居接近荒廢。三徑：李善注引趙岐《三輔決録》："蔣詡字元卿，舍中三逕，唯羊仲、求仲從之遊，皆挫廉逃名不出。"

〔三〇〕寄傲：寄託曠放高傲之情懷。陸雲《逸民賦》："眄清霄以寄傲兮，泝淩風而頽歎。"

〔三一〕審：誠知。容膝：僅能容納雙膝，言容身之地狹小。《韓詩外傳》卷九："今如結駟列騎，所安不過容膝；食方丈於前，所甘不過一肉。以容膝之安，一肉之味，而殉楚國之憂，其可乎？"

〔三二〕涉：經過。成趣：李善注引《爾雅》曰："堂上謂之行，堂下謂之步，門外謂之趨，中庭謂之走。"郭璞曰："此皆人行步趨走之處。"胡克家《文選考異》曰："趣當作趨……倘作趣，此一節全無附麗矣。五臣良注云：'自成佳趣'，乃作趣也。各本皆以五臣亂善而失著校語。"

〔三三〕策：扶杖。曹植《苦思行》："策杖從我遊。"扶老：原謂手杖可供老人扶持，後用爲手杖之别稱。《周禮·夏官·司馬》："羅氏：掌羅烏鳥。蜡，則作羅襦。中春，羅春鳥，獻鳩以養國老，行羽物。"《藝文類聚》卷九二引應劭《風俗通》："漢無羅氏，故作鳩杖以扶老。"一些可供做手杖之樹、竹，亦稱扶老。

〔三四〕矯首：擡頭。遐觀：遠望。

〔三五〕雲無心以出岫（xiù），鳥倦飛而知還：以景物比喻自己之出處。出仕並無心於仕，歸隱乃倦飛而還。岫：峰巒。

〔三六〕景：日光。翳翳：光綫暗淡。

〔三七〕盤桓：徘徊。《文選》班固《幽通賦》："承靈訓其虚徐兮，竚盤桓而且俟。"李善注："盤桓，不進也。"

〔三八〕請息交以絶游：表示自己欲斷絶交游，不與世俗來往。

〔三九〕世與我而相遺，復駕言兮焉求：意謂世人既與我道不相同，則復駕車出遊何所求耶？駕言：駕車外出。《詩·邶風·泉水》："駕言出遊。”言：語助詞。

〔四〇〕西疇：西田。

〔四一〕命：指派，使用。巾車：以幃幕裝飾車子，因指整車出行。《孔叢子·記問》：“文、武既墜，吾將焉歸……巾車命駕，將適唐都。”也用以指有幃幕之車。長沙金盆嶺出土晉陶製明器，有衣車，兩輪，周圍及頂部有幃幕。此處“巾車”與下句“孤舟”對舉，當係有幃幕之車也。

〔四二〕棹：划船具，此處用作動詞，划船。

〔四三〕窈窕：幽深貌。

〔四四〕涓涓：細水慢流貌。

〔四五〕感吾生之行休：感歎吾之生命將要結束。行：將。《文選》曹丕《與吴質書》：“歲月易得，别來行復四年。”李善注：“行，猶且也。”

〔四六〕寓形宇内能復幾時，曷不委心任去留：意謂寄身世間無復多時矣，何不順遂本心，聽任死生耶？委心：《淮南子·精神訓》：“委心而不以慮，棄聰明而反太素……死之與生，一體也。”去留：死生。嵇康《琴賦》：“齊萬物兮超自得，委性命兮任去留。”

〔四七〕遑遑：匆促不安。《鹽鐵論·散不足》：“孔子栖栖，疾固也。墨子遑遑，閔世也。”

〔四八〕帝鄉：神話中天帝所居之地，此指仙境。《莊子·天地》：“千歲厭世，去而上仙，乘彼白雲，至於帝鄉。”

〔四九〕懷：念思也，見《説文·心部》。良辰：美好時光。阮籍《詠懷》其九：“良辰在何許，凝霜沾衣襟。”

〔五〇〕植杖：見《癸卯歲始春懷古田舍二首》其一“箋注”〔八〕。耘：除草。耔：培土於苗根上。《詩·小雅·甫田》：“今適南畝，或耘或耔。”

〔五一〕東皋：《文選》阮籍《奏記詣蔣公》：“方將耕於東皋之陽，輸黍稷之税，以避當塗者之路。”銑曰：“澤畔曰皋。”舒嘯：撮口長嘯，古人抒發感情之一種方式。《世説新語·棲逸》劉孝標注引《魏氏春秋》：“籍乃嘐然長嘯，韻響寥亮。蘇門先生乃逌爾而笑。籍既降，先生喟然高嘯，有如鳳音。”

〔五二〕聊乘化以歸盡，樂夫天命復奚疑：意謂聊且順應大化以了此一生，樂天知命，不必有何懷疑。乘化：見《形影神》注。《易·繫辭》："樂天知命故不憂。"

【考辨】

清林雲銘曰："就彭澤言，謂之歸去；就南村言，謂之歸來。篇中從思歸以至到家，步步叙明，故合言之曰歸去來。"（《古文析義初編》卷四）毛慶蕃曰："於官曰歸去，於家曰歸來，故曰歸去來。"（《古文學餘》卷二六）林、毛二氏之説難免望文生義之嫌，"歸去來"，並非就"歸去"與"歸來"合言之。吴淇《六朝選詩定論》曰："'園日涉'一段，先生歸去來一年中之事也。"王瑶注曰："本文是淵明辭彭澤令後歸田初所作，叙述歸來後的心情和樂趣……本文作於晉義熙元年（四〇五）歸田之初。"逯注曰："然辭涉春耕，全文寫成在次年。"需案：以上諸説皆因坐實歸途與次年春耕之事而致。歸途及春耕之事釋爲預想之辭，更有意趣，且與序文所記年月不相悖也。

周策縱《説"來"與"歸去來"》一文考釋甚詳，兹不具引，其結論之要點如下：一、"歸去來兮"既已有"兮"字，則"來"字似非歎詞。二、"歸"字在這裏是主要動詞，其基本意義是回家，但不强調行動之過程或完成。三、"去來"是"歸"字之補助詞，以補足及加强其過程之意。四、"去"與"來"表示堅强之决心與願望。五、"歸去來"雖表示行動之方向是向家而來，但説話人無論在到家之前或到家之後都可以用。兹録以備考。

【析義】

此篇是了解淵明出處行藏之重要作品，然亦不可膠柱鼓瑟。例如，淵明之求官固然因爲家貧，但亦欲有所爲，所謂"時來苟冥會，宛轡憩通衢"（《始作鎮軍參軍經曲阿》）也，而此文則諱莫如深，一再言其家貧，而於用世之志决不提及一字。再如，淵明任彭澤令前曾任鎮軍、建威參軍，而此文隻字不提，似乎因家貧直接出仕爲小邑者。此皆淵明行文之巧，而讀者未可輕信也。至於淵明歸隱原因，前人多有據此文未言及不爲五斗米折腰，而懷疑其事者。蓋此文所未言及者未必無有。程氏妹喪雖情在駿奔，但妹喪無須服孝，不能成爲辭官之理由，若不欲辭官大可駿奔之後再回彭澤。妹喪只是促成其立即辭官之理由，其辭官之根本原因乃在於："質性自然，非矯勵所得。飢凍雖切，違己交病。嘗從人事，皆口腹自役。於是悵然慷慨，深愧平生之志。"至於不爲五斗米折腰、程氏妹喪，皆是近因。違己與順己，乃是兩種人生態度，淵明之終歸田里，順己而已。

李公焕注：歐陽修曰："'晉無文章，惟陶淵明《歸去來兮辭》一篇而已。"霈案：此語見《東坡志林》卷七。

陶淵明集箋注卷第六 記傳贊述十三首

桃花源記 并詩

晉太元中①〔一〕，武陵人捕魚爲業②。緣溪行③〔二〕，忘路之遠近④。忽逢桃花林，夾岸數百步⑤，中無雜樹一作草⑥，芳華鮮美⑦，落英繽紛〔三〕。漁人甚異之⑧，復前行⑨，欲窮其林⑩。林盡水源⑪〔四〕，便得一山⑫。山有小口，髣髴若有光〔五〕，便捨船從口入⑬。初極狹，纔通人⑭〔六〕，復行數十步⑮，豁然開朗。土地平曠，屋舍儼一作晏，一作魚然〔七〕，有良田、美池、桑竹之屬，阡陌交通，雞犬相聞⑯〔八〕。其中往來種作，男女衣著，悉如外人〔九〕。黄髮垂髫一作髫亂〔一〇〕，並怡然自樂⑰。見漁人乃大驚⑱，問所從來，具答之〔一一〕。便要還家〔一二〕，爲設酒殺雞作食。村中聞有此人，咸來問訊⑲〔一三〕。自云先世避秦時亂⑳，率妻子邑人來此絶境㉑〔一四〕，不復出焉㉒，遂與外人間隔㉓。問今是何世，乃不知有漢，無論魏晉一本有等也二字㉔〔一五〕。此人一一爲具言所聞，皆歎惋〔一六〕。餘人各復延至其家〔一七〕，皆出酒食。停數日，辭去。此中人語一本無語字云："不足爲外人道也㉕。"既出，得其船，便扶一作於向路〔一八〕，處處誌之〔一九〕。及郡下，詣太守説如此。太守即遣人隨其往，尋向所誌〔二〇〕，遂迷不復得路。南陽劉子驥〔二一〕，高尚士也〔二二〕。聞之，欣然規往一本有遊焉二字〔二三〕，未果〔二四〕，尋病終〔二五〕。後遂無問津者㉖〔二六〕。

詩

嬴氏亂天紀〔二七〕，賢者避其世。黄綺之商山〔二八〕，伊人亦云逝[二九]。往跡寖復湮,來逕遂蕪廢[三〇]。相命肆農耕[三一],日入從所憩。桑竹垂餘蔭,菽稷隨時藝[三二]。春蠶收長一作良絲,秋熟靡王税[三三]。荒路曖交通[三四],雞犬互鳴吠。俎豆猶古法,衣裳無新製[三五]。童孺縱行歌,班白歡遊一作迎詣㉗[三六]。草榮識節和,木衰知風厲[三七]。雖無紀曆誌,四時自成歲[三八]。怡然有餘樂,于何勞智慧[三九]。奇蹤隱五百[四〇],一朝敞神界[四一]。淳薄既異源,旋復還幽蔽一作閉㉘[四二]。借問遊方士,焉測塵囂外一作塵外地㉙[四三]?願言躡輕風[四四],高舉尋吾契[四五]。

【校勘】

① 太元:《藝文類聚》作"太康"。需案:《桃花源詩》云"奇蹤隱五百",自秦至西晉太康中,約五百年,至東晉太元則又過百年矣,似作"太康"爲是。然文中所云劉子驥乃太元中人,則作"太元"爲是。或劉子驥尋訪桃花源,並非漁人當時之事。姑存疑。

② 爲業:《藝文類聚》無此二字,亦通。

③ 緣溪行:《藝文類聚》《太平御覽》作"從溪而行",亦通。

④ 忘路之遠近:《藝文類聚》無此句。《太平御覽》作"忘路遠近"。

⑤ 夾岸數百步:《藝文類聚》"夾"下有"兩"字。《太平御覽》作"夾兩岸"。

⑥ 中無雜樹:《藝文類聚》作"無雜木"。《太平御覽》無此句。

⑦ 華:李注本作"草"。鮮美:《藝文類聚》作"芬曖"。

⑧ 漁人甚異之:《藝文類聚》無"甚"字,《太平御覽》無此句。

⑨ 復前行:《藝文類聚》無"復"字,《太平御覽》無此句。

⑩ 欲窮其林:《藝文類聚》作"窮林",《太平御覽》無此句。

⑪ 水源:《藝文類聚》作"見山",《太平御覽》作"得山"。

⑫ 便得一山:《藝文類聚》《太平御覽》無此句。

⑬ 髣髴若有光,便舍船從口入:《藝文類聚》無"若"字,"從口"作"步"。《太平御覽》無此二句。

⑭ 纔通人:《藝文類聚》《太平御覽》無此句。

⑮ 復行數十步:《藝文類聚》作"行四五十步",《太平御覽》作"行四五步"。

⑯ 自"土地平曠"至"雞犬相聞":《藝文類聚》作"邑室連接,雞犬相聞",《太平御覽》作"邑屋連接,雞犬相聞"。

⑰ 自"其中往來種作"至"並怡然自樂":《藝文類聚》作"男女被髮,怡然並足",《太平御覽》僅"男女衣著悉如外人"一句。

⑱ 見漁人乃大驚：《藝文類聚》無"乃"字，《太平御覽》作"見漁父驚"。

⑲ 自"問所從來"至"咸來問訊"：《藝文類聚》作"問所從來，要還，爲設酒食"，《太平御覽》作"爲設酒食去"，李注本無"爲"字。

⑳ 自云先世避秦時亂：《藝文類聚》無"自"字、"時"字，《太平御覽》無"自云"二字、"時"字。

㉑ 率妻子邑人來此絶境：《藝文類聚》作"率妻子來此"，《太平御覽》作"率妻子家此"。

㉒ 不復出焉：《藝文類聚》《太平御覽》均無此句。

㉓ 遂與外人間隔：《藝文類聚》作"遂與外隔絶"，《太平御覽》作"遂與外隔"。

㉔ 問今是何世，乃不知有漢，無論魏晉：《藝文類聚》作"不知有漢，無論魏晉也"。《太平御覽》作"問今是何代，不知有漢，不論魏晉"。

㉕ 自"此人"至"道也"：《藝文類聚》《太平御覽》均無此數句。

㉖ 自"既出"至"問津者"：《藝文類聚》作"既出，白太守。太守遣人隨而尋之，迷不復得路"，《太平御覽》作"既出，白太守，遣人隨往尋之，迷不復得"。兩書均無"南陽劉子驥"至篇末數句。規：紹興本、李注本作"親"，非是。

㉗ 遊：一作"迎"，非是。

㉘ 蔽：一作"閉"，亦通。

㉙ 塵囂外：一作"塵外地"，於義稍遜。

【題解】

《記》明言："武陵人"偶入桃花源，則桃花源應在武陵。武陵，今湖南常德。前人及今人對其地點之種種考證，或在鼎州（陶集注引康駢説），或在北方之弘農或上洛（陳寅恪《桃花源記旁證》），或在其他某地，恐不足爲據也。此《桃花源記并詩》記述一仙境故事，此仙境乃漁人偶然發現，且不可再覓，所謂"一朝敞神界"，"旋復還幽蔽"。此亦無甚奇者，一般神仙故事多如此。桃花源與一般仙界故事不同之處乃在於：其中之人並非不死之神仙，亦無特異之處，而是普通人，因避秦時亂而來此絶境，遂與世人隔絶者。此中人之衣著、習俗、耕作，亦與桃花源外無異，而其淳厚古樸又遠勝於世俗矣，淵明藉此以寄託其理想也。淵明所關心者原是其本人之出處窮達，《桃花源記并詩》則超出個人之外，而及於廣大人民之幸福，此點應特加標舉。前人或曰是憤宋之作，如黄文焕《陶詩析義》曰："當屬晉衰裕横之日，借往事以抒新恨耳。"則又落忠憤説之窠臼矣。誠如馬璞《陶詩本義》曰："其託避秦人之言，曰'乃不知有漢，無論魏晉'，是自露其懷確然矣，其胸中何嘗有晉，論者乃以爲守晉節而不仕宋，陋矣。"

【編年】

宋洪邁《容齋隨筆·三筆》卷一〇曰："予竊意桃源之事，以避秦爲言，至云'無論魏晉'，乃寓意於劉裕，托之于秦，藉以爲喻耳。"賴義輝《陶淵明生平事蹟及其歲數新考》曰："按古《譜》次之於太元十八年時，以篇首標'晉太元中'四字也。梁《譜》亦據篇首'晉太元中'，惟謂'或是隆安前後所作'。按梁《譜》所考似嫌空泛，至古《譜》所考未免有誤。《與子儼等疏》云：'濟北氾稚春，晉時操行人也。'按此文爲入宋之作，故云'晉時'。不然，使爲晉制，則不應有'晉時'，而應爲'國朝''我朝'或'我晉'矣。先生《命子》詩，晉作也，有句云'在我中晉'，即其例。《桃花源》首標'晉太元中'，此例與前者同而後者異，其爲晉亡後之作可知。顧抑有言者，《祭程氏妹文》云'維晉義熙三年'，此固晉時之作也，然標晉年號，豈不與前所云相悖？但彼此文例不同，云'晉太元中'，云'晉時'是追述之詞，云'維晉義熙三年'是直述之詞。祭文凡標國號，皆必指當代者，其方式固如有也。今試舉例以實其說。周祇《祭梁鴻文》首標云'晉隆安四年十一月'，而祇爲晉人。顏延之《祭屈原文》篇首云'惟有宋五年'，而延之爲宋人。王僧達《祭顏光禄文》篇首云'維宋孝建三年'，而僧達爲宋人。此三文，皆爲當代之作而皆書各當代之朝號者也。由此可知，祭文所標皆爲當代朝號，而益信《桃花源記》爲鼎革後之作。"

需案：陳寅恪《桃花源記旁證》曰："淵明《擬古》詩之第二首可與《桃花源記》互相印證發明。"王瑶注以《擬古》詩作於宋永初二年辛酉（四二一），"《桃花源記并詩》當也是同時所作"。逯《繫年》繫於義熙十四年（四一八），皆大致繫年，且相差無幾，難以詳考也。兹姑繫於宋永初三年壬戌（四二二），淵明七十一歲，以待詳考。

【箋注】

〔一〕太元：東晉孝武帝年號（三七六—三九六）。

〔二〕緣：循，沿。

〔三〕落英繽紛：落花紛繁貌。或曰始開之花紛繁，亦通。

〔四〕林盡水源：意謂桃花林之盡頭，正是溪水之源。

〔五〕髣髴：同"仿佛"。

〔六〕纔通人：剛能通過一人。

〔七〕儼然：此謂整齊。

〔八〕阡陌：田間小道，南北曰阡，東西曰陌。雞犬相聞：《老子》八十章:“鄰國相望,雞犬之聲相聞,民至老死不相往來。”

〔九〕其中往來種作,男女衣著,悉如外人:意謂桃花源中往來耕種之情形以及男女之衣著,完全與桃花源以外之人相同。“悉如外人”,指種作與衣著等各方面之生産生活習俗,猶此詩所謂“俎豆猶古法,衣裳無新製”。此文中“外人”共出現三次,另有“遂與外人間隔”,“此中人語云:‘不足爲外人道也。’”皆指桃花源以外之人。

〔一〇〕黄髮:指老人。《詩·魯頌·閟宫》:“黄髮台背,壽胥與試。”鄭箋:“皆壽徵也。”垂髫(tiáo):指兒童。小兒垂髮爲飾曰髫。

〔一一〕具:全部。

〔一二〕要:邀請。

〔一三〕咸來問訊:意謂都來詢問外界消息。《説文》:“問,訊也。”“訊,問也。”《高僧傳·康會傳》:“采女先有奉法者,因問訊云:‘陛下就佛寺中求福不?’”

〔一四〕絶境:與世人隔絶之地。

〔一五〕不知有漢,無論魏晉:意謂桃源中人連漢代尚不知,别説魏晉矣。

〔一六〕惋:驚歎也,見《玉篇》。

〔一七〕延:邀請、引導。

〔一八〕扶:沿著。曹植《仙人篇》:“玉樹扶道生,白虎夾門樞。”向路:舊路,指來時之路。

〔一九〕誌:作標誌。

〔二〇〕尋向所誌:尋找過去所作標誌。

〔二一〕南陽劉子驥:名驎之,南陽(今河南南陽)人。《晉書·隱逸傳》:“好遊山澤,志存遁逸。嘗採藥至衡山,深入忘返,見有一澗水,水南有二石囷,一囷閉,一囷開,水深廣不得過。欲還,失道,遇伐弓人,問徑,僅得還家。或説囷中皆仙靈方藥諸雜物,驎之欲更尋索,終不復知處也。”

〔二二〕高尚士:隱士。

〔二三〕規:謀劃。《商君書·錯法》:“是以明君之使其民也,使必盡力以規其功。”《後漢書·荀彧傳》:“古人尚帷幄之規,下攻拔之力。”

〔二四〕果：實現。《韓非子・外儲説左下》："君謀欲伐中山，臣薦翟角而謀得果。"未果：未實現。曹植《與楊德祖書》："若吾志未果，吾道不行，則將……"

〔二五〕尋：不久。

〔二六〕問津：意謂訪求。用孔子使子路向長沮、桀溺問津事。

〔二七〕嬴氏：指秦始皇嬴政。亂天紀：《書・胤征》："俶擾天紀，遐棄厥司。"孔穎達正義："始亂天之紀綱，遠棄所主之事。"

〔二八〕黄綺：夏黄公、綺里季，與東園公、甪里先生於秦末隱於商山，合稱"商山四皓"，見皇甫謐《高士傳》。

〔二九〕伊人：指桃花源中人。

〔三〇〕往跡寖（jìn）復湮，來徑遂蕪廢：意謂桃花源中人往來此處之蹤跡路徑已經湮没荒蕪。"往跡"與"來徑"互文見義。寖：止息，廢棄。湮：湮没。

〔三一〕肆農耕：努力耕種。

〔三二〕菽：豆類。稷：指穀類。隨時藝：按照季節及時耕種。

〔三三〕靡：無。

〔三四〕荒路曖交通：意謂荒路被草木掩蔽，有礙交通。

〔三五〕俎豆猶古法，衣裳無新製：意謂禮制與穿著均保持古風。俎豆：古代祭祀所用禮器。新製：新式樣。

〔三六〕班白：指老人。班：通"斑"，指鬢髮花白。詣：往、至。遊詣：意謂清閒舒適自由自在。

〔三七〕草榮識節和，木衰知風厲：意謂因草木之茂盛或凋謝，而知道季節之變化。厲：烈。

〔三八〕雖無紀曆誌，四時自成歲：意謂雖無歲曆之推算記載，而四季更替自成一年。《書・堯典》："帝曰：'咨！汝羲暨和，朞三百有六旬有六日，以閏月定四時，成歲。允釐百工，庶績咸熙。'"

〔三九〕于何勞智慧：意謂智慧無處可用也。《老子》十八章："智慧出，有大僞。"《莊子・繕性》："人雖有知，無所用之。"道家認爲智慧帶來虚僞，以無須智慧之古樸生活爲理想生活。

〔四〇〕奇蹤：謂桃源人之蹤跡。陸雲《弔陳永長書》其三："奇蹤瑋寶，灼爾凌群。"

〔四一〕敞：敞開、顯露。

〔四二〕淳薄既異源，旋復還幽蔽：意謂桃源與世俗之間，淳厚與澆薄既然不同，所以此神界顯露之後隨即重新隱蔽矣。異源：本源不同。傅玄《秋胡行》："清濁必異源，鳧鳳不並翔。"

〔四三〕借問遊方士，焉測塵囂外：意謂世俗中人不能測知塵世以外之事。遊方士：游於方内之士，指世俗中人。《莊子·大宗師》："孔子曰：'彼，遊方之外者也；而丘，遊方之内者也。'"《文子·精誠》："老子曰：'若夫聖人之游也，即動乎至虛，遊心乎太無，馳于方外……不拘于世，不繫于俗。'"《世説新語·任誕》："阮方外之人，故不崇禮制；我輩俗中人，故以儀軌自居。"塵囂：塵世。

〔四四〕躡：蹈、踏。

〔四五〕吾契：與我志趣相投之人，指桃源中人。

【析義】

《桃花源記》乃淵明作品中影響極大之一篇，歷來説者甚多。早在唐代，王維有《桃源行》、韓愈有《桃源圖》、劉禹錫有《桃源行》，皆在題詠之中有所評論。宋代，王安石有《桃源行》，蘇軾有《和桃花源詩》，汪藻有《桃源行》。元代，趙孟頫有《題桃源圖》，王惲有《題桃源圖後》。文人競相推轂，桃源故事遂日益深入人心。亦有考察桃源之地望者，考證其故事之來源者，考論其文章之寓意者，不必一一列舉矣。

晉故征西大將軍長史孟府君傳①

君諱嘉，字萬年，江夏鄳人也原作鄂，《晉書》作鄳②〔一〕。曾祖父宗，以孝行稱，仕吴司空③。祖父揖，元康中爲廬陵太守〔二〕。宗葬武昌陽新縣原作新陽縣，《世説新語》《晉書》作陽新縣④〔三〕，子孫家焉，遂爲縣人也。君少失父，奉母二弟居。娶大司馬長沙桓公陶侃第十女⑤〔四〕，閨門孝友，人無能間〔五〕，鄉閭稱之一作鄉里偉之。沖默有遠量〔六〕，弱冠，儔類咸敬之〔七〕。同郡郭遜，以清操知名，時在君右〔八〕。常歎君温雅平曠〔九〕，自以爲不及。遜從弟立，亦有才志，與君同時齊譽，每推服焉。由是名冠州里，聲流京邑。太尉潁川庾亮〔一〇〕,以帝舅民望,受分陝之重〔一一〕,鎮武昌,並領江州,辟君部廬陵從事〔一二〕。下郡還,亮引見,問風俗得失,對曰:“嘉不知,還傳當問從吏〔一三〕。”亮以一作舉麈尾掩口而笑〔一四〕。諸從事既去,唤弟翼語之曰〔一五〕:“孟嘉故是盛德人也。”君既辭出外,自除吏名⑥。便步歸家,母在堂,兄弟共相歡樂,怡怡如也。旬有餘日,更版爲勸學從事〔一六〕。時亮崇修學校,高選儒官,以君望實〔一七〕,故應尚德之舉〔一八〕。太傅河南褚褎⑦〔一九〕,簡穆有器識〔二〇〕,時爲豫章太守,出朝宗亮〔二一〕,正旦大會州府人士〔二二〕,率多時彦〔二三〕,君坐次一作第甚遠⑧。褎問亮:“江州有孟嘉,其人何在?”亮云:“在坐,卿但自覓。”褎歷觀,遂指君謂亮曰:“將無是耶〔二四〕?”亮欣然而笑,喜褎之得君,奇君爲褎之所得,乃益器焉。舉秀才,又爲安西將軍庾翼府功曹〔二五〕,再爲江州别駕〔二六〕、巴丘令、征西大將軍譙國桓温參軍。君色一作既和而正,温甚重之。九月九日,温游龍山,參佐畢集,四弟二甥咸在坐。時佐吏並著戎服。有風吹君帽墮落,温目左右及賓客勿言,以觀其舉止。君初不自覺,良久如厠〔二七〕。温命取以還之。廷尉太原孫盛〔二八〕,爲諮議參軍,時在坐,温命一作授紙筆令嘲之。文成示温,温以著坐處。君歸,見嘲笑而請筆作答,了不容思〔二九〕,文辭超卓,四座歎之。奉使京師,除尚書删定郎〔三〇〕,不拜〔三一〕。孝宗穆皇帝聞其名〔三二〕,賜見東堂。君辭以脚疾,不任拜起〔三三〕,詔使人扶入。君嘗爲刺史謝永别駕,永,會稽人,喪亡,君求赴義〔三四〕,路由永興〔三五〕。高陽許詢〔三六〕,有雋才,辭榮不仕,每縱心獨往。客居縣界,嘗乘船近行,適逢君過〔三七〕,歎曰:“都邑美士,吾盡識之,獨不識此人。唯聞中州有孟嘉者,將非是乎?然亦何由來此?”使問君之從者。君謂其使曰:“本心相過,今先赴義,尋還就君。”及歸,遂止信宿〔三八〕,雅相知得〔三九〕,有若舊交。還至,轉從事中郎,俄遷長史。在朝隤一作隨然〔四〇〕,仗正順而已,門無雜賓。常會神情獨得〔四一〕,便一作而超然命駕,逕之龍山,顧景酣宴,造夕乃歸〔四二〕。温從容謂君曰："人不可無勢，我乃能駕御卿。"後以疾終於家，年五十一⑨。始自總髮〔四三〕，至于知命〔四四〕，行不苟合，言無夸矜，未嘗有喜愠之容〔四五〕。好酣飲，逾多不亂。至於任懷得意，融然遠一作永寄，傍若無人。温嘗問君："酒有何好，而卿嗜之？"君笑而答曰："明公但不得酒中趣爾。"又問聽妓，絲不如竹〔四六〕，竹不如肉〔四七〕，答曰："漸近自然⑩。"中散大夫桂陽羅含〔四八〕，賦之曰："孟生善酣，不愆其意〔四九〕。"光禄大夫南陽劉耽〔五〇〕，昔與君同在温府，淵明從父太常夔嘗問耽〔五一〕："君若在，當已作公不〔五二〕？"答云："此本是三司人〔五三〕。"爲時所重如此。淵明先親，君之第四女也。凱風寒泉之思〔五四〕，實鍾厥心〔五五〕。謹按採一作採拾行事〔五六〕，撰爲此傳。懼或乖謬，有虧大雅君子之德〔五七〕，所以戰戰兢兢，若履深薄一作薄冰云爾〔五八〕。

贊曰：孔子稱："進德修業，以及時也〔五九〕。"君清蹈衡門，則令問孔昭〔六〇〕；振纓公朝，則德音允集〔六一〕。道悠運促，不終遠業〔六二〕，惜哉！仁者必壽〔六三〕，豈斯言之謬乎！

【校勘】

① 征西：李注本作"西征"，非是。

② 鄳：原作"鄂"，《晉書·孟嘉傳》作"鄳"。《世説新語·識鑒》劉孝標注引《嘉别傳》："江夏鄳人。"《晉書·地理志》："江下郡"下有"鄳"，而無"鄂"。今據改。

③ 司空：李注本作"司馬"，非是。《世説新語·棲逸》："孟萬年及弟少孤，居武昌陽新縣。"劉孝標注引袁宏《孟處士銘》："處士名陋，字少孤，武昌陽新人，吴司空孟宗後也。"《世説新語·識鑒》劉孝標注引《嘉别傳》："曾祖父宗，吴司空。"

④ 陽新縣：原作"新陽縣"，《世説新語·棲逸》及劉孝標注均作"陽新縣"。《晉書·地理志》武昌郡下有陽新縣，而無新陽縣。今據改。

⑤ 第：原作"弟"，李注本作"第"，今據改。

⑥ 自除吏名：李注本無"名"字。

⑦ 褚褎：《世説新語·識鑒》劉孝標注作"褚裒"。《晉書·孟嘉傳》亦作"褚裒"。《晉書》卷九三有傳，亦作"褚裒"。"褎""裒"異體字，《集韻》："褎或作裒。"

⑧ 君坐次甚遠：李注本“君”下有“在”字。

⑨ 年五十一：《世説新語・識鑒》劉孝標注引《嘉别傳》作“年五十三而卒”。

⑩ 漸近自然：《晉書・孟嘉傳》作“漸近使之然”，非是。《世説新語・識鑒》引《嘉别傳》亦作“漸近自然”。

【題解】

“征西大將軍”，指桓温。《晉書・桓温傳》：“永和二年，率衆西伐……振旅還江陵，進位征西大將軍、開府，封臨賀郡公。”《晉書・孟嘉傳》：“後爲征西桓温參軍，温甚重之。”“長史”，南朝凡刺史之帶將軍開府者，其幕府亦設長史。“府君”，漢代對郡相、太守之尊稱，後仍沿用。對已故者亦可尊稱爲府君。

此傳云：“淵明先親，君之第四女也。”則孟嘉乃淵明外祖父。

【編年】

當作於晉安帝元興元年壬寅（四〇二），淵明五十一歲之後。王瑶注：“淵明母卒於晉隆安五年辛丑，本文大概即作於淵明居憂的時候。今暫繫於晉安帝元興元年壬寅（四〇二）。”大矢根文次郎《陶淵明年表》亦繫於是年。《傳》曰：“淵明先親，君之第四女也。凱風寒泉之思，實鍾厥心。”既稱“先親”，顯然作於母喪之後。

【箋注】

〔一〕江夏：郡名，治所在今湖北省安陸縣。鄳（méng）：江夏所轄縣，故治在今河南省羅山縣西南九里。

〔二〕元康：西晉惠帝年號（二九一—二九九）。廬陵：郡名，今江西省吉水縣東北。

〔三〕陽新縣：三國時吴置，晉時屬武昌郡。

〔四〕陶侃：字士行，本鄱陽人。吴平，徙家廬江之尋陽。東晉時以功封柴桑侯，改封長沙郡公。成帝咸和七年卒，時年七十六。追贈大司馬，謚曰桓。《晉書》卷六六有傳。淵明曾祖父。

〔五〕閨門孝友，人無能間：意謂家中父子兄弟關係親密，誰也不能離間。《禮記・樂記》：“在閨門之内，父子兄弟同聽之，則莫不和親。”《論語・先進》：“子曰：‘孝哉閔子騫！人不間於其父母昆弟之言。’”注：陳曰：“言子騫上事父母，下順兄弟，動静盡善，故人不得有非間之言。”

〔六〕沖默：沖和謙虚沉静寡言。《老子》四十五章：“大盈若沖，其用不窮。”遠量：志向遠大，度量寬廣。《三國志・魏書・郭嘉傳》裴注引《傅子》：“嘉少有遠量……不與俗接。”

〔七〕儔類：同輩。

〔八〕右：古人或以右爲上。

〔九〕温雅：温潤典雅。《漢書・揚雄傳上》：“蜀有司馬相如，作賦甚弘麗温雅。”應劭《風俗通・十反》：“李統内省不疚，進對温雅。”

〔一〇〕庾亮：字元規，東晉明帝穆皇后之兄，成帝時以帝舅任司徒，咸康六年卒，追贈太尉。《晉書》卷七三有傳。

〔一一〕分陝之重：周成王即位時年幼，周公與召公輔佐朝政，周公治陝以東，召公治陝以西。陝：今陝西省陝縣。晉明帝以遺詔遣庾亮與王導輔幼主，故曰庾亮有分陝之重。

〔一二〕辟君部廬陵從事：意謂徵召爲部廬陵從事。辟：徵召。徐復曰：“‘部廬陵從事’，即分管廬陵郡之從事史，五字官名。吴君金華爲檢《通典》卷三十二：‘部郡國從事史，每郡國各一人，漢制也。主督促文書，舉非法。’魏晉之書，‘部郡國從事史’或省稱‘部郡國從事’，亦簡稱‘部郡從事’。”

〔一三〕還傳（zhuàn）：回到驛站。

〔一四〕麈尾：魏晉名士清談時手執之物，平時亦或執在手，用麈毛製成。麈：鹿類，相傳麈遷徙時，以前麈之尾爲方向標誌，故稱。

〔一五〕翼：庾翼，庾亮弟，字稚恭。《晉書》卷七三有傳。

〔一六〕更：更改。版：授職，任命。不經朝命，而用白版授予官職或封號，曰版授。《宋書・王鎮惡傳》：“進次澠池，造故人李方家，升堂見母，厚加酬賚，即版授方爲澠池令。”勸學從事：官名。

〔一七〕望實：聲望與實績。

〔一八〕尚德之舉：《晉書・裴頠傳》：“又表云：‘咎繇謨虞，伊尹相商……或明揚側陋，或起自庶族，豈非尚德之舉，以臻斯美哉！’”又《晉書・李重傳》：“重奏曰：‘……如詔書之旨，以二品繫資，或失廉退之士，故開寒素以明尚德之舉。’”

〔一九〕褚裒：字季野，河南人。康獻皇后父，歷任豫章太守、建威將軍、江州刺史等職，永和五年卒，追贈侍中、太傅。《晉書》卷九三有傳。

〔二〇〕簡穆：清簡肅穆。器識：度量見識。《世説新語・德行》：“謝太傳絶重褚公,常稱:‘褚季野雖不言,而四時之氣亦備。’”《世説新語·賞譽》:“桓茂倫云:‘褚季野皮裏陽秋。’謂其裁中也。”劉孝標注引《晉陽秋》:“裒簡穆有器識。”

〔二一〕朝宗:本指諸侯朝見天子,《周禮·春官·大宗伯》:“春見曰朝,夏見曰宗。”此泛指朝見。亮:指庾亮。

〔二二〕正旦:正月初一。

〔二三〕時彦:當時之俊彦,才智過人之士。《書·太甲上》:“旁求俊彦,啟迪後人。”《後漢書·班固傳》:“蓋清廟之光輝,當世之俊彦也。”

〔二四〕將無:表示揣度而意思偏於肯定,猶言難道不、恐怕。《世説新語·德行》:“王戎云:‘太保居在正始中,不在能言之流。及與之言,理中清遠,將無以德掩其言!’”又《文學》:“阮宣子有令聞,太尉王夷甫見而問曰:‘老、莊與聖教同異?’對曰:‘將無同。’”《雅量》:“謝太傅盤桓東山時,與孫興公諸人泛海戲……既風轉急,浪猛,諸人皆諠動不坐。公徐云:‘如此,將無歸!’衆人即承響而回。”

〔二五〕功曹:官名。漢代郡守下有功曹史,簡稱功曹,除掌人事外,並得與聞一郡之政務。歷代沿置。庾翼當其兄庾亮卒後,授都督江荆司雍梁益六州諸軍事、安西將軍、荆州刺史,假節,代亮鎮武昌,故下設功曹。

〔二六〕别駕:官名。漢置别駕從事史,爲刺史之佐吏,刺史巡視轄境時别駕乘驛車隨行,故名。魏晉以後均承漢制,諸州置别駕,總理衆務,職權甚重。

〔二七〕如:往也。《史記·項羽本紀》:“坐須臾,沛公起如厠,因招樊噲出。”

〔二八〕廷尉:官名,掌刑獄。孫盛:字安國,太原中都人。庾翼代亮,以盛爲安西諮議參軍,尋遷廷尉正。會桓温代翼,留盛爲參軍。《晉書》卷八二有傳。

〔二九〕了不容思:完全用不着構思。了:完全。《世説新語·文學》:“支道林初從東出,住東安寺中……支徐徐謂曰:‘身與君别多年,君義言了不長進。’”

〔三〇〕除:授職。

〔三一〕不拜：不受任命。

〔三二〕孝宗穆皇帝：晉穆帝司馬聃，廟號孝宗，謚號穆。在位十七年（三四五—三六一）。

〔三三〕不任拜起：意謂不堪行拜見之禮。

〔三四〕赴義：此指前往弔喪。

〔三五〕永興：在今浙江省蕭山縣西。

〔三六〕許詢：《世説新語·言語》："劉真長爲丹陽尹，許玄度出都就劉宿。"劉孝標注引《續晉陽秋》："許詢字玄度，高陽人，魏中領軍允玄孫。總角秀惠，衆稱神童，長而風情簡素，司徒掾辟（余嘉錫案：當作辟司徒掾），不就，蚤卒。"《文選》江淹擬許徵君《自序詩》，李善注引《晉中興書》："高陽許詢，字玄度，寓居會稽，司徒蔡謨辟不起。詢有才藻，善屬文，時人皆欽愛之。"

〔三七〕過：訪，探望。《史記·魏公子列傳》："臣有客在市屠中，願枉車騎過之。"

〔三八〕信宿：再宿曰信。

〔三九〕雅：很，極。

〔四〇〕隤（tuí）然：柔貌。《易·繫辭下》："夫坤，隤然示人簡矣。"

〔四一〕神情：精神意態。得：合適。王褒《聖主得賢臣頌》："聚精會神，相得益章。"

〔四二〕造夕：至晚。

〔四三〕總髮：猶結髮，束髮成童，十五歲以上。

〔四四〕知命：指五十歲。《論語·爲政》："五十而知天命。"

〔四五〕未嘗有喜愠之容：喜怒不形於色，言其沖和淡泊。《世説新語·德行》："王戎云：'與嵇康居二十年，未嘗見其喜愠之色。'"劉孝標注引《康别傳》："康性含垢藏瑕，愛惡不爭於懷，喜怒不寄於顔。"

〔四六〕絲：絃樂。竹：管樂。

〔四七〕肉：指人唱歌。

〔四八〕羅含：字君章，桂陽耒陽人。歷任郡功曹、州主簿、桓温征西參軍，温雅重其才。及温封南郡公，引爲郎中令。以長沙相致仕。《晉書》卷九二《文苑》有傳。

〔四九〕傲：過失。

〔五〇〕劉躭:字敬道,南陽人。博學,明習《詩》、《禮》、三史。桓玄,躭女婿也。及玄輔政,以躭爲尚書令,加侍中,不拜,改授特進、金紫光禄大夫。《晉書》卷六一有傳,"躭"作"耽"。

〔五一〕從父:叔父。太常:官名,司祭祀禮樂。

〔五二〕公:周代以司馬、司徒、司空爲三公。東漢以太尉、司徒、司空合稱三公,又稱三司。爲共同負責軍政之最高長官。

〔五三〕三司:即三公。

〔五四〕凱風寒泉之思:思念母親之心。《詩・邶風・凱風》:"凱風自南,吹彼棘心。棘心夭夭,母氏劬勞。"又曰:"爰有寒泉,在浚之下。有子七人,母氏勞苦。"

〔五五〕鍾:匯聚。

〔五六〕按:審察。採:採訪。行事:往事。干寶《搜神記序》:"綴片言於殘闕,訪行事於故老。"

〔五七〕有虧大雅:有損於大雅。

〔五八〕戰戰兢兢,若履深薄:意謂唯恐記述有誤而深自警惕也。《詩・小雅・小旻》:"戰戰兢兢,如臨深淵,如履薄冰。"

〔五九〕進德修業,以及時也:《易・乾・文言》:"子曰:'君子進德修業,欲及時也。'"

〔六〇〕君清蹈衡門,則令問孔昭:意謂在家貧居,則美名甚著也。清:清高。蹈:踐。衡門:横木爲門,貧士所居。問:通"聞"。《墨子・非命下》:"遂得光譽令聞於天下。"孔昭:《詩・小雅・鹿鳴》:"我有嘉賓,德音孔昭。"鄭玄箋:"孔,甚;昭,明也。"

〔六一〕振纓公朝,則德音允集:意謂在朝爲官,則美譽誠多也。振纓:抖落冠纓上之塵土,意謂出仕。德音:《詩・豳風・狼跋》:"公孫碩膚,德音不瑕。"朱熹集傳:"德音,猶令聞也。"

〔六二〕道悠運促,不終遠業:意謂天道久遠而運命短促,未克終其遠大之事業。孟嘉卒年五十一,故言。

〔六三〕仁者必壽:《論語・雍也》:"知者樂,仁者壽。"

【析義】

文中對孟嘉贊美之辭,諸如"沖默有遠量","温雅平曠","盛德人","色和而正","文辭超卓","在朝隤然,仗正順而已","行不苟合,言無夸矜,未嘗有喜愠之容","好酣飲,逾多不亂,至於任懷得意,融然遠寄,傍若無人”,“孟生善酣,不愆其意”,皆可用以論淵明本人也。至如孟嘉答桓温“明公但不得酒中趣爾”,“漸近自然”,淵明之嗜酒而得酒中趣,淵明之崇尚自然,皆有所自也。

五柳先生傳

先生不知何許人也〔一〕,亦不詳其姓字①。宅邊有五柳樹一無樹字②,因以爲號焉。閑靖少言③,不慕榮利。好讀書,不求甚解,每有會意,便欣然忘食④〔二〕。性嗜酒,家貧不能常一作恒得⑤,親舊知其如此,或置酒而招之⑥〔三〕。造飲輒盡〔四〕,期在必醉,既醉而退,曾不吝情去留〔五〕。環堵蕭然〔六〕,不蔽風日。短褐穿結〔七〕,簞瓢屢空〔八〕,晏如也〔九〕。常著文章自娱⑦,頗示己志。忘懷得失,以此自終。

贊曰:黔婁之妻原無之妻二字,注一有之妻二字有言⑧〔一〇〕:“不戚戚於貧賤,不汲汲一作惶惶於富貴。”極其言,兹若人之儔乎⑨〔一一〕?酣觴賦詩⑩,以樂其志一作酒酣自得,賦詩樂志。無懷氏之民歟?葛天氏之民歟〔一二〕?

【校勘】

① 亦不詳其姓字:蕭統《陶淵明傳》引作“不詳姓字”。需案:有“亦”字音節較佳。

② 五柳樹:注“一無樹字”。需案:有“樹”字音節較佳。

③ 靖:蕭統《陶淵明傳》引作“靜”,亦通。

④ 便:蕭統《陶淵明傳》所引無此字。

⑤ 家貧不能常得:蕭統《陶淵明傳》引作“而家貧不能恒得”。

⑥ 或置酒而招之:蕭統《陶淵明傳》所引無“而”字。

⑦ 常:蕭統《陶淵明傳》引作“嘗”,通。

⑧ 黔婁之妻:原無“之妻”二字,底本校曰“一有之妻二字”,今從之。據劉向《列女傳》,應是黔婁之妻所言。

⑨ 極其言,兹若人之儔乎:李注本無“極”字,恐非是。

⑩ 酣:李注本作“酬”,亦通。

【解題】

蕭統《陶淵明傳》曰："嘗著《五柳先生傳》以自況。"又曰："時人謂之實録。"然清張廷玉《澄懷園語》卷一曰："余二十歲時讀陶淵明《五柳先生傳》，以爲此後人代作，非先生手筆也。蓋篇中'不慕榮利''忘懷得失''不戚戚於貧賤，不汲汲於富貴'諸語，大有痕跡，恐天懷曠逸者不爲此等語也。此雖少年狂肆之談，迄今思之，亦未必全非。"需案：張説恐未必，淵明篇中自述情懷屢屢可見，如"少無適俗韻""屢空常晏如"，豈可謂後人代作耶？

【編年】

王瑶據蕭統《陶淵明傳》之叙述次序，暫繫於晉太元十七年（三九二），淵明二十八歲。逯《繫年》引林雲銘評注《古文析義》，謂此傳無懷、葛天，"暗寓不仕宋意"；吴楚材《古文觀止》謂"劉裕移晉祚，恥不復仕，號五柳先生。此傳乃自述其生平之行也"，繫於宋永初元年（四二〇），淵明五十六歲。且曰"陶之無酒可飲，乃五十一至五十七歲時事"。需案：細審文章意趣，頗爲老成，五柳先生之形象亦不類青年。文曰："性嗜酒，家貧不能常得。親舊知其如此，或置酒而招之。造飲輒盡，期在必醉。既醉而退，曾不吝情去留。"淵明於晉義熙十一年乙卯（四一五）六十四歲前後與友人交往較多，其狷介之情益發突出，姑繫於此年下。至於暗寓不仕宋意，恐難免穿鑿之嫌；劉裕移晉祚，而號五柳先生，並無根據，兹不取。

【箋注】

〔一〕何許：何處。《後漢書·逸民傳·漢陰老父》："漢陰老父者，不知何許人也。"

〔二〕好讀書，不求甚解，每有會意，便欣然忘食：意謂雖然好讀書，但不作繁瑣之訓詁，所喜乃在會通書中旨略也。此與漢儒章句之學大異其趣，而符合魏晉玄學家之風氣。《世説新語·輕詆》注引《支遁傳》："遁每標舉會宗，而不留心象喻，解釋章句或有所漏，文字之徒多以爲疑。謝安石聞而善之，曰：'此九方皐之相馬也，略其玄黄而取其儁逸。'"湯用彤《魏晉玄學論稿·言意之辨》："漢代經學依於文句，故樸實説理，而不免拘泥。魏世以後，學尚玄遠，雖頗乖於聖道，而因主得意，思想言論乃較爲自由。漢人所習曰章句，魏晉所尚者曰通。章句多隨文飾説，通者會通其意義而不以辭害意。"

〔三〕置:置備。

〔四〕造:往。

〔五〕曾(zēng)不吝情去留:意謂欲去欲留皆表現於外,直率任真,無所顧惜。曾:副詞,相當於"乃""竟"。吝情:惜情。淵明《飲酒》其三:"道喪向千載,人人惜其情。"顔延之《重釋何衡陽達性論》:"似由近驗吝情,遠猜德教。故方罰矜功,而濫咎忘賢。"

〔六〕環堵:指狹小簡陋之居室。《禮記·儒行》:"儒者有一畝之宫,環堵之室。"鄭玄注:"環堵,面一堵也。五版爲堵,五堵爲雉。"《淮南子·原道訓》:"環堵之室,茨之以生茅,蓬户甕牖,揉桑爲樞。"高誘注:"堵長一丈,高一丈……故曰環堵,言其小也。"蕭然:蕭條狀。《史記·司馬相如列傳》:"家居徒四壁立。"

〔七〕短褐:粗布短衣。穿結:謂衣上之破洞與補綻。

〔八〕簞瓢屢空:意謂常無飲食。《論語·雍也》:"子曰:'賢哉,回也!一簞食,一瓢飲,在陋巷,人不堪其憂,回也不改其樂。賢哉,回也!'"

〔九〕晏如:安然。

〔一〇〕黔婁之妻:劉向《列女傳·魯黔婁妻》:"黔婁死,曾子與門人往弔之……其妻曰:'彼先生者,甘天下之淡味,安天下之卑位。不戚戚於貧賤,不忻忻於富貴。求仁而得仁,求義而得義。其謚爲康,不亦宜乎?'"戚戚:憂貌。汲汲:心情急切貌。《禮記·問喪》:"其往送也,望望然,汲汲然,如有追而弗及也。"孔穎達疏:"汲汲然者,促急之情也。"

〔一一〕極其言,兹若人之儔乎:意謂推究黔婁之妻所言,黔婁則五柳先生同類人也。極:盡,窮盡。《楚辭·天問》:"冥昭瞢闇,誰能極之?"洪興祖補注:"此言幽明之理,瞢闇難知,誰能窮極其本原乎?"兹:連詞,則。《左傳》昭公二十六年:"若可,師有濟也。君而繼之,兹無敵矣。"若人:近指,相當於"此人"。《論語·憲問》:"君子哉若人!尚德哉若人!"

〔一二〕無懷氏、葛天氏:均傳説中上古之帝王。《管子·封禪》:"昔無懷氏封泰山。"尹知章注:"古之王者,在伏羲前。"《吕氏春秋·古樂》:"昔葛天氏之樂,三人操牛尾,投足以歌八闋。"

【析義】

文中關鍵乃在“不慕榮利”“不求甚解”“曾不吝情去留”“忘懷得失”等語。全是不求身外之物，唯以自然自足自適爲是，最能見淵明之人生態度。文曰：“常著文章自娱，頗示己志。”又可見淵明之創作態度，著文乃自娱，非爲娱人，亦非祈譽。爲人爲文如此，非常人所及也。

【考辨】

此文影響後世，王績有《五斗先生傳》，白居易有《醉吟先生傳》，陸龜蒙有《甫里先生傳》，歐陽修有《六一居士傳》等。此外，《晉書・瞿硎傳》：“瞿硎先生者，不得姓名，亦不知何許人也。太和末，常居宣城郡界文脊山中，山有瞿硎，因以爲名焉。”袁粲有《妙德先生傳》，見《宋書・袁粲傳》：“愍孫（袁粲初名）清整有風操，自遇甚厚，常著《妙德先生傳》以續嵇康《高士傳》以自況。”瞿硎與淵明同時，袁粲自稱續嵇康《高士傳》，亦可供參考。

扇上畫贊

荷蓧丈人	長沮、桀溺
於陵仲子	張長公
丙曼容原作客，紹興本、李注本作容①	鄭次都
薛孟嘗	周陽珪②

三五道邈，淳風日盡〔一〕，九流參差，互相推隕〔二〕。形逐物遷，心無常準〔三〕，是以達人〔四〕，有時而隱。

四體不勤，五穀不分，超超丈人，日夕在耘〔五〕。遼遼沮溺，耦耕自欣，入鳥不駭，雜獸斯群〔六〕。

至矣於陵，養氣浩然，蔑彼結駟，甘此灌園〔七〕。張生一仕，曾以事還，顧我不能，高一作長謝人間〔八〕。

岧岧丙公，望崖輒歸，匪矯一作驕匪吝，前路威夷〔九〕。鄭叟不合，垂釣川湄，交酌林下，清言究微〔一〇〕。

孟嘗一作生游學，天網時疏，眷言哲友，振褐偕徂〔一一〕。美哉周子〔一二〕，稱疾閑居，寄心清尚③，悠然一作悠悠自娱④。

翳翳衡門,洋洋泌流〔一三〕,曰琴曰書⑤,顧眄有儔⑥〔一四〕。飲河既足,自外皆休〔一五〕。緬懷千載〔一六〕,託契孤遊〔一七〕。

【校勘】

① 容:原作“客”,紹興本、李注本作“容”,今據改。

② 周陽珪:《藝文類聚》作“周妙珪”。

③ 尚:《藝文類聚》作“商”。

④ 悠:《藝文類聚》作“恬”。

⑤ 曰琴曰書:《藝文類聚》作“日玩群書”。

⑥ 眄:李注本作“盻”,亦通。有:《藝文類聚》作“寡”。

【題解】

本文乃就扇上所繪古代九位隱士而作之贊語,每位四句(長沮、桀溺合贊),首尾各八句是總述與結語。全是四言韻語。

【編年】

王瑶注曰:“内容也與《讀史述九章》相似,大概是同時所作。”可供參考。然而内容相近未必同時所作,暫闕疑。

【箋注】

〔一〕三五道邈,淳風日盡:意謂三五之時邈遠而不可追,其真淳之風氣亦日漸消失而殆盡矣。此猶淵明《飲酒》其二十所謂“羲農去我久,舉世少復真”。三五:三皇五帝。據《世本》,三皇指伏羲、神農、黄帝。據《易·繫辭下》,五帝指伏羲、神農、黄帝、堯、舜。此“三五”泛指遠古之時。

〔二〕九流參差,互相推隕:意謂九流學説各異,互相排斥。此猶《感士不遇賦》所謂“世流浪而遂徂,物群分以相形”。九流:《漢書·藝文志》所謂儒、道、陰陽、法、名、墨、縱横、雜、農等九家學派。推隕:排斥詆譭。

〔三〕形逐物遷,心無常準:意謂世人皆跟隨世事之變化而變化,失去固定之準則。

〔四〕達人:事理通達之人。

〔五〕四體不勤,五穀不分,超超丈人,日夕在耘:贊頌荷蓧丈人。《論語·微子》:“子路從而後,遇丈人,以杖荷蓧。子路問曰:‘子見夫子乎?’丈人曰:‘四體不勤,五穀不分,孰爲夫子?’植其杖而芸。”超超：遠貌。

〔六〕遼遼沮溺，耦耕自欣，入鳥不駭，雜獸斯群：贊頌長沮、桀溺耦耕自欣，與鳥獸同群。《論語·微子》：“長沮、桀溺耦而耕，孔子過之，使子路問津焉……夫子憮然曰：‘鳥獸不可與同群也，吾非斯人之徒與而誰與？天下有道，丘不與易也。’”

〔七〕至矣於(wū)陵，養氣浩然，蔑彼結駟，甘此灌園：贊頌陳仲子之德達到極致。皇甫謐《高士傳》：陳仲子居於於陵，“楚王聞其賢，欲以爲相，遣使持金百鎰，至於陵聘仲子。仲子入謂妻曰：‘楚王欲以我爲相。今日爲相，明日結駟連騎，食方丈於前，意可乎？’妻曰：‘夫子左琴右書，樂在其中矣。結駟連騎，所安不過容膝；食方丈於前，所甘不過一肉。今以容膝之安、一肉之味，而懷楚國之憂。亂世多害，恐先生不保命也！’於是出謝使者，遂相與逃去，爲人灌園。”結駟：一車並駕四馬，表示高貴顯赫。《史記·仲尼弟子列傳》：“子貢相衛，而結駟連騎，排藜藿入窮閻，過謝原憲。”

〔八〕張生一仕，曾以事還，顧我不能，高謝人間：贊頌張摯。張摯字長公，《史記·張釋之列傳》：“其子曰張摯，字長公，官至大夫，免。以不能取容當世，故終身不仕。”

〔九〕岧岧丙公，望崖輒歸，匪矯匪吝，前路威夷：贊頌丙曼容。《漢書·龔勝傳》：“(邴)漢兄子曼容亦養志自修，爲官不肯過六百石，輒自免去，其名過出於漢。”岧岧：高超貌。望崖輒歸：言其爲官不肯逾越一定之界限。匪矯匪吝：不矯飾亦不吝情。威夷：險阻。《文選》潘岳《西征賦》：“登崤阪之威夷，仰崇嶺之嵯峨。”李善注：“《韓詩》曰：‘周道威夷。’薛君曰：‘威夷，險也。’”

〔一〇〕鄭叟不合，垂釣川湄，交酌林下，清言究微：贊頌鄭敬。《後漢書·郅惲傳》載：“敬字次都，清志高世，光武連徵不到。”李賢等注引《謝沈書》曰：“敬閑居不脩人倫，新遷都尉逼爲功曹。廳事前樹時有清汁，以爲甘露。敬曰：‘明府政未能致甘露，此清木汁耳。’辭病去，隱處精學蛾陂中。陰就、虞延並辟，不行。同郡鄧敬因折芰爲坐，以荷薦肉，瓠瓢盈酒，言談彌日，蓬廬蓽門，琴書自娱。光武公車徵，不行。”川湄：河邊。究微：探究精妙之理。

〔一一〕孟嘗游學，天網時疏，眷言哲友，振褐偕徂：贊頌薛包。《後漢書·劉趙淳于江劉周趙列傳》："安帝時，汝南薛包孟嘗，好學篤行，喪母，以至孝聞……建光中，公車特徵，至，拜侍中。包性恬虚，稱疾不起，以死自乞。有詔賜告歸，加禮如毛義。年八十餘，以壽終。"天網時疏：意謂朝廷法令偶有疏漏，得以稱疾不起。振褐：抖落粗布衣服上之塵土。偕徂：共同隱去。

〔一二〕周子：指周陽珪，事跡不詳。

〔一三〕翳翳衡門，洋洋泌流：《詩·陳風·衡門》："衡門之下，可以棲遲；泌之洋洋，可以樂飢。"泌：泉水。洋洋：大水貌。

〔一四〕儔：伴侣。

〔一五〕飲河既足，自外皆休：意謂生活要求容易滿足，别無他求。《莊子·逍遥遊》："鷦鷯巢於深林，不過一枝；偃鼠飲河，不過滿腹。"

〔一六〕緬懷：遥念。

〔一七〕託契孤遊：意謂寄託契合於古之孤遊之人，即上述隱士。

讀史述九章 余讀《史記》有所感而述之

夷齊①

二子讓國，相將海隅②〔一〕。天人革命〔二〕，絶景窮居〔三〕。采薇高歌〔四〕，慨想黄虞〔五〕。貞風凌俗，爰感懦夫〔六〕。

【校勘】

① 夷齊：《藝文類聚》作"夷齊贊"。

② 相將：《藝文類聚》作"相隨"。

【題解】

此九章皆讀《史記》有感而發。"述"，文體名，史篇後之論述，四言韻語。劉知幾《史通·論贊》："馬遷《自叙傳》後，歷寫諸篇，各叙其意。既而班固變爲詩體，號之曰述。范曄改彼述名，呼之以贊。"

"夷齊"，伯夷、叔齊，孤竹君之二子。《史記·伯夷列傳》載：夷、齊互讓王位，先後逃海去。周武王伐紂，叩馬而諫。武王統一天下，義不食周粟，隱於首陽山，采薇而食，遂餓死。

【編年】

葛立方以爲晉宋易代後之作，其《韻語陽秋》："世人論淵明自永初以後，不稱年號，祇稱甲子，與思悦所論不同。觀淵明《讀史九章》，其間皆有深意，其尤章章者，如《夷齊》《箕子》《魯二儒》三篇。《夷齊》云：'天人革命，絶景窮居。''貞風凌俗，爰感懦夫。'《箕子》云：'去鄉之感，猶有遲遲。矧伊代謝，觸物皆非。'《魯二儒》云：'易代隨時，迷變則愚。介介若人，特爲正夫。'由是觀之，則淵明委身窮巷，甘黔婁之貧而不自悔者，豈非以恥事二姓而然邪？"吴仁傑《陶靖節先生年譜》於晉恭帝元熙二年下曰："夏六月，晉禪於宋。宋高祖改元永初。《讀史述九章》……當是革命時作。"兹暫繫於宋武帝永初元年庚申（四二〇）。

【箋注】

〔一〕相將：相隨。海隅：海濱。《孟子·盡心上》："伯夷辟紂，居北海之濱。"

〔二〕天人革命：指周武王伐紂。《易·革卦》："湯、武革命，順乎天而應乎人。"

〔三〕絶景：絶影，隱匿形跡。窮居：居於荒僻之地。

〔四〕采薇高歌：《史記·伯夷列傳》："武王已平殷亂，天下宗周，而伯夷、叔齊恥之，義不食周粟，隱於首陽山，采薇而食之。及餓且死，作歌。其辭曰：'登彼西山兮，采其薇矣。以暴易暴兮，不知其非矣。神農、虞、夏忽焉没兮，我安適歸矣？於嗟徂兮，命之衰矣！'遂餓死於首陽山。"薇：蕨也，山菜也。莖葉皆似小豆，蔓生，其味亦如小豆藿，可作羹，亦可生食。

〔五〕黄虞：黄帝、虞舜。

〔六〕貞風凌俗，爰感懦夫：意謂伯、齊之貞風非世俗之可及，且能激勵懦夫也。《孟子·盡心下》："故聞伯夷之風者，頑夫廉，懦夫有立志。"

箕子

去鄉之感，猶有遲遲。矧伊代謝，觸物皆非〔一〕。哀哀一作猗嗟箕子①，云胡能夷〔二〕？狡僮之歌②，悽矣其悲〔三〕。

【校勘】

① 哀哀：一作“猗嗟”，亦通。

② 狡僮：李注本作“狡童”，亦通。

【題解】

“箕子”，殷紂臣。《史記·殷本紀》：“紂愈淫亂不止。微子數諫不聽，乃與大師、少師謀，遂去。比干曰：‘爲人臣者，不得不以死爭。’迺强諫紂。紂怒曰：‘吾聞聖人心有七竅。’剖比干，觀其心。箕子懼，乃佯狂爲奴，紂又囚之……周武王遂斬紂頭……釋箕子之囚。”

【箋注】

〔一〕去鄉之感，猶有遲遲。矧伊代謝，觸物皆非：意謂離開故國尚且依依不舍，何況朝代更换，觸物皆與昔日不同，感慨尤甚也。

〔二〕哀哀箕子，云胡能夷：意謂箕子之哀，何以能平乎？夷：平。

〔三〕狡僮之歌，悽矣其悲：意謂《麥秀》一詩表明箕子之悲也。《史記·宋微子世家》：“其後箕子朝周，過故殷虚，感宫室毁壞，生禾黍，箕子傷之，欲哭則不可，欲泣爲其近婦人，乃作《麥秀》之詩以歌詠之。其詩曰：‘麥秀漸漸兮，禾黍油油。彼狡僮兮，不與我好兮！’所謂狡童者，紂也。殷民聞之，皆爲流涕。”

管鮑

知人未易〔一〕，相知實難。淡美初交，利乖一作我歲寒①〔二〕。管生稱心，鮑叔必安。奇情雙亮，令名俱完〔三〕。

【校勘】

① 乖：一作“我”，非是。

【題解】

“管鮑”，管仲、鮑叔。《史記·管晏列傳》載：管仲“少時常與鮑叔牙游，鮑叔知其賢。管仲貧困，常欺鮑叔，鮑叔終善遇之，不以爲言。已而鮑叔事齊公子小白，管仲事公子糾。及小白立爲桓公，公子糾死，管仲囚焉。鮑叔遂進管仲。管仲既用，任政於齊，齊桓公以霸，九合諸侯，一匡天下，管仲之謀也。管仲曰：‘吾始困時，嘗與鮑叔賈，分財利多自與，鮑叔不以我爲貪，知我貧也。吾嘗爲鮑叔謀事而更窮困，鮑叔不以我爲愚，知時有利不利也。吾嘗三仕三見逐於君，鮑叔不以我爲不肖，知我不遭時也。吾嘗三戰三走，鮑叔不以我爲怯，知我有老母也。公子糾敗，召忽死之，吾幽囚受辱，鮑叔不以我爲無恥，知我不羞小節而恥功名不顯於天下也。生我者父母，知我者鮑子也。’鮑叔既進管仲，以身下之。子孫世禄於齊，有封邑者十餘世，常爲名大夫。天下不多管仲之賢而多鮑叔能知人也”。

【箋注】

〔一〕知人未易：《史記・范雎列傳》：“人固未易知，知人亦未易也。”

〔二〕淡美初交，利乖歲寒：意謂初交時淡而且美，歲寒時則因利而乖離。淡美：《禮記・表記》：“故君子之接如水，小人之接如醴。君子淡以成，小人甘以壞。”歲寒：《論語・子罕》：“子曰：‘歲寒，然後知松柏之後凋也。’”

〔三〕奇情雙亮，令名俱完：意謂管鮑之佳事與美名交相輝映，俱得臻於至境也。奇：佳，美。情：事。《商君書・墾令》：“無宿治，則邪官不及爲私利於民，而百官之情不相稽。”

程杵

遺生良難〔一〕，士爲知己。望義如歸，允伊二子〔二〕。程生揮劍，懼兹餘恥〔三〕。令德永聞，百代見紀一作祀〔四〕。

【題解】

“程杵”，程嬰、公孫杵臼，皆春秋時晉國人。程與趙朔友善，公孫爲趙朔門人。趙朔爲屠岸賈所害，滿門遭斬，趙妻爲公主，得免。屠岸賈欲殺害其遺腹子。公孫杵臼與程嬰定計，營救趙氏孤兒。公孫被害，程嬰撫養孤兒長大，是爲趙武。後趙武攻滅屠岸賈，程亦自殺以報公孫。事見《史記・趙世家》。

【箋注】

〔一〕遺生：舍棄生命，此指公孫杵臼與程嬰先後捐軀。

〔二〕望義如歸，允伊二子：意謂此二人誠然是望義如歸也。允：信。

〔三〕程生揮劍，懼兹餘恥：意謂程生與公孫相約，冒死共同營救趙氏孤兒，公孫既已先死，程生後來遂亦揮劍自刭，以免恥辱。

〔四〕令德：美德。紀：紀念。

七十二弟子

恂恂舞雩，莫曰匪賢〔一〕。俱映日月，共飡至言〔二〕。慟由才難〔三〕，感爲情牽〔四〕。回也早夭〔五〕，賜獨長年一作永年，又作卒年①〔六〕。

【校勘】

① 長年：一作"永年"，亦通；又作"卒年"，於義稍遜。

【題解】

"七十二弟子"，《史記・孔子世家》："孔子以詩書禮樂教，弟子蓋三千焉，身通六藝者七十有二人。"

【箋注】

〔一〕恂恂（xún）舞雩，莫曰匪賢：意謂孔子弟子莫非温恭之賢人也。《史記・仲尼弟子列傳》："曾蒧字晳，侍孔子，孔子曰：'言爾志。'蒧曰：'春服既成，冠者五六人，童子六七人，浴乎沂，風乎舞雩，詠而歸。'孔子喟爾歎曰：'吾與蒧也！'"恂恂：温恭之貌。舞雩：祈雨之祭壇。

〔二〕俱映日月，共飡至言：意謂孔子弟子道德高尚，皆與日月相輝映；共同聆聽孔子之至理名言也。飡：同"餐"。《文選》王儉《褚淵碑文》："餐輿誦於丘里，瞻雅詠於京國。"李善注："餐，聽也。"

〔三〕慟由才難：意謂孔子爲顔回早亡而悲慟。《史記・仲尼弟子列傳》："回年二十九，髮盡白，蚤死。孔子哭之慟，曰：'自吾有回，門人益親。'魯哀公問：'弟子孰爲好學？'孔子對曰：'有顔回者好學，不遷怒，不貳過。不幸短命死矣，今也則亡。'"才：指顔回。

〔四〕感爲情牽:意謂孔子之感情爲弟子所牽動。

〔五〕回:顔回。早夭:早死。

〔六〕賜:端木賜,即子貢。長年:長壽。

屈賈

進德修業,將以及時〔一〕。如彼稷契〔二〕,孰不願之?嗟乎二賢,逢世多疑一作多逢世疑①。候詹寫志②〔三〕,感鵩獻辭〔四〕。

【校勘】

① 逢世多疑:一作"多逢世疑",於義稍遜。

② 候詹:李本作"候瞻",何本作"懷沙",非是。

【題解】

"屈賈",屈原、賈誼。《史記·屈原賈生列傳》載:屈原者,名平,爲楚懷王左徒,王甚任之。上官大夫與之同列,爭寵而心害其能。因讒之,王怒而疏屈平。屈平疾王聽之不聰也,讒諂之蔽明也,邪曲之害公也,方正之不容也,故憂愁幽思而作《離騷》。屈平既絀,其後,懷王大興師伐秦。秦發兵擊之,大破楚師於丹、淅,遂取楚之漢中地。時秦昭王與楚婚,欲與懷王會。懷王欲行,屈平曰:"秦虎狼之國,不可信,不如毋行。"懷王稚子子蘭勸王行,懷王卒行。入武關,秦伏兵絶其後,因留懷王,以求割地。懷王怒,不聽。亡走趙,趙不内。復之秦,竟死於秦而歸葬。長子頃襄王立,以其弟子蘭爲令尹。楚人既咎子蘭以勸懷王入秦而不反也。屈平既嫉之,雖放流,睠顧楚國,繫心懷王,不忘欲反,冀幸君之一悟,俗之一改也。其存君興國而欲反覆之,一篇之中三致志焉。令尹子蘭聞之大怒,卒使上官大夫短屈原於頃襄王,頃襄王怒而遷之。乃作《懷沙》之賦。於是懷石遂自投汨羅以死。自屈原沉汨羅後百有餘年,漢有賈生,爲長沙王太傅,過湘水,投書以弔屈原。賈生名誼,雒陽人也,文帝召以爲博士。是時賈生年二十餘,最爲少。孝文帝説之,超遷,一歲中至太中大夫。於是天子議以爲賈生任公卿之位。絳、灌、東陽侯、馮敬之屬盡害之,乃短賈生。於是天子後亦疏之,不用其議,乃以賈生爲長沙王太傅。賈生既辭往行,聞長沙卑溼,自以壽不得長,又以適去,意不自得。及渡湘水,爲賦以弔屈原。後歲餘,賈生徵見。居頃之,拜賈生爲梁懷王太傅。居數年,懷王騎,墮馬而死,無後。賈生自傷爲傅無狀,哭泣歲餘,亦死。賈生之死時年三十三矣。

【箋注】

〔一〕進德修業,將以及時:《易·乾·文言》:"子曰:'君子進德修業,欲及時也。'"

〔二〕如彼稷契(xiè),孰不願之:意謂誰不願如稷、契之得君王信任也。稷契:虞舜時二賢臣。稷:即后稷,名棄,任舜農官,教民稼穡,見《史記·周本紀》。契:商始祖帝嚳之子,任舜司徒,敬敷五教,見《史記·殷本紀》。

〔三〕候詹寫志:意謂屈原向鄭詹尹問卜,並作《卜居》以明己志。候:訪。《漢書·張禹傳》:"又禹小子未有官,上臨候禹,禹數視其小子,上即禹牀下拜爲黄門郎,給事中。"詹:鄭詹尹。屈原《卜居》云:"屈原既放,三年不得復見。竭知盡忠,而蔽鄣於讒。心煩慮亂,不知所從。往見太卜鄭詹尹曰:'余有所疑,願因先生決之。'"

〔四〕感鵩獻辭:意謂賈誼有感於鵩鳥止於座隅,而作《鵩鳥賦》。鵩:鴞鳥,古人以爲不祥。《史記·屈原賈生列傳》:"賈生爲長沙王太傅三年,有鴞飛入賈生舍,止於坐隅。楚人命鴞曰'服'。賈生既以適居長沙,長沙卑溼,自以爲壽不得長,傷悼之,乃爲賦以自廣。"

韓非

豐狐隱穴,以文自殘〔一〕。君子失時,白首抱關〔二〕。巧行居災一作賢①〔三〕,忮辯召一作招患②〔四〕。哀矣韓生,竟死説難〔五〕。

【校勘】

① 災:一作"賢",李注本亦作"賢",非是。

② 忮辯召患:紹興本云"辯召"一作"自招",於義稍遜。忮:逯注曰李本作"伎"。需案:李本實亦作"忮"。

【題解】

"韓非",《史記·老子韓非列傳》載:韓非者,韓之諸公子也。喜刑名法術之學，善著書。與李斯俱事荀卿，斯自以爲不如非。非見韓之削弱，數以書諫韓王，韓王不能用。於是韓非作《孤憤》《五蠹》《内外儲》《説林》《説難》十餘萬言。人或傳其書至秦。秦王曰："嗟乎，寡人得見此人與之游，死不恨矣！"李斯曰："此韓非之所著書也。"秦因急攻韓。韓王始不用非，及急，迺遣非使秦。秦王悦之，未信用。李斯、姚賈害之，毁之曰："韓非，韓之諸公子也。今王欲並諸侯，非終爲韓不爲秦，此人之情也。今王不用，久留而歸之，此自遺患也，不如以過法誅之。"秦王以爲然，下吏治非。李斯使人遺非藥，使自殺。韓非欲自陳，不得見。秦王後悔之，使人赦之，非已死矣。

【箋注】

〔一〕豐狐隱穴，以文自殘：意謂巨狐因皮毛美麗反而受害，比喻善辯者容易招禍。豐狐：巨狐。《莊子·山木》："夫豐狐、文豹，棲於山林，伏於巖穴，静也……然且不免於罔羅機辟之患。是何罪之有哉？其皮爲之災也。"《韓非子·喻老》："翟人有獻豐狐、玄豹之皮於晉文公。文公受客皮而歎曰：'此以皮之美自爲罪。'"

〔二〕君子失時，白首抱關：意謂君子若失去時機，到老只能屈居下位。《史記·魏公子列傳》載："魏有隱士曰侯嬴，年七十，家貧，爲大梁夷門監者。公子聞之，往請，欲厚遺之。不肯受，曰：'臣脩身絜行數十年，終不以監門困故而受公子財。'公子於是乃置酒大會賓客。坐定，公子從車騎，虚左，自迎夷門侯生。侯生攝敝衣冠，直上載公子上坐，不讓，欲以觀公子。公子執轡愈恭。"後侯嬴果爲魏公子出奇計竊符卻秦軍。抱關：指監門小吏。

〔三〕巧行：指機巧之行爲。居災：處於禍患之中。

〔四〕忮(zhì)辯：强辯，指韓非。召患：召致禍患。

〔五〕哀矣韓生，竟死説難：意謂韓非雖知説之難，而竟未能自免於説難也。《史記·老子韓非列傳》："然韓非知説之難，爲説難書甚具，終死於秦，不能自脱。"

魯二儒①

易代一作大易隨時②，迷變則愚〔一〕。介介若人③，特爲貞夫〔二〕。德不百年，汙我詩書〔三〕。逝然不顧④〔四〕，被褐幽居。

【校勘】

① 魯二儒:《藝文類聚》作"魯二儒贊"。

② 易代:一作"大易";《藝文類聚》作"易大",於義稍遜。

③ 介介:《藝文類聚》作"芬芳",亦通。

④ 逝然:《藝文類聚》作"焉",亦通。

【題解】

"魯二儒",《史記・劉敬叔孫通列傳》載:"漢五年,已並天下,諸侯共尊漢王爲皇帝於定陶,叔孫通就其儀號。高帝悉去秦苛儀法,爲簡易。群臣飲酒爭功,醉或妄呼,拔劍擊柱,高帝患之。叔孫通知上益厭之也,説上曰:'夫儒者難與進取,可與守成。臣願徵魯諸生,與臣弟子共起朝儀。'高帝曰:'得無難乎?'叔孫通曰:'五帝異樂,三王不同禮。禮者,因時世人情爲之節文者也。故夏、殷、周之禮所因損益可知者,謂不相復也。臣願頗采古禮與秦儀雜就之。'上曰:'可試爲之,令易知,度吾所能行爲之。'於是叔孫通使徵魯諸生三十餘人。魯有兩生不肯行,曰:'公所事者且十主,皆面諛以得親貴。今天下初定,死者未葬,傷者未起,又欲起禮樂。禮樂所由起,積德百年而後可興也。吾不忍爲公所爲。公所爲不合古,吾不行。公往矣,無汙我!'叔孫通笑曰:'若真鄙儒也,不知時變。'"

【箋注】

〔一〕易代隨時,迷變則愚:意謂應易代隨時,如不知時變則愚蠢矣。此二句重復叔孫通之論。

〔二〕介介若人,特爲貞夫:意謂魯之二儒不苟同叔孫通,真乃耿介忠貞之人也。介介:介然孤高,不同流俗。若人:彼人,指魯二儒。特:特立出衆。貞夫:志節堅定、操守方正之人。

〔三〕德不百年,汙我詩書:指魯二儒所謂"禮樂所由起,積德百年而後可興也。吾不忍爲公所爲。公所爲不合古,吾不行。公往矣,無汙我!"

〔四〕逝然:逝通"誓",表示決絶。

張長公①

遠一作達哉長公②〔一〕,蕭然何事〔二〕? 世路多端,皆爲我異一曰出路皆爲，而我獨異③〔三〕。斂轡朅來〔四〕，獨養其志④。寢跡窮年〔五〕，誰知斯意。

【校勘】

① 張長公：《藝文類聚》作"張長公贊"。

② 遠：一作"達"，《藝文類聚》作"達"，亦通。

③ 世路多端，皆爲我異：注一曰"出路皆爲，而我獨異"。注原在篇末，兹移至句下。紹興本注：一作"世路多僞，而我獨異"。《藝文類聚》作"世路皆同，而我獨異"。

④ 獨：《藝文類聚》作"閑"。

【題解】

"張長公"，《史記・張釋之列傳》："久之，釋之卒。其子曰張摯，字長公，官至大夫，免。以不能取容當世，故終身不仕。"

【箋注】

〔一〕遠：魏晉品評人物多用"遠"字，如"遠操"（《世説新語・棲逸》），"遠致"（《世説新語・品藻》）。意謂高出世人，不同流俗。

〔二〕蕭然何事：意謂生活寧靜而無世俗之干擾。《世説新語・棲逸》："阮光禄在東山，蕭然無事，常内足於懷。"

〔三〕世路多端，皆爲我異：意謂世路紛亂歧出，而皆與張長公相異也。爲：猶"與"。《孟子・公孫丑下》："得之爲有財，古之人皆用之。"王引之《經傳釋詞》卷二："爲，猶與也……言得之與有財也。"

〔四〕斂轡朅（qiè）來：意謂收回轠繩辭官歸隱。朅：去。《文選》張衡《思玄賦》："迴志朅來從玄謀，獲我所求夫何思。"李善注："朅，去也。劉向《七言》曰：'朅來歸耕永自疏。'"

〔五〕寢跡：隱没蹤跡，意猶隱居。窮年：整年。

陶淵明集箋注卷第七 疏祭文四首

與子儼等疏①〔一〕

告儼、俟、份、佚、佟〔二〕：天地賦命〔三〕，生必有死②。自古賢聖，誰獨能免③？子夏有言曰④："死生有命，富貴在天〔四〕。"四友之人一曰四方之友⑤，親受音旨一作德音〔五〕。發斯談者〔六〕，將非窮達不可妄求⑥，壽夭永無外請故耶？吾年過五十，而窮苦荼毒原作少而窮苦，注一下有荼毒二字。《宋書》《南史》《册府元龜》作吾年過五十，而窮苦荼毒⑦〔七〕，每以家弊⑧，東西游走〔八〕。性剛才拙，與物多忤〔九〕。自量爲己〔一〇〕，必貽俗患⑨〔一一〕。僶俛辭世〔一二〕，使汝等幼而飢寒⑩。余嘗感孺仲賢妻之言〔一三〕，敗絮自原作息，《册府元龜》作自擁⑪，何慚兒子。此既一事矣〔一四〕。但恨鄰靡二仲〔一五〕，室無萊婦〔一六〕，抱兹苦心，良獨内愧⑫〔一七〕。少學一作好琴書一作少來好書，偶愛閑静，開卷有得，便欣然忘食。見樹木交蔭，時鳥變聲，亦復歡然一作爾有喜。常言：五六月中⑬，北窗下卧，遇涼風暫至〔一八〕，自謂是羲皇上人〔一九〕。意淺識罕⑭〔二〇〕，謂斯言可保〔二一〕。日月遂一作逝往，機巧好疏〔二二〕。緬求在昔〔二三〕，眇然如何〔二四〕！疾患以來，漸就衰損〔二五〕。親舊不遺⑮，每以藥石見救〔二六〕，自恐大分將有限也⑯〔二七〕。汝輩稚小家貧，每一作無役柴水之勞，何時可免？念之在心，若何可言。然汝等雖不原作曰，注一作不同生⑰〔二八〕，當思四海皆兄弟之義〔二九〕。鮑叔、管仲，分財無猜〔三〇〕；歸生、伍舉，班荆道舊〔三一〕，遂能以敗爲成〔三二〕，因喪立功〔三三〕。他人尚爾，況同父之人哉！潁川韓元長〔三四〕，漢末名士。身處卿佐，八十而終⑱。兄弟同居，至于没齒〔三五〕。濟北范稚春《南史》作幼春,《宋書》作氾稚⑲〔三六〕,晉時操行人也。七世同財,家人無怨色一作辭。《詩》曰⑳:"高山仰止,景行行止〔三七〕。"雖不能爾,至心尚之一作善〔三八〕。汝其慎哉!吾復何言。

【校勘】

① 與子儼等疏:《宋書》《南史》《册府元龜》作"與子書"。

② 生必有死:《宋書》作"有往必終",《册府元龜》作"有生必終"。

③ 獨能:李注本作"能獨"。

④ 子夏有言曰:李注本無"曰"字。

⑤ 四友之人:一作"四方之友",非是。

⑥ 將:《宋書》作"豈"。

⑦ 吾年過五十,而窮苦荼毒:原作"吾年過五十,少而窮苦"。底本校曰"一下有荼毒二字"。霈案:檢《宋書》《南史》《册府元龜》,均作"吾年過五十,而窮苦荼毒",無"少"字而多"荼毒"二字,"吾年過五十"下接"少而窮苦",上句既已曰"年過五十",下句復曰少時如何,文意殊不連貫。且後文又曰"少學琴書,偶愛閑靜",敍述次序亦頗顛倒。當從《册府元龜》《宋書》《南史》。

⑧ 每以家弊:《宋書》作"以家貧弊"。

⑨ 俗患:《册府元龜》作"患累"。

⑩《宋書》無"等"字,句末有"耳"字。

⑪ 自:原作"息",《册府元龜》、《宋書》、李注本作"自",今據改。

⑫ 内愧:《册府元龜》《宋書》作"罔罔",亦通。

⑬ 五六月中:《册府元龜》《宋書》無"中"字。

⑭ 罕:《册府元龜》《宋書》作"陋",亦通。

⑮ 親:《册府元龜》作"故",亦通。

⑯《宋書》句首有"恨"字。

⑰ 不:原作"曰",底本校曰"一作不",今據改。

⑱ 八十:李注本作"七十",爲是。

⑲ 范稚春:《南史》作"幼春",《宋書》作"氾稚"。

⑳ 曰:《宋書》作"云"。

【題解】

《藝文類聚》卷二三"鑒誡"中多有誡子書,其用散文者,如後漢鄭玄有《戒子》,魏王肅、王昶有《家誡》,諸葛亮有《誡子》,晉嵇康有《家戒》。另,漢劉向有《誡子歆書》,後漢張奂有《誡兄子書》、司馬徽有《誡子書》、馬援有《誡兄子書》，晉羊祜有《誡子書》、雷次宗有《與子侄書》。淵明此文題目或作《與子書》，亦屬同類。可見漢魏以來通行此種文體，主旨在訓誡後輩；或有感歎生死之内容，未必即是遺囑也。與淵明同時之雷次宗《與子侄書》曰："犬馬之齒，已逾知命。"並非臨終之遺囑，此文亦然。鄭文焯曰："李公焕謂爲臨終誡子遺訓，未免迂繆耳。又有'大分有限'，即承上文'漸就衰損'句意，非謂疾之在漸，沾沾慮及身後也。《宋書·隱逸傳》所云與子書以言其志，並爲訓誡，斯語得之。"橋川時雄曰："《與子儼等疏》一篇，目爲陶公遺訓，不始於元李公焕，唐人已有此説。《太平御覽》卷五百九十三引爲《陶淵明遺誡》，然細味文義，即知其非，仍以大鶴説爲是。"（清鄭文焯批日本橋川時雄校補《陶集鄭批録》）

【編年】

文曰："疾患以來，漸就衰損。親舊不遺，每以藥石見救，自恐大分將有限也。"可見是病中所作。據《册府元龜》《宋書》《南史》所録"吾年過五十，而窮苦荼毒"，則此文必作於五十歲後。文曰："性剛才拙，與物多忤。自量爲己，必貽俗患。僶俛辭世，使汝等幼而飢寒。"乃指其出仕之經歷與感受，以及最終辭彭澤令事。辭彭澤令在五十四歲，兹姑繫此文於晉安帝義熙三年（四〇七），五十六歲，或大致不差。淵明辭彭澤令時長子十九歲，幼子十一歲，與《疏》所謂"汝輩稚小家貧"不悖。又，文曰："濟北范稚春，晉時操行人也。"或以爲既稱"晉時"，當是入宋後所作。然上文有"潁川韓元長，漢末名士"之語，故下接"晉時"，以承上"漢末"。不能據此肯定此文必作於入宋之後也。

【箋注】

〔一〕儼：淵明長子名。疏：書信。

〔二〕儼、俟、份、佚、佟：淵明五子，見《責子》詩注。

〔三〕天地賦命：意謂天地賦予人生命。

〔四〕死生有命，富貴在天：《論語·顔淵》："子夏曰：'商聞之矣：死生有命，富貴在天。君子敬而無失，與人恭而有禮；四海之内，皆兄弟也。君子何患乎無兄弟也？'"子夏，姓卜，名商，孔子弟子。

〔五〕四友之人，親受音旨：意謂四友親受孔子之教誨。四友：舊題孔鮒撰《孔叢子·論書》："孔子曰：'吾有四友焉。自吾得回（顔淵）也，門人加親，是非胥附乎？自吾得賜（子貢）也，遠方之士日至，是非奔輳乎？自吾得師（子張）也，前有光，後有輝，是非先後乎？自吾得仲由（子路）也，惡言不至於門，是非禦侮乎？'"《孔叢子》所謂"四友"無子夏。或淵明另有所據，四友包括子夏；或意謂子夏與四友同列。音旨：言辭旨意。《世説新語·賞譽》："諷味遺言，不如親承音旨。"或淵明意謂"死生有命，富貴在天"乃聞自孔子也。

〔六〕斯談：指"死生有命，富貴在天"之論。

〔七〕吾年過五十，而窮苦荼毒：意謂五十以後而仍窮困且甚感苦痛也。荼毒：《書·湯誥》："爾萬方百姓，罹其凶害，弗忍荼毒。"孔傳："荼毒，苦也。"

〔八〕每以家弊，東西游走：淵明享年七十六歲，其五十歲前後正在"東西游走"，五十歲在桓玄幕中，曾回尋陽休假，又赴江陵；五十三歲任鎮軍參軍，自尋陽至京口；五十四歲爲建威參軍，使都，經錢溪；同年爲彭澤縣令，在官八十餘日，自免職。淵明五十歲後之經歷與此二句正合。

〔九〕物：人，衆人。《左傳》昭公十一年："晉荀吴謂韓宣子曰：'不能救陳，又不能救蔡，物以無親。'"《世説新語·方正》："盧志於衆坐問陸士衡：'陸遜、陸抗是君何物？'"忤：抵忤。

〔一〇〕量：思量。

〔一一〕貽：遺留，致使。陸機《弔魏武帝文》："既晞古以遺累，信簡禮而薄葬。彼裘紱於何有，貽塵謗於後王。"俗患：世俗之患難。

〔一二〕僶俛辭世：努力辭世歸隱。辭世：避世，隱居。陸機《漢高祖功臣頌》："怡顔高覽，彌翼鳳戢。託跡黄老，辭世卻粒。"

〔一三〕孺仲賢妻：指王霸之妻，霸字孺仲。《後漢書·列女傳》："太原王霸妻者，不知何氏之女也。霸少立高節，光武時，連徵不仕。霸已見《逸民傳》。妻亦美志行。初，霸與同郡令狐子伯爲友，後子伯爲楚相，而其子爲郡功曹。子伯乃令子奉書於霸，車馬服從，雍容如也。霸子時方耕於野，聞賓至，投耒而歸，見令狐子，沮怍不能仰視。霸目之，有愧容，客去而久卧不起。妻怪問其故，始不肯告，妻請罪，而後言曰：'吾與子伯素不相若，向見其子容服甚光，舉措有適，而我兒曹蓬髮歷齒，未知禮則，見客而有慚色。父子恩深，不覺自失耳。'妻曰：'君少修清節，不顧榮禄。今子伯之貴孰與君之高？奈何忘宿志而慚兒女子乎！'

霸屈起而笑曰：'有是哉！'遂共終身隱遯。"《後漢書·逸民傳》："王霸字儒仲，太原廣武人也。少有清節。及王莽篡位，棄冠帶，絶交宦。建武中，徵到尚書，拜稱名，不稱臣。有司問其故，霸曰：'天子有所不臣，諸侯有所不友。'司徒侯霸讓位於霸。閻陽毀之曰：'太原俗黨，儒仲頗有其風。'遂止。以病歸。隱居守志，茅屋蓬户。連徵不至，以壽終。"

〔一四〕此既一事矣：連上句意謂自己之境遇既與孺仲一樣，使諸子陷於飢寒之中；但恨妻子不如孺仲妻之賢也。

〔一五〕二仲：指求仲、羊仲。趙岐《三輔決録》："蔣詡字元卿，舍中三逕，唯羊仲、求仲從之遊，皆挫廉逃名不出。"

〔一六〕萊婦：老萊子之妻。劉向《列女傳》："萊子逃世，耕於蒙山之陽……其妻戴畚萊挾薪樵而來，曰：'何車跡之衆也？'老萊子曰：'楚王欲使吾守國之政。'妻曰：'許之乎？'曰：'然。'妻曰：'妾聞之，可食以酒肉者，可隨以鞭捶；可授以官禄者，可隨以鈇鉞。今先生食人酒肉，受人官禄，爲人所制也，能免於患乎？妾不能爲人所制！'投其畚萊而去……老萊子乃隨其妻而居之。"

〔一七〕良：甚。

〔一八〕暫：猝，忽然。郭在貽《陶集劄迻》引《漢書·李廣傳》："暫騰而上胡兒馬。"《論衡·講瑞》："非卒見暫聞而輒名之爲聖也。"《三國志·蜀書·郤正傳》："故從横者欻披其胸，狙詐者暫吐其舌也。"曰：卒、暫互文，欻、暫互文，暫即卒、欻也。

〔一九〕羲皇上人：伏羲氏以前之人，指遠古真淳之人。

〔二〇〕意淺識罕：意謂所思者簡單，所見者亦寡陋也。

〔二一〕謂斯言可保：意謂原以爲上所常言之生活可保無虞也。

〔二二〕機巧好疏：意謂甚疏於投機取巧之事。與上"性剛才拙"意近。

〔二三〕緬求：遠求。在昔：昔日之生活。

〔二四〕眇然如何：意謂昔日之生活已渺茫不可求矣。

〔二五〕疾患以來，漸就衰損：此指中年染疾之事，非臨終之疾病也。

〔二六〕藥石：泛指藥物。《左傳》襄公二十三年：孟孫卒，"臧孫入，哭，甚哀，多涕。出，其御曰：'孟孫之惡子也，而哀如是。季孫若死，其若之何？'臧孫曰：'季孫之愛我，疾疢也；孟孫之惡我，藥石也。美疢不如惡石。夫石猶生我，疢之美，其毒滋多。孟孫死,吾亡無日矣。'"孔穎達疏:"治病藥分用石,《本草》所云鍾乳、礬、磁石之類多矣。"

〔二七〕大分(fèn):大限,壽數。

〔二八〕雖不同生:此謂雖非同母所生。

〔二九〕四海皆兄弟:《論語·顏淵》:"司馬牛憂曰:'人皆有兄弟,我獨亡!'子夏曰:'商聞之矣:死生有命,富貴在天。君子敬而無失,與人恭而有禮;四海之内,皆兄弟也。君子何患乎無兄弟也?'"

〔三〇〕鮑叔、管仲,分財無猜:意謂鮑叔與管仲同賈,而分財無所猜忌也。《史記·管晏列傳》:"管仲夷吾者,潁上人也。少時常與鮑叔牙游,鮑叔知其賢。管仲貧困,常欺鮑叔,鮑叔終善遇之,不以爲言。已而鮑叔事齊公子小白,管仲事公子糾。及小白立爲桓公,公子糾死,管仲囚焉。鮑叔遂進管仲。"《索隱》引《吕氏春秋》:"管仲與鮑叔同賈南陽,及分財利,而管仲嘗欺鮑叔,多自取。鮑叔知其有母而貧,不以爲貪也。"

〔三一〕歸生、伍舉,班荆道舊:意謂歸生(子朝之子,即聲子)與伍舉舊誼不改。《左傳》襄公二十六年:"初,楚伍參與蔡太師子朝友,其子伍舉與聲子相善也。伍舉娶於王子牟。王子牟爲申公而亡,楚人曰:'伍舉實送之。'伍舉奔鄭,將遂奔晉。聲子將如晉,遇之於鄭郊,班荆相與食,而言復故。聲子曰:'子行也,吾必復子。'"後來,聲子果真通過令尹子木報告楚王,讓伍舉回到楚國,益其禄爵。

〔三二〕以敗爲成:上接鮑叔、管仲事。《史記·管晏列傳》:"管仲既用,任政於齊,齊桓公以霸,九合諸侯,一匡天下,管仲之謀也。管仲曰:'吾始困時,嘗與鮑叔賈,分財利多自與,鮑叔不以我爲貪,知我貧也。吾嘗爲鮑叔謀事而更窮困,鮑叔不以我爲愚,知時有利不利也。吾嘗三仕三見逐於君,鮑叔不以我爲不肖,知我不遭時也。吾嘗三戰三走,鮑叔不以我爲怯,知我有老母也。公子糾敗,召忽死之,吾幽囚受辱,鮑叔不以我爲無恥,知我不羞小節而恥功名不顯於天下也。生我者父母,知我者鮑子也。'"

〔三三〕因喪立功:上接歸生、伍舉事,意謂伍舉原先逃亡在外,後來回到楚國,終於立功。《左傳》昭公元年:"冬,楚公子圍將聘於鄭,伍舉爲介。未出竟，聞王有疾而還。伍舉遂聘。十一月己酉，公子圍至，入問王疾，縊而弑之，遂殺其二子幕及平夏。”是爲楚靈王。

〔三四〕韓元長：《後漢書·韓韶傳》：“子融，字元長。少能辯理而不爲章句學。聲名甚盛，五府並辟。獻帝初，至太僕。年七十卒。”又《申屠蟠傳》：“中平五年，復與爽、玄及潁川韓融、陳紀等十四人並博士徵，不至。明年，董卓廢立，蟠及爽、融、紀等復俱公車徵，唯蟠不到。衆人咸勸之，蟠笑而不應。居無幾，爽等爲卓所脅迫，西都長安，京師擾亂。及大駕西遷，公卿多遇兵飢，室家流散，融等僅以身脱。”淵明所謂八十而終，恐未確。

〔三五〕兄弟同居，至于没齒：未知淵明何據。没齒：終身。《論語·憲問》：“問管仲。曰：‘人也。奪伯氏駢邑三百，飯疏食，没齒無怨言。’”

〔三六〕范稚春：《晉書·儒林傳》：“氾毓字稚春，濟北盧人也。奕世儒素，敦睦九族，客居青州，逮毓七世，時人號其家‘兒無常父，衣無常主’。毓少履高操，安貧有志業。父終，居於墓所三十餘載，至晦朔，躬掃墳壟，循行封樹，還家則不出門庭。或薦之武帝，召補南陽王文學、秘書郎、太傅參軍，並不就。于時青土隱逸之士劉兆、徐苗等皆務教授，惟毓不蓄門人，清淨自守。時有好古慕德者諮詢，亦傾懷開誘，以一隅示之。合三傳爲之解注，撰《春秋釋疑》《肉刑論》，凡所述造七萬餘言。年七十一卒。”

〔三七〕高山仰止，景行行止：見《詩·小雅·車舝》。

〔三八〕至心尚之：意謂以至誠之心嚮慕之。至：極。至心：誠心。孔融《論盛孝章書》：“昭王築臺以尊郭隗，隗雖小才而逢大遇，竟能發明主之至心。”

【考辨】

李注引趙泉山曰：五十當作三十，“靖節從此十一年間，自潯陽至建業，再返；又至江陵，再返，故云東西游走。及四十一歲，序其倦游於《歸去來》云：‘心憚遠役。’四十八歲《答龐參軍》詩云：‘我實幽居士，無復東西緣。’若年過五十，時投閑十年矣，尚何游宦之有？”陶注：“序云‘少而窮苦’，乃追述之辭，豈謂東西遊走在五十後哉？即依《宋書》無少字，非追述，遊走不定解作遊宦。先生雖賦歸，而與王撫軍、殷晉安往來酬答，亦無妨以東西遊走爲言也。趙説似滯，五十不必改三十。"

霈案：趙説並無版本依據，臆改原文，以遷就淵明享年六十三歲之説，不可取。陶説亦牽强，游走前有"東西"二字，顯非尋陽一地之酬答也。且殷晉安與淵明爲鄰，其相互酬答更不可謂之東西游走。陶澍拘於淵明享年六十三歲説，此處絶難解釋，遂曲爲之説，亦不可取。

【析義】

淵明此文自叙平生，感歎家庭貧困，疾患纏身，不爲妻子理解。勸勉諸子安貧樂道，和睦相處。其中解釋其辭官原因爲避患："性剛才拙，與物多忤。自量爲己，必貽俗患。"所謂萊婦之言亦是避患意，頗可注意。"少學琴書"一段令人嚮往。方宗誠《陶詩真詮》曰："'開卷有得'二句，與古爲徒也。'見樹木交蔭，時鳥變聲，亦復歡然有喜'，與天爲徒也。'自謂是羲皇上人'，淵明平生自期待者如此。"

祭程氏妹文

維晉義熙三年〔一〕，五月甲辰〔二〕，程氏妹服制再周〔三〕。淵明以少牢之奠〔四〕，俛而酹一作裸之①〔五〕。嗚呼哀哉！寒往暑來，日月寖疎〔六〕。梁塵委積〔七〕，庭草荒蕪〔八〕。寥寥空室，哀哀一作哀哉遺孤②。觴觴虚奠，人逝焉如〔九〕！誰無兄弟，人亦同生。嗟我與爾，特百原作迫，注一作百常情③〔一〇〕。慈妣早世〔一一〕，時尚孺嬰。我年二六〔一二〕，爾纔九齡。爰從靡識，撫髫一作髻相成④〔一三〕。咨爾一作余令妹⑤〔一四〕，有德有操。靖恭鮮一作斯言⑥〔一五〕，聞善則樂。能正能和，惟友惟孝。行止中閨，可象可傚〔一六〕。我聞爲一作惟善⑦，慶自己蹈〔一七〕。彼蒼何偏，而不斯報〔一八〕！昔在江陵，重罹天罰〔一九〕。兄弟索居，乖隔楚越〔二〇〕。伊我與爾一作令妹⑧，百哀一作憂是切⑨〔二一〕。黯黯高雲，蕭蕭冬月。白雪原作白雲，注一作白雪掩晨⑩，長風悲節〔二二〕。感惟崩號，興言泣血〔二三〕。尋念平昔，觸事未遠〔二四〕。書疏猶存，遺孤滿眼。如何一往，終天不返〔二五〕！寂寂高堂，何時復踐？藐藐孤女，曷依曷恃〔二六〕？煢煢遊一作孤魂⑪，誰主誰祀〔二七〕？奈何程妹，於此永已！死如有知，相見蒿里〔二八〕。嗚呼哀哉！

【校勘】

① 酹：一作"祼"，祭名，酌酒灌地之禮；亦通。

② 哀哀：一作"哀哉"，亦通。

③ 百：原作"迫"，底本校曰"一作百"，今據改。李注："《(晉書)謝玄傳》：'痛百常情。'作迫，非。"霈案：此語見謝玄上疏："不謂臣愆咎夙積，罪鍾中年，上延亡叔臣安、亡兄臣靖，數月之間，相係殂背，下逮稚子，尋復夭昏。哀毒兼纏，痛百常情。臣不勝禍酷暴集，每一慟殆弊。"

④ 髫：一作"髻"，非是。

⑤ 爾：一作"余"，亦通。

⑥ 鮮：一作"斯"，形近而訛。

⑦ 爲：一作"惟"，亦通。

⑧ 與爾：一作"令妹"，亦通。

⑨ 哀：一作"憂"，亦通。

⑩ 白雪：原作"白雲"，底本校曰"一作白雪"，今據改。上句曰"黯黯高雲"，復言"白雲掩晨"，於義爲遜。

⑪ 遊：一作"孤"，亦通。

【題解】

"程氏妹"，嫁於程氏之妹，淵明庶母所生。

【編年】

文曰："維晉義熙三年，五月甲辰，程氏妹服制再周。淵明以少牢之奠，俛而酹之。"是年爲丁未年，公元四〇七年。據《歸去來兮辭》，程氏妹卒於義熙元年(四〇五)。

【箋注】

〔一〕維：句首助詞。

〔二〕甲辰：據《二十四史朔閏表》爲五月六日。

〔三〕服制再周：服制，喪服制度。據《儀禮·喪服》，喪服分五等，名爲五服。已嫁姊妹，按服制爲大功服，其服用熟麻布做成，服期九月。淵明撰《歸去來兮辭》時在義熙元年十一月，此時程氏妹"尋卒於武昌"，至義熙三年五月，正十八個月，即已滿兩個服期，故曰服制再周。

〔四〕少牢：祭祀時用牛、羊、豬三牲曰太牢；只用羊、豬二牲曰少牢。

奠：祭奠。

〔五〕酹（lèi）：以酒灑地表示祭奠。

〔六〕寒往暑來，日月寖（jìn）疎：意謂距程氏妹之喪，歲月已漸遠矣。寖：逐漸。

〔七〕梁塵：屋樑上之塵土。

〔八〕庭草：庭院中之荒草。

〔九〕肴觴虚奠，人逝焉如：意謂虚有肴觴之奠，而人已不知何往矣。

〔一〇〕誰無兄弟，人亦同生。嗟我與爾，特百常情：意謂兄弟中我唯與爾感情最深也。同生：謂同父所生。特百常情：獨百倍於常情。

〔一一〕慈妣：此指淵明庶母，程氏妹生母。

〔一二〕二六：十二歲。

〔一三〕爰從靡識，撫髫相成：意謂從童年無知之時，即相撫相親一起成長。爰：乃。靡識：無知。髫：小兒垂髮。

〔一四〕咨：歎息聲。令：美，表示贊美。

〔一五〕靖恭鮮言：意謂靜肅恭謹而少言寡語。《文選》班昭《東征賦》："靖恭委命，唯吉凶兮。"劉良注："靖思恭敬。"

〔一六〕行止中閨，可象可傚：意謂一動一静，皆可作爲婦女之榜樣。可象：可以作榜樣。《左傳》襄公三十一年："有威而可畏謂之威，有儀而可象謂之儀。君有君之威儀，其臣畏而愛之，則而象之，故能有其國家，令聞長世……文王之行，至今爲法，可謂象之。"傚：效法。

〔一七〕我聞爲善，慶自己蹈：意謂福取決於自己之行爲，爲善可得也。慶：福。蹈：履行。《穀梁傳》隱公元年："蹈道則未也。"陸德明釋文："蹈，履行之名也。"

〔一八〕彼蒼何偏，而不斯報：意謂蒼天何其偏頗，而不予善人以善報耶？彼蒼：《詩·秦風·黄鳥》："彼蒼者天。"

〔一九〕昔在江陵，重罹天罰：指淵明在江陵桓玄幕中，母孟氏卒，時在晉隆安五年（四〇一）。罹：遭受。天罰：上天之懲罰。逯注："古人以爲父母逝世，由於本人得罪上天，禍延於父母，故此以母死乃遭受天罰。又因庶母前已死亡，所以這裏説重罹天罰。"

〔二〇〕兄弟索居，乖隔楚越：意謂兄弟分離，不得團聚。逯注："《莊子·德充符》：'自其異者視之，肝膽楚越也。'楚越指地區不同，非實指地名。”

〔二一〕百哀是切：深感百哀也。

〔二二〕悲節：猶言悲聲。節：節奏、節拍。

〔二三〕感惟崩號，興言泣血：意謂有感於心則悲痛號哭，一舉哀即泣而出血。崩：痛也，如崩傷、崩感、崩摧。號：號哭。興：舉，指舉哀。言：語助詞。

〔二四〕尋念平昔，觸事未遠：意謂追念往昔喪母情形，如在眼前。觸事：遇事。郭璞《方言序》：“余少玩《雅》訓，旁味《方言》，復爲之解。觸事廣之，演其未及，摘其謬漏，庶以燕石之瑜，補琬琰之瑕。”

〔二五〕終天：意謂如天之久遠。潘岳《哀永逝文》：“今奈何兮一舉，邈終天兮不反。”

〔二六〕藐藐孤女，曷依曷恃：意謂程氏妹之遺孤遠在異地，無所依靠。藐藐：遥遠貌。《楚辭・離騷》：“抑志而弭節兮，神高馳之邈邈。”王逸注：“邈邈，遠貌。”淵明《時運》：“邈邈遐景，載欣載矚。”曷：何。恃：依靠。《詩・小雅・蓼莪》：“無父何怙？無母何恃？”

〔二七〕煢煢(qióng)遊魂，誰主誰祀：意謂程氏妹孤獨之遊魂，誰爲之主爲之祭耶？

〔二八〕蒿里：相傳是死者魂魄所歸之處，在泰山下。《樂府詩集》相和曲《蒿里》：“蒿里誰家地，聚斂魂魄無賢愚。”

【考辨】

梁啟超謂“慈妣”乃“慈考”之誤。梁《譜》太元八年下曰：先生十二歲喪父，“先生以是年丁憂，明見於《祭程氏妹文》……據此文則是喪母也。然顔《誄》云：‘母老子幼，就養勤匱。’顔延之與先生交舊，語當可信。此兩文不能相容，必有一爲傳寫之誤，非顔《誄》父誤母，則《祭文》考誤妣矣。按《命子》篇稱其父曰‘仁考’，是長子儼生時，先生父已没。又《庚子歲從都還篇》云：‘歸子念前途，凱風負我心。’是先生二十九歲時其母猶存。然則《祭文》‘妣’字必誤也。殆原作‘慈考’，俗子傳鈔，以慈當屬妣，故妄改耶？”古《譜》太元十二年下申其説，證以“稱父爲慈，蓋常語也……況《祭妹文》曰：‘誰無兄弟，人亦同生。嗟我與汝，特百常情。’其爲同母兄妹，先生固明言之。”

霈案：梁氏所説乃其推測，並無版本依據。陶《譜》所言不差："然則'慈妣早世'者，蓋程氏妹之生母，而先生之庶母也。"

【析義】

程氏妹雖非淵明同母所生，然因其九歲喪母，由淵明生母撫養，感情非同一般。故先以其卒而辭彭澤令，後又爲文祭之，而且特别回憶自己生母喪時，兩人之悲痛也。文末言："死如有知，相見蒿里。"情深意厚，足見淵明之爲人。

祭從弟敬遠文

歲在辛亥，月惟仲秋〔一〕，旬有九日〔二〕，從弟敬遠，卜辰云窆，永寧后土①〔三〕。感平生之游處，悲一往之不返〔四〕。情惻惻以一作而摧心②〔五〕，淚愍愍一作悠悠而盈眼③〔六〕。乃以園果時醪，祖其將行〔七〕。嗚呼哀哉！於鑠吾弟一作子④〔八〕，有操有概。孝發幼齡，友自天愛。少思寡欲，靡執靡介〔九〕。後己先人，臨財思惠〔一〇〕。心遺得失〔一一〕，情不依世〔一二〕。其色能温，其言則厲〔一三〕。樂勝朋高〔一四〕，好是文藝〔一五〕。遥遥帝鄉，爰感奇心〔一六〕。絶粒委務〔一七〕，考盤山陰〔一八〕。淙淙懸溜〔一九〕，曖曖荒林。晨採上藥〔二〇〕，夕閑素琴〔二一〕。曰仁者壽〔二二〕，竊獨信之。如何斯言，徒能見欺⑤。年甫過立〔二三〕，奄與世辭〔二四〕。長歸蒿里〔二五〕，邈無還期。惟我與爾，匪但一作且，一作偶親友⑥〔二六〕，父則同生，母則從母〔二七〕。相及齠齒⑦，並罹偏咎〔二八〕。斯情實深，斯愛實厚。念疇昔日，同房之歡〔二九〕。冬無緼褐〔三〇〕，夏渴瓢簞〔三一〕。相將以道〔三二〕，相開以顔一作懽⑧〔三三〕。豈不多乏，忽忘飢寒。余嘗學仕，纏綿人事。流浪無成，懼負素志。斂策歸來〔三四〕，爾知我意。常願携手，寘彼衆意一作宜衆特異⑨〔三五〕。每憶有秋，我將其刈〔三六〕。與汝偕行，舫一作汎舟同濟⑩〔三七〕。三宿水濱，樂飲川界〔三八〕。静月澄高，温風始逝。撫杯而言，物久人脆〔三九〕。奈何吾弟，先我離世。事不可尋，思亦何極〔四〇〕。日徂月流〔四一〕，寒暑代息〔四二〕。死生異方，存亡有域。候晨永歸〔四三〕，指塗載陟〔四四〕。呱呱遺稚，未能正言〔四五〕。哀哀嫠人〔四六〕，禮儀孔閑〔四七〕。庭樹如故，齋宇廓然〔四八〕。孰云敬遠，何時復還⑪。余惟人斯，昧茲近情〔四九〕。蓍龜有吉一作告⑫，制我祖行〔五〇〕。望旐翩翩〔五一〕，執筆涕盈。神其有知，昭余中誠〔五二〕。嗚呼哀哉！

【校勘】

① 后土：陶注曰："李本、何本作'右土'。何云：'右'疑當作'吉'。"需案：細審李公焕《箋注陶淵明集》内府藏原刻本，實爲"后"，而非"右"。對照同書《晉故征西大將軍長史孟府君傳》中兩"右"字，可知。

② 以：一作"而"，亦通。

③ 愍愍：一作"悠悠"，形近而訛。

④ 弟：一作"子"，非是。

⑤ 徒能見欺：《藝文類聚》作"獨能見斯"，非是。

⑥ 但：一作"且"，亦通。一作"偶"，於義稍遜。

⑦ 相及齠齒：曾本、紹興本、東坡和陶本均無異文。李注本正文亦作"相及齠齒"，注曰："齠與齔義同，毁齒也。"陶注本遂改爲"相及齠齔"，案曰："齠，髫之俗字。髫，小兒髮。齔，毁齒也。"古《譜》又據"相及齠齔"及陶澍案語，考證淵明生年，以"齠"（十二歲）屬淵明，以"齔"（七歲）屬敬遠，兩人相差五歲。辛亥敬遠三十一歲，則淵明三十六歲。因以證成其淵明享年五十二歲之説。需案：各宋本均作"相及齠齒"，陶澍改爲"相及齠齔"，並無版本依據，不可取，其案語亦未必可信。古直據之所作考證，實難成立也。

⑧ 顔：一作"權"，形近而訛。

⑨ 寘彼衆意：一作"宜衆特異"，於義稍遜。

⑩ 舫：一作"汎"，亦通。

⑪ 還：《藝文類聚》作"旋"，亦通。

⑫ 吉：一作"告"，紹興本作"告"，一作"吉"。需案：作"吉"於義較長。

【題解】

敬遠，淵明從弟也。文曰："父則同生，母則從母。"可知敬遠之父與淵明之父爲同胞兄弟，而敬遠之母與淵明之母爲姊妹，其關係非同一般。敬遠比淵明年幼，八歲喪父後，或由淵明撫養，故文有"念疇昔日，同房之歡"等語也。淵明又有《癸卯歲十二月中作與從弟敬遠》，可參閱。

【編年】

文曰:"歲在辛亥,月惟仲秋,旬有九日。"知此文作於晉安帝義熙七年辛亥(四一一)。

【箋注】

〔一〕月惟仲秋:指八月。

〔二〕旬有九日:指十九日。一旬爲十日。

〔三〕卜辰云窆(biǎn),永寧后土:意謂占卜吉日爲敬遠安葬,永息於地下。卜辰:占卜擇日。窆:下棺安葬。

〔四〕悲一往之不返:曹植《文帝誄》:"嗟一往之不返兮,痛閟闥之長扃。"

〔五〕摧心:形容傷心至極。潘岳《寡婦賦》:"少伶俜而偏孤兮,痛忉怛以摧心。"

〔六〕愍(mǐn):憂傷。《左傳》昭公元年:"吾代二子愍矣。"孔穎達疏引服虔曰:"愍,憂也。"

〔七〕祖:出行時祭祀路神,死者將葬時之祭亦曰"祖"。《儀禮·既夕禮》:"有司請祖期。"鄭玄注:"將行而飲酒曰祖。"賈公彦疏:"此死者將行,亦曰祖。爲始行,故曰祖也。"

〔八〕於(wū):歎詞。《書·堯典》:"於! 鮌哉!"王念孫《讀書雜志·漢隸拾遺》:"於,音烏,歎詞也。"爍(shuò):明亮。《文選》顔延之《宋文皇帝元皇后哀策文》:"圓精初爍,方祇始凝。"吕延濟注:"爍,明。"

〔九〕靡執靡介:意謂性情隨和。靡:無。執:固執。《莊子·人間世》:"將執而不化,外合而内不訾,其庸詎可乎?"介:單獨。《史記·張耳陳餘列傳》:"將軍今以三千人下趙數十城,獨介居河北,不王無以填之。"

〔一〇〕惠:施惠於人。

〔一一〕遺:遺忘。

〔一二〕情不依世:意謂感情不隨世俗之好惡而變化。

〔一三〕厲:嚴肅剛直。《論語·述而》:"子温而厲,威而不猛,恭而安。"

〔一四〕樂勝朋高:樂與佳士相處,與高人結交也。勝:言事物優越美好,如"勝士""勝流"。《晉書·羊祜傳》:"自有宇宙,便有此山。

由來賢達勝士，登此遠望，如我與卿者多矣！"朋：結交。

〔一五〕好是文藝：意謂所愛好者乃文藝也。文藝：指撰述文章之技巧。《大戴禮記·文王官人》："有隱於知理者，有隱於文藝者。"

〔一六〕遥遥帝鄉，爰感奇心：意謂遥遥帝鄉乃其好奇之處。帝鄉：神話中天帝所居之地，此指仙境。《莊子·天地》："千歲厭世，去而上仙，乘彼白雲，至於帝鄉。"

〔一七〕絶粒：猶辟穀，道教養生術，屏除火食、不進五穀，以求延生益壽。孫綽《遊天台山賦》："非夫遺世翫道，絶粒茹芝者，烏能輕舉而宅之。"委務：委棄世務。

〔一八〕考盤：《詩·衛風》篇名，亦作"考槃"。詩前小序曰："考槃，刺莊公也。不能繼先公之業，使賢者退而窮處。"故後以考槃喻隱居。毛傳："考，成；槃，樂也。"陳奐傳疏："成樂者，謂成德樂道也。"

〔一九〕淙淙（cóng）：流水聲。懸溜：傾瀉之小股水流。酈道元《水經注·耒水》："兩岸連山，石泉懸溜，行者輒徘徊留念，情不極已也。"

〔二〇〕上藥：指仙藥。《文選》嵇康《養生論》："故神農曰：上藥養命，中藥養性者。誠知性命之理，因輔養以通也。"李善注引《本草》曰："上藥一百二十種，爲君，主養命以應天。無毒，久服不傷人，輕身益氣，不老延年。"

〔二一〕閑：習。素琴：未加繪飾之琴。

〔二二〕曰仁者壽：《論語·雍也》："子曰：'知者樂水，仁者樂山；知者動，仁者靜；知者樂，仁者壽。'"

〔二三〕年甫過立：意謂剛剛超過三十歲。《論語·爲政》："三十而立。"

〔二四〕奄：忽然。

〔二五〕蒿里：本爲山名，相傳位於泰山南，爲死者葬所。因以泛指葬所。

〔二六〕匪但親友：意謂不僅親愛友善也。《書·君陳》："惟孝，友於兄弟。"

〔二七〕父則同生，母則從母：敬遠之父與淵明之父爲同胞兄弟，而敬遠之母與淵明之母爲姊妹。

〔二八〕相及齠齒，並罹偏咎：意謂相繼至於齠齒之年，均喪己父也。齠齒:毁齒。《韓詩外傳》:"故男八月生齒,八歲而齠齒。"《大戴禮記・本命》:"八歲而毁齒。"罹:遭受。偏咎:偏孤之咎也。《文選》潘岳《寡婦賦》:"少伶俜而偏孤兮。"李善注:"偏孤,謂喪父也。"

〔二九〕同房:猶同室,意謂同居一室。《儀禮・喪服》:"何以緦也?以爲相與同室,則生緦之親焉。"賈公彦疏:"言同室者,直是舍同,未必安坐。"

〔三〇〕緼(yùn)褐:猶緼袍,以亂絮或亂麻爲絮之衣,泛指貧者所服粗陋之衣。《論語・子罕》:"衣敝緼袍,與衣狐貉者立,而不恥者,其由也與!"

〔三一〕瓢簞:指簡單飲食。《論語・雍也》:"賢哉!回也。一簞食,一瓢飲,在陋巷,人不堪其憂,回也不改其樂。賢哉!回也。"

〔三二〕相將以道:意謂以道義互相扶持、勉勵。

〔三三〕相開以顔:意謂以和顔悦色互相寬慰、解憂。

〔三四〕斂策:收起馬鞭,指辭官歸隱。

〔三五〕寘彼衆意:棄置而不顧衆人之意。

〔三六〕刈:收割莊稼。

〔三七〕舫舟:即方舟,兩船相並,或泛指船。濟:渡河。

〔三八〕川界:猶"江界"。劉向《九歎・離世》:"立江界而長吟兮,愁哀哀而累息。"王逸注:"言己還入大江之界。"

〔三九〕人脆:人身脆弱,人生短暫。蔡琰《悲憤詩》:"平土人脆弱,來兵皆胡羌。"

〔四〇〕事不可尋,思亦何極:意謂往事既不可尋而得之矣,思念亦無終無已也。《詩・唐風・鴇羽》:"悠悠蒼天,曷其有極!"鄭箋:"極,已也。"

〔四一〕日徂月流:歲月流逝。

〔四二〕寒暑代息:寒暑交互替代。

〔四三〕候晨永歸:意謂選定日期安葬。晨:同"辰"。

〔四四〕指塗載陟:走上送葬之路。指塗:就道,上路。陸機《贈弟士龍》:"指塗悲有餘,臨觴歡不足。"陟:登程。

〔四五〕未能正言:意謂遺孤稚小,吐字尚不準確也。

〔四六〕嫠(lí)人:寡婦。

〔四七〕禮儀孔閑：甚閑熟於禮儀也。

〔四八〕廓然：空廓貌。

〔四九〕昧兹近情：意謂不能理解我兄弟之親近感情也。

〔五〇〕蓍（shī）龜有吉，制我祖行：意謂以蓍龜占卜決定吉日以祖奠也。古人以蓍草或龜甲卜筮吉凶，此泛指占卜。祖行：死者將葬之祭。參見本文"箋注"〔七〕。

〔五一〕旐（zhào）：出殯時靈柩前之旐旗。

〔五二〕神其有知，昭余中誠：意謂敬遠之靈如有知，當明白我内心之感情也。

【析義】

淵明與敬遠既是堂兄弟，又是姨表兄弟，自幼關係親密。且敬遠性情淡遠，與淵明志趣相投。故淵明此文感情真摯，非一般祭文可比也。

自祭文

歲惟丁卯①，律中無射〔一〕。天寒夜長，風氣一作涼風蕭索。鴻雁于征〔二〕，草木黄落②。陶子將辭逆旅之館〔三〕，永歸於本宅③〔四〕。故人悽其相悲，同祖行於今夕〔五〕。羞以嘉蔬〔六〕，薦以清酌〔七〕。候顔已冥，聆音愈漠〔八〕。嗚呼哀哉！茫茫大塊〔九〕，悠悠高旻④〔一〇〕。是生萬物，余得爲人〔一一〕。自余爲人，逢運之貧〔一二〕。簞瓢屢罄〔一三〕，絺綌冬陳〔一四〕。含歡谷汲，行歌負薪〔一五〕。翳翳柴門，事我宵晨〔一六〕。春秋代謝，有務中園。載耘載耔〔一七〕，迺育迺繁〔一八〕。欣以素牘〔一九〕，和以七弦〔二〇〕。冬曝其日，夏濯其泉。勤靡餘勞，心有常閑〔二一〕。樂天委分，以至一作慰百年⑤〔二二〕。惟此百年，夫人愛之。懼彼無成，愒一作渴日惜時⑥〔二三〕。存爲世珍，殁亦見思⑦〔二四〕。嗟我獨邁，曾是異兹〔二五〕。寵非己榮，涅豈吾緇〔二六〕？捽兀窮廬〔二七〕，酣飲一作歌賦詩⑧。識運知命⑨，疇能罔眷〔二八〕？余今斯化，可以無恨〔二九〕。壽涉百齡，身慕肥遁。從一作以老得終⑩，奚所復戀〔三〇〕！寒暑逾邁，亡既異存〔三一〕。外姻晨來〔三二〕，良友宵奔〔三三〕。葬之中野〔三四〕,以安其魂。窅窅我行⑪〔三五〕,蕭蕭墓門〔三六〕。奢恥宋臣⑫〔三七〕,儉笑一作非,又作美王孫⑬〔三八〕。廓兮已滅,慨焉已遐一作多⑭〔三九〕。不封不樹〔四〇〕,日月遂過。匪貴前譽〔四一〕,孰重後歌〔四二〕。人生實難,死如之何〔四三〕?嗚呼哀哉!

【校勘】

① 歲惟丁卯:《藝文類聚》作"歲惟丁未",非是。顔延之《靖節徵士誄》曰"元嘉四年卒",是年爲丁卯。

② 鴻雁于征,草木黄落:李注本無此二句。

③ 永歸於本宅:《藝文類聚》無"於"字。

④ 高旻:紹興本作"蒼旻"。

⑤ 至:一作"慰",亦通。

⑥ 愒:一作"渴",形近而訛。

⑦ 歿:李注本作"没",亦通。

⑧ 酣飲:一作"酣歌",與下"賦詩"意思重複。

⑨ 識運知命:《藝文類聚》作"已達運命",亦通。

⑩ 從:一作"以",亦通。

⑪ 窅窅:《藝文類聚》作"寂寂",亦通。

⑫ 恥:李注本作"侈",音近而訛。

⑬ 笑:一作"非",亦通。又作"美",形近而訛。

⑭ 遐:一作"多",亦通。

【題解】

臨終留有遺言者,檢《左傳》已可見。惟死前自作祭文,設想自己已死而祭弔之者,實始自淵明也。文中語氣沉痛,感情惘然,乃逝世前不久自忖將永歸於后土時所作,與中年所作《擬挽歌辭》之詼諧不同。

【編年】

文曰"歲惟丁卯",在宋文帝元嘉四年(四二七)。又曰"律中無射",此文當作於是年秋。朱熹《通鑒綱目》:元嘉四年"十一月,晉徵士陶潛卒",不知何據。若依此,則本文寫於卒前兩月。

【箋注】

〔一〕律中無射:指九月。古人將樂律分爲十二,陰陽各六,並以十二律配一年之十二月。無射與九月相當。《禮記·月令》:"季秋之月……其音商，律中無射。”

〔二〕鴻雁于征：此指大雁南飛。征：行。

〔三〕逆旅之館：以旅店比喻世間，人生如過客也。

〔四〕本宅：指后土。淵明《感士不遇賦》：“咨大塊之受氣，何斯人之獨靈。”人乃由大地而生，死後自當歸於大地也。

〔五〕祖行：死者將葬時之祭。

〔六〕羞：進獻。

〔七〕薦：進獻。《周禮・天官・庖人》：“凡其死生鱻薨之物，以共王之膳，與其薦羞之物，及后、世子之膳羞。”鄭玄注：“薦，亦進也。備品物曰薦，致滋味乃爲羞。”清酌：清酒。

〔八〕候顔已冥，聆音愈漠：想象自己臨終時之所見所聞，意謂察望周圍人之面孔已經模糊，聆聽周圍之聲音愈益稀微矣。

〔九〕大塊：《莊子・齊物論》：“夫大塊噫氣，其名爲風。”成玄英疏：“大塊者，造物之名，亦自然之稱也。”又《大宗師》：“夫大塊載我以形，勞我以生，佚我以老，息我以死。”《文選》張華《答何劭詩》其二：“洪鈞陶萬類，大塊稟群生。”李善注：“大塊，謂地也。”

〔一〇〕高旻：高天。

〔一一〕是生萬物，余得爲人：意謂天地化生萬物，而余幸而得爲人也。是：此，指天地。皇甫謐《高士傳・榮啟期》：“天生萬物，惟人爲貴，吾得爲人矣，是一樂也。”

〔一二〕逢運之貧：意謂遭遇貧寒之命運。

〔一三〕罄：空。

〔一四〕絺綌（chī xì）冬陳：意謂冬天猶穿夏衣。絺：細葛布。綌：粗葛布。

〔一五〕含歡谷汲，行歌負薪：意謂甘於貧困勤勞之生活。谷汲：從山谷中汲水。《漢書・地理志下》：“土狹而險，山居谷汲。”

〔一六〕翳翳柴門，事我宵晨：意謂甘於隱居柴門之下，日復一日。

〔一七〕耘：鋤草。耔：爲苗根培土。

〔一八〕迺育迺繁：意謂作物得以生長繁育。迺：猶“乃”。

〔一九〕素牘：指書籍。

〔二〇〕七弦：指琴。

〔二一〕勤靡餘勞，心有常閑：意謂雖然身體勤苦而不必爲俗事操勞，常可保持心情閑靜也。餘：其他。

〔二二〕樂天委分，以至百年：意謂樂天知命，終此一生。委分：聽任天命之安排。陸雲《晉故豫章内史夏府君誄》："任道委分，亮曰斯然。"

〔二三〕愒(kài)：貪戀。

〔二四〕存爲世珍，殁亦見思：意謂世俗之人希望生前死後皆爲世人所珍重懷念。

〔二五〕嗟我獨邁，曾(zēng)是異茲：意謂我獨不同於世俗之想也。獨邁：獨行，自行其是。曾：乃。

〔二六〕寵非己榮，涅豈吾緇：意謂不因受寵而爲己之榮，亦不會因世俗之污辱而變黑也。涅：染。緇：黑。《論語・陽貨》："不曰白乎？涅而不緇。"

〔二七〕捽(zuó)兀：挺拔貌，此謂意態高傲。

〔二八〕識運知命，疇能罔眷：意謂即如識運知命之人，誰能不眷戀人生？疇：誰。眷：留戀。

〔二九〕余今斯化，可以無恨：意謂我如今去世，則可以無憾矣。化：指死。《孟子・公孫丑下》："且比化者，無使土親膚。"朱熹注："化者，死者也。"

〔三〇〕壽涉百齡，身慕肥遁。從老得終，奚所復戀：《吕氏春秋・安死》："人之壽，久之不過百，中壽不過六十。"淵明《飲酒》其十五："宇宙一何悠，人生少至百。"《感士不遇賦》："寓形百年，而瞬息已盡。"壽涉百齡：泛指人之一生。身：自身、自己。肥遁：指隱遁。《易・遯卦》："上九，肥遯無不利。"肥：通"飛"。《法言・重黎》："至蠡策種而遁，肥矣哉。"劉師培補釋："此肥字亦與飛同。"嵇康《養生論》："至於措身失理，亡之於微。積微成損，積損成衰，從衰得白，從白得老，從老得終。"細審以上數句之意，淵明非早終者。

〔三一〕寒暑逾邁，亡既異存：意謂寒暑消逝，不復再來，死生既異，死後亦不能復生矣。逾邁：《書・秦誓》："我心之憂，日月逾邁，若弗云來。"孔傳："言我心之憂，欲改過自新，如日月並行過，如不復云來。"

〔三二〕外姻：外親。

〔三三〕奔：奔喪。

〔三四〕葬之中野：意謂將自己安葬於荒野之中。《易・繫辭下》傳："古之葬者，厚衣之以薪，葬之中野，不封不樹，喪期無數。"

〔三五〕窅窅我行：意謂我今行在隱晦之中。

〔三六〕蕭蕭：蕭條寂靜貌。

〔三七〕奢恥宋臣：意謂以宋臣之奢侈爲恥。宋臣：指宋國桓魋。《孔子家語》："孔子在宋，見桓魋自爲石槨，三年而不成，工匠皆病，夫子愀然曰：'若是其靡也。'"

〔三八〕儉笑王孫：意謂以王孫之過於節儉爲可笑。王孫：楊王孫。《漢書・楊王孫傳》載：楊王孫死前叮囑："死則爲布囊盛尸，入地七尺，既下，從足引脱其囊，以身親土。"

〔三九〕廓兮已滅，慨焉已遐：意謂死後一切變爲空虚遐遠。

〔四〇〕不封不樹：不堆土做墳，不在墓邊栽樹。語見《易・繫辭下》傳。

〔四一〕前譽：生前之美譽。

〔四二〕後歌：死後之歌頌。

〔四三〕人生實難，死如之何：《左傳》成公二年："人生實難，其有不獲死乎！"《文選》王粲《贈蔡子篤詩》："人生實難，願其弗與。"李善注引張奂《與崔子書》曰："人生實難，所務非此。"《後漢書・逸民傳》載："向長字子平，河内朝歌人也。隱居不仕，性尚中和，好通《老》《易》。貧無資食，好事者更饋焉，受之取足而反其餘。王莽大司空王邑辟之，連年乃至，欲薦之於莽，固辭乃止。潛隱於家。讀《易》至《損》《益》卦，喟然歎曰：'吾已知富不如貧，貴不如賤，但未知死何如生耳。'"

【析義】

淵明一向達觀，似已覷破生死，但自知將終仍不免於惘然。"人生實難，死如之何？"生之難，實已飽經矣，死後猶復如是乎？面對過去之生可以無憾，面對將來之死卻一無所知也。

外　集

天子孝傳贊

虞舜　夏禹　殷高宗　周文王

虞舜父頑母嚚，事之於畎畝之間，以孝蒸蒸。是以堯聞而授之，富有天下，貴爲天子。以爲不順於父母，若窮而無歸，惟聞親可以得意。苟違朝夕，若嬰兒之思戀。故稱舜五十而慕。《書》曰："戛擊鳴球，搏拊琴瑟以詠，祖考來格。"言思其來而訓一作謂之。愛敬盡於事親，是以德教加於百姓，刑於四海。

夏禹有天下以奉宗廟，然躬自菲薄以厚其孝。孔子曰："禹，吾無間然矣。菲飲食，而致孝乎鬼神；惡衣服，而致美乎黻冕。"禹之德於是稱聞。聖人之德無以加於孝敬，孝敬之道，美莫大焉。

殷高宗諒陰，三年不言，百官總己而聽於冢宰。三年而後言，天下咸歡。德教大行，殷道以興。《詩》曰："一人有慶，兆民賴之。"其此之謂乎？

周文王之爲世子也，朝於王季日三。雞鳴至於寢門，問於内竪。内竪曰安，文王乃喜；不安則色憂，行不能正履。日中、暮亦如之。食上，必視寒温之節；食下，必問所膳而後退。文王孝道光大，其化自近至遠。刑于寡妻，以御于家邦。故得萬國之歡心，以事其先王矣。

贊曰：至哉后德，聖敬自天。陶漁致養，菲薄饗先。親瘠色憂，諒陰寢言。一人有慶，千載賴旃。

諸侯孝傳贊

周公旦　魯孝公　河間惠王

周公旦，武王之弟。成王幼少，周公攝政。制禮作樂，郊祀后稷以配天；宗祀文王於明堂，以配上帝。是以四海之内，各以其職來祭。《詩》曰："於穆清廟，肅雍顯相。"言諸侯樂其位而敬其事也。仲尼曰："孝莫大於嚴父，嚴父莫大於配天，則周公其人也。"貴而不驕，位高彌謙。自承文武之休烈，孝道通于神明，光被四海。武王封之於魯，備其禮樂，以奉宗廟焉。

魯孝公之爲公子，周宣王問公子能道訓諸侯者立之，樊穆仲稱其孝曰："肅恭明神，而敬事耆老。賦事行刑，必問於遺訓，咨於固實。不干所問，不犯所咨。"王曰："然則能訓理其民矣。"乃命之於夷宫，是爲孝公。夫宗廟致敬，不忘親也，有國不亦宜乎！

漢河間惠王，獻王之曾孫也。西京藩臣多驕放之失，其名德者唯獻王，而惠王繼之。《漢書》稱其能脩獻王之行。母薨，服喪盡禮。哀帝下詔書褒揚，以爲宗室儀表，增封萬户。禮，古之人皆然。至於末俗衰薄，固以一作已賢矣，貴而率禮又難，其見褒賞，不亦宜乎？

贊曰：貴驕殊途，不期而會。周公勞謙，乃成光大。二侯承魯，遵儉去泰。河間率禮，漢宗是賴。

卿大夫孝傳贊

孔子　孟莊子　潁底本作"頴"，下同考叔

孔子，魯人也。入則事父兄，出則事公卿，喪事不敢不勉，故稱曰："孝乎惟孝，友于兄弟，是亦爲政也。"君賜腥，必熟而

薦之。雖蔬食而齊，祭如在。鄉人儺，朝服立於阼階，孝之至也。至德要道，莫大於孝。是以曾參受而書之，游、夏之徒，常咨稟焉。許止不嘗藥，書以殺父。宰我暫言減喪，責以不仁。言合訓典一作典訓，行合世範。德義可尊，作事可法。遺文不朽，揚名千載。

孟莊子，魯人也。孔子稱其孝。其他可能也，其不改父之政與父之臣，是難能也。夫孝子之事親也，事亡如事存，故當不義則爭之，存所不爭，則亡亦不敢改父之道，猶謂之孝，況終身乎。

潁考叔，鄭人也。莊公以叔段之故，與母誓曰："不及黄泉，無相見也。"既而悔之。考叔爲封人，聞之，有獻於公。公賜之食，而舍肉。公問之，對曰："小人有母，未嘗君之羹，請以遺之。"公曰："汝有母遺，緊我獨無。"考叔曰："何謂也？"公語之故，且告之悔。考叔曰："若掘地及泉，隧而相見，其誰曰不然？"公從之，遂爲母子如初。君子曰："潁考叔，純孝也，愛其母而施及莊公。"《詩》云："孝子不匱，永錫爾類。"其是之謂乎？

贊曰：仁惟本悌，聖亦基孝。恂恂尼父，固天攸造一作導。二子承親，式禮遵誥。永錫純懿，無改遺操。

士孝傳贊

高柴　樂正子春　孔奮　黄香

高柴，衛人也。喪親，泣血三年，未嘗見齒。所謂哭不偯，言不文也。爲武城宰而化行，民有不服其親者改之，行喪如禮。君子之德風也，以身先之，而民不遺其親。

樂正子春，魯人也。下堂傷足，既瘳，數月不出，猶有憂色。曰：吾聞之曾子："父母全而生之，亦當全一作己全而歸之，所一作可謂孝矣。"故君子一舉足，一出言，不敢忘父母，不敢毁傷，孝之始也。夫能敬慎若斯，而災患及者，未之有也。

孔奮，扶風人也。少以孝行著名州里，供養至謹。在官，唯母極甘美，妻息菜食，歷位以清。夫人情莫不欲厚其親，然亦有分焉。奮則難繼，能致儉以全養者，鮮矣。

黄香，江夏人也。九歲失母，思慕骨立。事父竭力以致養，冬無被袴，而盡滋味，暑則扇床枕，寒則以身温席。漢和帝嘉之，特加異賜。歷位恭勤，寵禄榮親，可謂夙興夜寐，無忝爾所生者也。

贊曰：顯允群士，行殊名鈞。咸能夙夜，以義榮親。率彼城邑，用化厥民。忠以悟主，其一作真孝乃一作力純。

庶人孝傳贊

江革　廉範　汝郁　殷陶

江革，齊人也。漢章帝時，避賊負母而逃。賊賢之，不害而告其生路。竭力傭賃以致甘暖，和顔悦色以盡歡心。欲親之安，自挽車以行。鄉人歸之，號曰江巨孝。位至五官中郎將，天子嘉焉，寵遇甚厚。告歸，詔書褒美。就家禮其終身，以顯異行。

廉範，京兆人也。少孤，十五入蜀迎父喪，遇石船覆，範抱棺一作執骸而没。船人救之，僅免於死，遂以喪歸。及仕郡，拯太守於危難，送故盡節。章帝時，爲郡守，百姓歌詠之。夫孝者，人之本，教之所由生也。是以範之臨危也勇，宰民也惠，能以義顯也。

汝郁，陳郡人也。五歲，母病不食，郁亦不食。母憐之，强食。郁能察色知病，輒復不食。族人號曰異童。年十五，著於鄉里。父母終，思慕致毁，推財與兄弟，隱於草澤，君子以爲難，況童齓孝於自然，可謂天性也。

殷陶，汝南人也。年十二以孝稱。遭父憂，率情合禮。有長蛇帶其門，舉家奔走。陶以喪柩在焉，獨居廬不動。親戚扶持曉喻，莫能移之，啼號益盛。由是顯名，屢辭辟命。夫智者不惑，勇者不懼。陶孝於其親，而智勇並彰乎弱齡，斯又一作亦難矣。

贊曰：事親盡歡，其難在色。彼養以禄，我養以力。義在一作存愛敬，榮不假飾。嗟爾衆庶，鑒兹前式。

集聖賢群輔録上 一曰四八目

明由曉升級宋均曰：級，等差，政所先後也。必育受税俗宋均曰：受賦税及徭役，所宜施爲也。成博受古諸宋均曰：古諸侯職等也。隕丘一作立受延嬉宋均曰：延，長。嬉，興也。主受此録也。

右燧人四佐。燧人出天，四佐出洛。宋均曰：出天，天所生也。出洛，地所生也。

金提一作堤主化俗宋均曰：爲民除災害也。鳥明主建福宋均曰：福利民也。視默主災惡宋均曰：爲民除災惡也。紀通爲中職宋均曰：爲田主，主内職也。仲起爲海陸宋均曰：主平地兼統海也。陽侯一作使爲江海宋均曰：主江海事，一本作江湖。

右伏羲六佐。六佐出世。宋均曰：宓戲不及燧人，故增二佐。出世，人所生也。

風后受金法宋均曰：金法，言能決理是非也。天老受天籙宋均曰：籙，天教命也。五聖受道級宋均曰：級，次序也。知命受糾俗宋均曰：糾，正也。窺紀受變復宋均曰：有禍變，能補復也。地典受州絡宋均曰：絡，維絡也。力墨受準斥宋均曰：準斥，凡事也。力墨或作力牧。

右黄帝七輔。州選舉，翼佐帝德。自燧人四佐至七輔，見《論語摘輔象》。

重　該　脩　熙

右少昊四叔。實能金木及水。使重爲勾芒，該爲蓐收，脩及熙爲玄冥。世不失職，遂濟窮桑。見《左傳》蔡墨辭。

羲仲　羲叔　和仲　和叔

右羲和四子。孔安國云："即堯之四岳，分掌四岳諸侯。"鄭玄云："堯既分陰陽爲四時，命羲仲、和仲、羲叔、和叔等爲之官，又主方岳之事，是爲四岳。"見鄭《尚書注》。

伯夷爲陽伯樂舞侏離，歌曰招陽。羲仲之後爲羲伯樂舞鼚哉，歌曰南陽。棄爲夏伯樂舞武漫哉，歌曰祁慮。一無武字。羲叔之後爲羲伯樂舞將陽，歌曰朱華。咎繇爲秋伯樂舞蔡俶，歌曰零落。和仲之後爲和伯樂舞玄鶴，歌曰歸來。垂爲冬伯樂舞丹鳳，一曰齊落。歌曰齊樂，一曰縵縵。

右八伯。自羲和死後，分置八伯。舜既即位，元祀，巡狩，每至其方，各貢兩伯之樂。《大傳》，冬伯後闕一人。鄭玄云："此上下有脱辭，其説未聞。"十有五祀後，又百工相和，而歌《慶雲》，八伯稽首而進者也。見《尚書大傳》。

讙兜　共工　鯀　三苗

右四凶。

蒼舒　隤敳　檮戭　大臨　尨降　庭堅　仲容　叔達

右高陽氏才子八人。齊聖廣淵，明允篤誠，天下之民謂之八凱。

伯奮　仲堪　叔獻　季仲　伯虎　仲熊　叔豹　季貍

右高辛氏才子八人。忠肅恭懿，宣慈惠和，天下之民謂之八元。從四凶至此，悉見《左傳》季文子辭。

禹作司空　棄作稷　契作司徒　皐陶作士　益作朕虞　垂作共工　伯夷作秩宗　龍作納言　夔作典樂

右九官。舜登帝位所選命，見《尚書》。

雄陶　方回　續牙　伯陽　東不訾或云不識　秦不虚或云秦不空　靈甫

右舜七友。並爲歷山雷澤之游。《戰國策》顔斶云："堯有九佐，舜有七友。"而《尸子》只載雄陶等六人，不載靈甫。皇甫士安作《逸士傳》云："視其友，則雄陶、方回、續牙、伯陽、東不訾、秦不空、靈甫之徒，是爲七子。"與《戰國策》相應。

禹　稷　契　皐陶　益

右舜五臣。見《論語》。已列九官中。

禹　稷　契　皐陶　伯夷　垂　益　夔

右八師。見《楚辭·七諫》。

伯夷　禹　稷

右三后。伯夷降典，制民惟刑。禹平水土，主名山川。稷降播種，農植嘉穀。三后成功，惟殷于民。漢太尉楊賜曰："昔三后成功，皐陶不與焉，蓋吝之也。"見《尚書·甫刑》《後漢書》。

微子　箕子　比干

右殷三仁。《論語》曰："微子去之，箕子爲之奴，比干諫而死。"孔子曰："殷有三仁焉。"

伯夷　太公

右二老。《尚書大傳》曰："太公避紂，居東海之濱，伯夷居北海之濱，皆率其黨，曰盍歸乎。吾聞西伯昌善養老。此二人者，蓋天下之大老也。往而歸之，是天下之父歸之也。天下之父歸之，其子曷往。"孔融曰："西伯以二老開王業。"

閎夭　太公望　南宫适　散宜生

右文王四友。《尚書大傳》云："閎夭、南宫适、散宜生三子，學于太公望，望曰：'嗟乎！西伯，賢君也。'四子遂見西伯於羑里。"孔子曰："文王有四臣，丘亦得四友。"此四人則文王四鄰也。

伯達　伯适　仲突　仲忽　叔夜　叔夏　季隨　季騧

右周八士。見《論語》。賈逵以爲文王時，鄭玄以爲成王時也。

伯邑考　武王發　管叔鮮　周公旦　蔡叔度　曹叔振鐸　霍叔武　郕叔處　康叔封　聃季載一本無郕叔處，有毛叔圉

右太姒十子。太史公曰："太姒十子，周以宗强。"見《史記》。

周公旦　邵公奭　太公望　畢公　毛公　閎公　大顛　南宫适　散宜生　文母太姒也

右周十亂。見《論語》。其四人已列四友。

秦公牙　吴班　孫尤　大夫冉贊　公子麋

右五王。並能相焉。尸子曰："才有五王之相。"迺謂之王，其貴之也。

狐偃　趙衰　顛頡　魏武子　司空季子

右晉文公從亡五人。叔向曰："公生十七年，有士五人。"

見《左傳》及晉太尉劉琨詩曰："重耳憑五臣。"

奄息　仲行　鍼虎

右三良。子車氏之子。秦穆公没，要以從死，詩人悼之，爲賦《黄鳥》。見《左傳》《毛詩》。

子展賦《草蟲》子罕子　子西賦《黍苗》子駟子　子産賦《隰桑》子國子　公孫段賦《桑扈》子豐子　伯有賦《鶉之賁賁》子良孫子耳子　子大叔賦《野有蔓草》子游孫子蟜子　印段賦《蟋蟀》子印孫子張子

右鄭七穆一作卿，謂之七子。鄭穆公子十有一人，罕、駟、豐、印、游、國、良七人子孫並有才名，世任鄭國之政，以免晉楚之難，謂之七穆。叔向曰："鄭七穆氏其后亡乎。"及諸侯爲宋之盟，鄭伯享趙武于垂隴，七卿皆從。文子曰："七卿從君以寵武也，請皆賦詩，以卒君貺，亦以觀七子之志。"見《左傳》。又《吴質書》云："趙武過鄭，七子賦詩。"

仲孫穀文伯獻子、莊子、孝伯、僖子、懿子、武伯　叔孫得臣莊叔穆子、昭子、成子、武子、文子　季孫行父文子武子、悼子、平子、桓子、康子

右魯桓公之曾孫。世秉魯政，號曰三桓。孔子曰："三桓之子孫微矣。"見《論語》《左傳》。

趙無恤襄子趙衰始爲卿，至無恤四世　范吉射昭子士會始爲卿，至吉射五世　智瑶襄子荀首始爲卿，至瑶六世　荀寅文子荀林父始爲卿，至寅四世　魏多襄子魏絳始爲卿，至多四世　韓不信簡子韓厥始爲卿，至不信四世

右六族。世爲晉卿，並有功名。此六人實弱晉國。淳于越云："卒有田常六卿之臣。"劉向亦曰："田常復見於今，六卿必起於漢。"見《左傳》《史記》《漢書》。

儀封人　荷蕢　晨門　楚狂接輿　長沮　桀溺　荷蓧丈人一

作伯夷、叔齊、虞仲、夷逸、朱張、柳下惠、少連

右作者七人。《論語》曰："賢者避世，其次避地，其次避色，其次避言。"孔子曰："作者七人。"見包氏注。董威贊詩曰："洋洋乎盈耳哉，而作者七人。"（霈案：《晉書》卷九四《董京傳》：董京字威輦，《答孫楚詩》曰："洋洋乎滿目，而作者七。"）

德行：顔淵　閔子騫　冉伯牛　仲弓
言語：宰我　子貢
政事：冉有　季路
文學：子游　子夏

右四科。見《論語》。

顔回　子貢　子路　子張

右孔子四友。文王有胥附、奔奏、先後、禦侮，謂之四鄰。孟懿子曰："夫子亦有四鄰乎？"子曰："吾有四友焉。自吾得回，門人益親，是非胥附乎？自吾得賜，遠方之士日至一作盈，是非奔奏乎？自吾得師，前有光，後有輝，是非先後乎？自吾得由，惡言不至於門，是非禦侮乎？"見《孔叢子》。

顔回　冉伯牛　子路　宰我　子貢　公西華

右六侍。仲尼志意不立，子路侍；儀服不脩，公西華侍；禮不習，子貢侍；辭不辯，宰我侍；亡忽古今，顔回侍；節小物，冉伯牛侍。曰：吾以夫六子自厲也。見《尸子》。

檀子　盼子　黔夫　種首

右齊威王疆埸四臣。齊威王與魏惠王會田於郊。魏王問威王曰："王有寶乎？"威王曰："無有。"魏王曰："若寡人國雖小，猶有徑寸之珠，照前後車各十二乘者十枚，奈何爲萬乘之國而無寶乎？"威王曰："寡人之所以爲寶與王異。

吾臣有檀子者，使守南城，則楚人不敢爲寇；東取泗上，十二諸侯皆來朝。吾臣有盼子者，使守高唐，則魏人不敢東漁於河。吾臣有黔夫者，使守徐，則燕人祭北門，趙人祭西門一作東門，徙而從之者七十餘家。吾臣有種首者，使備盜賊，則道不拾遺。以此爲寶，將以照千乘一作里，豈直一作特十二乘哉！"魏惠王慚，不懌而去。見《史記》及《春秋後語》。

齊孟嘗君田文　魏信陵君無忌　趙平原君趙勝　楚春申君黄歇

右戰國四豪。見《史記》。

太子少傅留文成侯張良　相國酇文終侯沛蕭何　楚王淮陰侯韓信

右三傑。漢高祖曰：此三人，人之傑也。見《漢書》。

園公姓園名秉，字宣明，陳留襄邑人。常居園中，故號園公。見《陳留志》　綺里季　夏黄公姓崔名廓，字少通，齊人。隱居修道，號夏黄公。見《崔氏譜》　甪里先生

右商山四皓。當秦之末，俱隱上洛商山。皇甫士安云：並河内軹人。見《漢書》及皇甫謐《高士傳》。

太子太傅疏廣字仲翁宣帝本始四年，魏相爲御史大夫，薦廣於霍光，時年六十。以元康三年告退，年六十七　太子少傅疏受字公子廣兄子也

右二疏。東海人。宣帝時，並爲太子師傅。每朝，太傅在前，少傅在後，朝廷以爲榮。授太子《論語》《孝經》。各以老疾告退。時人謂二疏。見《漢書》。

重合令子輿居宋里　櫟陽令子羽居東觀里　東海太守子仲居宜唐里

兖州刺史子明居西商里　潁陽令子良居遂興里

右郡決曹掾汝南周燕少卿之五子，號曰五龍。各居一里，子孫並以儒素退讓爲業，天下著姓。見《周氏譜》及《汝南先賢傳》。

龔勝字君賓　龔舍字君倩或曰長倩

右並楚人，皆治清節，世號二龔。見《漢書》。

唐林字子高　唐尊字伯高

右並沛人，亦以絜履著名於成、哀之世，號爲二唐，比楚二龔。後皆仕王莽。見《漢書》。左思曰："二唐絜己，乃點反汙。"

平阿侯王譚　成都侯王商　紅陽侯王章　曲陽侯王根　高平侯王逢時

右並以元后弟同日受封，京師號曰五侯。並奢豪富侈，招賢下士。谷永、樓護皆爲賓客。時人爲之語曰："谷子雲之筆札，樓君卿之唇舌。"言出其門也。見《漢書》。張載詩曰："富侈擬五侯。"

北海逢萌字子康　北海徐房字平原　李曇字子雲　平原王遵字君公

右皆懷德穢行，不仕亂世，相與爲友，時人號之四子。見《後漢書》、嵇康《高士傳》。

求仲　羊仲

右二人不知何許人，皆治車爲業，挫廉逃名一作世。蔣元卿之去兖州，還杜陵，荆棘塞門，舍中有三逕，不出，唯二人從之游，時人謂之二仲。見嵇康《高士傳》。

太傅高密元侯南陽鄧禹字仲華　大司馬廣平忠侯南陽吴漢字子顔　左將軍膠東剛侯南陽賈復字君文　建威大將軍好畤愍侯扶風耿弇字伯昭　執金吾雍奴威侯上谷寇恂字子翼　征西大將軍陽夏節侯潁川馮異字公孫　征南大將軍舞陽壯侯南陽岑彭字君然　征虜將軍潁陽成侯潁川祭遵字弟孫　太常靈壽侯信都邳彤字偉君　東郡太守東筦成侯鉅鹿耿純字伯山　上谷太守淮陰侯潁川王霸字元伯　左中郎將朗陵愍侯潁川臧宫字君翁　驃騎大將軍櫟陽侯馮翊景丹字孫卿　驃騎大將軍參蘧侯南陽杜茂字諸公　建議(案：當作義,《後漢書・朱祐列傳》作建義。)大將軍鬲侯南陽朱祐字仲先　驃騎將軍慎靖侯南陽劉隆字元伯　揚武將軍全椒侯南陽馬成字君遷　大司空阜成侯漁陽王梁字君嚴　衛尉安城忠侯潁川銚期字次元(案：當從《後漢書・姚期列傳》作次況)　左馮翊安平侯漁陽蓋延字巨卿　捕虜將軍楊虚侯南陽馬武字子張　驍騎將軍昌城侯鉅鹿劉植字伯先　左將軍阿陵侯南陽任光字伯卿　豫章太守中水侯東萊李忠字仲都　左將軍槐里侯扶風萬脩字君游　琅邪太守祝阿侯南陽陳俊字子昭　積弩將軍昆陽威侯潁川傅俊字子衛　揚化將軍合肥侯潁川堅鐔字子伋

右河北二十八將。光武所與定天下,見《後漢書》。張衡《東京賦》云:"受鉞四七,共工以除。"

武威太守梁統字仲寧　金城太守庫鈞一作鉅字巨公　張掖太守史苞字叔文　酒泉太守竺曾字巨公　燉煌太守辛彤字太房

右河西五守。是時更始已爲赤眉所害,隗囂密有異志,統等五人共推竇融爲河西大將軍,内撫吏民,外禦寇戎,東伐隗囂,歸心世祖,克建功業。見《後漢書》及《善文》。

大鴻臚韋孟達　上黨太守公孫伯達　河陽長魏仲達

右並扶風平陵人，同時齊名，世號三達。孟達名彪，丞相賢五世孫，明帝時人。見《漢書》及《決録》。

光禄大夫周舉　光禄大夫杜喬　光禄大夫周栩　尚書欒巴
青州刺史馮羨　兖州刺史郭遵　太尉長史劉班　侍御史張綱

右八使。漢順帝時，政在權官，官以賄成。周舉等議遣八使，循行風俗，同日俱發，天下號曰八使。見張璠《漢紀》。

平輿令韋順字叔文歷位欒平相，去官以琴書自娱，不應三公之命。後爲平輿令，吏民立祠社中　順弟武陽令豹字季明友人羅陵犍爲縣丞，卒官，喪柩流離，豹棄官致喪歸。比辟公府，輒棄去。司徒劉愷尤敬之　豹弟廣都長義字季節少好學，不求榮利。四十乃仕，三爲令長，皆有惠化。以兄喪去官，比辟公府，不就。廣都爲立生祠焉

右清河太守韋文高之三子，皆以學行知名，時人號韋氏三君。見《京兆舊事》。

楊震字伯起以太常爲司徒，遷太尉　震子秉字叔節以太常爲太尉　秉子賜字伯獻以光禄勳爲公，再司徒，一太尉　賜子彪字文先以太中大夫爲公，一司徒，一太尉

右楊氏四公。弘農華陰人。自孝安至獻帝七世，父子以德業相繼爲三公。見《續漢書》。

袁安字邵公以太僕爲司空，遷司徒　安子敞字叔平以光禄勳爲司空　敞子湯字仲河以太僕爲司空，遷司徒　湯子逢字周陽以屯騎校尉爲司空　逢弟隗字次陽以太常爲司空、太尉

右袁氏四世五公。見《續漢書》。

處士豫章徐稚字孺子　京兆韋著字休明　汝南袁閎字夏甫
彭城姜肱字伯淮　潁川李曇字子雲

右太傅汝南陳公時爲尚書令，與諸尚書悉名士也，共薦此

五人，時號五處士。見《續漢書》及《善文》。

周子居　黄叔度　艾伯堅　郅伯向　封武興　盛孔叔

右汝南六孝廉。太守李倀選此六人以應歲舉，受版未行。倀死，子居等遂駐行喪。倀妻於柩側下帷見之，厲以宜行。子居歎曰："不有行者，莫宣公；不有止者，莫恤居。"於是與伯堅即日辭行，封、黄四人留隨柩車。見杜元凱《女戒》。

大將軍槐里侯扶風平陵竇武字游平天下忠誠竇游平　太傅高陽鄉侯汝南平輿陳蕃字仲舉天下義府陳仲舉　侍中河間樂城劉淑字仲承天下德弘劉仲承

右三君。

少傅潁川襄城李膺字元禮天下模楷李元禮　司空山陽高平王暢字叔茂天下英秀王叔茂　太僕潁川城陽杜密字周甫天下良輔杜周甫　司隸校尉沛國朱寓字季陵天下冰凌朱季陵　尚書會稽上虞魏朗字少英天下忠貞魏少英　沛相潁陰荀昱字伯條天下好交荀伯條　大司農博陵安平劉祐字伯祖天下稽古劉伯祖　太常蜀郡成都趙典字仲經天下才英趙仲經

右八俊。

有道太原介休郭泰字林宗天下和雍郭林宗　太常陳留圉夏馥字子治天下慕恃夏子治　尚書令河南鞏尹勳字伯元天下英藩尹伯元　河南尹太山平陽羊陟字嗣祖天下清苦羊嗣祖　議郎東郡發劉儒字叔林天下瑶金劉叔林　冀州刺史陳國項蔡衍字孟喜天下雅志蔡孟喜　潁川太守渤海東城巴蕭字恭祖天下卧虎巴恭祖（霈案："蕭"字誤，應作"肅"。巴肅，《後漢書》有傳。李注本不誤）　議郎南陽安衆宗慈字孝初天下通儒宗孝初

右八顧。《後漢書》無劉儒，有范滂

御史中丞汝南召陵陳翔字子鱗海内貴珍陳子鱗　衛尉山陽高平張儉字元節海内忠烈張元節　太尉掾汝南細陽范滂字孟博海内謇諤范孟博　蒙令山陽高平檀敷字文友海内通士檀文友　洛陽令魯國孔昱字世元海内才珍孔世元，《後漢書》云字元世　太山太守渤海重合宛康字仲真海内彬彬宛仲真　太尉掾南陽棘陽岑晊字公孝海内珍好岑公孝　鎮南將軍荆州牧武城侯山陽高平劉表字景升海内所稱劉景升

右八及。《後漢書》無范滂，有翟超（霈案：底本作"八友"。紹興本、李注本均作"八及"。據《後漢書・黨錮傳》，作"八及"爲是。今據改）

少府東萊曲城王商字伯義海内賢智王伯義，《後漢書》作王章　郎中魯國蕃嚮字嘉景海内修整蕃嘉景　北海相陳留己吾秦周字平王海内貞良秦平王　侍御史太山奉高胡毋班字季皮海内珍奇胡毋季皮　太尉掾潁川陰劉翊字子相海内光光劉子相　冀州刺史東平壽張王孝字文祖海内依怙王文祖（陶澍按：《後漢書・黨錮傳》作王考）　陳留相東平壽張張邈字孟卓海内嚴恪張孟卓　荆州刺史山陽湖陸度尚字博平海内清明度博平

右皆傾財竭己，解釋怨結，拯救危急，謂之八厨。《後漢書》無劉翊，有劉儒　從三君至此，並見《三君八俊録》。

太丘長潁川陳寔字仲弓　寔子大鴻臚紀字元方　紀弟司空掾諶字季方

右並以高名，號曰三君。見《甄表狀》及邯鄲淳《紀碑》。

集聖賢群輔録下

太尉河南杜喬字叔榮《狀》："喬治《易》《尚書》《禮記》《春秋》，晚好《老子》，隱

居不仕。年四十爲郡功曹，立朝正色，有孔父之風。” 太常燉煌張奂字然明《狀》：“奂廉方亮直，學該群籍。前後七徵十要，三爲邊將，財貨珍寶，一無所取。矯王孫裸形，宋司馬爲石椁，幅巾時服，無棺而葬焉。” 侍中河内向詡字甫興《狀》：“詡博覽群籍，兼好黄老玄虚，泊然肆志，不慕時倫，積三十年。” 太傅汝南陳蕃字仲舉《狀》：“蕃瓌偉秀出，雅亮絶倫。學該墳典，忠壯蹇諤。”又曰：“明允貞亮，與大將軍竇武志匡社稷，機事不密，爲群邪所害。” 太尉沛國施延字君子《狀》：“延清公絜白，進士許國，臨難不顧，名著漢朝。” 少府潁川李膺字元禮《狀》：“膺承二公之後，生高絜之門，少履清節，非法不言。英聲宣於華夏，高名冠於搢紳。” 司隸沛國朱寓字季陵一名詡。右一人，訪其中正，無識知行狀者。告本郡，訪問耆老識寓云：“桓帝時遭難，無後。” 太僕潁川杜密字周甫《狀》：“密清高雅達，名播四海。歷統五郡，恩惠化民。” 大鴻臚潁川韓融字元長《狀》：“融聰識知機，發於岐嶷，時人名之曰窮神知化。兄弟同居，至於没齒。處卿佐之位且二十年，奉身守約，不隕厥問。” 司空潁川荀爽字慈明《狀》：“爽年十二隨父在公府，群公卿校咸丈人也。或遣進奏，或親候從，儒林歸服，究極篇籍。” 司空清河房植字伯武《狀》：“植少履清苦，孝友忠正。歷位州郡，政成化行。既登三事，靖恭衮職。雖季文相魯，晏嬰在齊，清風高節，不是過也。” 聘士彭城姜肱字伯淮《狀》：“肱稟履玄知，立性純固，事親至孝，五十而慕。學綜六藝，窮通究微，行隆華夏，名播四海。” 太尉下邳陳球字伯真《狀》：“球清高忠直，孝靈中年欲誅黄門常侍，以此遇害。” 司空山陽王暢字叔茂《狀》：“暢雅性貞實，以禮文身，居家在朝，節行異倫。” 徵士陳留申屠蟠字子龍《狀》：“蟠年九歲喪父，號泣過於成人，未嘗見齒。每至父母亡日，三日不食。在塚側，致甘露白雉，以孝稱。州郡表其門閭，徵聘不就。年七十二，終於家。” 衛尉山陽張儉字元節《狀》：“儉體性忠直，闔門孝友。臨官賞罰，清亮絶俗。” 大司農北海鄭玄字康成《狀》：“玄含海岱之純靈，體大雅之洪則。學無常師，講求道奥，敷宣聖範，錯綜其數。作五經注義，窮理盡性也。” 徵士樂安冉璆字孟玉《狀》：“璆體清純之性，蹈高潔之行。前後十五辟，皆不就。除高唐令，色斯而舉。時陳仲舉、李元禮、仲弓皆歎其高風。” 太尉漢中李固字子堅《狀》：“固當順、桓之際，號稱名臣。大將軍梁冀惡直醜正，害其道。桓帝即位，遂死於讒。” 有道太原郭泰字林宗《狀》：“泰器量弘深，孝友貞固，名布華夏，學冠群儒。州郡禮命，曾不旋軌。辟司徒，徵有道，並不屈。”

益州刺史南陽朱穆字公叔《狀》:“穆中正嚴恪,有才數明見。初補豐令,政平民和,有虙子賤之風。上書陳損益,辭切情至。”　尚書會稽魏朗字少英《狀》:“朗資純美之高亮,幹輔國朝,忠謇正直之節,播於京師。”　聘士豫章徐稚字孺子《狀》:“稚妙德高偉,清英超世。前後三徵,未嘗降志。抗名山棲,養志浩然,有夷、齊之高,蘧伯玉卷舒之術。”　度遼將軍安定皇甫規字威明《狀》:“規少有歧嶷正直之節,對策指刺黄門。梁冀不能用,退隱山谷,敦樂詩書。”

右魏文帝初爲丞相魏王所旌表二十四賢。後,明帝乃述撰其狀。見文帝《令》及《甄表狀》。

太常燉煌張奂字然明爲度遼將軍,幽并清静,吏民歌之。徵拜大司農,賜錢,除家一人爲郎,辭不受。願徙居華陰,故始爲弘農人　度遼將軍安定皇甫規字威明　太尉武威段熲字紀明

右涼州三明,並著威名於桓、靈之世,悉名士也。見《續漢書》。

韋權字孔衡　弟瓚字孔玉　瓚弟矩字孔規

右太尉掾韋子才之三子。皆修仁義,兄弟孝友。逢盜賊,一人病,不能去。兄弟相慕,兵至,俱死。時人稱之,號韋三義。見《三輔決録》。

荀儉字伯慈漢侍中悦之父　儉弟緄字仲慈濟南相漢光禄大夫彧之父,年六十六　緄弟靖字叔慈或問汝南許劭:“靖、爽孰賢?”邵曰:“二人皆玉也。慈明外朗,叔慈内潤。”靖隱身修學,動必以禮。太尉辟,不就,年五十五　靖弟壽字慈光舉孝廉,年七十　壽弟汪字孟慈昆陽令,年六十　汪弟爽字慈明公車徵,爲平原相,遷光禄勳、司空。出自巖藪,九十三日,遂登台司。年六十三　爽弟肅字敬慈守舞陽令,年五十　肅弟旉字幼慈司徒掾,年七十

右朗陵令潁川荀季和之八子,並有德業,時人號之八龍。居西豪里。勃海宛康知名士也,時爲潁陰令,美之曰:高陽氏有才子八人,遂改所居爲高陽里。見張璠《漢紀》及

《荀氏譜》。

公沙紹字子起　紹弟孚字允慈《北海耆舊傳》稱:"孚與荀爽共約,出不得事貴勢。而爽當董卓時脱巾未百日,位至司空。後相見,以爽違約,割席而坐。"　孚弟恪字允讓　恪弟逵字義則　逵弟樊字義起

右北海公沙穆之五子。並有令名,京師號曰:"公沙五龍,天下無雙。"穆亦名士也。見魏明帝《甄表狀》及《後漢書》。

膠東令盧汜昭字興先　樂城令剛戴祁字子陵　潁陰令剛徐晏字孟平　涇令盧夏隱字叔世　州别駕蛇丘劉彬字文曜一云世州

右濟北五龍。少並有異才,皆稱神童。當桓、靈之世,時人號爲五龍。見《濟北英賢傳》。

孝廉杜陵金敞字元休位至兖州刺史　上計掾長陵第五巡字文休興先之子。興先名種,司空伯魚之孫,名士也。不詳巡位所至,時辟太尉掾　上計掾杜陵韋端字甫休位至涼州牧太尉

右同郡齊名,時人號之京兆三休,並以光和元年察舉。見《三輔決録》。

晉宣帝河南司馬懿字仲達　魏司空潁川陳群字長文　中領軍譙朱鑠字彦才　侍中濟陰吴質字季重

右魏文帝四友。見《晉紀》。

魏步兵校尉陳留阮籍字嗣宗　中散大夫譙嵇康字叔夜　晉司徒河内山濤字巨源　建威參軍沛劉伶字伯倫　始平太守陳留阮咸字仲容籍兄子　散騎常侍河内向秀字子期　司徒琅玡王戎字濬沖

右魏嘉平中,並居河内山陽,共爲竹林之游,世號竹林七

賢。見《晉書》《魏書》。袁宏、戴逵爲傳，孫統又爲讚。

吴範相風吴人　劉惇占氣河内人　趙達筭河内人　皇象書廣陵人　嚴子卿棊名昭武，衛尉畯從子　宋壽占夢十不失一　曹不興畫爲孫權畫屏風，筆墨悮點，因以爲蠅。後張御坐，權以爲真蠅，手彈不去，方知其非也　孤城鄭妪相見王粲《於童賦》（需案：李注本作“童賤”），謂仕必至師傅，後爲太子太傅

右吴八絶。見張勃《吴録》。

陳留董昶字仲道　琅玡王澄字平子　陳留阮瞻字千里一云阮八百，八百即瞻弟孚，字遥集，朗率多通。故大將軍王敦云：“方瞻有減，故云八百。”潁川庾凱字子嵩（需案：《晉書》卷五十：庾敳字子嵩，潁川人。）　陳留謝鯤字幼輿　太山胡毋輔之字彦國　沙門于法龍　樂安光逸字孟祖

右晉中朝八達，近世聞之於故老。

裴徽字文秀魏冀州刺史　裴楷字叔則徽第三子，晉光禄大夫　裴綽字季舒楷弟，長水校尉　裴瓚字國寶楷子，中書郎　裴邈字景初楷孫，欽子，太傅、左司馬　裴遐字叔道瓚子，太傅、主簿　裴康字仲豫徽第二子，太子左率　裴頠字逸民楷孫，季子，晉尚書僕射

王祥字休徵晉太保　王戎字濬沖父渾，涼州刺史，祥族子，司徒（需案：底本作“濬仲”，《晉書·王戎傳》作“濬沖”，上文亦作“濬沖”，據改）　王澄字平子衍弟，裴綽女壻，荆州刺史　王導字茂弘覽孫，裁子，敦從弟，丞相　王綏字萬子戎子，早亡，裴康女壻　王衍字夷甫父乂，平北將軍。戎從弟，太尉　王敦字處仲覽孫，基第二子，大將軍（需案：底本作“處沖”。紹興本，李注本作“王敦字處仲”，《晉書·王敦傳》同，據改）　王玄字眉子衍子，陳留内史

右河東八裴，琅邪八王，聞之於故老。

魏司空王昶字文舒　昶子汝南太守湛字處仲（需案：《晉書》王湛字

處沖。李注本作沖） 湛子東海内史承字安期　承子驃騎將軍述字懷祖　述子安北將軍坦之字文度　魏尚書僕射杜畿字伯侯　畿子幽州刺史恕字務伯　恕子鎮南將軍預字元凱　預子散騎常侍錫字世嘏　錫子光禄大夫乂字弘治

右太原王、京兆杜，各稱五世盛德，聞之於故老。凡書籍所載及故老所傳，善惡聞於世者，蓋盡於此矣。漢稱田叔、孟舒等十人及田横兩客、魯八儒，史並失其名。夫操行之難，而姓名翳然，所以撫卷長慨，不能已已者也。

八儒

二子没後，散於天下，設於中國，成百氏之源，爲綱紀之儒。居環堵之室，蓽門圭竇，甕牖繩樞，併日而食，以道自居者，有道之儒，子思氏之所行也。衣冠中動作順，大讓如慢，小讓如僞者，子張氏之所行也。顔氏傳《詩》爲道，爲諷諫之儒。孟氏傳《書》爲道，爲疏通致遠之儒。漆雕氏傳《禮》爲道，爲恭儉莊敬之儒。仲梁氏傳《樂》爲道，以和陰陽，爲移風易俗之儒。樂正氏傳《春秋》爲道，爲屬辭比事之儒。公孫氏傳《易》爲道，爲潔淨精微之儒。

三墨

不累於俗，不飾於物，不尊於名，不忮於衆，此宋鈃、尹文之墨。裘褐爲衣，跂蹻爲服，日夜不休，以自苦爲極者，相里勤、五侯子之墨。俱誦經，而背譎不同，相謂别墨，以堅白，此苦獲、已齒、鄧陵子之墨。

【考辨】

《五孝傳》及《四八目》(《集聖賢群輔録》)，是否僞作，不可不辨。

梁代以前陶集有八卷本及六卷本兩種，均已佚失。北齊陽(一作楊)僕射休之所編《陶淵明集》有序録曰："其集先有兩本行於世，一本八卷，無序；一本六卷，并序目；編比顛亂，兼復闕少。蕭統所撰八卷，合序

目傳誄，而少《五孝傳》及《四八目》，然編録有體，次第可尋。余頗賞潛文，以爲三本不同，恐終至忘失。今録統所闕并序目等，合爲一帙，十卷，以遺好事君子。”可見陽休之所編十卷本，乃據蕭統八卷本，而參以其他六卷、八卷兩種而成，所謂“合爲一帙”也。《五孝傳》及《四八目》雖不見於蕭統本，然見於其他舊本，非陽休之本人憑空杜撰者也。

北宋丞相宋庠又編有陶集，其《私記》載：“余前後所得本僅數十家，卒不知何者爲是。晚獲此本，云出於江左舊書，其次第最若倫貫。又《五孝傳》已下至《四八目》，子注詳密，廣於他集。惟篇後《八儒》《三墨》二條，此似後人妄加，非陶公本意。且《四八目》之末，陶自爲説曰：‘書籍所載及故老所傳，善惡聞於世者，蓋盡於此。’即知其後無餘事矣。故今不著，輒别存之，以俟博聞者。”

今所見宋元刊本，如汲古閣藏十卷本、李公焕《箋注陶淵明集》十卷本，均録有《五孝傳》及《四八目》，向無異議。

至《四庫全書總目提要》，始根據乾隆帝之意斷定《五孝傳》及《四八目》爲贋。其陶集提要曰：“今世所行，即庠稱江左本也。然昭明太子去潛世近，已不見《五孝傳》《四八目》，不以入集，陽休之何由續得……今《四八目》已經睿鑒指示，灼知其贋，别著録於子部類書，而詳辨之。其《五孝傳》文義庸淺，決非潛作。既與《四八目》一時同出，其贋亦不待言。”又，《四庫提要》子部類書類存目曰：“《聖賢群輔録》二卷，一名《四八目》，舊附載陶潛集中。唐、宋以來，相沿引用，承訛踵謬，莫悟其非。邇以編録遺書，始蒙睿鑒高深，斷爲僞託。臣等仰承聖訓，詳悉推求，乃知今本潛集，爲北齊僕射陽休之編。休之序録稱……是《五孝傳》及《四八目》實休之所增，蕭統舊本無是也。統《序》稱深愛其文，故加搜校，則八卷以外，不應更有佚篇。其爲晚出僞書，已無疑義。”

需案：《五孝傳》及《四八目》固然是陽休之所加，蕭統所編陶集無此二篇。然陽休之所據乃梁以前舊本，未可輕易斷定其爲僞作。此二篇或淵明平日讀書之雜録，或聞之於故老而條録之者，所謂“凡書籍所載及故老所傳，善惡聞於世者，蓋盡於此矣”。蕭統不取或以其不是淵明所作詩文也。惟《八儒》《三墨》二條，似後人妄加。宋庠所説爲是。

《四庫提要》又就陶集提出内證，不可不辨。一曰：“集中《與子儼等疏》稱子夏爲孔子四友，而此録四友乃爲顔回、子貢、子路、子張。”需案：四友之稱，據《孔叢子・論書》指顔淵、子貢、子張、子路，與《集聖賢群輔録》恰好相同。至於《與子儼等疏》稱子夏爲四友之人，或另有所據，或記憶之誤。同一人筆下偶有差異，本屬常情，何得據以否定其乃同出一人之手乎？二曰："如《五孝傳》引'孝乎惟孝友于兄弟'之文，句讀尚从包咸注，知未見古文《尚書》。而此録'四岳'一條，乃引孔安國傳（孔安國整理古文《尚書》），其出兩手，尤自顯然。"霈案：《論語・爲政》："子曰：'《書》云："孝乎惟孝友于兄弟，施於有政。"'包咸注："孝乎惟孝，美大孝之辭。友于兄弟，善于兄弟。"是在"惟孝"下斷句。而孔安國傳古文《尚書・君陳》："惟孝友于兄弟，克施有政。"斷句不同。《四庫提要》以爲《五孝傳》引文句讀既從包注，則未見孔傳，而《集聖賢群輔録》中"四岳"一條又引孔傳，則必出自兩人。其説難以成立。此句之句讀兩可，淵明雖見古文《尚書》，未必即不可依包咸也。《集聖賢群輔録》既引孔傳，《五孝傳》未必不可依包咸也。即使兩處斷句不同，亦未能據以斷定皆係僞作也。三曰："至書以《聖賢群輔》爲名，而魯三桓、鄭七穆、晉六卿、魏四友，以及仕莽之唐林、唐遵，叛晉之王敦，並列簡編，名實相迕，理乖風教，亦決非潛之所爲。"關於此點，潘重規《聖賢群輔録新箋》曰："《聖賢群輔録》本名《四八目》，宋以前蓋未有稱《聖賢群輔録》者。陽休之《序録》稱'昭明以前舊本有四八目'，未嘗舉'聖賢群輔録'之名也。宋初宋庠本《私記》所得舊本，亦惟舉'四八目'，初無'聖賢群輔録'之名。北宋英宗治平三年僧思悦編定陶集，其書後亦稱《四八目》上下二篇。是《四八目》乃其本名。宋本有題爲《集聖賢群輔録》者，下注云'一曰四八目'，然則'集聖賢群輔録'，蓋出於後人所改題，非其本名如此也。《四八目》之末陶自爲説曰：'凡書籍所載及故老所傳，善惡聞於世者，蓋盡於此矣。漢稱田叔、孟舒等十人及田横兩客、魯八儒，史並失其名，夫操行之難而姓名翳然，所以撫卷長歎，不能已已者也。'是陶公明謂善惡兼載，則原名非'聖賢群輔録'可知。特所載善多惡少，故後人改其名耳。及乾隆帝見《四八目》中多載魯三桓、晉六卿、司馬懿、王敦之流，惡其有不臣之心，故深所不喜。所謂'名實相迕，理乖風教'，即乾隆帝之隱私也。諸臣迎合其意，遂羅織周内以成其獄。當時諸臣處清帝淫威之下，自有其不得已之苦衷，獨怪二百年來，號稱博學方聞之士，隨聲附和，竟不之察，使淵明著作，横遭剥削，亦可哀矣！"（《新亞書院學術年刊》第七期）潘重規此番考辨入情入理，可謂定論矣。

總之，《五孝傳》及《四八目》皆淵明平日之札記，原非具備完整構思之文章也。作者信手條録，本不求嚴謹，讀者更不必以嚴謹之文章强求之。四庫館臣秉承乾隆旨意，提出以上三條理由，先有結論再找證據，終嫌勉强。

兹姑且編入外集，以供讀者參考，並俟方家考證。

歸園田居其六

種苗在東皋，苗生滿阡陌。雖有荷鋤倦，濁酒聊自適。日暮巾柴車，路暗光已夕。歸人望煙火，稚子候簷隙。問君亦何爲，百年會有役。但願桑麻成，蠶月得紡績。素心正如此，開徑一作卷望三益。或云此篇江淹雜擬，非淵明所作。

【考辨】

此詩原在卷二，爲《歸園田居》六首之六，篇後原注："或云此篇江淹雜擬，非淵明所作。"曾集本同。湯注本《歸園田居》題曰"六首"，而題下僅五首。其六附於書後，注曰："此江淹擬作，見《文選》。其音節文貌絶似。至'但願桑麻成，蠶月得紡績'，則與陶公語判然矣。"需案：《文選》卷三一雜擬下有江文通《雜體詩》三十首，其中有擬《陶徵君田居》，即此詩也。觀其詩意確似模擬淵明《歸園田居》及《歸去來兮辭》之作。兹列入外集。

問來使 南唐本有此一首

爾從山中來，早晚發天目。我屋南窗下，今生幾叢菊。薔薇葉已抽，秋蘭氣當馥。歸去來山中，山中酒應熟。

【考辨】

此詩原在卷二，《歸園田居》後。曾集本同。蔡絛《西清詩話》曰：此篇"獨南唐與晁文元家二本有之……李太白《潯陽感秋詩》：'陶令歸去來，田家酒應熟。'其取諸此云。"洪邁《容齋詩話》曰："蓋天目疑非陶居處,然李白云:'陶令歸去來,田家酒應熟。'乃用此耳。"嚴羽《滄浪詩話》曰:"予謂此篇誠佳,然其體制氣象與淵明不類。得非太白逸詩,後人謾取以入陶集爾?"湯注本附於書後,題下注曰:"此蓋晚唐人因太白《感秋詩》而僞爲之。"

霈案:以上諸家所說不爲無據,兹編入外集。

尚長禽慶贊

尚子昔薄宦,妻孥共早晚。貧賤與富貴,讀易悟益損。禽生善周遊,周遊日已遠。去矣尋名山,上山豈知反。

【考辨】

《藝文類聚》卷三六《人部·隱逸上》,録宋陶潛《贊》共五篇,即《張長公贊》《周妙珪贊》《魯二儒贊》《夷齊贊》《尚長禽慶贊》。前四篇皆見於本集《讀史述九章》中,惟《尚長禽慶贊》本集不載。何孟春本據《藝文類聚》採附《扇上畫贊》注中,陶注本置諸卷六《扇上畫贊》之後。然此篇五言,與《扇上畫贊》各篇之四言不同,不應屬於《扇上畫贊》。究竟是否淵明所作,亦難詳考。今姑移入外集。

"尚長",見《高士傳》。《後漢書·逸民傳》作"向長":"向長字子平,河内朝歌人也。隱居不仕,性尚中和,好通《老》《易》。貧無資食,好事者更饋焉,受之取足而反其餘。王莽大司空王邑辟之,連年乃至,欲薦之於莽,固辭乃止。潛隱於家。讀《易》至《損》《益》卦,喟然歎曰:'吾已知富不如貧,貴不如賤,但未知死何如生耳。'建武中,男女娶嫁既畢,勑斷家事勿相關,當如我死也。於是遂肆意,與同好北海禽慶俱遊五嶽名山,竟不知所終。"

附録一　誄傳序跋

靖節(案:原作静)徵士誄 并序

宋金紫光禄大夫贈特進顔延年撰

夫旋玉致美,不爲池隍之寶;桂椒信芳,而非園林之實。豈其樂深而好遠哉?蓋云殊性而已。故無足而至者,物之藉也;隨踵而立者,人之薄也。若乃巢由之抗行,夷皓之峻節,故一作故已父老堯禹,錙銖周漢,而綿世寖遠,光靈不屬。至使菁華隱没,芳流歇絶,不亦惜乎?雖今之作者,人自爲量,而首路同塵,輟塗殊軌者多矣。豈所以照一作昭末景、汎餘波乎?有晉徵士潯陽陶淵明,南嶽之幽居者也。弱不好弄,長實素心。學非稱師,文取旨達一作遠。在衆不失其寡,處言愈一作每見其嘿。少而貧苦一作病,居無僕妾,井臼弗任,藜菽不給,母老子幼,就養勤匱。遠惟田生致一作取親之議,追一作近悟毛子捧檄之懷。初辭州府三命,後爲彭澤令。道不偶物,棄官從好。遂乃解體世紛,結志區外,定跡深棲。於是乎遂一作遠灌畦鬻蔬,爲供魚菽之祭;織絢緯蕭,以充糧粒之費。心好異書,性樂酒德,簡棄煩促,就成省曠。殆所謂國爵屏貴,家人忘貧者歟!有詔徵著作郎,稱疾不赴,春秋六十有三(霈案:《文選》作"春秋若干"),元嘉四年某月日,卒於潯陽縣柴桑一作之某里。近識悲悼,遠士傷情,冥默福應,嗚呼淑貞。夫實以誄華,名由謚高。苟允德義,貴賤何筭焉?若其寬樂令終之美,好廉克己之操,有合謚典,無愆前志。故詢諸友好,宜謚曰靖節徵士。其詞曰:

物尚孤一作特生,人固介立。豈伊時遘,曷云世及?嗟乎若士,望古遥集。韜此洪族,蔑彼名級。睦親之行,至自非敦。然諾之信,重於布言。廉深簡絜,貞夷粹温。和而能峻,博而不繁。依世尚同,詭時則異。有一於此,而兩一作兩非默置。豈若夫子,因心違理一作事。畏榮好古,薄身厚志。世爵虚禮,州壤推風。孝惟義養,道必懷邦。人之秉彝,不隘不恭。爵同下士,禄等上農。度量難鈞,進退可限。長卿棄官,稚賓自免。子之悟之,何早之辨。賦辭歸來,高蹈獨善。亦既超曠,無適非心。汲流舊巘,葺宇家林。晨煙暮靄,春煦秋陰。陳書綴卷,置酒絃琴。居備勤儉,躬兼貧病。人否其憂,子然其命。隱約就閑,遷延辭聘。非直明也一作也明,是惟道性。糺纆一作纏斡流,冥漠報施。孰云與仁,實疑明智。謂天蓋高,胡諐斯義。履信曷憑,思順何寘。年在中身,疢惟痁疾。視化如歸,臨凶若吉。藥劑弗嘗,禱祠非恤。傃幽告終,懷和長畢。嗚呼哀哉!敬述清一作靖節,式遵遺占。存不願一作顧豐,没無求贍一作賜。省訃卻賻,輕哀薄斂。遭壤以穿,旋葬而窆。嗚呼哀哉!深心追往,遠情逐化。自爾介居,及我多暇。伊好之洽,接簷一作閻鄰舍。宵盤晝憩,非舟非駕。念昔宴私,舉觴相誨。獨正者危,至方則礙。哲人卷舒,布在前載。取鑑不遠,吾規子佩。爾實愀然,中言而發。違衆速尤,迕風先蹶。身才非實,榮聲有歇。徽一作叡音永矣,誰箴余闕。嗚呼哀哉!仁焉而終,智焉而斃。黔婁既没,展禽亦逝。其在先生,同塵往世。旌此靖(原作靜)節,加彼康惠。嗚呼哀哉!

陶潛傳

沈　約

陶潛字淵明,或云淵明字元亮,尋陽柴桑人也。曾祖侃,晉大司馬。潛少有高趣,嘗著《五柳先生傳》以自況,曰:

先生不知何許人,不詳姓字,宅邊有五柳樹,因以爲號焉。閑靜少言,不慕榮利。好讀書,不求甚解,每有會意,欣然忘食。性嗜酒,而家貧不能恒得。親舊知其如此,或置酒招之,造飲輒盡,期在必醉,既醉而退,曾不吝情去留。環堵蕭然,不蔽風日,裋褐穿結,簞瓢屢空,晏如也。嘗著文章自娱,頗示己志,忘懷得失,以此自終。

其自序如此,時人謂之實録。

親老家貧,起爲州祭酒,不堪吏職,少日,自解歸。州召主簿,不就。躬耕自資,遂抱羸疾,復爲鎮軍、建威參軍,謂親朋曰:“聊欲弦歌,以爲三逕之資,可乎?”執事者聞之,以爲彭澤令。公田悉令吏種秫稻,妻子固請種秔,乃使二頃五十畝種秫,五十畝種秔。郡遣督郵至,縣吏白應束帶見之,潛嘆曰:“我不能爲五斗米折腰向鄉里小人。”即日解印綬去

職。賦《歸去來》,其詞曰:

歸去來兮,園田荒蕪,胡不歸。既自以心爲形役,奚惆悵而獨悲。悟已往之不諫,知來者之可追。實迷塗其未遠,覺今是而昨非。舟超遥以輕颺,風飄飄而吹衣。問征夫以前路,恨晨光之希微。

乃瞻衡宇,載欣載奔。僮僕歡迎,稚子候門。三徑就荒,松菊猶存。携幼入室,有酒停尊。引壺觴而自酌,眄庭柯以怡顔。倚南窗而寄傲,審容膝之易安。園日涉而成趣,門雖設而常關。策扶老以流愒,時矯首而遐觀。雲無心以出岫,鳥勌飛而知還。景翳翳其將入,撫孤松以盤桓。

歸去來兮,請息交而絶遊。世與我以相遺,復駕言兮焉求。説親戚之情話,樂琴書以消憂。農人告余以上春,將有事于西疇。或命巾車,或棹扁舟。既窈窕以窮壑,亦崎嶇而經丘。木欣欣以向榮,泉涓涓而始流。善萬物之得時,感吾生之行休。

已矣乎,寓形宇内復幾時。奚不委心任去留,胡爲遑遑欲何之。富貴非吾願,帝鄉不可期。懷良辰以孤往,或植杖而耘耔。登東皋以舒嘯,臨清流而賦詩。聊乘化以歸盡,樂夫天命復奚疑。

義熙末,徵著作佐郎,不就。江州刺史王弘欲識之,不能致也。潛嘗往廬山,弘令潛故人龐通之齎酒具於半道栗里要之,潛有脚疾,使一門生二兒轝籃輿,既至,欣然便共飲酌,俄頃弘至,亦無忤也。先是,顔延之爲劉柳後軍功曹,在尋陽,與潛情款。後爲始安郡,經過,日日造潛,每往必酣飲致醉。臨去,留二萬錢與潛,潛悉送酒家,稍就取酒。嘗九月九日無酒,出宅邊菊叢中坐久,值弘送酒至,即便就酌,醉而後歸。潛不解音聲,而畜素琴一張,無絃,每有酒適,輒撫弄以寄其意。貴賤造之者,有酒輒設,潛若先醉,便語客:"我醉欲眠,卿可去。"其真率如此。郡將候潛,值其酒熟,取頭上葛巾漉酒,畢,還復著之。

潛弱年薄宦,不潔去就之跡,自以曾祖晉世宰輔,恥復屈身後代,自高祖王業漸隆,不復肯仕。所著文章,皆題其年月,義熙以前,則書晉氏年號,自永初以來唯云甲子而已。與子書以言其志,並爲訓戒曰:

天地賦命,有往必終,自古賢聖,誰能獨免。子夏言曰:"死生有命,富貴在天。"四友之人,親受音旨,發斯談者,豈非窮達不可妄求,壽夭永無外請故邪。吾年過五十,而窮苦荼毒,以家貧弊,東西遊走。性剛才拙，與物多忤，自量爲己，必貽俗患，僶俛辭世，使汝幼而飢寒耳。常感孺仲賢妻之言，敗絮自擁，何慚兒子。此既一事矣。但恨鄰靡二仲，室無萊婦，抱兹苦心，良獨罔罔。

少年來好書，偶愛閑靜，開卷有得，便欣然忘食。見樹木交蔭，時鳥變聲，亦復歡爾有喜。嘗言五六月北窗下卧，遇涼風暫至，自謂是羲皇上人。意淺識陋，日月遂往，緬求在昔，眇然如何。

疾患以來，漸就衰損，親舊不遺，每以藥石見救，自恐大分將有限也。恨汝輩稚小，家貧無役，柴水之勞，何時可免，念之在心，若何可言。然雖不同生，當思四海皆弟兄之義。鮑叔、敬仲，分財無猜，歸生、伍舉，班荆道舊，遂能以敗爲成，因喪立功，他人尚爾，況共父之人哉。潁川韓元長，漢末名士，身處卿佐，八十而終，兄弟同居，至于没齒。濟北氾稚春，晉時操行人也，七世同財，家人無怨色。《詩》云："高山仰止，景行行止。"汝其慎哉！吾復何言。

又爲《命子詩》以貽之曰：

悠悠我祖，爰自陶唐。邈爲虞賓，歷世垂光。御龍勤夏，豕韋翼商。穆穆司徒，厥族以昌。紛紜戰國，漠漠衰周。鳳隱于林，幽人在丘。逸虬遶雲，奔鯨駭流。天集有漢，眷予愍侯。於赫愍侯，運當攀龍。撫劍夙邁，顯兹武功。参誓山河，啟土開封。亹亹丞相，允迪前蹤。渾渾長源，蔚蔚洪柯。群川載導，衆條載羅。時有默語，運固隆汙。在我中晉，業融長沙。桓桓長沙，伊勳伊德。天子疇我，專征南國。功遂辭歸，臨寵不惑。孰謂斯心，而可近得。肅矣我祖，慎終如始。直方二臺，惠和千里。於皇仁考，淡焉虚止。寄跡夙運，冥兹愠喜。嗟余寡陋，瞻望靡及。顧慚華鬢，負景隻立。三千之罪，無後其急。我誠念哉，呱聞爾泣。卜云嘉日，占爾良時。名爾曰儼，字爾求思。温恭朝夕，念兹在兹。尚想孔伋，庶其企而。厲夜生子，遽而求火。凡百有心，奚待于我。既見其生，實欲其可。人亦有言，斯情無假。日居月諸，漸免于孩。福不虚至，禍亦易來。夙興夜寐，願爾斯才。爾之不才，亦已焉哉。

潛元嘉四年卒，時年六十三。

（據中華書局一九七四年點校本《宋書》）

陶淵明傳　　昭明太子撰

陶淵明字元亮，或云潛字淵明，潯陽柴桑人也。曾祖侃，晉大司馬。淵明少有高趣，博學善屬文，穎脱不群，任真自得。嘗著《五柳先生傳》以自況，曰："先生不知何許人也，不詳一作亦不詳姓字，宅邊有五柳樹一無樹字，因以爲號焉。閑靜少言，不慕榮利。好讀書，不求甚解，每有會意，欣然忘食。性嗜酒，而家貧不能恒得。親舊知其如此，或置酒招之。造飲輒盡，期在必醉，既醉而退，曾不悋情去留。環堵蕭然，不蔽風日，短褐穿結，簞瓢屢空，晏如也。嘗著文章自娱，頗示己志。忘懷得失，以此自終。"時人謂之實録。親老家貧，起爲州祭酒。不堪吏職，少日，自解歸。州召主簿，不就，躬耕一作稼自資，遂抱羸疾。江州刺史檀道濟往候之，偃卧瘠餒有日矣。道濟謂曰："賢者處世，天下無道則隱，有道則至。今子生文明之世，奈何自苦如此？"對曰："潛也何敢望賢，志不及也！"道濟饋以粱（案：原作梁）肉，麾而去之。復一作後爲鎮軍、建威參軍，謂親朋曰："聊欲弦歌，以爲三徑之資，可乎？"執事者聞之，以爲彭澤令。不以家累自隨，送一力給其子，書曰："汝旦夕之費，自給爲難，今遣此力，助汝薪水之勞。此亦人子也，可善遇之。"公田悉令吏種秫，曰："吾常得醉於酒，足矣。"妻子固請種粳，乃使二頃五十畝種秫，五十畝種粳。歲終，會郡遣督郵至縣，吏請曰："應束帶見之。"淵明歎曰："我豈能爲五斗米折腰向鄉里小兒！"即日解綬去職，賦《歸去來》。徵著作郎，不就。江州刺史王弘欲識之，不能致也。淵明嘗往廬山，弘命淵明故人龐通之賫酒具，於半道栗里之間邀之。淵明有脚疾，使一門生二兒舉一作舁籃輿。既至，欣然便共飲酌。俄頃弘至，亦無迕也。先是，顔延之爲劉抑後軍功曹，在潯陽，與淵明情款。後爲始安郡，經過潯陽，日造淵明飲焉，每往，必酣飲致醉。弘欲邀延之坐一作赴坐，彌日不得。延之臨去，留二萬錢與淵明，淵明悉遣送酒家，稍就取酒。嘗九月九日出宅邊菊叢中坐，久之，滿手把菊，忽值弘送酒至，即便就酌，醉而歸。淵明不解音律，而蓄無絃琴一作無絃素琴一張，每酒適，輒撫弄以寄其意。貴賤造之者，有酒輒設。淵明若先醉，便語客："我醉欲眠，卿可去。"其真率如此。郡將常候之，值其釀熟，取頭上葛巾漉酒。漉畢，還復著之。時周續之入廬山事釋惠遠，彭城劉遺民亦遁跡匡山，淵明又不應徵命，謂之"潯陽三隱"。後刺史檀韶苦請續之出州，與學士祖企、謝景夷三人，共在城北講《禮》，加以讎校。所住公廨，近於馬隊，是故淵明示其詩云："周生述孔業，祖謝響然臻。馬隊非講肆，校書亦已勤。"其妻翟氏亦能安勤苦，與其同志。自以曾祖晉世宰輔，恥復屈身後代。自宋高祖王業漸隆，不復肯仕。元嘉四年，將復徵命，會卒，時年六十三曾集本注：一無六十三字，世號靖節先生。

陶淵明文集序　　梁昭明太子統

夫自衒自媒者，士女之醜行；不忮不求者，明達之用心。是以聖人韜光，賢人遁一作避世。其故何也？含德之至，莫踰於道；親己之切，無重於身。故道存而身安，道亡而身害。處百齡之內，居一世之中，倏忽比之白駒，寄寓謂之逆旅。宜乎與大塊而榮枯一作盈虛，隨中和而任放一作放蕩，豈能戚戚勞於憂畏，汲汲役於人間？齊謳趙女之娛，八珍九鼎之食，結駟連鑣之遊一作連騎之榮，侈袂執圭之貴，樂既樂矣，憂亦隨之。何倚伏之難量，亦慶弔之相及！智者賢人居之，甚履薄冰；愚夫貪士競之一作此，若泄尾閭。玉之在山，以見珍而招一作終破；蘭之生谷，雖無人而猶一作自芳。故莊周垂釣於濠，伯成躬耕於野，或貨海東之藥草，或紡江南之落毛。譬彼鴛雛，豈競鳶鴟之肉；憂斯雜縣一作海鳥，寧勞文仲之牲！至如子常、甯喜之倫，蘇秦、衛鞅之匹，死之而不疑，甘之而不悔。主父偃言："生不五鼎食，死則五鼎烹。"卒如其言，豈不痛哉一作矣！又有楚子觀周，受折於孫滿；霍侯驂乘，禍起於負芒。饕餮之徒，其流甚衆。唐堯四海之主，而有汾陽之心；子晉天下之儲，而有洛濱之志。輕之若脱屣，視之若鴻毛，而況於他乎！是以至人達士，因以晦跡。或懷釐而謁帝，或被褐一作披裘而負薪，鼓檝清潭，棄機漢曲。情不在於衆事，寄衆事以忘情者也。有疑陶淵明詩篇篇有酒，吾觀其意不在酒，亦寄酒爲跡焉。其文章不群，詞彩精拔；跌宕昭彰，獨超衆類；抑揚爽朗，莫之與京。横素波而傍流，干青雲而直上。語時事則指一作詣而可想，論懷抱則曠而且真。加以貞志不休，安道苦節，不以躬耕爲恥，不以無財爲病，自非大賢篤志，與道污隆，孰能如此乎！余愛嗜其文，不能釋手，尚想其德，恨不同時。故更加搜求，粗爲區目。白璧微瑕者，唯在《閑情》一賦。揚雄所謂勸百而諷一者，卒一作幸無諷諫，何必摇其筆端？惜哉，無是可也！並粗點定其傳，編之于録。嘗謂有能讀淵明之文者，馳競之情遣一作遠，鄙吝之意祛，貪夫可以廉，懦夫可以立，豈止仁義可蹈，亦乃爵禄可辭！不勞復傍遊太華，遠求柱史，此亦有助於諷教爾。

（據紹興本《陶淵明文集》）

北齊陽僕射休之序録

余覽陶潛之文，辭采雖未優，而往往有奇絶異語，放逸之致，棲托仍高。其集先有兩本行於世，一本八卷，無序；一本六卷，并序目，編比顛亂，兼復闕少。蕭統所撰八卷，合序目傳誄，而少《五孝傳》及《四八目》，然編録有體，次第可尋。余頗賞潛文，以爲三本不同，恐終致忘失。今録統所闕一作撰，并序目等，合爲一帙十卷，以遺好事君子焉。

本朝宋丞相私記

右集，按《隋經籍志》：《宋徵士陶潛集》九卷，又云梁有五卷，録一卷。《唐志》：《陶泉明集》五卷。今官私所行本凡數種，與二志不同。有八卷者，即梁昭明太子所撰，合序傳誄等在集前爲一卷，正集次之，亡其録。有十卷者，即楊僕射所撰。按：休之字子烈，事北齊，爲尚書左僕射。以好學文藻知名，與魏收同時。按吴氏《西齋録》，有《宋彭澤令陶潛集》十卷，疑即此也。其序並昭明舊序、誄傳等合爲一卷，或題曰第一，或題曰第十，或不署於集端。别分《四八目》，自《甄表狀》杜喬以下爲第十卷，然亦無録。余前後所得本僅數十家，卒不知何者爲是。晚獲此本，云出於江左舊書，其次第最若倫貫。又《五孝傳》已下至《四八目》，子注詳密，廣於他集。惟篇後《八儒》《三墨》二條，此似後人妄加，非陶公本意。且《四八目》之末，陶自爲説曰："書籍所載及故老所傳，善惡聞於世者，蓋盡於此。"即知其後無餘事矣。按：《四八目》例，每一事已，陶即具疏所聞，或經傳所出，以結前意。此二條既無後説，益知贅附之妄。故今不著，輒别存之，以俟博聞者。廣平宋庠私記。

書靖節先生集後

梁鍾記室嶸評先生之詩，爲古今隱逸詩人之宗。今觀其風致孤邁，蹈厲淳源，又非晉宋間作者所能造也。昭明太子舊所纂録，且傳寫寖訛，復多脱落，後人雖加綜緝，曾未見其完正。愚嘗採拾衆本，以事讎校。詩賦傳記贊述雜文凡一百五十有一首，洎《四八目》上下二篇，重條理編次爲一十卷。近永嘉周仲章太守枉駕東嶺，示以本朝宋丞相刊定之本，於疑闕處甚有所補。其陽僕射《序録》、宋丞相《私記》存于正集外，以見前後記録之不同也。時皇宋治平三年五月望日，思悦書。

（據紹興本《陶淵明文集》）

曾紘説

余嘗評陶公詩，語造平澹，而寓意深遠；外若枯槁，而中實敷腴：真詩人之冠冕也。平生酷愛此作，每以世無善本爲恨。頃因閲《讀山海經》詩，其間一篇云："形夭無千歲，猛志固常在。"且疑上下文義不甚相貫，遂取《山海經》參校。《經》中有云："刑天，獸名也。口中好銜干戚而舞。"乃知此句是"刑天舞干戚"，故與下句"猛志固常在"意旨相應。五字皆訛，蓋字畫相近，無足怪者。間以語友人岑穰彦休、晁詠之之道，二公撫掌驚歎，亟取所藏本是正之。因思宋宣獻言："校書如拂几上塵，旋拂旋生。"豈欺我哉！親友范元羲寄示義陽太守公所開陶集，想見好古博雅之意，輒書以遺之。宣和六年七月中元，臨漢曾紘書刊（霈案：刊字衍）。

佚名氏跋

靖節先生江左偉人，世高其節，先儒謂其最善任真者。方其爲貧也，則求爲縣令；仕不得志也，則掛冠而歸。此所以爲淵明。設其詩文不工，猶當敬愛，況如渾金璞玉，前賢固有定論耶！僕近得先生集，乃群賢所校定者，因鋟于木，以傳不朽云。紹興十年十一月　日書。

（據紹興本《陶淵明文集》）

曾集題識

《淵明集》行于世，尚矣。校讎卷第，其詳見於宋宣徽《私記》、北齊陽休之《論載》。南康蓋淵明舊遊處也，栗里、上京東西不能二十里。世變推移，不復可識。獨醉石隱然荒煙草樹亂流中，榛莽叢翳，人跡不到。鄉來晦翁在郡時，始克芟夷支徑，植亭山巔。幽人勝士因得相與摩莎石上，弔古懷遠，有翛然感慨之意。求其集，顧無有，豈非此邦之軼事歟？集竊不自揆，模寫詩文，彙爲一編，考其卷第，與夫《五孝傳》以下《四八目》雜著。所爲犯是不韙，非敢有所去取，直欲嚅嚌真淳，吟咏情性，以自適其適，尚庶幾乎！所謂遣馳競之情，袪鄙吝之心者，雖以是獲罪世之君子，亦不辭也。紹熙壬子立冬日，贛川曾集題。

（據曾集刊本）

陶靖節先生詩注序

陶公詩精深高妙，測之愈遠，不可漫觀也。不事異代之節，與子房五世相韓之義同。既不爲狙擊震動之舉，又時無漢祖者可託以行其志，故每寄情於首陽、易水之間，又以荆軻繼二疏、三良而發詠，所謂"撫己有深懷，履運增慨然"，讀之亦可以深悲其志也已。平生危行孫言，至《述酒》之作始直吐忠憤，然猶亂以廋詞，千載之下讀者不省爲何語。是此翁所深致意者，迄不得白於後世，尤可以使人增欷而累歎也。余偶窺見其指，因加箋釋以表暴其心事，及他篇有可發明者，亦併著之。文字不多，乃令繕寫模傳，與好古通微之士共商略焉。又按詩中言本志少，説固窮多，夫惟忍於飢寒之苦，而後能存節義之閑，西山之所以有餓夫也。世士貪榮禄，事豪侈，而高談名義，自方於古之人，余未之信也。淳祐初元九月九日，鄱陽湯漢敬書。

（據湯漢注本）

附録二　和陶詩九種（十家）

【説明】

蘇軾，北宋人，字子瞻，號東坡居士，曾追和陶詩一百零九首。其和陶詩除見於其詩集外，另有宋刊《東坡先生和陶淵明詩》四卷。本書即以此宋刊本爲底本，編排一仍其舊。另參校宋刊施元之、施宿、顧禧合注之《東坡先生詩》殘本。

蘇轍，字子由，蘇軾弟。《東坡先生和陶淵明詩》中收有子由繼和陶詩四十四首，附於各題之後。今一仍其舊，不單列出。另據施、顧注蘇詩補入蘇轍《東坡先生和陶淵明詩引》。

劉因，元代人，字夢吉，號靜修。至元十九年應召入朝，爲承德郎、右贊善大夫，不久辭官歸隱。元世祖再遣使召之，辭不赴。本書所收其和陶詩，録自《四部叢刊》影印元至順間刊本《靜修先生文集》卷三。

戴良，字叔能，浦江人。通經史百家暨醫、卜、釋、老之説。元順帝授江北行省儒學提舉，良見時事不可爲，避地吴中。洪武六年變姓名，隱四明山，太祖物色得之。十五年召至京師，欲官之，以老疾固辭，忤旨。明年四月暴卒，蓋自裁也。良世居金華九靈山下，自號九靈山人。本書所收其和陶詩，録自《四部叢刊》影印明正統間戴統刊《九靈山房集》卷二四。

周履靖，明嘉禾人，字逸之，號梅墟。萬曆中布衣。築舍鴛湖之濱，種梅百餘株，時伊唔其下。人呼爲梅顛道人，自稱螺冠子。著述甚富。本書所收其和陶詩録自《夷門廣牘》本《五柳賡歌》，前有茅坤、屠隆等人序。

黄淳耀，明嘉定人，字藴生，號陶庵。舉崇禎進士。明亡，嘉定已破，縊於西城僧舍。本書所收其和陶詩，録自康熙十五年嘉定黄氏刻本《陶庵集》。

方以智，字密之，號曼公，桐城人。明崇禎十三年進士。明亡抗清，事敗爲僧，法名弘智，字無可，號藥地。有《通雅》《物理小識》《浮山文集》。其和陶詩見《浮山後集》卷之一《無生寱》。臺灣省故宫博物院藏有方以智手書和陶詩十首，題"舊和陶詩，書似又明老兄一笑，無道人知"。鈐印二：愚者智，方外外人無可。本書所收録前十首即以其手書爲底本，校以《浮山後集》。後十首據《浮山後集》。《浮山後集》，清初此藏軒刻本，現藏安徽省博物館。

舒夢蘭，字白香，清嘉慶間秀才，有《白香詞譜》《天香詞》等。其和陶詩百首，收入《天香全集》中。前有嘉慶庚申南州曾煜敬修氏序，己未長州王芑孫序。嘉慶癸酉刊本。

姚椿，字春木，江蘇婁縣人。舉孝廉方正，不就，主講開封夷山、湖北荆南等書院。卒於咸豐三年。其《通藝閣和陶集》三卷，有道光癸卯自序。道光己酉姚氏刻本。

孔繼鑅，字宥函，號廓甫，山東曲阜人。道光十六年進士，任刑部主事等職，咸豐八年卒。本書所收和陶詩録自其《心嚮往齋集》，有南林劉氏求恕齋民國十年刻本。

東坡先生和陶淵明詩

目録

東坡先生和陶淵明詩卷第一

飲酒詩二十首 并引　　子瞻和并引

吾飲酒至少，常以把盞爲樂，往往頹然坐睡。人見其醉，而吾中了然，蓋莫能名其爲醉爲醒也。在揚州時，飲酒過午輒罷，客去，解衣磐薄，終日歡不足而適有餘。因和陶淵明《飲酒》二十詩，庶幾髣髴其不可名言者，以示舍弟子由、晁無咎學士。

我不如陶生，世事纏綿之。如何得一適，亦有如生時。寸田無荆棘，佳處正在兹。縱心與事往，所遇無復疑。偶得醉中趣，空杯亦常持。

二豪詆醉客，氣涌胸中山。漼然忽冰釋，亦復在一言。嗇氣實其腹，云當享長年。少飲得徑醉，此秘君勿傳。

道喪士失己，出語輒不情。江左風流人，醉中亦求名。淵明獨清真，談笑得此生。身如受風竹，掩冉衆葉驚。俯仰各有態，得酒詩自成。

蠢蠕食葉蟲，仰空慕高飛。一朝傅兩翅，乃得粘網悲。啁啾厭巢雀，沮澤疑可依。赴水生兩殼，遭閉何時歸？二蟲竟誰是，一笑百念衰。幸此未化間，得酒君莫違。

小舟真一葉，下有暗浪喧。夜棹醉中發，不知枕几偏。天明問前路，已度千銀山。嗟我亦何爲，此道常往還。未來寧早計，已往復何言。

百年六十化，念念竟非是。是身如虚空，誰受譽與毁。持酒未舉杯，喪我固忘爾。倒牀自甘寢，不擇菅與綺。

頃者大雪年，海波翻玉英。有士常痛飲，飢寒見真情。牀頭有敗榼，孤坐時復傾。未能平體粟，且復澆腸鳴。脱衣裹凍酒，每醉念此生。

我坐華堂上，不改麋鹿姿。時來蜀岡頭，喜見霜松枝。誰知百尺底，已結千歲奇。煌煌凌霄花，纏繞復何爲？舉觴酹其根，無事莫相羈。

芙蕖在秋水，時節自闔開。清風亦何意？入我芝蘭懷。一隨采折去，永與江湖乖。斷絲不復續，斗水何足栖！不如玉井蓮，結根天池泥。感此每自慰，吾事幸不諧。醉中有歸路，了了初不迷。乘流且復逝，得坎吾當回。

籃輿兀醉守，路轉古城隅。酒力如過雨，清風消半途。前山正可數，後騎且勿驅。我緣在東南，往寄白髮餘。遥知萬松嶺，下有三畝居。

民勞吏無德，歲美天有道。暑雨避麥秋，温風送蠶老。三咽初有聞，一溉未濡槁。詔書寬積欠，父老顔色好。再拜謝吾君，獲此不貪寶。頽然笑阮籍，醉几書謝表。

我夢入小學，自謂總角時。不記有白髮，猶誦《論語》辭。人間本兒戲，顛倒略似兹。惟有醉時真，空洞了無疑。墜車終莫傷，莊叟不吾欺。呼兒具紙筆，醉語輒録之。

醉中雖可樂，猶是生滅境。云何得此身，不醉亦不醒。大如景升牛，莫保尻與領。小如東郭㕙，束縛作毛穎。乃知嵇叔夜，非坐虎文炳。

我家小馮君，天性頗淳至。清坐不飲酒，而能容我醉。歸休要相依，謝病當以次。豈知山林士，骯髒乃爾貴。乞身當念早，過此恐少味。

去鄉三十年，風雨荒舊宅。惟存一束書，寄食無定跡。每用愧淵明，尚取禾三百。傾然六男子，粗可傳清白。於吾豈不多，何事復歎息？

嘵嘵六男子，絃誦各一經。復生五丈夫，戢戢丁欲成。歸田了門户，與國充踐更。普兒初學語，玉骨聞天庭。淮老如鶴雛，破殼已長鳴。舉酒屬千里，一歡愧凡情。

淮海雖故楚，無復輕揚風。齋厨聖賢雜，無事時復中。誰言大道遠，正賴三杯通。使君不夕坐，牙門散刀弓。

何人築東台？一郡坐可得。亭亭古浮圖，獨立表衆惑。蕪城閲興廢，雷塘幾開塞。明年起華堂，置酒弔亡國。無令竹西路，歌吹久寂默。

晁子天麒麟，結交及未仕。高才固難及，雅志或類己。各懷伯業能，共有丘明恥。歌呼時就君，指我醉鄉里。吴公門下客，賈誼獨見紀。請作《鵩鳥賦》，我亦得坎止。爲樂當及時，緑髮不可恃。

蓋公偶談道，齊相獨識真。頹然不事事，客至先飲醇。當時劉項罷，四海瘡痍新。三杯洗戰國，一斗消强秦。寂寥千載後，陽公嗣前塵。醉卧客懷中，多言笑徒勤。我時閲舊史，獨與三人親。未暇餐脱粟，苦心學平津。草書亦何用，醉墨淋衣巾。一揮三十幅，持去聽座人。

子由繼和

我性本疏懶，父母强教之。逡巡就科選，逮此年少時。幽憂二十年，懶性祗如玆。偶然踐黄闥，俯仰空自疑。乞身未敢言，常愧外物持。

人言性本静，不必林與山。世雖有此理，誰知非妄言？自我作歸計，于今十餘年。低回軒冕中，此語愧虚傳。

世人豈知我，兄弟得我情。少年喜文章，中年慕功名。自從落江湖，一意事養生。富貴非所求，寵辱未免驚。平生不解飲，欲醉何由成？

秋鴻一何樂，空際乘風飛。秋蟲一何憂，壁間終夜悲。憂樂本何有，力盡兩無依。物生逐所遇，久行不知歸。少年氣難回，老者百事衰。聊復沃以酒，永與狂心違。

昔在建成市，鹽酒晝夜喧。夏潦恐天漏，冬雷知地偏。妻孥日告我，胡不反故山？一來朝廷上，七年不知還。有寓均建成，且志昔日言。

夢中見百怪，一一皆謂是。醉中身已忘，萬事隨亦毁。此心不應然，外物妄使爾。安心十年後，此語知非綺。

開卷觀古人，誰非一世英？骨肉委黄壚，泯滅俱無情。憧憧來無盡，擾擾相奪傾。驚雷震朱夏，鮮能及秋鳴。得酒且酣飲，間誰逃死生。

明月出東牆，萬物含餘姿。孤蟬庇繁陰，衆鳥栖高枝。解衣適少事，捫腹知亡奇。朝與群動作，莫復何所爲？此時不自有，日出還受羈。

尺書千里至,輟食手自開。將卜東南居,故鄉非所懷。勿言湖山美,永與平生乖。鴻雁秋南來,及春思故栖。蛟龍乘風雲,既雨反其泥。兄弟適四海,叩門事誰諧? 直道竟三黜,去國終恐迷。何如自衛反,闕里從參回。

羌虜忘君恩,戰鼓驚西隅。邊候失晨夜,驛騎馳中途。詔書止窮征,諸將守來驅。敵微勢可料,師競力無餘。防邊未云失,憂愧懷安居。

修己以安人,嗟古有此道。平生妄謂得,忽忽恨衰老。年來亦見用,何益世枯槁。逡巡事朝謁,出入自媚好。報君要得人,被褐信懷寶。斯人何時見? 即上歸耕表。

春旱麥半死,夏雨欣及時。出郊視禾田,父老有好辭。秋陰結愁霖,似欲直敗兹。冥冥人天際,景響良不疑。精誠發中禁,愍默非有欺。雞號日東出,乃令民信之。

天厨釀冰地,摇蕩畏出境。衰年雜羸病,一醻百不醒。鸞臺異諸曹,有政非簿領。頹然雖無責,固謝出囊穎。回首愧周行,群英粲彪炳。

淮海老使君,受詔行當至。居官不避事,無事輒徑醉。平生自相許,兄先弟亦次。東南豈徒往,多難嫌暴貴。白首六卿中,嚼蠟那復味?

去年旅都城,三月不求宅。彼哉安知我? 爭掃習禮跡。三已竟無怨,心伏鷙鳥百。無私心如丹,經患髮先白。功名已不求,餘事復何惜?

家居簡餘事,猶讀外景經。浮塵掃欲盡,火棗行當成。清晨委群動,永夜依寒更。低帷閟重屋,微月流中庭。依松白露上,歷坎幽泉鳴。功從猛士得,不取兒女情。

南方有貧士,征怪如病風。垢面髮如葆,自汙屠酒中。導我引河水,上與崑崙通。長箭挽不盡,不中無尤弓。

清秋九日近,菊酒皆可得。永愧陶翁飢,雖飢心不惑。懷忠受正命,賦命本通塞。斯人今苟在,可與同事國。惜哉委荆榛,忍飢長嘿嘿。

我友二三子,兼有仕未仕。青松出林秀,豈獨私與己? 斂然不求人,而我自疊恥。臨風忽長鳴,誰信日千里。江行視漁父,但自正綱紀。持綱起萬目,魴鱒皆可止。老成日就衰,所餘殆難恃。

諸妄不可賴,所賴惟一真。内欲求性命,油然反清淳。外將應物化,致一常日新。商於四父老,携手初逃秦。翻然感漢德,投足復踐塵。出處蓋有道,豈爲諸吕勤? 嗟我千歲後,淡然與之親。還將山林姿,俛首要路津。囊中舊時物,布衣白綸巾。功成不歸去,愧此同心人。

歸園田居六首　　子瞻和并引

三月四日，游白水山佛跡岩，沐浴於湯泉，晞髪于懸瀑之下，浩歌而歸。肩輿卻行，以與客語，不覺至水北荔枝浦上。晚日葱籠，竹陰蕭然，時荔子累累如芡實矣。有父老年八十餘，指以告余曰："及是可食，公能携酒來游乎？"意欣然許之。歸卧既覺，聞兒子過誦淵明《歸田園居》詩六首宋刊施顧合注《東坡先生詩》作"歸園田居"，乃悉次其韻。始，余在廣陵和淵明《飲酒》二十首，今復爲此，要當盡和乃已。今書以寄妙惣大士參寥子。

環州多白水，際海皆蒼山。以彼無盡景，寓我有限年。東家着孔丘，西家着顔淵。市爲不二價，農爲不爭田。周公與管蔡，恨不茅三間。我飽一飯足，薇蕨補食前。門生饋薪米，救我厨無煙。斗酒與隻雞，酣歌餞華顛。禽魚豈知道，我適物自閑。悠悠未必爾，聊樂我所然。

窮猿既投林，疲馬初解鞅。心空飽新得，境熟夢餘想。江鷗漸馴隻需案：施顧合注本作"集"，爲是，蜒叟已還往。南池緑錢生，北嶺紫笋長。復施顧合注本作"提"，爲是壺豈解飲，好語時見廣。春江有佳句，我醉墮渺莽。

新浴覺身輕，新沐感髪稀。風乎懸瀑下，卻行詠而歸。仰見江摇山，俯見月在衣。步從父老語，有約吾敢違？

老人八十餘，不識城市娱。造物偶遺漏，同儕盡丘墟。平生不渡江，水北有幽居。手插荔支子，合抱三百株。莫言陳家紫，甘冷恐不如。君來坐樹下，飽食携其餘。歸舍遺兒子，懷抱不可虚。有酒持飲我，不問錢有無。

坐倚朱藤杖，行歌《紫芝曲》。不逢商山翁，見此野老足。願同荔支社，長作雞黍局。教我同光塵，月固不勝燭。莊子曰："月固不勝火。"郭象注云："大而闇，不如小而明。"陋哉斯言也！予爲更之曰：明於大者必晦於小，月能燭天地而不能燭毫釐，此其所以不勝火也。然卒之火勝月，月勝火耶？需案：施顧合注本此下有二句："霜飈散氛祲，廓然似朝旭。"

昔我在廣陵，悵望柴桑陌。長吟《飲酒》詩，頗獲一笑適。當時已放浪，朝坐夕不夕。矧今長閑人，一劫展過隙。江山互隱見，出没爲我役。斜川追淵明，東皋友王績。詩成竟何用，六博本無益。

詠二疏　　子瞻和

二疏事漢時，跡寓心已去。許侯何足道，寧識此高趣？可憐魏丞相，免冠謝陋舉。中興多名臣,有道獨兩傅。世途方轂擊,誰肯行此路?是身如委蜕,未蜕何所顧?已蜕則兩忘,身後誰毁譽?所以遺子孫,買田豈先務?我嘗游東海,所歷若有素。神交久從君,屢夢今乃悟。淵明作詩意,妙想非俗慮。庶幾二大夫,見微而知著。

詠三良　　子瞻和

此生太山重,忽作鴻毛遺。三子死一言,所死良已微。賢哉晏平仲,事君不以私。我豈犬馬哉?從君求蓋帷。殺身固有道,大節要不虧。君爲社稷死,我則同其歸。顧命有治亂,臣子得從違。魏顆真孝愛,三良安足希?仕宦豈不榮?有時纏憂悲。所以靖節翁,服此黔婁衣。

詠荆軻　　子瞻和

秦如馬後牛,吕氏非復嬴。天欲厚其毒,假手李客卿。功成志自滿,積惡如陵京。滅身會有時,徐觀可安行。沙丘一狼狽,笑落冠與纓。太子不少忍,顧非萬人英。魏韓裂智伯,肘足本無聲。胡爲棄成謀,託國此狂生?荆軻不足説,田子老可驚。燕趙多奇士,惜哉亦虚名!殺父囚其母,此豈容天庭?亡秦只三户,況我數十城。漸離非不傷,陛戟加周營。至今天下人,愍燕欲其成。廢書一太息,可見千古情!

怨詩楚調示龐主簿及鄧治中　　子瞻和

當歡有餘樂,在戚亦頽然。淵明得此理,安處固有年。嗟我與先生,所賦良奇偏。人間少宜適,惟有歸耘田。我昔墮軒冕,毫釐真市廛。歸來卧重茵,憂愧自不眠。如今破茅屋,一夕或三遷。風雨睡不知,黄葉滿枕前。寧當出怨句,慘慘如孤煙。但恨不早悟,猶推淵明賢。

東坡先生和陶淵明詩卷第二

和形贈影　　子瞻

天地有常運,日月無閑時。孰居無事中,作止推行之。細察我與汝,相因以成兹。忽然乘物化,豈與生滅期?夢時我方寂,偃然無知思。胡爲有哀樂,輒復隨漣洏。我舞汝凌亂,相應不少疑。還將醉時語,答我夢中辭。

和影答形

丹青寫君容，常恐畫師拙。我依月燈出，相肖兩奇絶。妍媸本自君，我豈相媚悦？君如火上煙，火盡君乃别。我如鏡中像，鏡壞我不滅。雖云附陰晴，了不受寒熱。無心但因物，萬變豈有竭？醉醒皆夢爾，未用議優劣。

和神釋

二子本無我，其初因物著。豈惟老變衰？念念不如故。知君非金石，安足長託附。莫從老君言，亦莫用佛語。仙山與佛國，終恐無是處。甚欲隨陶公，移家酒中住。醉醒要有盡，未易逃諸數。平生逐兒戲，處處餘作具。所至人聚觀，指目生毁譽。如今一弄火，好惡都焚去。既無負載勞，又無寇攘懼。仲尼晚乃覺，天下何思慮。

東方有一士　　子瞻和

缾居本近危，甑墜知不完。夢求亡楚弓，笑解適越冠。忽然反自照，識我本來顔。歸路在脚底，殽澠失重關。屢從淵明遊，雲山出毫端。借君無弦物，寓我非指彈。豈惟舞獨鶴？便可躡飛鸞。還將嶺茅瘴，一洗月關寒。

詠貧士七首　　子瞻和并引

予遷惠州一年，衣食漸窘，重九俯邇，樽俎蕭然。乃和淵明《貧士》詩七篇，以寄許下、高安、宜興諸子姪，并令過同作。

長庚與殘月，耿耿如相依。以我旦暮心，惜此須臾輝。青天無今古，誰知織烏飛？我欲作九原，獨與淵明歸。俗子不自悼，顧憂斯人飢。堂堂誰有此，千駟良可悲。

夷齊恥周粟，高歌誦虞軒。産禄彼何人？能致綺與園。古來避世士，死灰或餘煙。末路益可羞，朱墨手自研。淵明初亦仕，弦歌本誠言。不樂乃徑歸，視世差獨賢。

誰謂淵明貧？尚有一素琴。心閑手自適，寄此無窮音。佳辰愛重九，芳菊起自尋。疏巾歎虚漉，塵爵笑空斟。忽餉二萬錢，顔生良足欽。急送酒家保，勿違故人心。

人皆有耳目，夫子曠與婁。弱毫寫萬象，水鏡無停酬。閑居惜重九，感此歲月周。端如孔北海，只有尊空憂。二子不并世，高風兩無儔。我後五百年，清夢未易求。

芙蓉雜金菊，枝葉長闌干。遥憐退朝人，糕酒出太官。豈知江海上，落英言可餐。典衣作重九，徂歲慘將寒。無衣粟我膚，無酒顰我顔。貧居真可歎，一事長相關。

老詹亦白髮惠守詹範，相對垂霜蓬。賦詩殊有味，涉世非所工。扙藜山谷間，狀類渤海龔。半道要我飲，意與王弘同。有酒我自至，不須遣龐通。門生與兒子，杖屨聊相從。

我家六兒子，流落三四州。辛苦見不識，今與農圃儔。買田帶修竹，築室依清流。未能遣一力，分汝薪水憂。坐念北歸日，此勞未易酬。我獨遺以安，鹿門有前脩。

九日閑居并引　　子瞻和并引

明日重九，雨甚，展轉不能寐。起坐索酒，和淵明一篇。熟醉昏然，殆不能佳也。

九日獨何日？欣然愜平生。四時靡不佳，樂此古所名。龍山憶孟子，栗里懷淵明。鮮鮮霜菊艷，溜溜糟床聲。閑居知令節，樂事滿餘齡。登高望雲海，醉覺三山傾。長歌振履商，起舞帶索榮。坎軻失天意，淹留見人情。但願飽秔稌原作杜，今從施、顧注本，年年樂秋成。

己酉歲九月九日　　子瞻和并引

十月初吉，菊始開，乃與客作重九，因次韻淵明《己酉歲九月九日》一首。胡廣飲菊潭水而壽，然李固傳贊云："其視胡廣、趙戒，猶糞土也。"

今日我重九，誰謂秋冬交？黄花與我期，草中實後雕。香餘白露乾，色映青松高。悵望南陽野，古潭霏慶霄。伯始真糞土，平生夏畦勞。飲此亦何益，内熱中自焦。持我萬家春，一酹五柳陶。夕英幸可掇，繼此木蘭朝。

讀山海經十三首　　子瞻和并引

淵明《讀山海經》十三首，其七首皆仙語。予讀《抱朴子》有所感，用其韻賦之。

今日天始霜，衆木斂以疏。幽人掩關卧，明景翻空廬。開心無良友，寓眼得奇書。建德有遺民，道遠我無車。無糧食自足，豈謂穀與蔬？愧此稚川翁，千載與我俱。畫我與淵明，可作三士圖。學道雖恨晚，賦詩豈不如？

稚川雖獨善，愛物均孔顔。欲使蟪蛄流，如有龜鶴年。辛勤破封執，苦語劇移山。博哉無窮利，千載食此言。

淵明雖中壽，雅志仍丹丘。遠矣無懷民，超然邈無儔。奇文出纊息，豈復生死流。我欲作九原，異世爲三游。

子政信奇逸，妙算窮陰陽。淮仙枕中訣，養練歲月長。豈伊臭濁中，爭此頃刻光。安知青藜火，丈人非中黄？

亂離棄弱女，破家割恩憐。寧知效龜息，三歲號窮山。長生定可學，當信仲弓言。支床竟不死，抱一無窮年。

三山在咫尺，靈藥非草木。玄芝生太元，黄精出長谷。仙都浩如海，豈不供一浴？何當從火山，束緼分寸燭？

蜀士李八百，穴居吴山陰。默坐但形語，從者紛如林。其後有李寬，雞鶂非同音。口耳固多僞，識真要在心。

黄華育甘谷，靈根固深長。廖井窖丹砂，紅泉涌尋常。二女戲口鼻，松膏以爲糧。聞此不能寐，起坐夜未央。

談道鄙俗儒，遠自太史走。仲尼實不死，於聖亦何負？紫文出吴宫，丹雀本無有。邈然廣桑君，獨顯三季後。

金丹不可成，安期渺雲海。誰爲黄門妻，至道乃近在。支解竟不傳，化去空餘悔。丹成亦安用？御氣本無待。

鄭君固多方，玄翁所親指。奇文二百字，了未出生死。素書在黄石，豈敢辭跪履。萬法等成壞，金丹差可恃。

古強本妄庸，蔡誕亦誇士。曼都斥仙人，謁帝輕舉止。學道未有得，自欺誰不爾。稚川亦隘人，疏録此庸子。

東坡信畸人，涉世真散才。仇池有歸路，羅浮豈徒來？踐蛇及茹蠱，心空了無猜。携手葛與陶，歸哉復歸哉！

遊斜川并引　　子瞻和正月五日與兒子過出城遊作

謫居淡無事，何異老且休？雖過靖節年，未失斜川遊。春江渌未波，人卧船自流。我本無所適,泛泛隨鳴鷗。中流遇洑洄,舍舟步曾丘。有口可與飲,何必逢我儔?過子詩似翁,我唱兒輒酬。未知陶彭澤,頗有此樂不。問點爾何如?不與聖同憂。問翁何所笑?不爲由與求。

和郭主簿二首　子瞻和并引

清明日,聞過誦書,聲節閑美。感念少時,悵然追懷先君宫師之遺意,且念淮、德二幼孫。無以自遣,乃和淵明此二篇,隨意所遇,無復倫次也。

今日復何日?高槐布初陰。良辰非虚名,清和盈我襟。孺子卷書坐,誦詩如鼓琴。卻去四十年,玉顔如汝今。閉户未嘗出,出爲閭里欽。家世事酌古,百史手自斟。當年二老人,喜我作此音。淮德入我夢,角羈未勝簪。孺子笑問我,公何念之深?

雀鷇含淳音,竹萌抱静節。此兩句先君少時詩,失其全篇。誦我先君詩,肝肺爲澄澈。獨爲鳴鶴和,未作獲麟絶。願因騎鯨李,追此御風列。丈夫貴出世,功名豈人傑?家書三萬卷,獨取服食訣。地行即空飛,何必挾日月!

移居二首　子瞻和并引

余去歲三月,自水東嘉祐寺遷居合江樓。逮今一年,多病寡歡,頗懷水東之樂也。得歸善縣後隙地數畝,父老云:"此古白鶴觀也。"意欣然,欲居之,乃和此詩。

昔我初來時,水東有幽宅。晨與烏鵲朝,暮與牛羊夕。誰令遷近市?而有造請役。歌呼雜閭巷,鼓角鳴枕席。出門無所詣,樂事非宿昔。病瘦獨彌年,束薪誰與析?

洄潭轉碕岸,我作江郊詩。今爲一廛氓,此地乃得之。葺爲無邪齋,思我無所思。古觀廢已久,白鶴歸何時?我豈丁令威,千歲復還兹。江山朝福地,古人不吾欺。

和劉柴桑　子瞻和

萬劫玄起滅,百年一踟躇。漂流四十年,今乃言卜居。且喜天壤間,一席亦吾廬。稍理蘭桂叢,盡平狐兔墟。黄橼出舊枿,紫茗抽新畬。我本早衰人,不謂老更劬。邦君助畚鍤,鄰里通有無。竹屋從低深,山窗自明疏。一飽便終日，高眠忘百須。自笑四壁空，無妻老相如。

歲暮和張常侍　　子瞻和并引

十二月二十五日，酒盡，取米欲釀，米亦竭。時吴遠遊、陸道士皆客於予，因讀淵明《歲暮和張常侍》詩，亦以無酒爲歎，乃用其韻贈二子。

我生有天禄，玄膺流玉泉。何事陶彭澤，乏酒每形言。仙人與道士，自養豈在繁。但使荆棘除，不憂梨棗愆。我年六十一，頽景薄西山。歲暮似有得，稍寬施顧合注本作"覺"，爲是散亡還。有如千丈松，常苦弱蔓纏。養我歲寒枝，會有解脱年。米盡初不知，但怪飢鼠遷。二子真我客，不醉亦陶然。

答龐參軍并引　　子瞻和并引

周循州彦質，在郡二年，書問無虚日。罷歸過惠，爲余留半月。既别，和此詩追送之。

我見異人，且得異書。挾書從人，何適不娱？羅浮之趾，卜我新居。子非玄德，三顧我廬。

旨酒荔蕉，絶甘分珍。雖云晚接，數面自親。海隅一笑，豈云無人？無酒酤我，或乞其鄰。

將行復止，眷言孜孜。苟有于中，傾倒出之。奕奕千言，粲焉陳詩。觴行筆落，了不容思。

丱妙侍側，兩髦丫分。歌舞壽我，永爲歡欣。曲終淒然，仰視浮雲。此曲此聲，何時復聞！

擊鼓其鏜，船開櫓鳴。顧我而言，雨泣載零。子卿白首，當還西京。遼東萬里，亦歸管寧。

感子至意，託詞西風。吾生一塵，寓形空中。願言謙亨，君子有終。功名在子，何異我躬！

東坡先生和陶淵明詩卷第三

時運并序　　子瞻和并引

丁丑二月十四日，白鶴峰新居成，自嘉祐寺遷入。詠淵明詩云：

"斯晨斯夕，言息其廬。"似爲予發也，乃次其韻。長子邁，與予别三年矣，挈携諸孫，萬里遠至。老朽憂患之餘，不能無欣然。

我卜我居，居非一朝。龜不吾欺，食此江郊。廢井已塞，喬木干霄。昔人伊何，誰其裔苗？下有碧潭，可飲可濯。江山千里，供我遐矚。木固無脛，瓦固無足。陶匠自至，嘯歌相樂。我視此邦，如洙如沂。邦人勸我，老矣安歸？自我幽獨，倚門或揮。豈無親友？雲散莫追。旦朝丁丁，誰款我廬？子孫遠至，笑語紛如。剪鬣垂髫，覆此瓠壺。三年一夢，乃復見余。

止酒　　子瞻和并引

丁丑歲，余謫海南，子由亦貶雷州。五月十一日，相遇於藤，同行至雷。六月十一日，相别渡海。余時病痔呻吟，子由亦終夕不寐。因誦淵明詩勸余止酒。乃和元韻，因以贈别，庶幾真止矣。

時來與物逝，路窮非我止。與子各意行，同落百蠻裏。蕭然兩别駕，各携一稚子。子室有孟光，我空惟法喜。相逢山谷間，一月同卧起。茫茫海南北，粗亦足生理。勸我師淵明，力薄且爲己。微痾坐杯勺，止酒則瘳矣。望道雖未見，隱約見津涘。從今東坡室，不立杜康祀。

子由繼和

少年無大過，臨老重復止。自言衰病根，恐在酒杯裏。今年各南遷，百事付諸子。誰言瘴霧中，乃有相逢喜。連床聞動息，一夜再三起。泝流俛仰得，此病竟何理？平生不尤人，未免亦求己。非酒猶止之，其餘真止矣。飄然從孔公，乘桴南海涘。路逢安期生，一笑千萬祀。

擬古九首　　子瞻和

有客扣我門，繫馬門前柳。庭空馬雀噪（需案：施顧注詩作"鳥雀散"），門閉客立久。主人枕書卧，夢我平生友。忽聞剥啄聲，驚散一杯酒。倒裳起謝客，夢覺兩愧負。坐談雜今古，不答顔愈厚。問我何處來，我來無何有。

酒盡君可起，我歌已三終。由來竹林人，不數濤與戎。有酒從孟公，慎勿從揚雄。崎嶇頌沙麓，塵埃汙西風。昔我未嘗達，今者亦安窮。窮達不到處，我在阿堵中。

客去室幽幽，鵩鳥來座隅（霈案：“鵩”應作“鵩”）。引吭伸兩翮，太息意不舒。吾生如寄耳，何者爲我廬。去此復何之？少安與汝居。夜中聞長嘯，月露荒榛蕪。無問亦無答，吉凶兩何如？

少年好遠遊，蕩志隘八荒。九夷爲藩籬，四海環我堂。盧生與若士，何足期杳茫。稍喜海南州，自古無戰場。奇峰望黎母，何異嵩與邙？飛泉寫萬仞，舞鶴雙低昂。分流未入海，膏澤彌此方。芋魁倘可飽，無肉亦奚傷！

黎山有幽子，形槁神獨完。負薪入城市，笑我儒衣冠。生不聞詩書，豈知有孔顔。翛然獨往來，榮辱未易關。日暮鳥獸散，家在孤雲端。問答了不通，歎息指屢彈。似言君貴人，草莽栖龍鸞。遺我吉貝布，海風今歲寒。

馮洗古烈婦，翁媪國子兹。策勛梁武後，開府隋文時。三世更險難，一心無磷淄。錦繖平積亂，犀渠破餘疑。廟貌空復存，碑板漫無辭。我欲作銘志，慰此父老思。遺民不可問，僂句莫予欺。犦牲菌雞卜，我當一訪之。銅鼓壺盧笙，歌此迎送詩。

沉香作庭燎，甲煎紛相和。豈若炷微火，縈煙嫋清歌？貪人無飢飽，胡椒亦求多。朱劉兩狂子，隕墜如風花。本欲竭澤漁，奈此明年何朱初平、劉誼欲冠帶黎人，以取水沉爾。

雞窠養鶴髮，及與唐人游。來孫亦垂白，頗識李崖州。再逢盧與丁，閲世真東流。斯人今在亡，未遽掩一丘。我師吴季札，守節到晚周。一見春秋末，渺焉不可求。

城南有荒池，瑣細誰復採？幽姿小芙蕖，香色獨未改。欲爲中州信，浩蕩絶雲海。遥知玉井蓮，落蕊不相待。攀躋及少壯，已失那容悔！

子由繼和

客居遠林薄，依牆種楊柳。歸期未可必，成陰定非久。邑中有佳士，忠信可與友。相逢話禪寂，落日共杯酒。艱難本何求，緩急肯相負？故人在萬里，不復爲薄厚。米盡鬻衣衾，時勞問無有。

閉門不復出，兹焉若將終。蕭然環堵間，乃復有爲戎。我師柱下史，久以雌守雄。金刀雖云利，未聞能斫風。世人欲困我，我已安長窮。窮甚當辟穀，徐觀百年中。

蕭蕭髮垂素，晡日迫西隅。道人閔我老，元氣時卷舒。歲惡風雨交，何不完子廬？萬法滅無餘，方寸可久居。將掃道上塵，先拔庭中蕪。一淨百亦淨，我物皆如如。

夜夢被髮翁，騎驎下大荒。獨行無與游，闖然款我堂。高論何峥嶸，微言何渺茫！我徐聽其説，未離翰墨場。平生氣如虹，宜不葬北邙。少年慕遺文，奇姿揖昂昂。衰罷百無用，漸以圜斲方。隱約就所安，斂退還自傷。

海康雜蠻蜑，禮俗多未完。我居近閭閻，請先化衣冠。衣冠一有恥，其下胡爲顔？東鄰有一士，讀書寄賢關。歸來奉先友，跬步行必端。慨然顧流俗，歎息未敢彈。提提烏鳶中，見此孤翔鸞。漸能衣裘褐，袒裼知惡寒。

佛法行中原，儒者恥論兹。功施冥冥中，亦何負當時。此方舊雜染，渾渾無名緇。治生守家室，坐使斯人疑。未知酒肉非，能與生死辭？熾哉吴閩間，佛事不可思。生子多穎悟，得報豈汝欺？時有正法眼，一出照耀之。誰爲邑中豪？勤誦我此詩。

憂來感人心，悒悒久未和。呼兒具濁酒，酒酣起長歌。歌罷還獨舞，黍麥力誠多。憂長酒易銷，釋去如風花。不悟萬法空，子如此心何？

杜門人笑我，不知有天游。光明遍十方，咫尺陋九州。此觀一日成，衮衮通法流。竿木常自隨，何必反故丘？老聃白髮年，青牛去西周。不遇關令尹，履迹誰能求？

鋤田種紫芝，有根未堪採。逡巡歲月度，歎息毛髮改。翛然玉露下，滴瀝投滄海。須牙忽長茂，枝葉行可待。夜燒沉水香，持戒慎無悔！

雜詩　　　　子瞻和

斜日照孤隙，始知空有塵。微風渡衆竅，誰信我忘身？一笑問兒子，與汝定何親？從我來海南，幽絶無四鄰。耿耿如缺月，獨與長庚晨。此道固應爾，不當怨無人。

故山不可到，飛夢隔五嶺。真遊有黄庭，閉目寓兩景。室空無可照，火滅膏自冷。披衣起視夜，海闊河漢永。西窗半明月，散亂梧楸影。良辰不可縶，逝水無由騁。我苗期後枯，持此一念靜。

真人有妙觀，俗子多妄量。區區勸粒食，此豈知子房！我非徒跣相，終老懷未央。免死縛淮陰，狗功指平陽。哀哉亦可羞，世路皆羊腸。

相如偶一官，嗤鄙蜀父老。不記犢鼻時，滌器混庸保。著書曾幾許，渴肺塵土燥。琴台有遺魄，笑我歸不早。作書遺故人，皎皎我懷抱。餘生幸無愧，何與君平道。

孟德黠老狐，姦言嗾鴻豫。哀哉喪亂世，梟鸞各騰翥。逝者知幾人，文舉獨不去。天方斲漢室，豈計一郗慮。昆蟲正相嚙，乃比藺相如。我知公所坐，大名久難住。細德方險微，豈有容公處。既往不可悔，庶爲來者懼。

博大古真人，老聃關尹喜。獨立萬物表，長生乃餘事。稺川差可近，儻有接物意。我頃登羅浮，物色恐相儃施顧合注本作"值"，爲是。徘徊朱明洞，沙水自清駛。滿把菖蒲根，歎息復棄置。

藍喬近得道，常苦世褊迫。西遊王屋山，不踐長安陌。爾來寧復見，鳥道渡太白。昔與吴遠遊，同藏一瓢窄。潮陽隔雲海，歲晚儻見客。伐薪供養火，看作栖鳳宅。

南榮晚聞道，未肯化庚桑。陶頑鑄强獷，枉費塵與糠。越子古成人，韓生教休糧。参同得靈鑰，九鎖啟伯陽。鵝城見諸孫，貧苦我爲傷。空餘焦先室，不傳元化方。遺像似李白，一奠臨江觴。

餘齡難把玩，妙解寄筆端。常恐抱永歎，不及丘明遷。親友復勸我，放心餞華顛。虚名非我有，至味知誰餐。思我無所思，安能觀諸緣。已矣復何歎，舊説易兩篇。

申韓本自聖，陋古不復稽。巨君縱獨欲，借經作巖崖。遂令青衿子，珠璧人人懷。鑿齒井蛙耳，信謂天可彌。大道久分裂，破碎日愈離。我如終不言，誰悟角與羈。吾琴豈得已？昭氏有成虧。

我昔登朐山，日出觀蒼涼。欲濟東海縣，恨無石橋梁。今兹黎母國，何異于公鄉。蠔浦既黏山，暑路亦飛霜。所欣非自誷，不怨道里長。

子由繼和時有赦書北還

大道與衆往，疾驅衹自塵。徐行聽所之，何者非吾身？卻過白鶴峰，雞犬來相親。築室依果樹，有無通四鄰。安眠豈有足？良夜惟恐晨。晨朝亦何事，倦對往來人。

莫言三謫遠，歸路近庾嶺。誰憐東坡窮，垂老徙此景。幸無薪炭役，豈念冰雪冷。平生笑子厚，山水記柳永。孜孜苦懷歸，何異走逃影。吾觀兩蠻觸，出縮方馳騁。百年寄龜息，幸此支床静。

我來適惡歲，斗米如珠量。何時舉頭看，歲月守心房。念我東坡翁，忍飢海中央。願翁勿言饑，稷卨調陰陽。玉池有清水，生肥滿中腸。

故山縱得歸，無復昔遺老。家風知在否，後生恐難保。似聞老翁泉，曾作泥土燥。窮冬忽涌溢，絡繹缾罌早。此翁終可信，明月耿懷抱。從我先人游，安得不聞道老翁泉在先人墳下？

幽憂如蟄蟲，雷雨驚奮豫。無根不萌動，有翼皆騫翥。嗟我獨枯槁，無來孰爲去。念兄當北還，海闊煎百慮。往來七年間，信矣夢幻如。從今便築室，占籍無所住。四方無不可，莫住生滅處。縱浪大化中，何喜復何懼！

嘗聞左師言，少子古所喜。二兒從兩父，服辱了百事。佳子何闕人，自怪餘此意。看書時獨笑，屢與古人值。他年會六子，道眼誰最駛。衣鉢儻可傳，田園不須置。

舜以五音言，二雅良褊迫。變風猶井牧，驅人遂阡陌。周餘幾崩懷，況經甫與白。崎嶇收狂瀾，還付濫觴窄。二莊涇渭雜，恐有郭象客。壁藏待知者，金石聞舊宅。

大道如衣食，六經所耕桑。家傳《易》《春秋》，未易相粃糠。久種終不獲，歲晚嗟無糧。念此坐歎息，追飛及潁陽。天公亦假我，書成麟未傷。可憐陸忠州，空集千首方。何如學袁盎，日把無何觴。

五年寓黄閤，盛服朝玄端。愧無昔人姿，謬作奇章還牛僧孺亦貶循州。還從九淵底，回望百尺巔。身世俱一夢，往來適三餐。天公本無心，誰爲此由緣？從今罷述作，盡付逍遥篇。

吾兄昔在朝，屢欲請會稽。誓將老陽羡，洞天隱蒼崖兄已買田陽羡，近張公、善卷西洞天。時事乃大謬，寧復守此懷。區區芥子中，豈有兩須彌。舉眼即見兄，何者爲别離？尻輿駕神馬，孰爲策與羈？弭節過蓬萊，悔波看增虧。

紅爐厄夏景，團扇悲秋涼。來鴻已遵渚，法案：應作去燕亦辭梁。冰蠶懷凍藪，火鼠安炎鄉。曲士漫談道，夏蟲豈知霜。物化何時休，歎息此路長！

東坡先生和陶淵明詩卷第四

連雨獨飲　　　　子瞻和并引

吾謫海南，盡賣飲器以供衣食。獨有一荷葉杯，工制美妙，留以自娱。乃和淵明《連雨獨飲》二首。

平生我與我，舉意輒相然。豈比磁石針，雖合猶有間。此外一子由，出處同偏仙。晚景敢可惜，分飛海南天。糾纏不吾欺，寧此憂患先。顧影一杯酒，誰謂無往還？寄語海北人，今日爲何年？醉裏有獨覺，夢中無雜言。

阿堵不解醉，誰與此頽然？誤入無功卿，掉臂嵇阮間。飲中八仙人，與我俱得仙。淵明豈知道，醉語忽談大施顧合注本作天，爲是。偶見此物真，遂超天地先。醉醒可還酒，此覺無所還。清風洗徂暑，連雨催豐年。床頭伯雅君，此子可與言。

癸卯歲始春懷古田舍二首　　子瞻和并引

儋人黎子雲兄弟，居城東南，躬農圃之榮施顧合注本作勞，爲是。偶與軍使張中同訪之，居臨大池，水木幽茂。坐客欲爲醵錢作屋，予亦欣然許之，名其屋曰載酒堂。用淵明《懷古田舍》韻作二首。

退居有成言，垂老竟未踐。何曾淵明歸，屢作敬通免。休閒等一味，妄想生愧靦淵明本用緬字，今取其同音耳。聊將自知明，稍積在家善。城東兩黎子，室邇人自遠。呼我釣其池，人魚兩忘返。使君亦命駕，恨子林塘淺。

茆茨破不補，嗟子乃爾貧。菜肥人愈瘦，竈閑井常勤。我欲致薄少，解衣勸坐人。臨池作虚堂，雨急瓦聲新。客來有美載，果熟多幽欣。丹荔破玉膚，黄柑溢芳津。借我三畝地，結茅爲子鄰。鴂舌儻可學，化爲黎母民。

勸農　　子瞻和并引

海南多荒田，俗以貿香爲業。所産秔稌原作杜，今從施、顧注本不足于食，乃以藷時諸切芋雜米作粥糜案：應作糜以取飽。予既哀之，乃和淵明《勸農》詩，以告其有知者。

咨汝漢黎，均是一民。鄙夷不訓，夫豈其真？怨忿劫質，尋戈相因。欺謾莫訴，曲自我人。

天禍爾土，不麥不稷。民無用物，怪珍是植。播厥熏木，腐餘是穡。貪夫汙吏，鷹鷙狼食。

豈無良田？膴膴平陸。獸踪交締，鳥喙諧穆。驚麏朝射，猛豨夜逐。芋羹藷糜案：應作糜，以飽耆宿。

聽我苦言，其福永久。利爾鋤耜，好爾鄰耦。斬艾蓬藋，南東其畝。父兄搢挺，以抶游手。

天不假易，亦不汝匱。春無遺勤，秋有厚冀。雲舉雨決，婦姑畢至。我良孝愛，袒跣何愧！

逸諺戲侮，博弈頑鄙。投之生黎，俾勿冠履。霜降稻實，千箱一軌。大作爾社，一醉醇美。

子由繼和并引

子瞻兄和淵明詩六章，哀儋耳之不耕。予居海康，農亦甚惰，其耕者多閩人也。然其民甘於魚鰍蟹蝦，故蔬果不毓。冬温不雪，衣被吉貝，故蓺麻而不績，生蠶而不織，羅紈布帛，仰于四方之負販。工習于鄙樸，故用器不利。醫奪于巫鬼，故方術不治。余居之半年，凡羈旅之所急，求皆不獲。故亦和此篇，以告其窮，庶幾有勸焉。

我遷海康，實編于民。少而躬耕，老復其真。乘流得坎，不問所因。願以所知，施及斯人。我行四方，稻麥黍稷。果蔬滿荷，百種咸植。糞溉耘耔，乃後有穡。爾獨何爲？開口而食。掇拾于川，搜捕于陸。俯鞠婦子，仰薦昭穆。閩乘其媮，載耒逐逐。計無百年，謀止信宿。我歸無時，視汝長久。孰爲沮溺，風雨相耦。築室東皋，取足南畝。后稷爲烈，夫豈一手？斲木陶土，器則不匱。績麻繅繭，衣則有冀。藥餌具前，病曷從至。坐而告窮，相視徒愧。莫爲之唱，冥不謂鄙。一夫前行，百夫具履。以爲不信，出視同軌。期爾十年，風變而美。

停雲并序　　子瞻和并引

自立冬來，風雨無虚日。海道斷絶，不得子由書，乃和淵明《停雲》詩以寄。

停雲在空，黯其將雨。嗟我懷人，道修且阻。眷此區區，俛仰再撫。良辰過鳥，逝不我佇。

颶作海渾，天水冥濛。雲屯九河，雪立三江。我不出門，寤寐北窗。念彼海康，神馳往從。

凛然清臞，落其驕榮。饋奠化之，廓兮忘情。萬里遲子，晨興宵征。遠虎在側，以寧先生。

對弈未終，摧然斧柯。再游蘭亭，默數永和。夢幻去來，誰少誰多？彈指歎息，浮雲幾何？

子由繼和并引

丁丑十月，海道風雨，儋雷郵傳不通。子瞻兄和陶淵明《停雲》詩四章，以致相思之意。轍亦次韻以報。

雲跨南溟，南北一雨。瞻望匪遥，檻穽斯阻。夢往從之，引手相撫。笑言未卒，舍我不佇。

晚稻欲登，白露宵濛。人飲嘉平，漿酒如江雷人以十月臘祭，凡三日，飲酒作樂。我獨何爲？觀成于窗。欲詰其端，來無所從。

欣然微笑，是無枯榮。手足相依，所鍾則情。情忘意消，神凝不征。可以安身，可以長生。

跋扈飛揚，誰非南柯？運歷相尋，憂喜雜和。我游其外，所享則多。拔木之深，其如予何！

與殷晉安别并序　　子瞻和送昌化軍使張中

孤生知永棄，末路嗟長勤。久安儋耳陋，日與雕題親。海國此奇士，官居我東鄰。卯酒無虚日，夜棋有達晨。小甕多自釀，一瓢時見分。仍將對床夢，伴我五更春。暫聚水上萍，忽散空中雲。恐無再見日，笑説來生因。空吟清詩送，不救歸裝貧。

於王撫軍坐送客　　子瞻和再送張中

胸中有佳處，海瘴不汝腓。三年無所愧，十口今同歸。汝去莫相憐，我生本無依。相從大塊中，幾合幾分違。莫作往來相，而生愛見悲。悠悠銜山日，炯炯留清輝。懸知冬夜長，不恨晨光遲。夢中與汝别，作詩記忘遺。

答龐參軍并序　　子瞻和三送張中

留燈坐達曉，要與影晤言。下帷對古人，何暇復窺園？使君本學武，少誦十三篇。時能口擊賊，戈戟亦森然。才智誰不如，功名歎無緣。獨來向我説，憤懣當奚宣？一見勝百聞，往鏖皋蘭山。白衣挾三矢，趁此征遼年。

庚戌歲九月中於西田穫早稻　子瞻和并引

小圃栽植漸成，取淵明詩，有及草木蔬穀者五篇，次其韻。

蓬頭二獠奴，誰謂願且端？晨興灑掃罷，飽食不自安。願治此圃畦，少資主游觀。晝功不自覺，夜氣乃潛還。早韭欲爭春，晚菘先破寒。人間無正味，美好出艱難。早知農圃樂，豈有非意干？尚恨不持鋤，未免騂我顔。此心苟未降，何適不間關？休去復休去，食菜何所歎！

丙辰歲八月中於下潠田舍穫　子瞻和

聚糞西垣下，鑿井東垣隈。勞辱何時休？燕安不可懷。天公豈相喜，雨霽與意諧。黄菘養土羔，老楮生樹雞。未忍便烹煮，繞觀日百回。跨海得遠信，冰盤鳴玉哀。茵蔯點膾縷，照坐如花開。一與蜒叟醉，蒼顔兩摧頹。齒根日浮動，自與粱肉乖。食菜豈不足？呼兒拆雞栖。

五月旦作和戴主簿　子瞻和

日南無冬夏，安知歲將窮？時時小摇落，榮悴俛仰中。上天信包荒，佳植無由豐。鋤耰代肅殺，有擇非霜風。手栽蘭與菊，侑我清宴終。擷芳眼已明，飲水腹尚沖。草去土自隤原作莫去土上隤，今據施顧合注本改，井深牆愈隆。勿笑一畝園，蟻垤齊衡嵩。

酬劉柴桑　子瞻和

紅藷與紫芋，遠插牆四周。且放幽蘭春，勿爭霜菊秋。窮冬出甕盎，磊落勝農疇。淇上白玉延淇上出山藥，一名玉延，能復過此不？一飽忘故山，不思馬少游。

和胡西曹示顧賊曹　子瞻和

長春如稚女，飄摇倚輕颸。卯酒暈玉頰，紅綃卷生衣。低顔香自斂，含睇意頗微。寧當配黄菊，未肯似戎葵。誰言此弱質？閱世觀盛衰。頩然疑薄怒，沃盥未敢揮。瘴雨吹蠻風，凋零豈容遲？老人不解飲，短句空清悲。

示周掾祖謝 周續　祖企　謝景夷　子瞻和游東城學舍作

聞有古學舍，竊懷淵明欣。攝衣造兩塾，窺户無一人。邦風方杞夷，廟貌猶殷因。先生饌已缺，弟子散莫臻。忍飢坐談道，嗟我亦晚聞。永言百世祀，未補平生勤。今此復何國，豈與陳蔡鄰？永愧虞仲翔，弦歌滄海濱。

還舊居　　子瞻和夢歸惠州白鶴山中作

痿人常念起，夫我豈忘歸？不敢夢故山，恐興墳墓悲。生世本暫寓，此身念念非。鵝城亦何有？偶拾鶴毳遺。窮魚守故沼，聚沫猶相依。大兒當門户，時節供丁推。夢與鄰翁言，閔默憐我衰。行來赴造物，未用相招揮。

贈羊長史并序　　子瞻和并引

得鄭嘉會靜老書，欲於海舶載書千餘卷見借。因讀淵明《贈羊長史》詩云："愚生三季後，慨然念黄虞。得知千載事，上賴古人書。"次韻以謝鄭君。

我非皇甫謐，門人如摯虞。不持兩鴟酒，肯借一車書！欲令海外士，觀經似鴻都。結髮事文史，俯仰六十踰。老馬不奈放，長鳴思服輿。故知根塵在，未免病藥俱。念君千里足，歷塊猶踟躕。好學真伯業，比肩可相如。此書久已熟，救我今荒蕪。顧慚桑榆迫，豈厭詩酒娱？奏賦病未能，草玄老更疏。猶當距楊墨，稍欲懲荆舒。

乙巳歲三月爲建威參軍使都經錢溪

子瞻和游城北謝氏廢園作

喬木卷蒼藤，浩浩崩雲積。謝家堂前燕，對語悲宿昔。仰看桄榔樹，女鶴舞長翮。新年結荔子，主人黄壤隔。谿陰宜館我，稍省薪水役。相如賣車騎，五畝亦可易。但恐鵩鳥來，此生還蕩析。誰能插籬槿，護此殘竹柏？

辛丑歲七月赴假還江陵夜行塗中作口號

子瞻和郊行步月作

缺月不早出，長林踏青冥。犬吠主人怒，愧此閭里情。怪我夜不歸，茜袂窺柴荆。雲間與地上，待我兩友生。驚鵲再三起，樹端已微明。白露淨原野，始覺生陵平。暗蛩方夜績，孤雲亦宵征。歸來閉户坐，寸田且默耕。莫赴花月期，免爲詩酒縈。詩人如布穀，聒聒常自名。

始作鎮軍參軍經曲阿

子瞻和

虞人非其招，欲往畏簡書。穆生責酒醴，先見我不如。江左古弱國，强臣擅天衢。淵明墮詩酒，遂與功名疏。我生信良時，朱金義當紆原作紆，據施顧合注本改。天命適如此，幸收廢棄餘。獨有愧此翁，大名難久居。不思犧牛龜，兼收熊掌魚。北郊有大賚，南冠解囚拘。眷言羅浮下，白鶴返故廬。

乞食

子瞻和

莊周昔貸粟，猶欲舂脱之。魯公亦乞米，炊煮尚不辭。淵明端乞食，亦不避嗟來。嗚呼天下士，生死寄一杯。斗酒何所直，遠汲愁姜詩。幸有餘薪米，養此老不才。至味久不壞，可爲子孫貽。

桃花源記并詩

子瞻和并引

世傳桃源事多過其實。考淵明所記，止言先世避秦亂來此，則漁人所見似是其子孫，非秦人不死者也。又云“殺雞作食”，豈有仙而殺者乎？舊説南陽有菊水，水甘而芳，居民一十餘家，飲其水皆壽，或至百二三十歲。蜀青城山老人村，有見五世孫者。道極險遠，生不識鹽醯，而溪中多枸杞，根如龍蛇，飲其水，故壽。近歲道稍通，漸能致五味，而壽益衰。桃源蓋此比也，使武陵太守得而至焉，則已化爲爭奪之場久矣。常意天壤間若此者甚衆，不獨桃源。予在潁州，夢至一官府，人物與俗間無異，而山川清遠有足樂者。顧視堂上，榜曰仇池。覺而念之，仇池，武都氏故地，楊難當所保，予何爲居之？明日以問客，客有趙令畤德麟者，曰：公何問此？此乃福地小有洞天之附庸也。杜子美蓋云：“萬古仇池穴，潛通小有天。”他日，工部侍郎王欽臣仲至，謂予曰：吾常奉使過仇池，有九十九泉，萬山環之，可以避世，如桃源也。

凡聖無異居，清濁共此世。心閑偶自見，念起忽已逝。欲知真一處，要使六用廢。桃源信不遠，藜杖可小憩。躬耕任地力，絶學抱天藝。臂雞有時鳴，尻駕無可税。苓龜或晨吸，杞狗忽夜吠。耘樵從甘芳，齕齒謝炮製。子驥雖形隔，淵明已心詣。高山不難越，溪水何足厲！不知我仇池，高舉復幾歲。從來一生死，近又等癡慧。蒲澗安期境，羅浮稚川界。夢往從之游，神交發吾蔽。桃花滿庭下，流水在户外。卻笑逃秦人，有畏非真契。

歸去來兮辭并序

子瞻和并引

子瞻謫居昌化，追和淵明《歸去來詞》。蓋以無何有之鄉爲家，雖在海外，未嘗不歸云爾！

歸去來兮！吾方南遷安得歸？卧江海之澒洞，弔鼓角之淒悲。跡泥蟠而愈深，時電往而莫追。懷西南之歸路，夢良是而覺非。悟此生之何常，猶寒暑之異衣。豈襲裘而念葛，蓋得觕而喪微。我歸甚易，匪馳匪奔。俯仰還家，下帷闔門。藩援雖缺，堂室故存。挹我天醴，注之窪樽。飲月露以洗心，飡朝霞而眩顏。混客主以爲一，俾婦姑之相安。知盜竊之何有，乃掊門而折關。廓圜鏡以外照，納萬象而中觀。治廢井以晨汲，滃百泉之夜還。守靜極以自作，時爵躍而鯢桓。歸去來兮！請終老於斯游。我先人之弊廬，復舍此而焉求？均海南與漠北，挈往來而無憂。畸人告余以一言，非八卦與九疇。方飢須糧，已濟無舟。忽人牛之皆喪，但喬木與高丘。驚六用之無成，自一根而反流。望故家而永息，曷中道而三休。已矣乎！吾生有命歸有時，我初無行亦無留。駕言隨子聽所之，豈以師南華而廢從安期？謂湯稼之終枯，遂不溉而不耔。師淵明之雅放，和百篇之清詩。賦歸來之新引，我其後身蓋無疑。

子由繼和并引

予謫居海康，子瞻以《和淵明歸去來》之篇要予同作。時予方再遷龍川，未暇也。辛巳歲，予既還潁川。子瞻渡海浮江至淮南而病，遂没于晉陵。是歲十月，理家中舊書，復得此篇，乃泣而和之。蓋淵明之放與子瞻之辯，予皆莫及也，示不逆其違意焉耳（霈案：“違”

應作“遺”）。

歸去來兮！歸自南荒又安歸？鴻乘時而往來，曾奚喜而奚悲？曩所惡之莫逃，今雖歡其足追。蹈天運之自然，意造物而良非。蓋有口之必食，亦無形而莫衣。苟所頓之無幾（需案：“頓”應作“賴”），則雖喪其亦微。吾駕非良，吾行弗奔，心游無垠，足不及門。視之若窮，挹焉則存，俯仰衡茆，亦有一尊。既飯稻以食肉，撫簞瓢而愧顔。感烏鵲之夜飛，樹三繞而未安。有父兄之遺書，命卻掃而閉關。知物化之如幻，盍捨物而内觀。氣有習而未忘，痛斯人之不還。將築室乎西塵，堂已具而無桓。歸去來兮！世無斯人誰與游，龜自閉于床下，息眇綿乎無求。閲歲月而不移，或有爲予深憂。解刀劍以買牛，拔蕭艾以爲疇。蓬累而行，捐車捨舟。獨棲棲於圖史，或以佞而疑丘。散衆説之糾紛，忽冰潰而川流。曰吾與子二人，取已多其罷休。已矣乎！斯人不朽誰知時，時不我知誰爲留？歲云往矣今何之？天地不吾欺，形影尚可期。相冬廩之億秭，勤春壟之耘耔。睎白首之章韍，信稚子之書詩。若妍醜之已然，豈復臨鏡而自疑？

追和陶淵明詩引 子由作

東坡先生謫居儋耳，寘家羅浮之下。獨與幼子過負擔度海，葺茅竹而居之。日啗藷芋，而華屋玉食之念不存於胸中。平生無所嗜好，以圖史爲園囿，文章爲鼓吹。至是亦皆罷去，猶獨喜爲詩，精深華妙，不見老人衰憊之氣。是時，轍亦遷海康，書來告曰：“古之詩人有擬古之作矣，未有追和古人者也。追和古人則始於東坡。吾於詩人無所甚好，獨好淵明之詩。淵明作詩不多，然其詩質而實綺，癯而實腴。自曹、劉、鮑、謝、李、杜，諸人皆莫及也。吾前後和其詩凡一百有九篇，至其得意，自謂不甚愧淵明。今將集而併録之，以遺後之君子，其爲我志之。然吾於淵明，豈獨好其詩也？如其爲人，實有感焉。淵明臨終，疏告儼等：‘吾少而窮苦，每以家弊，東西遊走。性剛才拙，與物多忤。自量爲已，必貽俗患。俛勉辭世，使汝等幼而飢寒。’淵明此語，蓋實録也。吾真有此病而不蚤自知，平生出仕以犯世患，此所以深愧淵明，欲以晚節師範其萬一也。”嗟乎！淵明不肯爲五斗米一束帶見鄉里小兒，而子瞻出仕三十餘年，爲獄吏所折困，終不能悛，以陷大難。迺欲以桑榆之末景自托於淵明，其誰肯信之！雖然，子瞻之仕，其出處進退，猶可考也。後之君子其必有以處之矣。孔子曰:“述而不作,信而好古,竊比於我老彭。”孟子曰“曾子、子思同道”,區區之跡,蓋未足以論士也。轍少而無師,子瞻既冠而學成,先君命轍師焉。子瞻嘗稱轍詩有古人之風,自以爲不若也。然自其斥居東坡,其學日進,沛然如川之方至。其詩比李太白、杜子美有餘,遂與淵明比。轍雖馳驟從之,而常出其後。其和淵明,轍繼之者亦一二焉。紹聖丁丑十二月十九日海康城南東齋引。

劉因和陶詩

和九日閑居

深居忘晦朔,好事惟侯生。偶因菊酒至,喜聞佳節名。香醪泛寥廓,醉境還空明。青天凜危帽,浩空秋秋聲。緬懷長沙孫,生氣流千齡。乾坤一東籬,南山久已傾。回看聲利徒,僅比秋花榮。撫時感遺事,可見萬古情。興詩此三復,淹留豈無成?

和歸田園居五首

少小不解事,談笑論居山。爲問五柳陶,栽培幾何年?安得十畝宅,背山復臨淵?東鄰漢陰圃,西家鹿門田。前通仇池路,後接桃源間。熙熙小國樂,夢想羲皇前。石上無禾生,燦爛空白煙。營營區中民,擾擾風中顛。未論無田歸,歸田誰獨閑?迂哉仲長統,論説徒紛然。

商顏高在秦,天馬脱羈鞅。東陵高在漢,雲鴻渺遐想。超然秦漢外,當年誰長往?每讀淵明詩,最愛桃源長。北望徐無山,幽栖亦深廣。空和歸田吟,商聲振林莽。

塊坐生理薄,生門交友稀。田翁偶招飲,意愜淡忘歸。游秦驚避竈,過宋須微衣。永謝門外屨,從翁不相違。

魯甸五十畝,簞瓢足自娱。顏生未全貧,貧在首陽墟。商顏遇狂秦,蕭然真隱居。箕山彼何爲?結巢松一株。富貴豈不好?有時貧不如。在卷非不足,當舒豈有餘?誰持三徑資,笑我囊空虚。傭書易斗米,吾田亦非無。

吾宗古清白,耕牧巨河曲。雖非公卿門,紆朱相接足。陵谷變浮雲,家世如殘局。舉目遺安齋先考嘗題所居齋曰遺安,先訓炳如燭。區區寸草心,依然抱朝旭。

和乞食

好廉中無實，觸事或發之。萬鍾忘義理，一簞形色辭。吾貧久自信，笑聽溝壑來。偶聞啼飢子，低眉問殘杯。兒啼尚云可，最愧《南陔》詩。豈無乞貸念？慚非動時才。人理諒多闕，清規亦徒貽。

和連雨獨飲

吾心物無競，未醉已頹然。乾坤萬萬古，坐我春風間。弱女亦何知，挽衣呼我仙。窺人簷鳥喜，共舞風雩天。舉觴屬羲皇，身在太古先。忽遇弄丸翁，見責久不還。一笑了無間，今夕是何年？遥遥望白雲，欲辯已忘言。

和移居二首

十年寓兹邑，渾家如泛宅。言念息吾廬，頹然在斯夕。床頭四子書，補閑薪水役。寒蔬挂庭柯，風葉滿粗席。藩垣護清貧，簞瓢閱今昔。珍重顔樂功，先賢重剖析。

躬耕力不任，閉户傳書詩。資生豈師道？舍此無所之。今年穀翔貴，自笑還自思。安居逢歲歉，乘除動天時。强顔慰妻孥，一飽在來兹。雪好炊餅大，占年不吾欺。

和還舊居

巨河西北來，浩浩東溟歸。河邊兩榆柳，遊子無窮悲。樹老我何堪？物是人已非。鄰翁醉相勞，自云鬼録遺。早晚見先公，問爾今何依？豈無磊磊功？使下地下推。吞聲謝鄰翁，讀書志未衰。持此報吾親，餘事手一揮。

和九月九日

九月閉物初，孤陽困無交。園木眩霜紅，豈解憂風凋？物外風雩春，氣横湖海高。舉手謝浮世，凝睇思層霄。揮觴送秋節，哀此造物勞。傾河瀉萬象，隨手如沃焦。崇高笑山斗，未能出鈞陶。況復草間蟲，區區寒露朝。

和飲酒二十首

尊罍上玄酒，此意誰得之？人道何所本，乃在羲皇時。頗愛陶淵明，寓情常在兹。子倡我爲和，樂矣夫何疑？有問所樂何，欲贈不可持。

醉翁意自樂，非酒亦非山。頹然氣坤適，酒功差可言。謂此不在酒，得飽忘豐年。君知太和味，方得酒中傳。

阮生本嗜狂，欺世仍不情。酒中苟有道，當與世同名。何爲戒兒子，不作大先生？良心於此發，慨想令人驚。士生道喪後，美才多無成。

草木望子成，豈憂霜露飛？禽鳥忘身勞，但恐飢雛悲。生意塞兩間，乾坤果何依？我既生其中，此理須同歸。喜見兒女長，不慮歲月衰。雖爲曠士羞，理在庶無違。

山人有静癖，苦厭一瓢喧。奈何衆竅號，萬木隨風偏！我常涉千里，險易由關山。今古一長途，遇險焉得還？哀歌歎安歸，夷皓無此言。我安適歸，謂伯夷歌。吾將何歸，謂四皓歌。此司馬遷、皇甫謐所作，非知夷、皓之心者。

茫茫開闢初，我祖竟誰是？于今萬萬古，家居幾成毁。往者既已然，未來亦必爾。何以寫我心？哀泉鳴緑綺。

生備萬人氣，乃號人中英。以此推衆類，可見美惡情。陰偶小故多，陽奇屹無傾。誰將春雷具，散作秋蟲鳴？既知治常少，莫歎才虚生。

凝冰得火力，鬱鬱陽春姿。寧滅不肯寒，陽火如松枝。詩家有醇醪，釀此松中奇。一飲盡千山，枯株彼何爲？所以東坡翁，偃蹇不可羈。

黄河萬古濁，猛勢三峰開。客持一寸醪，澄清動高懷。飛駕探崑崙，尚恐志易乖。囑我乘浮槎，徑往天地棲。就引明河清，爲洗崑崙泥。相看淚如雨，千年苦難諧。何當禦元化，擺落人世迷。下覽濁與清，瞬息千百迴。

十年小學師，一屋荒城隅。飢寒吾自可，畜養無一途。亦愧縣吏勞，催徵費馳驅。平生禦窮氣，沮喪恐無餘。長歌以自振，貧賤固易居。“貧賤固易居，貴盛難爲工。”嵇叔夜詩。

士窮失常業，治生誰有道？身閑心自勞，齒壯髪先老。客從東方來，温言慰枯槁。生事仰小園，分我瓜菜好。指授種藝方，如獲連城寶。他年買溪田，共住青林表。

此身與世味，悦若不同時。唯餘雲山供，有來不徑辭。時當持詩往，報復禮在兹。有客向我言，於道未無疑。不爲物所役，乃受煙霞欺。聞此忽自失，一笑姑置之。

執價韓伯休，混跡在人境。百錢嚴君平，閲世心獨醒。我無騰化術，凌虚振衣領。又無辟穀方，終年酌清穎。會須學嚴韓，遺風相焕炳。

吾宗幾中表，訪我時一至。自吾居此庵，才得同兩醉。逆數百年間，相會能幾次？每會不盡歡，親情安足貴？所歡在親情，杯水亦多味。

器飲代窪尊，巢居化安宅。凡今佚樂恩，孰非聖神跡？况彼耕戰徒，勤力有千百。乞我一身閑，坐看山雲白。内省吾何功？停觴時自惜。

四時有代謝，寒暑皆常經。二氣有交感，美惡皆天成。天既使之然，人力難變更。區區扶陽心，伐鼓達天庭。乾坤固未壞，杞人已哀鳴。雖知無所濟，安敢遂忘情！

諸生聚觀史，掩卷慕高風。兀如遠游仙，獨居無事中。盛衰閲無常，倚伏誰能通？天方卵高鳥，地已産良弓。

人生皆樂事，憂患誰當得？人皆生盛時，衰世將盡惑。水性但知下，安能擇通塞。不見紇千雀，貪生如樂國。古今同此天，相看無顯默。

人生喪亂世，無君欲誰仕？滄海一横流，飄蕩豈由己？弱肉强之食，敢以凌暴恥？優游今安居？驩然接鄰里。曲直有官刑，高下有人紀。貧羸誰我欺？田廬安所止？舉酒賀生民，帝力真可恃。

人君天下師，垂衣貴清真。羲皇立民極，坐見風俗淳。有德豈無位，萬古湯盤新。師道嗟獨行，此風自周秦。獨行尚云可，誰以儒自塵？有名即有對，况乃一行勤！聖人人道爾，豈止儒當親？儒雖百行一，致遠非迷津。矧伊末世下，空有儒冠巾。何當正斯名，遥酹千載人！

和有會而作 并序

今歲旱，米貴而棗價獨賤。貧者少濟以黍食之，其費可减粒食之半。且人之與物，貴賤亦適相當，蓋亦分焉而已。因有所感而和此詩。

農家多委積，淵明猶苦飢。况我營日夕，凶歲安得肥？衾裯一飽計，何暇謀寒衣？經過米麥市，自顧還自悲。彼求與此有，相直成一非。尚賴棗價廉，殆若天所遺。惟人有貴賤，物各以類歸。小兒法取小，淺語真吾師。

和擬古九首

鬱鬱歲寒松，濯濯春風柳。與君定交心，金石不堅久。君衰我不改，重是平生友。相期久自醉,中情有醇酒。義在同一家,何地分勝負?彼此無百年,幾許相愛厚?持刀斷流水,纖瑕固無有。

客從關洛來,高論聽未終。連稱古英傑,秉田或從戎。建立天地極,蔚爲蓋世雄。功成脱弊屣,飄然簫遺風。生世此不惡,君何守賤窮?急呼酌醇酒,延客無何中。

同游非所思,所思天一隅。有問所思誰,意盡言不舒。古今猶旦暮,四海同一廬。怳忽精靈通,似見與我居。攬衣欲從之,寒月照平蕪。茫然不知處,歎息將焉如!

朝游易水側,步上燕台荒。燕王好神仙,不見金銀堂。江山古神器,海色圍蒼茫。哀哉王風頹,日化爭奪場。救世豈無人,賫志歸北邙。撫此重長歎,青山忽軒昂。呼酒樂今朝,往事置一方。遥知蓋棺後,亦起千載傷。

依依月光缺,熒魄恒獨完。清光如素絲,長懷綴君冠。形雖隔萬里,咫尺皆君顔。望君君不來,十年不開關。豈無黄金贈?籍以青錦端。愛惜明月珠,肯爲黄雀彈?庭前秋柏實,月夜栖孤鸞。君嘗寸心苦,中有千歲寒。

河流高拍天,沇水湫在兹。自傷困無力,乘彼朝宗時。顔色變涇渭,風味存澠淄。願君深識察,期君不相疑。此情良可憐,感慨贈以辭。辭云丹山鳥,千載多苦思。身游九霄上,不受塵世欺。忍飢待竹實,浩蕩今何之?歌爲靈鳳謡,亂以猛虎詩。

西山有佳氣,草木含清和。道逢方瞳翁,援琴爲我歌。音聲一何希,一唱三歎多!問翁和此誰,指我蟠桃華。所望在千年,君今將奈何?

翩翩誰家子?慷慨歌遠游。忽記少年日,猛志隘九州。何物能動人?有此歲月流。君心海無底,亦使成高丘。贈君一卷書,其傳自衰周。讀此當自悟,擾擾將焉求?

巖巖牛山木,久矣困樵採。望望深澗芝,無人香不改。一葉振江潭,輕波欲達海。幽明理一貫,影響不相待。願天誘臣衷,所求惟寡悔。

和雜詩十一首

日食百馬芻,足有萬里塵。乃知一駿骨,可驚駑駘身。生汝天已艱,天復無私親。安肯養一物,侵奪空四鄰?長飢汝自取,況值秋霜晨。難生復難長,愁絶藝蘭人。

胸中無全山，横則變峰嶺。不及靈椿秋，遂謂長春景。只見柏參天，豈知根獨冷？井蛙見自小，夏蟲年不永。天人互償貸，千年如響影。廓哉神道遠，瞬息苦馳騁。平生遠遊心，觀物有深靜。

晝長夜乃短，百刻君自量。羸餘雖可致，君看蜜蜂房。董生論齒角，三策秦未央。樂天喻花實，妙理通陰陽。白詩：荔枝非名花，牡丹無佳實。稠薄只升米，聽爾宜飢腸。

好事理艱阻，人情多畏豫。芝蘭種不生，鸞鴻動高翥。遂令好賢心，難親恐易去。巢燕不待招，庭花免憂慮。所以末世下，凡百古不如。皎皎千里駒，肯爲場苗住？求賢非吾分，切己在何處？平生取友志，持此當警懼。

因觀倚伏機，亦愛柱下老。時危不易度，遜默庶自保。不見春花樹，隆冬抱枯燥。生意斂根柢，發泄敢獨早？聖德實天生，自信耿中抱。猶存悄悄心，庸人安足道！

幼安返鄉郡，知音得程喜。有問平生心，但説臨流事。乾坤魏山陽，史筆凛生意。物外此天民，與魏偶相值。見《通鑑綱目》。淡然涉世情，月閑雲自駛。我作安化箴，上安其賢，民化其得。見《管寧傳》注。韋弦不須置。

太玄豈無知，不覺世運迫。爲問莽大夫，何如成都陌？揚雄嘗師嚴君平。扶摇得真易，長卧山雲白。扶摇、白雲皆陳圖南號。中有安樂窩，氣吐宇宙窄。消長燦以密，彼主我爲客。觀先天圖可見。問子居何方？環中有真宅。

朝耕隆中田，暮採成都桑。平生澹泊志，醜女同糟糠。愛此真丈夫，忘我厨無糧。當年靚修銘，團茅雞距陽。雞距，保府泉名。舊嘗取武侯靚以修身語，名所寓舍靚修庵。回頭十五載，塵跡徒自傷！山居久岑寂，主静豈無方？安得無極翁，酌我上池觴？

燕南可避世，逸興生雲端。安得百里封，一邑不改遷？絃誦和寒流，溝塗映晴巔。思此良自苦，窮耕望盤餐。願從八吟翁，横渠有《八翁吟》，因自謂八吟翁。同結一井緣。買山不用詩，探囊謾千篇。

西山霍原宅，古跡猶可稽。見《水經注》。重吟《豆田謡》，愁雲落崩崖。《豆田謡》見霍原本傳。魯酒邯鄲圍，撫事傷人懷。林宗自高士，此世淹已彌。一聞孺子語，西風草離披。知幾在明哲，何事紲塵羈。君觀括囊戒，無盈庶無虧。

我游深意寺，郎山古清涼。興妖如米賊，乘時起陸梁。事見《五代史記》。不見重華帝，所居亦城鄉。乾坤師道廢，春陽變秋霜。撫事三太息，欲語意何長。

和詠貧士七首

陶翁本强族，田園猶可依。我惟一畝宅，貯此明月輝。翁復隱於酒，世外冥鴻飛。我性如延年，與衆不同歸。孤危正自念，誰復慮寒飢？努力歲云暮，勿取賢者悲。獨正者危，至方則礙。爾實愀然，中言而發。違衆速尤，迕風先蹶。此淵明規顔延年語也，見延年誄公文。

王風與運頽，一軽不再軒。消中正有長，冬温見瓜園。人才氣所鍾，亦如焰後煙。寥寥洙泗心，千載誰共研？龍門有遺歌，三歎誦微言。意長日月短，持此託後賢。

淵明老解事，撫世如素琴。似人猶可愛，況乃懷好音！鄉閭誰盡賢？招飲亦相尋。豈有江州牧？既來不同斟。仲尼每諱魯，邦君誠可欽。史筆自好異，誰求賢者心？

木石能受唾，豈獨相國婁？視唾若如雨，褊人亦不酬。無心乃直道，矯情實莊周。身外不爲我，袒裼吾何憂？伯夷視四海，願人皆我儔。吾謂下惠隘，此説君試求。

飲酒不爲憂，立善非有干。偶讀形神詩，大笑陶長官。傷生遂委運，一如咽止餐。参回豈不樂？履薄心常寒。天運安敢委？天威不違顔。莊生雖曠達，與道不相關。

物外有幽人，閱世如飛蓬。浮名不可近，造物難爲工。西京二百年，藉藉楚兩龔。豈知老父觀，才與薰膏同。爲問老父誰？身隱名不通。偶逢荷蓧者，欣然欲往從。

生類各有宜，風氣異九州。易地必衰焠，蓋因不同儔。水物困平陸，清魚死濁流。麟亡回既夭，時也跖無憂。天亦無奈何，自獻敢望酬？寄語陶淵明，雖貧當進修。

和詠二疏

委質義有歸，乞骸老當去。豈無戀闕心？難忘首丘趣。在禮此常典，末世成高舉。漢廷多公卿，圖畫兩疏傳。至今《秦中吟》，感歎東門路。目睹霍將軍，功高擅恩顧。一朝産危機，千載損英譽。仲翁幸及年，安肯嬰世務？聖主賜臣金，奉養行所素。造物佚我老，餘齡今自悟。田園付子孫，身後復無慮。神交冥漠中，樂境尚森著。

和詠三良

江山錯如綉,死與弊屣遺。安用親愛人?共此丘土微。秦人多尚氣,宜與兒女私。乃亦如當途,區區戀衣帷。因傷秦政惡,三歎王綱虧。殉人已可誅,而況收良歸!坐令百夫特,含恨與世違。衹應墓前柏,直幹千年稀。遥知作俑戒,爲感詩人悲。重吟《黄鳥》章,淚下沾人衣。

和詠荆軻

兩兒戲邯鄲,六國朝秦嬴。秦人鷙鳥姿,得飽肯顧卿?燕丹一何淺,結客報咸京。當時勢已危,奇謀不及行。政使無此舉,寧免繫頸纓。如丹不足論,世豈無豪英?天方事除掃,孰禦狂飈聲。我欲論成敗,高歌呼賈生。乾坤有大義,迅若雷霆驚。堂堂九國師,誰定討罪名?一戰固未晚,何爲割邊庭?區區六孱王,山東但空城。孟荀豈無術?乘時失經營。今雖聖者作,不救亂已成。酒酣發羽奏,亂我懷古情。

和讀山海經十三首

寰區厭迫隘,思見曠以疏。四壁畫諸天,愛此金仙廬。丹青焕神跡,勝讀談天書。乃知屈子懷,託興青虬車。回首千百世,朝露棲園蔬。歸來誦陶詩,復與山經俱。山經何所似?俚媪談浮圖。汗漫恐不已,身心歸晏如?

鳳鳥久不至,思君慘别顔。中心藏竹實,炯炯空千年。千年何所往?云在丹穴山。何當一呼來,徵爾無稽言。

翩翩三危鳥,爲我使崑丘。聞有西天母,靈化苦難儔。願清黄河源,一洗萬里流。吾生豈無志,所居非上游。

瀟湘帝子宅,縹緲乘陰陽。欲往從之游,風波道阻長。秋風動環佩,星漢摇晶光。月明江水白,萬里同昏黄。

重華去已久,身世私自憐。皇靈與天極,蒼梧渺河山。晴空倚翠壁,白雲淡無言。愁心似湘水,猶望有歸年。

夢登日觀峰,高撫扶桑木。手持最上枝,傳與甘淵谷。一笑天驚白,蒼涼出新浴。何方積九陰,區區尚龍燭?

纍纍玉膏實,泠泠琪樹陰。鸞鳳自歌舞,瑟瑟風動林。風林奏何樂?賓天有遺音。君何坎井念，永負琅園心。

明星捧玉液，太華參天長。仙掌一揮謝，此樂殊非常。矯首望夸父，飢渴無餘糧。奔競竟何得？歸哉此中央。

水物自一隅，亦復具飛走。乃知造化工，錯綜無欠負。茫茫山海間，形類靡不有。此亦何可窮？一覽置肘後。

遥酹楚江騷，清愁浩如海。蹈襲此何人，興寄果安在？豈期紫陽出，誇謾莫追悔。見朱文公《楚辭辯證》。五臧今九丘。五臧見《山海經序》。除去尚奚待？

流觀山海圖，淵明有深旨。撫心含無疆，觀形易生死。異世有同神，此境若親履。何以發吾歡？濁酒真可恃。

扶疏窮巷陰，回車想高士。厭聞世上語，相約扶桑止。讀君孟夏詩，千載如見爾。開襟受好風，試學陶夫子。

陶令自高士，葛侯亦奇才。中州亂已成，翩然復南來。三游領坡意，厭世多驚猜。不妨成四老，雅興更悠哉。

戴良和陶詩

和陶淵明歸去來兮辭

余客海上，追和淵明《歸去來詞》。蓋淵明以既歸爲高，余以未歸爲達。雖事有不一，要其志未嘗不同也。

歸去來兮，時不我偶將安歸！念此生之如寄，忽感悟而增悲。老冉冉其將及，體力欻乎莫追。旁人見余以驚愕，曰影是而形非。望東南之歸路，想兒女之牽衣。顧迷途之已遠，愧前賢之知微。緬懷故山，若蹲若奔，鬱乎松楸，擁我衡門。田園故在，圖書尚存。散襟頹簷，亦有一尊。無囂聲之入耳，無憂色之在顔。比鴽鷃與蝘蜓，固無適而不安。胡出疆以載質，脂余轝之間關。奉先師之遺訓，冀國光之一觀。豈禍福之無門，乃一出而一還。因傷今以懷昔，心欲絶而桓桓。歸去來兮，姑放浪以遐遊，既反觀而内足，復於世以何求！使有榮而有辱，寧無樂以無憂。匪斯世之可忘，懼夫人之難疇。我之所歷，如水行舟。始欹傾於灘瀨，終倚泊乎林丘。視末路之狂瀾，睹薄俗之横流。知此來之幸濟，誠祖考之餘休。已矣乎！富貴真有命，利達亦有時，時命未至誰爲留，歲云莫矣今何之。古人不可見，來哲亦難期。逐猿鶴以長往，俯隴畝而耘耔。

歌接輿之古調，和淵明之新詩。爲一世之逸民，委運待盡蓋無疑。

和陶淵明雜詩十一首

大鈞播萬類，飄忽如風塵。爲物在世中，倏焉成我身。弟兄與妻子，於前定何親。生同屋室處，死與丘山鄰。彼蒼無私力，宵盡已復晨。獨有路旁堠，長閱往來人。

憶昔客吴山，門對萬松嶺。松下日行游，況值長春景。朅來卧窮海，時秋枕席冷。還同泣露蛩，唧唧弔宵永。豈無棲泊處，寄此形與影。行矣臨逝川，前途無由騁。以之懷往年，一念詎能靜。

羲馭不肯遲，榮悴詎可量。舉頭望穹昊，日月已宿房。隕霜凋衆類，慘慘未渠央。李梅忽冬實，又復值愆陽。物化苟如此，祇亂我中腸。

遜默度危時，無如莊與老。膏火終受焚，樗櫟庶自保。我昔獻三策，論辨吻常燥。一聞倚伏言，頗恨歸不早。此理端足信，明月耿中抱。愁絶舊同袍，學廣未聞道。

我無猛烈心，出處每猶豫。或同燕雀棲，或逐梟鸞翥。向焉固非就，今者孰爲去。去就本一途，何用獨多慮。但慮末代下，事事古不如。從今便束裝，移入醉鄉住。醉鄉固云樂，猶是生滅處。何當乘物化，無喜亦無懼。

東漢有兩士，幼安與程喜。爰得交友心，知音乃餘事。伯牙絶其絃，豈亦會斯意。如何百代下，不與昔人值。涉江採芳馨，頹波正奔駛。四顧無寄者，三嗅復棄置。

唐堯忽以遠，遺風浸褊迫。子陵識其機，竟别洛陽陌。自非大聖人，誰能試堅白。長嘯望前途，宇宙乃爾窄。徘徊東海上，庶遇煙霞客。此事已荒唐，且向環中宅。

朝耕谷口田，暮採陌上桑。歲晚望有收，嗟哉成粃糠。白頭去逐食，所謀惟稻粱。嗷嗷天海際，何異雁隨陽。昨宵得奇夢，可喜復可傷。爲言東海上，卻粒有其方。早晚西王母，酌以瑶池觴。

天地有常運，陰陽無定端。夏蟲時不永，安睹歲月遷。嗟我在世中，倏忽已華顛。何能得仙訣，拾取朝霞飡。蓬萊去此近，欲往無由緣。從今棄諸事，盡付悟真篇。

秦灰未遽冷，於古何所稽。前行有衢路，往往變巖崖。我來一問津，感歎傷人懷。是道在天地，大可六合彌。諸儒拾煨燼，破裂日愈離。遂令高世才，放蕩莫控羈。時無洛中叟，此事諒終虧。

文武久不作，周德日以涼。老聃隱柱史，莊叟避濠梁。正聲淪鄭衛，禮俗變遭鄉。是來談治道，夏蟲以鳴霜。悠悠邈黄唐，古意一何長。

和陶淵明擬古九首

皎皎雲間月，濯濯風中柳。一時固云好，相看不堅久。我昔途路中，談笑得石友。殷勤無與比，常若接杯酒。當其定交心，生死肯余負。一朝臨小利，何者爲薄厚。平居且尚然，緩急復何有。

撫劍從羈役，歲月已一終。借問所經行，非夷亦非戎。中遭世運否，言依蓋世雄。塵埃縱滿目，肯汙西來風。舉世嘲我拙，我自安長窮。孤客難爲辭，寄意一言中。

白日忽已晚，流光薄西隅。老人閉關坐，慘慘意不舒。日月我户牖，天地吾室廬。自非奪元化，此中寧久居。今夕復何夕，涼月滿平蕪。悠悠望去途，歎息將焉如。

我昔年少時，高視隘八荒。惟思涉險道，誰能戒垂堂。南轅與北軌，所歷何杳茫。一旦十年後，盡化爭戰場。豈無英雄士，幾人歸北邙。撫此重長歎，壯志失軒昂。斂退就衡宇，蹩蹩守一方。往事且棄置，身在亦奚傷。

圭玷猶足磨，甑墮不可完。素行有一失，誠負頭上冠。孔門諸弟子，賢者是曾顔。超然季孟中，窮達了不關。我嘗慕其人，相從叩兩端。形影忽不及，咄咄指空彈。取琴置膝上，以之操孤鸞。寸心固云苦，中有千歲寒。

天運相尋繹，世道亦如兹。王孫泣路旁，寧似開元時。所以古達人，是心無磷緇。弁髦視軒冕，草澤去不疑。西方有一士，與世亦久辭。介然守窮獨，富貴非所思。豈不瘁且艱，道勝心靡欺。恨無史氏筆，爲君振耀之。誰是知音者，請試絃吾詩。

勸君勿沉憂，沉憂損天和。尊中有美酒，胡不飲且歌。我觀此身世，變幻一何多。無相亦無壞，信若空中花。戚戚以終老，君今其奈何！

故國日已久，朝暮但神游。誰謂相去遠，夙昔隘九州。此計一云失，坐見歲月流。歲月未足惜，恐遂忘首丘。在昔七人者，抱節去衰周。不遇魯中叟，履跡將安求！

牆頭有叢菊，粲粲誰復採。蹉跎歲年晚，香色日以改。我欲一往問，渺渺阻煙海。遥知霜霰繁,莖葉不余待。亦既輕去國,已矣今何悔!

和陶淵明飲酒二十首 并序

余性不解飲,然喜與客同倡酬。士友過從輒呼酒對酌。頹然竟醉,醉則坐睡終日,此興陶然。壬子之秋,乍還鳳湖,酒既艱得,客亦罕至。湖上諸君子知余之寡歡也,或命之飲,或饋之酒。行游之暇,輒一舉觴。飲雖至少,而樂則有餘。因讀淵明《飲酒》二十詩,愛其語淡而思逸,遂次其韻以示里中諸作者,同爲商確云耳。

今晨風日美,吾行欲何之。平生慕陶公,得似斜川時。此身已如寄,無爲待來兹。況多載酒人,任意復奚疑。山顛與水裔,一觴歡共持。

好鳥不鳴旦,好水不出山。入冥而止坎,古亦有遺言。所以彭澤翁,折腰愧當年。不有酣中趣,高風竟誰傳。

淵明曠達士,未及至人情。有田惟種秫,似爲酒中名。過飲多患害,曷足稱養生。此生如聚沫,忽忽風浪驚。沉醉固無益,不醉亦何成。

一鳥乘風起,逍遥天畔飛。一鳥墮泥塗,嗷嗷鳴聲悲。升沈亦何常,時去兩無依。我昔道力淺,磬折久忘歸。邇來解其會,百念坐自衰。惟尋醉鄉樂,一任壯心違。

昔出非好榮,今處非避喧。中行有前訓,恐遂墮一偏。商於四老人,遺之在西山。朝歌紫芝去,暮逐白雲還。當其扶漢儲,亦復吐一言。

紛紜世中事,夢幻無乃是。方夢境謂真,既覺境隨毁。豈惟世事然,我身亦復爾。請看竺乾書,此語諒非綺。

幽蘭在浚谷,衆卉没其英。清風一吹拂,卓然見高情。萬物皆有時,泰至否自傾。蟄雷聲久閟,未必先春鳴。有酒且歡酌,何用歎此生。

三春布陽德,萬物發華滋。凌霄直微類,近亦附喬枝。低迷衆無覩,高出乃見奇。煌煌九霄中,榮夸遽爾爲。我道似不爾,一笑懸吾羈。

我卜山中居,柴門林際開。湖光並野色,一一入吾懷。勿言此居好,殆與素心乖。越鳥當北翔,夜夜思南棲。蛟龍去窟宅,常懷蟄其泥。此土固云樂,我事寡所諧。惟於酣醉中,歸路了不迷。時時沃以酒,吾駕亦忘回。

悠悠從羈役,故里限東隅。風波豈不惡,游子念歸途。朝隨一帆逝,暮逐一馬驅。如何十舍近,翻勝千里餘。在世俱是客,且此葺吾居。

我如北塞駒,困此東南道。有力不獲騁,長鳴至於老。苒苒陰陽移,萬物遞榮槁。既無騰化術，此身豈長好。一朝委運往，恐遂失吾寶。何當携麴生，縱浪遊八表。

靡靡歲云晏，此已非吾時。深居執蕩志，逝將與世辭。破屋交悲風，得處正在兹。握粟者誰子，無煩決所疑。道喪士失己，節義久吾欺。於心苟不愧，窮達一任之。

世間有真樂，除是醉中境。可能得美酒，一醉不復醒。陶生久已没，此意竟誰領。東坡與子由，當是出囊穎。和陶三四詩，粲粲夜光炳。

里中有一士，愛客情亦至。生平不解飲，而獨容我醉。我亦高其風，往還日幾次。爾汝且兩忘，何知外物貴。尚懼數見疏，淡中自多味。

老我愛窮居，蒿蓬荒繞宅。與世罕所同，車馬絶來跡。寓形天壤内，幾人年滿百。顧獨守區區，保此堅與白。若復不醉飲，此生端足惜。

大男逾弱冠，粗嘗傳一經。小男年十三，玉骨早已成。亦有兩女子，家事幼所更。女解事舅姑，男可了門庭。悉如黄口雛，未食已先鳴。此日不在眼，何以慰吾情。

五十知昨非，伯玉有遺風。而我豈謂然，野蓬生麻中。年來更世患，頗悟窮與通。所失豈魯寶，所亡非楚弓。

栖栖徒旅中，美酒不常得。偶得弗爲飲，人將嘲我惑。天運恒往還，人道有通塞。伊洛與瀍澗，幾度弔亡國。酒至且盡觴，餘事付默默。

結交數丈夫，有仕有不仕。静躁固異姿，出處盡忘己。此志不獲同，而我獨多恥。先師有遺訓，處仁在擇里。懷此頗有年，兹行始堪紀。四海皆兄弟，可止便須止。酣歌盡百載，古道端足恃。

陶翁種五柳，蕭散本天真。劉生荷一鍤，似亦返其淳。步兵哭途窮，詩思日以新。子雲草《太玄》，亦復賦《劇秦》。四士今何在，賢愚同一塵。當時不痛飲，爲事亦徒勤。嗟我百代下，頗與四士親。遥遥涉其涯，斂然一問津。但懼翻醉墨，汙此衣與巾。君其恕狂謬，我豈獨醒人。

和陶淵明移居二首 并序

余去歲六月遷居慈溪之華嶼，迨今逾一年。僻處寡儔，頗懷鳳湖士俗之盛，意欲居之，後游其地，得錢仲仁氏山齋數椽，遂欣然徙家焉。因和此二詩，以呈仲仁。

昔我客華嶼，古寺分半宅。窮年無俗調，看山閱朝夕。如何捨之去，遥遥從兹役。朋游方餞送，賦詩仍設席。共言新居好，今更勝疇昔。高歌縱逸舟，持用慰離析。

我未踐斯境，已賦《考盤》詩。懷此多年歲，一廛今得之。陶翁徙南村，言笑慰相思。斗酒洽鄰曲，亦有如翁時。投身既得所，何能復去兹。鷦鷯一枝足，古語不余欺。

和陶淵明歲暮答張常侍一首

長蛇驚赴壑，逸騎渴奔泉。歲月亦如是，吾生復何言。容鬢久已衰，矧兹憂慮繁。俯仰念今昔，其能免厥愆。馬老猶伏櫪，鳥倦尚歸山。一來東海上，十載不知還。竟如庭下柏，受此蔓草纏。莖葉日已固，何有挺出年。人生無定在，形跡憑化遷。請棄悠悠談，有酒且陶然。

和陶淵明連雨獨飲一首 并序

吾居海上，旅懷鬱鬱。方錢諸地主時饋名酒，慰此寂寥。悶至輒引滿獨酌，坐睡竟日。乃和此詩以寄。

平生不解醉，未飲輒頹然。近賴好事人，置我嵇阮間。一酌憂盡忘，數斟思已仙。似同曾點輩，舞此風雩天。人道何所本，乃在羲皇先。如何末代下，莫挽淳風還。淫雨動連月，此日復何年。履運有深懷，酒至已忘言。

和陶淵明詠貧士七首 并序

余居海上之明年，適遭歲儉。生計日落，飢乏動念，況味蕭然。乃和此七詩，以寄鶴年，且邀同志諸公賦。

烏鵲失其群，棲棲無所依。豈不遇良夜，誰共星月輝。兩翮已云倦，何力求奮飛。遥見青松樹，決起一來歸。孤危正自念，復慮歲晚飢。苟遂一枝託，安知溝壑悲。

大道邈難及，我已後羲軒。代耕非所願，十年躬灌園。晨興當抱甕，破突寒無煙。寥寥千古心，豈暇相磨研。鳳兮有遺歌，三歎諷微言。餘生倘可企，託知此前賢。

永夜寒不寐，起坐彈鳴琴。清哉白雪操，世已無知音。座上何所有，五窮迭相尋。呼酒欲與酌，塵罍屢罷斟。簞瓢世所棄，鼎食衆爭欽。固窮有高節，誰見昔賢心。

長吟望穹昊,煜煜明降婁。時秋屬收斂,此願竟莫酬。自余逢家乏,歲月幾環周。姬公忽以遠,白屋終懷憂。我豈忘世者,嗟哉誰與儔。伯夷本不隘,此説君當求。

陶翁固貧士,異患猶不干。公田足種秫,亦且居一官。我無半畝宅,三旬纔九餐。況多身外憂,有甚飢與寒。委懷窮櫩下,何以開此顔。清風颯然至,高歌吾掩關。

僦居當陋巷,舉目但蒿蓬。豈忘翦刈心,家窶罕人工。且兹敦苦節,竊附楚兩龔。其人不並世,兹懷誰與同。有榮方覺辱,無屈豈求通。適值偶耕者,欣然將往從。

疇昔解塵鞅,撫劍遊東州。飢劬十年久,遂與樵牧儔。世人見不識,翳然成俗流。子廉感妻仁,靖節爲子憂。因念南歸日,此責復難酬。吾事可奈何,終以愧前修。

周履靖和陶詩

五柳賡歌目録

五柳賡歌卷之一

雪牕讀五柳詩即事三十韻

癸巳之芳春，風雨遍郊陌。愁雲布碧空，昏暝連朝夕。新水溢剡溪，灞橋雪盈尺。虚牖吼風聲，空庭響滴瀝。山麓映寒光，閒愁滿胸臆。岐路鮮屐痕，花柳無人摘。蜂蝶息蒙叢，紫燕翻濕翮。苔徑落花堆，芳林宿雨積。槐緑柳垂絲，花落鶯聲澀。良辰暗裏過，繁英半狼籍。韶光電影飛，來往玉梭擲。倏忽首夏臨，春去令人惜。芳草没閒門，扃扉足不出。寥寥無所聞，寂寂卧虚室。下帷瞑雙瞳，胡牀抱兩膝。溪上到扁舟，云是吴會客。手持五柳詩，自言宋所刻。繭白墨如新，剞劂皆妙畫。孤懷頓爾歡，展翫手弗釋。二美不易逢，欣然與貨殖。夙慕高人蹤，得此忘寢食。玉腋生清風，靈臺開茅塞。山林達者師，百世稱高逸。謾讀飲酒吟，景仰徵君德。吟哦集古風，追和倣嘉則。如涸撒佛頭，拙鄙敢云敵。陶公嗜黄花，我亦愛梅質。意氣頗相投，卻恨世懸隔。興追四五題，摹寫晉人筆。聊以適閒情，高風胡可匹。

和停雲四首

靄靄停雲，濛濛時雨。水溢路岐，軒車乃阻。獨坐幽齋，焦桐静撫。相思美人，駐絃一佇。

停雲靄靄，時雨濛濛。水溢路岐，新漲平江。攤書攤書，静究陰窗。孤懷憶友，何時相從。

荒墟疏梅，春至敷榮。欲期逸叟，對酒叙情。曦陽易墜，皓魄速征。如何不飲，虚過此生。

山鳥倦翮，少憩梅柯。並翅相依，流聲諧和。如何美人，會寡離多。寄言我輩，歲月幾何。

和時運四首

時光易擲，忽過花朝。楊花點徑，麥浪翻郊。暄風拂面，野鶴凌霄。礙巾緑槐，當路蘭苗。

漪漪緑波，堪飲堪濯。芳菲春郊，我目欣矚。生平所嗜，百杯乃足。造物紛忙，予心獨樂。

喜彼游魚，洋洋澄沂。羨彼飛鳥，雙雙而歸。睹此佳景，杯酒宜揮。芳春不醉，老至徒追。

朝遊我墟，夕偃我廬。梅花滿目，清馥何如。漢史閒几，醽醁盈壺。孤琴獨鶴，盡日隨余。

和榮木四首

采采榮木，結根在兹。芳春茂發，遇秋摧之。朱顔易頳，虚度其時。猛思老至，徒傷悲而。
采采榮木，沃土盤根。芬敷春日，至冬無存。五侯華屋，何如衡門。易成易敗，古道誰敦。
樂予散人，狠古匪陋。梅花幾新，家聲還舊。知非纔是，知足乃富。跡遁一墟，内省無疚。
寄跡荒墟，雅志不墜。景賢述書，知者敬畏。腰懸寶刀，足跨騏驥。勿憚路遥，千里斯至。

和酬丁柴桑二首

村酒可斟，茅茨可止。意若紉蘭，心馳萬里。何爲莫逆，謹終於始。
金蘭相契，交本有由。對君一晤，蠲我隱憂。如膠投漆，何時乃休。浴沂詠歸，春日斯遊。

和答龐參軍六首

興來斟酒，醉餘枕書。復醉復卧，任我歡娱。意忘塵想，日憩山居。風飄竹牖，月滿茅廬。
梅開如玉，筵列奇珍。心期晤對，日欲相親。金蘭永結，獨羨斯人。志同道契，德必有鄰。
美人懸隔，企慕孜孜。新篘清洌，可共斟之。期酣午夜，秉燭賡詩。别悰既久，豈不爾思。
良晤未稽，何其袂分。舉杯歧路，顔色不欣。悠悠漢水，漠漠溪雲。客中嘉話，何日得聞。
美人云别，緑綺不鳴。舉杯淒其，朋好飄零。江干一晤，文駕之京。寄音鴻雁，欣聞安寧。
送君折柳，颸帆隨風。悠悠我懷，併蓄于中。歸期有日，思君無終。加飱歧路，願愛其躬。

和勸農六首

田有腴瘠，勤惰由民。農家務兹，志在子真。黍稷稻粱，各從其因。春弛夏蕪，怨天尤人。
資身上策，本在黍稷。應候犁鋤，乘時藝殖。盈疇緑水，耘耔稼穡。朝夕勿怠，頻年足食。

桑麻叢圃，牛羊眠陸。菜畦蒙茸，黍麥秀穋。採桑刈麻，老幼相逐。農人曉鋤，蠶婦廢宿。

市廛易還，田家永久。朝耕暮織，子女匹耦。宜室宜家，勤於南畝。期在竭力，豈云停手。

春畊夏耘，豈慮乏匱。老幼得所，不必希冀。一近奢靡，危亡立至。安土樂天，俯仰無愧。

樂志田園，心無吝鄙。勤於畎畝，書不閒履。教誨在勵，居範循軌。德貽後昆，門閭致美。

和命子十首

詩書精蘊，復振漢唐。誦詩讀書，吾道增光。學希孔孟，時遵夏商。夙夜勉旃，奕世斯昌。

政教禮樂，隆于有周。六經之藝，宗于孔丘。明道蓄德，窮源遡流。繩繩未艾，馴致公侯。

韜略之雄，世稱卧龍。文藝之學，當加苦功。身顯名揚，祖父褒封。式化厥訓，步武聖蹤。

書中珠玉，月窟桂柯。人皆可攀，目前森羅。學業無成，墮于下窊。欲倣書法，用錐畫沙。

後世之賢，藉祖之德。爲文爲武，貨于上國。朝夕勤劬，甚志匪忒。慎始慮終，三禩斯得。

教子勖孫，謹於其始。蹈矩循規，宜于閭里。學戒自滿，業貴不止。姓氏登庸，宗祖冥喜。

藝優入仕，惟恐不及。自幼勵勉，三十乃立。百凡庶務，訓嗣爲急。少而弗學，老大徒泣。

一歲之功，惟在春時。文字之奥，妙於静思。夙興夜寐，從事于兹。子如仲謀，方遂心而。

白雪爲燈，流螢代火。以文會友，勿論爾我。道在天地，有何不可。至要之語，誰云是假。

自幼習成，莫謂嬰孩。憐竪姑息，患在將來。督誨有則，必量其才。學就大業，豈不美哉。

和贈長沙公族祖

同枝共本，世遠情疏。潯陽邂逅，得究厥初。尊卑有分，豈云代徂。喜叙令族，奚用躊躇。

爾祖我宗，共寢明堂。德豐上世，有圭有璋。碧川毓秀，翠柏凌霜。孫枝奕奕，後先增光。

分枝分派，其源本同。傳之異世，爾西我東。悠悠滄海，渺渺長江。路岐隔越，芳音可通。

久離乍晤，不忍别言。眺望白雲，徘徊青山。一盃濁酒，分袂悵然。何以慰思，附雁秋先。

和歸鳥四首

間關歸鳥，曉遷喬林。翩凌碧漢，旋遶高岑。聲鳴人耳，影落波心。飢啄稻粱，夜棲松陰。

間關歸鳥，奮翼高飛。投林入樹，枝葉相依。音聲乃和，並翅而歸。同棲共止，其情不遺。

間關歸鳥，遶枝徘徊。天衢倦奮，擇榦幽棲。於止得所，流音和諧。新聲入耳，助我詩懷。

間關歸鳥，羨彼梅條。倦游芳樹，求息花標。其思悠悠，其音交交。欲避網羅，摶風弗勞。

和歸園田居六首

性與俗寡諧，所志在青山。幻身被俗羈，倏忽五十年。羨鳥棲高枝，欣魚潛深淵。猛追夙所好，犁原成秫田。結茅臨碧澗，門徑通谷間。槿枳遶籬茂，槐柳蔭簷前。悠悠鮮人跡，樹靄茶竈煙。野猿掛古木，獨鶴唳松巔。村杳無塵轍，客同白雲閑。昔爲風塵驅，今喜情翛然。

村幽多鳥聲，林迥絶塵鞅。茅堂垂湘簾，晝寢忘夢想。起來日欲晡，扶筇竹徑往。散步茂林中，喜見稚筍長。心無俗事干，情閒志亦廣。静几且繙書，衡門翳草莽。

鋤秫陟北磵，徑僻人語稀。禽聲伴幽獨，倚鋤看雲歸。情高忘日暮，不覺月滿衣。自適田中趣，世路總相違。

身膺台府貴，莫若田家娱。桑麻茂首夏，青翠盈郊墟。澄流迴古岸，緑樹遶村居。屋後竹萬竿，門前柳幾株。幽然日無事，臥起常晏如。晝永恍似歲，地窄閒有餘。處世類萍蹤，斯言豈爲虚。倏忽風波興，飄蕩總歸無。

採芝登高岡，陟巘穿徑曲。歧路翳松陰，踞石聊憇足。忽遇負薪叟，釋擔相對局。情高已忘還，山月嶺頭燭。歸家醉壺觴，醒來天忽旭。

雨過豆苗肥，新水盈南陌。歡然茆茨下，開樽情自適。傾倒樂妻孥，酕醄已終夕。身世等浮漚，流光駒過隙。嗤彼世途人，空將幻軀役。豆熟得炊餐，桑長得絲績。塵事更紛忙，歸田誠有益。

和飲酒二十首

窮達自有定，嗤彼空謀之。項羽烏江上，焉想鴻門時。人事多變遷，誰能深念兹。智者悟其機，飲酒何足疑。老去不復少，良辰杯可持。

逸少集蘭亭，謝安臥東山。良時契雅致，修禊成嘉言。哲人既已往，芳躅流千年。暢飲與吟詠，幽懷今古傳。

東昇與西没，誰能解其情。但得杯中物，何論宇内名。達人自先覺，既死豈復生。花前且沉醉，榮辱不足驚。滚滚紅塵裏，首白嗟無成。

暮陟郊甸路，寒鳥失群飛。往來棲未定，流聲令人悲。三匝林莽外，翩翩無所依。遥望古荒塚，松杪可于歸。晚煙迷壙土，霜摧原草衰。睹此蕭條景，雄心頃爾違。

但喜酒常滿，厭聞廛市喧。得興吟花柳，始覺俗情偏。臨溪坐芳草，持觴對青山。飄飄遂遺世，時看野雲還。静中得真樂，寂寂已無言。

愛憎鼓簧舌，非非與是是。此心苟不欺，一任世譽毁。心朗胸次寬，問誰何能爾。村醪樂餘生，韋布勝羅綺。

梅持歲寒操，嚴冬發奇英。契彼冰雪姿，翫此忘俗情。悠然興自適，開樽花底傾。夕陽下西嶺，歸鴉林端鳴。優游茆茨間，詩酒了餘生。

黄菊綻東籬，傲霜逞幽姿。羡此怡情物，欣欣折其枝，翫對斯忘久，相看興愈奇。狂歌百壺罄，醉去一何爲。心遠志自曠，豈爲俗情羈。

孤山逢臘日，疏梅的皪開。稚子持松醪，滿斟愜我懷。心共花酒契，情與世事乖。遁跡郊墟間，優游成閒棲。懶踏紅塵跡，何妨醉似泥。情高眷幽獨，喧囂不相諧。山水敦夙好，猶喜意無迷。且罄樽中物，青春去不回。

志抱煙霞癖，結廬傍山隅。操瓢拂塵塵，飄然脱迷塗。但與杯酒洽，不爲利禄驅。人生達天命，自覺樂有餘。何者爲高策，無如巖壑居。

陶公稱達哉，言言皆見道。豈肯折其腰，與酒相諧老。至今遺清聲，雖死名不槁。遺蜕竟何爲，人生樂更好。不惜有限春，惟嗜世上寶。殘軀伴土堆，勤勞有誰表。

彭澤陶五柳，詩酒名晉時。掛冠卧柴桑，賦就歸來辭。高風振千載，芳聲猶在兹。超然塵世外，安命復何疑。斯人著青史，昭昭弗我欺，于今追靖節，無日不頌之。

把酒幽懷舒，樽前有佳境。契彼每忘情，十旬九不醒。出言各一途，斯意誰能領。高情寄糟丘，此身猶脱穎。不獨醉花間，長夜有燭炳。

山月照我懷，荆妻携酒至。花下漫盤桓，暢飲倏爾醉。猖狂不知疲，高歌忘序次。萬物總歸虚，此身誠可貴。生平一無爲，獨樂杯中味。

與世多相違，蕭然卧頹宅。蒿萊蔽行蹤，門静寡車跡。徜徉天地間，五十可抵百。行樂須及時，莫待雙鬢白。良辰不成歡，老至誠堪惜。

常諳《酒德頌》，不識史與經。床頭儲宿醖，逸興斯可成。開樽酣永晝，秉燭醉深更。明月適我趣，清光流空庭。弗管玉漏促，還待曉鐘鳴。頹然隱静几，誰解此中情。

乘閒坐松下，携樽面涼風。蟬聲聒兩耳，月色盈杯中。但酬此夕興，何計窮與通。高鳥任來去，不必憚勁弓。

生平耽濁醪，真樂閑中得。性本厭喧囂，卜居志不惑。蕭然巖穴中，時將兑門塞。日與鹿豕游，無意干京國。闔户踞胡牀，玄修惟默默。

醉鄉盡日歡，何羨身登仕。盤桓泉石間，是非不干己。試觀辱與榮，安貧斯遠恥。寂寂守家風，翛然棲故里。興來銜酒杯，詩就集成紀。塵事總如麻，還當識知止。性拙倦趍奔，惟以詩酒恃。

寄身宇宙間，達者知匪真。羲黄去我遠，澆薄銷其淳。境界仍似昔，田園幾易新。帝室每更革，倏忽項滅秦。山河時换主，阿房已成塵。萬事固有定，浮生徒自勤。頃爾老大至，海内誰相親。雙鬢侵白雪，形衰竭玄津。陶公能解道，漉酒卸葛巾。欣然傾壺觴，醉臉笑醒人。

五柳賡歌卷之二

和擬古九首

與子别江干，含愁折楊柳。爲言及時歸，豈期歲月久。寂寞思頹然，晤對無良友。何以慰幽獨，還憑一壺酒。不念綰角交，卻把初心負，情寄一詩中，勉焉全其厚。三復憶桃園，念此情更有。

武侯真人豪，扶漢全其終。劃策峙三國，麾旆掌元戎。軍營明賞罰，籌幄羅英雄。百世稱忠烈，千古欽雄風。韜略誰敢匹，芳聲頌不窮。出師前後表，至今垂史中。

風恬春色麗，策杖東山隅。閒尋詩酒伴，行歌幽懷舒。緑柳颺夾岸，白雲靄吾廬。求仁靜靈府，樂志抱道居。一丘榮古木，三徑任蘼蕪。守此固窮操，識者爲何如。

阿房宫闕麗，巍巍接大荒。今爲狐兔穴，宿昔皆華堂。芳草没故址，千古恨茫茫。何知身後事，莊生夢一場。幻軀忽朝蜕，杳杳埋北邙。廢塚變阡陌，平治無低昂。寒烏歸何處，魂骨各一方！自古多廢興，令人倍感傷。

栗里隱高士，饔飧日不完。何肯屈其膝，歸來棄其冠。心無塵事累，怡怡酡其顔。晚歲罹足疾，肩輿出荆關。白衣送旨酒，黄菊綻籬端。每抱無絃琴，解音何必彈。孤松巢白鶴，脩竹舞青鸞。放浪形骸外，悠然忘暑寒。

身猶嶺上柏，青青每如兹。任彼霜霰至，胡慮摧頽時。不喜混塵垢，誅茅傍清淄。頗諳循環理，遁跡終不疑。浪跡煙霞裏，卻與人世辭。此志已熟籌，何必更三思。深究六經奥，聖賢不我欺。逍遥天壤間，去住任所之。寄言同心者，衷情賦此詩。

春來天氣佳，風輕日融和。臨流開野酌，把盞肆狂歌。人生易聚散，良辰苦不多。松杪懸皎月，枝頭吐穠華。清光淪碧海，花落將奈何。

憶昔佩琴劍，鞚駿五陵游。俠情空四海，雄心窄九州。青春去不返，江波無回流。騁目郊甸外，多半是荒丘。低昂幾墳墓，誰辨商與周。毋爲千載策，睹此何必求。

園中灼灼花，欲待清朝採。夜半風雨深，花落情思改。君看遥漢月，天曙光沉海。時事多變更，歲月不我待。何如樽酒傾，此心無復悔。

和雜詩十二首

浮生枝上花，風摧逐飛塵。開落因天時，當知易敝身。一夜風雨惡，枝葉不相親。爲樂須及時，與酒常爲鄰。老去不復少，夜酌還達晨。請看百歲者，塵中能幾人。

夜月沉滄海，曉日昇高嶺。昇沉旦暮間，搬運好光景。閒中有佳懷，静裏觀炎冷。寂寂山林中，白日如年永。嬌鳥流新聲，和風弄花影。誰能解幽意，惟喜駿驥騁。沉迷榮與華，何肯易此静。

富貴天際霞，顯晦誰能量。一區荒草地，倏忽搆高房。人事數變易，成敗似未央。榮多乃有辱，陰極必返陽。古往皆如是，思之欲斷腸。

英雄蓋當世，難以辭衰老。金玉盈華堂，終無千歲保。華堂忽遷更，朱顔頃枯燥。莫待老大至，爲樂當及早。新詩寫高懷，宿醖暢憂抱。世人但愛名，此語誰能道。

挾劍鞚青驄，蚤歲多逸豫。志喜遨寰區，奮翼四海翥。無術駐朱顔，歲月忽爾去。年來百事羈，心縈千種慮。神衰筋骨頹，追思豈能知。惜氣保天和，猿馬牢拴住。閒居一室中，悠然慎獨處。恐鑠精氣神，形憊令人懼。

被毁亦不怒，聞譽總無喜。惟願酒盈杯，暢飲忘塵事。陶然入醉鄉，誰人解此意。青春豈云再，良辰不易值。烏兔疾如梭，奔馳迅若駛。但願世稱賢，腴田何必置。

一心衆欲攻，四體寒暑迫。金幣盈千箱，牛羊遍阡陌。形容暗裏衰，毛髪鏡内白。光景苦無多，寸中何許窄。桑田頻變遷，人生逆旅客。何時脱塵緣，巖阿結幽宅。

郭外數畝秫，屋後幾株桑。桑長能成織，秫登免糟糠。牀頭窨宿醖，甕内儲餘糧。醉飽一無事，茅簷趁頹陽。歲月甚覺迫，思之倍感傷。衛生問何術，縱酒是良方。樂志吟佳句，陶情在壺觴。

韶華計有限，塵事苦多端。桑田與滄海，朝更暮復還。殘照下林麓，新月吐嶺巔。光陰嗟迅速，努力且加飡。杯酒心相洽，富貴我無緣。蹤跡寄山水，幽情述短篇。

登山與翫水，興逸何肯稽。扶杖青谿曲，乘槎滄海涯。濁醪袪俗慮，高歌暢幽懷。人事惡滿足，天時忌盈彌。吾心解道理，愛欲漸脱離。逍遥巖穴間，不爲孽所羈。醉去忘人我，奚管世贏虧。

花邊堪對酒，松底可納凉。清風動襟袂，皎月在屋梁。奔趍利禄途，何如樂醉鄉。常使顔半酡，莫待鬢染霜。二三忘形友，潦倒話更長。

心本傲煙霞，欲追赤松子。騎鶴訪蓬萊，尋真藤杖倚。谷口逢麻姑，相共談玄理。

和詠貧士七首

蓬户絶炊煙，蕭然無所依。亭午未成餉，頹簷照殘暉。楓葉林杪落，愁雲窗外飛。漁艇乘潮出，寒烏背日歸。月臨溪畔樹，杗子腹尚饑。何肯移清操，睹此令人悲。

林杪三竿日，猶自卧北軒。蕭條半籬菊，衰草迷荒園。竹甑蒙塵垢，土釜斷青煙。蛛絲網甕牖，經史猶自研。渾如陳仲子，不堪向人言。恨非同其時，光景似先賢。

淵明常乞食，猶撫無絃琴。莊生貸監粟，贈金不知音。世遠俗已頹，二賢何由尋。糲飯時不足，濁醪亦無斟。黔婁辭金聘，此志吾獨欽。遠追先達跡，瞭然遺欲心。

室陋比顔子，目明如離婁。誰敢匹其德，屢空或可酬。鶉衣踞木榻，闔户究莊周。才華惜我短，絶糧非我憂。上古有賢者，此志思與儔。人生有定分，嗤彼苦强求。

老萊耕蒙山，榮利何肯干。楚王幸車駕，妻子阻其官。不爲人所制，飲水甘菽湌。採薇能充腹，績毛可禦寒。富貴非我願，生平無憂顔。不爲飢饉累，蕭然閉其關。

不願弁其首，任我兩鬢蓬。孔嵩辭范式，新野甘傭工。仲蔚修道德，知者惟劉龔。二子抱清操，我志頗與同。生平多狂態，意氣似陸通。固貧不足恥，榮利焉肯從。

仲尼三弟子，甘貧輕九州。道德冠今古，後世莫與儔。當時守清操，至今稱賢流。但苦道不達，豈爲飢寒憂。事業誰可匹，清貧我能酬。簞瓢究墳典，闔户樂潛脩。

和讀山海經十三首

春去槐陰密，日長塵事疏。鶯聲聽漸澀，兀坐山中廬。興來呼旨酒，意到誦古書。徑僻多鳥跡，路幽無客車。稚子沽鄰醖，山妻芼園蔬。悠然南軒下，高懷與酒俱。静究《山海經》，古塚獲其圖《穆天子傳》乃晉太康二年汲縣民發古塚所獲書也。徜徉丘壑内，誰云有弗如。

彩霞飛玉館，色映王母顔。壽從天地始，豈論延千年。西池遍瑶草，瓊花開滿山。對酒發清歌，不比塵内言。

槐江近碧漢，玄圃間丹丘。崑崙之東北，高聳不可儔。琅玕燦五色，祥光映清流。使遇穆天子，跨駿同遨遊。
峚山長丹木，黄花燦朝陽。朱實結千歲，入口得久長。良璧白似雪，明瑾耀瑞光。君子堪服餌，可能侍軒黄。
琪樹巢奇鳥，翱翔動人憐。仙家爲青使，西母共棲山。欲向瑶池乞，崑崙寄此言。相期飛蓬島，世外同延年。
縹緲仙山巔，千尋幾株木。喬幹萬丈餘，重陰蔭其谷。丹沼水澄妍，時待太陽浴。靈光透碧空，四海無不燭。
珠樹産赤水，叢幹翳濃陰。彩鳳舞樹杪，青鸞巢桂林。珠光燦瑞日，風入發琴音。王母猶堪重，觀之長道心。
交脛國之東，斯民壽何長。如吞不死藥，千載是尋常。靈丹若可授，使我頃辟糧。假令到蓬島，萬歲應未央。
神人稱夸父，追日迅奔走。直至於禺谷，此心乃不負。河渭豈足飲，大澤泉還有。鄧林棄其杖，渴死名垂後。
帝女名女娃，銜木欲填海。弗返爲精衛，奇名千古在。刑天身雖逝，干戚不肯悔。靈魂去無歸，炎帝還應待。
鍾山神其子，肆暴帝敕旨。欽䲹戮祖江，帝命至其死。穹蒼鑒巨猾，何容崑崙履。二惡化鵕鶚，兇頑何可恃。
櫃山有鴸鳥，一現多逐士。彼亦懷清時，頻來此棲止。異禽翔青丘，言世何有爾。天生化迷人，勿可聞君子。
帝念好道德，何用横暴才。重華智明睿，爲誅四兇來。至言出仲父，不須姜公猜。身終在其渴，將當如何哉。

五柳賡歌卷之三

和形影神三首

和形贈影

穹蒼永不晦，黄河難清時。禽獸與花卉，盛衰相隨之。人爲萬物靈，榮悴亦同兹。徒作千載謀，焉得百歲期。白晝衆憂集，良宵萬種思。一朝精氣竭，悽悽雙眼洏。駐顔無妙訣，幻化何必疑。爲樂在年少，遇飲休云辭。

和影答形

生死無貴賤,莫辨巧與拙。數盡疾患侵,神勞氣欲絶。朝夕每相隨,與爾同愁悦。晝寢與宵眠,爾我暫云别。人生豈久長,頃間遂能滅。制欲如灰寒,涵心祛燥熱。何慮處世貧,但恐壺内竭。烏兔旦暮催,不論賢與劣。

和神釋

天網鑒恢恢,應報分明著。形居大塊間,紛紜多世故。得失在目前,驕奢艱苦附。悟此先達機,意到渾無語。堯舜暨禹湯,同歸北邙處。日月如車輪,長繩難挽住。生死誰預知,晝夜應無數。良謀置腴田,何如親酒具。智者戀醉鄉,百世流芳譽。萬事聽自然,衰榮任來去。遇順不足欣,逢逆胡可懼。寸心苟無欺,朝夕斯忘慮。

和述酒

幽懷惟在酒,塵事性厭聞。三杯意始悦,一醉百憂分。幻身看掣電,澆世等浮雲。出郭閑登眺,愁見墓與墳。宿鳥知景夕,窗雞報曉晨。旨酒歡相洽,哦詩性自馴。梅花供逸興,山鶴伴閒身。存心惟是拙,把盞意甚勤。辭章羡靖節,道德宗老君。得失渾無定,功名若蕕薰。喜歌《酒德頌》,不讀《送窮文》。高懷愛籬菊,野興泛河汾。狂歌祛俗慮,痛飲掃塵紛。生平無所嗜,唯與樽酒親。窮居甘貧賤,敢與古人倫。

和止酒

逃名止華岳,誅茅可居止。踞止蒼松陰,行止古洞裏。盤飧止蕨薇,悦止挈幼子。情性懶止酒,止酒心勿喜。卧止玉漏聲,旦止紅日起。餘事能止時,衛生止道理。但聞止不欣,焉審止爲已。知止静能安,故止曰得矣。只今止以行,豈止於涯涘。壽考止千齡,德止後世祀。

和詠二疏

高爵與厚禄,上疏飄然去。唐虞共商周,誰識掛冠趣。兩疏誠見機,漢室誰能舉。婆娑卸弁裳,慷慨辭太傅。杯酒送長亭,車馬填岐路。淒淒各分袂,登軒弗回顧。高風遺萬年,當代播芳譽。欣欣樂故鄉,何肯干時務。晤對喜盈眸,一樽抒其素。身間入隱淪,心朗道自悟。快哉憩林泉,長夜飲無慮。斯人不可攀,昭昭青史著。

和詠三良

三良誠異節,芳聲千載遺。賢良耀今古,赤膽雄不微。永懷報主義,寸心一無私。行行從車蓋,憩息佇錦帷。出入循其矩,至論弗令虧。君命即長逝,歡顔慷慨歸。洪德重山岳,鈞旨豈敢違。毅然入土穴,高風誰能希。愁雲覆衰草,悽悽令我悲。國人賦《黄鳥》,聽之淚沾衣。

和詠荆軻

六國稱燕丹,所志滅秦嬴。廣募天下士,偶喜遇荆卿。威猛勝百夫,挾匕離神京。鞚驄馳古道,奮迅向前行。俠氣衝牛斗,昂昂振其纓。易水三杯盡,慷慨辭豪英。擊筑有漸離,悠悠歌别聲。悲風吹客袂,悽情頃爾生。毅然厲志往,兹行誠足驚。一去何能返,惟能播芳名。長揖弗回首,亟赴秦皇庭。驅馳登遠道,飄颻歷千城。秘計藏圖册,軻心時經營。卻恨籌疏拙,功勳惜無成。身亡百世後,猶懷壯士情。

和九日閑居

每惜歲易邁,恒慮虚其生。更喜實其腹,何肯沽斯名。涼飈動襟袂,皓魄照人明。籬落黄花色,庭除促織聲。撫景堪題詠,餐英可延齡。兀坐頽簷下,壺觴向月傾。但恐罇内竭,不羡世上榮。嘯傲忘爾我,高歌暢幽情。欲爲千歲計,此計胡能成。

和遊斜川

光景易代謝,人生貴知休。良辰不易遇,拉友川上游。趺坐依芳草,披襟面中流。漁艇漾碧波,汀沙眠白鷗。弱柳含金色,新鶯出林丘。情與山水契,人共魚鳥儔。開樽盡其量,詩成可必酬。興追此夕歡,未知明日否。數子同嘯傲,高歌可忘憂。壺觴性所嗜,冠蓋奚容求。

和和郭主簿二首

臨風踞苔石,翛然憩槐陰。孤雲停遠漢,荷氣襲清襟。枝頭山鳥語,聲脆如鳴琴。攤書覺有益，研究知古今。衡門人共羨，道德世所欽。來韻閒堪和，濁醪興獨斟。翔鶴空中影，飛泉澗底音。嘯傲煙霞裏，何必問朝簪。世路竟已違，山林不厭深。
皓魄吐光華，開襟值嘉節。玉露浥秋蘭，金風林杪澈。白雲滿穹蒼，萬疊無斷絶。層陰松底稠，清影當牖列。翠柏挺岡陵，堪擬人中傑。行樂是嘉言，縱酒誠妙訣。人生不久長，莫負好歲月。

和移居二首

喧囂厭廛市，徙居苧村宅。墟閒但植梅，藝圃怡朝夕。窮年計有期，何肯被塵役。高堂非吾願，陋室陳几席。溪橋故人來，把酒論往昔。意到賦新詩，衷情句内析。
春課耕南畝，客至酒共詩。狂歌拚一醉，興盡任所之。農人告水旱，力稼動憂思。勃然禾黍茂，忽爾刈獲時。稻粱登場圃，妻孥欣在兹。還從勤苦得，昊天信無欺。

和贈羊長史

吾儕希古道，企仰嘉唐虞。心究道與德，日誦墳典書。漢魏重詞賦，華藻在二都。賢關與聖域，軌範胡敢踰。不入五侯宅，路僻寡車輿。幽懷諧木石，棲遲雲水俱。處世惟落魄，看山多踟躇。常羨陶五柳，高致誰能如。掛冠賦歸來，三徑就荒蕪。種菊東籬下，樽酒日歡娱。民澆風俗頹，代遠淳朴疏。落落性寡合，聊將詩酒舒。

和怨詩楚調示龐主簿遵鄭治中

所志唯在道，蒼穹胡使然。愁蹙兩眉睫，迍邅十餘年。不獨貧病集，喪偶又喪偏。家奴背主遁，亢旱荒腴田。徭役無計避，鬻房遠市廛。終朝猶艱食，夜寢憐獨眠。韓公送窮語，順至逆可還。何足掛胸臆，得失後與前。富貴逞驕奢，過眼如雲煙。但能明道德，貧者亦稱賢。

和庚子歲五月中從都還阻風於規林二首

仲夏歸興急，何能返故居。未得承親悦，無由樂友于。風阻帆檣滯，雲暝江水隅。豈畏波浪惡，崎嶇涉長塗。梟鷺遍遊目，桂楫殢澄湖。山川望不極，遠樹眄全疏。夢寐在鄉井，身寄千里餘。抵岸知誰日，安居樂晏如。
世云涉道險，此日方監之。重雲連遠水，入望何盡期。狂風掀巨浪，聲撼無停時。安危未可卜，徨徨逗留兹。中流難定止，淪溺何計辭。處世亦如是，睹此信弗疑。

和辛丑歲七月赴假還江陵夜行塗中

林栖悦所志，始覺世路冥。開卷對賢聖，鳴琴理性情。無由辭兹往，迢迢赴湖荆。晚煙渡口暝，海月水底生。悠悠村路夕，耿耿河漢明。夜闌天籟寂，舟静一川平。歸心濃似酒，不寐向前征。趨榮信何益，谷口樂巖耕。棄冠如脱屣，豈爲利禄縈。絃歌衡門下，安期斯世名。

和癸卯歲始春懷古田舍二首

素志懷西疇，閒身今始踐。荷鋤意不違，簑衣豈能免。稼穡情所諧，榮禄無心緬。枝頭鳴鶺鴒，茅屋亦稱善。土腴桑柘肥，村幽塵自遠。使得農家樂，徜徉何肯返。處世固非難，但愧我才淺。
禾稼稔畎畝，農家豈謂貧。秋深滿場圃，因知春務勤。朝犁驅黄犢，晝餉犬近人。桔槔逢薄暮，樹杪月色新。碧水平畦岸，盈盈意自欣。肩車歸茅屋，漁艇渡渌津。索魚問篷底，貰酒過北鄰。歲晚徵輸畢，逍遥太古民。

和丙辰歲八月中於下潠田舍穫

資身在畎畝，秉耒耕村隈。春能殫其力，秋至有好懷。晨夕親稼穡，情與農父諧。郊畔特乳犢，桑杪鳴午雞。曉起看星没，薄暮披簑迴。悲風疏林吼，征雁雲邊哀。雨聲夜入耳，重雲亭午開。秔秫登場廣，荷蕢力未頹。欣然樂田舍，榮名心久乖。遥追鄭子真，期共俗口栖。

和乙巳歲三月爲建威參軍使都經錢溪

大道久不聞，塵滓胸中積。世路事事非，山水仍是昔。草木布陽和，社燕翻輕翮。經溪情緒乖，入望雲樹隔。豈能冒風霜，不堪被行役。奔馳苦窮途，所志焉肯易。衷腸向誰言，惟憑數語析。歸帆若迅駛，明月照古柏。

和戊申歲六月中遇火

栗里淳更朴，淵明葺小軒。季夏鄰火發，居處頃爾燔。片椽毁無跡，瓦礫堆庭前。秋月還依舊，皎皎仍復圓。廢址惟衰草，梁燕無復還。愁緒滿胸臆，知命豈悠天。生平抱道德，何期罹乖年。迍邅有定數，惟使此心閒。偃蹇志不易，恬然靖節堅。莫謂籬無菊，猶欣郭有田。奚容雞犬宿，便於狐兔眠。誅茅重結搆，卜築在南園。

和己酉歲九月九日

露下天氣肅，涼炎林杪交。南陌千畦秀，空林萬木凋。綠水芙蓉媚，天邊雁翅高。籬畔繁黄菊，好月吐青霄。翫客狂落帽，刈禾農父勞，逢時須進酒，休使寸心焦。高歌信口出，既醉樂陶陶。生死無定限，何必計來朝。

和庚戌歲九月於西田獲早稻

居家何所事，耕織以爲端。車戽晝不息，宵織婦不安。三春能努力，深秋禾可觀。負鋤戴星出，荷笠冒露還。黄雀喧殘照，西風襲袂寒。此日及西疇，方知稼穡難。依時輸徵税，州郡豈能干。登場濯我足，樽酒酡其顔。長歌卧蓬户，柴門晝日關。勤勞延歲月，無復生嗟歎。

和歲暮和張常侍

韶光去不返，恰似川上泉。春花復冬雪，迅速豈堪言。鏡中易顔色，蓬鬢猶絲繁。道德未全究，何能釋其愆。曉日忽西墜，皎月昇東山。晴霞幻五色，倦鳥知飛還。焉能長壽考，況多孽緣纏。遇酒弗暢飲，虚生度流年。富貴與貧賤，倏爾易變遷。静觀有定數，何如樂自然。

和五月旦作和戴主簿

閑居北窗下，幽然興不窮。仲夏貽新句，高情寓此中。榴花檻畔灼，菡萏沼中豐。弗用摇紈扇，松間來薰風。人生匪金石，百年亦有終。慮寡心常逸，身閒意自沖。陟世多險阻，玄修道自隆。闔户成山林，何必慕恒嵩。

和示周續之祖企謝景夷三郎

芸窗究經史，意到殊自欣。探彼三代語，精藴啟後人。立言俱契道，敷教皆有因。仲尼删詩書，斯世學者臻。易理最難達，至道豈易聞。非圖過耳目，旦暮惟事勤。克志終不怠，顔孟爲比鄰。高風標青史，千載仰海濱。

和始作鎮軍參軍經曲阿

早歲性耽讀，時契古人書。囊螢與映雪，常愧吾弗如。適有遠遊興，志在登天衢。金門思獻策，鄉井日已疏。迢迢雲水闊，回首路縈紆。不憚關河遠，心追萬里餘。煙樹障吾目，白雲覆吾居。危檣集海燕，佳楫驚遊魚。名韁與利鎖，此身冠裳拘。得遂生平志，還當返故廬。

和還舊居

去家忽六載，倦遊始言歸。松菊半凋落，俯視令人悲。田園喜猶昔，世事已覺非。盤桓鄰巷曲，野老弗我遺。會晤話親故，歡然情相依。歲月如瞬息，昇沉旦暮推。對景追歡笑，莫待朱顔衰。遠卻塵中網，壺觴晝日揮。

和和劉柴桑

入山與逃海，奚俟多躊躇。枯槎能汎水，深林可隱居。紫蕨聊充茹，白雲護吾廬。村寂無塵擾，惟餘草縈墟。樹密翳清陰，禾黍年盈畬。魚鳥情相狎，詩酒意勤劬。琴書盈几榻，思慮靈臺無。日喜山水洽，漸覺世路疏。羽毛堪成績，供織俟其須。身謝千載後，鄉評謂何如。

和酬劉柴桑

人事幾遷變，倏爾復一周。梅花雪中看，又值黄菊秋。良辰忙裏過，形骸非昔疇。與君此夕晤，未知明日不。爲樂當乘時，携樽花間遊。

和與殷晉安别

遇子情更洽，晤言意甚勤。傾倒忘去住，意氣尤相親。今夕話遠别，昔時爲比鄰。離懷訴未盡，窗雞報侵晨。不堪對巵酒，豈忍襟袂分。征雁傳秋信，隴梅寄早春。滔滔東流水，漠漠天際雲。美人隔雲水，覿顔苦無因。友誼膠投漆，豈論富與貧。何年返閭里，壺觴醉故人。

和癸卯十二月中作與從弟敬遠

屏足憩荆扉，情忘塵自絶。喧囂總不聞，閉門白雲閑。鳥聲雜清歌，梅英傲冰雪。靜養葆天和，洗心惟事潔。古研棐几陳，焦桐榻上設。盤桓一室内，蕭然幽抱悦。青史閒中披，晤對企高烈。獨羨陶徵君，棄冠全靖節。我本山林徒，此生甘守拙。詩懷寄隱淪，一任彼鑒别。

和和胡西曹示顧賊曹

夏半苦炎燠，松下納清颸。盤枝成偃蓋，重陰覆絺衣。閒雲停遠漢，鶯聲出翠微。碧沼開菡萏，空庭灼榴葵。妍華苦不久，旬日忽爾衰。爲樂趁光景，杯酒及時揮。秋來霜霰至，蕭索興已遲。窮達總如是，思之令人悲。

和答龐參軍

締交非尋常，時喜聆嘉言。良辰豈易值，乘興過我園。命子開宿酒，歌我閒雲篇。情投不辭醉，得句共欣然。但知詩酒趣，渾忘塵世緣。偶爾成神句，幽意爲君宣。高懷凌碧漢，隱跡寄青山。與君此夕訂，相期樂暮年。

和於王撫軍座送客

疏林涼飈生，衰柳漸覺腓。江干開餞酌，計子何日歸。雲山千里障，入望思依依。離情歌剴切，分袂意重違。落景偏增悵，秋風聽更悲。歸鳥投林息，行舟月色輝。弗謂崎嶇道，鴻音附暮遲。送别渾無語，新詩佇待遺。

和連雨獨飲

生死無定數，古今皆同然。籛鏗稱永壽，於今亦何闕。罇中常不竭，豈用慕神仙。宿雨荒林積，彤雲布蒼天。得失任其所，譏賞酒爲先。烏鬢易堆雪，青春弗再還。記得學舞劍，倏爾五十年。不須憂貧賤，爲樂是良言。

和有會而作

早歲逢家窘，衰年值餒饑。菽牀與脱粟，亦可代輕肥。良宵惜無酒，臘月悵單衣。命運苟如此，我儕何足悲。静看富與貴，轉眼忽已非。何勝歌雅調，句逸足可遺。堅志甘清操，道德斯能歸。世羨陶五柳，堪爲達者師。

和乞食

因飢陟曲徑，何處可止之。索食療腹餒，有酒亦弗辭。歡顔主人語，謂我不易來。開樽北牖下，盡興酒百杯。醉去忘宇宙，胡亂賡陶詩。君多待賢意，吾豈淵明才。一飯感大德，言謝無所貽。

和責子

清霜侵鬢毛，有子匪云實。四男在膝前，不能親硯筆。兆隆雖二六，質鈍世無匹。夢雷方五齡，勉强爲儒術。夢震年四春，杯酒十飲七。阿科方二週，弗乳即噉栗。柰何未成人，奚必貪世物。

和諸人共遊周家墓柏下

欣然憩嘉樹，鳥音疑絃彈。蒼翠浮襟袂，對友成佳歡。衰草伴白骨，清樽酡朱顔。狂歌歸落日，吾儕興未殫。

和問來使

健足至中庭，詢彼來天目。孤雁度哀聲，東籬綻黄菊。白雲滿徑間，甕中酒初馥。對菊試新篘，園蔬煮令熟。

和四時

春郊遍花柳，夏雨暗山峰。秋露浥籬菊，冬雪積蒼松。

和蜡日

臘月風雪遍，歲暮漸陽和。楊柳含金色，灞岸發梅花。翫景幽懷適，持杯吟興多。醉來情更好,慷慨且高歌。

和悲從弟仲德

含愁一往吊,淚灑如珠零。憶昔同携手,何期歸幽冥。眷愛頃爾絶,遺容儼若生。悠悠九泉下,身朽名不傾。精靈何所托,世事嗟無成。痛哉堂上母,二子方弱齡。廣厦無客至,孤房哭有聲。蛛絲蒙緑牖,苔蘚餘閒庭。惟有梁間燕,依依戀故情。白骨埋黄土,丹青寫病形。不堪題挽句,悽愴衷腸盈。

和擬挽歌辭三首

生死人之常,忽殞悲甚促。午上共經行,夜半入死録。魂魄散幽冥,形骸貯方木。朋儕吊英魂,妻孥徒自哭。音聲總無聞,珍味亦弗覺。雖貴死無榮,貧賤亦不辱。豈知一旦傾,所欲恨未足。

生苦乏旨酒,而今盈壺觴。哀哉空列座,死者豈能嘗。布帛殮其軀,兒女啼其傍。耳不聞人聲,目不見天光。房櫳虚枕席,蹤跡絶一鄉。扶柩入草莽,黄沙覆中央。

哀子遽辭世,虚室冷蕭蕭。精靈依故土,枯骨埋荒郊。松柏翳孤塚,蒿萊混芻蕘。悲風吼長夜,哀烏鳴枝條。黄土閉幽壙,不知夕與朝。不知夕與朝,問爾卻如何。惟受生前孽,安知室與家。朋舊哀未徹,悲聲入挽歌。愁雲封隴樹,狐兔伴墳阿。

和聯句

丈夫毓英氣,一吐沖北極。興如長江流,晝夜豈能息。遨遊萬仞山,乃仗神駿力。嗤彼塵中人,惟事富貴飾。閒泛滄海間,醉卧青雲側。忽朝大鵬搏,期展垂天翼。自憐此微軀,日混聲與色。已悟大道機,衷心永不惑。

五柳賡歌卷之四

和歸去來兮辭

歸去來兮,鴛湖之濱可來歸。冀此心無日不懌,丁頽俗而堪悲。

睹東昇與西没，歎神駿之難追。哀人事之易變，奚待艾而知非。採杞菊以成餉，紉荷芰而爲衣。潛身虚室之中，静究道之玄微。畏溺不涉，慮蹶不奔。松風滿耳，白雲盈門。逍遥容與，幽懷常存。興來倚石，詩卷酒罇。任清霜之侵鬢，有旨酒以酡顔。嗤崇宫與華屋，喜蓬居之可安。羨沼魚之踴躍，聽山鳥之間關。得此心之曠逸，常徘徊以縱觀。閒扶笻而陟徑，日銜山而始還。悦鄰翁之見訪，趺芳草以盤桓。歸去來兮，偕鹿豕以遨遊。與木石而共處，樂其志而何求。鳴緑綺以適意，臨禊帖而忘憂。喜此心之無俗累，陋廣厦與沃疇。逃禪蕭寺，把釣扁舟。樸質同於太古，蹤跡寄於林丘。慨人情之遷變，任逝水之東流。悟浮生之大夢，知萬事之咸休。已矣乎，此生不樂待何時，芳春一去不可留。胡爲乎營營兮誠哀之。榮枯有定數，生死無常期。藝詩書以爲圃，藉心田而耘耔。度歲月以尊酒，悦情趣而賡詩。信生平之無愧，任其化去而無疑。

和閑情賦

夫何人之生於世，和其處而不群。潛居於山之阿，喜囂諠之不聞。心如秋月之朗，行比疏梅之芬。身時偕於木石，情恒契於溪雲。厭此中之迫阨，懼力行之未勤。恣逍遥於物外，惟詩酒之日殷。踞石牀而得暇，撫焦桐而意欣。樂熙熙同太古，任岐路之俗紛。耽林泉之高潔，總富貴情何分。酌酒半醺，抱膝北軒。禽聲聒耳，蒼翠凝山。微吟適意，絶勝管絃，潛形遁跡，静睹媸妍，閒追尋於漢晉，如對古而共言。覺昨非而今是，免處世之過僭。宗老聃之奥語，奚敢爲天下先。傲煙霞而深隱，遇險巇而不遷。幽懷乃得静默，豈騁時以求芳。念此身之難得，喜居處於中央。守雅操以畢志，免禍患之及身。睹叔季之澆瀉，悔其過而日新。羡夷齊之高節，冀巢許之比肩。歎世途之碌碌，悲旦暮之憂煎。戴齒髪於震土，媿姓氏之宣揚。彼華堂與大厦，競麗飾而奇粧。豈若山中茅舍，得散誕於春秋。採紫薇與青蕨，日飽飫而何求。視富貴與貧賤，乃天道之環旋。如碧漢流虹電，頃變幻於目前。時或顯在西垠，而復隱晦於東。縱此性之狷狂，迥塵世於不同。喜有酒之盈斝，時獨酌於前楹。仰皓魄之懸漢，當良宵而倍明。聽靈籟之無聲，摇清風之一握。忝生居於陋俗，去羲皇之綿邈。雅志無以爲好，惟經史與瑟琴。憶子期之逝遠，舉世殆鮮知音。闔衡門以高蹈，乃能涵其道心。郊墟環以梅植，追倣孤山之林。春嗅羅浮異馥，夏憩渭川清陰。沖雲霄之逸思，豁涸俗之塵襟。欣魚鳥之共樂，悦漁樵之相尋。嘯傲恒躭丘壑，心無疚而奚歎。身卑棲而志曠，首雖皓而童顔。採黄精可充腹，紉碧蘿以禦寒。固陸沈於檇李，時馳志於毫端。喜靈臺之明覺，期淳樸之復還。遇芳辰胡不樂，苦歲暮之將殫。欲登高必慮險，心無求乃得安。群沙鷗而戲狎，捫藤蘿而躋攀。常使形骸放浪，此意無悽，遺絶世故，任我徘徊。每遊神於蓬島，遠俗躅於廷階。慨隙駒之過速，即物化而生哀。貴金寶終銷鑠，重梓桂還至摧。企江左之英豪，豈勝陶令之懷。西江之流迅逝，東山之日易過。鷦鷯一枝亦足，不效偃鼠飲河。漱齒必藉礪石，洗耳須向澄波。此梅巔之贅語，賦閑情之長歌。甘茅茨之棲止，何壽齡之不遐。

和感士不遇賦

人稟混元正炁，昭此心之虚靈。涵道德於淵衷，嗟縈擾於利名。理期探於玄奥，形軀庶非虚生。目恒涉於墳典，得究古聖之情。身宜節其嗜慾，谿顩頷其骸形。遵禮法於素履，宵安寢而何驚。慕龐公之鋤隴，效子真之谷耕。矚野雲之變幻，聽山鳥之新聲。開盤桓於山水，何羡世之昌榮。日栖遲於蔀屋，勝奔走於長途。時樵山以供爨，坐釣磯以自娱。或撫伯牙之操，或誦莊生之書。縱簞簹以礙徑，任蒿萊之閉閭。獲此身之安逸，胡欣世之芳譽。嗟乎！俗多寒燠，貴耳賤目。明喆者謂迂，真淳者爲妄。柔愚則萃衆辱，智巧則罹群謗。冥契混沌，不鑿荼時，識之未亮。拙哉我之弗遇，且藏其身於太平之世。不傲慢而惕勤，追東籬之放廢。日遵古聖之言，静養志於不怠。一簞蔬食亦飽，敝廬風雨可蔽。徜徉於巖之阿，何勞千載之計。落落於天地間，悠悠在於晚歲。日緘默於虚齋，倦對時輩閒説。腹無荆棘之腸，身處清虚之界。即富貴於當時，徒紛忙而何濟。樹芳梅於郊墟，喜清馨之襲袂。與煙霞以爲侶，喜猨鶴時相親。隱林壑全高致，杜衡門而求仁。心逸而成獨，樂知足而身何貧。豈以千駟枉己，不爲五斗屈身。晝倣書而遣思，夜搜句而艱辛。是山人之事業，懶與市井敷陳。慨生平之未遇，陟崎嶇而多澀。驚飛霜之侵鬢，無芳名之可立。惘繩樞於陋居，哀困身於鄉邑。志與仲蔚相符，名擬孺子不及。有啟期行歌樂，無阮籍窮途泣。嗟一事之無成，囊琴書尋山入。視日月之昇沉，觀江波之湍急。毋營外慕，身安而已。

完節潛名，固窮循理。勿動一念之妄，庶免後世非己。雖終身之弗榮，喜此生之遠恥。羨明月與清風，日往來之無止。持靖操於明時，甘韞匵而不市。

和桃花源詩

秦皇亡道德，高士辭濁世。遁跡卜桃源，一往成長逝。懼客相追尋，岐路草莽廢。鑿田亦可畊，誅茅迺得憩。竹木翳村墟，四時足樹藝。所喜避征徭，更悦蠲課税。桑杪有雞聲，洞口聞犬吠。食飲恣胡麻，冠服循古製。徜徉巖壑中，男婦時相詣。花發識陽春，秋至風霜厲。玉曆不待頒，榮悴知一歲。達哉遺世翁，何其聰且慧。獨處人莫儔，天成此境界。猶慮究其源，叢叢芳樹蔽。爲問此漁郎，入内可識外。欲期探幽蹤，願與彼相契。

和五柳先生傳并贊

梅顛道人傳

梅顛，咸稱醉里氏也。生平酷研文字，荒墟惟栽梅樹，顛而成號焉。恬澹寡言，厭趨禄利。日繙書，静悟心解，適會真意，則廢寢忘食。耽濁醪，奇句每醉中得。朋儕愛敬，若此咸相而慕之。浮白殆盡，常至沉醉，高懷弗退。怡於閒情，身居安堵，悠然以竟日。鶉衣百結，觀世皆空守道也。或成小詩自娱，少暢所志，不計得失，樂天以終。

贊曰：淵明高致，何肯身屈卑賤。樂林泉，等其貴，意氣相若，堪爲侶乎？觀梅成詩，静養所志，似羲皇之民歟？似唐虞之民歟？

跋五柳詩四言五十韻

歲在癸巳，時維孟春。彤雲蔽漢，四野霾陰。鳩鳴樹杪，郊甸煙暝。嚴風白雪，連宵兼旬。漫空梨瓣，飄颻蝶翎。堦盈瓊玖，崎嶇無分。沙汀迷跡，鷗鳥潛形。梅英增白，柳條減青。碧桃間玉，緑竹披銀。烏鴉混鷺，枝栖素鶯。子猷乘興，袁安閫門。寒窗寂寂，笑傲山人。開樽酌酒，擁爐燃薪。焚香憑几，聊遣良辰。簷噪寒鵲，村犬猘猘。家僮走報，岸艤短舲，來自茂苑，興顧隱淪。迎風鼓楫，冒雪登臨。疑似訪戴，剡溪之征。列坐言闊，促膝温存。奚囊一束，靖節詩文。云是宋刻，楮潔板新。

世所罕睹,保護如珍。寄貨之物,見售甚勤。高情眷眷,幽懷欣欣。慨爾沽易,命酒對斟。情意相洽,舉杯慇懃。展展意悦,心駭目驚。四言絶倡,曠世寡聞。辭騷句雅,榮木停雲。勸農命子,志曠思宏。衡門高志,答龐參軍。飲酒雅調,歸園居吟。大都漢魏,尺璧兼金。擬古雜詩,其聲琤琤。貧士七韻,毛詩逼真。欲知奇論,細翫海經。述酒止酒,逸思縱横。怨詩楚調,情慘哀深。挽歌責子,悉其死生。歸去來辭,獨步詞林。不遇古賦,妙在閒情。桃花源記,宛如親行。五柳小傳,高逸之銘。遍閱全帙,利禄毛輕。再詠再謌,高懷頃增。情契膠漆,遂爾和賡。竊其糟粕,摭成鄙吟。狂人孟浪,遺嗤賓朋。匪敢垂世,少暢余心。

黄淳耀和陶詩

和飲酒二十首 并引

辛巳杪冬,客海虞榮木樓。賓朋不來,霰雪蕭然。唯蘇氏兄弟《和陶詩》一帙,連日吟諷。因舉酒自沃,次韻《飲酒》詩如左。蓋亦陶公所云"閑居寡歡,紙墨遂多"者也。

我生勞造化,如器陶埏之。一入圜方間,永離胚渾時。縱心觀虞唐,履運傷今兹。憂樂兩糾纏,孤胸積群疑。沃以一尊酒,形影相携持。

平生麋鹿姿,結愛林與山。誤懷濟物心,汩没俗中言。一經如法律,亭疑三十年。彼哉曲學生,功名已流傳。

鍾期不常有,我自得我情。營道亦干禄,入世仍逃名。蕩蕩宋華子,莫知魯儒生。如醉被雷燒,此骨不受驚。清狂幸如初,巇嶮將何成。

飛鳥銜我髪,是夕亦夢飛。飛飛遭金丸,翼塌心中悲。車前有役夫,夢醒心依依。憶爲南面王,悔使魂魄歸。夢覺兩相羡,更迭爲盛衰。未辨覺非夢,飲矣休猗違。

朝光入山樓,棲鳥已驚喧。攬裘曝新陽,暖氣無頗偏。仰視天宇清,得我簷前山。山中出岫雲,變滅何時還?我心正惆悵,默與風鈴言。

聾明而瞽聰,尚存一者是。是非兩變易,乃復成譽毁。深居觀物態,至竟爾爲爾。蚊眉棲蟭螟,厠床幻錦綺。

挂書在牛角,仰面思豪英。虎爭一鴻溝,割棄父子情。舜禹安在哉?所持奪與傾。蕭條二千年,不見岐陽鳴。痛飲呼竪子,斯人豈狂生?

白雪艷清冬,流風送餘姿。梅花獨先覺,蓓蕾動高枝。巡簷一笑粲,所得乃經奇。草木有雕鐫,我心無思爲。一悟衆妙門,曝然脱罣羈。

吴趨百貨集,日中市門開。輕重各相得,龜貝俱滿懷。一夫操尺璧,堅臥與時乖。問子何高尚? 又復非巖棲。什襲誠已勤,不如薦塗泥。答言萬乘寶,貴與連城諧。捉裾使爾觀,我寧懷寶迷。一市更俳笑,拂衣吾將回。

北山頗孱顔,陟自城之隅。風急毛髮寒,四顧多荒塗。一笑語山英,我至爾勿驅。逝汲清泠泉,浣此憂患餘。高棲斯可約,豈必神麗居?

戰伐揚兵塵,饑荒殣行道。懷哉漆室憂,髮白豈待老? 酌此三雅杯,如雨灑枯槁。枯多雨未足,一溉色亦好。丹砂何時成,天地秘鴻寶。置我塵壒間,商歌望八表。

萬馬脱轡頭,豈有獨立時? 舉世尚鞶帨,我亦繡其辭。顧念古人心,將無不在兹。微言較分寸,中藴丘山疑。長嘯上東門,恐爲時俗欺。安得蓋世雄? 障江使東之。

醉鄉無町畦,我亦踐斯境。陶令終日醉,次公終日醒。醒醉盡稱狂,醉者得要領。生平鈍如槌,觴至便脱穎。猶嫌醉鄉人,身後名炳炳。

我從瞑水來,新知喜我至。我從琴川歸,故友邀我醉。新故兩相於,何獨安即次? 本追河汾游,不慕主父貴。至言如醥醪,咽之有雋味。

逾壯添一丁,酒徒飲我宅。醉歌尚盈耳,殤去杳無跡。古來大聖人,乃衍螽斯百。豈無襄陵鄧,亦有香山白。此理茫昧然,而我何歎惜!

我有小弱弟,授以田何經。經史略上口,羽毛新欲成。與作百里别,每歎寒暑更。嗟我貧負米,嗟汝勤趨庭。祝汝勿學我,赤霄奮雄鳴。孤雲飛寒原,鶺鴒有深情。

至樂走馬獵,好之能發風。君看日月耀,自在金庭中。聖人守中規,塞極乃得通。所以苦縣言,天道猶張弓。

少小昧義根,探珠云可得。歲月難把玩,冉冉向不惑。墜緒既微茫,賢關屢開塞。一室且蕪穢,況乃活邦國。逝將耕守田,稼穡在玄默。

我友兩三人,夭枉皆未仕。覃思頗追古,苦節洵求己。彼貽君房言,我懷貢公耻。何知彈指間,相率赴蒿里。使我爲塗人,學問失綱紀。老驥疲欲休,修畛浩無止。俯仰百慮煎,耿耿或可恃。

我愛陶夫子,逸氣含清真。遺民耦柴桑,默語如飲醇。有時荷鋤歸,悦喜良苗新。薄醉便忘天,急觴欲椎秦。後此李謫仙,胸中亦無塵。王侯輕蟬翼,紀叟獨殷勤。以我學二子,頗覺風期親。有如桃花源,漁子能問津。傾壺就釣碣,漉酒裁疏巾。安用聖人爲?臣今中聖人。

和形贈影

海鯤能化鵬,麥有爲蝩時。當其鵬與蝩,故我豈戀之。如何我與爾,百年拘繫兹。雖非膠漆堅,坐卧如有期。不見爾去我,爾又無留思。日月兩跳丸,俯仰情淒洏。去去躡紫庭,愆室恐受疑。屋漏如可葺,爲我商一辭。

和影答形

一鏡持照君,盡見君妍拙。餘鏡復照我,鏡鏡皆肖絶。君我同鏡華,等無可喜悦。念居歷劫中,幾聚還幾别!君清我之明,君没我之滅。終無至人術,水火不濡熱。感此相因依,微分爲君竭。木葉將幹殼,一視無優劣。

和神釋

我在天地間,肖貌則斯著。刀亡利可滅,我獨無新故。譬造土偶者,泥水相依附。泥潰復歸土,曾聞昔人語。今我與二子,假合爲同處。我動爾豈知,爾行我仍住。生滅一曙間,那復由氣數。多君束縛我,遣作閑家具。冰炭成哀樂,波瀾生毁譽。如今棄不將,不待將不去禪家有死時將不去之説。猛虎在山林,獨往無怖懼。至人如孩提,不學兼不慮。

和辛丑歲七月赴假還江陵夜行塗中口號 昆陽舟中遇雪作

歲暮多烈風,同雲復冥冥。遭迴百里間,亦似千里情。憶我寒梅花,兹晨笑柴荆。喧啾下鳥雀,剥啄來友生。豈知孤篷下,一笑雙眼明。泱泱文澌流,遥遥巖岫平。舟重既晨發,路迷且宵征。所欣豐歲祥,農扈可以耕。兼悲凍死骨,不見蔓草縈。一觴酬袁安,愧爾千秋名。

和與殷晉安别 送天河令徐孟新

臨歧多淡然,别後心長勤。況兹萬里游,隔我平生親。彩紟入膠庠,得子成芳鄰。俛仰二十年,不異夕與晨。循道豈有殊,眷此行藏分。我居子獻策，荏苒逾冬春。人歸箯盍簪，客去詠停雲。章縫及銅墨，笑談阻清因。所願酌貪泉，不改吴生貧。上言敬皇休，下言撫烝人。

和于王撫軍座送客 再送徐孟新

我昔遊西江，春盡花草腓。竹間墜猨狖，木杪聞催歸。子今行此道，我夢猶依依。夢中與子行，既覺乃乖違。交淡欲無言，事歡宜塞悲。群龍今滿朝，火辰揚其暉。贏糧兼策馬，尚恨功名遲。贈子青蘭花，以當瓊玖遺。

和答龐參軍 三送徐孟新

宜陽蠻蜒國，頗習中州言。蒼山擁縣城，隱几如丘園。閑咀馬檳榔，静詠春陵篇。喧喧銅鼓中，琴歌獨悠然。我欲往從之，奮飛無階緣。佇聞嘉政聲，憒憹當一宣。吾家老涪翁，清風滿江山。將子留妙染，餘事垂千年。

和乞食

方朔雖長身，侏儒頗笑之。貧欲去揚子，避席反遜辭。嗟余累口腹，此日貿貿來。堂下設粗食，筵前置殘杯。對之騂我顔，强詠衡門詩。事事遜淵明，獨如彼寡才。才拙性復剛，我窮真自貽。

和連雨獨飲

影與我爲雙，無解此煢然。孤斟勸我影，終勝監史間。缸花艷深杯，起舞聊蹁躚。欣慼兩何爲，我上不有天。天豈讓一夫，久處安排先。乘流且安行，遇坎當徐還。庶幾風波中，養此草木年。不見桃李花，去去無多言。

和詠三良

忠臣死社稷，忽若鴻毛遺。不聞棄髮膚，下薦螻蟻微。堂堂百夫特，殺身奉恩私。清血沾便房，遊魂依繐帷。小節亦何有？君德良已虧。不見蹇叔徒，黄髮各有歸。蒼然墓木拱，死豈忘塞違。遺風既墋黷，容悦更相希。詐泣與佞哀，生作牛山悲。吾誠愛吾鼎，不願衣人衣。

和詠二疏

仕宦如飲酒，酒半當辭去。環坐式號呼，寧復有佳趣。二疏昔在漢，抗志黄鵠舉。天子重元寮，儲君惜賢傅。韭遁竟超然，歎息動行路。便便誇毗子，登隴左右顧。進慕鍾鼎擅，退邀朋黨譽。白首纓華簪，此豈真急務。陶公棄五斗，千載符風素。高車感傾覆，曠語發深悟。伊余老匹夫，無復羈絏慮。富貴倘不免，斯理久昭著。

和詠荆軻

六國本蚩蚩，弱姬而爲嬴。前鋒指督亢，太子呼荆卿。雪泣視日影，戴頭入咸京。金注豈再擲，不待彼客行。秦强資盗馬，楚霸用絶纓。取士以度外，能屈四海英。憶昨燕市上，劍歌有雄聲。狗屠與漸離，皆足托死生。拈掇苦不廣，自致七匕驚。丹誠昧大計，軻亦負虚名。客中有此奇，寄在何門庭？早進黄金臺，當值數十城。在燕非一昔，臨發乃經營。豈唯劍術疏？好謀不好成。千秋博浪椎，一擊非凡情。

和癸卯十二月中作與從弟敬遠

偉恭初爲博士弟子作此示之

毛義非通人，意與當世絶。撫兹劬勞願，衡門未能閉。寄食漂母餐，養高袁安雪。進退欲如何？終然抱孤潔。今朝講肆開，俎豆爲爾設。躚躚媚學子，遊戲亦可悦。所願遵周行，前修有芳烈。既擷三春華，仍存貫霜節。吾衰甚矣夫，丘園將牧拙。不見同人爻，語默本無别。

和答龐參軍 送侯生記原游北雍

養真衡茅，我讀我書。瑶珠玉璇，斐然清娱。豈無雅曲？駭彼爰居。子非侯芭，載酒吾廬。子有群從，維席之珍。穆穆醇酒，不可疏親。草木同臭，矧伊喆人。一室邈然，天涯比鄰。嘉運遘會，撫情孜孜。天閽既開，將子謁之。策爾名驥，陳我佹詩。嗟老羞卑，亦匪我思。緩子旬日，終當離分。子遄行矣，謝慼招欣。屹屹燕臺，亭亭吴雲。豈必風翮，嘉聲遥聞。八音綢繆，黄鍾獨鳴。梟盧先得，陋彼擦零。祈祈國胄，集于上京。鵲起爭高，龍盤靡寧。陶陶朱夏，颯來雄風。六翮既齊，在盈宜沖。抗手一揖，鼓琴三終。爰贈爰處，各敬乃躬。

和讀山海經十三首

陶詩多遊仙語，坡公讀《抱朴子》和之。予讀陶隱居《真誥》有感，聊倣兩公之意。

今日晝景清，雨翻蕉葉疏。真氣一回薄，虚白生我廬。緬懷千載人，授記得奇書。中苞仙五品，旁載鬼一車。華陽有高隱，靈筆勤記疏。開帙再三歎，我豈火宅俱？願學張激子，闖然遇山圖。慧業有先後，精誠或相如。

隱居高蹈士，長揖賓龍顔。靈風結遐想，駐彼無窮年。千秋征虜亭，不遠句曲山。吾欲劇醪醴，誰當餐至言？

我聞興寧中，龍書滿山丘。許君及楊羲，靈氣相與儔。真經有淵源，此書導其流。逝追長史轍，改字爲遠遊。

仙人紫清妃，偶景匹陰陽。假合夫婦名，二曜同久長。凡夫想搔背，終不見神光。咄哉張陵術，誤人赤與黄。

短世積悲愁，慾房生愛憐。舟車載人罪，送入羅酆山。高真發慷喟，嚾嚾有苦言。世智等蜉蝣，不思龜鶴年。

吾家子陽翁，服餌兼草木。頽齡九十餘，忍死卧空谷。朝剥桃皮食，莫赴黄水浴。丹成入霞門，玉晨光照燭。

阿映初得道，百鬼來太陰。周魴嚴白虎，捕詰紛如林。人馬忽驚散，空中有佳音。火鈴是何物，旌此勤苦心。

荆棘滿人世，中藏火棗長。剪棘出火棗，啖之亦尋常。鸞音唱作曲，鳳腦剖爲糧。來去若飛鳥，遊戲天中央。

天地昔崩分，英雄競馳走。秦項與曹劉，百戰爭勝負。下視山澤臞，渺然亦何有？豈知賓四明，坐落此曹後？

琅花非一葉，丹爐滿山海。散形入空虚，無在無不在。十試一不過，退落俄成悔。風火誠可惜，日月不相待。

仙釋本一機，如月在摽指。因煩而領無，此事出生死。内欲存中黄，外不遺踐履。三官倘鈎考，虚皇信可恃。

青鳥本凡材，朱犳實賤士。直以辛勤故，飇輪爲之止。高人體蕭蕭，視彼奴隸爾。有心如右英，得不許斧子。

浮世真肉人，前身忝仙才。清都有朋舊，聯袂望我來。歧塗與素絲，舉目堪疑猜。過此少味矣，我生豈徒哉。

和游斜川 游桃花磵觀水作

山行無前期，佳處輒小休。愛此巖壑名，慰我寂寞游。沿緣一水曲，目運心自流。洄洑類修蛇，呀呷如驚鷗。尋源忽而止，惆悵復經丘。丘中戴勝鳴，鬬鬭互相儔。農歌隔田水，此倡疑彼酬。丈人吾師乎，知有秦漢不？枕流雖未能，樂水且忘憂。顧慚濠濮趣，天機猶外求。

和癸卯歲始春懷古田舍二首 并引

沈生隱居城南，有地數百弓。鑿渠通水，雜植珍木。予與唐陳二三子，以春晴訪之。留飲海棠花下，遥望夾岸桃花，與平疇相映，悠然樂之。因取陶公語，名其亭曰“懷新”，並題詩二首而去。

在昔聞桃源，漁人一來踐。躡尋久未得，愴恨豈能免？番番市南翁，跡邇心自緬。力穡同齊民，傳家師上善。手植千樹花，春至令人遠。我行流水上，心蕩不知返。游侶亦相忘，緣源弄清淺。

舊穀滿場圃，知子良非貧。糟床注春醪，酬汝四體勤。開軒一笑粲，莫適爲主人。莽芽花乳香，鱠縷銀絲新。咄嗟行酒炙，童僕皆欣欣。中原有格鬥，行子勞問津。不能濟時代，甘與農圃鄰。逝辭謝景夷，來就劉遺民。

和止酒 并引

與偉恭共申戒殺之禁，因戲和陶公此詩。詩中有云：“好味止園葵”，是公亦學佛作家。

昔和岐亭詩，見殺即勸止。欲將不見聞，攝入見聞裏。邇來縱鸞刀，老饕何氏子。譬彼剛制酒，觸酒復歡喜。默思喪亂來，冤魂呼不起。糟豬恣咀嚼，春磨無天理朱粲云：醉人肉如糟豬，黄巢有春磨寨。是生皆惡死，何分物與己？己物即不分，微命亦同矣。斷殺有頓漸梵網頓制鹿苑，以來毗尼漸制，悲力無涯涘。縱嘲儒入墨，殺牛遜禴祀。

和停雲

黄文旦敬渝楚産也，談性理之學，兼通世務。以計偕路阻，紆軫過瞜，抵掌而談，有詩見贈。於其行也，和《停雲》詩答之。

密雲在郊，憯其思雨。瞻望金臺，道路修阻。傾蓋得朋，孤琴載撫。爾驂既停，我軥斯佇。有晦者學，千襥冥濛。我障我疏，如彼河江。月出皎兮，談話西窗。抗懷古初，掉鞅以從。春葩曜林，秋喪其榮。子落華芬，孔思周情。於古有言，斯邁斯征。尊聞行知，以勖鄙生。水有澄波，松無改柯。輿衛具矣，式鳴鸞和。旮旮蒼生，望子實多。我亦枕戈，如祖生何！

和示周掾祖謝 夏鎮謁先聖廟作

此邦本尚武，絃誦亦可欣。投戈拜宣聖，感彼歌風人地屬徐之沛縣，有漢高帝遺跡。我來訪遺黎，兵烽歲相因。膠鬻隔荆杞，狐兔競來臻。豪聖兩歇絶，英圖竟無聞。延頸待賊刃，拜跽良已勤土人云：今年流寇以三四騎穿土城而過，居人奔避不暇。其不及避者，皆長跽受刃，不復敢以一矢向。吾聞古黔夫，牧守祭四鄰。淮海未云晏，浩歎黄河濱。

和始作鎮軍參軍經曲阿 并引

過武城泊甲馬營驛村中，秈米已熟，居民頗有樂生之意。偶至野老周渭南家，與之談，有足異者。因誦陶詩云："目倦川塗異，心念山澤居。"次韻以贈渭南。

客行倦永久，晨夕無可書。此鄉風土佳，宛爾吴會如。青蘘繞場圃，皂槲垂交衢。中藏十畝園，溝塍自通疏。主人種瓜者，銀青莫肯紆。丁壯合二耜，兒童課三餘。我非賈大夫，思與季主居。冥飛學歸鴻，樂游隨儵魚。不知誰迫我，心跡乃爾拘。驅驅黄金臺，愧爾南陽廬。

和九日閑居 癸未九日寓京邸寄偉恭及諸親舊

羈心如秋草，方枯已旋生。良辰過我前，端憂乃無名。厲厲驚飈嚴，皚皚山雪明。朔雁流寒影，邊鞞動悲聲。古之豪俊人，感此多促齡。我獨胡爲爾，樽開且徐傾。平吟懷惠連，默對思公榮。知音不在側，何以訴中情？願爲雙飛鴻，羽翼不可成。

和己酉歲九月九日

晨風歙北林，好音時一交。聽之忽不樂，庭柯已秋凋。搔首望薊丘，策馬欲登高。終風卷蟲沙，萬里噎璇霄。沉歎自騷屑，斗酒蠲煩勞。酒半生清悲，焚我腸胃焦。遥遥知此心，獨有五柳陶。浮名棄之去，千載同今朝。

和贈羊長史 請假南還經樂毅墓作貽同年二三子

七雄昔横鶩，君臣相詐虞。明明望諸君，丹青炤遺書。金臺久摧塌，丘隴存舊都。孰云土一抔，峻巇不可逾。我來觀國光，艱難撫皇輿。寤思明義存，寐與精誠俱。南轅過良鄉，拔劍心躊躇。騎劫今在軍，巖疆定何如？乾坤日蕭索，江海多榛蕪。問誰列周行，翕習乃多娱。壯士方虎步，廟謨慎勿疏。西當封崤函，南請懲荆舒。

和還舊居

俶裝已傷離，望門反愁歸。吾生如波瀾，流坎皆可悲。潛身學閉關，卷舌謝百非。玩思天地心，編剗古所遺。真交二三子，相見語依依。譚諧未及終，急景已相催。萬境如簷花，當盛便有衰。童子勿弄影，憂樂付一揮。

和歲暮和張常侍 寒夜與所知小飲

朔風鳴枯桑，寒冰合井泉。萬物皆知時，夫我獨何言？翳翳掩蘭室，心思悁已繁。故人一來斯，音旨良未愆。問訊我無恙，單車度千山。笑指青鏡中，携此白髮還。暮景來飛騰，儒墨兩徽纏。坐忘先師訓，無聞送華年。逝水昧還期，菁華知暗遷。一觴且盡醉，醉醒兩茫然。

和乙巳歲三月爲建威參軍使都經錢溪 送侯生智含看梅西山

西崦有佳花，首春煙霧積。良游阻塵鞅，耿耿懷在昔。野寺流晨鐘，雲林矯風翮。湖山光皎鏡，千里如不隔。之子天機深，平吟謝形役。一持金石韻，如與清賞易。幽悰方悁勤，況復暫離析。寄言山中人，參取庭前柏。山中有僧，談臨濟禪，智含將從參學。

和詠貧士七首

平生蹈丘軻，遇物心依依。孤燈倚空壁，思借寒女輝。力少意自多，如走不逐飛。盛夏賦行役，凌冬復來歸。崎嶇何所得，所得寒與飢。逝展丈夫雄，永釋兒女悲。

我興曠古懷，不見羲與軒。章韍豈不好，未能易丘園。疲馬愁路歧，破劍銷炎煙。曷以抗老飢，道書讀且研。南鄰不厭余，講德有微言。原憲蓬蒿人，誰謂賜也賢。

孫登彈一絃，陶有無絃琴。宮商雖巉嶬，千載流孤音。客有爲余言，枉尺蘄直尋。軒渠聊對客，酒貴吾不斟。亭亭山上松，高節爲衆欽。孰云異語默？而不同此心。

朝得故人書，緘題日在婁鄭同年寄書至。開緘釂十觴，天末遥獻酬。杞國憂天傾，嫠婦恤宗周。哀哉許汜輩，乃懷田舍憂。赤風蕩中原，飛鳥亡其儔。傾筐謀一醉，已矣慚苟求。

坎坎伐檀者，乃在河之干。山榛有深思，退隱於伶官。吾道若拱璧，豈以貿盤飡？應知賢達人，亦迫飢與寒。清風灑空虚，永慕陋巷顔。猪肝累鄉邑，去去之河關。

落花墜茵席，其半隨飛蓬。緊豈賦命殊，無心成化工。絳灌排賈生，何侯薦兩龔。得失自在彼，屈伸將無同。默思塞翁旨，固窮有餘通。逃富豈情歟，執鞭未可從。

好游非蜀嚴，亦歷四五州。出處雲無心，頗與簾肆儔。滅釜燃孤炊，投錢酌清流。我生如百草，遑代春雨憂。客來仰屋梁，有諂多不酬。問我何苦心，居貧宜進修。

和雜詩十一首

劫風吹南山，化作海底塵。四大互騰轉，忽然有吾身。狂馳百年中，擾擾分怨親。豈知冰炭懷，静與虚空鄰。有生會歸盡，有夜會嚮晨。星燈兩翳幻，吾將問化人。

精衛何其愚！填海欲成嶺。夸父持杖走，猛氣逐日景。彼爲不可成，至竟同灰冷。余持一寸膠，澄彼江漢永。大明抉陽烏，螢尾滅無影。儒門誠淡泊，分道貴同騁。身中草賊敗，信矣煙塵静。

細物有蚍蜉，撼樹不自量。下士笑大道，如路擬諸房。翼然望觚棱，何者爲中央？河汾稱釋迦，龍門紀伯陽。信美未探本，多歧誤羊腸。

夸者爭榮名，幾人能至老？孔翠傷其尾，明膏不自保。中台星未坼，金谷酒將燥。此時褰裳去，豈非見幾蚤。咄哉彼蜣螂，丸糞死猶抱。相牽入禍門，歎息復何道。

拔劍登高臺，曠望悲楚豫。誰爲虎傅翼，餧肉使騰翥。厚下有長策，兵食急可去。如何截足趾，而爲適屨慮。維水載覆舟，民情兩相如。奔鯨挾駭浪，跌蕩安得住。平生湖海客，高卧恐無處。棟折將壓人，國僑能無懼。

醜者自云妍，言醜輒不喜。撫鏡百醜呈，何與言者事。刀蜜不可嘗，諫果有深意。古來苦硬人，我獨不相值。飛光轉簷宇，流暮何其駛。四十嗟無聞，百念都棄置。

正風何沖融，楚騷淺以迫。元封逮建安，祖述遞阡陌。波瀾漲庾鮑，酋帥雄甫白。崎嶇文章境，坐使堂奧窄。吾觀道與文，不啻分主客。永言思無邪，性情有真宅。

漢儒于六經，寢食猶農桑。千百存什一，踳駁米與糠。後人恣揀汰，適道資贏糧。回斡倖雲漢，條通儷陰陽。我耕君食之，此意勤可傷。側聞斵輪言，冥會神無方。林中日觀易，如舉瑶池觴。

昨預曲江游，龍樓拜玄端。有詔推史才，慚愧丘明遷。貞女恥自衒，硜硜已華顛。我豈利齒哉，名可噉而湌。東方隱金門，龐蘊空世緣。季孟參處之，志在淵明篇。

高人夏仲御，木石隱會稽。兒撫賈太尉，拂衣歸蒼崖。阮公稱曠達，奇志寓詠懷。竟造九錫文，此穢天可彌。君子終日行，不使輜重離。應龍潛玄闕，曷識剪與羈。寙乎飄風旋，不消還不虧。

鑠石始南薰，折綿始微涼。秋鴻隨陽來，春燕定巢梁。喆人見未形，如矢來無鄉。風詩戒綢繆，周易謹履霜。此意久欲吐，復恐吾言長。

和歸田園居六首 并引

予欲耕無田，欲灌（案：原誤作觀）無園，偶讀容城先生和陶詩云："安得十畝宅，背山復臨淵。"是亦貧者之作也。因本其意和之，使偉恭諷於座隅，以爲嬉笑焉。

家無環堵宫余隨家大人僦屋以居，所至思買山。何異俟河清，人壽期千年。安得如古人，采山復臨淵。敬受十賚文，賚以北阪田。巖棲高百層，老屋餘三間。湖江流東西，竹木縈後前。中央置講堂，文史浩如煙。歌風復蹈雅，樂死忘華顛。此意恐蹉跎，飛光去閑閑。畫餅不可食，詼諧聊復然。

櫪馬貪棧豆，至死困羈靮。涸魚縱老湫，豈復有還想！物性限通塞，喆人矢長往。逍遥漆園吏，簡潔彭澤長顔延年《陶徵君誄》："廉深簡潔"。天全不求鑿，性褊聊自廣。脱略世教外，報我以鹵莽。

菊潭有甘泉，飲者壽古稀。華陽有真境，游者憺忘歸。安得乘飛輪，靈風卷行衣。選麗盡所愜，研神永無違。

村甿不解事，妄意城市娱。豈知金閨彦，亦復懷村墟。超遥至人心，適我成安居。視世等塵露，視身同橛株。樂是蓬蒿間，中心常晏如。東鄰牙籌多，西鄰木石餘。雅俗更相誚，至竟皆空虚。爾有倘非有，吾無豈真無。

天道夷且簡，人情險而曲。乘雲招松喬，高屋翹吾足蘇耽詩："翹足高屋，下見群兒"。柴桑有深意，會者唯玉局。酣歌豈足恃？日月如轉燭。冥靈忘春秋，朝菌限昏旭。

吴山如好女，恣態浮綺陌。往買二頃田，飲河心易適。梅開玉雪眩，楓落霧雨夕。五湖白浩浩，攬取入簷隙。花鳥吾友于，文賦爾僕役。野老課耕牧，家人勤紡績。此意信悠哉，夢遊果何益。

和擬古九首

嚴雪秀松柏，勁秋凋蒲柳。貞脆各有終，金石獨堅久。鬱鬱復鬱鬱，起坐思親友。出門無所見，入室斟吾酒。山川多白雲，契闊兩愧負。非無千黄金，不敵寸心厚。寸心豈云多？市道乃無有。

朝見東日升，暮見西日終。咄哉宴安毒，懷之劇兵戎。大禹惜寸陰，卓爲天下雄。千秋長沙孫，榮木悲勁風。往古去不極，來今浩無窮。詎忍學草木，悠悠時序中。

亭亭采桑女，清光映城隅。羅衣形纖手，皎若春荑舒。芳風何飄颻，薄暮歸重廬。行子皆歎息，願言與之居。空簾隔星漢，白露委蘼蕪。淵意不可道，蹇修定何如？

步上姑胥臺，悲風來大荒。古墳何嶕嶢，下有黄金堂。寶衣化寒灰，月露浩茫茫。前朝割據時，復作繁華場。侯王及厮役，聚斂歸北邙。感此拔劍舞，青山爲低昂。秉燭方視夜，欻忽明東方。我非好名人，亦起羊公傷。

秦王索趙璧，舉國莫能完。相如睨殿柱，猛氣沖危冠。歸逢廉將軍，煦嫗有好顔。兩虎不私鬥，丸泥封函關。奄奄曹李徒，竟死持兩端。如彼千歲狐，伏匿辭抨彈。道遠識良驥，鳥多知孤鸞。惻愴無衣子，誰爲共歲寒？

弱年見承平，自謂長如兹。一從更事來，世已非前時。雕虎横井陘，黄流混澠淄。仗劍出門去，行行復狐疑。路逢季主儔，問彼龜筴辭。龜筴不我告，黽勉自研思。仁義心所安，皇天吾不欺。瀉水置平地，東西任所之。撫琴操猗蘭，亂之以佹詩。

華月漾閨景，絲管含清和。美人如飛鸞，楚舞能吴歌。歌竟蘭膏滅，永夜歡情多。嚶嚶巧言鳥，榮榮朱槿華。華落鳥飛去，愉艷其如何！

萬物互膠輵，至人獨天游。太倉含稊米，稊米含九州。心棲無何鄉，水定橋自流。纖塵點靈臺，蔽翳同山丘。堂奥開西竺，合轍推莊周。斯言有妙理，當以寂寞求。吾友夏子云："列子近仙，莊子近佛。"

崇蘭有遺芳，幽谷行采采。斯須落鮑肆，坐覺清芬改。脂車適崑丘，檥舟濟滄海。日短道路長，況復堪久待。潔清存靈神，矢之以靡悔。

和時運 再游城南沈氏園亭作

翩翩同人，藹藹芳朝。非駕非舟，即彼近郊。新蓱泛沚，温煦凝霄。一雨如絲，溪卉皆苗。悠悠方塘，我纓既濯。膴膴清畛，載游載矚。時節來斯，悵如未足。寓目成賞，式陶且樂。昔經魯邦，吟詠清沂。古人邈矣，浩歎遄歸。蓏香在懷，獨絃是揮。豈有榮名？投竿以追。班荆蔭松，指曰吾廬。雉雊登壟，鷗行炯如。弟子撰杖，先生提壺。物我欣欣，一歡在予。

和勸農

維我海壖，雜居四民。兼貧擅富，滑其醇真。流庸失業，旱蝗相因。易子而食，幾如宋人辛巳歲大荒，民相殺食。稽古農皇，爰及唐稷。無有舄鹵，而不播殖。吉貝麻麥，功比力穡。孰云療飢？必需鼎食。有渰春興，膏此原陸。牛犁整齊，男婦悦穆。隻雞祭社，其至醵逐。坐賈行商，不如野宿。博戲誠樂，呰窳難久。居有僮指，出有鄰耦。古稱區種，十斛一畝。棄稷弗務，咄汝游手。樂歲厚積，凶猶勤匱。有匱靡積，汝復奚冀？肥磽同疇，勞逸異至。驗彼收穫，惰農斯愧。同是烝民，或生邊鄙。燋爛有期，鋒刃是履。此焉不思，禍災一軌。爾耕爾畬，一變俗美。

和移居二首 移家寓邱氏鄉園作

我營瓜牛廬，君乃推大宅。暑借竹柏陰，寒庇風雨夕。一從懶惰來，事事避形役。不能理牆屋，幸許均茵席。身非漆園吏，蘧廬如夙昔。來此誠偶爾，去彼非蕩析。

鄰翁天機深，不讀書與詩。我爲道今古，耳學頗有之。日出長營營，日入無所思。青青舍北松，識彼年少時。見人無揖讓，親疏並如兹。祝爾勿入城，恐遭童子欺。

和和劉柴桑

我經山澤間，細行每躊躕。今兹荷天力，靜寄田園居。牆連友生家，竹映從弟廬。流水周屋下，雞鳴應遥墟。閑訪齊民術，精微在菑畬。井臼時一操，習氣通勞劬。賓階緑苔長，蕭散禮數無。去去久如兹，人代自相疏。默哂桃源人，衣食煩百須。彼居既不出，我往定焉如？

和庚戌歲九月于西田穫早稻 并引

伯父正宇先生，老於南畝，種樹穿池，皆有深意。予移居相近，日盤桓場圃之間。因倣坡公意，取淵明詩有及草木蔬穀者，次韻五首以呈。

西郊青冥色，在此長林端。主人未梳頭，先報竹平安。風吹雨裛時，客來但遥觀。獨行籬落中，細斬惡竹還。今年驚蟄早，筍萌破春寒。烹煎雜羹臛，饋餉周貧難。我來吟空庭，高興不可干。横空一縞鶴，識此清癯顔。此君本蕭蕭，與世無相關。兩袖清泠風，相對亦可歎。

和丙辰歲八月中于下潠田舍穫

旄桃結水濱，雀梅出牆隈。我涎如饑蛟，飽噉兼袖懷。園丁裁接時，巧與物性諧。澆培三四年，根高可棲雞。曾愛花萼好，提壺賞周回。再來見緑葉，節序迅可哀。舍南葡萄藤，滿架微花開。清香落巵酒，玉山自傾頹。野芳遞滋蔓，野情無張乖。尋玩草木性，甘從山澤棲。

和五月旦作和戴主簿

村居如修齋，餅罍笑艱窮。有時思雞豚，往預社案中。獨有三畝園，藿靡無凶豐。新蕨養耆齒，老韭延温風。閉門種蕪菁，可禦一歲終。食肉智常昏，采山趣彌沖。堯禹真父老，未謝玉食隆。棄機從漢陰，礪齒懷碧嵩。

和酬劉柴桑

芝菌含雲氣，不屑生道周。紫蘭本孤芳，抽莖待素秋。獨有大宛麻，扶疏繞西疇。八穀性雖良，能復勝此不？服胡麻能斷穀。陶弘景云：八穀之中，唯此爲良。服食嗤子房，赤松豈堪游？

和和胡西曹示顧賊曹

芙蕖開方塘，晨朝倚輕颸。有如翠幕中，秦女卷紅衣。玄天一滴露，夜氣杳微微。浮榮笑朱槿，假色羞戎葵鄭樵云：女人以葵漬粉，傅顔爲假色。我來高柳陰，默坐觀盛衰。畏此芳香散，卻扇不敢揮。魚鳥日親狎，悄悵歸田遲。蒲荒菱復少，池上含空悲。

方以智和陶淵明飲酒詩

和陶飲酒 辛卯梧州冰舍作，尚白倡之

論詩於陶，不必其《飲酒》二十首也，和者風其風耳。栗里如故，葛巾常著，豈非天乎！余雖不飲，倘然若醉。不飲非戒，亦非不戒，余當爲淵明受雙非之戒。

舉世無可語，曳杖將安之？殘生不能餓，乞食今何時。東籬一杯酒，遺風常在兹。赤松言辟穀，其事終然疑。容易一餐飯，此鉢原難持。

北窗草木盛，壁立如深山。四顧雖無人，可歌不可言。短歌四五字，上下嘗千年。終古北窗下，一片心誰傳？

多生此世間，安問情無情。古書書何字？名山山何名？死死者不死，以死知其生。儻然遇虎狼，徒步能無驚。安坐愛邊幅，聞道何年成一作推琴安卧耳，燈影不求成。

子安問黄鵠，萬里將安飛。四面一作八極紛茫茫，中路能無悲？三萍飄大海，風波還相依。安得如海潮一作潮頭，朝夕自言歸。一經亂離中，盛年忽已衰。有心不敢椎，有口常猗違。

十年避亂走，畏聞人語喧。天地已傾覆，何論東南偏。網羅不可脱，殺戮到深山。有路不早達，無家何用還。所以蝸牛廬，十問無一言。

帶索與披裘，素心只如是。被髮如佯狂，高冠不妨毁。葛巾漉更着，古人聊復爾。大布苟禦寒，自不用羅一作紈綺。

衰柳蔽秋日，黄華紛落英。慨然一念至，一往無人情。不知地氣熱，不知天河傾。溪水日夜流，蟋蟀隨時鳴。哀樂所不受，樂得蜉蝣生。

庭前養白鶴，枉惜凌雲姿。珊瑚施鐵網，安貴瓊樹枝。寄信三青鳥，所言何太一作大奇！頽然厭斯世，長年復何爲。山中愛神駿，不用黄金羈。

荆扉當谷口，一徑臨流開。逍遥足千古，想見前人懷。珍重此顛沛，自問何當乖。所見不空曠，長林如羈栖。出門風以雨，杖履皆汙泥。洸洋任蒙莊，志怪聽齊諧。直下無可悟，悟者天然迷。途窮亦常一作嘗事，何用慟哭回。

自然林藪命，何論天一隅。風波卷地起，蓬瀛一作海皆危塗。一進不能退，枉爲世所驅。到處容木榻，抱膝原無餘。自非一莖草，廣厦難安居。

詩書不忍棄，但讀勿復道。此時合牆壁，對之可以老。冷灰自爆豆，銜木定枯槁。客來問此意，慎莫自言好。洒墨無黑白，白室以爲寶。猛火爐無煙，香氣出林表。

生有幸不幸，士誠難此時。衣冠飾劍珮，人人能言辭。一當刀鋸前，風流誰在兹。黄金畏衆口，白璧翻自疑。妻子不相信，何怪朋友欺。古人故獨往，不知其所之。

流水不曾流，滚滚桃源境。隨流見此句，萬年不須醒。講經誠多事，高卧自能領。長夜幽漫漫，無所事毛穎。寧當化流螢，草間飛炳炳。

孤島越洪濤，人人有路至。但笑不復言，見者以爲醉。石火電光中，死生見語次。直立塞天地，横議何足貴。一瓢赤倉米，幾人知其味。

我聞鄱陽岸，尚有淵明宅。尋陽彭澤路，所至傳遺跡。亂後村煙少，千家不滿百。匡廬三疊泉，□□案：此二字漫滅不可辨，人或以筆補"歷年"。安徽博物館藏清初刻本《浮山後集》作"至今"。見任道斌《方以智的〈合陶詩〉》，《文獻》1983年第4期。飛空白。余時寫一紙，自病自愛惜。

常翻《博物志》，流覽《神異經》。飛身不可信，黄冶知無成。篝燈對古人，開卷嘗三更。風雨不出户，披衣周中庭。閉目若有見，兩耳時一鳴。蠹魚成神仙，此是天地情。

我歌君和之，滿座生淒風。聞者數行下，一句三聲中。咫尺竟阻隔，言語不得通。終當合神劍,何必求遺弓?

忽忽四十餘,努力何所得。讀書好山水,此中頗不惑。狂瀾久洶涌,一簣何可塞?人生是行路,招魂還故國。吾道何所言,相視但嘿嘿。

豈少五斗米,乃公多一仕。貧賤分所甘,何必求知己?青蠅爲弔客,自聽溝渠恥。獨以老親故,淒然念鄉里。老大愛忘事,甲子猶可紀。人傳鳳凰山,枳棘非所止。寧且隨鷦鷯,一枝良可恃。

修士多顧忌,吾寧率吾真。末世風俗薄,猶喜山中淳。終歲無聞見,但道禾苗新。雖歷干戈後,口不言胡秦。茅屋各相望,永無車馬塵。始知衡山懶,無異丈人勤。遠公不飲酒,偏與陶公親。飽食但高枕,絶跡不問津。有時濯清流,漉以手中巾。古今不同調,同是羲皇人。

舒夢蘭和陶詩

戊午臘日映雪讀陶詩有感因和飲酒廿首上弘雙豐將軍

暮雪愈明快,游眺乏所之。朗吟淵明詩,想見傾觴時。八埏曠以潔,酒德良若兹。飲水亦能豪,味道方無疑。慚余不解醉,一編空自持。

採薇亦易飽,寧必登西山。濟世貴崇德,寧必資繁言。先生落塵劫,不欲希長年。詩篇聊寄情,不欲時人傳。

直道共今古,人誰愛其情。末俗飾私智,因之爭利名。孔顔憂世亂,莊老全性生。志業初無殊,寵辱惡能驚?區區小人儒,比比誇宦成。

嚴霜凋弱羽,敢向寥天飛。冥鴻慕高舉,折翅鳴尤悲。孤雲失其群,雨意將何依。於陵有遺宅,負耒今來歸。耕植雖云勞,精力尚未衰。勉勉百年内,所性期無違。

一雪淨五濁,市聲不敢喧。立賢允若兹,何憂習俗偏。疾風偃萬木,巍然見東山。圍棋未終局,已聽凱歌還。任相得其人,外患奚足言?

衆口鑠堅金,能令非作是。所以志學人,達生齊毀譽。呼牛偏應馬,玩世聊復爾。擁爐看冰山,羊裘傲羅綺。

秋蘭脱艶骨,聊爲衆草英。清霜倘無怨,摧之殊不情。佳人一顰眉,下蔡猶能傾。胡爲兩龍劍,挂壁空悲鳴。掀髯發長嘯,浩氣凌虚生。

獨鶴鎩其羽,終抱沖霄姿。棲烏總無定,繞樹爭一枝。飛潛雖異勢,識者將誰奇?卑卑徇所欲,蠢蠢何能爲?王喬若見招,矯翼離塵羈。

六花無一葉，億萬同時開。天地爲改色，能舒曠士懷。至樂在幽獨，時命何妨乖。鷦雛思遠害，猶弗羞卑棲。螣蛇雖乘霧，猶尚蟠汙泥。小儒弄章句，動譏世不諧。道爲適治路，語此輒復迷。無怪竹林叟，青盼終難回。

四維何由張？所賴修廉隅。臣貞與婦節，異趣歸同塗。林淵忽騰沸，鸇獺爲之驅。試問獺與鸇，果腹應有餘。胡爲亂魚鳥，不使安其居。

雙公將相才，得力在明道。五十尚無子，蕭然樂貧老。卧疾手一卷，身心任枯槁。我忘公鬟白，但覺鬚眉好。魏徵詎嫵媚，忠直爲時寶。矯矯若木枝，獨出青雲表。

虬松挺勁節，千歲猶四時。炎涼亦常態，霜露皆難辭。人或謂爾拙，至巧良在兹。盛夏不爭妍，後凋奚足疑？回春須大力，弱卉徒自欺。把酒屬蒼松，固窮當共之。

彭殤原一轍，夢覺爲兩境。四座皆屠沽，莫辨醉與醒。振衣高無難，所貴得要領。不使錐處囊，何從覯脱穎？虎羊若同鞹，寧須誇蔚炳。

飛霜纔幾時，倏已堅冰至。禦寒乏善策，相恃惟一醉。生死速傳郵，所在皆旅次。可怪暖姝士，但喜身前貴。没世苟無稱，鼎食亦何味！

吾家業農圃，密邇徐孺宅。湖東颺清風，行吟弔遺跡。賢才僅什一，爵位盈千百。即使官得人，猶難辨黑白。陳蕃亦徒勞，反爲先生惜。

務本當務農，讀書當讀經。勳業本公物，何必自我成。時平養庸懦，事久生變更。懷襄試經濟，鯀禹分徑庭。重華實潛龍，三載不一鳴。恭默裕霖雨，慰我蒼生情。

憶昔登嚴陵，緬懷高士風。漢東誠可仕，卒隱漁釣中。顧我何不才，射策求自通。感此擲柔翰，罷獵無須弓。

弱冠業虚文，亦嘗務苟得。漸知患所立，始悟初心惑。人情惡苛斂？士習矜孌塞。民吏既相讎，誰復憂君國。所以陶徵士，銜杯學淵默。

讀書三十年，不覺臻强仕。禄養已無及，求伸慮枉己。聞道殊未先，雖賤不遑恥。但思春事作，負耒歸田里。農隙戲丹鉛，得善聊私紀。名山詎敢藏，良用師仰止。幸無膏粱癖，一飽尚可恃。

貧交亦頗衆，難得如公真。聰明不敗道，學養何其淳！追陪逾五年，舊情彌日新。耆炙有同味，何論吾與秦。深心絶淺語，至性離纖塵。於我獨嗜痂，禮貌偏劬勤。慚無分寸長，負此平生親。欲别輒垂淚，遂久迷歸津。公守帶礪盟，我著漉酒巾。雲泥雖異趣，同作昇平人。

和淵明雜詩十二首答印香將軍霞軒世子之問兼呈永大貝勒丹益亭上公 丁巳

積善可崇德,山嶽基微塵。無爲小丈夫,汲汲利一身。物我不能化,鄙陋誰與親? 孤生亦孤死,骨肉如比鄰。高義久落落,不翅星在晨。何期兩王子,尚友羲皇人。

青松抱奇節,托根在重嶺。雲壑鬱蒼翠,因之點寒景。徘徊聽風濤,日暮衣裳冷。陽春别已久,晷短憐宵永。剪燭各回顧,人人對孤影。結駟擁高牙,壯心思一騁。途窮始聞道,性體原虚靜。

得隴必望蜀,人慾未可量。果傳縮地法,反傲費長房。循環無初終,何者爲中央? 太極握元宰,平半分陰陽。治亂古相準,先儒空斷腸。

守雌任自然,吾最服莊老。齒亡舌猶存,壽命可長保。道原同矢直,性本如弓燥。性道不相違,致身何必早。將軍好禪悦,妙理盈襟抱。恥學名都篇,走馬長楸道。

大孝未易稱,厥功在底豫。祥麟與威鳳,德至自騰翥。玉笥黯愁雲,孤翔不忍去。九歌裂金石,短節懷長慮。鄭袖癖申椒,芳蘭豈能如? 行吟寄怨慕,卜居商去住。畢竟赴湘流,鳴冤亦無處。何妨學守辱,懵懵銷疑懼。

至樂在平淡,無憂亦無喜。凡愚乏深識,務作驚人事。此得彼必失,稱心緣敗意。榮枯相倚伏,盛年難再值。羲和性浮躁,縱轡各奔馳。勉旃竭吾誠,是非可姑置。

諸賢學强恕,性善非督迫。玉葉離雕鏤,芳聲騰綺陌。我質同蒹葭,蕭條風露白。但覺煙波寬,詎憂雲路窄? 感君知我拙,始作王家客。苟弗事忠告,何如反敝宅。

民生無多途,所恃惟農桑。織女安敗絮,農夫咽粃糠。輿臺厭錦綺,犬馬輕芻糧。逐末恐戕本,抑陰當扶陽。文王真聖人,視彼恒如傷。閨門裕身教,雅化流遐方。豳風最宜人,歌此聊稱觴。

爲學始誠意,制之非一端。禮法爲藩籬,勿隨外物遷。念從廣漠起,引至蓬萊巔。腐鼠詎敢嚇,高霞良易湌。聲色固可娱,畢竟多邪緣。吾當墮此障,愛玩過詩篇。

麗賦亂人意,荒唐不可稽。楚襄才宋玉,豈盡無顛崖。名流厭卑俗,寄託舒狂懷。猶言芥子内,休休納須彌。詩禪既破參,作語翻迷離。終當意逆志，莫爲塵網羈。吾目爭三光，一指能蔽虧。

樂生負奇才，歌嘯殊悲涼。著作方鄒枚，先我來游梁。相視即莫逆，豈僅憐同鄉。君侯幾面失，何況葭中霜。聞平信賢藩，禮士知所長。

吾王服恭儉，振振大君子。軒軒賢父兄，桓桓自相倚。限韻徵芻蕘，言多愧條理。

和陶詠貧士寄懷葉石屏楊執吾涂西橋三丈

孤雲不出山，何至失所依。無端學爲霖，冉冉彌春輝。飄風殊忌才，吹作旋蓬飛。轉羨樵蘇人，日暮行歌歸。對此發靈悟，至樂忘輖飢。飢寒固可憂，且免岐路悲。

衛公昔好鶴，亦使乘高軒。胡爲學道人，反恥居田園。吾形實委蜕，寧必圖凌煙？志降身始辱，心清理易研。假令身化鶴，乘軒奚足賢？

三子極蕭淡，各有無絃琴。南中金石交，獨我知此音。錢神既絶跡，病魔復相尋。憂之不能寐，薄酒聊自斟。慚余拙彌甚，殊負遠朋欽。映雪和陶詩，一寄平生心。

和敬修擬淵明懷古田舍詩韻

華燈照一室，衆星反不如。螢火細已甚，聚之可窺書。從知貴守約，窮大乃失居。吾儕太平民，生涯在犁鋤。鼎烹非所羨，累世甘園蔬。春氣日昌昌，負暄依敝廬。泉聲浣塵耳，聽我言太初。

太初不賤貨，太初不貴德。並無貴賤心，君民如氣血。一體相流通，何須妄分别。群臣爲股肱，萬物爲毛髮。痛癢無弗同，寧忍互殘滅。慈烏自能孝，孤雁自能節。率性之謂道，經書亦饒舌。暮三與朝四，衆狙已大悦。狙公殊未仁，障目欺明月。

寒夕讀蘇和陶詩歎其知言偶用神釋韻作一首寄長六兩侄

見事貴明決，無微不成著。遠公絶靈運，實以心雜故。典午祚將盡，何勞别攀附。鷹鸇與鸞鶴，詎可同年語！倬彼陶先生，蕭條寄何處？酒德獨無僞，聊向此中住。自謂羲皇人，寧須悲歷數。東坡晚乃悟，貧不賣酒具。死生尚餘事，生平萬事足，所欠惟一死。東坡語也。遑復計毁譽。舟楫徒勞勞，終隨逝波去。吾寧學槁木，無喜亦無懼。滄桑一彈指，何從作遠慮。子由有云：淵明不肯爲五斗米一束帶見鄉里小兒。而子瞻出仕三十年，爲獄吏所折困，終不能悛，以陷大難。乃欲以桑榆之末景，自托於淵明，其誰信之？嗟乎！子由殆恐後之人議其兄不審進退，故作此悲憤語耳。究之淵明、東坡，遭際不同，出處遂别。所謂曾子、子思，易地則皆然者也。吾侄幸勿以躁進訾蘇，亦勿以忘世疑陶，則兩得之矣。叔又筆。

和詠二疏寄兄子長德

太傅好兄子，樂隨家長去。少傅好叔父，獨識止足趣。兩賢志道合，聯翩事高舉。漢宣終有道，二疏猶作傅。若都未出山，寧須問歸路。孟子昔出晝，一宿一回顧。胡爲侈祖帳，略情希令譽。殆以廉勵頑，潔身修本務。淵明殊不爾，不繪以全素。東坡惜早仕，到晚始大悟。雖皆詠二疏，各有傷時慮。吾生太平日，不樂詩名著。

和乞食寄兄子建侯

吾子貧且病，乞食靡所之。肥馬不易逐，風塵安敢辭？衣食固難得，富貴羞儻來。今年壽雙親，歲暮無一杯。癡叔拙彌甚，依人聊賦詩。飢寒亦其分，所愧都非才。刺繡不倚門，伊戚誠自貽。

用陶詩歲暮和張常侍韻呈家兄鬉亭小千兼示諸侄

蘇和陶序云："十二月二十五日，酒盡，取米欲釀，米亦竭。時吴遠游、陸道士客於余，因讀淵明《歲暮和張常侍》，亦以無酒爲歎。"蘭不飲，不歎無酒，故用其韻而不和。

吾親不及養，歲暮悲窮泉。所懷日萬端，握管無一言。少年苦尚氣，束帶猶厭繁。中年戒覆餗，慮獲乾餱愆。逡巡不敢進，聊復棲小山。淮南共歌嘯，八公資往還。館餐寧所戀，情禮相羈纏。倏忽近强仕，蹉跎將廿年。臨淵愧吕望，繼志非史遷。立言與立功，兩志俱徒然。

和陶述酒韻述懷呈七叔父洎玉書正思兩兄

讀書頗亦久，於道未有聞。漸知學内省，義利隨時分。譬彼月在水，顯晦因流雲。遊心資六藝，好古稽三墳。偃卧或至晡，兀坐恒侵晨。名韁雖易斷，意馬真難馴。職是不敢仕，且務修吾身。阮嵇詎疏懶，董賈原忠勤。識高徐處士，節慕陶徵君。養生期淡泊，染翰滋穠熏。寄托偶在兹，豈欲工虛文？游梁謝枚馬，講學師河汾。天花固寂寞，落蕊良繽紛。守此丘壑情，慰我骨肉親。述懷同述酒，所癖殊伯倫。

和陶公責子誨兒普讀

俗士矜浮華，儒家貴篤實。先生責子意，豈僅在紙筆。要知沮溺輩，本是松喬匹。窮達聽身世，行藏賴經術。怨愁詩莫四，啟發辭皆七。論語譬簫韶，法言方牖栗。體用不相應，胸中定無物。

和癸卯歲始春懷古田舍二首貽敬修居士

寶峰築菟裘，宿諾倘能踐。慧刀割魔事，庶自此生免。力耕情可繫，出世思殊緬。小水不風波，溪流冷然善。騎牛吹笛去，一笠秋聲遠。日落山層層，孤雲亦忘返。羨汝龍丘雙溪之南源，敬修居也。下，垂綸對清淺。

敬修既主我，豁然忘賤貧。荷鋤帶經籍，用力良益勤。不爲俗學牽，刻意追古人。古人骨已朽，咳唾猶光新。世福僅俄頃，富壽非所欣。枯蓬入苦海，豈復知歸津。蕭蕭木石居，依依魚鳥鄰。於斯索性道，尚友無懷民。

還舊居和東舍弟文略

昔者偶出游，八載尚未歸。新知苦難割，死別旋相悲。人壽若燈光，一滅事事非。情遷動成感，境過皆如遺。是以柴桑君，息交靡所依。吾寧受飢寒，不樂受解推。早爲衣食計，勿待筋力衰。耦耕幸有弟，談塵猶堪揮。

蠟日和東西橋姊丈爲卜隱居

東南有佳境，氣候常清和。山水不改色，草木亦易花。西橋好遠游，所遇良已多。何村可卜築？足使吾嘯歌。

和陶悲從弟仲德韻悲從兄儼思本立炳文程立寧周翔皋諸先生

近宗本貧弱，群從復凋零。初心悵仳離，此別悲幽冥。驚禽喜同集，散木欣叢生。秋威假霜立，草德隨風傾。寡嫂目俱槁，諸孤學未成。孰知秉厚性，舉弗臻遐齡。八載屢功緦，頻年多哭聲。矧余守迍賤，何力支門庭。空抱折羽痛，彌傷游子情。返真定適意，入世徒寓形。淒淒長漏中，耿耿百慮盈。

和陶問來使答荆州將軍來問

書來正雨雪，開緘皎雙目。忽憶送君時，籬邊裊殘菊。麟角毓天章，蘭言當袖馥。江陵好山水，夢裏經行熟。

九日閑居和除夜酬索玉齋額駙

元旦與除夕，欣戚隨境生。所以欲立事，必思先正名。民時始正朔，燮理資欽明。望道恥後塵，裕化基先聲。煌煌稽二典，語語垂千齡。堂堂歲月馳，煦煦葵藿傾。勿興遲暮悲，勿羨朝槿榮。離居易生感，達性期忘情。積學等四序，奈何希速成。

與殷晉安别和除夕酬内兄蠡湖

除夜愈懷舊，客夢良已勤。悠悠總行路，愛我惟交親。寒星射重簾，爆竹喧四鄰。斯時憶天台，在昔悲劉晨。一絲秦晉合，半載人天分。石火僅遺響，鏡花延古春。依依金粟影，黯黯西湖雲。聊酬相攸意，未了平生因。我方學固窮，詎暇憂賤貧。倘能副兄望，不枉勞冰人。

和陶形贈影影答形二首呈徹悟和尚洎坳堂鏡川果泉三丈

影幻形更幻，生滅曾幾時。蕞爾五濁中，遑遑欲何之？業力轉相迫，報緣在今兹。脱復戀此形，輪回無盡期。影反得自然，任運靡所思。愧我恒累汝，悲來共漣洏。荼毗真善法，形影兩不疑。虚空亦粉碎，一笑忘言辭。

影曰吾本無，光明憐汝拙。令我護持汝，終身不相絶。汝若無汝相，我與佛皆悦。和合即苦惱，清涼在離别。勿謂空是壽，頑空亦終滅。三公善知識，入世忘冷熱。昔在徹公坐，舌海都不竭。獨我似孤影，追隨慚薄劣。

和移居二首呈家兄䨲亭小千兼酬敬修

忽欲居南城，亦豈卜其宅？樂就吾兩兄，清言永朝夕。嗟余不入世，猶尚爲形役。曷敢云卷懷，所恃心匪席。面膏任盈虧，襟期仍宿昔。笑謂左右手，汝幸無離析。

百事不樂爲，胡爲和陶詩？竊喜斯士吉，雅欲私淑之。一真滅諸妄，萬象成於思。安心守愚賤，便是羲皇時。敬修佐予遷，負笈同來玆。賦此報幽意，片諾曾無欺。

和淵明始作鎮軍參軍經曲阿一首示從孫啟謨呈吾族諸祖父兄 有札

恭王孫頃始嗣爵，差慰歎逝之懷，便擬南下荆州。弘將軍因辟予佐其戎幕，自信迂疏，無所可用，已具箋辭，會須得報乃歸耳。諸父兄既有前聞，度歲内已遲其至，爰寓書啟謨孝廉，俾敬告焉。香叔白。

淵明懶折腰，卻肯裁軍書。愧我一無能，學古百不如。何暇釣磻溪，但喜遊康衢。跡雖都市近，意與冠蓋疏。偶感王子勤，暫令歸思紆。果辭赴江陵，到家須閏餘。時平罷草檄，養拙仍閑居。公如上鞲鷹，我若脱網魚。父兄雅相信，度弗疑牽拘。諸孫比松菊，益使懷敝廬。

擬陶詩飲酒八首寄長德建侯 壬子

平生不嗜飲，到今方喜醉。涉世雲浮浮，慮險心惴惴。詭遇多捷徑，從上每顛躓。孫陽譽駑馬，聲價倍騏驥。胡爲不自逸？常抱千里志。頹然一杯盡，聊復成假寐。

從玆志温飽，不樂貴其身。負耒學農事，田園亦已春。畦東一泓水，風動波粼粼。鑒此懷古賢，入世徒損真。

前賢貴勛德，此義該窮通。寧獨無遠志，進取羞雷同。力飲唾面酒，勉栽棲鳳桐。猗獰竹林叟，插翅追晨風。

太平無闕事，處士何必官！城南好耕鑿，得飽殊未難。春釀足餘生，披褐聊禦寒。誰能辨榮辱，百歲如驚丸。

孤檠照良夜，四壁生光彩。初心本無垢，逆詐意方改。淡定得真吾，虚名偶然在。掩冉受風竹，襟期共瀟灑。

樂事在窮理，用世當寡欲。一身宰萬變，惡可任枵腹。渴飲步兵酒，飽看南村菊。落照生微涼，池臺浮萬緑。

學道如藝蘭，幽香聊自娱。求名似鵜鶘，竭澤乃得魚。忘機最適意，真樂良在余。歡然杖藜行，影動形亦俱。

秋樹護殘葉，摧之傷客心。明河懸屋角，況復多寒砧。嚶嚶當户蟲，盡作哀弦音。感此不成寐，銜杯方苦吟。

藩邸客夜和陶詩擬古九首誡兄子春兼示諸外甥子侄 己未

淮南愛叢桂，並愛先生柳。我自柴桑來，相依日已久。情真類親戚，禮更過賓友。設醴何其勤，憐余不知酒。兩山迓筇屐，每恨遊多負。攀枚才既弱，追馬顔逾厚。竊比河汾儒，王前説三有。

至道本沖漠，無初亦無終。機心涴純白，方寸斯興戎。饋漿諷予聖，執爨誇賢雄。幽蘭質良弱，煦煦生光風。仲子升堂人，猶且商固窮。莫言守節易，過激反非中。

貽謀難備述，試各舉一隅。吾家在東周，失爵始姓舒。初祖提學公出皖山，奉使來匡廬。雙溪美風俗，解組方卜居宋大觀中也。書田爲世業，迄今未荒蕪。故我惟力耕，汝輩當何如？

高文無實行，書田亦仍荒。甲第非肯構，立德乃肯堂。俗學矜微名，望道殊茫茫。制藝可明經，差勝築詞場。究之視聖學，何翅嵩與邙。儒術慎誠僞，治效分低昂。父師不講此，安能有義方？汝曹失衣珠，忍使吾心傷？

枉道學干禄，節行惡得完？縱使珥貂蟬，何異沐猴冠。爲邦固空談，聖帝師孔顔。周南啟風化，亦只鳩關關。治忽由寸衷，感召非一端。修詞不修身，徒自招譏彈。奈何學雕鶚，不務爲鵷鸞。園林乏松柏，何以禁歲寒。

高祖文林公勇爲義，所志恒在兹。席豐恥自奉，屢值饑荒時。傾困濟鄉里，涸鮒甘澠淄。其間一權豪，妒我生嫌疑。公曰拯衆溺，滅頂奚忍辭？

曾祖奉直公性仁訥，言動輒再思。屋漏棲明神，雖暗不敢欺。嘗聞拒奔女村佃某鬻妻爲媵，將行矣，適公過宿，指一囷贖之。其母德公，潛遣婦人侍，拒不納，且教以禮，真盛德事也，厥姑自言之。公轉爲婦諱，是用傳諸詩。

吾祖威遠公兄從祖刺史公，至性真孝和。一乳同日生，鹿鳴同日歌。可憐從祖没，祖淚何其多！宰邑馴傲象永川有弟訟兄者，吾祖折獄時，追念從祖，痛失聲。厥弟感泣，卒爲善。載《南州郡志》，箋詩廢棣華。汝曹亦兄弟，視此當云何？
吾父中憲公秉正直，萬里爲宦游。添孫適同日春初度適與祖同，秋八月十四日也，時在迪化州。命兄甕亭觀察教爾我，質厚親儒流。問學源六經，博識登九丘。終窮未足恥，顔閔齊伊周。富貴既由天，執鞭亦奚求？
崇蘭只自媚，幽芳我能採。學古但有獲，非之可無改。叔癡比精衛，銜木欲填海。四十未聞道，餘年復何待？所望在汝輩，言行寡尤悔。

和陶詩連雨獨飲懷楊丈少晦 附札

長德書中謂有方其文於楊少晦者，少晦未易才，往見其與蘭雪書謬稱余詩。余於詩未必知，然其文則誠善矣。以是思見其容貌辭氣粹然之風，汝識之否？聊復和此章懷之。香叔白。

吾少本未學，賦詩特偶然。放心馳不收，乃在羲農間一本此韻作聞或作關，東坡和二首則皆間字。坐此益枯寂，亦匪希神仙。死生僅百歲，今古同一天。區區蟪蛄聲，鼓翼爭相先。斯人遂獨酌，絶跡誰往還？楊子吾神交，識面須何年？名山共風雨，晤對應忘言。

和淵明挽歌三首哭怡恭親王

天容亦愁慘，薤露何繁促。賢王不虚貴，功在名臣録。累葉析桐圭，高霜摧若木。我受東山知，敢忘西州哭？交情忽中斷，幻夢已先覺。平生説忠孝，從不計寵辱。忠孝既無愧，可云萬事足。
隻雞陳廣殿，我亦奠一觴。祭品縱山積，知王先我嘗。太妃號宫中，三孫跪柩傍。可憐不知哭，兩目睸睸光王長孫始七歲。見之徒增悲，盍早歸吾鄉。何辭慰王母，此慟殊未央百日後恩命王長孫襲爵親王，入尚書房讀書，異數也，足慰母心。謹補注於此。
王薨適重九王生端陽，忌重陽，亦奇，丹林正蕭蕭。既晦遂移殯，悲風號四郊。煙塵遏西山，勢欲爭岧嶢。天聲助人哭，夾道鳴枯條。憶昔從王游王殯宫在柏林别墅，過此多春朝。詎知有今秋，爲時曾幾何？世子復先没，慘極恭王家。憂思豈勝言，聊和三挽歌。我轉憐應劉，不幸知東阿。

懷人詩十三首和陶讀山海經韻 并引

家兄小千，頃再至京邸。擁爐夜話，屈指四方親舊，曾唱和者，或文字相知，或素心相許。交非有爲，義本難忘。短夢重尋，已間生榮落之感。隨所歎憶，聊步韻合綴數言，百無一肖，亦不復詮次齒德。初非有意以山海珍奇喻諸賢也。

其一 宋曜寰師

吾師既遠戍，人事日益疏。被褐懷連城，寶氣盈氈廬。夜雪等身積，肅然方著書。先子攸好德，式之遂停車。片言契金蘭，小酌陳冰蔬。命予執經從，絃誦與道俱。忘年商聖學，抵掌話雄圖。墓柏儵森森，泣拜空漣如。

其二 陳從周明府

陳侯志不朽，積善聊駐顔。愁容勒民心，豈有衰朽年？弦歌對雙溪，面面窺名山。此際足千古，歸來無一言。

其三 李峀漾外舅

嗜學不嗜仕，樂道安林丘。翁家固多才，志節誰與儔？獨行朗玉山，高枕環碧流。飄然遂長逝，五嶽應神游。

其四 方坳堂方伯胡果泉觀察鄂五峰侍郎

三公不識馬，識詩類孫陽。聯鑣韻苦窄，追和鞭空長。退食日孤吟，粉署凝秋光。人前誦我句，莫辨驪與黄。

其五 王薌南别駕帥丙君姊丈蔡澹薌孝廉周東帆妹婿

志士甘阨窮，偃蹇不自憐。有時同得句，仰眺百丈山。達生良適意，好古斯忘言。醉鄉爲寓公，何暇悲流年。

其六 劉亦尹太史蔡眉山檢討楊雪樵明府

學道既有聞，言行愈訥木。嫋嫋風中蘭，煢煢老空谷。躬耕牛幸肥，婦織蠶始浴。篝燈賦新詩，不羨金蓮燭。

其七 永從公輔國霞軒親王李介夫編修

猗歟兩王子，奕奕來芳陰怡邸别業。清言漱文玉，好鳥鳴竹林。介夫亦同游，叩寂求元音。凌空幾笙鶴，渺渺傷余心。

其八　趙漢青許桐柏詹樸園三令尹

漢青羲皇人，作令違所長。桐柏亦豪飲，器識皆非常。樸園千里駒，不聚三月糧。彈琴治小邑，所樂咸未央。

其九　張晏如貢士戈莊谿主簿魯雲巖明經胡黄海廣文

四君絶靜慧，飢驅事奔走。所志雖難同，初心總孤負。閑情繪丘壑，刻露良希有。好句不逢時，清聲落人後。

其十　鉛山三蔣謂香雪秋竹藕船也

藏園老祖師，一鉢大於海。鯉庭出三宗，禪燈宛如在。詩原喜寒瘦，品自離尤悔。我過東林時，鐘聲遠相待。

其十一　吴茗香蘭雪樂蓮裳三弟

三子並才絶，遠游爲甘旨。茗香質尤脆，失路已先死。矯矯西江詩，棲棲東郭履。我嘗謂吴樂，名山伊可恃。

其十二　郎蠡湖别駕方藕堂司馬

蠡公性明達，雅慕古高士。鴟夷泛五湖，風流在知止。司馬負奇識，立志彌卓爾。開遍石門花，春心向才子。

其十三　縷香寶公汪巽泉榜眼

香公襲世爵，綽有翰苑才。巽泉居玉堂，卻喜吟歸來。絶倫始超群，合論何須猜？崎嶇步散韻，即興良悠哉！

姚椿和陶詩 卷上

和飲酒二十首 有序

予既以酒成疾，頻年多事，苦肢不能運，乃以藥漬酒救之，亦古人解酲意也。秋涼少紓，和淵明《飲酒》詩寄舍弟。

百年共擾擾，往者何所之？問君重泉下，何似駐世時。昔人苦憂勞，今兹每念兹。明者久聞道，昏昧徒蓄疑。口語且勿諠，願子勤操持。

賢達弗自滿，涓壤益海山。君看聖取善，寧棄菅蒯言。莊生澹蕩人，安計大小年。此身縱易朽，美惡豈無傳？

子車道性善，其次乃其情。達人雖自娛，飲酒不爲名。匪惟晦我跡，兼亦養吾生。訐責糾紛事，醉後了不驚。豈日付達觀，吾琴有虧成。

台垣皆北拱，孤雲獨南飛。豈無衆允懷，奈此子舍悲。雲飛太行頂，問子何所依？少壯不逮養，投老猶未歸。田園既云蕪，筋力亦以衰。身名兩無有，空歎此心違。

吾生苦多雜，境靜心乃喧。不飲上池水，焉能救其偏？不見謝康樂，浪跡游名山。才高不自晦，故墅何當還？大節一以渝，安用工語言？

無可無不可，維聖乃有是。吾非斯人徒，不恤叢衆毁。呼牛與呼馬，問子胡爲爾。不見聃耳翁，見刺士成綺事見《莊子·庚桑楚篇》。

暮食葉底實，朝采枝上英。花實翻衍間，朝暮胡異情？古交弗盡歡，權勢無由傾。大鍾列宫懸，匪擊胡自鳴？嗟哉馳逐輩，擾攘畢此生。

草堂松樹子，鬱鬱含古姿。昔年逾我長，屢撫歲寒枝。雪虐苦相妒，使我失此奇。衆生不自聊，一物亦奚爲？有如化龍去，塵坌安可羈？

秋花弗惜晚，往往凌霜開。問君胡爲然？惟稱君子懷。春風匪無惠，奈此運會乖。雖無靈鳳來，幸乏惡鳥棲。微蟲亦毋蠹，與爾偕塗泥。桃李固非迕，艾蕭亦豈諧？大造洪無私，受性幸弗迷。君樽有餘瀝，且復相徘徊。

少壯好雜博，退脩失東隅。本無九十程，況此千里塗。車疲馬復蹇，安能良御驅。智慧苦不足，名理焉有餘？爲語後來賢，擇術慎所居。

人生理氣合，衣食固有道。苟非辟穀人，焉能終我老？思文歌乃粒，爲救形神槁。有田固爲艱，無田豈云好？不有亞與伯，西成孰爲寶。載詠甫田章，嗟哉八荒表！

古人重世禄，端在明盛時。自顧誠非才，高爵良可辭。授田一以廢，躬耕待來兹。量己固已審，寸心何然疑。惟聖有至言，斗杓不吾欺。開徑跂良誨，勿謂耄及之。

山林與皋壤，區别誠兩境。有如竹林醉，匪類湘潭醒。微言端有悟，深意各自領。嗟彼好文徒，枉禿兔千穎。此中苟無立，文采惜彪炳。炳韻。

陶集作秉,東坡、静修和詩皆作炳,二公當有所據也。

清風與我故,當暑適然至。明月復有情,照我顧影醉。閑居猶可樂,況復客旅次。一錢不費買,足敵萬金貴。君問逍遥游,與君味無味。

我家無良田,我家有廣宅。爲是先世傳,不忍棄遺跡。躬耕既老大,食指僅逾百。孰能相料理,家事斷關白。詩書苟有託,微軀豈遑惜?

弱齡頗英邁,足跡萬里經。嗟哉病豎淹,一惰百不成。雖然險阻歷,劇困曾未更。人言清白遺,風過月在庭。羊鶴不善舞,越雞詎能鳴?成連刺船去,已矣傷我情。

鳥鳴求其侶,和好偕天風。人生許與勤,固在氣類中。一朝各分散,萬里雲逵通。君聽空外音,心傷楚人弓。

人生歸有道,動静理各得。苟非貪餌心,耿耿良不惑。是心如清淵,流遠有通塞。迢迢畏壘山,皎皎建德國。一醉歡有餘,萬言不如默。

家世頗游宦,有弟漫從仕。惟予蹇拙資,謝病善諒已。長飢自難耐,嗟來亦所恥。世間宏達人,相去才幾里。安賴螢爝微,往助日星紀。舉杯不願餘,行藏遇坻止。惟有昔人書,頹暮差可恃。

浮世善作僞,赤子喪其真。爲問大造心,何時復還淳?文質相循環,日月何非新。不然百世下,六籍經幾秦。人心炯難昧,曷拭胸中塵。不惜彈者難,爲有聽者勤。榛塗爾弗闢,砥道何由親?煙霧本廓然,離婁自迷津。陶公非妄語,證此漉酒巾。遥遥千載賢,孰爲耦耕人?

和擬古九首

達生莫如陶,憂生有如柳。苟非藉文字,二者俱莫久。東坡南遷日,挾此爲二友。南溪互憂樂,南村篇篇酒。柳州晚年悔,此意端不負。千秋有范老文正公語見本集,相知庶忠厚。維聖期改過,自文爾何有?

山北與山南,回環何始終?古人云三端,口筆皆召戎。老去甘自屈,守雌黜其雄。何以爲子言,咄哉庶人風。簡拙譽且非,君子期固窮。松柏苟無心,久凋歲寒中。

日光曜萬國,不逮屋角隅。豈緊天公私,匪慘胡有舒。光遠乃自他,剥象斯及廬。不有廣大懷,安得君子居?陶公一出歸,田園亦已蕪。嗟公豈不哲,九江水漣如。

撫劍忽四顧,莽莽窮八荒。昔時榮達人,烏雀登華堂。釋云因果事,持論胥眇茫。易書垂至言,該括衆妙場。不見驪山冢,牛羊上脩邙。空餘白楊枝，與風共低昂。緬彼蒹葭水，遠在天一方。霜露遞相嬗，安用多感傷！

士生三代下，猶望志節完。古云冠一免，安可再著冠。子真託谷口，四皓棲商顔。終日長閉門，有客亦叩關。匪云敢簡傲，舌鋒澀談端。安得十指爪，爲君千萬彈。囿游必麟虞，桐棲必鵷鸞。汝非漁釣人，焉知江上寒？

日出扶桑高，倏忽没奄兹。人生論際會，安可無其時？渭源乃殊涇，澠水豈合淄？少年貴有立，自信端不疑。德行首孝友，餘力攻文詞。本末一以兼，他事安足思？誰能本誠意，立心戒自欺。匪但當世全，亦無後世嗤。此言誠淺薄，智者知此詩。

秋冬多凛烈，豈無暄風和？始知天地恩，亦愛薰弦歌。宣尼重先進，今人胡才多。渺彼累累實，昭此灼灼華。吾生自阱擭，已矣終奈何！

屈生矯厲衷，託意在遠游。嗟嗟宗國臣，安能歷九州？仰攀瓊樹枝，俯瞰琅玕流。車無八駿良，何自登崑丘？賢人彼麻中，君子思道周。人生足衣食，足矣何所求！

蓬山有仙實，道遠莫可采。雖然未登盤，千載花不改。槃槃雲中木，桑田幾經海。我欲洗倦眸，流光且相待。百年旦暮耳，惡改善莫悔。

和雜詩十二首

聖言治與亂，佛言劫與塵。可知虚實間，相去千億身。四海皆兄弟，不害區别親。萬物皆可觀，四大亦吾鄰。汝何自甕牖，苦愬曷旦晨。能憂復能樂，安得素心人？

黄河溯高深，遠出崑崙嶺。若木有喬枝，長挂扶桑景。冰山熱難炎，火井澆不冷。冥靈與日及，安復論促永？罷駑不自策，騏驥無息影。與雜皂櫪中，坐視白日騁。何如放空山，萬古松林静。

擾擾人世才，斗升豈堪量？君看世族系，各别東西房語見《唐書・宰相世系表》。雞鳴亦何哀，風雨夜未央。匪吾多隱憂，亦知有朝陽。坍壞失吾棲，安用充微腸？

子房少豪逸，幸遇圯上老。不然烏盡餘，安得辟穀保？愁霖與亢暵，反覆互濡燥。至理古無餘，生世安用早？官閑腰難折，隆中膝長抱。經濟亦虚言，浮榮何足道！

姬爻繫明訓，鳴謙勿鳴豫。豈有翰音登，能逐鳳翔翥。鐘聲初未了，心念與之去。惶惶百事雜，豈盡憂患慮？學道無苦心，安能古人如？來誠莫知向，去亦何所住？焚香淨掃地，欲得歸宿處。安能希君子，不憂亦不懼？

老年世慮遺，有得亦輒喜。自嫌語傷煩，不敢問世事。譬如枯庭槐，憔悴乏生意。縱欲强發舒，陽和豈常值？塗長晷以促，自恨車不駛。壑丘亦勞人，吾生竟安置？

韶華舍我去，素領亦已迫。乘舟悼黄河，走馬忘紫陌。鏡中不可掩，未鑷數莖白。懶持書卷重，喜見酒杯窄。清風與明月，常自爲主客。觀化未易言，吾廬有故宅。

洛陽二頃田，成都八百桑。生計各有宜，誰耐孺子糠。吾生通塞間，曾未絶餱糧。吾居有丙舍，遠在東佘陽。躬耕良未能，久客每自傷。誰能相料理，惠我齊民方。澤畔期耦耕，相與舉此觴。

子孫苦夭折，憂來每無端。明知彭殤齊，心復與境遷。老生衰頹景，日没桑榆顛。書卷孰分付，念此不能餐。先哲重積德，顧我何因緣？兒童不識字，且勿廢此篇。陸放翁詩："兒童不識字，耕稼鄭公莊。"自注：謂魏鄭公後人也。

俗士憚接語，往往愁無稽。一言與之忤，有若阻峻崖。自傷度失宏，未通彼我懷。與人雖云厚，在己寧免彌《唐韻》：彌，滿也？苟非責躬深，彼心能無離？既與人爲徒，安得脱羈羈？嗟汝石一拳，何能補天虧？

秋暑酷毒人，忽熱忽已涼。故人去何之？一水愁河梁。人生各有情，匪必期故鄉。百歲曾幾何？倏焉屢經霜。我詞良復費，詞短歌乃長。

菊花之隱逸，蓮花之君子。西江二寓賢，中立端不倚。觀物與玩物，請君審名理。

和詠貧士七首

富貴世所願，仁義衆乃依。君看斜日光，安得留餘暉？潛魚寒欲蟄，窮鳥倦怠飛。處世各有宜，於人爲大歸。名達身故悴，貌豐心乃飢。古有辭粟人，爾病何所悲？

成康美刑措，前古希黄軒。豈有用世人？乃欲老丘園。尊中傾餘瀝，竈突梟狐煙。此理詎易明，俯首空鑽研。汝非遁世士，如何頓忘言。有心不自制，何者斯爲賢？

古帝垂制作，養心是名琴。汝無太古心，焉有太古音？有時亦髣髴，少縱不可尋。何以救其窮，杯藥聊一斟。此中苦無餘，安能寤寐欽？古云尊德性，曷思求放心？

聰聽有師曠，明目維離婁。汝無聰與明，何以爲獻酬？自昔多慨歎，頗聞雍門周。如何旦暮人，懷此千歲憂。夷叔偕餓士，管鮑胡良儔。人世不自治，百年終何求？

古人貴道勝，瑶樹夐莫幹。今人尚多文，舍心任五官。詩書曷芻豢，當餓焉可餐？大千多凛烈，暘谷奚驅寒？達聞連騎賜，樂有陋巷顔。予非名利人，閉門孰叩關？

人事不自保，汝生如飛蓬。況予拙劣人，安得逢世工？蹇率謝章奏，何由遭葛龔？豈若三語賢，萬古將毋同？王宏尚可屢，杯酒偕龐通。苟非曠世賢，問心吾安從？

柴桑處衰亂，解帶辭江州。容城當盛時，耿介誰與儔？士固各有志，安得與讀去聲一流？逸民古多軌，胸次誰同憂？萬古萬萬古，聖言孰爲酬？淵明夐難期，吾師劉静脩。

和擬挽歌辭三首

人世不須臾，百年胡局促？朝通永明籍，暮入泰山録。有弔或鼓琴，有歌或登木。要知往來事，有歌必有哭。試問新舊人，誰爲先後覺？戰兢斯爲幸，冥没真是辱。淵哉賢聖懷，負手或啟足。

繐帳啟靈風，微動奠餘觴。嗟彼泉下人，眼付枯鼠嘗。骨親濁土底，神馳白雲旁。長夜何漫漫，不見白日光。大塊極浩眇，招魂來何鄉？仿彼形與聲，猶疑水中央。

人生朝露棲，撫庭哀苞蕭。出門復何見？摵摵白楊郊。白楊逾我長，初種胡嶢嶢？一宵疾風拔，不見枯枝條。何況樹下人，永訣遂終朝。終朝復終朝，永訣將奈何？相依有何人，此是千載家。没有千載名，生祇一旦歌。烏鳶與螻蟻，零落同巖阿。

和還舊居一首

吴楚地相接，胡爲苦思歸？人生垂老年，能無歲暮悲？成物豈吾任，忘己毋乃非。安有滔滔人，而乃與世遺。榮木念將悴，孤雲渺無依。林泉差有託，寒暑苦相推。釋老吾無論，孔聖猶嗟衰。知悔誠已晚，我涕不可揮。

和歸園田居五首

少小愛五嶽，歷覽游名山。忽然勝具衰，往復三十年。鳥思巢長林，魚當潛深淵。安得七尺軀，歸守二頃田。二頃亦何有，丙舍屋數椽。青山抱宅後，流水繞門前。鄰舍十數家，時見炊起煙。白石自有情，何必崑崙巔？人事會無盡，吾生安得閑？但願粗衣食，此心長悠然。

繄予寡宦情，早歲謝塵鞅。如何逮晚暮，猶作乞食想？授田良以微，負耒亦已往。體勤與分穀，愧未率少長。學耕兩成負，此心何由廣？舉手謝田父，我事誠鹵莽。

千載數高士，真隱良亦稀。苟非彭澤翁，九原吾安歸？舉足度素履，開徑望白衣。平生真率懷，獨往嗟願違。

百歲未老前，安能不爲娱？古來賢達人，何限歸丘墟？誠念九州廣，何地非吾居？勸我此鄉住，安用窘守株？多謝相愛言，古人吾豈如？舉觴且復盡，一醉不願餘。首丘吾何有，歸骨毋乃虚？常恐道路絶，此言君信無。末四句一作樂天與憂天，此語兩不虚。君看川上歎，聖言亦非無。

山雲蕩予心，流水和我曲。我歸抱山死，此願良亦足。感君恕我真，對衆意自局。安得日月照？幽隱爲予燭。我吟夜不眠，倚枕遲明旭。

和癸卯歲始春懷古田舍二首

少讀先聖書，行義頗思踐。四體不自勤，飢寒詎能免？陶公勸農訓，望古發遐緬。豈但利養生，庶幾力爲善。人生憂患事，褻近慮忘遠。畏塗古多歧，迷路困乃返。即今久衰老，欲悔亦已淺。

吾生天地初，何者爲富貧？故爲享成勞，我惰人乃勤。尋思彼我間，亦復同此人。不能自力作，敢論陳與新？古來賢達士，所遇多歡欣。流行坎乃止，安問要路津？讀書望來裔，爲善多四鄰。高隱非所希，吾蕲免游民。

和九日閑居一首

今歲苦亢旱，雨意曠莫生。重九世所愛，吾亦欽其名。前林喜未悴，近陂猶半明。鴻雁爾何知，哀哀空外聲。勸我一尊酒，可以娱衰齡。吾衰不能醉，有酒姑細傾。本自泉石徒，何心更遺榮？君看柴桑家，妻子無世情。此事莫勉强，我詩胡能成？

和有會而作一首

先師有遺訓，憂道不憂饑。嗟汝飲食人，口腹良自肥。飲食未可少，禦寒必須衣。憫彼綱弋者，生聲胡其悲？既飽又欲精，此意毋乃非？古聖折厥衷，民物無有遺。斯人誠吾與，鳥獸非同歸。西方匪無説，東魯真吾師。

和連雨獨飲一首

羲農去我久，終古誰復然？後世縱有得，于吾亦何聞？古來飲者流，或言皆得仙。此意誰復知？聊爾全其天。嘉春苦霖雨，梅開一枝先。先開亦易謝，好鳥不復還。恨無同心人，相與終百年。古人諒如此，我醉何多言？

和乞食一首

平世工閉門，艱難將安之？幸遇賢主人，不責我諛詞。我久治生拙，無端千里來。未積篇底金，弗虚掌中杯。平生千萬卷，知己惟陶詩。既乏固窮節，又非勸農才。以此重愧陶，作詩將誰貽？

和止酒一首

陶公詠止酒，問君胡能止？或行隴畝頭，或倚柴門裹。生平所嗜好，如見古君子。無論清與濁，賢聖皆可喜。顧我爲疾困，四肢廢莫起。猶言此中佳，往往有妙理。復貪藥餌力，未肯專罪己。强勉以制之，甚矣吾衰矣。平時醉鄉願，欲封酒泉涘。汝無温克德，漫黜杜康祀。

和怨詩楚調一首

生世坐自誤，妄謂運會然。汝弗培其根，何以蕲逢年？歲晚欲自力，曷救性質偏？天時地復饒，不獲人廢田。既耕不如法，不如居市廛。古人貴食力，安有終日眠？汝既無所長，又復性屢遷。如何敢怨尤，妄及千古前。楚騷啟哀怨，文字皆灰煙。舉杯不自制，遑論聖與賢。

和形影神三首

形贈影

與子相親愛，相離無暫時。子不舍我去，我亦將安之？彼此搶攘間，與彼聊注兹。千載瞬息爾，來往無窮期。我顯不自惜，子隱盍沉思。胡爲共悲哭，或咥或漣而。悲笑隨他人，此情吾所疑。以此試問子，爾影將奚辭？

影答形

凡事貴自立，萎隨毋乃拙？無端與子久，久要未宜絶。我心何所住，與子共憂悦。子既無他言，我亦詎忍别。老云無生死，釋乃長不滅。人間有冰炭，與子何冷熱。百年事易窮，萬里氣不竭。名盡與身盡，二者孰優劣？

神釋

人非憂患餘，安得悔吝著？苟非讀易深，詎易明其故？人於宙合際，萬物皆依附。爾無困衡心，焉有危苦語？迦維極高明，問汝歸著處。大千何世界，彼此何去住？要人於其間，爲之拄氣數。衆人皆不任，生意寧復具？芃芃任運子，無咎亦無譽。其意詎不然，毋乃空引去？爲惡毋近刑，乃并爲喜懼。二子皆哲人，我厪愚者慮。

和蜡日

去歲苦祁寒，災餘幸暄和。固知天公意，猶愛來歲花。山茶與盆梅，良友惠已多。尊中有餘酒，且復付酣歌。

姚椿和陶詩 卷中

次韻桃花源一首 過九江望廬山懷陶公因和此作

陶公生輓近，遐跂黄農世。安能如秦人，斂袵宵且逝。長沙匡復業，易代倏已廢。漁郎世外子，放棹偶然憩。六籍一炬焚，何由問文藝？子棓既已脱，我駕奚時税？佐命謝諸賢，爾厖庶無吠。猶念没世稱，心聲託詩製。古人卓絶行，何必後賢詣？作俑彼何人，變本毋乃厲？遥遥授田事，曠絶幾千歲。釋氏乘其虚，斯言戒定慧。太初本無我，妄自畫疆界。微雲玷慶雲，爾念自起蔽。西行數往還，託興酒巵外。五老欲招人，嗟我山水契。

次韻述酒一首 詠淵明

淵明避俗賢，於道絶有聞。性剛才非拙，涇渭胸次分。詩情澹何似，渺若秋空雲。如何陵川子，但誦兩高墳郝伯常《和陶詩序》獨稱莊生一章，蓋指《擬古》第八首也。雞鳴不自已，奈此蕭蕭晨？嗟汝稽中散，龍氣胡弗馴？隆冬弗自蟄，何以潛其身？三春榮木懷，爲事良已勤。生當晉宋間，抗首重華君。瑶琴撫無絃，中有南風薰。以酒自晦跡，安用侈多聞？前塵跂江都，後轍啟河汾。宋賢未掃除，先去世俗紛。大哉一卷詩，乃與六籍親。後來孰可繼，容城庶其倫元劉靜修有《和陶詩》一卷。

次韻詠古三首詠和陶三賢蘇眉山次詠三良

二蘇狂狷士，豈非三代遺？不有賢達人，孰爲知其微？文學曠世才，此心奚有私？未用學道力，如燈加以帷。又如明鏡光，既蝕亦復虧。逸駒千里駕，泛漫安所歸？所言詎不然，所得毋乃違？新法固當斥，維學未易希。嗟哉嶺海涯，能無拊膺悲？殷勤望彭澤，萬里合摳衣。

劉容城次詠二疏

靜修古名儒，豈復論引去。安有出處賢，專嗜巖壑趣。姚竇既鸞翔，許吴亦鵰舉。如何幾輔客，顧謝東宫傅。此意詎易窮？崎嶇歎皇路。咄哉末世士，搶攘豈遑顧？浮世易得名，誰與渺夙譽？釋老崇虚無，刑名騖世務。要知經世事，虚實端有素。苟無折中念，至死端不悟。市朝固轉眼，萬世亦一慮。嗟彼美新人，安用多言著？

郝陵川次詠荆軻

世事一以降，井建廢秦嬴。苟非孤澹懷，能無慕公卿？幾見南北朝，仰逮東西京。嗟君宋元末，慷慨建此行。身著短後衣，首垂曼胡纓。但解兩國難，足爲千載英。生既副榮禄，死亦垂賢聲。如何奸相頑，客館拘儒生。外愁强敵至，内蔽孱主驚。惜哉曠世奇，此事成虚名。山川一以混，金革接龍庭。迢迢三京路，渺渺五國城。酒悲黄龍府，火冷夾馬營。天運既已乖，令圖豈能成？空餘真州館，惻愴吟詩情。

次韻游斜川 登龍山作

鐘鳴漏復盡，夜行何時休？西郊咫尺地，遥望不得游。邇窺沮漳水，遠覿長江流。哀哀天外鴻，矯矯波中鷗。未能陟八陘，亦憚登五丘詳見《爾雅》。宣武固英物，萬年豈凡儔？惜哉孫安國，空文相倡酬。不知往還語，彼此誰是否？柴桑外家傳，寒泉古人憂。人遠室亦離，短策安所求？

次韻乙巳三月一首 齋居感興

人世遞推遷，寒暑每相積。如何昨日事，今日已成昔。花無久開蕊，鸞乏常飛翮。陰陽往復間，彼此亮不隔。吾生歎無賴，詎免爲物役？要知老莊旨，端不逮羲易。微言已自誤，妙義空復析。亮哉在自勉，豈無歲寒柏？

次韻五月旦作一首 重午讀《離騷》弔屈作

年壽會有盡，沉憂遂無窮。不見屈大夫，長没江魚中？予齒或去角，天付奚獨豐？恢台當長夏，受此薰絃風。爾胡不自廣？浩然思無終。衆欽文詞優，終傷懷抱沖。嗟彼小雅衰，猶是成周隆。人生各有適，安得齊衡嵩？

次韻庚子歲五月二首 夏旱

吾心滋恇擾，庇蔭失廣廬。遂令熱惱煩，乘隙來于于。赫赩炎曦光，朝出東南隅。白汗來何方？如以塗附塗。斗室自可樂，安能泛江湖？爾會不自制，端恨舊學疏。爲念衆化艱，方寸良有餘。六合何其寬，冥然長晏如。

生每苦水厄，南北屢過之。偶然值小旱，幸未湯年期。湯年亦何有，際此明盛時。可憐草木華，況瘁忽若兹。區區一溉勤，引手良不辭。天心定仁愛，喜雨吾奚疑？

次韻戊申歲六月中遇火 追紀去春院中三月火事

人生寄蘧廬，乘化游羲軒。衆心失歸攝，乃以薪自燔。人世偶相遭，孰知無始前。明明蟾兔光，照我屢缺圓。功名定何物，正爾去復還。文昌炳星垣，奎曜懸中天。衆心一回惑，此事基何年？古來淫祀人，擾擾不自閑。一朝風日烈，毁此土木堅。幸哉臨曠野，衆力汲陂田。群情胡搶攘，雞犬無安眠。我思董生學，未敢聊窺園。

次韻辛丑歲七月一首 秋暑

數旬不見雨，庭宇塵冥冥。既無引杯興，兼乏吟詩情。似聞吾鄉里，亢赤如楚荆。有時不能寐，中夜百感生。高柯絶纖風，摇摇大星明。自嗟匡濟懷，讀書負太平。暮年復奚事，迢遞千里征。匪無負郭田，惰棄不自耕。躬耒自吾事，田舍歸夢縈。作詩豈告哀，聊語非近名。

次韻丙辰歲八月一首 中秋無月

白雲何迢迢，垂天蔽江隈。中元既再閏，兹夕宜好懷。如何天公心，偃蹇衆不諧。微風挾蕭條，忽聽中夜雞。感兹抱痾客，鄉夢重驚回。遥聞鐘聲起，似訴萬類哀。返思無生初，百慮端未開。至教一以息，異言乃西來。古昔賢達士，幾輩從風頹。柴桑信豪傑，取捨不肯乖。吾自愛吾廬，何必化城栖。

次韻己酉歲九月九日 乞菊

人生各有營，念此素心交。今年苦亢旱，草木殊未凋。人非螬食李，焉能誤稱高。安得辟穀人？相與抗層霄。謝病既已逸，養生毋乃勞。兼處勞逸間，何以濟涸焦。千載曠達人，我思栗里陶。有花復有酒，庶幾永今朝。

次韻庚戌歲九月一首 籬下隔年叢菊爲蟲所傷，感而有賦

養生故大事，頤生亦多端。鄙事苟弗勤，毋乃貪便安。數旬緝治勞，匝月爛漫觀。西風隔年信，殷勤爲追還。盆盎安用移，節候差未寒。揠苗固非是，任天良亦難。微蟲自求活，安能禁汝干。顧此霜下姿，駐我冰

雪顔。我籬幸未壞，我門亦常關。何以慰汝心，感物聊自歎。

次韻歲暮和張常侍 寄張元卿廉訪河南

士不宿朝歌，吏不飲貪泉。世窮例自愛，于今復胡言？既服王事勤，曷苦簿領繁。願子恒服勞，嗟予常省愆。子有績與功，吾當書藏山。世事方艱劬，且弗急引還。凡人閻浮中，每苦五濁纏。一命苟有濟，利物況百年。子意良復勤，吾髮已屢遷。災傷賴康保，世外何足然。

再和人生歸有道一首 讀管幼安傳有感

三季混垢濁，置身白雲端。超然天逸民，吾師管幼安。士處離亂間，出處尤慎觀。早年避患行，晚歲受徵還。盛德神所祐，海水天風寒。晏起舉科頭，自訟非所難。根矩方卻步，爾歆焉敢干。疏稱草莽臣，千載睎商顔。柴桑及容城，此心異代關。邈絶漢魏際，終付潁濱歎。

次韻責子一首 課孫符因憶三孫維南中

吾聞至人言，學道貴真實。固然資簡編，亦復惡刀筆。師友端自擇，飛鳥翔有匹。聖學誠難期，安可遠儒術。長孫踰殤期，幼亦今二七。世事何艱劬，力耕策繭栗。杜陵嗤陶老，如子誠癡物。

次韻王撫軍坐送客一首 送友還松江

衰病更遠游，内瘁外亦腓。況當蕭颯節，客子送君歸。人世互有情，邇遐皆相依。行雲去何方？鳴鳥亦自違。布帆不忍掛，轡馬嘶益悲。何以贈子行？千里明月暉。月圓且弗缺，照子行遲遲。載誦抑戒篇，勿以老見遺。

次韻和劉柴桑 寄陶觀察黄州

長沙吾故人，相望胡躊躇？各知仕處艱，何暇問起居。任止南荊駕，歎息東吴廬。兵燹一以起，彼此愁丘墟。子駕未遑税，我田久應畬。我心空復勤，君志良乃劬。偶觀盛衰際，自古何事無？惟君有厚德，餘慶理非疏。感君憫窮轍，賦詩歌卬須。何以永予懷，倦游如相如。

次韻與殷晉安别一首 寄王子螺邱鄂城

性乃異狂狷，於世意各勤。問其何爲然，爲與斯人親。君家世孝友，德澤逮四鄰。雞鳴何嘐嘐，奈此風雨晨。聚處亦云久，無端忽離分。與子相期事，匪今乃千春。我爲地下灰，君爲天上雲。問年惜已老，異時見何因？子才忘窮達，我患兼病貧。此事何足言，相知有古人。

再次與殷晉安别韻 送吴仲雲廉使北上

軨材處盛世，豈不在憂勤。相知各殷拳，何況夙昔親。既乏濟時用，又非德爲鄰。徒此落落交，相與消夕晨。子材爲時須，暫合忽離分。豈有垂暮年，猶能計千春。塗中慎寒霰，江上多停雲。子雲即歸來，會晤良有因。我愧榮啟期，尚非原憲貧。惟當歸骨去，弗復爲勞人。

次韻示周掾祖謝三人一首 贈荆南林子天植

沉疴生隱几，所思雜慘欣。自鮮濟時才，每念抱膝人。運甓勞有自，聞雞舞何因？慚予老馬憊，愧此佳客臻。至道貴守約，所患徒多聞。何以酬子問，爲事誠殷勤。子才必時須，道與古哲鄰。他時好風便，訪我淞泖濱。

次韻贈羊長史 寄友

生當太平日，遇事多歡虞。況復通相思，更有千里書。千里未爲遠，吴楚馳燕都。風景亦不異，江山自難踰。明月爲我燭，白雲爲我輿。好風不我遲，心飛與之俱。古昔有神交，問子胡躊躇？我觀古來事，紀載猶缺如。不有南董心，史筆或亦蕪。豈有倫紀宏，爲子翰墨娱。子計未云拙，我言良已疏。悠悠望古懷，懷抱何時舒。

次韻和郭主簿二首 寄汪少海西平，聞其就養賢子縣署

逶迤汝潁陽，杳靄桐柏陰。斯人渺天末，涼風動余襟。詩翁撫瑶徽，賢子和鳴琴。頗憶抗手事，霜露忽又今。知交久零落，共此白髮欽。只憐一尊酒，千里不同斟。秋菊有佳色，飛鴻響遠音二語集古詩。人生同好難，何日占盍簪。吴蜀共一水，迢迢江波深。

方欽陽九名，已迫歲暮節。雲微遠峰斂，霧霽寒潭澈。足疲吁蹇人，胸中鬱奇絶。雲夢泛杯杓，嵇少巍在列。書此方寸隱，跂彼四座傑。幸逢堯舜時，慷慨未忍訣。何以永余懷？停琴待華月。

次韻答龐參軍一首 贈丁杏舲參軍并序

丁參軍紹禮于役荆南，兩荷枉過，兼盡款曲，私感其意，和此詩奉贈。君又問余《國朝文録》一書，故篇末有述。

人事會有盡，相逢復何言。豈有足食人，而乃辭丘園。邁軸考槃詠，閑適池上篇。咄哉淵明翁，籬根胡悠然。與子僅數面，共此夙昔緣。通才合時用，微意終莫宣。問余纂輯勤，安望藏名山。後世或有託，矯首希百年。

次韻酬劉柴桑 寄友

伊人居水湄，君子懷道周。人生何短長，蟪蛄亦春秋。今歲脩耒耜，來年事東疇。吾事苟不勤，知有收穫否？與子勉士業，哀哉彼惰游！

次韻和胡西曹 驟涼寄友

夏旱歎未已，颯然起金飈。人生良獨難，既葛旋授衣。均處天地間，一物亦已微。智有不逮物，衛生何如葵。萬彙均品栽，雨露共盛衰。我傾會當覆，觴至舉莫揮。深感大造恩，私恨負戴遲。賢聖同有盡，已矣何所悲！

次韻諸人共游周家墓柏下 籬下對菊懷淵明

鞠歌一以絶，瑶琴無復彈。感彼泉下人，何由更爲歡。縱饒杯中物，奚駐鏡裏顔。栗里有遺詩，此意終莫殫。《鞠歌》，張子厚所作，見朱子《楚辭後語》。古菊字作鞠，此借用。

次韻移居二首 避水後自沙市移歸講院

大塊莽無垠，浮生復浮宅。君知九州外，潮海互晨夕。既拘氣化内，安得免形役？衆生各匡勷，倉卒移講席。嗟予奇窮子，多蹇遭自昔。不觀泉出山，歧派萬分析。

古人曷言志，著者莫若詩。其中托意多，安得問所之？詩人去已遥，千載猶可思。豈有朝暮人，乃若曠隔時。奇災忽周甲，惝怳慮若兹。吾時聊紀此，往者不余欺。自乾隆戊申荆州大水至今年壬寅，將六十年矣。

次韻與從弟敬遠 冬日寄子抑從弟成都

衰病日杜門，曠與塵跡絶。匪惟人遠我，氣竇口長閉。安得忘言者，遠招温伯雪。偶思意中子，容貌浩以潔。嗟予文字累，篇卷廣陳設。萬言不自救，多文意莫悦。既怠闇室修，又乏曠世烈。徒令百世下，欲取無可節。小了大豈然，尺短寸復拙。吁將五言韻，邈寄千里别。

次韻經曲阿一首 螺丘自黄州寄《登覽》諸詩，因憶舊遊作

名山亦何似？異人兼異書。齊安古名郡，人物今何如？吴蜀綰上下，晝鷁馳川衢。我行既云久，采覽興不疏。大江千里遥，至此尤鬱紆。文字糟粕末，山川笑談餘。吁我同心人，與子嗟索居。夜夢赤壁鶴，朝餐武昌魚。神契相往來，此心無窘拘。遥遥五老雲，仰首招匡廬。

次韻答龐參軍一首 寄何古心中州追答春初見貽之什

曠别今幾載？約歸有成言。嗟子翻出游，我每思家園。子既多藝能，又復耽詩篇。子游豈本心？我心知其然。所至輒倒屣，豈謂非前緣？嗟子潔白衷，有意終莫宣。筆扛百鈞鼎，胸貯千仞山。我歌紫芝章，待子藥殘年。

次韻悲從弟仲德 哀殤子安生，殤孫文官

我生託先蔭，不殖宜爾零。問子胡爲然？職報在冥冥。嗟彼泉下人，如何若平生。世澤享既終，乾庇故應傾。君觀樹藝者，弗沃胡由成？明知共頹世，胡以慰衰齡。廿年余老淚，不忍流哭聲。君看草木子，猶復遺中庭。誰無授書懷，豈此舔犢情。兩殤前後萎，恍惚見爾形。苟非寸衷竭，安取衰涕盈？

次韻讀山海經十三首 讀顧宛溪《方輿紀要》

栗里懷古賢，三良與二疏。平生愛山興，指點臨江廬。脱略大意通，正

自善讀書。吾觀用世人，豈必皆五車？列鼎太牢味，有時陳諸蔬。大哉闊達才，鉅細無不俱。我愛方輿紀，縮地成寸圖。此士惜晚出，問古誰可如？

昔聞茹芝人，結侶棲商顏。關中帝王宅，發祥成周年。祖龍鎬池璧，遺自太華山。葭蒼露復白，已矣何所言！

黄河天上水，遠溯崑崙丘。重源近始顯，開闢曾無儔。大江發其陽，各自分派流。安能挾飛仙？與作汗漫遊。

山水有動靜，體用分陰陽。溯彼混沌初，一氣高且長。雪山夏弗化，陰火夜有光。太虚詮正蒙張子《正蒙》極言天地變化之理，易象垂元黄。

吴越秀巖穴，好事每所憐。豈知古至人，胸中富名山。内游與外觀，二者誰忘言。子能見其大，隨處終餘年。

襲奇或裹糧，據險亦斷木。武鄉謹慎士，遲回子午谷。海聞鸜鵒集，灤乃鴛鴦浴一作浩與日月浴。偉哉造化功，此理詎易燭？

峨峨中天臺，乃在陽城陰。上干搏桑枝，下拂鄧杖林。疇歌南北風，神瞽能爲音。首雍次乃雒，淵哉藝祖心事見《宋史》。

戰國秦趙燕，邊境長城長。漢中秦無策，斯理論其常。有道貴守邊，良將積芻糧。頗牧在禁中，天子垂衣裳。

巨靈擘華開，夸娥挾山走。靈龜洛書出，龍馬河圖負。神奇未盡洩，創闢無弗有。至聖垂範圍，六經斯裕後。

炎宋天一隅，孤艇託瀛海。當時忠賢心，猶謂天意在。嗟嗟精衛鳥，千古奚有悔。孰歌崖山哀，擊石端有待。

竹林招晉賢，菊泉留漢士。隱顯道固殊隱謂顔延之《五君詠》也，此塗非吾止。悠悠桃源人，千載吾與爾。流水�古心，遐哉此君子。

在德不在險，古聖别有旨。宋以不簑災，梁以魚爛死。雲夢楚七澤，河海齊四履。重坎用守疆，設險王侯恃。

槃槃宛溪子，著書冠古才。包山何足游，端爲禹書來。海上忘機人，與鷗兩無猜。盛年託歲暮，聊復優游哉。

次韻移居二首 寄壽陳老秋堂張子石春

我懷南埭居，卜鄰有安宅。相逢二三子，談笑永朝夕。頻年嗟遠遊，悽悽老行役。予非聖賢徒，顧有不煖席。兩君皆老壽，撫襟憶疇昔。苟非舊德賢，胡爲感離析。

有酒未躋堂，千里遠寄詩。寄詩亦胡爲？心語欲吐之。昨年兵潦歲，吴楚江海思。江海渺無盡，況此歲暮時。爲君祝頤耄，荒文待來兹。仁者理必壽，聖言豈予欺？

次韻聯句一首 自警

緬彼濂溪翁，至道溯無極。苟非大本固，焉能群動息？惟有載籍功，助余陶鈞力。約志斯沉潛，持躬在修飭。更爲立監史，繩矩恒在側。庶幾愆尤寡，衆善咸我翼。青天與白日，浩蕩垂正色。知過不期無，汝乃爲大惑。

姚椿和陶詩 卷下

停雲 思弟友也四章章八句

嗟予蒙昧，氣質昏愗。力所不能，妄爲是覆。人生實難，日去不復。牆高基傾，爾將誰咎？
我有哲弟，能知艱難。才雖不高，心則已安。家督既忝，考室曷完？庶幾勉旃，共保歲寒。
我有良友，才質兼懋。何以能然，世承孝友。邴疾管鍼，崔病高炙。人生五倫，君庶無疚。
朝日之光，曷保其偏？文詞奚貴，質行乃先。朝聞夕死，汝聞有年。秦穆誓師，衛武賓筵。

榮木 感徂年也四章章八句

陶公中壽，元嘉翳而。而我徂年，忽已過之。公悲無成，吾將何悲？弗稼弗穡，食飽德飢。
言循中庭，言游茂林。春玩其華，暑暍其陰。涼風既至，嘉賓薦斟。爾獨何獲？愧彼鳴禽。
陶公嗜酒，意固有取。梁統序言，篇篇匪苟。乃嗟日醉，促齡自咎。嗟汝胡爲？嗚嗚擊缶。
昔人有言，譬彼嘉樹。彼胡能然，祥風甘露。爾何撥棄，壞乃生蠹。栽彼本根，庶其少固。

勸農 愧力耕也六章章八句

陶公世胄，抗節異代。亦仕亦耕，於心奚愧？孔明隆中，三顧廢耒。隱顯云殊，至道何悖！
授田既廢，民各自營。孰云正德？可棄厚生。行履原晦，阡陌縱橫。縱彼惰農，猶勝惰氓。
昔人處鄉，耕讀兼事。豈緊好勞，人各有治。既分五穀，亦勤四體。藉口聖言，陶公所棄。
維兹東南，畝賦十鍾。或言税艱，不如商工。斯言詎然，八政首農。雖有儉歲，豈無年豐？
淵明責子，似鄙不學。帶經而鋤，車有雙較。不藝胡生，不讀胡覺？遥遥陸生龜蒙，堅哉卓犖。
堯舜黴瘠，大禹胼胝。嗟彼聖人，況我褐衣。維農家流，古初是資。耒耜有經，吾希天隨。

擬贈長沙公四章章八句 戊戌孟夏，過樅陽懷族伯父惜抱先生

吁嗟吴興，同出有嬀。餘姚之墟，中乃分支。悠悠吴越，道遠易暌。昭穆雖遥，世系莫違。
於昭先生，文學世宗。制行懿美，間氣是鍾。緊予先德，千里向風。命余小子，負笈斯從。
維予小子，實云尫劣。慕公文行，逮遠馨烈。載書追隨，易簀永訣。堅苦之訓，鍼砭斯切。
揮手廿載，愍予無成。薾然飢驅，叩枻西征。迢迢樅陽，大江前横。寸心千古，吁嗟先生。

和酬丁柴桑二首 丁參軍酬予贈龐參軍詩韻，復以此篇答之

君子之軌，爰行爰止。衡之於心，相去幾里？孰維其終，孰完其始？
人才於世，禍福自由。或言子傲，夫豈子憂。君子有道，宜休勿休。如余懶慢，曷爲同游？

和答龐參軍六章章八句 寄嚴湘鄉，有序

余與嚴生總角詩友，君患世故近輟作詩，而屢書見貽。古云：文以

足言。詩亦言也，遂和陶公斯篇，寄之云爾。

與子幼好，豈非詩書？逮此遲暮，將何以娱？誠爲古稽，何嫌今居。咥彼老莊，天地蘧廬。

我有瑰寶，舉世所珍。安能秘懷？獨爲己親。嗟子鉅材，老矣斯人。與子何日，東南卜鄰。

維兹德鄰，實爲勤孜。皓首餘年，誰與藥之？子知我愆，吾贈子詩。匪我能言，我實子思。

少壯離合，誰與判分？我豈子怨，子亦我欣。千里相望，悠悠楚雲。洞庭沄波，因風相聞。

瀟湘伊邇，鴻雁飛鳴。衡嶽之陰，冬雪載零。暮年行役，跂彼燕京。苟非德符，云何其寧？

東南俶擾，草木多風。土梗往來，泛泛波中。不有賢者，孰知其終？庶幾殘年，共保眇躬。

時運　哀暮秋也四章章八句 有序

年逾陶公，節過九日。遲暮無待，能無哀乎？

去夏洪潦，漂流萍蹤。今兹旱災，雲漢藴隆。小民怨咨，暑雨寒冬。今我不樂，哀將何終？

汝胡不樂，曰若自艾。不圖其終，時日玩愒。淒淒遠飆，晻晻沉靄。歲云暮矣，雲何晚蓋！

晻晻沉靄，悽悽遠飈。落葉滿庭，隨風飄摇。蘭有幽芳，菊有英翹。汝思授衣，曷勤三繅！

惟兹陶公，秉質堅勁。詩題甲午，節炳異性。望彼桑田，生逢隆盛。有道貧賤，我恥先正。

歸鳥　感田園也四章章八句

鬱彼歸鳥，載飛載鳴。夕陽在林，倏焉西傾。汝非鴻鵠，千里是征。一枝斯棲，庶幾不驚。

鬱彼歸鳥，亦集爰止。既欣所托，心亦安只。霜霰夜驚，徼弋晨指。苟非仁者，汝弗輕恃。

仁者之心，在物胡慈？夭卵弗殘，虞衡是司。惟彼正供，鳥亦自知。網羅忽蹈，汝乃自危。

惟彼歸鳥，倦飛知還。如何人斯，顧昧晨晚。知幾遲回，貪餌繾綣。扶摇天風，北溟胡遠。

命子　自責兼勖弟也亦以命子孫爲遺訓焉十章章八句

嗟我有姚，系出嬀墟。南北既分，吴越攸殊。有明中葉，松江是居。泖湖之濱，乃奠室廬。

聖清繼世，宗衮高門。式微在農，異流共根。乃隱丘樊，弗繫弗援。善人斯稱，衆姓是敦。

維我王考，孤生振亮。東越瀛州，西窮衛藏。盛業弗究，中壽徂喪。讀書之訓，臨訣愴悢。

繄予小子，質弱志昏。自狃于安，而弗求聞。匪學曷殖，匪德曷存？汝無善作，奚示後昆？

乘雲駕風，不如牛車。烹龍炮鳳，不如園蔬。騖廣者荒，窮大失居。我思古人，慨焉廢書。

古人讀書，尤尚躬行。變化氣質，陶淑情性。碩師有訓，堅苦是命。汝不善讀，於書奚病？

衰家之賢，繄維哲弟。薄宦遄歸，彭澤思跂。海夷紛擾，家事況瘁。剛拙性成，有志莫濟。

嗟余老矣，日迫桑榆。暮齒遠遊，已亦揶揄。子孫之賢，衆枝相扶。慧者易折，曷保其愚？

維彼愚子，爾培其本。譬彼平地，基始一畚。譬彼農田，是糞是墾。填海移山，神感忱悃。

嗟予昧愁，自陷匪材。萬事瓦裂，百年鬢摧。力田讀書，二者交培。臨死之言，其音孔哀。

擬讀史述九章 意有所感，各從其好，陶所述者，乃不復云

四皓

嬴秦暴虐，相率去之。難我友人，同志若兹。望彼商顔，曄曄紫芝。千載明堂，誰其拄楣？

司馬季主

南楚拂龜，東市捧腹。宋忠何人，賈生賦鵩。道高益安，富貴翻覆。日

者之文，歐陽三復。

信陵君

信陵之賢，近禩所無。豈緊戰國，宗臣是模。子政災異，三閭江湖。吾行夷門，式兹丘墟。

望諸君

燕昭復仇，樂生長驅。二城未拔，大義炳如。武鄉大賢，與管並譽。通偃何人，流涕答書。

魯仲連

仲連卻秦，衆所共知。獨其高節，千載禕而。六國皆暴，誰與易之。後世知者，容城是師。元劉靜修《渡江賦》美郝經排難之義，而終不仕元，是亦仲連志也。

荀卿董仲舒

荀云性惡，憤激致然。董言災異，春秋義宣。戰國以來，百家詖言。二子斯述，有醇有偏。

張釋之馮唐

張季長者，行稱天下。馮公孝著，郎署不舍。張仕不進，馮老莫駕。漢文之賢，叔季緊寡。

汲黯鄭當時

汲俠而清，鄭俠而和。昔賢制行，亦云孔多。好士之懷，千載不磨。狂狷不作，我勞如何？

司馬遷

好古述作，聖稱老彭。好惡與同，復美丘明。史遷振起，先民是程。貫串百家，表章六經。

自題和陶集一首

南山差喜對東籬，誰和先生絶調詩？千載楚臣芳草怨，漫言蘭秀不同時。楚臣以屬東坡、靜修、陵川三公。春蘭秋菊,各一時之秀,語見《南史》。

孔繼鑅和陶詩

灌園四章用歸鳥韻

翔遊八表,不如在林。戢影惡木,不如松岑。借問君子,好遁何心?亦不自審,坐我庭陰。

逸翮風舉,萬里能飛。波深雲阻,中道何依?百齡悠忽,實獲一歸。投清領素,古之所遺。

式瞻歸路,無復徘徊。昔靡身所,今有心棲。氣抱山靜,神與春諧。願言企而,葛天無懷。

孤花窮谷,誰賞寒條?未見嵩華,誰信高標?嘉卉離離,黄鳥交交。食荼匪苦,灌園匪勞。

衡門四章用時運韻

往啟衡門,賞我良朝。夢與天遠,冉冉青郊。誓將微抱,託彼清霄。上爲好雨,下被嘉苗。

塵衣在河,豈不可濯?更事云多,投之駭矚。際奢難量,坐窮易足。有古之歡,有今之樂。

驅馬燕趙,揚舲淮沂。川嶽何獲?抱雲來歸。取五十弦,希聲微揮。空桑雲和,仿佛可追。

雲水荒邑,中有我廬。竹木蓊翳,偃仰曠如。早秋無爲,剥棗斷壺。好吾所好,余不棄余。

勵學四章示兒輩用榮木韻

壯往在旦,夕還亭兹。悠悠衢術,誰汝晝之?百年柯葉,韶好幾時?我已不植,汝其儆而。

苦爲志本,貧乃道根。騰葩流艷,淡泊者存。見天有奥,不學無門。爲岡爲陵,不積奚敦。

聖賢在堂,奚云孤陋?理貴賞新,得無忘舊。厚爵匪寵。多金豈富。名與身雍,傷心飲疢。

舍實躐名，亦道之墜。惟人修省，惟天明畏。渺兹棧駒，相期名驥。汝健吾衰，憑其所至。

東山四章贈同宗孝廉憲彝用贈長沙公族祖韻 有序

眷願大宗，播遷淹久。汶派以上，豈云路人？世次長孝廉，而學實下之，向往寫心，知言志愛。

一途分軌，自近侵疏。日月離遏，恩義有初。東山嶕嶢，白雲其徂。瞻彼東山，佁儗峙躇。

東山首路，心儀廟堂。宫牆闕謁，不識圭璋。俎豆萬禩，苾芬露霜。伊嗟末胄，景附耿光。

上國攬轡，歡心載同。笑言風雨，之子徂東。高懷躡雲，有才如江。投縞在庭，報玖遲通。

踵聖人後，果行先言。思不越位，義重兼山。懋哉君子，秉志確然。實宗之彦，聞道之先。

有贈用停雲韻四章 有序

稷兒師竇應成先生蓉鏡，積學篤行士也。年壯進鋭，吾道有歸。自愾始衰，言兼敬畏。

今夕我廬，古之風雨。天將君子，不我修阻。堂有素琴，歡無獨撫。君子不來，使我遲佇。

升高攬曠，湖海青濛。狂流淫雨，注愁成江。與我君子，坐影閑窗。白雲零替，東西焉從？

木有重潤，華有再榮。誰能太上，蜕世遺情？小鳥翰飛，日邁月征。通天人學，嶽嶽董生。

鳴鳳天半，丹山之柯。啞啞野鳥，不足相和。顧瞻君子，心儀孔多。褰裳相從，道里如何！

與喬廣文守敬用酬丁柴桑韻

樹之好陰，小鳥爰止。海内希風，視聲井里。君子之交，久要在始。

二情能一，不知其由。重以婣婭，載同歡憂。以心相語，在醉無休。我賞子趣，子樂我遊。

示鄭甥載恩朱甥士耄用答龐參軍韻六章 有序

鄭託小仕，趣在退逸。朱有志學，行期大用。感兩生之出處，增予懷之繾綣焉。

去淮之揚，携家載書。去淮奚怫，之揚何娱？深木邃石，天與閑居。誰非逆旅？且惕蘧廬。

睦婣釃酒，情話足珍。兒女成長，日益所親。藐兹弱息，爰得良人。非惟車輔，乃德之鄰。

滎陽清胄，策己孜孜。十載形影，爾汝共之。餘事繪素，亦賦嘉詩。奔走升斗，良匪所思。

沛國令子，攻書夜分。念兹在兹，是賞是欣。扶摇在邇，家有青雲。師資忝竊，尊爾所聞。

文豹善隱，良馬善鳴。道有總要，不問奇零。潛見隨遇，積學如京。山際其高，水適其平。

習習陰雨，相薄雷風。論才委命，樛流我中。天道無極，君子有終。貴豈云位，善積乃躬。

憫農用勸農韻戊申七月作

抱影求食，予亦猶人。勿云夢幻，飢溺者真。陽侯肆力，坎德何因？溅溅野水，哀哀農人。

安得神禹，匡我后稷。水胡云利，適害藝殖。往歲淪瀾，敗諸稼穡。今流離兮，田祖旅食。

欣欣桑柘，藹藹川陸。在豐不知，飡眠沕穆。家室漂流，雞狗奔逐。幼子星征，少婦露宿。

載道瞻天，忍使淹久。提左抱右，相率鄰耦。聚族野哭，不見壟畝。曰雨曰風，予足予手。

涼風聿興，身瘏腹匱。載瞻載言，百無一冀。水豈我尤，命也蹇至。我之百憂，人胡云愧？

淼淼津涯，迢迢都鄙。東歸何日？南晦是履。瑣尾無極，政有令軌。我思哲人，鴻雁式美。

述往十章用命子韻 有序

少壯侵衰，曾不日月。静言思之，邈如天地之久。命稷兒、牧兒志之，鏡來心焉。

老旨繆悠，莊説荒唐。束身周道，秉心天光。我之瑶琴，調多側商。願爲丹鳥，其鳴歸昌。

銜羽而飲，誰識周周？被天之雲，如荷山丘。儕農家子，希隱者流。體重群嶽，心輕五侯。

少小頭角，不蛇不龍。食家之食，言懋國功。三十所居，蝸角蟻封。空山無侶，麋鹿奚踪？

竈集陶冶，林歸匠柯。賢人肅羽，皇路張羅。余亦褰裳，山隆川窊。渺兹萬里，墮彼風沙。

刑屬三千，齊以令德。釋褐彤庭，典獄佐國。出家從政，惴惴愆忒。遠我二人，我心胡得。

如夢如墜，念我初始。浮家淮海，歸我戚里。身有鞠育，爰得所止。在旅瘋憂，侍寢燕喜。

用潛任道，剛有不及。負影再仕，川防危立。日月不居，河流孔急。聞見云多，鴻號雁泣。

智窮見本，天開嘉時。父召母命，今也來思。兒年五十，提抱今兹。嶽長海潤，親年齊而。

於世履冰，於理觀火。再千百祀，焉必有我？人生萬歧，天鑒一可。以是抵非，中心無假。

余年云艾，乃心尚孩。保兹佳日，黽勉將來。得飽實難，知恥爲才。守爾百體，其敬之哉！

述詩用述酒韻

孩抱不知我，嚬笑爲見聞。四齡識日月，幽顯心能分。祖陶事章句，十五擬停雲。二十熟漢魏，高欲窮皇墳。下學雜科目，蹉跎非一晨。殫精念在兹，雲物漸我馴。性情拓閱歷，天復勞其身。經史益我助，漸漬深劬勤。一息筦八極，百體從天君。靈均抱蘭茝，窮谷徒自薰。垢藏且蘗悔，矧敢矜能文？鄒枚半同學，鼓吹翔横汾。榮落一以判，木葉徒紛紛。摛毫識歲月，閑亦投所親。蕭蕭苦竹叢，不足求伶倫。

贈嚴少平丈鏻用答龐參軍韻

海天鬱草樹，掩關誰與言？冷境慰心眼，水石開鄰園。日涉復何趣，還坐理陳編。有道共閑寂,就我能欣然。蓬葆地無所,雲水天之緣。胸懷萬千意,相對無能宣。召問東溟渤,可有三壺山?神仙不可致,努力樂當年。

羊寨遷皂河阻風安東用阻風規林韻二首

修程淼無際,客行靡定居。虚舟納遠響,長風來于于。踟躕不得進,款棹城南隅。彼岸雖云阻,幸已遵半途。大河流日夜,波浪猶江湖。在險乃忘險,勢迫情轉疏。君子貴自守,萬物歡有餘。安在極其欲,無羈縱所如。
飛鳥没雲外,飄飄獨何之?客行忽已西,東風不我期。戢枻面高柳,駭流無停時。及晨論千里,向夕仍留兹。余豈獨耐此,不耐將焉辭?去住事偶然,皇皇徒自疑。

始至皂河用移居韻二首

嚴君隱卑宦,就官非卜宅。艱難向升斗,骨肉依晨夕。兹土信荒隘,嗟免遠行役。及辰宴所親,庭月照前席。展席洽歡素,望月感今昔。來月有圓虧,家室無離析。
閉門寡儔侶,高誦柴桑詩。短樹環四鄰,鳥來時和之。斂翮發新聲,喈喈如有思。所思豈余異,感此方春時。少年不可再,忽忽淹在兹。無聞古所懼,往訓誰我欺?

南寺閑居用雜詩十二首韻

棲息大河甸,几席虚生塵。庭木半枯死,慨然念此身。歲華日以積,人事日以新。三十未爲老,見惡與我鄰。一卧復一起,一朝復一晨。河聲逝東海,送爾悠悠人。
早歲事征鐸,信宿龜蒙頂。逸賞副瀓懷,往路續來景。朝被川霞絢,夕飲山氣冷。在進忘力劬,少息知途永。回首鏡流波,坐歎鬢眉影。從來蹶足駒,結念在馳騁。踣鐵未全銷,踢蹬誰能靜?
閑愁無定端,起伏不可量。日晏群動息,明月燭我房。百年方及壯,取譬夜未央。晚樹豈無榮,惜已非青陽。飄風動梧竹,歷亂鳴空腸。
人苦不知樂,樂莫依二老。性天結不解,富貴焉常保?藺足求崔巍,一退平群燥。游子適榛蕪，悔不歸來早。依依孺慕懷，已恨非繈抱。遵軌慎來玆，既往復何道！

兒女速人愁，對之轉怡豫。叔艾三索得，如鳥初習翥。更有三弱女，牽懷不能去。伯穎詳舉止，蹉跌已無慮。仲英惜非男，偏愛珠不如。季芻甫墮地，呱呱日未住。眼前兒女歡，是我親樂處。南山父母年，喜極安用懼！

平生抗奇抱，放言輒自喜。寄身大塊中，滿目悲生事。親舊盛飢寒，痌瘝通心意。周急良所欽，斗禄何由值？太息復太息，日月去何駛！愁顔不自歡，廣厦何時置？

從宦馬陵西，傳廨苦逼迫。南庵數我過，殿閣鄰郊陌。魚鳥集光氣，花石粲青白。山窗洞平野，坐攬河流窄。苾芻好禮數，將我爲上客。一枝憩形影，天地此安宅。

佛氣不蕭瑟，香火資田桑。戔戔維摩供，值不須粃糠。棟宇庇頭陀，坐食孤粢粱。梵唄不可曉，吐氣何陽陽！貧者遍河曲，生計信可傷。力竭腹不果，誰能均其方？雕榮有如此，且復傾我觴。

獨酌寡所適，離緒紛無端。好友阻川梁，年序空推遷。道里各相望，猶處末與顛。今日載飢渴，昔日同盤餐。况我交落落，性命敦因緣。會當良風發，一寄停雲篇。

少小耽吟諷，於古靡不稽。源流有升降，一一求津崖。冥想足丘壑，鏤險歸平懷。甘苦信有得，精力苦未彌。所貴既其實，非云詞陸離。緬昔陶彭澤，不爲事物羈。天地寫心聲，性情乃不虧。

仲夏苦恒霖，微風回夜涼。披衣滅燭坐，暗蝠撲塵梁。浮家類萍梗，何日還故鄉？坐惜顔面改，不因蒙露霜。攬步起踟躇，欲歌不能長。

東天浴日烏，西天横月子。萬古此昏旦，人事相徙倚。愚者忘其天，智者求其理。

寄與人兄長沙用與從弟敬遠韻

平野帶村市，風景晝清絶。官舍似貧居，日高門尚閉。門前長淮水，瑩徹比深雪。曲折匯江流，在遠同一潔。挫抑嶔崎階，天爲智者設。孤芳生廉隅，末俗尚容悦。岸高拒激湍，木勁失風烈。莫以所處卑，少替嶢嶢節。升斗效馳驅，謀生未爲拙。勉矣四方志，毋感經時别。

乙酉重九獨登黑窑廠用己酉歲九月九日韻

情拂鬱沉智，執在無深交。獨上凌虚臺，萬象淒已雕。生平際坎壈，據卑神識高。秋城見鳧雁，聊復翔雲霄。干戈古擾攘，進退爲逸勞。仁者卜無敵，何用求龜焦？忻戚齊我懷，在賤心陶陶。還當驅馬來，奮袂嬉良朝。

壬辰出都用還舊居韻

挾瑟升高堂，終闋便引歸。賞音任所遭，中情曠無悲。不悲亦偶爾，心是境苦非。盤盤郭門路，過我忽如遺。古人重去國，誰能不依依！形影支晴昊，年命況相推。涼風振高柳，葉好條即衰。天南求耦耕，有酒可共揮。

發雄縣用經錢溪韻

首途始三宿，衣上萬塵積。北風送征人，川原渺如昔。天曠沙氣肅，朝林尚棲翮。人語出河梁，時有坡隴隔。輪鞅非好勞，筋力焉辭役？看山尚在燕，問水已離易。念歸數亭堠，悵往感離析。人生有歲寒，何處盟松柏？

東昌舟行用經曲阿韻

歸懷消百感，卧讀車中書。莽莽曉無適，舍家將焉如？秋霖接齊魯，泥潦交通衢。行路昔云難，況復人事疏。舟子招我去，心與川途紓。雲物領天貺，城郭攬古餘。昨眠車轂塵，今接風濤居。我勞未遑已，我樂猶禽魚。耳目適襟抱，誰能事蹇拘。高秋縱歸櫂，稚子遲蓬廬。

用擬古九首韻寄山陽潘四農師

荒雞號斷垣，昏鴉聚高柳。門前萬古月，形影誰當久？野風吹夢覺，山川隔良友。悲來對天語，口渴不能酒。意氣在盛年，一錯自孤負。牖户怵陰雨，動植順高厚。我生轉蓬科，飄泊成何有？

日月替大野，靈運無始終。天地有真氣，呼吸周華戎。流爲川海潔，峙爲山嶽雄。眇躬浮后土，人事多飄風。空堂夢霖雨，萬壑回饑窮。墮地三十年,乃在塵埃中。

北風厲征鳥,羈客淹城隅。層雲鬱南望,我懷何以舒?冰霜瘁車馬,言歸河上廬。老親執兒手,兒跪問安居。去日堂前路,淺草今荒蕪。大河日東逝,遊子情何如?

澤國累年饉,大官無歲荒。小吏朝暮謁,上堂復下堂。戟門列風旆,鼓角吹蒼茫。絃酒客在閣,涕泗農在場。一堤障蛇龍,城郭參丘邙。度支竭租賦,水與金低昂。老兵抱鍬卧,腹飽防河方。久客傍淮甸,閉户空嗟傷。

淮東一貧士,寒燠服不完。出門見輿馬,盛世騈衣冠。入門抱古鏡,坐换常鬢顔。生世速白日,寂寂眠江關。高岡跨大野,雲物垂天端。其下幽人居,松竹鳴清彈。老松偃蒼虬,枯竹吟饑鸞。冰雪歲云暮,白屋蕭蕭寒。

川原去往昔,井邑來今兹。冉冉别離日,忽忽歡娱時。山妻縫我裳,及歸盡爲緇。弛衰委空房,牀椸生悲疑。一悲生年隔,萬悲無訣辭。同穴有來日,未死纏酸思。巢鳥嗁失哺,風雪虞凌欺。兒女失光澤,我親彌痛之。且輟北邙作,莊詠南山詩。

衆卉抱春澤,百族翔靈和。古人積高唱,一一生前歌。歌聲歇芳草,隴上牛羊多。顔短詎憔悴,彭久焉光華?狂馳百年去,湮滅將如何!

秋風盪庭户,端坐懷舊游。舊游渺何許?室家今楚州。抱道澤中吟,嘅運川上流。誰能事虚誕,洪崖與浮丘。宵旰軫堯舜,潤色誰伊周。雞犬樂平世,我意將焉求?

大木聳雲日,山深絶樵采。太古閟幽異,零落柯條改。掘井當及泉,尋河當見海。在己勖本實,在人欲誰待?獨立乃不拔,頑懦叢憂悔。

送萬大應新之官粤中用和郭主簿韻二首

客廬御溝上,槐夏門闌陰。欲别不能别,坐樹搴衣襟。欲語不得語,贈子以瑶琴。借問琴中意,是古而非今。聰明德之衛,苛察非所欽。人言極涇渭,清濁還自斟。勿以好耳目,炫彼色與音。勿以好體素,牽制纓與簪。忠實見底藴,江海迥且深。

子如冬嶺松,兀兀露奇節。子如寒泉水,湛湛太瑩澈。利物劑天和,聞望信清絶。自穢蕭艾姿,敷榮遜園列。養拙守庸下,用世委英傑。明日溝水頭,與子黯相訣。悠悠萬里行,目斷雲間月。

送郭舍人儀霄歸南豐用與殷晉安別韻

人生垂老別，誰能不殷勤。結歡未云淺，況復心相親。行當山嶽隔，暫作天涯鄰。念子遲明發，忽忽宵侵晨。道旁觀別者，且爲傷乖分。子歸南山墅，言謝東華春。千碧斤竹澗，一白龍池雲。望月墮空夢，相見良無因。真意載道力，衰白能飢貧。清風吹北牖，誰是羲皇人？

柬清河李三國賓用示周續之祖企謝景夷三郎韻

小縣抱河水，雲木叢欣欣。我産實兹土，長大爲勞人。一二同門友，風雨期無因。晦顯隨所嚮，大道誰克臻？委心任凍餒，惟子如前聞。一編能宅心，況復搜研勤。老屋晝漏濕，囂隘與爾鄰。我歸歲云暮，相歎長淮濱。

戊戌重九舟次静海寄懷善比部年用九日閑居韻

長揖返蓬蓽，逸思孤雲生。擁節數亭堠，郡國忘其名。月没草樹黑，海氣侵宵明。參横動寒色，高岸霜無聲。舊游感逝水，遠路思衰齡。人物厭老醜，肝膽誰同傾？芳序遞往復，勁本無枯榮。杯中澒洞酒，世上蒼茫情。飢寒竟素抱，萬事看垂成。

花家園視亡婦墓用怨詩楚調韻

遇不少歡笑，觸汝成悽然。百體更事多，潛歎隨遥年。自汝不我俱，我行多缺偏。家人處重闉，汝獨棲中田。人事隔汝遠，勞勞市與廛。告慰有來日，相與蒿中眠。老烏眷舊雛，枯楊巢再遷。飄摇護毛羽，啼血霜風前。百族盛意氣，一墮爲空煙。悠悠身後名，實視生前賢。

戊戌九月歸白田用歸園田居韻五首

勺水性滄海，礎石根崇山。萬物静念本，人動忘歸年。危坐集夜氣，空洞心淵淵。上覽見沖漠，誰墾洪荒田？作息遂長養，骨肉爲人閑。今日天上日，不異羲軒前。奈何遞幻化，歌哭風中煙。蟲介自卑濘，白雲華嵩顛。出處順寂感，無逸居誰間？一墮無全瓦，神骨長森然。

借彼壟上鉏，斷我塵中鞅。漸與野人洽，心在無夸想。斗室掩蓬巷，雲日相還往。陰陽數物候，静驗莓苔長。孤花階下榮，舉首見天廣。太虚足生氣，萬象非鹵莽。

終日步窮壑，不恨知者稀。我心懼爲石，轉轉歧所歸。是稼足無餒，是布足寒衣。物生貴有用，藏顯無相違。

少壯事行役，羈苦誰與娱？長日逐旅食，煙火投林墟。困悴發歆艷，眷眷野人居。茅屋三五間，榆柳百十株。老翁抱孫笑，安坐神愉如。往慕苦不足，此樂今則餘。息駕問田舍，耳目來清虚。藹藹户庭樂，實有非空無。

小縣枕長淮，高卧北城曲。青溪城外田，魚稻城中足。神州在魂夢，著著斟全局。痛癢豈無心，碧月高天燭。不語對參横，蒼茫坐天旭。

讀晉皇甫謐高士傳用讀山海經韻十三首

端坐覽清書，生意密復疏。禾黍長田皐，花藥發我廬。何以順物候，静讀前民書。空園無人聲，安有馬與車？佐讀有癡兒，佐食有庭蔬。寬閑誓危苦，期與古人俱。古人不可及，僶勉當力圖。悔心涕往日，來者心何如？

白日照莞葭，在野無戚顔。老萊與妻遁，世莫窮其年。託身拙無巧，播種先墾山。官禄有斧鉞，聖智危其言。

榮叟負一琴，館宇隨山丘。鹿裘風天下，滔滔誰與儔？貧士昧生死，柔靡從下流。抱常以竢終，吾友天爲游。

漢陰抱甕叟，養氣藏微陽。用勞物見損，無機壽命長。崇簡亦天則，止水心生光。惜哉遺世懷，尚口多雌黄。

高談賤金璧，不受天子憐。始皇入所迁，求彼蓬萊山。受學河上叟，心師李耳言。人傳千歲公，賣藥徒長年。

偉哉杜田生，后土一良木。暴秦不識字，羲畫曜陵谷。聖業袝賢身，日月此沐浴。青齊閉門居，萬古精心燭。

大君能生殺，高天能晴陰。物外無法網，風日嬉泉林。使郎就受政，空山無閟音。成公洞出處，藏用無二心。

我悲宋勝之，孝慕一何長！五齡失怙恃，百歲尊天常。代叟路擔負，有親分肉糧。有親當如何，春日豈遽央？

賣卜不下床，卧見世奔走。生不受人恩，垂死無慚負。君平百錢外，遑計無與有。著書完我神，固窮見身後。

向子畢嫁娶，出門事山海。當其閉門居，潛隱飢寒在。受饋反其餘，人己淡尤悔。生死夫何如，損益更相待。
陳留申子龍，力學徹天旨。十五明恩讎，能活緱女死。步負我友喪，險苦信能履。市義小人爲，直節乃足恃。
高尚亦奇懷，絶類詎通士？古之聖人徒，遇困或用止。龐公審巢穴，棲山亦偶爾。危方在天下，安且遺孫子。
治經見物本，姜氏篤其才。兄弟有時盡，日月不再來。天淵藴真樂，魚鳥徒相猜。實遂以虚獲，古人其懼哉！

用形影神三首韻寄葉二 名澧

往游棲夢寐，了了别君時。一步即成别，況復天南之。日日看天色，白雲恒在兹。爾我不如雲，邈此交并期。顔面既恍惚，空有心相思。在别重道義，兒女徒漣洏。願子崇令節，萬里毋憂疑。僶勉勖本實，舍本皆浮辭。
滔滔競妍巧，一夫用誠拙。巧者動忘歸，梯棧與天絶。褰裳涉南山，古木發嘉悦。離立閟雲日，魁偉凡柯别。世有自韜養，無用即空滅。孤懷巢許寒，未若臯夔熱。血氣扶洪鈞，飛動肯衰竭？升高見方員，人也胡自劣。
大化何融融，理以形骸著。有客脱組歸，夫豈逃名故。形分勢散殊，恩義相依附。身不與心諧，何地能容與？全家湖上城，是我忘憂處。老屋向天開，春日門中住。芳樹蔭連牆，鳴鳥紛無數。階草與簷花，生意爲供具。閑中斟是非，世外淡毁譽。惟有坐離索，良友晝來去。子懷我所欽，子學我所懼。出處各因時，高步毋多慮。

戊戌除夕用飲酒二十首韻 有序

心在歧路，歸猶未歸。知老親憐兒意恉，亦不以虚榮爲實樂也。僶勉廿年，獲有今夕。揣心爲聲，不覺言之長爾。

真樂際萬物，惟人實知之。人生致愁苦，恒在别離時。庭中有嘉樹，好鳥巢於兹。雛飛不離柯，兒歸復奚疑？恩義始倫紀，性命相扶持。
求金市冠蓋，不如歸買山。側耳市上語，不如山中言。窮谷長薇蕨，得天以爲年。閉門閲萬古，赫赫當誰傳？
覆載闢賢路，代耕亦世情。小子審進退，紳笏非我名。願我父母慈，鞠育我一生。好爵動雷電，不足兒震驚。所懼學不立，百歲垂無成。

城府聚煙靄，獨鶴高高飛。飲啄昧所性，人間良可悲。斷蓬不附本，何地相因依？舍此更無適，今日兒真歸。舉酒向晴昊，蒼蒼色無衰。白日照襟素，示我以從違。

絲竹入良夜，何處林鴉喧？星氣隱堤雪，燈火淮東偏。更從得平地，家室安如山。蕭寒一夕盡，來日春風還。春風暢四坐，孺子歌一言。

檢身叢千非，悔心研一是。鋭意出塵網，安問譽與毁？聚散風中花，骨肉豈偶爾？傍親娱百年，何用從黄綺？

春前木粲粲，階上雲英英。衣裳暖暖日，家室愉愉情。稱心奉旨酒，滿斝無欹傾。氍毹堂上舞，耴瑟相和鳴。一彈元鵠翔，再彈瓊芝生。

我父壽天地，河嶽無孱姿。我母壽天地，松柏無頹枝。天地我父壽，沖抱無新奇。天地我母壽，劬勞永所爲。健順我父母，氣數安能羈。

我父起胼胝，荆棘身爲開。任真隨所之，與人無曲懷。往往愴飢溺，念與時相乖。曠心隱關柝，不失爲高棲。放步措八極，何往非塗泥。小人自齷齪，君子自和諧。所悲世悠忽，智者甘於迷。請爲仰天歎，上有雲昭回。

我家自上京，託處淮西隅。中更歷徐海，日緬風波途。一官我父勞，母實同馳驅。意苦遇常泰，身儉心有餘。高厚鑒户庭，儉苦爲安居。

我父呼兒語，兒歸自遠道。兒遠爲誰歸，我衰爲誰老？而母抱夙疴，兩鬢亦云槁。不願被狐貉，不願饌美好。願兒千金軀，忠信以爲寶。長跽承父言，雷霆在天表。

母言兒來前，毋忘成童時。夏楚實長汝，怒譴無寬詞。阿母豈無慈，酸痛慈在兹。通籍實祖德，天道信無疑。綿上有偕隱，爾母豈余欺。兒歸吾飯汝，門外將何之？

母言兒生時，奇餒爲常境。母病父將兒，兒凍嘑長醒。無衾覆以衣，衣亦無完領。計兒彭與殤，遑計鈍與穎。兒今田園歸，力學還初秉。

母言兒去膝，萬感更端至。盡室思就汝，我病憊如醉。兒歸何歲年，郎署羈階次。不有冠蓋愁，焉識林亭貴？往日豈無酒，今日有真味。

維我父母慈，宇宙得歸宅。廿載浪莽游，瞥眼驚陳跡。寸懷抱區區，歡歎有千百。僶勉闇室中，厲精爲潔白。心意慎年光，坐馳良足惜。

維我父母慈，勤閔備所經。疾風吹闈闥，嘉耦中無成。高堂愴兒意，宵歎彌深更。荒砌發宿草，春氣回我庭。斷續房中詩，不失爲和鳴。衾裯閲今昔，顧復難爲情。

大宗炳萬古，高挹東山風。飄摇有今我，依依天地中。秉心樹堂構，在境忘窮通。眼前四小男，悠悠冶與弓。

惠迪致温飽，清門無苟得。遐福天所將，祠禱世狂惑。氣運心樞紐，敬肆爲通塞。上矚三千年，玆理賅家國。維我父母慈，天道何嘗默。

芒屩躡上國，初心豈忘仕。擾擾塵霾中，歷歷審人己。得失久寓目，耀不償所恥。一櫂發秋風，煙火認井里。回首駭驚濤，離苦不勝紀。猛志策高足，從此翛然止。門内無險巇，眠食足怙恃。

雖云世若夢，載履真復真。四夷屏所餌，表海民再淳。無事坐熙皞，僻壤東風新。笑彼桃源人，畏心猶在秦。今日視天宇，八表無纖塵。願求湖上田，學稼躬忘勤。耕餘課兒讀，日夕侍我親。暇或飲鄉叟，農事言津津。春脱得餐飯，粗絺爲裳巾。渾渾彼蒼意，厚我蓬蒿人。

己亥正月五日用游斜川韻

修塗導前步，夷險無暫休。倦彼簪笏趨，易以隴畝游。辛苦歎川逝，用暇爲停流。往年軏上馬，來境波間鷗。閉户攬閑曠，釋重如山丘。載籍輔余獨，豈曰無賓儔。長日命文酒，以逸爲勞酬。撫襟問故吾，有樂如今不？春氣發林澤，誰見漁樵愁？家室在豐歲，得飽其何求！

造山陽師東莊用始春懷古田舍韻二首

縣居重湖陰，北郭歲始踐。地上雲飄摇，離聚那能免？造廬歷澗曲，情以春光緬。草樹性猶人，萌發含天善。萬物有初終，百歲苦非遠。泛彼溪上日，忽忽何當返？世外無滄浪，行矣求清淺。

家無十日儲，豈曰非長貧？在餒且忘病，講貫此劬勤。劬勤夫何爲？感歎在爲人。服御與肌骨，一陳不再新。坐閲萬萬古，窮谷誰欣欣。悲彼狂瀾趨，何者爲崖津？僻地去人遠，乃與天相鄰。蒼蒼照庭宇，安用希前民？

己亥洪湖盛漲壩水下趨近海州邑秋不穫登舟過高郵書所聞見用八月中於下潠田舍穫韻

高沙恃石岸，小艇依城隈。平生飢溺心，耳目負所懷。重湖浩瀚水，不與民氣諧。穿堤斷馳驛，漫港失鳴雞。十村一煙火，白日空盤回。青鳥銜波來，刷羽鳴且哀。鳥亦不得食，苦霧蒙難開。吁嗟誰致此，人力非摧頹。河伯天上歎，亦云時數乖。人世困時數，願從天上棲。

城下獨步用游周家墓柏下韻

春風吹湖岸，竹木爲鳴彈。行吟對天笑，人不知余歡。井邑有熟歲，村氓多醉顔。長淮見帆楫，往路何時殫？

江城雪霽用蜡日韻

户庭變淒厲，懷抱有常和。老梅不厭雪，皎皎寒中花。巖風霽將曉，落木何其多！南湖隔煙郭，日出聞漁歌。

觀南鄉秋穫用九月西田穫早稻韻

静居無浮心，感物求造端。歲事民共由，用以勞相安。閉門境履一，出郭天改觀。善氣秋風至，妍景谿日暄。穲稏出菱芡，黄熟無荒寒。君子重本務，堂陛知艱難。居遠理不隔，況我家江干！飽者視筋力，醉者求資顔。國體基農心，息息天相關。使由不使知，蠢蠢何足歎！

辛丑冬改官南河將之都下次曲阿作用王撫軍座送客韻

郊居扃寒翠，庭草黯已腓。孟冬復出門，無乃負初歸。力不勝儉苦，懦在中靡依。一步一悵恨，兩脚與心違。煙木雜霖旭，百禽歧歡悲。游子既中路，高日空暉暉。終當理歸翼，但苦還山遲。眼中好崖谷，舍我忽如遺。

癸卯七月經陽武博浪亭懷張留侯用詠荆卿韻

六國痛蠶食，壯士甘咸嬴。伊昔醉燕市，慷慨悲荆卿。長夏苦行役，驅馬來東京。路出白溝南，沙水送我行。臨流一湔祓，下士塵沾纓。古亭出荒埠，披豁念豪英。直北太行色，東逝黄河聲。野風動胸臆，萬古寒雲生。留侯昔年少，一出天子驚。功成志黄石，不事人間名。赫赫帝者師，竹帛垂漢庭。艱難識其始，博浪仍名城。川塗朝氣静，客子何營營！植身既鹵莽，百事將安成？何當赤松游，輸我煙霞情。

贈通許蕭大令秀棠用贈羊長史韻 有序

癸卯黄河決中牟，通許當下流。于役險阻，與牧民苦傷，並見乎詞。

滔滔人間世，生事雜憂虞。流離際耳目，愴歎不勝書。銜命自南國，勘水來東都。故人所領邑，風濤不可踰。道我南濠路，迓以平肩輿。相揖但惘惘，旋别何能俱？沙水噬城郭，欲去還躊躇。行邁且流涕，使君當何如？天色漾晴藻，練影迷平蕪。洲漵偶人語，有歎無歡娱。翹首問禹跡，治術良不疏。舟楫倚當路，興懷均慘舒。

用止酒韻懷張孝廉 際亮

游雲靡定方，好風佐行止。白月吹青天，萬影深杯裹。詠懷託阮公，言愁最平子。傲極無古今，狂半雜嗔喜。君澈我懷抱，我軫君卧起。長蘿纏病葉，秋風善條理。獨善道之偏，愁來且爲已。晚節珍高松，暫好謝穠李。騰沸大海水，以定爲津涘。堅貞還自卜，安用問來祼。

寄與人兄瀏陽用酬劉柴桑韻

天胡速人别，一噫歲九周。瑟瑟沙中葦，滿抱瀟湘秋。辛苦宦天末，不及畊西疇。勞農有樂歲，仕果無飢不。爾我垂垂老，何日同居游？

乙巳除夕用歲暮和張常侍韻

楝雪融朝日，簷溜飛珠泉。歸來坐空曠，默默心相言。形影積歲月，更事亦已緐。我躬從人役，一悔滋百愆。前賢策高卓，植體嵩華山。在天各有適，不隨雲迴旋。庭階綴百草，霜露苦相纏。不有檢往躅，何以履來年？攬鏡見元髮，盛衰古相遷。秉禮順時會，造物同熙然。

用有會而作韻 有序

春晚晝午，獨坐南榮。悟往路之多歧，惜庭陰之易昃。援告來日，用志今懷。

在賤良有用，君子拗長飢。亮哉節士苦，獨造遁者肥。嗟彼當路子，深涉褰裳衣。嗟來走惶汗，不飽而徒悲。得飽亦偶耳，腹果心苦非。古人在我前，棄我如擲遺。行行見斷港，中道將安歸？臨流挹孤潔，澹泊是吾師。

道光辛丑夷犯浙江舟山失守王錫朋鄭國鴻葛雲飛三總兵同日戰歿詩以哀之用詠三良韻

戰撫兩失馭，外患誰實遺。吁嗟大難端，其來亦云微。舟山孤無援，若爲地所私。得失委三鎮，遥策拱旃帷。四山合死力，士氣無所虧。碧血濺海水，三忠同一歸。舉世競高論，臨難覘從違。武人耀國乘，聞見今所希。一一食人禄，念之中心悲。寄語大將壇，毋輕短後衣。

懷左布衣嶽用和劉柴桑韻

大樹蔭歧路，駐馬昔躊躇。茅茨隱禾黍，不識幽人居。大河逝日月，久乃求君廬。碧雲戀田野，清氣生郊墟。君子務拙實，委身事耕畬。有弟大和協，佐之以勤劬。世不少耕者，君耕世所無。高懷近物理，不與常人疏。棲棲我何用，徒爲世所須。願從熙皞天，窮居歌晏如。

贈沈布衣邁用乞食韻

少壯厭奔走，老去復何之？天弗餒善士，餒至亦無辭。半晦河之南，空林無往來。向夕得一鬻，瓦盆如金巵。展牀書大字，勁質如其詩。君無致身術，而有能窮才。潔已順蓬壁，此境天相貽。

乙巳李比部維醇奉其母夫人喪歸廣陵用和胡西曹示顧賊曹韻

極望南湖渡，愁中增涼飇。布帆開煙行，臨流見素衣。相看不得語，中心酸微微。子昔北山去，負米而力葵。今日江上櫂，萬柳何槁衰！嗚咽傍淮水，清淚難爲揮。漠漠散鳧鷺，夕照前村遲。行路有歡笑，誰識浮雲悲？

與魯孝廉一同用聯句韻

潛修異所趨，志士求其極。以我竭蹷行，知爾不遑息。衰亦任顔貌，勇肯退精力。規矩入聰明，盤礴而嚴飭。君子渺何方，白雲在我側。海氣侵中原，誰是垂天翼？苦竹早秋聲，小草空庭色。閑居審進退，踐履無歧惑。

登焦山夕陽樓還宿北固山房用赴假還江陵塗口作韻

搜景喜沉曠，研性惡空冥。偶求巖壑異，微參支許情。風亭冠巉石，松檻開蒙荆。天水盪金碧，日落晴潮生。竹隖百禽寂，歸櫂遵波明。鐘聲召所止，雲與蒼崖平。北斗挂蘿屋，高雁天南征。靜極發平念，願學山僧耕。一絲不剖割，萬象空牽縈。哀彼狂馳子，墮實求浮名。

游京口南山用桃花源詩韻 附記

招隱石門，出松陰巖溜間，爲入山之導。越聽鸝館後峰，覓蓮花洞，石壁千仞，泠翠逼毛髮。南入八公洞，升緑蓋樓，回眺蓮洞，認山僧餉客處，茶煙尚在竹隖中。直東一嶺出雲半，山人指爲獅窟。造其嶺，練湖塔影浮遠煙百里外。尋石級北下，走平峴十數曲，得鶴林寺，寺門古柏，相傳皆五七百年物。廊多石刻，夕陽速客，不竟讀，急造竹林上方，暝鐘落遥野矣。寄語小九華，留作再來游，勿謂翠微不可及也。

蒼翠山中山，窈窕世外世。青天出松頂，白鳥東南逝。一拳戴家山，不與物興廢。披草坐大石，暫就流泉憩。越嶺晉苦竹，平隴見樹蓺。僧爲買山貧，私埀塞公税。山犬怪吟踪，隔葉穿雲吠。曠放兹歲來，屐壞更新製。冥心脱塵網，信脚恣游詣。涉深耐波寒，升險當風厲。耳目嬉煙蘿，筋力娱星歲。傾身漁樵中，用拙藏明慧。今日乘高空，太息俯江界。夕照榛莽開，來徑審蒙蔽。洗心澹蕩天，寄賞語言外。萬象不我遺，千載託遐契。

湖居雨夕用連雨獨飲韻

久攬拘縛失，漸復窺自然。中園止鳴禽，喧不厭我聞。塊處百年内，斷信人無仙。自晨以竟夕，百念惟一天。何事颯而一，雨集風之先。草木苦飄灑，何日云歸還？秉燭坐清夜，炯炯閑中年。顧影自相贈，勉矣毋多言。

祭乾齋弟繼元用悲從弟仲德韻

好樹悦初夏，一葉先秋零。含哀造古巷，白日爲幽冥。孤比嶧山桐，枝幹無同生。雨露不自養，斧柯還自傾。蕃植有夭札，豈有生皆成？汝母鞠汝苦，在孤汝一齡。珠玉三十載，碎地空無聲。前月汝娶婦，繒采猶在庭。牀闥集歡慟，魂夢難爲情。沈敏惜汝才，恍惚悲汝形。呼子起斟酌，徒使芳樽盈。

用詠貧士七首韻 有序

顯晦何常！孤士抱山野之趣，走利禄之路，其相左非天也。舊雨黄壚，不可愴數。其海内契闊，小仕輒困，與大進終退者，少其人哉！概以不遇，感慨系之。

東海利藪澤，墟市相因依。畸士守窮巷，坐覽南山暉。游騎走鹽筴，雜沓縱横飛。非己毫莫取，君子端所歸。岱下懸車來，久願寒與飢。雁行早零落，歲歲秋風悲。海州許大令喬林

性不厭閑寂，擇仕辭華軒。抱拙就學舍，餘力仍灌園。於古有實獲，瞰世爲空煙。萬彙體一潔，老筆深陶研。崇學黜浮藻，贈我有道言。座右緬良友，勉矣希前賢。吴江張廣文履

請息世上語，輟我房中琴。鳳皇鳴天上，四海聞其音。李康論運命，窮達更相尋。江湖夢魏闕，落日余孤斟。萬古有真是，薄俗多浮欽。沉冥下九天，誰識煙霞心。宜黄黄侍郎爵滋

斗室掩日下，真氣光奎婁。渺躬積厚慮，百願不一酬。十載承明趨，服御乃不周。蘭台坐寂寞，舌卷心煩憂。言進引身退，歸訪雲鶴儔。灕山復灕水，游釣將焉求？臨桂朱侍御琦

冰霜坐列柏，凛然不可干。有言不有躬，遑復量一官。錫帶重補衮，仰禄憂素餐。颷風折勁翮，雲路爲荒寒。思君不可見，令我凋朱顔。三復求友篇，黄鳥鳴關關。晉江陳給諫慶鏞

江淮昔漂轉，泛宅如萍蓬。五十始釋褐，作吏無能工。君豈真拙哉，時不珍黄龔。佐民貨府庫，慈惠寡所同。欲歸阻官欠，鄉思心魂通。願言遲琴鶴，雲海歡相從。寶應劉大令寶楠

冬官有春氣，高步翔皇州。温潤和氏璧，價重無與儔。都水試所策，之官黄河流。恪慎得叢脞，舍職無煩憂。投我瓊瑰什，久缺薪芻酬。風波一相失，寤寐求清修。六安徐水部啟山

戊申六月苦雨用六月遇火韻

東野拾薇子，抗志希虞軒。頗有濟人理，援溺而救燔。致身既無地，濯

足滄浪前。明月共我身，隨分爲虧員。咄哉熙皞影，一逝無由旋。陰陽有掩薄，真意難爲天。瀟瀟不可絶，嗚枕宵如年。恒雨在我心，草木滋深閑。淫氣盛於物，柔極能消堅。老農坐愁歎，窮不如無田。飽食我何事，無用慵多眠。淅瀝亂聽耳，老鸛鳴西園。

感逝三章用擬挽歌詞三首韻

氣直運盤紆，才大世局促。精鶩見飛黄，群騶并録録。遇子風雲中，燕山一槁木。爲文不示人，向我偶歌哭。古調久沉迷，歎我獨醒覺。一别山與川，性命挫憂辱。用寄萬古淚，哭子衡山足。陳考功起詩

悵悵呼子魂，飲我手中觴。一諾生百憂，物情實淺嘗。桃李化荆棘，刺掣來四旁。一心訴區區，哽咽雲無光。人誰金石固，相踵冥冥鄉。我亦有妻子，坐對天茫茫。是非君有靈，天道豈渠央。張孝廉際亮

官道出清口，河柳何蕭蕭。丹旐水上來，哭子西南郊。遺著在我手，高詞鎮岧嶢。真氣自蕩激，天海風蕭條。獨拙尊生術，速暮無能朝。去者長已矣，存者將如何？弱息寄京國，未返天南家。才力復何用，百歲徒悲歌。素心託冥契，養拙淮山阿。湯户部鵬

示稷兒用責子韻

萬物有始終，華者望其實。我生拙百用，擇業但抱筆。力以懦用藏，趣實冷無匹。稍達全生理，信無不死術。草草知非年，四十行過七。大幸免凍餓，持盈有戰栗。毋象我無成，勉矣志利物。

贈徐少尉鴻謨用五月旦作和戴主簿韻

微官有奇趣，之子未云窮。税駕城南寺，顧我萊蕪中。十語九慘怛，恒慮年無豐。其日苦歊暑，相對如清風。三世敦雅素，與子誓始終。興替感門祚，益我心沖沖。寘身貴夷坦，積學當穹隆。勿歎所際卑，心力爭華嵩。

題晉隱逸傳後用詠二疏韻

世運覘龍德，利用無苟去。荒谷復何樂，智者領其趣。司馬競中原，功名士飈舉。王家武岡侯，謝氏東山傅。鈇鉞視華簪，冰雪當皇路。一一

躡崔嵬，覆車幾前顧。吁嗟永嘉來，清談竊高譽。門閥擁勳階，矯擅爲時務。亦有蓋代姿，廉恥喪平素。淪替逮安恭，忠義誰通悟。炯炯隱者流，守道隆孤慮。行藏一風軌，臣節乃森著。

陶淵明作品繫年一覽

閑情賦(晉太和五年,三七〇,十九歲)
勸農(晉太元五年,三八〇,二十九歲)
命子(晉太元十四年,三八九,三十八歲)
榮木(晉太元十六年,三九一,四十歲)
和郭主簿二首(晉太元二十一年,三九六,四十五歲)
擬挽歌辭三首(晉隆安元年,三九七,四十六歲)
庚子歲五月中從都還阻風於規林二首(晉隆安四年,四〇〇,四十九歲)
遊斜川(晉隆安五年,四〇一,五十歲)
辛丑歲七月赴假還江陵夜行塗中(晉隆安五年,四〇一,五十歲)
責子(晉隆安五年,四〇一,五十歲)
晉故征西大將軍長史孟府君傳(不早於晉元興元年,四〇二,五十一歲)
癸卯歲始春懷古田舍二首(晉元興二年,四〇三,五十二歲)
癸卯歲十二月中作與從弟敬遠(晉元興二年,四〇三,五十二歲)
始作鎮軍參軍經曲阿(晉元興三年,四〇四,五十三歲)
乙巳歲三月爲建威參軍使都經錢溪(晉義熙元年,四〇五,五十四歲)
雜詩十二首(晉義熙元年,四〇五,五十四歲)
歸去來兮辭(晉義熙元年,四〇五,五十四歲)
歸鳥(晉義熙二年,四〇六,五十五歲)
歸園田居五首(晉義熙二年,四〇六,五十五歲)
酬劉柴桑(晉義熙二年,四〇六,五十五歲)
讀山海經十三首(晉義熙二年,四〇六,五十五歲)
連雨獨飲(晉義熙三年,四〇七,五十六歲)
感士不遇賦(晉義熙三年,四〇七,五十六歲)
與子儼等疏(晉義熙三年,四〇七,五十六歲)
祭程氏妹文(晉義熙三年,四〇七,五十六歲)

戊申歲六月中遇火（晉義熙四年，四〇八，五十七歲）
和劉柴桑（晉義熙五年，四〇九，五十八歲）
己酉歲九月九日（晉義熙五年，四〇九，五十八歲）
庚戌歲九月中於西田穫旱稻（晉義熙六年，四一〇，五十九歲）
祭從弟敬遠文（晉義熙七年，四一一，六十歲）
形影神三首（晉義熙九年，四一三，六十二歲）
五柳先生傳（晉義熙十一年，四一五，六十四歲）
示周續之祖企謝景夷三郎（晉義熙十二年，四一六，六十五歲）
丙辰歲八月中於下潠田舍穫（晉義熙十二年，四一六，六十五歲）
贈羊長史（晉義熙十三年，四一七，六十六歲）
飲酒二十首（晉義熙十三年，四一七，六十六歲）
歲暮和張常侍（晉義熙十四年，四一八，六十七歲）
怨詩楚調示龐主簿鄧治中（宋永初元年，四二〇，六十九歲）
於王撫軍座送客（宋永初元年，四二〇，六十九歲）
讀史述九章（宋永初元年，四二〇，六十九歲）
述酒（宋永初二年，四二一，七十歲）
桃花源記并詩（宋永初三年，四二二，七十一歲）
答龐參軍四言（宋景平元年，四二三，七十二歲）
答龐參軍五言（宋景平元年，四二三，七十二歲）
詠貧士七首（宋元嘉二年，四二五，七十四歲）
乞食（宋元嘉三年，四二六，七十五歲）
有會而作（宋元嘉三年，四二六，七十五歲）
自祭文（宋元嘉四年，四二七，七十六歲）

主要參考書目

一

《陶淵明集》十卷，宋刻遞修本，金俊明、孫延題籤，汪駿昌跋，汲古閣藏本。

《陶靖節先生集》十卷年譜一卷，［宋］吴仁傑撰年譜，宋刻遞修本，存一至四卷。

《東坡先生和陶淵明詩》四卷，宋黄州刻本。

《陶淵明文集》十卷，宋紹興刻本，蘇體大字，清康熙三十三年汲古閣毛扆覆宋紹興本，清光緒間胡伯薊臨汲古閣摹本，胡桐生、俞秀山刊行，陳澧題記。

《陶淵明詩》一卷《雜文》一卷，宋紹熙三年曾集刻本。

《陶靖節先生詩注》四卷《補注》一卷，［宋］湯漢注，宋淳祐元年湯漢序刻本，周春、顧自修、黄丕烈跋，孫延題籤。

《箋注陶淵明集》十卷，［元］李公焕輯箋注，元刻本。

《陶靖節集》十卷，［明］何孟春注，明緜眇閣刻本。

《陶靖節集》十卷，總論一卷，年譜一卷，［宋］吴仁傑撰，明嘉靖二十五年蔣孝刻本。

《陶靖節集》十卷，明萬曆四年周敬松刻本，［清］吴騫批。

《陶靖節集》八卷，附録一卷，總論一卷，［明］淩濛初輯評，淩南榮刻朱墨套印本。

《陶靖節集》八卷，《蘇東坡和陶詩》二卷，附録一卷，明萬曆四十七年楊時偉刻合刻忠武靖節二編本。

《陶元亮詩》四卷，［明］黄文焕析義，明末刻本。

《陶淵明集》八卷，［明］張自烈評，總論一卷，和陶一卷，［宋］蘇軾撰，律陶一卷，［明］王思任輯，律陶纂一卷，［明］黄槐開輯，明崇禎刻本。

《陶靖節詩集》四卷,[清]蔣薰評,清康熙刻本。
《陶詩彙注》四卷,[清]吴瞻泰輯,論陶一卷,[清]吴崧撰,清康熙四十四年程崟刻本。
《陶詩本義》四卷,[清]馬璞輯注,清乾隆三十五年吴肇元與善堂刻本。
《東山草堂陶詩箋》,[清]邱嘉穗箋,清乾隆邱步洲重校刻本。
《陶詩彙評》四卷,[清]温汝能輯,清嘉慶十二年聽松閣刊本。
《靖節先生集》十卷,[清]陶澍注,清道光二十年惜陰書舍刊本。
《陶淵明集》十卷,清咸豐間莫友芝跋翻縮刻宋本。
《陶詩編年》一卷,[清]陳澧撰,清鈔本。
《陶詩真詮》,[清]方宗誠注,《柏堂遺書》本。
《陶淵明閑情賦注》,[清]劉光蕡注,《煙霞草堂遺書》本。
《陶淵明述酒詩解》,[清]張諧之注,《爲己精舍藏書》本。
《陶集鄭批録》,[清]鄭文焯批,[日]橋川時雄校補,丁卯文字同盟排印本。
《陶淵明詩箋》四卷,古直撰,聚珍仿宋印書局一九二六年《隅樓叢書》本。
《陶靖節詩箋定本》四卷,古直撰,中華書局一九三五年版《層冰堂五種》本。
《陶淵明詩箋注》四卷,丁福保撰,上海醫學書局一九二九年排印本。
《陶淵明集》王瑶注,作家出版社一九五七年版。
《陶淵明集校箋》十卷,楊勇撰,香港吴興記書局一九七一年版。
《陶淵明詩箋證校注論評》,方祖燊著,臺灣臺蘭出版社一九七一年版,臺灣書店一九八八年修訂本。
《陶淵明詩箋證稿》四卷,王叔岷撰,臺北藝文印書館一九七五年版。
《陶淵明集》七卷,逯欽立校注,中華書局一九七九年版。
《陶淵明集淺注》,唐滿先注,江西人民出版社一九八五年版。
《陶淵明詩文校箋》,王孟白校箋,黑龍江人民出版社一九八五年版。
《陶淵明集校注》,孫鈞錫校注,中州古籍出版社一九八六年版。
《陶淵明詩文賞析集》,李華撰,巴蜀書社一九八八年版。
《陶淵明集全譯》,郭維森、包景誠撰,貴州人民出版社一九九二年版。
《陶淵明集譯注》,孟二冬注譯,吉林文史出版社一九九六年版。
《陶淵明集校箋》,龔斌校箋,上海古籍出版社一九九六年版。

《陶淵明述酒詩補注》,儲皖峰撰,《輔仁學志》第八卷第一期,一九三九年版。
《聖賢群輔録新箋》,潘重規撰,《新亞書院學術年刊》第七期,一九六五年。
《陶潛五言詩疏證》,[韓]車柱環撰,韓國成均館大學《大樂文化研究》一九六六年第三期。
《陶集劄迻》,郭在貽撰,《中華文史論叢》一九八一年第二輯。
《説"來"與"歸去來"》,周策縱撰,見《王力先生紀念論文集》,三聯書店香港分店一九八七年版。
《古詩别解》,徐仁甫撰,上海古籍出版社一九八四年版。
《陶淵明集舉正》,徐復撰,《南京師大學報》一九九一年第一期。
《栗里譜》,[宋]王質撰,《十萬卷樓叢書》本。
《陶靖節先生年譜》,[宋]吴仁傑撰,明萬曆四十七年楊時偉刊《陶靖節集》附。
《吴譜辨證》,[宋]張縯撰,李公焕《箋注陶淵明集》引。
《柳村陶譜》,[清]顧易撰,清雍正七年顧易序刻本。
《晉陶靖節年譜》,[清]丁晏撰,清道光二十三年《頤志齋四譜》本。
《靖節先生年譜考異》,[清]陶澍撰,陶澍注《靖節先生集》附録。
《晉陶徵士年譜》,[清]楊希閔撰,清光緒四年《豫章先賢九家年譜》本。
《陶淵明年譜》,梁啟超撰,梁著《陶淵明》附録,商務印書館一九二三年版。
《陶靖節年譜》,古直撰,聚珍仿宋印書局一九二六年《隅樓叢書》本,一九二七年訂正再版。
《陶淵明年譜》,傅東華撰,傅著《陶淵明詩》附録,商務印書館一九二七年版。
《陶淵明年譜稿》,逯欽立撰,《歷史語言研究所集刊》第二十本,一九四八年版。
《陶淵明事跡詩文繫年》,逯欽立撰,逯注《陶淵明集》附録。
《陶淵明年譜》,[宋]王質等撰,許逸民校輯,中華書局一九八六年版。
《陶淵明年譜》,鄧安生撰,天津古籍出版社一九九一年版。
《陶詩繫年》,錢玉峰撰,臺灣中華書局一九九二年版。
《陶靖節事跡及其作品繫年》,劉本棟撰,臺灣文史哲出版社一九九五年版。
《陶淵明年譜中之問題》,朱自清撰,載《朱自清文集》第三册《文史論著》,開明書店一九五三年版。
《陶淵明年譜中的幾個問題》,宋雲彬撰,《新中華》復刊第六卷第三期。
《陶淵明生平事跡及其歲數新考》,賴義輝撰,《嶺南學報》第六卷第一期。
《陶淵明行年雜考》,勞幹撰,《自由學人》第二卷第三期,一九五六年版。
《陶淵明年歲析疑》,潘重規撰,《新亞生活雙周刊》第五卷第十期,一九六二年版。
《陶淵明年歲應爲六十三歲考》,楊勇撰,《新亞書院學術年刊》第五期,一九六三年版。
《論古直陶淵明享年五十二歲説》,齊益壽撰,《幼獅》月刊第三十四卷第二期,一九七一年版。
《陶集考辨》,郭紹虞撰,《燕京學報》第二十期。
《陶淵明》,梁啟超撰,商務印書館一九二三年版。
《陶淵明詩》,傅東華撰,商務印書館一九二七年版。
《陶淵明的生活》,胡懷琛撰,世界書局一九三〇年版。
《陶淵明之思想與清談之關係》,陳寅恪撰,燕京大學哈佛燕京學社一九四五年刊。
《陶淵明批評》,蕭望卿撰,開明書店一九四七年版。
《陶淵明傳論》,張芝撰,棠棣出版社一九五三年版。
《陶淵明討論集》,《文學遺産》編輯部編,中華書局一九六一年版。
《陶淵明研究資料彙編》,北京大學中文系教師同學、北京師範大學中文系教師同學編,中華書局一九六二年版。
《陶淵明》,廖仲安撰,中華書局一九六三年版。
《陶淵明論稿》,吴雲著,陝西人民出版社一九八一年版。
《陶淵明論集》,鍾優民著,湖南人民出版社一九八一年版。
《陶淵明新論》,李華著,北京師範學院出版社一九九二年版。
《讀陶叢劄》,吴鷺山撰,浙江文藝出版社一九八五年版。
《陶淵明研究》,陶淵明學術討論會籌備組編,一九八五年版。
《偉大詩人陶淵明》,江西省星子縣政協文史資料研究委員會一九八五年編。

《陶淵明研究》，江西省星子縣政協文史資料研究委員會一九八六年編。
《陶淵明始家宜豐研究》，江西省宜豐縣陶淵明研究小組、宜豐縣博物館一九八六年編印。
《陶淵明論略》，李文初撰，廣東人民出版社一九八六年版。
《陶淵明探稿》，魏正申撰，文津出版社一九九〇年版。
《陶淵明評傳》，黃仲侖撰，臺灣帕米爾書店一九六五年版。
《陶淵明評論》，李辰冬撰，臺灣東大圖書公司一九七五年版。
《陶謝詩之比較》，沈振奇撰，臺灣學生書局一九八六年版。
《陶淵明及其作品研究》，施淑枝撰，臺灣國彰出版社一九八六年版。
《陶淵明作品新探》，吕興昌撰，臺灣華正書局一九八八年版。
《陶學史話》，鍾優民撰，臺灣允晨文化實業股份有限公司一九九一年版。
《龍淵述學》，鄭騫撰，臺灣大安出版社一九九二年版。
《南山佳氣・陶淵明詩文選》，林玫儀選注，臺灣時報文化出版企業有限公司一九九二年第二版。
《陶淵明之人品與詩品》，陳怡良著，臺灣文津出版社一九九三年版。
《陶淵明的心靈世界與藝術天地》，孫靜著，大象出版社一九九七年版。
《陶淵明論析》，王國瓔著，臺灣允晨文化實業股份有限公司一九九九年版。
《陶集版本源流考》，[日]橋川時雄著，日本文字同盟社一九三一年版。
《陶淵明》，[日]村上嘉實著，富山房昭和十八年版。
《陶淵明》，[日]一海知義著，《中國詩人選集》四，岩波書店昭和三十三年版。
《陶淵明研究》，[日]大矢根文次郎著，早稻田大學出版部昭和四十一年版。
《陶淵明》，[日]都留春雄著，《中國詩文選》八，築摩書坊昭和四十九年版。
《陶淵明世俗和超俗》，[日]岡村繁著，日本放送出版協會昭和四十九年版。
《陶淵明》，[日]都留春雄、釜谷武志著，《中國古典鑒賞》十三，角川書店昭和六十三年版。
《陶淵明》，[日]松枝茂夫、和田武司著，《中國之詩人》二，集英社昭和五十八年版。
《詩傳・陶淵明》,[日]南史一著,創元社昭和五十九年版。
《陶淵明的精神生活》,[日]長谷川滋成著,汲古書院平成七年版。
《陶淵明とその時代》,[日]石川忠久撰,研文出版一九九四年版。
《陶淵明詩文綜合索引》,[日]堀江忠道編,日本京都彙文堂書店一九七六年版。
《靜修先生文集》,[元]劉因撰,《四部叢刊》影印元至順間刊本。
《九靈山房集》,[元]戴良撰,《四部叢刊》影印明正統間戴統刊本。
《五柳賡歌》,[明]周履靖撰,《夷門廣牘》本。
《陶庵集》,[明]黄淳耀撰,清康熙刻本。
《浮山後集》,[清]方以智撰,清初此藏軒刻本。
《天香全集》,[清]舒夢蘭撰,清嘉慶刻本。
《通藝閣和陶集》,[清]姚椿撰,清道光刻本。
《心嚮往齋集》,[清]孔繼鑅撰,民國刻本。

二

《周易》,中華書局影印阮刻《十三經注疏》本。
《尚書》,中華書局影印阮刻《十三經注疏》本。
《詩經》,中華書局影印阮刻《十三經注疏》本。
《周禮》,中華書局影印阮刻《十三經注疏》本。
《禮記》,中華書局影印阮刻《十三經注疏》本。
《儀禮》,中華書局影印阮刻《十三經注疏》本。
《春秋左傳》,中華書局影印阮刻《十三經注疏》本。
《論語》,中華書局影印阮刻《十三經注疏》本。
《孟子》,中華書局影印阮刻《十三經注疏》本。
《爾雅》,中華書局影印阮刻《十三經注疏》本。
《説文解字注》,[清]段玉裁撰,上海古籍出版社一九八一年影印本。
《史記》,[漢]司馬遷撰,中華書局一九六四年點校本。
《漢書》,[漢]班固撰,中華書局一九六二年點校本。
《後漢書》,[南朝・宋]范曄撰,中華書局一九六五年點校本。
《三國志》,[晉]陳壽撰,中華書局一九八二年點校本。

《三國志集解》，盧弼撰，中華書局一九八一年影印古籍出版社本。
《晉書》，[唐]房玄齡等撰，中華書局一九七四年點校本。
《宋書》，[梁]沈約撰，中華書局一九七四年點校本。
《南齊書》，[梁]蕭子顯撰，中華書局一九七二年點校本。
《梁書》，[唐]姚思廉撰，中華書局一九七三年點校本。
《陳書》，[唐]姚思廉撰，中華書局一九七二年點校本。
《魏書》，[北齊]魏收撰，中華書局一九七四年點校本。
《北齊書》，[唐]李百藥撰，中華書局一九七二年點校本。
《周書》，[唐]令狐德棻等撰，中華書局一九七一年點校本。
《南史》，[唐]李延壽撰，中華書局一九七五年點校本。
《北史》，[唐]李延壽撰，中華書局一九七四年點校本。
《隋書》，[唐]魏徵等撰，中華書局一九七三年點校本。
《隋書經籍志考證》，[清]姚振宗撰，《二十五史補編》本。
《資治通鑑》，[宋]司馬光撰，中華書局一九五六年點校本。
《世説新語箋疏》，余嘉錫撰，中華書局一九八三年版。
《世説新語校箋》，徐震堮著，中華書局一九八四年版。
《高僧傳》，[梁]釋慧皎撰，湯用彤校注，中華書局一九九二年版。
《弘明集》，[梁]僧祐撰，上海古籍出版社一九九一年影印本。
《廣弘明集》，[唐]道宣撰，上海古籍出版社一九九一年影印本。
《法苑珠林》，[唐]釋道世撰，《大藏經》第五十三册。
《十七史商榷》，[清]王鳴盛撰，中國書店一九八七年影印本。
《廿二史劄記》，[清]趙翼撰，《四部備要》本。
《廿二史考異》，[清]錢大昕撰，《潛研堂全書》本。
《南朝宋會要》，[清]朱銘盤撰，上海古籍出版社一九八四年版。
《文史通義校注》，[清]章學誠著，葉瑛校注，中華書局一九八五年版。
《諸子集成》，中華書局一九八六年據世界書局原版重印本。
《莊子集釋》，[清]郭慶藩撰，中華書局一九六一年版。
《荀子集解》，[清]王先謙撰，清光緒十七年長沙王先謙思賢講舍刊本。
《吕氏春秋校釋》，陳奇猷校釋，學林出版社一九八四年版。
《淮南鴻烈集解》，劉文典撰，中華書局一九八六年版。
《論衡校釋》，黄暉撰，中華書局一九九〇年版。
《新論》，[漢]桓譚撰，[清]錢熙祚輯，《指海》本。

《抱朴子内篇校釋》,[晉]葛洪撰,王明校釋,中華書局一九八五年版。
《列子集釋》,楊伯峻撰,中華書局一九八七年版。
《王弼集校釋》,[晉]王弼撰,樓宇烈校釋,中華書局一九八〇年版。
《傅子》,[晉]傅玄撰,上海古籍出版社一九九〇年影印本。
《顔氏家訓集解》,[北齊]顔之推撰,王利器集解,上海古籍出版社一九八〇年版。
《朱子語類》,[宋]朱熹撰,黎靖德編,中華書局一九八六年版。
《真文忠公文集》,[宋]真德秀撰,《四部叢刊》本。
《鶴林玉露》,[宋]羅大經撰,中華書局一九八三年版。
《義門讀書記》,[清]何焯撰,中華書局一九八七年排印本。
《敬齋古今黈》,[元]李治撰,中華書局一九九五年排印本。
《老學庵筆記》《續筆記》,[宋]陸游撰,《四庫全書》本。
《懶真子》,[宋]馬永卿撰,《四庫全書》本。
《七修類稿》,[明]郎瑛撰,中華書局一九五九年排印本。
《閑漁閑閑録》,[清]蔡顯撰,嘉業堂刻本。
《藝文類聚》,[唐]歐陽詢等撰,中華書局上海編輯所一九六五年版。
《初學記》,[唐]徐堅等撰,中華書局一九八五年版。
《北堂書鈔》,[唐]虞世南編,中國書店一九八九年影印本。
《太平御覽》,[宋]李昉等編,中華書局一九八五年影印本。
《册府元龜》,[宋]王欽若、楊億等編,中華書局一九六〇年影印本。
《説郛三種》,[宋]陶宗儀等編,上海古籍出版社一九八八年版。
《郡齋讀書志》四卷,[宋]晁公武撰,《四庫全書》本。
《直齋書録解題》十五卷,[宋]陳振孫撰,《四庫全書》本。
《古今姓氏書辯證》,[宋]鄧名世撰,《叢書集成初編》本。
《四庫全書總目》二百卷,[清]永瑢等撰,中華書局一九六五年版。
《天禄琳琅書目後編》二十卷,[清]彭元瑞撰,清光緒十年王先謙刊本。
《絳雲樓書目》四卷,[清]錢謙益撰,[清]陳景雲注,《叢書集成初編》本。
《絳雲樓題跋》,[清]錢謙益撰,潘景鄭輯,中華書局一九五八年版。
《錢遵王讀書敏求記校證》四卷,[清]錢曾撰,[清]章鈺校證,《清人書目題跋叢刊》四,中華書局一九九〇年版。
《黄丕烈書目題跋》,[清]黄丕烈撰,《清人書目題跋叢刊》六,中華書局一九九三年版。

《鐵琴銅劍樓書目》二十四卷,[清]瞿鏞撰,清光緒丁酉誦芬室校本。
《楹書隅録》五卷,[清]楊紹和撰,清光緒十九年楊氏家刻本。
《藏園群書經眼録》十九卷,傅增湘撰,中華書局一九八三年版。
《藏園訂補郘亭知見傳本書目》十六卷,[清]莫友芝撰,傅增湘訂補,中華書局一九九三年版。
《自莊嚴堪善本書目》,周叔弢撰,天津古籍出版社一九八五年版。
《中國版刻圖録》,北京圖書館編,文物出版社一九六一年版。
《二十四史朔閏表》,陳垣撰,中華書局一九六二年版。
《中國歷史地圖集》,譚其驤編,中國地圖出版社一九八二年版。
《北京圖書館古籍善本書目》,書目文獻出版社一九八七年版。
《中國叢書綜録》,上海古籍出版社一九八六年版。
《文選索引》,[日]斯波六郎撰,日本京都大學人文科學研究所一九五七—一九五九年版。
《全晉詩索引》,[日]松浦崇編,櫂歌書房一九八七年版。
《全宋詩索引》,[日]松浦崇編,櫂歌書房一九九一年版。
《全上古三代秦漢三國六朝文》,[清]嚴可均校輯,中華書局一九五八年版。
《先秦漢魏晉南北朝詩》,逯欽立輯校,中華書局一九八三年版。
《楚辭》,《四部叢刊》影宋本。
《文選》,[梁]蕭統編,[唐]李善注,中華書局一九七四年影印南宋淳熙八年尤袤刻本。
《文選》,[梁]蕭統編,[唐]五臣注,南宋紹興三十一年建陽崇化書坊陳八郎刻本。
《文選》,[梁]蕭統編,[唐]李善、五臣注,《四部叢刊》影印宋刊本。
《玉臺新詠箋注》,[陳]徐陵編,[清]吴兆宜注,程琰删補,中華書局一九八五年版。
《樂府詩集》,[宋]郭茂倩編,《四部叢刊》影印汲古閣刊本。
《全唐文》,[清]董誥等編,中華書局一九八三年影印本。
《文苑英華》,[宋]李昉等編,中華書局一九六六年影印本。
《全唐詩》,[清]彭定求等編,中華書局一九六〇年版。
《古詩評選》,[清]王夫之撰,《船山遺書》本。
《古詩鈔》,吴汝綸撰,武彊賀氏一九二八年刊本。

《魏武帝魏文帝詩注》,[魏]曹操、曹丕撰,黄節注,人民文學出版社一九五八年版。
《曹植集校注》,趙幼文校注,人民文學出版社一九八四年版。
《阮步兵詠懷詩注》,黄節注,人民文學出版社一九五七年版。
《阮籍集校注》,陳伯君注,中華書局一九八七年版。
《阮籍集》,上海古籍出版社一九七八年版。
《嵇康集》,魯迅輯校,古典文學刊行社一九五六年影印魯迅手鈔本。
《嵇康集校注》,戴明揚校注,人民文學出版社一九六二年版。
《陸機集》,金濤聲點校,中華書局一九八二年版。
《陸士衡詩注》,郝立權注,人民文學出版社一九五八年版。
《陸雲集》,黄葵點校,中華書局一九八八年版。
《謝康樂詩注》,黄節注,人民文學出版社一九五八年版。
《謝靈運集校注》,顧紹柏校注,中州古籍出版社一九八七年版。
《鮑參軍集注》,錢仲聯增補輯説校,上海古籍出版社一九八〇年版。
《文心雕龍輯注》,[梁]劉勰撰,[清]黄叔琳注、紀昀評,中華書局一九五七年版。
《文心雕龍注》,范文瀾注,人民文學出版社一九五八年版。
《鍾嶸詩品校釋》,吕德申撰,北京大學出版社一九八六年版。
《文鏡秘府論校注》,[日]弘法大師撰,王利器校注,中國社會科學出版社一九八三年版。
《石林詩話》,[宋]葉夢得撰,《歷代詩話》本。
《四溟詩話》,[明]謝榛撰,人民文學出版社一九六一年版。
《藝苑卮言》,[明]王世貞撰,《歷代詩話續編》本。
《詩藪》,[明]胡應麟撰,上海古籍出版社一九七九年版。
《詩源辨體》,[明]許學夷撰,人民文學出版社一九八七年版。
《漁洋詩話》,[清]王世貞撰,《清詩話》本。
《雨村詩話》,[清]李調元撰,《清詩話續編》本。
《薑齋詩話》,[清]王夫之撰,《船山遺書》本。
《昭昧詹言》,[清]方東樹撰,人民文學出版社一九六一年版。
《碧溪詩話》,[宋]黄徹撰,《歷代詩話續編》本。
《苕溪漁隱叢話》前後集,[宋]胡仔撰,人民文學出版社一九六二年版。
《詩鏡總論》,[明]陸時雍撰,《歷代詩話續編》本。

《魏晉玄學論稿》，湯用彤撰，中華書局一九六二年版。
《漢魏兩晉南北朝佛教史》，湯用彤撰，中華書局一九八三年版。
《慧遠及其佛學》，方立天撰，中國人民大學出版社一九八七年版。
《金明館叢稿初編》，陳寅恪撰，上海古籍出版社一九八〇年版。
《金明館叢稿二編》，陳寅恪撰，上海古籍出版社一九八〇年版。
《羅音室學術論著》，吴世昌撰，中國文聯出版公司一九八四年版。
《管錐編》，錢鍾書撰，中華書局一九七九年版。
《程千帆選集》，遼寧古籍出版社一九九六年版。
《朱自清古典文學論文集》，上海古籍出版社一九八一年版。
《中古文學史論》，王瑶撰，北京大學出版社一九八六年版。
《漢魏六朝文學論集》，逯欽立撰，陝西人民出版社一九八一年版。
《三餘劄記》，劉文典撰，黄山書社一九九〇年排印本。
《東晉文藝繫年》，張可禮撰，山東教育出版社一九九二年版。

跋

一九六〇年至一九六二年，我跟隨林庚先生編注《魏晉南北朝文學史參考資料》（中華書局一九六二年出版），其中陶淵明的作品由我負責，這是我治陶之始。一九八二年我應中華書局之約開始整理陶集，至一九八三年底完成了五分之四。原以爲陶淵明的集子前人已經多次注過，他的作品淺顯平易，整理起來比較容易。但當我深入探究以後，才覺得難度很大。陶淵明的生平及其作品的真僞、繫年都有許多疑點。他的語言看似淺顯平易，含義卻深刻而豐富；那些當時的習用語具有特定的意思，很容易忽略或講錯；有些詞語含有哲理，如果僅從一般意義上理解，則失之於膚淺。當我認真地檢查了自己完成的那部分書稿後，自愧蒐求未廣、校箋欠精。於是毅然擱下筆來，重新研究陶淵明的基本資料，包括陶集的版本，陶淵明的生平、思想、交遊，以及魏晉時期的政治、思想、文化、語言。經過鑽研，有了不少新的發現，不斷撰爲論文。特别是那篇《陶淵明年譜匯考》，自一九九〇年至一九九六年，費時六載，四易其稿才得以完成。我終於對陶淵明的生平、作品及相關問題取得了比較清晰的認識。這些研究成果於一九九七年編爲《陶淵明研究》一書，由北京大學出版社出版。在這十幾年裏，我根據平日讀書所獲的資料，對原先的箋注稿不斷修訂，自一九九八年開始，又對原稿重新加以整理，歷時兩年，今天終於完成。

整理陶集對我來説已不僅是一項必須完成的工作，而且是一種精神寄託，是我跟那位真率、樸實、瀟灑、倔强而又不乏幽默感的詩人對話的渠道。我此時的心情，一方面是喜悦和輕鬆，因爲實現了一個夙願；另一方面又感到悵惘，因爲陶淵明這位多年來朝夕相處的朋友，或將與我分别一段時間了。

在本書的整理過程中，我參考了多位前賢和時賢的注本或論著，凡有引用均已注明。他們的成果或直接采入本書，或啟發我深入思考。

從這種意義上説，本書帶有集解的性質。我要對一切爲陶淵明研究付出心血的學者表示感謝。

本書得以列入國家古籍整理出版規劃小組制定的規劃之中，並得到全國高校古籍整理工作委員會和華夏英才基金的資助，深感榮幸。在撰寫過程中，得到林庚先生的鼓勵，並先後得到程毅中先生、傅璇琮先生、黄永年先生、楊成凱先生以及其他許多師友的關心；此外還得與王國瓔教授經常切蹉，並得到王叔岷先生的指教，謹一併致以深深的謝意。這十八年裏，我曾在北京大學、東京大學、新加坡國立大學系統地講授過"陶淵明研究"這門專題課，從學生那裏所得到的鼓勵、支持，實在難以忘懷。北京圖書館、北京大學圖書館以及臺灣等地的一些圖書館，爲我提供了許多方便，特别是北京圖書館已故的版本學家陳杏珍女史爲我提供的方便，使我難以忘懷。本書所收和陶詩中有六種是我的妻子楊賀松教授與我共同蒐集校訂的，經她允許收入本書；李鐸博士和王清真、徐寶餘同學替我將《五孝傳》《四八目》和一部分和陶詩録入電腦，也在此表示感謝。本書的責任編輯徐俊和顧青兩位先生以極其認真的態度校訂了全部書稿，改正了我的許多錯誤，謹致由衷的謝意。

二〇〇〇年二月十一日庚辰歲人日

袁行霈於北京大學暢春園寓所

附記：本書的校樣經馬自力、董希平、曾祥波三位同好和我一起校閲，他們的學識和態度令我敬佩，我要鄭重地表示感謝。

二〇〇二年三月